Rudolf von Seckendorff. Reichsgerichtspräsident und Gentleman

Rechtshistorische Reihe

Band 501

Zur Qualitätssicherung und Peer Review der vorliegenden Publikation

Die Qualität der in dieser Reihe erscheinenden Arbeiten wird vor der Publikation durch einen der Herausgeber der Reihe geprüft.

Notes on the quality assurance and peer review of this publication

Prior to publication, the quality of the work published in this series is reviewed by one of the editors of the series.

Timo Görlitz

Rudolf von Seckendorff. Reichsgerichtspräsident und Gentleman

Zur Geschichte des Reichsgerichts im beginnenden 20. Jahrhundert

PETER LANG

Lausanne - Berlin - Bruxelles - Chennai - New York - Oxford

Bibliografische Information der Deutschen Nationalbibliothek
Die Deutsche Nationalbibliothek verzeichnet diese Publikation
in der Deutschen Nationalbibliografie; detaillierte bibliografische
Daten sind im Internet über http://dnb.d-nb.de abrufbar.

Zugl.: Frankfurt (Main), Univ., Diss., 2019

Die vorliegende Arbeit wurde von Prof. Schmoeckel
zur Aufnahme in die Reihe empfohlen.

Umschlagabbildung:
© Justitia. Allegorie der Gerechtigkeit. Druck aus dem 17. Jahrhundert.

D 30
ISSN 0344-290X
ISBN 978-3-631-89971-7 (Print)
E-ISBN 978-3-631-90585-2 (E-PDF)
E-ISBN 978-3-631-90586-9 (EPUB)
DOI 10.3726/b21044

Verlegt durch:
Peter Lang GmbH, Berlin, Deutschland

info@peterlang.com http://www.peterlang.com

Vorwort

Als Produkt zahlreicher und fruchtbarer Archivbesuche wurde die vorliegende Arbeit im Wintersemester 2018/19 von der Rechtswissenschaftlichen Fakultät der Johann Wolfgang Goethe-Universität als Dissertation angenommen. Die einschlägige Literatur wurde bis zu diesem Zeitpunkt berücksichtigt und geringfügig im Rahmen der Drucklegung ergänzt.

Zum Gelingen dieser Arbeit haben viele Personen beigetragen. Neben den Mitarbeitern des Bundesarchivs, des Geheimen Staatsarchivs Preußischer Kulturbesitz, des Thüringischen Staatsarchivs sowie des Leipziger Stadtarchivs und nicht zuletzt des Stadtgeschichtlichen Museums Leipzigs möchte ich vor allem meinem Doktorvater Herrn Prof. Dr. Dr. h.c. mult. *Michael Stolleis* und Herrn Prof. Dr. *David von Mayenburg*, M.A., danken, die die Betreuung der Arbeit übernommen haben, stets Forschungsanregungen gaben und für Fragen zur Verfügung standen. Leider verstarb Herr Prof. Dr. Dr. h.c. mult. Stolleis unerwartet vor der Veröffentlichung. Herr Prof. Dr. von Mayenburg hat dankenswerterweise die weitere Betreuung bis zur Drucklegung übernommen und den Kontakt zu Prof. Dr. *Mathias Schmoeckel* vermittelt, dem ich hiermit ebenso herzlich für die Aufnahme der Arbeit in die Rechtshistorische Reihe danken möchte. In diesem Zusammenhang darf auch Herr Notar *Rüdiger Probst* nicht unerwähnt bleiben, der mir beruflich den notwendigen Freiraum zur Fertigstellung der Arbeit einräumte. Meiner Familie und meinen Freunden danke ich für die fortwährende Unterstützung und den Zuspruch in den schwierigen Phasen.

Ich widme die Arbeit meiner Familie.

Berlin, November 2023 *Timo Görlitz*

Inhaltsverzeichnis

Quellen- und Literaturverzeichnis

A) Akten aus dem Bestand des Bundesarchivs in Berlin, BArch R (Bestandsangabe)

I) Akten des Reichsgerichts, R 3002 – Personalakten, Generalakten und Prozessakten

a) Personalakten, PA

Nr. 117 Erwin Bumke, Bd. 1

Nr. 146 Heinrich Delbrück

Nr. 304 Karl Gutbrod, Bd. 3

Nr. 665 Otto Karl (v) Oehlschläger

Nr. 790 Rudolf von Seckendorff, Bd. 1–4

Nr. 810 Walter Simons, Bd. 1

b) Generalia, Gen.

Nr. 12 Präsidenten des Reichsgerichts, Bd. 1 1905–1929

Nr. 30–31 Zulassungsanträge von Rechtsanwälten, 1907–1910, 1914–1918

Nr. 77 Vorschläge für Charakterverleihungen, 1879–1918/1922, Bd. 1

Nr. 104 Dienstjubiläen und besondere Anlässe 1888–1897, Bd. 2

Nr. 106 Die Jubiläumsfeierlichkeiten der Universität Leipzig 1909, 1908–1909, Bd. 1

Nr. 107 Die Geburtstagsfeier Ihrer Majestäten des Deutschen Kaisers und des Königs von Sachsen, 1910–1918, Bd. 1

Nr. 125 Die Errichtung eines neuen Gebäudes für das Reichsgericht, 1880–1909, Bd. 1

Nr. 239–240 Die Zivilprozessordnung und das Verfahren in Zivilsachen (Reform des Zivilprozesses) 1881–1910 Bd. 1 und 2

c) Prozessakten des IV. Zivilsenats, Prozessakten

Nr. 10170 Urteil vom 6. Dezember 1906, AZ: 214/06, RGZ 64, 423.

Nr. 10171 Urteil vom 17. Januar 1907, AZ: 284/06, RGZ 65, 103.

Nr. 10174 Urteil vom 7. Februar 1907, AZ: 309/06, RGZ 65, 162.

Nr. 10176 Urteil vom 18. März 1907, AZ: 358/06, RGZ 65, 313.

Nr. 10177 Urteil vom 21. März 1907, AZ: 294/06 (370/07), RGZ 65, 367.

Nr. 10180 Urteil vom 18. April 1907, AZ: 442/06, RGZ 66, 30.

Nr. 10207 Urteil vom 2. Januar 1908, AZ: 219/07, nicht abgedruckt.

Nr. 10276 Urteil vom 2. Juli 1908, AZ: 580/07, nicht abgedruckt.

Nr. 10298 Urteil vom 12. November 1908, AZ: 45/08, nicht abgedruckt.

Nr. 10302 Urteil vom 5. November 1908, AZ: 66/08, nicht abgedruckt

Nr. 10307 Urteil vom 5. November1908, AZ: 74/08, RGZ 69, 399.

Nr. 10332 Urteil vom 4. März 1909, AZ: 245/08, RGZ 70, 360.

Nr. 10340 Urteil vom 25. Februar 1909, AZ: 292/08, RGZ 70, 334.

Nr. 10392 Urteil vom 24. Februar 1910, AZ: 230/09, RGZ 73, 134.

Nr. 10419 Urteil vom 12. Mai 1910, AZ: 411/09, RGZ 73, 372.

Nr. 10429 Urteil vom 7. Juli 1910, AZ: 498/09, RGZ 74, 110.

Nr. 10435 Urteil vom 29. September 1910, AZ: 534/09, nicht abgedruckt.

Nr. 10444 Urteil vom 29. September 1910, AZ: 566/09; RGZ 74, 234.

Nr. 10481 Urteil vom 30. März 1911, AZ: 329/10, RGZ 76, 94.

Nr. 10517 Urteil vom 16. Oktober 1911, AZ: 594/10, RGZ 77, 165.

Nr. 10614 Urteil vom 10. Oktober 1912, AZ: 88/12, RGZ 80, 189.

Nr. 10619 Urteil vom 19. September 1912, AZ: 115/12, RGZ 80, 88.

Nr. 10649 Urteil vom 28. November 1912, AZ: 283/12, RGZ 81, 34.

Nr. 10687 Urteil vom 27. Februar 1913, AZ: 548/12, RGZ 81, 413.

Nr. 10708 Urteil vom 10. April 1913, AZ: 647/12, RGZ 82, 149.

Nr. 10809 Urteil vom 26. März 1914, AZ: 74/13, RGZ 85, 11.

Nr. 10830 Urteil vom 8. Oktober 1914, AZ: 137/14, RGZ 85, 308.

Nr. 10876 Urteil vom 29. April 1915, AZ: 567/14, RGZ 87, 56.

Nr. 11025 Urteil vom 10. Mai 1917, AZ: 45/17, nicht abgedruckt.

Nr. 11076 Urteil vom 13. Juni 1918, AZ: 431/17, RGZ 93, 142.

Nr. 11107 Urteil vom 19. September 1918, AZ: 167/18, RGZ 93, 297.

II) Akten des Reichsjustizamts, R 3001

Nr. 61 Hülfsarbeiter im Reichs-Justizamt, 1877–1892, Bd. 1

Nr. 107 Die persönliche Angelegenheiten der Beamten des Reichsgerichts, Bd. 3 1914–1927

Nr. 108 Persönliche Angelegenheiten von ausgeschiedenen Beamten des Reichsgerichts, 1915–1926

Nr. 141–142, 146–148 Die Besetzung der Mitgliederstellen bei dem Reichsgerichte, 1904–1906, 1910–1918, div. Bände

Nr. 1533 Reichsgerichtliche Entscheidungen zum Erbrecht des Bürgerlichen Gesetzbuches, 1900–1934, Bd. 1

Nr. 1559/1 Angelegenheiten der Justizverwaltung von Elsaß-Lothringen, 1877–1914, Bd. 1

Nr. 1950 Die Einrichtung und der Geschäftsbetrieb des Reichs-Justizamts – auch allgemeine Geschäftsanweisungen, Bd. 1, 1873–1888

Nr. 2005 Einrichtung, Verwaltung und Geschäftsbetrieb des Reichsgerichts, 1897–1924

Nr. 2008–2009 Verteilung der Geschäfte und der Mitglieder des Reichsgerichts auf die Senate November, 1896–1924

Nr. 2010 Verteilung der Geschäfte und der Mitglieder des Reichsgerichts auf die Senate, 1924–1927.

Nr. 2011 Die Aufstellung von Geschäftsübersichten des Reichsgerichts, 1879–1927

Nr. 2013–2017 Die Geschäftsübersichten des Reichsgerichts, 1888–1924

Nr. 2020 Reichsgerichtliche Entscheidungen über die Haftpflicht der Tierhalter nach § 833 BGB, 1902–1914

Nr. 2037–2038 Die Gerichtschreiberei bei dem Reichsgericht und das Sekretariat bei der Reichsanwaltschaft sowie das Kanzleiwesen, 1879–1923, Bd. 1–2

Nr. 2043 Äußerungen der Presse über das Reichsgericht, 1904–1927

Nr. 2053 Die schiedsrichterlichen Angelegenheiten des Reichsgerichts, 1883–1929

Nr. 2352 Schutz der Warenbezeichnungen, 1893–1894

Nr. 2361–2362 Markenschutz (Schutz der Warenbezeichnungen), 1892–1907, Bd. 2 und 3

Nr. 2642–2643 Der unlautere Wettbewerb, 1883–1896

Nr. 3669 Das Militärgerichtsverfahren, Februar–September 1892

Nr. 3674–3678 Die Militärgerichtsbarkeit und die Militärstrafprozessordnung, 1889–1901, Bd. 1–5

Nr. 3918 Die Tagegelder und Reisekosten der Mitglieder der Civilgesetzbuchs-Kommission, welche nicht Redaktoren sind in Folge ihrer Teilnahme an den Kommissionssitzungen, 1875–1889, Bd. 1

Nr. 3919 Die Kommission zur Ausarbeitung des Entwurfs eines deutschen bürgerlichen Gesetzbuchs betreffend die Einsetzung und die Geschäftsthätigkeit der Kommission, 1874–1888, Bd. 1

Nr. 3920 Die Kommission zur Ausarbeitung des Entwurfs eines deutschen bürgerlichen Gesetzbuchs betreffend die Mitglieder und Hilfsarbeiter der Kommission, 1874–1889, Bd. 1

Nr. 4078 Die Kommission für die zweite Lesung des Civilgesetzbuchs-Entwurfs, 1890–1902, Bd. 1

Nr. 4086 Die Einberufungen der Kommission für die zweite Lesung des Civilgesetzbuchs-Entwurfs und die Kommissare anderer Behörden, 1891–1895, Bd. 1

Nr. 4087 Veröffentlichungen über die Beratungen der Kommission für die zweite Lesung des Civilgesetzbuchs-Entwurfs, Bd. 1, 1894–1896

Nr. 4088–4089 Protokolle der Kommission zur zweiten Lesung des Civilgesetzbuch-Entwurfs, 1890–1892, Bd. 1–Bd. 2

Nr. 4428 Eingaben in ehrengerichtlichen Angelegenheiten, Bd. 1, 1900–1934

Nr. 5276–5278 Die Strafprozessordnung, Bd. 5–7, 1876 bis 1905

Nr. 5750–5754 Das deutsche Strafgesetzbuch – nach der Revision von 1876, Bd. 2 bis 6, 1879 bis 1899

Nr. 6350–6352 Das Urheberrecht an Schriftwerken etc., 1890–1899

Nr. 6385 Der Parcifalschutz, Schutz des Werkes Richard Wagners, 1912–1933

Nr. 6395–6397 Die internationale Vereinbarung über den Schutz des Urheberrechts, 1889–1897, Bd. 3 bis 5

Nr. 6840–6843 Die Verfassungs-Angelegenheiten des Fürstentums Lippe (einschl. die Thronfolgefrage), Bd. 1–4, 1867–1905

Nr. 6845 Äußerungen der Presse zur Thronfolge in Lippe-Detmold, 1904 bis 1905, Bd. 2

Nr. 7143 Die Staatshoheit in den Küstengewässern, 1877 bis 1900, Bd. 1

Nr. 7572 Die Exterritorialität der Gesandten und Bundesrathsmitglieder, 1873 bis 1897, Bd. 1

Nr. 7603 Die Rechte der fremden Konsuln im Deutschen Reich und in anderen Staaten, 1877 bis 1898

Nr. 7630 Consulargerichtsbarkeit in Japan, 1874 bis 1895, Bd. 1

Nr. 8107–8112 Die Civilprozessordnung, 1878–1897, Bd. 7 bis Bd. 12

Nr. 8127–8128 Äußerungen der Justizverwaltungen auf das Rundschreiben vom 1. Dezember 1883 – No 2376 – bei der Revision der Zivilprozessordnung, Bd. 1 und 2, 1882

Nr. 8152 Ausnahmebestimmungen wegen der Revisiblität gem. § 6 des Einführungsgesetzes zur Civilprozessordnung, 1880–1933

Nr. 8219–8220 Die Haager Konferenzen 1893 und 1894 über einige Fragen des internationalen Privatrechts, 1893–1899, Bd. 1 und 2

Nr. 8222 Die dritte Haager Konferenz über internationales Privatrecht, 1897–1902, Bd. 1

III) Akten zur Entscheidung im lippischen Erbfolgestreit, R 3004

Nr. 18 Darstellung des Tatbestandes in dem auf Grund des Schiedsvertrages vom 5./8. November 1904 zu entscheidenden Streit über die Regierungsnachfolge im Fürstentum Lippe. Leipzig, den 29. April 1905.

Nr. 19 Gutachten des ersten Berichterstatters in dem vom Schiedsgericht zu entscheidenden Rechtsstreite über die Thronfolge im Fürstentum Lippe. Leipzig, den 8. Mai 1905.

Nr. 20 Gutachten des zweiten Berichterstatters in dem vom Schiedsgericht zu entscheidenden Rechtsstreite über die Thronfolge im Fürstentum Lippe. Leipzig, den 20. Juni 1905.

Nr. 21 Nachtrag zum Gutachten des zweiten Berichterstatters in dem vom Schiedsgericht zu entscheidenden Rechtsstreit über die Thronfolge im Fürstentum Lippe. Leipzig, den 18. September 1905.

Nr. 22 Schiedsspruch in dem Rechtsstreit über die Thronfolge im Fürstentum Lippe vom 25. Oktober 1905

Nr. 23 Konzepte (Umdruck) von Verfügungen und Beschlüssen in der lippischen Thronstreitsache 1904/1905

Nr. 24 Darstellung des Thatbestandes in dem vom Schiedsgerichte zu entscheidenden Rechtsstreite über die Thronfolge im Fürstenthum Lippe.

Nr. 25 Akten betreffend den lippischen Thronfolgestreit (Schriftwechsel zwischen dem Staatssekretär A. Nieberding und dem Präsidenten des Reichsgerichts Dr. Gutbrod)

Nr. 26 Die schiedsrichterliche Erledigung des Streits über das Recht zur Regierungsnachfolge im Fürstentum Lippe, 1904–1905, Bd. 1

Nr. 27 Akten betr. die schiedsrichterliche Erledigung des Streits über das Recht zur Regierungsnachfolge im Fürstentum Lippe, April–September 1905

Beilageheft – Sachdarstellung, 2 Gutachten und Nachtrag

IV) Akten der alten Reichskanzlei, R 43

Nr. 694 Das Reichsgericht, 1904–1918, Bd. 1

Nr. 695 Die Präsidenten, 1902–1915, Bd. 1

Nr. 1685 Fürstentum Lippe, 1895–1899, Bd. 1

V) Akten der neuen Reichskanzlei, R 43 I

Nr. 1211 Reichsgericht, Oberlandesgerichte, Land- u. Amtsgerichte Bd. 1, 1919–1926

Nr. 3627 Personalsachen des Geheimen Oberregierungsrats Freiherrn von Wilmowski

VI) Akten aus den Beständen des Ehrengerichtshofs, R 3005 – Nr., Entscheidungsjahr

Nr. 687 Verfahren gegen Paul Eisermann, 1904

Nr. 707 Verfahren gegen Karl Meng, 1905

Nr. 709 Verfahren gegen Gustav Eßlinger (II), 1905

Nr. 712 Verfahren gegen Franz Heller, 1905

Nr. 729 Verfahren gegen Hermann Cohén, 1906

Nr. 731 Verfahren gegen Hans Otto Leonhardt, 1905

Nr. 740 Verfahren gegen Hermann Cohén, 1906

Nr. 742 Verfahren gegen Karl Adolf Alwin Höffer, 1906

Nr. 772 Verfahren gegen Dr. Alfred Kuno Enderlein, 1906

Nr. 774 Verfahren gegen Karl Emundts, 1907

Nr. 780 Verfahren gegen Hermann Cohén, 1907

Nr. 782 Verfahren gegen Otto Föhr, 1907

Nr. 785 Verfahren gegen Johannes Granier, 1907

Nr. 792 Verfahren gegen Hermann Cohén, 1907

Nr. 793 Verfahren gegen Max Schröder, 1907

Nr. 794 Verfahren gegen August Hassenstein, 1907

Nr. 798 Verfahren gegen Carl Becker, 1909

Nr. 820 Verfahren gegen Ludwig Wallensteiner, 1907

Nr. 821 Verfahren gegen Gustav Leipziger, 1908

Nr. 827 Verfahren gegen Siegfried Heidenfeld, 1908

Nr. 833 Verfahren gegen Arnold Assmann, 1907

Nr. 838 Verfahren gegen Ludwig Rosenthal, 1908

Nr. 840 Verfahren gegen Wilhelm Reinold, 1908

Nr. 841 Verfahren gegen Erich Brunnemann, 1908

Nr. 849 Verfahren gegen Max Lichtenstein, 1908

Nr. 858 Verfahren gegen Friedrich Reisert, 1908

Nr. 867 Verfahren gegen Hermann Cohén, 1909

Nr. 869 Verfahren gegen Karl Liebknecht, 1908
Nr. 882 Verfahren gegen Leonhard Wilhelm Orth, 1909
Nr. 886 Verfahren gegen Ludwig Rosenthal, 1910
Nr. 895 Verfahren gegen Stanislaus Moczynski, 1910
Nr. 910 Verfahren gegen Karl Adolf Alwin Höffer, 1910
Nr. 923 Verfahren gegen Wilhelm Klinkhammer, 1910
Nr. 930 Verfahren gegen Gustav Eßlinger (II), 1910
Nr. 945 Verfahren gegen Paul Eisermann, 1911
Nr. 948 Verfahren gegen Theodor Schneider, 1910
Nr. 955 Verfahren gegen Franz Stryck, 1910
Nr. 966 Verfahren gegen Wilhelm Dannheim, 1910
Nr. 1009 Verfahren gegen Willy Wachter, 1911
Nr. 1015 Verfahren gegen Hans Soldan, 1911
Nr. 1022 Verfahren gegen Oskar Adolph Gobert, 1911
Nr. 1032 Verfahren gegen Gustav Eßlinger (II), 1912
Nr. 1037 Verfahren gegen Karl Liebknecht, 1914
Nr. 1040 Verfahren gegen Wolfram Friedemann, 1912
Nr. 1078 Verfahren gegen Gustav Leipziger, 1912
Nr. 1083 Verfahren gegen Oskar Gobert, 1914
Nr. 1138 Verfahren gegen Oskar Gobert, 1913
Nr. 1152 Verfahren gegen Alfred Kuno Enderlein, 1913
Nr. 1234 Verfahren gegen Paul Theodor Siegert, 1914
Nr. 1268 Verfahren gegen Hermann Wiegand, 1915
Nr. 1270 Verfahren gegen Fritz Böckel, 1915
Nr. 1290 Verfahren gegen Karl Moritz Goldmann, 1915
Nr. 1319 Verfahren gegen Victor August Alfred Schissele, 1916
Nr. 1321 Verfahren gegen Georg Burger, 1916
Nr. 1609 Verfahren gegen Paul Eisermann, 1923

VII) Urteile des Kaiserlichen Disziplinarhof, R 1503

Nr. 246–324, diverse Urteile

B) Akten aus dem Bestand des Geheimen Staatsarchivs Preußischer Kulturbesitz in Berlin, GStA PK, Rep. Nr., Blattangabe

I) Akten des Preußischen Staatsministeriums, I. HA, Rep. 90 A Staatsministerium, Jüngere Registratur

Nr. 861 Der Präsident und die Mitglieder des kaiserlichen Reichsdisziplinarhofs (Reichsdienststrafhofs)

Nr. 2030 Die Landwehrdienstauszeichnung, Bd. 2 1842 bis 1919

Nr. 2064 Die Verleihung der einzelnen Klassen des Roten Adler-Ordens und des königl.(ichen) Kronenordens bis zum Stern (einschl.), insbesondere die dabei zu beachtende Stufenfolge, Bd. 2, 1909 bis 1918

Nr. 2119 Die Ordensverleihungen zum Krönungs- und Ordensfeste 1907

Nr. 2337 Die allgemeinen Vorschriften und Grundsätze für die Anstellung und Beförderung der Beamten, Bd. 2 1861–1920

Nr. 2660 Die Verleihungen des Verdienstkreuzes für Kriegshilfe, Januar–März 1917

Nr. 3446–3449 Die Sitzungen des Staatsministeriums Bd. 1898–1899, Bd. 1900 – März 1902, Bd. April 1902–Juli 1904, Bd. August 1904–1906

Nr. 4734/1 Thronfolgestreit im Fürstentum Lippe, Bd. 2 1898–1916

II) Akten des Preußischen Staatsministeriums, I. HA, Rep. 90 Staatsministerium Annex F (Disziplinarsachen) und H (Zwangspensionierungen)

Diverse Akten

III) Akten des preußischen Justizministeriums, I. HA, Rep. 84 a

Nr. 3258 Die Konfessions-Verhältnisse der höheren Justizbeamten, Bd. 1, 1871/72

Nr. 11812 Das deutsche Reichsgericht, Bd. 1, 1874–1879

Nr. 11821 Äußerungen der Presse über das Reichsgericht, 1910–1932

Nr. 11825 Die Besetzung des Reichsgerichts, Bd. 4, 1902–1907

Nr. 45973 Die Lehnsverhältnisse der Freiherrn von Seckendorff'schischen Familie in Betreff des Majorats Meuselwitz, 1841–1926

IV) Akten des Königlichen Geheimen-Civilkabinets, I. HA jüngere Periode, Rep. 89

Nr. 27 Das Staatsministerium und das bei demselben angestellte Personal, Bd. 3, 1873 bis 1909

Nr. 1888 Titel-, Rang-, Ordens-Verleihungen sowie sonstige persönliche Angelegenheiten im Bereiche des Reichs-Justizamts, Mappe I, 1916–1918

Nr. 3715 Gebäude des Staatsministeriums (Staatsrat, Staatssekretariat, Oberexaminationskommission, 1838–1907

Nr. 3947 Der Disziplinar-Hof in Leipzig und die Disziplinarkammern für die Dienstvergehen der Reichsbeamten, Bd. 2, 1887–1903

Nr. 13416 Das Reichsamt des Innern und dessen Personal, Bd. 2, 1878–1888

Nr. 16854–16855 Das Reichs-Justizamt, Bd. 1 und 2, 1875–1918

Nr. 16857 Das Geheime Ober-Tribunal zu Berlin und das dabei angestellte Personal, Bd. 2 1854–1871

Nr. 16872–16879 Das Reichsgericht und sein Personal, 8 Bände, 1877–1915

Nr. 17284 betr. den rheinischen Appellations-Gerichtshof zu Cöln und dessen Personale, Bd. 1, 1832–1879

Nr. 17471 Die Justizbehörden und deren Personal in Elsaß-Lothringen, Bd. 1 1871–1879

V) Akten zur Entscheidung im lippischen Erbfolgestreit, VI. HA, FA Unruh

Nr. 13 Entwurf zum Schiedsspruch über die Thronfolge im Fürstentum Lippe vom 25. Oktober 1905

C) Archivalien aus dem Bestand des Stadtgeschichtlichen Museums Leipzig, SGM, Inventarnummer

Nr. A/39/2008 IG 425 „Gäste in alter und neuer Zeit“ (Werbedruck) um 1920 von Paul Daehne

Nr. MT/36/2005 und MT/35/2005 (Hagedornsammlung) „Aufruf zu einer einmütigen Willenskundgebung des deutschen Volkes zur Durchführung des letzten Willens Richard Wagners.“ (Parsifalschutz)

Nr. 81 (Sammlung Losse) Gesellschaftsordnung der Harmonie vom 1. April 1921

Nr. 914 (Sammlung Losse) Vorlesungsverzeichnis zum Sommersemester 1909

RW 161 Nr. 1–3 Bayreuther Taschenbuch mit Kalendarium für das Jahr 1889, weitere Jahrgänge 1892, 1893 (Sammlung zu Richard Wagner)

RW 259g Rp. 38.33 Richard Wagner Verband Dt. Frauen Ortsgruppe Leipzig (Sammlung zu Richard Wagner)

Nr. IM 96 Fünfzehnter Deutscher Juristentag zu Leipzig 1880

Nr. I A 930 a Leipziger Kriegschronik, Die Preise für Lebensmittel und Ratsverordnungen seit Ausbruch des Weltkrieges (Stand Juni 1916)

Nr. I B 327 Offizielle Festzeitung Nr. 1 (zum Universitätsjubiläum)

D) Akten aus dem Bestand des Stadtarchiv Leipzig, Stadtarchiv Leipzig, Bestandsangabe

StVuR (1)	**Nr. 1050** Stadtverordnetenversammlung, Rat der Stadt Leipzig, Beschlüsse 1–25, Beschlussvorlage Nr. 23
Kap. 8	**Nr. 1** Die Erteilung des Ehrenbürgerrechts Bd. 1–3, 1831–1936
Kap. 36 S	**Nr. 171** Stiftung für Museen, Stadtverschönerung usw. (nicht rechtsfähig), 1926–1949
Kap. 71	**Nr. 30** Die Feierlichkeiten aus Anlaß der Grundsteinlegung für das Reichsgerichtsgebäude am 31. October 1888
	Nr. 47 Feierlichkeiten aus Anlaß der Grundsteinlegung zum neuen Rathause 1899
	Nr. 54 Beiheft 1, Rathaus-Einweihungsfeier, Einladungen zum Festmahl, erster Tag, Bd. 1, 1905
	Nr. 63 Die Einweihung des Völkerschlachtdenkmals am 18. Oktober 1913 Bd. 2, sowie Beiheft 3 (Frühstück im Rathhaus)
	Nr. 70 Die Klinger-Gedächtnisfeier, 1920
Kap. 72	**Nr. 22** Krieg 1914, Der Landesausschuss für Kriegshilfe
	Nr. 39 Krieg 1914, den Landesverein vom Roten Kreuz, den Zweigverein Leipzig vom Roten Kreuz, und den Leipziger Verband für Armenpflege und Wohltätigkeit (Kriegsnotspende) betreffend, (verschiedene Bände und Beihefte)
	Nr. 68 Krieg 1914/17, Der Reichsverband Ostpreußenhilfe
Kap. 75 A	**Nr. 71** Internationale Baufach-Ausstellung Leipzig 1913, Bd. 1
	Nr. 73 Die Jahresausstellung der bildenden Künstler Leipzigs, Bd. 1, 1911
	Nr. 74 Die internationale Ausstellung für Buchgewerbe und Graphik in Leipzig 1914, Bd. 1
	Nr. 77 Die internationale Baufach-Ausstellung mit Sonderausstellungen Leipzig 1913

E) Akten aus dem Thüringischen Staatsarchiv Altenburg – Familienarchiv Seckendorff, ThStA, FA Seckendorff

Nr. 1595 Autobiographie des Reichsgerichtspräsidenten Rudolph von Seckendorff, 1922

Nr. 1597 den Tod des Reichsgerichtspräsidenten Rudolf von Seckendorff betr. 1932 (1936)

F) Zeitschriften etc. – Name, Nummer, Datumsangabe (soweit ermittelbar)

I) Münchener Neueste Nachrichten, MNN

vom 19. September 1893

vom 15. Oktober 1893

II) Leipziger Volkszeitung, LVZ

Nr. 102 vom 5. Mai 1905

Nr. 119 vom 25. Mai 1905

Nr. 249 vom 26. Oktober 1905

Nr. 240 vom 15. Oktober 1907

Nr. 234 vom 8. Oktober 1908

Nr. 237 vom 12. Oktober 1908

Nr. 238 vom 13. Oktober 1908

Nr. 256 vom 2. November 1918

Nr. 276 vom 27. November 1918

Nr. 282 vom 4. Dezember 1918

Nr. 7 vom 10. Januar 1919

Nr. 9 vom 13. Januar 1919

Nr. 226 vom 8. Oktober 1919

Nr. 214 vom 11. September 2008

III) Leipziger Neueste Nachrichten, LNN

Nr. 74 vom 15. März 1903

Nr. 250 vom 9. September 1903

Nr. 19 vom 19. Januar 1904

Nr. 108 vom 18. April 1905

Nr. 124 vom 5. Mai 1905
Nr. 142 vom 23. Mai 1905
Nr. 143 vom 24. Mai 1905
Nr. 147 vom 28. Mai 1905
Nr. 153 vom 3. Juni 1905
Nr. 161 vom 11. Juni 1905
Nr. 298 vom 27. Oktober 1905
Nr. 281 vom 10. Oktober 1907
Nr. 333 vom 1. Dezember 1907
Nr. 349 vom 17. Dezember 1907
Nr. 282 vom 11. Oktober 1908
Nr. 284 vom 13. Oktober 1908
Nr. 318 vom 17. November 1908
Nr. 98 vom 7. April 1912
Nr. 27 vom 28. Januar 1913
Nr. 302 vom 31. Oktober 1914
Nr. 337 vom 5. Dezember 1915
Nr. 315 vom 13. November 1918
Nr. 321 vom 19. November 1918
Nr. 326 vom 24. November 1918
Nr. 332 vom 30. November 1918
Nr. 335 vom 3. Dezember 1918
Nr. 337 vom 5. Dezember 1918
Nr. 3 vom 3. Januar 1919
Nr. 9 vom 10. Januar 1919
Nr. 10 vom 11. Januar 1919
Nr. 14 vom 15. Januar 1919
Nr. 37 vom 8. Februar 1919
Nr. 39 vom 10. Februar 1919
Nr. 41 vom 12. Februar 1919
Nr. 58 vom 12. März 1919
Nr. 118 vom 12. Mai 1919
Nr. 142 vom 5. Juni 1919
Nr. 266 vom 8. Oktober 1919

Nr. 276 vom 18. Oktober 1919
Nr. 281 vom 23. Oktober 1919
Nr. 284 vom 26. Oktober 1919
Nr. 348 vom 30. Dezember 1919
Nr. 88 vom 29. März 1929
Nr. 272 vom 29. September 1929
Nr. 275 vom 2. Oktober 1929
Nr. 268 vom 24. September 1932
Nr. 269 vom 25. September 1932
Nr. 328 vom 23. November 1932

IV) Leipziger Tageblatt, LTgBl.

Nr. 1 vom 1. Januar 1886
Nr. 3 vom 3. Januar 1886
Nr. 529 vom 1. November 1895
Nr. 340 vom 8. Dezember 1909

V) Vossische Zeitung

Nr. 216 vom 29. April 1915

VI) Neue Leipziger Zeitung, NLZ

Nr. 206 vom 28. Juli 1927
Nr. 269 vom 25. September 1932
Nr. 328 vom 23. November 1932
Nr. 329 vom 24. November 1932

VII) Illustrirte Zeitung

Band 124, Nr. 3231, S. 838

VIII) Justiz Ministerial-Blatt für die Preußische Gesetzgebung und Rechtspflege 1853

Nr. 5 vom 28. Januar 1853

G) Verwendete Literatur

Anonym, Veränderungen im Reichsjustizdienste, in: DJZ 1903, S. 492–493.

Anonym, Zum Tode des Reichsgerichtspräsidenten, in: DJZ 1905, Sp. 442–443.

Anonym, Freiherr von Seckendorff, Reichsgerichts-Präsident, in: DJZ 1905, Sp. 537.

Anonym, Schiedsspruch über den Lippischen Thronstreit, in: DJZ 1906, Sp. 61–63.

Anonym, Zum 70. Geburtstag des Präsidenten des Reichsgerichts, in: DJZ 1914, Sp. 1281–1282.

Anonym, Zum 50jährigen Dienstjubiläum des Präsidenten des Reichsgerichts, in: DJZ 1915, Sp. 1103–1104.

Anonym, Zum 75. Geburtstag des Reichsgerichtspräsidenten Dr. Freiherr v. Seckendorff, in: DJZ 1919, Sp. 909–910.

Anonym, Personalien, in: DJZ 1932, Sp. 1276.

[jeweils zitiert: Anonym, DJZ]

Anonym, Aus dem Rechtsleben, in: Das Recht, 1905, S. 305–306 [zitiert: Anonym, Das Recht].

Anonym, Zum Geburtstag des Reichsgerichtspräsidenten Dr. Freiherr von Seckendorff, in: JW 1914, S. 993.

Anonym, Grundlegende Entscheidungen, in: JW 1915, S. 821–824.

Anonym, 50jähriges Jubiläum des Präsidenten des Reichsgerichts Freiherr von Seckendorff, in: JW 1915, S. 1229.

Anonym, Bericht über die Anwaltschaft Berlin, in: JW 1918, S. 759–760.

[jeweils zitiert: Anonym, JW]

Anker, Josef: Die Militärstrafgerichtsordnung des Deutschen Reiches von 1898 Entwicklung, Einführung und Anwendung, dargestellt an der Auseinandersetzung zwischen Bayern und Preußen, Reihe III Geschichte und ihre Hilfswissenschaften, Bd. 633, Frankfurt am Main 1995 [zitiert: Anker, Militärstrafgerichtsordnung].

Arnold, Hermann Oskar Alex: Umschau. Dr. Rudolf Freiherr von Seckendorff, in: Deutsche Richterzeitung, 1932, S. 340–341 [zitiert: Arnold, DRiZ].

Axhausen, Paul: Die Rechtsanwaltschaft am Reichsgericht, in: Fünfzig Jahre Reichsgerichts, S. 206–219 [zitiert: Axhausen, Rechtsanwaltschaft].

Bartels-Ishikawa, Anna: Der Lippische Thronfolgestreit, Eine Studie zu verfassungsrechtlichen Problemen des Deutschen Kaiserreichs im Spiegel der zeitgenössischen Staatsrechtswissenschaft, Rechtshistorische Reihe, Band 128, 1995 [zitiert: Bartels-Ishikawa, Thronfolgestreit].

Boethke, Hermann Wilhelm: Das Reichsgericht. Zur 25jährigen Gedenkfeier der Errichtung des Reichsgerichts, in: DJZ 1904, Sp. 875–880 [zitiert: Boethke DJZ].

Berlin-Brandenburgische Akademie der Wissenschaften [Hrsg.]: ACTA BORUSSICA, Neue Folge, Die Protokolle des Preußischen Staatsministeriums, Bd. 8 I und II (21. März 1890–9. Oktober 1900) 2003, bearbeitet von Hartwin Spenkuch, Bd. 9 (23. Oktober 1900–13. Juli 1909) 2001 und Bd. 10 (14. Juli 1909 bis 11. November 1918) 1999, bearbeitet jeweils von Reinhold Zilch [zitiert: ACTA BORUSSICA, Neue Folge, Bd.].

Broh, N.N.: Der Ehrengerichtshof der deutschen Rechtsanwälte, in: JW 1913, S. 783–785 [zitiert: Broh, JW].

Biggeleben, Christof: Das „Bollwerk des Bürgertums", Die Berliner Kaufmannschaft 1870–1920, München 2006. Schriftenreihe zur Zeitschrift für Unternehmensgeschichte, Band 17 [zitiert: Biggeleben, Kaufmannschaft].

Binder, Birgit: Otto Bähr (1817–1895). Richter von universellem Geist, Mittler zwischen Dogmatik und Praxis, Frankfurt am Main 1983 [zitiert: Binder, Otto Bähr (1817–1895)]

Binding, Karl: Die Feier des Fünfhundertjährigen Bestehens der Universität Leipzig, Amtlicher Bericht im Auftrage des akademischen Senates erstattet von Karl Binding, Leipzig 1910 [zitiert: Binding, Fünfhundertjähriges Bestehen der Universität Leipzig].

Bitter, Franz u.a.: Reichsgericht, in: JW 1915, S. 778–801 [zitiert: Bitter, JW]

Bozi, Alfred: Am Wendepunkt des Rechts, in: Gruchot Band 60 (1916), S. 95–113 [zitiert: Bozi, Gruchot, Bd. 60, S.].

Braun, Rudolf: Konzeptionelle Bemerkungen zum Obenbleiben: Adel im 19. Jahrhundert, in: Hans Ulrich Wehler (Hrsg.), Europäischer Adel 1750–1950, S. 87–95, Göttingen 1990 [zitiert: Braun, Konzeptionelle Bemerkungen]

Brockhaus' Conversations-Lexikon: Mehrere Bände, 13. Aufl. 1886 [zitiert: Brockhaus, Bd., S.].

Bundesministerium für Ernährung, Landwirtschaft und Verbraucherschutz (Hrsg.): Wilhelmstr. Nr. 54

Der Berliner Dienstsitz des BMELV. Ein Haus – mehr als 100 Jahre Geschichte, 2013 [zitiert: Bundesministerium für Ernährung, Der Berliner Dienstsitz des BMELV].

Buschmann, Arno: 100 = Jahre Gründungstag des Reichsgerichts, in: NJW 1979, S. 1966–1973 [zitiert: Buschmann, NJW] ders. Reichsgericht und Bundesgerichtshof, in: Eduard von Simson (1810–1899). „Chorführer der Deutschen“ und erster Präsident des Reichsgerichts, herausgegeben von Bernd-Rüdiger Kern und Klaus-Peter Schroeder, Forum Juristische Zeitgeschichte Band 10, Baden-Baden, 2001, S. 132–164 [zitiert: Buschmann, Reichsgericht]

Carsten, Francis L.: Der preußische Adel und seine Stellung in Staat und Gesellschaft bis 1945, in: Hans Ulrich Wehler (Hrsg.), Europäischer Adel 1750–1950, S. 112–125, Göttingen 1990 [zitiert: Carsten, Preußischer Adel]

Conze, Eckart, **Wienfort**, Monika (Hrsg.): Adel und Moderne. Deutschland im europäischen Vergleich im 19. und 20. Jahrhundert, Köln Weimar Wien 2004 [zitiert: Conze/Wienfort, Adel und Moderne]

Czok, Karl: Leipzig und das Reichsgericht, in: Residenzen des Rechts, S. 77–86, Stadt in der Geschichte, Veröffentlichungen des Südwestdeutschen Arbeitskreises für Stadtgeschichtsforschung, Band 19, Sigmaringen 1993 [zitiert: Czok, Leipzig und das Reichsgericht].

Danz, Erich: Die Auslegung der Formvorschriften in der reichsgerichtlichen Rechtsprechung, in: JW 1914, S. 665–665 [zitiert: Danz, JW].

Degener, Herrmann A. L. [Hrsg.]: „Wer ist's“. Zeitgenossenlexikon. Ausgaben IV und IX. Leipzig 1909, 1928. [zitiert: „Wer ist's“].

Deutscher Juristentag: Fünfzehnter Deutscher Juristentag zu Leipzig 1880 (ebenfalls: Stadtgeschichtliches Museum Leipzig, I M 96) [zitiert: Fünfzehnter Deutscher Juristentag zu Leipzig 1880].

Diamant, Adolf: Chronik der Juden in Leipzig. Aufstieg, Vernichtung und Neuanfang. Verlag Heimatland Sachsen GmbH Chemnitz, Chemnitz Leipzig 1993 [zitiert als: Diamant, Chronik der Juden in Leipzig].

Dittenberger, N.N.: Der Etat der Reichsjustizverwaltung im Reichstage, in: JW 1913, S. 255–257

ders. Lex Parsifal?, in: JW 1913, S. 228–230 [jeweils zitiert: Dittenberger, JW].

Düringer, Adelbert**:** Universität und Reichsgericht, in: DJZ 1909, Sp. 871–878

ders. Zum Entwurf eines Gesetzes zur Entlastung des Reichsgerichts, in: DJZ 1910, Sp. 329–335 [jeweils zitiert: Düringer, DJZ].

Ebermayer, Erich: Das Reichsgericht vor 1933, in: Prisma 1947, Heft 11, S. 21–25 [zitiert als: E. Ebermayer, Das Reichsgericht].

Ebermayer, Ludwig: Fünfzig Jahre Dienst am Recht, Erinnerungen eines Juristen Leipzig, Zürich1930 [zitiert: L. Ebermayer, Fünfzig Jahre Dienst am Recht].

Endemann, Friedrich: Das eigenhändige Testament im Lichte der Praxis, in: DJZ 1914, Sp. 22–25.

ders. Das Testament im Briefe, in: DJZ 1916, Sp. 32–39 [zitiert jeweils: Endemann, DJZ].

Engelmann, Bernt: Die unsichtbare Tradition, Richter zwischen Recht und Macht 1779–1918

Ein Beitrag zur Geschichte der deutschen Strafjustiz von 1779–1918, Pahl-Rugenstein 1988 [zitiert: Engelmann, Richter zwischen Recht und Macht].

Falk, Ulrich; **Mohnhaupt**, Heinz (Hrsg.): Das Bürgerliche Gesetzbuch und seine Richter

Zur Reaktion der Rechtsprechung auf die Kodifikation des deutschen Privatrechts (1896–1914), Veröffentlichungen des Max-Planck-Instituts für Europäische Rechtsgeschichte Bd. 14, Frankfurt am Main, 2000 [zitiert als: Falk/Mohnhaupt (Hrsg.), Das Bürgerliche Gesetzbuch].

Finkenauer, Thomas: Das entstehungsgeschichtliche Argument als Etikettenschwindel, in: Falk/Mohnhaupt (Hrsg.), Das Bürgerliche Gesetzbuch, S. 305–317 [zitiert: Finkenauer, Etikettenschwindel].

Florstedt, Renate (Hrsg.): Leipzig musikalisch. Glanzvolle Vergangenheit und spannende Gegenwart einer lebendigen Musikszene. Im Auftrag des Fördervereins „BlickPunktBuch e.V.“, Leipzig, München 2000 [zitiert: Florstedt, Leipzig musikalisch].

Friedrich, Manfred: „Laband, Paul“, in: Neue Deutsche Biographie 13 (1982), S. 362–363 [Onlinefassung] [zitiert: Friedrich, Laband]

Friedt, Gerd: Ein Bewahrer seines Glaubens, Hirsch Löwenwarter aus Dülmen im Staate Münster und seine Nachkommen, in: Dülmener Heimatblätter, 57. Jahrgang 2010, Heft 1, S. 20–35 [zitiert: Friedt, Nachkommen].

Fuchs, Ernst: Die soziologische Rechtslehre. Eine Erwiderung, in: DJZ 1910, Sp. 283–288 [zitiert: Fuchs, DJZ].

Füßler, Heinz (Hrsg.): Leipziger Universitätsbauten

Die Neubauten der Karl-Marx-Universität seit 1945 und die Geschichte der Universitätsgebäude, VEB Bibliographisches Institut Leipzig, 1961 [zitiert: Füßler, Leipziger Universitätsbauten].

Gaertringen, Friedrich Frhr. Hiller von: Monarchismus in der deutschen Republik, in: Stürmer (Hrsg.) Die Weimarer Republik, 3. Auflage 1993, S. 254–271 [zitiert: Gaertringen, Monarchismus in der deutschen Republik].

Garbe, Bernd: Chronik, in: Das Reichsgericht, Begleitbuch zur Ausstellung 100 Jahre Reichsgerichtsbau zu Leipzig vom 27. Oktober 1995 bis 28. Januar 1996 im Plenarsaal des ehemaligen Reichsgerichtsgebäudes, herausgegeben vom Stadtgeschichtlichen Museum Leipzig, 1995, S. 150–168 [zitiert: Garbe, Chronik].

Gehrlein, Markus: Franz Schäfer. Ein Juristenleben vom Kaiserreich bis zum Bonner Grundgesetz. Karlsruhe 2010 [zitiert: Gehrlein, Schäfer Juristenleben].

Georg, Heinz: Leipzig und die Leipziger, Leute.Dinge.Sitten.Winke. Leipzig 1906 [zitiert: Georg, Leipzig und die Leipziger].

Glaser, N.N.: Ist für das eigenhändige Testament Namensunterschrift erforderlich?, in: DJZ 1906, Sp. 646–649 [zitiert als: Glaser, DJZ].

Glöckner, Hans Peter: Positive Vertragsverletzung. Die Geburt eines Rechtsinstituts. Rechtshistorische Reihe, Bd. 302, Frankfurt am Main 2006 [zitiert: Glöckner, Positive Vertragsverletzung]

Golsong, Christoph: Der Kölner Kommunistenprozess von 1852 aus rechtshistorischer Sicht, Köln 1995 [zitiert: Golsong, Kommunistenprozess].

Grimm, Dieter: Das Reichsgericht in Wendezeiten, in: NJW 1997, S. 2719–2725 [zitiert: Grimm, NJW].

Gründer, Horst: Walter Simons als Staatsmann, Jurist und Kirchenpolitiker, Bergische Forschungen Band XIII; Herausgegeben im Auftrag des Bergischen Geschichtsvereins von Wolfgang Kölmann, Neustadt an der Aisch, 1975 [zitiert: Gründer, Walter Simons als Staatsmann, Jurist und Kirchenpolitiker].

Gutbrod, Karl: Das Leben von Karl Konrad von Gutbrod und seiner Frau Antonie, geb. Bareiß., Stuttgart 2006 [zitiert: Gutbrod, Lebensgeschichte].

Hachenburg, Max: Der 72. Band der Entscheidungen des Reichsgerichts in Zivilsachen, in: DJZ 1910, Sp. 938–945 [zitiert: Hachenburg, DJZ].

ders. Anmerkungen zu einer Entscheidung des Reichsgerichts, JW 1918, S. 550 [zitiert: Hachenburg, JW]

Haferkamp, Hans-Peter: Georg-Friedrich Puchta und die „Begriffsjurisprudenz“, Studien zur europäischen Rechtsgeschichte Bd. 171, Frankfurt 2004 [zitiert: Haferkamp, Puchta und die Begriffsjurisprudenz].

ders. Karl Adolph von Vangerow (1808–1870) Pandektenrecht und Mumienkultus, in: Zeitschrift für Europäisches Privatrecht 2008, S. 813–844 [zitiert: Haferkamp, ZEuP]

Hahn, C. [Hrsg.]: Die gesammten Materialien zu den Reichs-Justizgesetzen. Achter Band. Materialien zum Gesetz betr. Aenderungen der Civilprozeßordnung, Gerichtsverfassungsgesetz und Strafprozeßordnung, Berlin 1898 [zitiert: Hahn, Materialien ZPO].

Hainbuch, Dirk: Das Reichsministerium für Wiederaufbau 1919–1924

Die Abwicklung des Ersten Weltkrieges: Reparationen, Kriegsschäden-Beseitigung, Opferentschädigung und der Wiederaufbau der deutschen Handelsflotte. Zivilisationen und Geschichte, Band 46. Frankfurt am Main 2016 [zitiert: Hainbuch, Das Reichsministerium für Wiederaufbau].

Hartung, Fritz: Jurist unter vier Reichen, Berlin 1971 [zitiert: Hartung, Jurist unter vier Reichen]

Hattenhauer, Hans: Vom Reichsjustizamt zum Bundesministerium der Justiz Stellung und Einfluss der obersten deutschen Justizbehörde in ihrer 100jährigen Geschichte in: Vom Reichsjustizamt zum Bundesministerium der Justiz, Festschrift zum 100jährigen Gründungstag des Reichsjustizamtes am 1. Januar 1877, Köln 1977, S. 9–117 [zitiert: Hattenhauer, Reichsjustizamt].

Heck, Philipp: Was ist diejenige Begriffsjurisprudenz, die wir bekämpfen?, in: DJZ 1909, Sp. 1457–1461 [zitiert: Heck, DJZ].

Heidenreich, Frank: Arbeiterkulturbewegung und Sozialdemokratie in Sachsen vor 1933, Demokratische Bewegungen in Mitteldeutschland, Band 3, Weimar 1995 [zitiert: Heidenreich, Arbeiterkulturbewegung und Sozialdemokratie].

Heiland, Julius: Leipzig als Gross-Stadt, Seine gemeindepolitische und wirtschaftliche Entwicklung in den letzten 3 Jahrzehnten, Mit einem Nachtrag: Die Leipziger Revolutionswoche, Leipzig 1921, Stadtgeschichtliches Museum Leipzig, I A 732 a [zitiert: Heiland, Leipzig als Gross-Stadt].

Henne, Thomas: „Jüdische Richter“ am Reichsoberhandelsgericht und am Reichsgericht bis 1933, S. 142–155, in: Antisemitismus in Sachsen im 19. und 20. Jahrhundert, Ephraim Carlebach Stiftung/Sächsische Landeszentrale für politische Bildung (Hg.), 2004 [zitiert: Henne, „Jüdische Richter“ am Reichsgericht].

ders. Gneist, Heinrich Rudolf Hermann Friedrich, in: Handwörterbuch zur deutschen Rechtsgeschichte, Bd. 2, 2. Aufl. 2012, Sp. 430–432 [zitiert: Henne, HRG Aufl. Bd. Sp.].

ders. „Seckendorff, Rudolf Freiherr von“, in: Neue Deutsche Biographie 24 (2010), S. 121 f. [Onlinefassung].

Herbe, Daniel: Hermann Weinkauff (1894–1981). Der erste Präsident des Bundesgerichtshofs. Beiträge zur Rechtsgeschichte des 20. Jahrhunderts, Bd. 55, Tübingen 2008 [zitiert: Herbe, Hermann Weinkauff (1894–1981)]

Heyen, E.V.: „Mayer, Otto“, in: Neue Deutsche Biographie 16 (1990), S. 550 ff. [Onlinefassung].

Honsell, Thomas: Historische Argumente im Zivilrecht, Ihr Gebrauch und ihre Wertschätzung im Wandel unseres Jahrhunderts, Abhandlungen zur rechtswissenschaftlichen Grundlagenforschung, Band 50, Ebelsbach 1982 [zitiert: Honsell, Historische Argumente].

Hoyer, Siegfried: Der Leipziger Bürgerausschuß. Messestädtische Bürgertum und revolutionäre Krise 1918/19 in: Leipziger Kalender 1999, S. 235–254 [zitiert: Hoyer, Der Leipziger Bürgerausschuss].

Kahl, Wilhelm: Anmerkungen zu einer Entscheidung des Reichsgerichts, in: JW 1917, S. 765–766 [zitiert: Kahl, JW].

Kaiser, Joseph u.a.: Vom Reichsgericht, in: JW 1913, S. 15–57 [zitiert: Kaiser, JW].

Kannowski, Bernd: §§ 831–839a, Unerlaubte Handlungen: Sondertatbestände, in: Schmoeckel, Rückert u.a. (Hrsg.), Historisch-kritischer Kommentar, Bd. 3, S. 2830–2912 [zitiert: Kannowski, Unerlaubte Handlungen]

Kaufmann, Arthur (Hrsg.): Gustav Radbruch, Gesamtausgabe, Bd. 14, Staat und Verfassung, Heidelberg 2002 [zitiert: Kaufmann, Gesamtausgabe Radbruch, Bd. 14].

Kern, Bernd-Rüdiger: Die Geschichte der Leipziger Juristenfakultät, in: Leipzig, Stadt der Rechtsprechung, Prozesse, Personen, Gebäude, Schriftenreihe des Sächsischen Staatsministeriums der Justiz Bd. 3, Dresden 1994, S. 53–84 [zitiert: Kern, Die Geschichte der Leipziger Juristenfakultät].

ders. Professor in Königsberg, Richter am Tribunal und Appellationsgericht, in: Eduard von Simson (1810–1899). „Chorführer der Deutschen" und erster Präsident des Reichsgerichts, herausgegeben von Bernd-Rüdiger Kern und Klaus-Peter Schroeder, Forum Juristische Zeitgeschichte Band 10, Baden-Baden, 2001, S. 26–43 [zitiert: Kern, Simson]

Klemmer, Markus: Gesetzesbindung und Richterfreiheit, Die Entscheidungen des Reichsgerichts in Zivilsachen während der Weimarer Republik und im späten Kaiserreich Fundamenta Juridica, Hannoversche Beiträge zur rechtswissenschaftlichen Grundlagenforschung, Bd. 30, Baden Baden 1996 [zitiert: Klemmer, Gesetzesbindung und Richterfreiheit].

Klenke, Dietmar: Die Paderborner „Harmonie-Gesellschaft" im 19. und frühen 20. Jahrhundert.

Lokale Elitenintegration im Spannungsfeld von liberalkonservativer Konsensbildung und konfessionellen Absonderungstendenzen, in: Mitteilungen des Vereins für Geschichte an der Universität Paderborn, Heft 17/2004, S. 5–82 [zitiert als: Klenke, Harmoniegesellschaft Paderborn].

Kiefner, Hans: Zur Divergenzjudikatur des Reichsgerichts auf dem Gebiet des Bürgerlichen Rechts (§§ 28 FGG, 79 GBO), in: Falk/Mohnhaupt (Hrsg.), Das Bürgerliche Gesetzbuch, S. 585–624 [zitiert: Kiefner, Zur Divergenzjudikatur des Reichsgerichts].

Kolbe, Dieter: Reichsgerichtspräsident Dr. Erwin Bumke, Studien zum Niedergang des Reichsgerichts und der deutschen Rechtspflege, Karlsruhe 1975 [zitiert: Kolbe, Reichsgerichtspräsident Dr. Erwin Bumke].

Kotowski, Georg: „Delbrück, Heinrich" in: Neue Deutsche Biographie 3 (1957), S. 578 f. [Online-Version].

Kötzschke, Richard: Hundert Jahre Paulus, Geschichte der Universitäts-Sängerschaft zu St. Pauli in Leipzig, 1822–1922, Leipzig 1922 [zitiert: Kötzschke, Hundert Jahre Paulus].

Koppel, N.N.: Testament auf einer Ansichtskarte?, in: DJZ 1916, Sp. 1071–1072 [zitiert: Koppel, DJZ].

Kroker, Ernst: „Die Gesellschaft Harmonie in Leipzig. 1776 bis 1926." Zum Hundertfünfzigjährigem Bestehen der Gesellschaft, bearbeitet von Professor Dr. Ernst Kroker, Leipzig 1926 [zitiert: Kroker, Die Gesellschaft Harmonie].

Kurlbaum, Alfred: Der Ehrengerichtshof für die deutschen Rechtsanwälte, in: Fünfzig Jahre Reichsgerichts, S. 70–102 [zitiert: Kurlbaum, Ehrengerichtshof].

Kühling, Karin, **Mundus**, Doris: Leipzigs Regierende Bürgermeister vom 13. Jahrhundert bis zur Gegenwart, Eine Übersichtsdarstellung mit biographischen Skizzen, Sax-Verlag Beucha, 2000 [zitiert: Kühling, Leipzigs Regierende Bürgermeister].

Lakenberg, Thomas: Kinder, Kranke, Küchenhilfen. Wie das Reichsgericht nach 1900 die Schutzwirkung von Verträgen zugunsten Dritter erweiterte. Köln Weimar Wien 2014 [zitiert: Lakenberg, Kinder, Kranke, Küchenhilfen]

Laschitza, Annelies: Die Liebknechts. Karl und Sophie – Politik und Familie, 1. Auflage, Berlin 2007 [zitiert: Laschitza, Die Liebknechts].

dies. unter Mitwirkung von Elke Keller

Karl Liebknecht, Eine Biographie in Dokumenten, Frankfurt/Main 1982 [zitiert: Laschitza, Karl Liebknecht].

Laudel, Heidrun: Das Reichsgerichtsgebäude in Leipzig – ein Werk des Späthistorismus, in: Leipzig, Stadt der Rechtsprechung Prozesse, Personen, Gebäude, Schriftenreihe des Sächsischen Staatsministeriums der Justiz Bd. 3, Dresden 1994, S. 85–120 [zitiert: Laudel, Das Reichsgerichtsgebäude in Leipzig].

Liebmann, Otto (Hrsg.): Fünfzigjahrfeier des Reichsgerichts, Verlag von Otto Liebmann, Verlag der Deutschen Juristenzeitung, Berlin 1929 [zitiert als: Fünfzigjahrfeier des Reichsgerichts].

Liebscher, Sabine: Hugo Vogel, in: Magdeburger Biographisches Lexikon, Onlinefassung [zitiert: Liebscher, Magdeburger Biographisches Lexikon, Artikelbezeichnung].

Lenel, Otto: Die Gefahren der Gelegenheitsgesetzgebung. Der neue § 833 des BGB, in: DJZ 1906 Sp. 626–630.

ders. Der 69. Band der Entscheidungen des Reichsgerichts in Zivilsachen, in: DJZ 1909, Sp. 621–625.

ders. Der 80. Band der Entscheidungen des Reichsgerichts in Zivilsachen, in: DJZ 1913, Sp. 881–885 [jeweils zitiert: Lenel, DJZ].

Lobe, Adolf [Hrsg.]: Fünfzig Jahre Reichsgericht am 1. Oktober 1929, Berlin und Leipzig 1929 [zitiert: Lobe, Fünfzig Jahre Reichsgericht].

ders. Die äußere Geschichte des Reichsgerichts, in: Fünfzig Jahre Reichsgericht, S. 1–19 [zitiert: Lobe, Die äußere Geschichte des Reichsgerichts].

ders. Der Disziplinarhof, in: Fünfzig Jahre Reichsgericht, S. 62–69 [zitiert: Lobe, Disziplinarhof].

ders. Die Rechtsprechung im Bürgerlichen Recht, in: Fünfzig Jahre Reichsgericht, S. 243–270 [zitiert: Lobe, Rechtsprechung im Bürgerlichen Recht].

Linnemann, Gerd: Klassenjustiz und Weltfremdheit, Deutsche Justizkritik 1890–1914, Kiel 1989 [zitiert: Linnemann, Klassenjustiz und Weltfremdheit].

Litten, Fritz: Zur Abänderung des § 833 des Bürgerlichen Gesetzbuches, in: DJZ 1905, Sp. 339–343 [zitiert: Litten, DJZ].

Luckemeyer, Ludwig: „Krause, Paul von“, in: Neue Deutsche Biographie 12 (1979), S. 708 f. [Onlinefassung].

Ludyga, Hannes: §§ 1564–1568b BGB – Ehescheidungsgründe, in: Schmoeckel, Rückert u.a. (Hrsg.), Historisch-kritischer Kommentar, Bd. 4, S. 841–893 [zitiert: Ludyga, Ehescheidungsgründe].

Luig, Klaus: Sammlung sämtlicher Erkenntnisse des Reichsgerichts in Zivilsachen. Inhalt sämtlicher und Wiedergabe von unveröffentlichten Entscheidungen zum Bürgerlichen Gesetzbuch, in: NJW 1993, 1905–1906 [zitiert: Luig, NJW].

Magnus, Julius: Der außerordentliche Anwaltstag in Leipzig, in JW 1907, 725–729.

ders. Nachruf auf Salomon Ganz, in: JW 1920, S. 317.

[jeweils zitiert Magnus, JW].

Medicus, Dieter, **Petersen**, Jens: Bürgerliches Recht, Eine nach Anspruchsgrundlagen geordnete Darstellung zur Examensvorbereitung, 26. Auflage 2017 [zitiert: Medicus, Bürgerliches Recht].

Mertens, Hans-Georg: „Pape, Heinrich Eduard“ in: Neue Deutsche Biographie 20 (2001), S. 45–46 [Online-Version].

Meyers Großes Konversations-Lexikon, Bd. 20. Leipzig 1909 [zitiert: Meyers Großes Konversations-Lexikon, Artikel: S.]

Michaelis, N.N.: Der 73. Band der Entscheidungen des Reichsgerichts in Zivilsachen, in: DJZ 1910, Sp. 1435–1440 [zitiert: Michaelis, DJZ].

Middell, Katharina: Leipziger Sozietäten im 18. Jahrhundert, Die Bedeutung der Soziabilität für die kulturelle Integration von Minderheiten, in: Neues Archiv für sächsische Geschichte, 69. Band, 1998, S. 125–157 [zitiert: Middell, Leipziger Sozietäten].

Morsey, Rudolf: Die oberste Reichsverwaltung unter Bismarck 1867–1890, Münster 1957 [zitiert als: Morsey, Oberste Reichsverwaltung].

ders. Zur Geschichte der obersten Reichsverwaltung im Wilhelminischen Deutschland (1890–1900), in: DVBl. 1971, S. 8–16 [zitiert: Morsey, DVBl.].

ders. Das Reichsjustizamt, in: Deutsche Verwaltungsgeschichte, Bd. 3, Stuttgart 1984, S. 155–156, Das Deutsche Reich bis zum Ende der Monarchie [zitiert: Morsey, Reichsjustizamt].

ders. Das geheime Zivilkabinett, in: Deutsche Verwaltungsgeschichte, Bd. 3, Stuttgart 1984, S. 164–165, Das Deutsche Reich bis zum Ende der Monarchie [zitiert: Morsey, Zivilkabinett].

ders. Das Reichsgericht, in: Deutsche Verwaltungsgeschichte, Bd. 3, Stuttgart 1984, S. 177–178, Das Deutsche Reich bis zum Ende der Monarchie [zitiert: Morsey, Reichsgericht].

Möllers, Thomas M.J., Juristische Methodenlehre, 3. Aufl. 2020 [zitiert: Möllers, Methodenlehre]

Museum für Geschichte der Stadt Leipzig in Zusammenarbeit mit der Sektion Geschichte der Karl-Marx-Universität Leipzig und dem Stadtarchiv Leipzig [Hrsg.] Jahrbuch zur Geschichte der Stadt Leipzig, 1978 [zitiert: Jahrbuch zur Geschichte der Stadt Leipzig].

Müller, Kai: Der Hüter des Rechts, Die Stellung des Reichsgerichts im Deutschen Kaiserreich 1879–1918, Hannoversches Forum der Rechtswissenschaften Band 4, Baden-Baden 1997 [zitiert: Müller, Der Hüter des Rechts].

Müller-Erzbach, Rudolf.: Rechtsfindung auf realer Grundlage, in: DJZ 1906, Sp. 1235–1238 [zitiert: Müller-Erzbach, DJZ].

Müller, v. Karl Alexander (Hrsg.): Fürst Chlodwig zu Hohenlohe- Schillingsfürst, Denkwürdigkeiten der Reichskanzlerzeit, Stuttgart Berlin 1931 [zitiert: v. Müller, Denkwürdigkeiten].

Münchener Kommentar zum Bürgerlichen Gesetzbuch, Band 2, 7. Aufl. 2016 [zitiert: Bearbeiter, in: Münchener Kommentar, §, Rdn.].

Muscheler, Karlheinz: Grundlagen der Erbunwürdigkeit, in: Zeitschrift für Erbrecht und Vermögensnachfolge, 2009, S. 58–62 [zitiert: Muscheler, ZEV]

Naucke, Wolfgang: Über die Zerbrechlichkeit des rechtstaatlichen Strafrechts, Materialien zur neueren Strafrechtsgeschichte, Juristische Zeitgeschichte, Abteilung I, Allgemeine Reihe, Bd. 4, Herausgegeben von Prof. Dr. Dr. Thomas Vormbaum, 2000 [zitiert: Naucke, Über die Zerbrechlichkeit des rechtstaatlichen Strafrechts].

Neumann, Richard: Die Reichsanwaltschaft, in: Fünfzig Jahre Reichsgericht, S. 148–206 [zitiert: Neumann, Reichsanwaltschaft].

Neumann, Hugo: Grundlegende Entscheidungen, in: JW 1907, S. 64; JW 1908, S. 120; JW 1910, 848; JW 1913, S. 64 [zitiert: Neumann, JW]

Nolte, Hermann: „Endemann, Friedrich“ in: Neue Deutsche Biographie 4 (1959), S. 491 [Onlinefassung].

Nörr, Knut Wolfgang: Zwischen den Mühlsteinen, Tübingen 1988 [zitiert: Nörr, Zwischen den Mühlsteinen].

Ogorek, Regina: Richterkönig oder Subsumtionsautomat? Zur Justiztheorie im 19. Jahrhundert, Frankfurt/Main 1986 [zitiert: Ogorek, Richterkönig oder Subsumtionsautomat?].

Ormond, Thomas: Richterwürde und Regierungstreue, Dienstrecht, politische Betätigung und Disziplinierung der Richter in Preußen, Baden und Hessen 1866 bis 1918, Frankfurt am Main, 1994, Studien zur Europäischen Rechtsgeschichte, Bd. 65 [zitiert: Ormond, Richterwürde und Regierungstreue].

Ostler, Fritz: „Die deutschen Rechtsanwälte 1871–1971“, Essen 1971 [zitiert: Ostler, Die deutschen Rechtsanwälte].

Palandt: Bürgerliches Gesetzbuch, 80. Auflage 2021 [zitiert: Bearbeiter, in: Palandt, Bürgerliches Gesetzbuch].

Petersdorff, Hermann von: Eduard von Simson, in: Allgemeine Deutsche Biographie, Bd. 54, S. 348–364, Leipzig 1908 [zitiert: Petersdorff, ADB Bd. S.].

Pilz, Hermann: Der neue Präsident des Reichsgerichts, in: Die Gartenlaube, S. 199, Leipzig 1891 [zitiert: Pilz, Der neue Präsident].

Presseausschuss der Jubiläumskommission [Hrsg.]: Offizielle Festzeitung zum 500järigen Jubiläum der Uni Leipzig, Herausgegeben vom Pressausschuss der Jubiläumskommission, erscheint in vier Nummern, Stadtgeschichtliches Museum Leipzig I B 327 [zitiert: Offizielle Festzeitung, Nr.].

Rauh, Manfred: Föderalismus und Parlamentarismus im Wilhelminischen Reich, Beiträge zur Geschichte des Parlamentarismus und der politischen Parteien, Bd. 47, Düsseldorf 1973 [zitiert: Rauh, Föderalismus].

Rechter, Gerhard: Die Seckendorff. Quellen und Studien zur Genealogie und Besitzgeschichte. Band 1: Stammfamilie mit den Linien Jochsberg und Rinhofen. Darstellungen aus der Fränkischen Geschichte Band 36, Neustadt an der Aisch 1987 [zitiert: Rechter, Die Seckendorff].

Reckling, Karola: Die Ansiedlung des Reichsgerichts und seine Gründung in Leipzig am 1. Oktober 1879, in: Das Reichsgericht, Begleitbuch zur Ausstellung 100 Jahre Reichsgerichtsbau zu Leipzig vom 27. Oktober 1995 bis 28. Januar 1996 im Plenarsaal des ehemaligen Reichsgerichtsgebäudes, herausgegeben vom Stadtgeschichtlichen Museum Leipzig, 1995, S. 24–36 [zitiert: Reckling, Die Ansiedlung des Reichsgerichts].

Reichold, Helmut: Der Streit um die Thronfolge im Fürstentum Lippe, 1895–1905, Schriften der historischen Kommission Westfalens, Bd. 6, 1967 [zitiert: Reichelt, Der Streit um die Thronfolge].

Reif, Heinz: Adel im 19. und 20. Jahrhundert, Enzyklopädie Deutscher Ge_ schichte, Bd. 55, München 1999 [zitiert: Reif, Adel im 19. Jahrhundert].

Reuther, Hans: „Hoffmann, Ludwig", in: Neue Deutsche Biographie 9 (1972), S. 397 [Onlinefassung].

Riedel, Horst: Stadtlexikon Leipzig von A bis Z, Horst Riedel, Leipzig 2005, Herausgegeben von Pro Leipzig [zitiert: Riedel, Stadtlexikon].

Ring, N.N: Der 76. Band der Entscheidungen des Reichsgerichts in Zivilsachen, in: DJZ 1912, Sp. 367–373 [zitiert: Ring, DJZ].

Röhl, John C. G.: Deutschland ohne Bismarck, Die Regierungskrise im Zweiten Kaiserreich, 1890–1900; Tübingen 1969 [zitiert: Röhl, Deutschland ohne Bismarck].

ders. Beamtenpolitik im Wilhelminischen Deutschland, in: Stürmer, Michael [Hrsg.], Das kaiserliche Deutschland, Politik und Gesellschaft 1870–1918, Düsseldorf 1977, S. 287–311[zitiert: Röhl, Beamtenpolitik].

ders. Wilhelm II., Der Aufbau der Persönlichen Monarchie 1888–1900, München 2001 [zitiert: Röhl, Wilhelm II.].

Rottleuthner, Hubert: Die gebrochene Bürgerlichkeit einer Scheinprofession. Zur Situation der deutschen Richterschaft zu Beginn des 20. Jahrhunderts, in: Hannes Sigrist [Hrsg.], Bürgerliche Berufe, Kritische Studien zur Geschichtswissenschaft, Bd. 80, Göttingen 1988, S. 145–173 [zitiert: Rottleuthner, Situation der Richterschaft]

Rudolf Freiherrn von Seckendorff zum Gedächtnis, Reden bei der Gedenkfeier im Reichsgericht zu Leipzig am 22.11.1932 [zitiert: Reden bei der Gedenkfeier].

Rudolph, Karsten: Die sächsische Sozialdemokratie vom Kaiserreich zur Republik 1871–1923, Demokratische Bewegungen in Mitteldeutschland, Band 1, Weimar 1995 [zitiert: Rudolph, Die sächsische Sozialdemokratie].

Saar, Stefan Chr.: Verlöbnis, in: Schmoeckel, Rückert u.a. (Hrsg.), Historisch-kritischer Kommentar, Bd. 4, S. 71–131 [zitiert: Saar, Verlöbnis]

Schaaf, N.N.: Die innere Organisation des Reichsgerichts: hinsichtlich des Geschäftsbetriebs – Geschäftsstellen, in: Lobe, Fünfzig Jahre Reichsgericht, S. 34–37 [zitiert: Schaaf, Organisation des Reichsgerichts].

Schmalhorst, Regine: Die Tierhalterhaftung im BGB von 1896, Die Entstehung und Änderung des § 833 BGB sowie eine Analyse der Rechtsprechung des Reichsgerichts bis 1908, Rechtshistorische Reihe, Bd. 255, Frankfurt am Main 2002 [zitiert: Schmalhorst, Tierhalterhaftung].

Schmidt-Liebich, Jochen: Deutsche Geschichte in Daten, Band 2, 1770–1918, München 1981 [zitiert: Schmidt-Liebich, Deutsche Geschichte].

Schmoeckel, Mathias; **Rückert**, Joachim; **Zimmermann**, Reinhard (Hrsg.): Historisch-kritischer Kommentar zum BGB, Band III, Schuldrecht. Besonderer Teil, vor § 433–853 BGB, Mohr Siebeck 2013.

ders. Band IV, Familienrecht §§ 1297–1921, Mohr Siebeck 2018 [jeweils zitiert: Schmoeckel, Rückert u.a. (Hrsg.), Historisch-kritischer Kommentar, Bd.].

Schneider, N.N.: Der 65. Band der Entscheidungen des Reichsgerichts in Zivilsachen, in: DJZ 1908, Sp. 217–222 [zitiert: Schneider, DJZ].

Schönberger, Christoph: Das Parlament im Anstaltsstaat, Zur Theorie parlamentarischer Repräsentation im Deutschen Kaiserreich 1871–1918 [zitiert: Schönberger, Das Parlament im Anstaltsstaat].

ders. Die überholte Parlamentarisierung – Einflussgewinn und fehlende Herrschaftsfähigkeit des Reichstages im sich demokratisierenden Kaiserreich, in: HZ 2001, S. 623 ff. [zitiert: Schönberger, HZ 2001].

Schriftleitung der DJZ,: Abschaffung der Todesstrafe, in: DJZ 1911, Sp. 9–20, Sp. 233–238 [zitiert: Schriftleitung der DJZ].

Schulte-Nölke, Hans: Das Reichsjustizamt und die Entstehung des Bürgerlichen Gesetzbuchs, Studien zur Europäischen Rechtsgeschichte, Bd. 71, Frankfurt/Main 1995 [zitiert: Schulte-Nölke, Reichsjustizamt].

ders. Die schwere Geburt des Bürgerlichen Gesetzbuches, in: NJW 1996, S. 1705–1710, [zitiert: Schulte-Nölke, NJW].

Schulz, Hans: Leipzig und das Reichsgericht, S. 6–26, in: Schriften des Vereins für die Geschichte Leipzigs, 14. Band, Leipzig 1929, [zitiert: Schulz, Leipzig und das Reichsgericht].

Schumacher, Hans: Wer ist Tierhalter?, in: Juristische Wochenschrift 1906, S. 156–159 [zitiert: Schumacher JW].

Schröder, Rainer: Die Entwicklung des Kartellrechts und des kollektiven Arbeitsrechts durch die Rechtsprechung des Reichsgerichts vor 1914, Abhandlungen zur Rechtswissenschaftlichen Grundlagenforschung, Band 69, Ebelsbach 1988 [zitiert: Rainer Schröder, Die Entwicklung des Kartellrechts und des kollektiven Arbeitsrechts].

ders. Die Richterschaft am Ende des zweiten Kaiserreiches unter dem Druck polarer sozialer und politischer Anforderungen, in: Festschrift für Rudolf

Gmür zum 70. Geburtstag, S. 201–253. Herausgegeben von Arno Buschmann, Franz Ludwig Knemeyer, Gerhard Otte und Werner Schubert, Bielefeld 1983 [zitiert: Schröder, Richterschaft].

ders. Die deutsche Methodendiskussion um die Jahrhundertwende: wissenschaftstheoretische Präzisierungsversuche oder Antworten auf den Funktionswandel von Recht und Justiz, in: Rechtstheorie 19 (1988), S. 323–367, Berlin 1988 [zitiert: Schröder, Methodendiskussion]

Schumann, Eva: Wirkungen der Ehe im Allgemeinen, in: Schmoeckel, Rückert u.a. (Hrsg.), Historisch-kritischer Kommentar, Bd. 4, S. 485–580 [zitiert: Schumann, Wirkungen der Ehe].

Schwiedrzik, Wolfgang: Lieber will ich Steine klopfen: der Philosoph und Pädagoge Theodor Litt in Leipzig 1933–1947, Leipzig 1997 [zitiert: Schwiedrzik, Lieber will ich Steine klopfen – der Philosoph und Pädagoge Theodor Litt in Leipzig].

Seelig, Louis u.a.: Vom Reichsgericht, in: JW 1907, S. 42–64; JW 1908, S. 102–120; JW 1910, S. 799–847 [zitiert: Seelig, JW].

Segelken, Hans: Amor Fati. Aufzeichnungen aus einer gescheiterten Juristengeneration. Hamburg 1970 [zitiert: Segelken, Amor Fati].

Seidel, Peter: Die Tragödie des „kleinen Kayser". Kolonialdirektor Dr. Paul Kayser: liberaler Patriot und „getaufter Jude", Hamburg 2016 [zitiert: Die Tragödie des „kleinen Kayser"].

Serini, N.N.: Rechtsprechung zu § 833 BGB, in: DJZ 1909, Sp. 1258–1259 [zitiert: Serini, DJZ].

Senn, Marcel: Bluntschli, Johann Caspar, in: Handwörterbuch zur deutschen Rechtsgeschichte, Bd. 1, 2. Aufl. 2008, Sp. 620–621 [zitiert: Senn, HRG Aufl. Bd. Sp.].

Simon, Dieter: Die Unabhängigkeit des Richters, Erträge der Forschung, Bd. 47, Darmstadt 1975 [zitiert: Dieter Simon, Die Unabhängigkeit des Richters].

Simons, Walter: Das Reichsgericht, in: Die höchsten Gerichte der Welt, herausgegeben von Julius Magnus, Leipzig 1929, S. 3–28 [zitiert: Simons, Das Reichsgericht].

ders. Sieben Jahre Reichsgerichtspräsident, in: DJZ 1929, Sp. 1249–1254 [zitiert: Simons, DJZ].

Sohl, Klaus: „Vom Kommunalgardenkommandanten zum Gelehrten. Leipzigs Ehrenbürger seit 1832" in: Leipziger Kalender 2004, Informationen, Kalendarien, Kulturhistorische Aufsätze, aktuelle Künstlerporträts, Leipziger Universitätsverlag 2004, S. 113–143 [zitiert: Sohl, Leipzigs Ehrenbürger].

Staufer, Andreas Michael: Ludwig Ebermayer, Leben und Werk des höchsten Anklägers der Weimarer Republik unter besonderer Berücksichtigung seiner

Tätigkeit im Medizin- und Strafrecht, Schriftenreihe der Juristenfakultät der Universität Leipzig, Rechtshistorische Abteilung, Band 6, Leipzig 2010 [zitiert: Staufer, Ebermayer, Leben und Werk].

Steinbach, Walter Christian: Festschrift 225 Jahre Gesellschaft Harmonie e.V. in Leipzig, Herausgegeben von der Gesellschaft Harmonie e.V. Leipzig 2001 [zitiert: Steinbach, Harmoniegesellschaft].

Stiftung Deutsches Adelsarchiv [Hrsg.]: Genealogisches Handbuch des Adels, Adelslexikon Band III, Band 128 der Gesamtreihe, C. A. Starke Verlag, Limburg (Lahn) 2002, [zitiert: Handbuch des Adels, Bd., S.].

Stampe, Ernst: Rechtsfindung durch Konstruktion, in: DJZ 1905 Sp. 417–422.

ders. Rechtsfindung durch Interessenabwägung, in: DJZ 1905 Sp. 713–719 [jeweils zitiert: Stampe, DJZ].

Stingl, Hannelore: Der „Kaffeebaum" in Leipzig, Lehmstedt Verlag, Leipzig 2003 [zitiert: Stingl, Der Kaffeebaum in Leipzig].

Stolleis, Michael (Hrsg.): Juristen. Ein biographisches Lexikon. Von der Antike bis zum 20. Jahrhundert, München 2001 [zitiert: Stolleis, Juristen].

Stürmer, Michael: Das ruhelose Reich, Deutschland 1866–1918, Berlin 1994 [zitiert: Stürmer, Das ruhelose Reich].

Süpfle, Heinrich: Die Reichsgerichtsgesellschaft, in: Fünfzig Jahre Reichsgericht, S. 238–239 [zitiert: Süpfle, Reichsgerichtsgesellschaft].

Thur v., Andreas: Zur Reichstagsvorlage betr. die Haftung für Tierschäden, in: DJZ 1906, Sp. 389–394 [zitiert: v. Thur, DJZ].

Thiessing, N.N.: Genügt die Unterschrift mit dem Vornamen beim eigenhändigen Testament? in: DJZ 1907, Sp. 352–354 [zitiert: Thiessing, DJZ].

Trotnow, Helmut: Karl Liebknecht. Eine politische Biographie, Köln 1980 [zitiert: Trotnow, Liebknecht].

Vierhaus, Felix: Die Freirechtsschule und die heutige Rechtspflege, in: DJZ 1909, Sp. 1169–1175 [zitiert: Vierhaus, DJZ].

Vortmann, Jürgen (Hrsg).: Die Lebenserinnerungen des Juristen Viktor von Meibom 1821–1892). Ein Juristenleben zwischen Theorie und Praxis. Veröffentlichungen der Historischen Kommission für Hessen 46, 2. Kleine Schriften 2. Marburg 1992 [zitiert: Vortmann, Meibom Lebenserinnerungen]

Wadle, Elmar: Das Reichsgericht im Widerschein denkwürdiger Tage, in: Verfassung und Recht, Wegmarken ihrer Geschichte, S. 277–292, Wien 2008 (ebenfalls JuS 1979, S. 841–847) [zitiert: Wadle, Das Reichsgericht].

Wehler, Hans-Ulrich: Deutsche Gesellschaftsgeschichte Dritter Band, Von der „Deutschen Doppelrevolution" bis zum Beginn des Ersten Weltkrieges 1849–1914, 2. Aufl., München 2008.

ders. Vierter Band, Vom Beginn des Ersten Weltkrieges bis zur Gründung der beiden deutschen Staaten 1914–1949, 1. Aufl. München 2003 [jeweils zitiert: Wehler, Gesellschaftsgeschichte, Bd.].

Werner, S.: Der Anarchisten-Prozess Reinsdorf und Genossen verhandelt vor dem. 2. und 3. Strafsenat des Reichsgerichts zu Leipzig vom 15. bis 22. December. 1884, Leipzig 1885 [zitiert: Werner, Anarchistenprozess].

Wieacker, Franz: Privatrechtsgeschichte der Neuzeit unter besonderer Berücksichtigung der deutschen Entwicklung, Göttingen, 2. Aufl. 1967 [zitiert: Wieacker, Privatrechtsgeschichte].

Wienfort, Monika: Adel im 19. Jahrhundert. Die Standesherren, in: Mußgnug, Dorothee/Stolleis, Michael (Hrsg.), Heinrich Zoepfl (1807–1877), Heidelberger Universitätsprofessor und Rechtsgutachter, Heidelberg 2019 [zitiert: Wienfort, Adel im 19. Jahrhundert].

Wiese, Ludwig: Das Höhere Schulwesen in Preußen, Historisch-statistische Darstellung, Berlin 1864 [zitiert: Wiese, Schulwesen in Preußen].

Wiessner, Matthias: Die Journalgesellschaft – Eine Leipziger Lesegesellschaft, in: Leipziger Jahrbuch zur Buchgeschichte 2004, S. 103–175 [zitiert: Wiessner, Die Journalgesellschaft].

Wildhagen, Georg: Zum 100. Bande der Entscheidungen des Reichsgerichts in Zivilsachen, in: Deutsche Juristenzeitung 1921, Sp. 234–236 [zitiert: Wildhagen, DJZ].

Wilhelm, Uwe: Das Deutsche Kaiserreich und seine Justiz. Justizkritik – politische Strafrechtsprechung – Justizpolitik. Historische Forschungen Band 93, Berlin 2010 [zitiert: Wilhelm, Justiz].

Winkler, Heinrich August: Geschichte des Westens, Von den Anfängen in der Antike bis zum 20. Jahrhundert, München 2009 [zitiert: Winkler, Geschichte des Westens].

ders. Der lange Weg nach Westen, Deutsche Geschichte, Bd. 1, Vom Ende des Alten Reiches bis zum Untergang der Weimarer Republik, 6. Auflage 2005 [zitiert: Winkler, Der lange Weg nach Westen, Bd. 1].

Wirth, Thomas: Adelbert Düringer. Jurist zwischen Kaiserreich und Republik. Südwestdeutsche Schriften Bd. 6, Mannheim 1989 [zitiert: Wirth, Adelbert Düringer].

Wolff, Ernst: Der erste Präsident des Reichsgerichts, Eduard von Simson, in: Die höchsten Gerichte der Welt, herausgegeben von Julius Magnus, Leipzig 1929, S. 29–51 [zitiert: Wolff, Der erste Präsident des Reichsgerichts].

ders. Eduard von Simson. Ein Lebensbild. Zum 50jährigen Bestehen des Reichsgerichts am 1. Oktober 1929 [zitiert als: Wolff, Eduard von Simson].

Zeiler, Alois: Meine Mitarbeit. Braunschweig 1938 [zitiert. Zeiler, Meine Mitarbeit].

Zippelius, Reinhold: Juristische Methodenlehre, Schriftenreihe der Juristischen Schulung, Bd. 93, 11. Auflage, München 2012 [zitiert: Zippelius, Methodenlehre].

Abkürzungsverzeichnis

AA	Auswärtiges Amt
AZ	Aktenzeichen
Anm. d. V.	Anmerkung des Verfassers
a.D.	außer Dienst
BE	Berichterstatter
BG	Berufungsgericht
B.U.	Berufungsurteil
bspw.	beispielsweise
BGH	Bundesgerichtshof
BGB	Bürgerliches Gesetzbuch
bzw.	beziehungsweise
d.h.	das heißt
DJZ	Deutsche Juristenzeitung
E	Entwurf
EGH, EG	Ehrengerichtshof, Ehrengericht
Exc.	Exzellenz
Fn.	Fußnote
ggf.	gegebenenfalls
GVG	Gerichtsverfasssungsgesetz
i.V.m.	in Verbindung mit
JR	Justizrat
KG	Kammergericht
KPD	Kommunistische Partei Deutschlands
kgl.	königlich
LVZ, LNN	Leipziger Volkszeitung, Leipziger Neueste Nachrichten
Mk.	Mark
MdR, MdL	Mitglied des Reichstags bzw. Landtags
MStGO	Militärstrafgerichtsordnung
SPD/USPD	Sozialdemokratische Partei Deutschlands/Unabhängige Sozialdemokratische Partei Deutschlands
o.Ä., o.ä.	oder Ähnliches, oder ähnliche
ORA	Oberreichsanwalt
preuß.	preußisch

RA	Rechtsanwalt
RAO	Rechtsanwaltsordnung
RG	Reichsgericht
RGR, LGR, OLGR, KGR	Reichsgerichtsrat, Landgerichtsrat, Oberlandesgerichtsrat, Kammergerichtsrat
RGBl.	Reichsgesetzblatt
RGZ	Entscheidungen des Reichsgerichts in Zivilsachen
RJA	Reichsjustizamt
ROHG	Reichsoberhandelsgericht
RR, GRR, GORR	Regierungsrat, Geheimer Regierungsrat, Geheimer Oberregierungsrat
RStGB	Reichsstrafgesetzbuch
RV	Reichsverfassung v. 1871
StA, OStA	Staatsanwalt, Oberstaatsanwalt
StPO	Strafprozessordnung
u.a.	unter anderem
USS	Unterstaatssekretär
WGR	Wirklicher Geheimer Rat
ZPO	Zivilprozessordnung

Einführung

> *„Es könnte für das hohe und wichtige Amt des Präsidenten des Reichsgerichts kein besserer Mann gefunden werden, das ist die Ueberzeugung des Reichsgerichts, und diese Ueberzeugung wird überall geteilt.“*[1]

A) Einleitung und Forschungsüberblick

Im November 1932 versammelten sich in der großen Halle des Reichsgerichtsgebäudes mehr als achthundert Gäste zum Gedenken an den kurz zuvor verstorbenen ehemaligen Reichsgerichtspräsidenten Rudolf von Seckendorff.[2] Anlässlich dieses „bedeutenden Ereignisses“ kamen neben den Mitgliedern des Gerichtshofs[3] auch Vertreter der christlichen und der jüdischen Glaubensgemeinde zusammen.[4] Vor dem Hintergrund der seit den 1890er Jahren auch in höheren Juristenkreisen zunehmend verbreiteten antisemitischen Geisteshaltung ist die Teilnahme eines Rabbiners an dieser Gedenkveranstaltung bemerkenswert.[5]

Umso überraschender ist die Tatsache, dass der erste langjährige Chefpräsident des Reichsgerichts im 20. Jahrhundert heutzutage nahezu unbekannt ist. So werden gerade die Jahre bis 1918 als „Glanzzeit des Reichsgerichts“ bezeichnet.[6] Dies mag damit zusammenhängen, dass die Bedeutung des Reichsgerichts und der dort beschäftigten Richter nicht zuletzt aufgrund des Niederganges der Rechtsprechung im Dritten Reich und der anschließenden Auflösung des

---

1 Anonym, DJZ 1915, Sp. 1103, 1104. Die Hervorhebung stammt vom Verf.
2 NLZ, Nr. 328, vom 23.11.1932, S. 3.
3 NLZ, Nr. 329, vom 24.11.1932, S. 4.
4 BArch, R 3002, PA Nr. 790, Bd. 1, Bl. 58 ff.
5 Vgl. Ormond, Richterwürde und Regierungstreue, Dienstrecht, politische Betätigung und Disziplinierung der Richter in Preußen, Baden und Hessen 1866–1918, S. 335, 492 ff., der dort allerdings über die preußischen Verhältnisse berichtet; Hinweise finden sich auch bei Müller, Der Hüter des Rechts, S. 133 f. In einem dort wiedergegebenen Schreiben aus dem Jahr 1906 wird von „Strömungen“ im Reichsgericht berichtet, die „dem Eindringen jüdischer Elemente in das Richterkollegium entschieden widerstreben“. Auch sonst wird in „weiten Kreisen“ die Auffassung vertreten, „jüdische Elemente sollten, wenn auch nicht von den Gerichten überhaupt, doch von den obersten und darum maßgebenden Stellen in der Justiz ferngehalten werden.“
6 Müller, Der Hüter des Rechts, S. 16.

Reichsgerichts im Laufe der Zeit hinter der des Bundesgerichtshofes immer mehr zurückgetreten ist.[7] Gleichwohl prägen die Richter und die Rechtsprechung des Reichsgerichts bspw. über die seit der Schuldrechtsreform kodifizierten Institute der „Culpa in Contrahendo“ und der „Positiven Vertragsverletzung“ die Rechtsprechung und Lehre noch heute.[8]

Allerdings sind Richterbiographien generell und auch im Fall der Richter des Reichsgerichts selten.[9] Seit längerem ist zwar bereits eine von einem Enkel des ersten Reichsgerichtspräsidenten verfasste biographische Abhandlung über Eduard von Simson vorhanden. Aufgrund der Lebensgeschichte Eduard von Simsons bildete dessen Tätigkeit am Reichsgericht indes nicht den Schwerpunkt der Untersuchung. Soweit sich der Biograph der Tätigkeit des ersten Reichsgerichtspräsidenten am Gerichtshof widmet, betrifft dies eher die allgemeine Institutionengeschichte.[10] Vergleichbares gilt für die von Horst Gründer verfasste Biographie über einen Nachfolger Seckendorffs, Walter Simons. Diese befasst sich nur am Rande mit der Tätigkeit Simons am Reichsgericht.[11] Im Jahr 2006 wurde eine familiengeschichtliche Abhandlung über den unmittelbaren Amtsvorgänger Seckendorffs, Karl Gutbrod, verfasst.[12] Dort wird unter Verwertung von persönlichen Briefen anschaulich das gesellschaftliche Leben eines Reichsgerichtspräsidenten beschrieben. Das Arbeitsfeld des Reichsgerichtspräsidenten als Richter, d.h. u.a. die konkrete Mitwirkung an Entscheidungen des Reichsgerichts, nimmt demgegenüber mit Ausnahme einer ausführlicheren Darstellung des lippischen Erbfolgestreites nicht viel Raum ein.[13] Gleichwohl bietet das Werk

7 Der Untergang des Reichsgerichts und der Niedergang der Rechtsprechung während des Dritten Reiches sind nicht nur am Beispiel des letzten Reichsgerichtspräsidenten Erwin Bumke gut erforscht, vgl. Dieter Kolbe, Reichsgerichtspräsident Dr. Erwin Bumke. Literaturnachweise finden sich u.a. auch bei Buschmann, Reichsgericht, S. 132, Fn. 1.

8 Vgl. Wieacker, Privatrechtsgeschichte, S. 516 ff.; Müller, a.a.O., S. 16.

9 Vgl. bspw. die Angaben bei Vortmann, Meibom Lebenserinnerungen, S. 4; Kern, Simson, S. 26.

10 Wolff, Eduard von Simson, S. 69 ff. zum Reichsgericht. Im Übrigen ders. Der erste Präsident des Reichsgerichts. Bernd-Rüdiger Kern und Klaus-Peter Schroeder (Hrsg.), Eduard von Simson (1810–1899), „Chorführer der Deutschen“ und erster Präsident des Reichsgerichts. Bei letzterem handelt es sich aber eher um eine Aufsatzsammlung.

11 Horst Gründer, Walter Simons als Staatsmann, Jurist und Kirchenpolitiker.

12 Karl Gutbrod, Das Leben von Karl Konrad von Gutbrod und seiner Frau Antonie, geb. Bareiß.

13 Gutbrod, Lebensgeschichte, S. 73 ff.

auch für diese Untersuchung wertvolle Beschreibungen des damaligen Leipziger Umfelds.

Allen diesen Biographien ist gemeinsam, dass diese nicht (auch) unter „juristischer Perspektive“ verfasst sind. Diese Arbeiten beinhalten dementsprechend keine oder doch kaum juristische Analysen von Urteilen oder Gutachten, d.h. eine Untersuchung über die *konkrete* richterliche Tätigkeit des jeweiligen Reichsgerichtspräsidenten.[14] Entsprechendes gilt für die autobiographischen Zeugnisse einzelner Reichsgerichtsmitglieder.[15] Diese beinhalten kaum oder gar keine auf der Analyse von Prozessakten basierende Urteilsanalysen und beschäftigen sich dementsprechend auch nicht mit methodischen Fragen.[16] Durch eine solche Analyse würden sich aber möglicherweise Einstellungen und Überzeugungen der Beteiligten herausarbeiten lassen.[17] Eine gewisse Ausnahme bildet in diesem Zusammenhang die umfangreiche Untersuchung Kolbes über den letzten Reichsgerichtspräsidenten Erwin Bumke. Teilweise wird dort mithilfe einer Analyse der Rechtsprechung des III. Strafsenates die Hinwendung Bumkes zum nationalsozialistischen Regime beschrieben.[18]

Es fehlt also bislang eine (auch) auf einer umfassenden Analyse der Prozessakten des Reichsgerichts basierende Richterbiographie. Dies ist bemerkenswert, weil Kiefner schon vor einigen Jahren darauf hingewiesen hat, dass die Rechtsprechung des Reichsgerichts nicht als „Monolith“ betrachtet, sondern dass vielmehr auch die Besonderheiten der jeweiligen Senate einschließlich ihrer Vorsitzenden näher beachtet werden sollten.[19] Ähnliche Ausführungen finden sich in der Arbeit von Glöckner, der sich u.a. mit dem Einfluss bestimmter Berichterstatter auf die Urteilsfindung auseinandersetzte.[20]

Nichtsdestoweniger liefert die bisherige Forschung über die Rechtsprechung des Reichsgerichts, die sich bislang eher Teilbereichen der Rechtsprechung oder

---

14 So ausdrücklich Gründer, a.a.O., S. 239, Fn. 1.

15 Nicht zuletzt enthalten Seckendorffs eigene „Lebenserinnerungen“ dazu keine näheren Angaben, vgl. ThStA, FA Seckendorff, Nr. 1595; Hartung, Jurist unter vier Reichen; Zeiler, Meine Mitarbeit; Segelken, Amor Fati; im Übrigen Vormbaum, Meibom Lebenserinnerungen.

16 Vgl. Binder, Otto Bähr (1817–1895); Wirth, Adelbert Düringer; Seidel, Die Tragödie des „kleinen Kayser“; Herbe, Hermann Weinkauff (1894–1981); Gehrlein, Schäfer Juristenleben; Staufer, Ludwig Ebermayer.

17 Vgl. Glöckner, Positive Vertragsverletzung, S. 28.

18 Dieter Kolbe, Reichsgerichtspräsident Dr. Erwin Bumke, S. 266 ff.

19 Kiefner, Zur Divergenzjudikatur des Reichsgerichts S. 585 ff., S. 623.

20 Vgl. Glöckner, a.a.O., S. 28.

aber einer Institutionengeschichte widmete, größtenteils ein vergleichbares Bild. So haben u.a. Schröder[21], Klemmer[22], Schmalhorst[23], Glöckner[24] oder Lakenberg[25] in ihren Abhandlungen Teilbereiche der Rechtsprechung untersucht. Diese Forschungsliste lässt sich fortsetzen.[26] Soweit die Institutionengeschichte betroffen ist, ist einerseits die „Geschichte des Reichsgerichts“ von Kaul[27] zu nennen, die allerdings lediglich die Jahre 1933 bis 1945 betrifft. Zum anderen hat Müller vor einigen Jahren mit seiner Institutionengeschichte des Reichsgerichts bis 1918 wertvolle Beiträge geliefert.[28] Die von Schubert[29] herausgegebene umfangreiche Sammlung sämtlicher Erkenntnisse des Reichsgerichts in Zivilsachen gibt weitere Einblicke in die Rechtsprechungspraxis des Reichsgerichts, da diese Sammlung sowohl die in den Entscheidungssammlungen abgedruckten als auch die dort nicht abgedruckten Entscheidungen enthält.[30] Soweit im Übrigen diese und andere Autoren die Rechtsprechung des Reichsgerichts näher untersuchten, geschah dies – soweit ersichtlich – lediglich auf der Basis der (veröffentlichten und unveröffentlichten) Entscheidungen des Reichgerichts. Eine Ausnahme bildet indes die Arbeit von Lakenberg über die Entwicklung der Rechtsprechung zum Vertrag mit Schutzwirkung zugunsten Dritter, der sich nahezu zeitgleich mit dem Verfasser der Analyse der jeweils einschlägigen Prozessakten widmete.[31] Naturgemäß fand daher bislang kaum eine Auseinandersetzung mit den

21 Die Entwicklung des Kartellrechts und des kollektiven Arbeitsrechts durch die Rechtsprechung des Reichsgerichts vor 1914.

22 Gesetzesbindung und Richterfreiheit, Die Entscheidungen des Reichsgerichts in Zivilsachen während der Weimarer Republik und im späten Kaiserreich.

23 Die Tierhalterhaftung im BGB von 1896. Die Entstehung und Änderung des § 833 BGB sowie eine Analyse der Rechtsprechung des Reichsgerichts bis 1908.

24 Positive Vertragsverletzung.

25 Lakenberg, Kinder, Kranke, Küchenhilfen. Wie das Reichsgericht nach 1900 die Schutzwirkung von Verträgen zugunsten Dritter erweiterte.

26 Vgl. auch Nörr, Zwischen den Mühlsteinen. Weitere Nachweise bei Müller (a.a.O., S. 18) oder Lakenberg (a.a.O., S. 40 f.).

27 Kaul, Geschichte des Reichsgerichts, Band IV, 1933–1945.

28 Müller, Der Hüter des Rechts – siehe bereits die vorstehenden Fn.

29 Sammlung sämtlicher Erkenntnisse des Reichsgerichts in Zivilsachen. Inhalt sämtlicher und Wiedergabe von unveröffentlichten Entscheidungen zum Bürgerlichen Gesetzbuch. Diese Sammlung besteht aus diversen Bänden, die an den Jahren der Veröffentlichung der Entscheidungen orientiert ist.

30 Luig, NJW 1993, 1905 f.

31 Vgl. nur die Angaben bei Lakenberg, der die Prozessakten auch als „Senatshefte“ bezeichnet, a.a.O., S. 40, Fn. 87.

konkreten Einwirkungsmöglichkeiten eines Richters auf das Urteil und damit mit der Entscheidungsfindung im Senat statt.

Die Person Rudolf von Seckendorff findet mit Ausnahme der Kurzbiographie in der Institutionengeschichte von Müller[32] und der soeben angesprochenen Untersuchung von Lakenberg – die die Mitwirkung des Reichsgerichtspräsidenten an einer der bedeutenderen Entscheidungen in der Entwicklungsgeschichte des Vertrags mit Schutzwirkung zugunsten Dritter betrifft[33] – in der (neueren) Forschung kaum Beachtung und wird nur am Rande erwähnt.[34] Die Ursachen dafür dürften nicht zuletzt auch darin liegen, dass die Zuständigkeit des (präsidialen) IV. Zivilsenat damals hauptsächlich das Familien- und Erbrecht betraf.[35] Aufgrund dieser Zuständigkeiten war der IV. Zivilsenat von vornherein nicht oder lediglich selten mit den (meist) konfliktträchtigen Konstellationen befasst, die die rasante Entwicklung der wilhelminischen Gesellschaft mit sich brachte und nahm diesbezüglich nur eine untergeordnete Rolle ein.[36] Exemplarisch sei hier die eingehende Analyse von Schröder über die Rechtsprechung des Reichsgerichts zum Arbeitskampf genannt. Die für diese Fälle zuständigen Zivilsenate[37] haben die wirtschaftlichen und damit letztlich auch politischen Arbeitskämpfe prinzipiell anders gelöst, als die mit denselben Fragen befassten Strafsenate des Reichsgerichts. Während die Zivilsenate gewisse Formen des Arbeitskampfes grundsätzlich erlaubten, stellten dieselben Handlungen nach der Rechtsprechung der Strafsenate zugleich strafbare Handlungen dar. Die Strafsenate sahen sich damit dem (berechtigten) Verdikt der Klassenjustiz ausgesetzt.[38] Aus

---

32 Müller, a.a.O., S. 122–124.

33 Lakenberg, a.a.O., S. 145 ff.; BArch, R 3002, Prozessakte Nr. 10919.

34 Manfred Rauh, Föderalismus, S. 155 f.; Morsey, Oberste Reichsverwaltung, S. 163 Fn. 13, S. 249; Bernt Engelmann, Die unsichtbare Tradition, Richter zwischen Recht und Macht 1779–1918, S. 368; Röhl, Beamtenpolitik, S. 296; Schulte-Nölke, Reichsjustizamt, S. 29 Fn. 48; Anker, Militärstrafgerichtsordnung, S. 185 f.; Buschmann, NJW 1979, 1966, 1970; Morsey, Reichsgericht, S. 178, Anmerkung 268; Kaufmann, Gesamtausgabe Radbruch, Bd. 14, S. 252; Linnemann, Klassenjustiz und Weltfremdheit, S. 155.

35 Müller, a.a.O., S. 70.

36 Konkret am Beispiel der Entwicklungsgeschichte des Vertrages mit Schutzwirkung zugunsten Dritter, Lakenberg, a.a.O., S. 260. Entsprechendes lässt sich für die Beteiligung des IV. Zivilsenats an der Entwicklung der Positiven Vertragsverletzung (PVV) belegen, Glöckner, a.a.O., S. 560.

37 Müller, a.a.O., S. 70.

38 Vgl. Schröder, Die Entwicklung des Kartellrechts und des kollektiven Arbeitsrechts, insbes. S. 273 ff. Vereinzelt war zwar auch der IV. Zivilsenat mit Entscheidungen in diesem Bereich befasst, insgesamt – dies ergibt sich nicht zuletzt auch aus der vorstehend

diesem Umstand dürfte sich auch erklären, dass mit den Abhandlungen über die Reichsgerichtspräsidenten Eduard von Simson, Walter Simons oder Erwin Bumke bislang eher die politischen Personen ihren Biographen gefunden haben.

Gleichwohl steht diese durch die bisherige Forschung dokumentierte Nichtbeachtung der Person des Reichsgerichtspräsidenten im auffälligen Gegensatz zu der Wertschätzung, die Seckendorff in den – auch den ersten Ansatzpunkt für diese Untersuchung bildenden –zeitgenössischen Quellen fand. Einen besonderen Beleg für diese Wertschätzung geben die im Jahr 1932 im Brockhaus Verlag herausgebrachte Gedächtnisschrift[39] und der Nachruf in der Deutschen Richterzeitung[40]. Nähere Informationen lieferte auch die von Lobe[41] herausgegebene Abhandlung über die Geschichte des Reichsgerichts. Entsprechendes gilt für die in den Erinnerungen von Ludwig[42] und Erich Ebermayer[43] enthaltenen Aussagen über Seckendorff. Daraus ergaben sich erste, wenn auch eher allgemein gehaltene Hinweise auf das Rechtsverständnis des Reichsgerichtspräsidenten und sein Leben in Leipzig.

Die von Müller für die Kurzbiographie des Reichsgerichtspräsidenten verwendeten Aussagen der Zeitgenossen erwecken den Eindruck, Seckendorff sei „der geborene Präsident“[44] also gewissermaßen eine Symbolfigur[45] für das Amt gewesen – Prädikate, die sonst üblicherweise dem ersten Reichsgerichtspräsidenten Eduard von Simson zugeschrieben werden[46] – und *aus diesem Grund* zum Reichsgerichtspräsidenten ernannt worden.[47] Welche Gründe aber letztlich

---

genannten Untersuchung – nahm er aber im Rahmen dieser Rechtsprechung nur eine untergeordnete Rolle ein.

39 Rudolf Freiherrn von Seckendorff zum Gedächtnis, Reden bei der Gedenkfeier im Reichsgericht zu Leipzig am 22.11.1932.

40 Arnold, DRiZ 1932, S. 340 f.

41 Lobe, Fünfzig Jahre Reichsgericht.

42 Ludwig Ebermayer, Fünfzig Jahre Dienst am Recht, S. 201.

43 Erich Ebermayer, Das Reichsgericht vor 1933, in: Prisma 1947, Heft 11, S. 22.

44 Ludwig Ebermayer, Fünfzig Jahre Dienst am Recht, S. 201. Etwas allgemeiner: Für die Zeitgenossen musste der Reichsgerichtspräsident „aber auch und vor allem eine überragende Persönlichkeit sein, die Geist, Klugheit, Kraft und Mut genug hat, die Stellung des Reichsgerichts nach oben und unten, nach außen und innen entsprechend zu wahren.“, ebd. S. 200.

45 Erich Ebermayer, Das Reichsgericht vor 1933, in: Prisma 1947, Heft 11, S. 22.

46 Vgl. Wolff, Eduard von Simson, S. 59, 75 („geborener Präsident“, „Chorführer der Deutschen“).

47 Vgl. Müller, a.a.O., S. 124.

zur Auswahl eines Kandidaten für das Amt des Reichsgerichtspräsidenten führten, wurde bislang nicht näher untersucht.

So zeigen die zunächst schwierig aufzufindenden Aktenbestände über den Ernennungsvorgang[48], dass Rudolf von Seckendorff diese herausgehobene Stellung unter seinen Kollegen zunächst nicht besaß. Vielmehr gab es gegenüber seiner Kandidatur und Ernennung zum Reichsgerichtspräsidenten im Kollegium erhebliche Vorbehalte. Rudolf von Seckendorff war damals fast „unbekannt" im Kollegium[49] und nicht annähernd eine Symbolfigur. Seine zukünftigen Kollegen sahen in ihm eher einen Kandidaten, dem die „neueste Rechtsentwicklung", insbesondere das neue Bürgerliche Gesetzbuch, fremd geblieben sei.[50] Dessen ungeachtet wurde er im Jahr 1905 zum Reichsgerichtspräsidenten ernannt. Letzten Endes ist es daher einigermaßen erstaunlich, dass Seckendorff für seine Kollegen wenige Jahre später eine „achtungsgebietende Persönlichkeit" war.[51] Trotz der eingangs angesprochenen Bemerkung, es handele sich bei den Jahren bis 1918 um die „Glanzzeit des Reichsgerichts", dürfte die soeben angesprochene Skepsis der Reichsrichter nur vor dem Hintergrund der damaligen massiven Justizkritik richtig einzuordnen sein. Zur damaligen Justizkritik und der damit einhergehenden Methodendebatte liegen jedoch u.a. durch die Forschungen von Wilhelm umfangreiche Studien vor.[52] Vergleichbares gilt für die Forschungen über das in den gleichen Zeitraum fallende Ende des Zweiten Kaiserreiches[53] und die damaligen Verhältnisse in Leipzig.[54] Für die allgemeine Haltung der Richter zur anschließend gegründeten Weimarer Republik kann nach wie vor auf die Arbeit von Simon verwiesen werden.[55]

---

48 Auch Müller (a.a.O., S. 115) hat darauf hingewiesen, dass sich dem vorhandenen Aktenmaterial zum Reichsgericht beim Bundesarchiv keine Gründe für die Ernennung der einzelnen Personen zu Reichsrichtern bzw. zum Reichsgerichtspräsidenten entnehmen lassen. Nähere Angaben für Seckendorff ließen sich allerdings mit den Akten des Geheimen Zivilkabinetts (GStA PK, Rep. 90, Nr. 16872 ff.) und der Reichskanzlei (BArch, R 43, Nr. 695) herausarbeiten.

49 BArch, R 43, Nr. 695, Bl. 27.

50 BArch, R 43, Nr. 695, Bl. 27 f.

51 LNN, vom 24.9.1932, Nr. 268, S. 2.

52 Vgl. nur Wilhelm, Das Deutsche Kaiserreich und seine Justiz. Justizkritik – politische Strafrechtsprechung – Justizpolitik, S. 335 ff., 577 ff. Im Übrigen Schröder, Methodendiskussion, S. 323 ff.; ders., Richterschaft, S. 201 ff.

53 Siehe nur Winkler, Der lange Weg nach Westen; Wehler, Gesellschaftsgeschichte, Bd. 4.

54 Vgl. etwa Heidenreich, Arbeiterkulturbewegung und Sozialdemokratie; Rudolph, Die sächsische Sozialdemokratie.

55 Siehe etwa: Dieter Simon, Die Unabhängigkeit des Richters, S. 50.

B) Zur Fragestellung und zum Aufbau der Untersuchung

Mit der vorliegenden Arbeit möchte der Verfasser versuchen, diesen „Bruch“ in der Fremdwahrnehmung zu erklären. Die Untersuchung folgt der Grundannahme, dass die Ursache für diese spätere Wertschätzung in der juristischen und der damit verbundenen persönlichen Autorität Seckendorffs begründet ist. Vor dem Hintergrund der ablehnenden Haltung seiner Richterkollegen und der allgemeinen Justizkritik kommt daher der juristischen Arbeitsweise Seckendorffs, d.h. den von ihm verfassten Gutachten, Urteilsanmerkungen oder Voten erhebliche Bedeutung zu. Die Arbeit besteht aber nicht nur aus dieser juristischen Analyse. Die Untersuchung beinhaltet ebenso die Darstellung des Lebensweges Seckendorffs, wenn und soweit dieser für die zuvor genannte Grundannahme relevant ist. Lücken in der Biographie Seckendorffs sollen dabei möglichst geschlossen werden. In diesem Zusammenhang wird daher auch ein Einblick in die Verhältnisse am Gerichtshof und damit in die Justizgeschichte „im Kleinen“ gewährt.

In den ersten Kapiteln der Arbeit wird im Rahmen der Darstellung seines (familiären) Umfeldes und beruflichen Werdeganges ein Augenmerk darauf gelegt, welche Qualitäten Seckendorff schließlich für das Amt des Reichsgerichtspräsidenten mitbrachte und wie sich diese in seinem vorherigen Lebensweg ausgedrückt hatten.

Dabei darf sein Religionsbekenntnis nicht unberücksichtigt bleiben. Die Forschung hat gezeigt, dass Andersgläubige wie Juden oder Katholiken aufgrund der protestantischen Personalpolitik der Behörden in Preußen[56] und im Reich üblicherweise nur geringe Chancen auf eine Stelle im höheren Staatsdienst hatten.[57] Hatte sich daher seine katholische Religion hemmend auf seine Karriere ausgewirkt? Umgekehrt wird an geeigneten Stellen der Frage nachgegangen, inwieweit sich möglicherweise seine adelige Herkunft förderlich auf seinen beruflichen Lebensweg ausgewirkt hat. Schließlich war Seckendorff einer der wenigen Adligen in der Reichs(-justiz)verwaltung.[58] Trotz der vielfältigen, für die Adelswelt im 19. Jahrhundert eintretenden und oft durch drohenden Verlust von Privilegien gekennzeichneten Änderungen, hat die Adelsforschung mittlerweile gezeigt, dass es dem Adel im Laufe des Jahrhunderts in vielfacher

---

56 Vgl. Ormond, a.a.O., S. 488 ff. zu Justizbeamten in Preußen.

57 Morsey, Oberste Reichsverwaltung, S. 248; ders. DVBl. 1971, 8, 15; Röhl, Beamtenpolitik, S. 293, 295. Vor diesem Hintergrund ist das Einsetzen Seckendorffs für den jüdischen Rechtsanwalt Salomon Ganz bemerkenswert, siehe unten Viertes Kapitel, B. II.

58 Vgl. Hattenhauer, Reichsjustizamt, S. 29; Röhl, Beamtenpolitik, S. 302.

Weise gelungen ist, seine Führungsposition im Staatsapparat zu verteidigen.[59] So war der Adel bestrebt, sich jedenfalls die Kernbereiche der staatlichen Machtausübung bspw. durch die Besetzung von „glänzenden" und/oder „repräsentativen" Stellen zu erhalten. Eine Beschäftigung als Richter am obersten Gericht des Reiches stellte zweifellos eine solche „glänzende Position" dar.[60] Spielte also seine soziale Herkunft eine Rolle bei Seckendorffs Berufseinstieg und/oder den späteren Beförderungen?

In einem weiteren Schritt wird auf die Auswahlkriterien für einen Reichsgerichtspräsidenten eingegangen und im Speziellen nach Erklärungsansätzen dafür gesucht, aus welchem Grund Rudolf von Seckendorff zum Präsidenten des Reichsgerichts ernannt worden ist. Dort haben, soviel sei vorweggenommen, wahrscheinlich religiöse Fragen eine Rolle gespielt.

In den anschließenden Kapiteln wird seine Tätigkeit am Reichsgericht aus verschiedenen Blickwinkeln betrachtet. Es wird nach Erklärungsansätzen dafür gesucht, wie es ihm gelingen konnte, sich den – nicht nur juristischen – Respekt seiner Kollegen und Wegbegleiter am Reichsgericht zu verdienen. Ein Kernbereich der Arbeit wird dementsprechend die Rechtsprechung des präsidialen – im Falle Seckendorffs des IV. – Zivilsenates anhand ausgewählter Beispiele näher beleuchten, da die Stellung des Reichsgerichtspräsidenten im Gerichtshof auch von dessen juristischer Autorität abhing bzw. durch dessen Fähigkeiten geprägt

59 Für die hier vorliegende Untersuchung soll ein Hinweis auf die allgemeineren Ausführungen bei Wehler, Gesellschaftsgeschichte, Bd. 3, S. 167 ff., 805 ff. und einige speziellere Untersuchungen zur Adelsforschung im 19. Jahrhundert, etwa bei Reif, Adel im 19. Jahrhundert, S. 19 ff., genügen.

60 Vgl. Reif, Adel im 19. Jh., S. 74 ff., Wehler, Gesellschaftsgeschichte, Bd. 3, S. 817. Diese Untersuchungen beziehen sich zwar eher auf den Bereich der Regierung und Verwaltung, im Hinblick auf den Karriereweg des Reichsgerichtspräsidenten dürften diese Hinweise aber genügen. Näheres bliebe einer Untersuchung der Besetzungspraxis in der Justiz unter „Adelsgesichtspunkten" vorbehalten. Soweit die Besetzungspraxis am Reichsgericht betroffen ist, finden sich zwar in den bei Lobe (Fünfzig Jahre Reichsgericht, Anlage I, S. 338 ff.) abgedruckten Besetzungslisten des Reichgerichts bei rund 450 bis 1929 beschäftigten Reichsgerichtsmitgliedern etwa 10 Prozent Adlige. Abgesehen davon, dass reine „Positionsanalysen" nichts über den eigentlichen Ernennungsvorgang aussagen (Ernennung aufgrund Leistung oder aus anderen Gründen?), lässt sich eine Bevorteilung der Kandidaten allein aufgrund ihrer adeligen Herkunft bisher nicht belegen (vgl. Müller, a.a.O., S. 115 ff.). Für das RJA lassen sich letztlich die Feststellungen von Hattenhauer bestätigen (Hattenhauer, Reichsjustizamt, S. 29), nicht zuletzt deshalb, weil in der oberen Reichsjustizverwaltung nur wenige Adelige vertreten waren, vgl. GStA PK, Rep. 89, Nr. 16854, 16855.

wurde. Besondere Beachtung verdient dieser Aspekt auch deshalb, weil mancher Zeitgenosse in ihm „keinen großen Juristen" sah.[61]

Einen näheren Einblick in die jeweiligen juristischen Fertigkeiten eines Reichsgerichtspräsidenten können u.a. die von diesem verfassten Gutachten, Voten oder Urteilsanmerkungen sein. Für die Stellung und das Ansehen des Reichsgerichtspräsidenten im Kollegium dürfte es nicht zuletzt vor dem Hintergrund der damaligen scharfen Justizkritik[62] entscheidend gewesen sein, welche Argumente Seckendorff bei der Lösung von Rechtsfragen nutzte bzw. wie überzeugend seine Argumente für die Senatskollegen waren. Es werden daher im Rahmen einer Fallanalyse die Rechtsansichten des Reichsgerichtspräsidenten näher in den Blick genommen. Dazu wertete der Verfasser ausgewählte Urteile einschließlich der Prozessakten aus.[63]

Mit seinen Urteilen tritt der Senat zwar einheitlich nach außen auf, d.h. es gibt nur eine einzelne tragende Begründung, die zur Entscheidung des Falles führt.[64] Aus den Urteilsgründen ergeben sich daher keine Diskussionen und/ oder abweichende Voten, die innerhalb des Senats oder zwischen den Senaten im Vorfeld der Entscheidung eine Rolle spielten.[65] Mithilfe der Prozessakten, die sich zu vielen Urteilen noch im Bundesarchiv befinden[66], lässt sich jedoch ein differenzierteres Bild der (senatsinternen) Rechtsprechung abbilden. Diese Akten enthalten in der Regel das Sitzungsprotokoll, die Voten des Berichterstatters und (gegebenenfalls) weiterer Mitglieder des Senats einschließlich des Vorsitzenden. Mit diesen Prozessakten lässt sich also nicht nur nachvollziehen, wie

---

61 Nach den Erinnerungen Erich Ebermayers war „Seckendorff wahrscheinlich kein ‚großer Jurist', jedenfalls kein Wissenschaftler […]", siehe Prisma 1947, Heft 11, S. 22.

62 Eingehend dazu Wilhelm, Justiz, S. 335 ff., 577 ff.; im Übrigen Schröder, Richterschaft, S. 201, 203 ff.; ders. Methodendiskussion, S. 323 ff.

63 Die Voten und Urteile sind mehr oder weniger lesbar in deutscher Schreibschrift bzw. Sütterlin verfasst. Erst in späteren Jahren erfolgte teilweise eine Umstellung auf Schreibmaschinenschrift. Das veranschaulichen die im Rahmen der Untersuchung verwendeten Prozessakten.

64 Hinweise zur Veröffentlichungspraxis des Reichsgerichts gibt Wildhagen anlässlich des Erscheinens des 100. Bandes der Reichsgerichtsentscheidungen in Zivilsachen, DJZ 1921, Sp. 234 ff.

65 Vgl. Lakenberg, a.a.O., S. 40.

66 Gegenwärtig fehlt es allerdings noch an einer genaueren archivalischen Aufarbeitung der Prozessakten im Bundesarchiv. Dazu wird derzeit unter der Leitung von Prof. Jan Thiessen (Berlin) ein langfristiges Forschungsprojekt zum Reichsgericht vorbereitet, dass auf Grundlage der unveröffentlichten Entscheidungen einschließlich der Prozessakten erfolgen soll (Auskunft an den Verfasser vom 6.1.2020).

die Senate zu ihren Entscheidungen gelangt sind. Da jeder Rechtsstreit Parteien mit unterschiedlichen Bedürfnissen zusammenführt, bieten diese Akten (teilweise) auch die Möglichkeit, die Hintergründe einer Entscheidung einschließlich der ggf. darin einfließenden Motive der Richter und – soweit die vorliegende Untersuchung betroffen ist – die im Einzelfall bestehende Motivation des Reichsgerichtspräsidenten näher herauszuarbeiten. Dabei verkennt der Verfasser der Arbeit natürlich nicht, dass es schwierig für Biographen ist, Eindeutiges über die Motivationslage anderer Menschen herauszuarbeiten, da diese oft nicht mehr befragt werden und bei längeren Zeitablauf auch direkte Zeitzeugen nicht mehr vorhanden sind.[67] Diese Schwierigkeit schließt es allerdings nicht aus, sich behutsam mit den Argumenten Seckendorffs und dessen möglicher Motivation auseinanderzusetzen, ohne zugleich in Spekulationen und Unterstellungen zu enden. Für diese Betrachtung ist es hilfreich, sich mit der Lebenssituation des Reichsgerichtspräsidenten bzw. der Richter(-schaft) allgemein auseinanderzusetzen.[68] Es liegt allerdings in der Natur der Sache, dass sich die damaligen Umstände nicht in jedem Fall bis ins letzte Detail klären lassen und der Verfasser an verschiedenen Stellen der Arbeit zum Teil auf Plausibilitätserwägungen angewiesen ist.

Anhand der Prozessakten lässt sich sodann auch die These Glöckners untersuchen, dass die in den Prozessakten vorhandenen Voten regelmäßig mit den (abgedruckten) Entscheidungsgründen übereinstimmten.[69] Die vorliegende Arbeit beschränkt sich daher nicht nur auf die untersuchten Urteilstexte, sondern bezieht v.a. auch die in den Akten befindlichen Voten des Reichsgerichtspräsidenten und der Berichterstatter in die Untersuchung mit ein.[70]

---

67 Kolbe konnte in seiner Biographie über Erwin Bumke teilweise noch Interviews mit Zeitzeugen einarbeiten.

68 Zu dieser Problematik auch Lakenberg, a.a.O., S. 44 f. In diesem Zusammenhang sind auch die bereits angesprochene Studie von Schröder, Richterschaft, S. 201 ff. und der Aufsatz von Rottleuthner, Situation der Richterschaft, S. 145 ff. relevant.

69 Diese These hat auch Lakenberg (a.a.O., S. 40, Fn. 87) bereits angesprochen; im Übrigen Glöckner, a.a.O., S. 563, Fn. 987.

70 So hat Wildhagen bereits in seinen Hinweisen zur Veröffentlichungspraxis des Reichsgerichts darauf hingewiesen, dass die „zur Aufnahme in die Sammlung vom Senate ausgewählten Entscheidungen [...] einer besonderen Bearbeitung unterworfen [werden]. Ihr Abdruck erfolgt *nicht in der Form, wie sie erlassen sind, und nicht schlechthin unter wortgetreuer Wiedergabe ihres Inhaltes.* [...].", DJZ 1921, Sp. 234 f. Die Hervorhebung stammt vom Verfasser.

Die ebenfalls im Bundesarchiv vorhandene – leider unvollständige – „Entscheidungssammlung des Reichsgerichts" hilft bei alledem nicht weiter, da diese die Voten ebenfalls nicht enthält.[71] Einen ersten Blick in die Rechtsansichten des Reichsgerichtspräsidenten gewährt im Übrigen die 1932 im Brockhaus Verlag herausgegebene Gedächtnisschrift mit einer darin abgedruckten Äußerung Seckendorffs über die Aufgaben eines Reichsrichters bzw. des Reichsgerichts – *„Es ist meines Erachtens eine der schönsten Aufgaben des obersten Gerichtshofs für eine der allgemeinen Rechtsanschauung entsprechende Anwendung des Gesetzes Raum zu schaffen, sofern dies mit dessen Wortlaut und Absicht irgend vereinbar ist."*[72]

Da der Reichsgerichtspräsident zugleich den Vorsitz eines Senates des Ehrengerichtshofs für deutsche Rechtsanwälte übernahm[73], erstreckte der Verfasser die Untersuchung auf die Beteiligung und Voten Seckendorffs in diesem Wirkungsbereich. Von besonderer Bedeutung für die politischen Ansichten des Reichsgerichtspräsidenten waren dabei u.a. die Verfahren gegen den Rechtsanwalt Karl Liebknecht.[74]

Zeitgenössische Stimmen behaupteten, Seckendorff habe das Reichsgericht in Leipzig heimisch gemacht[75] und „keinen einzigen Feind" im Gericht besessen.[76] Angesprochen waren damit nicht nur die Beziehungen zur Stadt Leipzig, sondern auch die (zwischenmenschlichen) Kontakte im Reichsgericht. Diese Verbindungen waren damals von nicht zu unterschätzender Bedeutung, da – dies legen die bereits erwähnte Abhandlung über Karl Gutbrod[77] und andere Quellen[78] nahe – der Zusammenhalt der Reichsgerichtsmitglieder[79] zu Beginn des Jahrhunderts geschwächt war. Dieses Beziehungsgeflecht dürfte Seckendorffs Stellung und persönliche Autorität im Kollegium im Hinblick auf die anfangs

71 Ein weiteres Exemplar der Sammlung befindet sich beim BGH in Karlsruhe.

72 Reden bei der Gedenkfeier, S. 8. Die Hervorhebung stammt vom Verfasser.

73 Allgemein zum Ehrengerichtshof, Müller, a.a.O., S. 75.

74 BArch, R 3005, Nr. 869, Nr. 1037.

75 LNN, Nr. 328, vom 23.11.1932, S. 9 – „Eine Weihestunde im Reichsgericht, Gedächtnisfeier für Rudolf Freiherr von Seckendorff."

76 Ludwig Ebermayer, Dienst am Recht, S. 201.

77 Gutbrod, a.a.O., S. 73.

78 BArch, R 43, Nr. 695, Bl. 36 ff.

79 Für die Untersuchung wird in diesem Zusammenhang kein Unterschied zwischen Reichsgerichtsräten, Senatspräsidenten, Reichsanwälten etc. gemacht, sondern allgemein auf deren Zugehörigkeit zum Reichsgericht abgestellt.

gegenüber ihm bestehenden Vorbehalte[80] maßgeblich mitbeeinflusst haben, sodass in einem Teil der Arbeit der Fokus hierauf gelegt wird.

In Seckendorffs Amtszeit am Reichsgericht fielen die politischen Veränderungen des Spätherbstes 1918. Der Verfasser untersuchte daher u.a. an Berichten aus der (überregionalen) Presse Seckendorffs Verhalten und die damaligen Geschehnisse in Leipzig. Blieb das Reichsgericht unberührt von der Revolution? Aus welchem Grund wurde der Reichsgerichtspräsident 1918 nicht entlassen bzw. suchte dieser nicht um seine Entlassung nach? Immerhin war eine Distanz zur Weimarer Republik innerhalb der Richterschaft weit verbreitet.[81]

Auf die persönlichen bzw. (gesellschafts-)politischen Ansichten des Reichsgerichtspräsidenten wird deswegen an geeigneten Stellen der Arbeit näher eingegangen, um ein (mögliches) Gesamtbild zu entwerfen. War Seckendorff ein „unpolitischer" Richter, der gleichwohl, wie viele seiner Zeitgenossen streng monarchisch war und blieb oder konnte er den Übergang in die Republik akzeptieren?

Der Verfasser untersuchte – abgesehen von der einschlägigen Literatur – im Rahmen des Projekts hauptsächlich die Bestände des Bundesarchivs in Berlin-Lichterfelde und diejenigen des Geheimen Staatsarchivs Preußischer Kulturbesitz in Berlin-Dahlem. Hinzu kamen die Archivalien des Stadtarchivs Leipzig sowie die Bestände des dort befindlichen Stadtgeschichtlichen Museums. Abgerundet wurde die Untersuchung durch die Bestände des Thüringer Staatsarchivs in Altenburg, in dem sich Teile des Seckendorffschen Familienarchivs befinden. Schwierigkeiten bestanden dabei vor allem in dem Umstand, dass manche der untersuchten Archivbestände schwer auffindbar gewesen bzw. bisher nicht oder kaum erschlossen sind.

---

80 Vgl. BArch, R 43, Nr. 695, Bl. 27.

81 Siehe etwa: Dieter Simon, Die Unabhängigkeit des Richters, S. 50.

Erstes Kapitel: Familiäres Umfeld, Jugend- und Ausbildungszeit 1844–1879

A) Herkunft und Familie

Am 22. November 1844 wurde Daniel August Hubert *Rudolf* Freiherr von Seckendorff in der preußischen Rheinprovinz, in Köln, geboren. Er entstammte einem alten, weit verzweigten fränkischen Adelsgeschlecht[82], das vor allem in Franken und Sachsen ansässig war.[83] Der Name Seckendorff leitet sich vom gleichnamigen „Seckendorf" bei Nürnberg ab.[84] Dieses ist heute ein Ortsteil im mittelfränkischen Cadolzburg.

Die Geschichte des Geschlechtes ist eng mit dem der Hohenzollern verknüpft: so erwarb ein Ehrenfried von Seckendorff die Markgrafschaft Brandenburg für die Hohenzollern.[85] Die Gesamtfamilie hat verschiedene bedeutende Vertreter in der deutschen (Rechts-)Geschichte aufzuweisen, wie Veit Ludwig Freiherr von Seckendorff (1626–1692) oder dessen Neffe Friedrich Heinrich Reichsgraf von Seckendorff (1673–1763) aus der Gutender Hauptlinie.[86] Die Familie Seckendorff trägt als Wappen: in Silber einen roten Lindenzweig in Form einer 8 mit vier untereinander stehenden gestielten roten Blättern an jeder

82 Die Familiengeschichte ist in einem mehrere Bände umspannenden Werk von Gerhard Rechter erforscht worden. Im Vorwort seines ersten Bandes zur Familiengeschichte wird auf folgende Anekdote verwiesen: „Das Geschlecht der Freiherrn von Seckendorff ist eines der ältesten fränkischen von Adel und berühmt durch die vielen edlen und großen Männer, die aus ihm entsprossen sind' stellte 1791 das aufklärerische ‚Journal von und für Franken' richtig fest, verschwieg aber zugleich seinen Lesern den schon von altersher bekannten Spruch, der besagt, dass vom fränkischen Adel Seinsheim die ältesten, Enheim die stolzesten, Grumbach die weichsten und Seckendorff die meisten seien." Aus diesem Grund gestaltete sich zunächst die genaue genealogische Zuordnung Rudolf von Seckendorffs als schwierig.

83 Brockhaus, Bd. 14, 13. Auflage 1886, S. 633 ff.

84 Handbuch des Adels, Bd. 128, S. 240.

85 Brockhaus, Bd. 14, 13. Auflage 1886, S. 633; vgl. Rechter, Die Seckendorff, Bd. 1, S. 5.

86 Brockhaus, Bd. 14, 13. Auflage 1886, S. 634 f. Veit Ludwig v. S. verfasste den „Teutschen Fürstenstaat" (1656). Friedrich Heinrich von Seckendorff war Diplomat, österreichischer Feldmarschall und Gesandter am Hof des „Soldatenkönigs" Friedrich Wilhelm I.

Seite; auf dem Helm mit rot-silbernen Decken einen hermelin gestulpten roten Turnierhut, bestückt mit sieben schwarzen Hahnenfedern.[87]

Rudolf von Seckendorff entstammte seinerseits dem Rinhofener Hauptzweig[88] der Familie, der erst mit seinem Großvater die preußische Staatsbürgerschaft erlangt hatte.[89] Die Gesamtfamilie Seckendorff hatte zwar über die Jahrhunderte einen umfangreichen Besitzstand erworben, der sich in diversen Gütern und Schlössern widerspiegelte.[90] Der Familienzweig Rinhofen hatte indes im Laufe des 17. Jahrhunderts sämtliche Rittergüter eingebüßt und war für den Unterhalt gänzlich auf die Einkünfte aus landesherrlichen bzw. militärischen Diensten angewiesen. Die unmittelbaren Vorfahren Rudolf von Seckendorffs standen daher allesamt in militärischen oder Verwaltungsdiensten.[91] Dieser Umstand dürfte die Anpassung dieses Familienzweiges an die sich für die Adelswelt im 19. Jahrhundert verändernden und durch (drohenden) Verlust von zahlreichen Privilegien – d.h. bspw. des Verlustes der rechtlichen und wirtschaftlichen Sonderstellung des Adels – geprägten Verhältnisse[92] erleichtert haben.[93] Vor allem landarme Adelsfamilien mussten sich mühsam in den bürgerlichen und leistungsbezogenen Berufen zurechtfinden. Die Grenzen zwischen den nicht besitzenden bzw. landarmen Adelsfamilien und dem aufstrebenden Bürgertum verschwammen.[94] Die Familie Seckendorff-Rinhofen gehörte unter

---

87 Handbuch des Adels, Bd. 128, S. 240 ff.; nähere Angaben zur Wappengeschichte bei Rechter, a.a.O., S. 7.

88 Rudolf von Seckendorff war der Enkel von Carl August Friedrich v. S., vgl. die Angaben bei Rechter, a.a.O., S. 187 und Henne, „Seckendorff, Rudolf Freiherr von", in: Neue Deutsche Biographie 24 (2010), S. 121 f. [Onlinefassung]; Illustrirte Zeitung, Bd. 124, Nr. 3231, S. 838 (Artikel über den neuen Reichsgerichtspräsidenten Seckendorff).

89 GStA PK, Rep. 84 a, Nr. 45973, Bl. 44 f., Bl. 49.

90 Rechter, a.a.O., S. 22 ff., 191 ff.

91 Seckendorffs Urgroßvater war als Oberforstmeister, sein Großvater als Regierungsrat tätig, vgl. Rechter, a.a.O., S. 21, 185, 187 sowie Henne, „Seckendorff, Rudolf Freiherr von", in: Neue Deutsche Biographie 24 (2010), S. 121 f. [Onlinefassung].

92 So in Folge der Auflösung des Heiligen Römischen Reiches Deutscher Nation und der Neukonstituierung der deutschen Staaten nach der napoleonischen Herrschaft. Für die hier vorliegende Untersuchung soll ein kurzer Hinweis auf die allgemeineren Ausführungen zur Adelsgeschichte bei Wehler, Gesellschaftsgeschichte, Bd. 3, S. 167 ff., 805 ff. oder einige speziellere Untersuchungen zur Adelsforschung im 19. Jahrhundert wie bspw. bei Braun (Konzeptionelle Bemerkungen, S. 88) sowie bei Conze/Wienfort (Adel und Moderne, S. 5) bzw. Wienfort (Adel im 19. Jahrhundert, S. 113) genügen.

93 Darauf weist bereits Rechter, a.a.O., S. 21 hin.

94 Vgl. Wehler, Gesellschaftsgeschichte, Bd. 3, S. 171 ff.; Conze/Wienfort, a.a.O., S. 5; Carsten, Preußischer Adel, S. 121.

wirtschaftlichen Aspekten zum Milieu des landarmen Adels bzw. der höheren Beamtenfamilien und näherte sich, jedenfalls in diesem Umfeld, dem Lebensweg der „Bürgerlichen“ an.

Dies wird beispielhaft auch durch die Lebenswege der engeren Familie Seckendorff, d.h. der Eltern- und Geschwistergeneration des späteren Reichsgerichtspräsidenten verdeutlicht:

Rudolf von Seckendorff war der Sohn des späteren Oberreichsanwaltes Dr. Eduard Freiherr von Seckendorff[95] und Eleonore (von) Weise (1813–1902). Sie war die Tochter des 1836 nobilitierten Bürgermeisters von Oberkassel, Daniel von Weise, und entstammte dem Rheinland.[96] Er hatte drei Geschwister, zwei jüngere Brüder namens Heinrich und Ernst, die jeweils Karierre in militärischen und landesherrlichen Diensten machten[97] sowie eine ältere Schwester Emma.[98] Sie ging später mit ihm nach Leipzig und führte dort seinen Haushalt.[99]

I) Der Vater, der spätere Oberreichsanwalt, Eduard von Seckendorff

August Heinrich Friedrich *Eduard* Freiherr von Seckendorff, geboren am 13. Februar 1807 in Hachenburg im Westerwald, bestand die juristischen Prüfungen mit Auszeichnung[100] und promovierte 1829 an der Universität Bonn zum „doctor iuris“. 1830 wurde er wie später sein Sohn Auskultator[101] in Berlin.[102]

---

95 Zu diesem siehe: Neumann, Reichsanwaltschaft, S. 198 f.; Lobe, a.a.O., Anlage IV, S. 399; Müller, a.a.O., S. 88 f.; Brockhaus, Bd. 14, 13. Auflage 1886, S. 635.

96 Daniel v. Weise (1767–1849), preußischer Adel seit 1836, kurpfälzischer Oberleutnant, siehe Henne, „Seckendorff, Rudolf Freiherr von“, in: Neue Deutsche Biographie 24 (2010), S. 121 f. [Onlinefassung]; Degeners „Wer ist's“, Zeitgenossenlexikon, Ausgabe IV (1909), S. 1304.

97 Heinrich (1846–1918), preuß. Oberstlt. und Ernst Frhr. v. S.-Verna (1847–1916, 1846 preuß. Namen- u. Wappenvereinigung mit denen v. Verna), hess. Kammerherr, preuß. Oberlt., Henne, „Seckendorff, Rudolf Freiherr von“, in: Neue Deutsche Biographie 24 (2010), S. 121 f. [Onlinefassung]. Weitere Angaben u.a. im LTgBl., Nr. 1, vom 1.1.1886, S. 17.

98 ThStA, FA Seckendorff, Nr. 1595, Bl. 10. Die Lebenserinnerungen von Emma v. S. befinden sich dort auf den Blättern 1–8.

99 LNN, vom 24.9.1932, Nr. 268, S. 2.

100 GStA PK, Rep. 89, Nr. 17284, Bl. 90 R.

101 Eine Art Vorstufe zum Referendariat, die 1869 abgeschafft wurde. Näheres bei Ormond, a.a.O., S. 52.

102 GStA PK, Rep. 89, Nr. 16872, Bl. 90.

Nach seiner Assessorenzeit war er als Prokurator (Staatsanwalt) und zeitweilig Regierungsrat[103] für längere Zeit im rheinischen Justizdienst tätig.[104]

Während der Reaktionszeit im Jahr 1856 erlangte Eduard von Seckendorff eine Stellung als Rat im „rheinischen Senat" des Preußischen Obertribunals in Berlin.[105] Die Familie zog daraufhin nach Berlin.[106] Diese Beförderung war wahrscheinlich Folge der Personalpolitik des damaligen preußischen Justizministers Simons. Das Gericht stand fest auf Seiten der Regierung und war im Wesentlichen aus regierungstreuen Kräften zusammengesetzt.[107] Dementsprechend wurde im Beförderungschreiben für die Stelle beim Obertribunal neben Eduard von Seckendorffs „langjährige[r] Wirksamkeit im Gebiete des rheinischen Rechts" und der Strafrechtspflege dessen *„lebendige patriotische Gesinnung"* hervorgehoben.[108] Ein anschaulicher Beleg für dessen regierungstreue Gesinnung ist die Auszeichnung mit den verschiedenen Klassen des Roten Adler Ordens.[109] So wurde er im Nachgang zum Kölner Kommunistenprozess 1852[110], bei dem Eduard von Seckendorff die Anklage vertreten hatte[111], von König Friedrich Wilhelm IV. persönlich mit dem Roten Adlerorden dritter Klasse mit

---

103 Einzelne Nachweise ergeben sich aus den Akten des Obertribunals, GStA PK, Rep. 89, Nr. 16857, Bl. 39.

104 Müller, a.a.O., S. 88.

105 GStA PK, Rep. 89, Nr. 16857, Bl. 39 f.

106 Reden bei der Gedenkfeier, S. 4.

107 Ormond, a.a.O., S. 37.

108 GStA PK, Rep. 89, Nr. 16857, Bl. 39 R. Ähnliche Äußerungen erfolgten bei dem Vorschlag, E. v. S. 1871 zum Generalprokurator in Köln zu ernennen, GStA PK, Rep. 89, Nr. 17284, Bl. 191, 191 R. Die Hervorhebung stammt vom Verfasser.

109 GStA PK, Rep. 89, Nr. 16872, Bl. 90, 91.

110 Bei dem Kölner Kommunistenprozess handelte es sich um einen der bedeutendsten politischen Strafprozesse des 19. Jahrhunderts. Der Prozess gehört zu den vielfältigen Maßnahmen, die die (preußischen) Behörden im Nachgang der gescheiterten Revolution von 1848/49 unternahmen, um die politische Opposition, d.h. die „kommunistische Verschwörung", zu unterdrücken. Der Prozess richtete sich gegen Mitglieder des „Bundes der Kommunisten", denen vorgeworfen wurde, die Staatsverfassung gewaltsam umstürzen zu wollen. Der „Bund" galt damals nach Ansicht F. Engels als die einzig bemerkenswerte revolutionäre Vereinigung in Deutschland und hatte seinen Sitz in Köln. Mehrere der Angeklagten wurden in der Folge zu langen Haftstrafen verurteilt. Unmittelbar im Anschluss an das Urteil im November 1852 löste sich der „Bund der Kommunisten" auf, vgl. Golsong, Kommunistenprozess, S. 4 ff., 49 f., 120 ff.

111 Nähere Angaben zum Prozessverlauf und zur Tätigkeit E. v. S. bei Golsong, a.a.O., S. 45 ff., insbes. S. 85 ff.

Schleife ausgezeichnet.[112] Bei inopportunem Verhalten kam – demgegenüber – eine Ordensverleihung regelmäßig erst gar nicht in Betracht.[113]

Demnach ist die im Jahr 1871 erfolgte Beförderung Eduards von Seckendorffs zum Generalprokurator[114] und Provinzialchef der preußischen Staatsanwaltschaft in Köln ebenfalls als Nachweis für seine regierungskonforme Amtsausübung zu werten. In dieser Stellung verblieb er bis zur Ernennung zum Oberreichsanwalt im Jahr 1879.[115]

Über die lange Amtszeit in preußischen Diensten dürfte er sich für dieses Amt qualifiziert haben.[116] Einen besonderen Stellenwert nahm dabei auch dessen Tätigkeit am Preußischen Obertribunal ein. *Preußischerseits* wurde Wert darauf gelegt, die Erstbesetzung des Reichsgerichts vor allem mit (ehemaligen) Richtern des Obertribunals vorzunehmen, um ihnen ein „entsprechendes Amt" zu geben und damit (auch) für eine „würdige Vertretung" des „preußischen Richterstandes" beim Reichsgericht zu sorgen.[117] Vergleichbares darf für die Besetzung der Stelle des ersten Oberreichsanwaltes angenommen werden. Eduard von Seckendorffs Hauptaufgabe in Leipzig bestand in der Organisation

---

112 Vgl. GStA PK, Rep. 89, Nr. 16857, Bl. 39; Justiz Ministerial-Blatt für die Preußische Gesetzgebung und Rechtspflege, Nr. 5 vom 28. Januar 1853, S. 46.

113 Vgl. Ormond, a.a.O., S. 174 ff.; Morsey, DVBl. 1971, 8, 14.

114 „In seinen bisherigen dienstlichen Stellungen hat er sich durch gründliche Kenntnisse, rasche Auffassung und richtiges Urtheil, sowie durch Geschäftsgewandtheit, Thätigkeit und Diensttreue überall ausgezeichnet, GStA PK, Rep. 89, Nr. 17284, Bl. 191, 191 R.

115 Müller, a.a.O., S. 88; LTgBl., Nr. 1, vom 1.1.1886, S. 17.

116 GStA PK, Rep. 89, Nr. 16872, Bl. 12 ff., 16 f. Im Schreiben des preußischen Justizministers Leonhardt an den Kaiser vom 5. April 1879 (Bl. 16 R, Bl. 17) wurden als Gründe, welche für dessen Beförderung zum Oberreichsanwalt sprachen, u.a. seine körperliche „Frische" (er war bereits 72 Jahre alt), seine „reiche Erfahrung" und „Tüchtigkeit als Jurist", aber auch dessen „unbedingte politische Zuverlässigkeit", genannt. Ein Entwurf des Schreibens befindet sich ebd., Rep. 84 a, Nr. 11812, Bl. 369 ff.

117 Zur Ernennung siehe GStA PK, Rep. 89, Nr. 16872, Bl. 12 ff., insbes. Bl. 18 f. Den ehemaligen Obertribunalräten sollte aufgrund der Auflösung des Obertribunals – des höchsten Preußischen Gerichtshofs – ein „vorzugsweiser Anspruch auf Wiedereinstellung" in einem „entsprechenden Amte als Richter des Reichsgerichts zuerkannt werden […]." Dies galt wohl auch für ehemalige Obertribunalräte, die – nichtsdestoweniger – aufgrund ihrer „Eignung" vorgeschlagen worden waren (Bl. 18 R). Zur Verteilung der Ratsstellen nach Bevölkerungszahl, ebd. Bl. 44.

der neuen Behörde.[118] Als Oberreichsanwalt vertrat er die Anklage u.a. im Anarchistenprozess[119] gegen August Reinsdorf.[120] Anlässlich seines 50-jährigen Dienstjubiläums im Jahr 1880 wurde er, auch im Hinblick auf die politische Bedeutung des Amts des Oberreichsanwalts, zum „Wirklichen Geheimen Rat mit dem Prädikat Exzellenz“ ernannt.[121] Diesen (persönlichen) Rang hatte auch der Reichsgerichtspräsident inne.[122] Er war Rechtsritter im evangelischen Johanniterorden[123] und, anders als sein Sohn Rudolf[124], *evangelischer* Konfession.[125]

II) Spuren am Reichsgericht

Bereits Eduard von Seckendorff hatte in Leipzig Spuren hinterlassen: er war aufgrund seiner amtlichen Stellung an wichtigen städtischen Ereignissen – so hielt er eine Ansprache zur Eröffnung des Reichsgerichts[126] – und an institutionellen Entscheidungen beteiligt.

Bereits zu einem frühen Zeitpunkt sprachen sich Eduard (von) Simson und Oberreichsanwalt Seckendorff für dasjenige Baugrundstück aus, auf dem das (neue) Reichsgerichtsgebäude errichtet werden sollte.[127]

---

118 Zur (Ober-)Reichsanwaltschaft allgemein bzw. zu den Aufgaben E. v. S. als Oberreichsanwalt im Besonderen siehe, Müller, a.a.O., S. 85 ff., S. 88. Der Oberreichsanwalt wurde auf Vorschlag des Bundesrats vom Kaiser ernannt, § 150 GVG.

119 In diesem Prozess wurde ein fehlgeschlagener Attentatsversuch auf Kaiser Wilhelm I. anlässlich der Einweihung des Niederwalddenkmals 1883 strafrechtlich aufgearbeitet. Dazu in zeitgenössischer Berichterstattung, Werner, Anarchistenprozeß.

120 Werner, Anarchistenprozess, S. 4.

121 Die jeweiligen Beförderungsempfehlungen geben unter Angabe von Ordensauszeichnungen Aufschluss über den Lebensweg E. v. S., GStA PK, Rep. 89, Nr. 16872, Bl. 90 f. (zum Dienstjubiläum); ebd., Nr. 17284, Bl. 90, 191 (Ober- bzw. General-Prokurator). E. v. S. besaß bspw. seit 1873 den Roten Adler Orden II. Klasse mit Eichenlaub. 1877 erlangte er den Stern zum Roten Adler Orden II. Klasse mit Eichenlaub.

122 Vgl. allgemein Ormond, a.a.O., S. 63 f., 174.

123 Illustrirte Zeitung, Bd. 124, Nr. 3231, S. 838.

124 GStA PK, Rep. 84 a, Nr. 3258, Bl. 51 ff., Bl. 94.

125 GStA PK, Rep. 84 a, Nr. 3258, Bl. 719 ff., Bl. 724.

126 Zur Ansprache siehe Reckling, Die Ansiedlung des Reichsgerichts, S. 34. und LTgBl., Nr. 1, vom 1.1.1886, S. 17.

127 Schulz, Leipzig und das Reichsgericht, S. 20 f. Dort heißt es: „Der Rat der Stadt hatte vier Bauplätze vorgeschlagen [...]. Gegenüber dem neuen Landgerichtsgebäude an der Harkortstraße hatte er den Botanischen Garten der Universität erworben und in zwei große Bauplätze A und B geteilt [...]. Alles Plätze an der Peripherie des damaligen Leipzigs. Der Platz A schien den Vorzug zu verdienen trotz mancher Bedenken; dem einen erschien er zu weit von der Mitte der Stadt, anderen lag er zu tief – es ging

Die Entscheidung des Preisgerichtes[128], unter mehreren eingereichten Architektenentwürfen den Hoffmannschen Entwurf für das Reichsgerichtsgebäude[129] auszuwählen, hat er vermutlich mitbestimmt.[130] Jedenfalls nahm er später Einfluss auf die bauliche Umsetzung des Entwurfes. Aus dienstlichen Erwägungen wurde die Raumaufteilung im Reichsgerichtsgebäude abgeändert.[131] Dies hing mit seiner bereits erwähnten Aufgabe zusammen, die neue Behörde zu organisieren.[132]

Der Oberreichsanwalt genoß in Leipzig hohes Ansehen.[133] Das war u.a. auf sein Interesse für kulturelle örtliche Veranstaltungen zurückzuführen.[134] Über seinen Vater dürfte Rudolf von Seckendorff einige Kontakte zur Leipziger Bürgergesellschaft sowie zur „Reichs(gerichts-)gründergeneration" geknüpft haben. Das kulturelle Interesse Rudolf von Seckendorffs, das später bedeutend für seine Stellung als Reichsgerichtspräsident werden sollte, war ihm gewissermaßen in die Wiege gelegt worden.[135] Eduard von Seckendorff starb nach kurzer Krankheit am 30.12.1885 in Leipzig.[136]

---

wirklich bergab dahin vom Obstmarkt und der Pleißenburg. Im Herbst 1880 besichtigten Simson und Seckendorff die Plätze und fanden A besonders beachtenswert." Der Verfasser des Aufsatzes, Hans Schulz, war Leiter der Bibliothek des Reichsgerichts.

128 D.h. der Jury.

129 Riedel, Stadtlexikon, S. 493 (Artikel: Reichsgerichtsgebäude). Zum Lebenslauf Hoffmanns, Reuther, „Hoffmann, Ludwig", in: Neue Deutsche Biographie 9 (1972), S. 397 [Onlinefassung]

130 In einer Anmerkung in der „Deutschen Bauzeitung" zur Auswahl des Entwurfs heißt es, dass für die Entscheidung des Preisgerichtes nicht die äußere Gestaltung, sondern die „Korrektheit" der Grundrissanordnung ausschlaggebend gewesen sei. Dazu hätten, wie in leicht kritischem Unterton hinzugefügt wird, ganz sicher „die 5 hohen Justiz-Beamten im Preisgericht beigetragen", vgl. Laudel, Das Reichsgerichtsgebäude in Leipzig, S. 87, 117 Anmerkung 8. Vgl. außerdem BArch, R 3002, Gen. Nr. 124, Bl. 19, 21.

131 BArch, R 3002, Gen. Nr. 125, Bl. 229 ff., 243 f., 263.

132 Müller, a.a.O., S. 88.

133 Illustrirte Zeitung, Bd. 124, Nr. 3231, S. 838 (Artikel über den neuen Reichsgerichtspräsidenten Seckendorff).

134 Vgl. LTgBl., Nr. 1, vom 1.1.1886, S. 17.

135 Zur Bedeutung des kulturellen Interesses für die Stellung des Reichsgerichtspräsidenten siehe unten Viertes Kapitel, C. sowie Fünftes Kapitel, B. I.

136 Ein Nachruf findet sich im LTgBl., Nr. 1, vom 1.1.1886, S. 17.

B) Jugend- und Ausbildungsjahre

Rudolf von Seckendorff wuchs zunächst in Köln auf und verbrachte dort eine „glückliche Kindheit". Die elterliche Wohnung lag gegenüber der Gereonskirche in der Kölner Altstadt. Dort besuchte er die Pfarrschule zur Kirchengemeinde Sankt Gereon. Die Ferien und zahlreiche Sonntage verbrachte die Familie auf dem Gut des Großvaters mütterlicherseits, das, mit Rudolf von Seckendorffs eigenen Worten, „*wunderschön am Fuße des Siebengebirges gegenüber der Ruine Godesberg [...]*" gelegen war.[137]

Seit dem Umzug der Familie nach Berlin besuchte Rudolf von Seckendorff bis zum Herbst 1862 das Berliner Friedrich-Wilhelms-Gymnasium.[138] Dieses war seinerzeit eine der führenden humanistischen Bildungsstätten Preußens.[139]

Er entwickelte ein besonderes Interesse für Mathematik und die alten Sprachen[140], erwarb aber auch umfangreiche Kenntnisse in modernen Sprachen, wie dem Französischen.[141] Für seine weitere Karriere war sein Bildungsstand[142] von nicht zu unterschätzender Bedeutung: Seckendorffs Sprachgeschick sollte seinen Einstieg in die Justizlaufbahn, dazu sogleich, beschleunigen.

Bereits zu jener Zeit gibt es erste Anzeichen für seine hohe *Sozialkompetenz*[143], d.h. über seinen Umgang mit Menschen, die er später vor allem in Leipzig

137 ThStA, FA Seckendorff, Nr. 1595, Bl. 10; Reden bei der Gedenkfeier, S. 3 f. Die Hervorhebung stammt vom Verfasser.

138 Reden bei der Gedenkfeier, S. 4.

139 Zum Gymnasium siehe Ludwig Wiese, Schulwesen in Preußen, S. 97 ff. Das Gymnasium war ein kgl. Gymnasium, das von 1747 zunächst als Realschule und ab 1797 als Gymnasium bis zum Ende des Zweiten Weltkriegs bestand. Seinen Namen trug es nach König Friedrich Wilhelm III., der aus Anlass des 50jährigen Bestehens die erfolgreiche Realschule aufwerten wollte. Das Gymnasium wurde eines der führenden humanistischen Gymnasien in Preußen.

140 ThStA, FA Seckendorff, Nr. 1595, Bl. 10.

141 In den Akten finden sich – bisweilen deutliche – Hinweise auf seine Französisch – (GStA PK, Rep. 89, Nr. 17471, Bl. 46 R) oder Lateinkenntnisse (BArch, R 3001, Nr. 7572, Bl. 71 ff., 84 ff., Bl. 86 R f.). Vermutlich beherrschte er auch die Englische Sprache, vgl. BArch, R 3001, Nr. 7572, Bl. 84 ff., 94 R.; ebd., Nr. 7630, Bl. 197 ff. Dementsprechend weist Wiese (a.a.O., S. 20, S. 98) darauf hin, dass am Gymnasium nicht nur Latein, Griechisch oder Hebräisch unterrichtet worden ist, sondern auch die französische Sprache.

142 Allgemein zur Bildung als Ursache für den sozialen Aufstieg im Kaiserreich, Stürmer, Das Ruhelose Reich, S. 63 f., S. 120 ff., S. 133 ff.

143 Ein Beispiel aus seiner Schulzeit wird während der Gedächtnisfeier angesprochen, Reden bei der Gedenkfeier, S. 4 f.

nutzen konnte. Damit dürfte im Einklang stehen, dass er auch als Reichsgerichtspräsident Wert auf „umfassende Bildung“ und gutes Benehmen[144] – also angemessenes Sozialverhalten – legte.

Im Anschluss an seine schulische Ausbildung begann Rudolf von Seckendorff das Studium der Rechtswissenschaften, zunächst in Berlin und später für drei „fröhliche Semester“ in Heidelberg.[145] Zu seinen Lehrern an der Universität gehörten unter anderem Karl Adolph v. Vangerow[146] und Adolf August Friedrich Rudorff[147], weiterhin Rudolf (v.) Gneist[148] und Johann Caspar Bluntschli[149].[150]

Nachdem er das Auskultatorexamen „mit Auszeichnung“ bestanden hatte, wurde Seckendorff am 8. November 1865 als Auskultator im Kammergerichtsbezirk verpflichtet.[151] Daraufhin war er für fast ein Jahr am „überlasteten Stadtgericht“ in Berlin tätig.[152] Im Anschluss leistete er zwischen dem 1. Oktober 1866 und dem 30. September 1867 seinen „Einjährig-Freiwilligen (Militär-)Dienst“

---

144 Vgl. BArch, R 3001, Nr. 1559/1, in diesem Bestand befindet sich ein Schreiben Seckendorffs an den Staatssekretär des RJA vom 7.2.1914. Dabei ging es um die Vorstellung geeigneter Persönlichkeiten aus dem Geschäftsbereich des Reichsgerichts für den Posten eines Unterstaatssekretärs für das Justiz- und Kultusressort in Elsaß-Lothringen. Bei seiner Auswahl legte er Wert auf soziale „Gewandtheit“ und eine möglichst umfassende (auch praktische) Bildung.

145 Reden bei der Gedenkfeier, S. 5.

146 Zu diesem Brockhaus, Bd. 16, 13. Auflage 1887, S. 115. Der spätere Reichsgerichtsrat Viktor von Meibohm war ebenfalls ein Schüler Vangerows und äußerte sich z.T. kritisch über dessen Lehrtätigkeit: „Vangerows Vortrag war nicht geistreich. Er vermied das Aufsteigen zu allgemeinen Ideen und die kritische Dialektik. Was er vortrug, war reines römisches Recht, ohne die mindeste Rücksicht auf dessen Anwendbarkeit im heutigen Leben. Diese Mängel fühlte jedoch der Anfänger nicht, dem der Vortrag volle Befriedigung gewährte.“, Vortmann, Meibom Lebenserinnerungen, S. 36. Mit anderen Akzenten allerdings Haferkamp, ZEuP 2008, S. 814 ff., der u.a. darauf verweist, dass Zeitgenossen Vangerows „herrlichen Vortrag“ lobten (S. 817) und V. durchaus die „praktische Brauchbarkeit“ (S. 833) der von ihm gefundenen Lösungen im Blick behalten habe. Jedenfalls schimmert in den Erinnerungen v. Meiboms die Kritik an der juristischen Ausbildung durch, die einen wesentlichen Aspekt in der (späteren) justizkritischen Debatte ausmachte, vgl. Wilhelm, a.a.O., S. 577, 604 ff. Im Übrigen Drittes Kapitel, B. III.

147 Zu diesem Brockhaus, Bd. 13, 13. Auflage 1886, S. 890.

148 Zu diesem Henne, HRG 2. Aufl. Bd. 2, Sp. 430 ff.

149 Zu diesem Senn, HRG, 2. Aufl. Bd. 1, Sp. 621 f.

150 Reden bei der Gedenkfeier, S. 5.

151 BArch, R 3002, PA Nr. 790, Bd. 2, Bl. 1; Reden bei der Gedenkfeier, S. 5.

152 ThStA, FA Seckendorff, Nr. 1595, Bl. 12.

ab.[153] Dieser einjährige Dienst bedeutete eine Entbindung von der eigentlich bestehenden dreijährigen, zugunsten einer verkürzten und auf ein Jahr reduzierten, Wehrpflicht.[154]

Im November 1867 wurde Seckendorff nach „sehr gut“ bestandener Prüfung Referendar. Nachdem er als Dragonerleutnant am Deutsch-Französischen Krieg 1870/71 teilgenommen hatte, erlangte er Ende desselben Jahres eine Hilfsrichterstelle beim Kreisgericht in Duisburg.[155] Auch über das Jahr 1871 hinaus blieb er für längere Zeit wie viele seiner Zeitgenossen Reserveoffizier.[156] Er erhielt in dieser Stellung diverse Landwehrdienstauszeichnungen.[157] Der mit diesem (Reserveoffiziers-)Status verbundene „Korpsgeist“ begünstigte – nach zeitgenössischer Kritik – die Herausbildung einer „Klassenjustiz“.[158] Allerdings musste

---

153 BArch R 3002, PA Nr. 790, Bd. 2, Bl. 1.

154 Allgemein dazu Stürmer, a.a.O., S. 64, 121. Auch andere Reichsgerichtspräsidenten durchliefen dieses „System“, BArch, R 3002, PA Nr. 146, Bl. 1. (Militärdienst Heinrich Delbrück vom 1.10.1874–30.9.1875); ebd., PA Nr. 810, Bd. 1, Bl. 3 (Militärdienst Walter Simons vom Oktober 1882 bis Ende September 1883); ebd., PA Nr. 117, Bd. 1, Bl. 4 (Militärdienst Erwin Bumke Oktober 1897 bis Ende September 1898)

155 Reden bei der Gedenkfeier, S. 5; BArch, R 3002, PA Nr. 790, Bd. 2, Bl. 1. Seit dem 14.10.1869 war er Sekonde Lieutenant beim Dragoner Regiment Nr. 12 in Frankfurt/Oder. Etwas widersprüchliche Angaben zu den Prüfungsergebnissen finden sich in GStA PK, Rep. 89, Nr. 27, Bl. 168 a) R. Danach bestand er die erste Staatsprüfung mit dem Prädikat „ausgezeichnet“ und die weiteren Staatsprüfungen mit dem Prädikat „gut“.

156 GStA PK, Rep. 89, Nr. 16854, Bl. 43 b), Bl. 77 R (Premierlieutenant der Reserve des 2. Brandenburgischen Dragoner Regiments Nr. 12), Bl. 114 R (Rittmeister der Reserve bis 1887). Dieser militärische (Reserve-)Dienst war typisch für die damalige Zeit und prägte die gesellschaftlichen Anschauungen: wer auf seiner Visitenkarte sich Leutnant der Reserve nennen durfte, als Gymnasiallehrer gelegentlich in Uniform vor die Schüler und Mitbürger treten konnte, dem diente das fortan als Ausweis gehobener sozialer Stellung, vgl. Stürmer, a.a.O., S. 64, 121. Die Rolle des Militärs in Staat und Gesellschaft wird besonders deutlich im Rahmen der Reform des Militärstrafverfahrens diskutiert, vgl. Josef Anker, Militärstrafgerichtsordnung. Auch Seckendorff erhielt bei seinem Abschied die Erlaubnis zum Tragen der Uniform, GStA PK, Rep. 89, Nr. 16854, Bl. 114 R. Seine Amtsnachfolger waren allesamt Reserveoffiziere, BArch, R 3002, PA Nr. 146, Bl. 1 (Delbrück); ebd., PA Nr. 810, Bd. 1, Bl. 3 (Walter Simons); ebd., PA Nr. 117, Bd. 1, Bl. 4 (Erwin Bumke).

157 Er besaß die Landwehrdienstauszeichnungen I. und II. Klasse, GStA PK, Rep. 89, Nr. 16854, Bl. 43b), Bl. 114 R. Allgemein zur Landwehrdienstauszeichnung, ebd., Rep. 90 A, Nr. 2030.

158 Vgl. Ormond, a.a.O., S. 430 f. Zu den Ursachen der Klassenjustiz allgemein Linnemann, Klassenjustiz und Weltfremdheit, S. 88 ff.

dieser Status nicht notwendig mit einer konservativen Gesinnung zusammentreffen. Auch bei ausgesprochen liberalen Beamten waren Landwehrdienstauszeichnungen „völlig normal".[159]

Das familiäre Umfeld Rudolf von Seckendorffs ist zwar als konservativ einzustufen, dies u.a. aufgrund der Karrieren seiner Brüder im preußischen Heer.[160] Trotz dieser Herkunft[161] aus einem konservativen Milieu wuchs er in einem offenbar (religiös) toleranten Umfeld auf.[162] Seckendorff war politisch aufgeschlossen und vermutlich (gemäßigt) liberaler Gesinnung.[163] Er war ein violinenspielender[164] Schöngeist'[165] und auch im Übrigen sehr an kulturellen Angelegenheiten interessiert.[166] Diese Charaktereigenschaften traten auch im weiteren Karriereverlauf u.a. in seiner Amtsführung am Reichsgericht zutage.

---

159 Vgl. Ormond (a.a.O., S. 435 f.), der die Landwehrdienstauszeichnung als sicheres Indiz für die Reserveoffizierseigenschaft wertet und darauf hinweist, dass auch ausgesprochen liberale Beamte Inhaber der Landwehrdienstauszeichnung sein konnten. So wird der spätere Staatssekretär des Reichsjustizamts Lisco bei Hattenhauer (Reichsjustizamt, S. 41) als „liberaler", „gütiger" und „altpreußischer Beamter" beschrieben. Auch Karl Liebknecht war offenbar Träger der Landwehrdienstauszeichnung 2. Klasse, BArch, R 3005, Nr. 1037, Bl. 56.

160 Henne, „Seckendorff, Rudolf Freiherr von", in: Neue Deutsche Biographie 24 (2010), S. 121 f. [Onlinefassung]. Auch Ferdinand v. S., ein Bruder Eduards v. S., war Soldat, nämlich Oberst und Kommandeur des brandenburgischen Festungsartellerieregiments Nr. 3, GStA PK, Rep. 84a, Nr. 45973, Bl. 44 R.

161 Zu den Methoden der Richtersoziologie, wonach „Persönlichkeitsmerkmale" von Richtern u.a. aus dem Elternhaus und der Konfession hergeleitet werden, Dieter Simon, a.a.O., S. 147 ff.

162 Er wurde entsprechend dem Glauben seiner Mutter katholisch getauft, sein Vater war hingegen evangelischen Glaubens, ThStA, FA Seckendorff, Nr. 1595, Bl. 9; siehe oben Erstes Kapitel, A. I.

163 Viertes Kapitel, B. II. (Fall Salomon Ganz); Zweites Kapitel, C. II. 2. (geänderte Ansichten zur Reform des Militärgerichtsverfahrens). Ein weiterer Beleg für seine aufgeschlossene liberale Art dürfte auch in seinem Sozialverhalten in den Reichslanden zu finden sein, Erstes Kapitel, B.

164 ThStA, FA Seckendorff, Nr. 1595, Bl. 10.

165 Seckendorff besaß eine ausgeprägte Neigung zu Theater und Musik, vgl. ThStA, FA Seckendorff, Nr. 1595, Bl. 42 – „Meine Neigung zu Theater und Musik liess mich [...] ziemlich alles kennen lernen, was in Berlin auf diesem Gebiet an Bemerkenswertem geboten wurde."

166 Reden bei der Gedenkfeier, S. 5 (Interesse an der Kunst) sowie Viertes Kapitel, C. II. (Interesse an den kulturellen Angelegenheiten der Stadt, wie etwa der Internationalen Ausstellung für Buchgewerbe und Graphik in Leipzig 1914 (BuGra)).

Möglicherweise wurde ihm aus diesem Grund später eine „liebenswürdige Art" bescheinigt.[167]

Bereits nach kurzer Zeit in Duisburg wurde er Ende Juni 1872 zum Staatsprokurator (Staatsanwalt) in den Reichslanden, d.h. Elsaß-Lothringen ernannt.[168] Bis Herbst 1878 übte er eine Tätigkeit als Staatsanwalt in Metz, danach kommissarisch bei der Generalprokuratur in Colmar, aus.[169] Es ist anzunehmen, dass der Einsatz bei der Generalprokuratur – ähnlich wie heutzutage – als eine Art Erprobung für weitere Aufgaben, die mit einer Beförderung verknüpft sind, einzuordnen ist.

Gemessen an der damaligen längeren Wartezeit der Gerichtsassessoren auf eine Stelle in der Justiz, im Gegensatz zum Eintritt in die Staats- und Kommunalverwaltung[170], erlangte der Katholik Rudolf von Seckendorff auffallend schnell eine Stelle als Prokurator.

Für seine Ernennung zum Staatsanwalt in Metz war vor allem sein *Bildungsvorteil* ausschlaggebend: seine französischen Sprachkenntnisse empfahlen ihn für diese Stellung.[171] Von den drei Schwurgerichtshöfen Elsaß-Lothringens war der Gerichtsbezirk Metz der einzige, in dem damals ausschließlich in Französisch verhandelt wurde. Hintergrund war, dass dort lediglich ein Teil der Bevölkerung die deutsche Sprache sprach.[172] Die Besetzung der entsprechenden Stellen mit französischsprachigen Beamten dürfte Teil einer Versöhnungspolitik gewesen sein, hegte man doch die Hoffnung, dass durch die Zusammenarbeit der Geschworenen mit den deutschen Gerichten positive Eindrücke gewonnen und so auch in „politischer Hinsicht versöhnend" gewirkt würde.[173] Die

167 Anonym, DJZ 1919, Sp. 909 f.

168 GStA PK, Rep. 89, Nr. 17471, Bl. 46.

169 GStA PK, Rep. 89, Nr. 16854, Bl. 43 a) R. Außerdem BArch, R 3002, PA Nr. 790, Bd. 2, Bl. 1; Reden bei der Gedenkfeier, S. 5; Illustrirte Zeitung, Bd. 124, Nr. 3231, S. 838. (Artikel über den neuen Reichsgerichtspräsidenten Seckendorff).

170 Vgl. Ormond, a.a.O., S. 158 ff. Die dortigen Angaben beziehen sich allerdings auf einen etwas späteren Zeitraum.

171 GStA PK, Rep. 89, Nr. 17471, Bl. 46 R: „Für die Stelle eines Staats-Prokurators bei dem Landgerichte in Metz erscheint er um so geeigneter, als er der französischen Sprache mächtig ist."

172 GStA PK, Rep. 89, Nr. 17471, Bl. 42 ff., Bl. 42 R (Bericht Bismarcks vom 4.4.1872 über die „ersten Sitzungsperioden der drei Schwurgerichtshöfe Elsaß-Lothringens".).

173 Vgl. GStA PK, Rep. 89, Nr. 17471, Bl. 42 ff., Bl. 44. In dem Bericht Bismarcks wird als positives Ergebnis am Ende festgehalten: „Nach diesem durchweg günstigen Verlauf der ersten Schwurgerichtsverhandlungen, die bei den deutschen Gerichten in Elsaß-Lothringen stattgefunden haben, glaube ich, daß von den Gerichtspräsidenten

Stellenbesetzung in den neuen Reichsgebieten war dementsprechend von erheblicher politischer Bedeutung.

Dass und inwieweit sich in diesem Zusammenhang standespolitische Gründe wie familiäre bzw. adelige Herkunft und soziales Umfeld auf seine Ernennung auswirkten[174], lässt sich jedoch den Akten nicht entnehmen. Der Umstand, dass sein Vater zum damaligen Zeitpunkt Generalprokurator (Generalstaatsanwalt) in Köln war, wurde nicht erwähnt und spielte daher augenscheinlich keine Rolle.[175] Entsprechendes gilt umgekehrt für eine mögliche Benachteiligung aufgrund seines religiösen Bekenntnisses.[176] Obwohl damals verschiedene staatliche Maßnahmen[177] den Kulturkampf verschärften und das *preußische* Geheime Zivilkabinett[178] am Ernennungsvorgang beteiligt war,

---

und dem Generalprokurator mit vollem Recht die Hoffnung ausgesprochen wird, es werde das Vertrauen zu den deutschen Gerichten, welches die Geschworenen aus der gemeinsamen Arbeit mit nach Hause genommen, einen nachhaltigen Eindruck auch in ihren Gemeinden hervorbringen und so auch in politischer Hinsicht versöhnend wirken."

174 Allgemein zur politischen Bevorzugung von Adeligen bei der Stellenbesetzung, Wehler, Gesellschaftsgeschichte, Bd. 3, S. 817; Reif, a.a.O., S. 74 ff.; Röhl, Beamtenpolitik, S. 302.

175 Vgl. GStA PK, Rep. 89, Nr. 16872, Bl. 16.

176 Für die Anstellung bei den Staatsanwaltschaften verlangten beispielsweise die preußischen Justizminister regelmäßig „zuverlässige", also regierungstreue Gesinnung. Danach waren zumindest „zentrumsnahe" Katholiken von den Ämtern in der Staatsanwaltschaft bis um 1900 ausgeschlossen, Ormond, a.a.O., S. 509. Näheres zur Seckendorffs politischer Haltung siehe Zweites Kapitel, A. II.

177 Bspw. durch das Strafrechtsänderungsgesetz vom 10.12.1871, das den sogenannten „Kanzelparagraphen" ins RStGB einfügte (§ 130a RStGB), das preußische Schulaufsichtsgesetz vom 11.3.1872 oder das „Jesuitengesetz" vom 4.7.1872.

178 Das Geheime Zivilkabinett war in Preußen bis 1918 eine Behörde, die dem König unmittelbar unterstand und ihn in der Ausübung seiner persönlichen Regierungstätigkeit unterstützte bzw. den regelmäßigen Verkehr mit den Ministerien vermittelte. Ausgenommen waren Angelegenheiten des Wehrwesens, dafür war das Militärkabinett zuständig. Seit 1871 war es auch für Reichsangelegenheiten zuständig. Der politische Einfluss des Chefs des Zivilkabinetts war unter Wilhelm II. bedeutsam. Es beschäftigte sich – wie die Aktenbestände zu Ernennungs- und Beförderungsvorgängen im Bereich des Reichsjustizamts oder des Reichsgerichts im GStA PK belegen – im Wesentlichen mit Personalfragen im zivilen Bereich, vgl. Morsey, Zivilkabinett, S. 165 f. Nähere Angaben über den Aufgabenbereich des Zivilkabinetts befinden sich ebenfalls in der vom Bundesministerium für Ernährung, Landwirtschaft und

lässt sich eine Benachteiligung Seckendorffs im Auswahlverfahren nicht erkennen.[179]

Die Jahre in den Reichslanden gehörten für Rudolf von Seckendorff, wie er später sagte, *„zu den schönsten meines Lebens“*.[180] Gründe dafür waren, wie später in Berlin und Leipzig, seine rege Beteiligung am geselligen Leben der Stadt Metz. Vor dem Hintergrund der damals erst kurz zuvor erfolgten Annexion Elsaß-Lothringens und den daraus folgenden schwelenden Konflikten mit dem ‚Erbfeind‘ Frankreich[181] ist die spätere Feststellung bemerkenswert, er habe auch „zu den französischen Kreisen“ Kontakte geknüpft.[182] So wurde er etwa von einem französischen Anwalt zur Hochzeit eingeladen bzw. reiste 1878 nach Paris.[183] Dieser Umstand stellt einen frühen Beleg für seine aufgeschlossene, diplomatische und damit versöhnliche Art dar, die auch nicht durch eine Sprachbarriere behindert wurde.

Verbraucherschutz im Jahr 2013 zur Nutzungsgeschichte des Gebäudes Wilhelmstr. 54 herausgegebenen Broschüre, Der Berliner Dienstsitz des BMELV, S. 5.

179 Seckendorffs Ernennung wurde am 26.6.1872 vollzogen, GStA PK, Rep. 89, Nr. 17471, Bl. 46 R.

180 „Die Jahre, in denen ich in Elsaß-Lothringen als jugendlicher Staatsprokurator meinen Dienst widmen durfte, gehören zu den schönsten meines Lebens. Ich habe seitdem nicht aufgehört, die Entwicklung des Reichslandes mit regem Interesse zu verfolgen […]“, BArch, R 3002, PA Nr. 790, Bd. 2, Bl. 71, 71 R, Schreiben S. an den kaiserlichen Statthalter in Elsaß-Lothringen. Die Hervorhebung stammt vom Verfasser.

181 Allgemein zum Verhältnis zu Frankreich, Stürmer, a.a.O., S. 190 f. bspw. zur „Krieg-in-Sicht-Krise“ 1875; ebd., S. 171 zum „deutschen Trauma“ der Franzosen. Die Region um Metz wurde vor allem aus strategischen Gründen annektiert, s. Winkler, Geschichte des Westens, S. 813. Zur französischen Revanchegedanken und „Krieg-in-Sicht-Krise“ ebd., S. 852 f.: „Der Wunsch, den Verlust dieser Gebiete rückgängig zu machen, einte das Land [Frankreich, Anm. d. Verf.] mehr als irgendeine andere Forderung.“

182 Reden bei der Gedenkfeier, S. 5. „Auch hier […] erwirbt er sich Freunde; an dem geselligen Leben, das sich unter den zahlreichen Beamten und Offizieren der lothringischen Hauptstadt entwickelt, nimmt er regen Anteil; auch zu den französischen Kreisen weiß er die Brücke zu schlagen.“

183 ThStA, FA Seckendorff, Nr. 1595, Bl. 23, 26.

Zweites Kapitel: Zwanzig Jahre Reichsjustizamt 1879–1899

A) Die Berufung Seckendorffs in das Reichsjustizamt im Spiegel der Beamtenpolitik der Reichsverwaltung

I) Ernennungs- und Beförderungskriterien

Im Jahr 1879 eröffnete sich ein neues und für seinen späteren Lebensweg prägendes Aufgabenfeld: Rudolf von Seckendorff wurde zum „ständigen Hülfsarbeiter" im 1877 neu gegründeten[184] Reichsjustizamt ernannt.[185] Seine Versetzung ist allerdings aus verschiedenen Gründen, die in der Personalausstattung des Amtes und Seckendorffs Religionsbekenntnis liegen, bemerkenswert.

Mit der Umwandlung des Reichsjustizamts von einer Abteilung des Reichskanzleramts zu einer selbständigen obersten Reichsbehörde war keine Personalvermehrung verbunden.[186] Das Amt war eine kleine Behörde. Im Etat gab es lediglich zwei „ständige Hilfsarbeiter".[187] Notwendiges (zusätzliches[188]) Hilfspersonal wurde aus den einzelnen Bundesstaaten rekrutiert.[189]

Der übliche Geschäftsgang bei Einstellungen, wie er sich aus den Personalakten Karl Gutbrods – Seckendorffs Amtsvorgänger als Reichsgerichtspräsident – ergibt, war in etwa Folgender: für die Besetzungen im Reichsjustizamt bat der Staatsekretär die gliedstaatlichen Verwaltungen um Empfehlungen über „geeignete" Beamte für sein Ressort.[190] Damals wie heute bildeten die

---

184 Zur Errichtung des Reichsjustizamts Schulte-Nölke, Reichsjustizamt, S. 19 ff.; Hattenhauer, a.a.O., S. 9 ff.

185 Zum Ernennungsvorgang GStA PK, Rep. 89, Nr. 16854, Bl. 43 a) f.

186 Schulte-Nölke, Reichsjustizamt, S. 23; Hattenhauer, a.a.O., S. 21 ff.

187 Es gab im Gründungsjahr 1877, neben dem Staatssekretär, einen Direktor, vier (seit 1878: sechs) vortragende Räte, zwei ständige Hilfsarbeiter und zehn sonstige Beamte. Des Weiteren standen Geldmittel zur Verfügung, aus denen etwa 10 zusätzliche Arbeitskräfte (bspw. komissarische Hilfsarbeiter) unterhalten werden konnten. Neue Planstellen gab es für längere Zeit nicht mehr. Als „ständige Hilfsarbeiter" wurden damals die wissenschaftlichen Hilfskräfte – meist junge Assessoren – bezeichnet, Schulte-Nölke, Reichsjustizamt, S. 23.

188 Wie etwa Johannes v. Tischendorf. Zu diesem sogleich.

189 Hattenhauer, a.a.O., S. 22.

190 BArch, R 3002, PA Nr. 304, Bd. 3, Bl. 113 f., 117 R.

Ergebnisse der Staatsprüfungen[191] und die „Tüchtigkeit“ der Beamten im Justizdienst wichtige Einstellungskriterien.[192]

Seckendorff war als Staatsanwalt, ebenso wie Karl Gutbrod zuvor als Kreisrichter[193], einige Zeit im Justizdienst tätig gewesen. Offenbar begünstigten seine Praxiserfahrung[194] sowie die Erprobung bei der Generalprokuratur in Colmar seine Aufnahme in den Reichsdienst.[195] Wie Karl Gutbrod[196] wurde Seckendorff zunächst ab Anfang 1879[197] als „kommissarischer Hülfsarbeiter“ eingestellt. Erst nach einer „Eingewöhnungs- und Probezeit“ erfolgte (regelmäßig) die Beförderung zum „ständigen Hilfsarbeiter“[198] – bei Seckendorff am 17. Oktober 1879.[199]

Überhaupt war das Reichsjustizamt damals besonders attraktiv, da es dem leistungsstarken Aufsteiger große Karrieremöglichkeiten eröffnete.[200] Das stand mit der allgemeinen Entwicklung im Einklang, nach der vor allem der

---

191 BArch, R 3002, PA Nr. 304, Bd. 3, Bl. 113. Gutbrod hatte die Staatsprüfungen mit „sehr gutem Erfolg“ bestanden. Zu Seckendorffs Noten, Reden bei der Gedenkfeier, S. 5. Allgemein dazu Hattenhauer, a.a.O., S. 29.

192 BArch, R 3002, PA Nr. 304, Bd. 3, Bl. 113, 124 R. Allgemein auch Schulte-Nölke, Reichsjustizamt, S. 27.

193 Gutbrod war u.a. Kreisrichter in Stuttgart gewesen, BArch, R 3002, PA Nr. 304, Bd. 3, Bl. 124.

194 Ein Kollege Seckendorffs, Johannes v. Tischendorf, wurde allerdings, ohne zuvor große Praxiserfahrung gesammelt zu haben, bereits kurze Zeit nach der Ernennung zum Gerichtsassessor aufgrund seiner „vortheilhaften Zeugnisse“ zur „kommissarischen Beschäftigung“ beim RJA angestellt. Allerdings wurde dieser erst nach einigen Jahren, als eine Stelle freigeworden war, „ständiger“ Hilfsarbeiter, GStA PK, Rep. 89, Nr. 16854, Bl. 99 R, 119 R.

195 GStA PK, Rep. 89, Nr. 16854, Bl. 43 a) R. Dort wird seine „befriedigende Befähigung“ während seiner „ganzen Dienstzeit“ angesprochen.

196 BArch, R 3002, PA Nr. 304, Bd. 3 Bl. 114.

197 GStA PK, Rep. 89, Nr. 16854, Bl. 43 a) R.

198 Es sollte erst nach Ablauf einer Übergangszeit die endgültige Ernennung zum ständigen Hilfsarbeiter erfolgen. Die Gründe dafür lagen sowohl in der Geschäftspraxis der obersten Reichsbehörden als auch darin, dem Betreffenden die Entscheidungsfreiheit zu belassen, BArch, R 3002, PA Nr. 304, Bd. 3, Bl. 114.

199 Siehe den Randvermerk in GStA PK, Rep. 89, Nr. 16854, Bl. 43 b) R. Die Akte „Hülfsarbeiter“ im Bundesarchiv, BArch, R 3001, Nr. 61, ist offenbar unvollständig.

200 Schulte-Nölke, Reichsjustizamt, S. 29; Hattenhauer, a.a.O., S. 29.

Bildungsstand (mit anderen Worten: die Leistungskraft) entscheidend für den beruflichen und sozialen Aufstieg war.[201]

Auch für Rudolf von Seckendorff bot sich eine Karierre in der (Justiz-)Verwaltung aufgrund der Entwicklungen der Familiengeschichte – die Familie Seckendorff-Rinhofen war eine eher traditionelle Beamtenfamilie[202] – geradezu an, zumal die adlige Abstammung für eine Einstellung im Reichsjustizamt nicht entscheidend war.[203] Titel und Ehren wurden vielmehr erworben, wenn sich der Beamte *im Amt* als fähig erwiesen hatte. Beförderungen wurden aus diesem Grund – abgesehen davon, dass nicht in jedem Fall Planstellen vorhanden waren[204]–, nicht turnusmäßig ausgesessen, sondern vielmehr durch Leistung verdient. In dieser Funktionselite konnten Beamte daher schon in jungen Jahren zu Erfolg kommen.[205]

Der berufliche Werdegang Rudolf von Seckendorffs bestätigt dieses Bild. Letztlich hatten bis auf Eduard von Simson sämtliche Präsidenten des Reichsgerichts während ihrer Laufbahn wenigstens eine Zeit lang im Reichsjustizamt gearbeitet.[206]

Aufgrund seiner „durchaus *befriedigenden* Befähigung und Geschäftsgewandtheit“ wurde er bereits mit 34 Jahren im Oktober 1879 zum Regierungsrat ernannt.[207] Als er wenige Jahre später, im Alter von 39 Jahren, den Charakter eines Geheimen Regierungsrats erhielt, wurde diese Auszeichnung mit seiner inzwischen „*hervorragenden* Befähigung und Geschäftsgewandtheit“ begründet. Eine bereits zu diesem Zeitpunkt in Aussicht gestellte Beförderung zum Vortragenden Rat konnte mangels Planstelle im Reichsjustizamt nicht umgesetzt werden.[208] Die Charakterverleihung stellte demnach einen

---

201 Allgemein zur Bildung als Ursache für den sozialen Aufstieg im Kaiserreich, vgl. Stürmer, a.a.O., S. 63 f., S. 120 ff., S. 133 ff.

202 Siehe Erstes Kapitel, A.

203 Hattenhauer, a.a.O., S. 29. Rudolf von Seckendorff war einer der wenigen gebürtigen Adligen in der Reichsjustizverwaltung. Zum Anteil der Adligen in der obersten Reichsverwaltung, Röhl, Beamtenpolitik, S. 292, 302.

204 Seit Ende der 1879er Jahre gab es längere Zeit keine Planstellen mehr im Reichsjustizamt, Schulte-Nölke, Reichsjustizamt, S. 23.

205 Hattenhauer, a.a.O., S. 29.

206 Schulte-Nölke, Reichsjustizamt, S. 29.

207 Das ist der oben erwähnte Ernennungsvorgang in GStA PK, Rep. 89, Nr. 16854, Bl. 43 a) f. Die Hervorhebung stammt vom Verf.

208 GStA PK, Rep. 89, Nr. 16854, Bl. 77 ff.; BArch, R 3002, PA 790, Bd. 2, Bl. 1. Die Hervorhebung stammt vom Verf.

Ersatz für die nicht mögliche Beförderung und zugleich eine frühe Auszeichnung seines Könnens dar.

Im Jahr 1885 wurde er schließlich Vortragender Rat[209] und 1890 Geheimer Oberregierungsrat.[210] Eine wichtige Rolle für beide Beförderungen spielte, neben seinen „*vorzüglichen*" Leistungen, sein „reger Diensteifer" sowie seine dienstliche Führung. Ähnliche Angaben finden sich auch bei seinen Weggefährten und Nachfolgern.[211] Vorteilhaft dürfte sich seine, später immer wieder betonte, „liebenswürdige"[212] – und dadurch vermutlich auch unkomplizierte ‚geschäftsgewandte'[213] – Art ausgewirkt haben. Er ‚fügte' sich offenbar schnell in eine neue Umgebung[214] und Aufgabenbereiche ‚ein'.[215]

II) Religionsspezifische Diskriminierung und politische Zuverlässigkeit

Nichtsdestoweniger ist Seckendorffs Einstellung und Aufstieg in der Reichsbehörde aufgrund seiner *katholischen* Konfession und der damals – ab 1880 – gerade erst abklingenden Kulturkampfära[216] ungewöhnlich.

In den Reichsbehörden wurde – vermutlich auch unter Einflussnahme des Geheimen Zivilkabinetts[217] – der protestantische Kurs der preußischen Personalpolitik mit nur geringen Abweichungen fortgesetzt[218], sodass Juden und

209 GStA PK, Rep. 89, Nr. 16854, Bl. 80 ff.

210 GStA PK, Rep. 89, Nr. 16854, Bl. 114 f. Die Hervorhebung stammt vom Verf.

211 GStA PK, Rep. 89, Nr. 16854, Bl. 203 f. (Heinrich Delbrück); ebd., Bl. 104 f., 154 f. 199 f. (Franz Hermann Dungs); ebd., Bl. 124 f., 168 f., 176 f. (Karl Ludwig Grzywacz); ebd., Bl. 27 f., 54 ff. (Karl Gutbrod); ebd., Bl. 83 ff., 102 f., 142 f. (Eduard Hoffmann); ebd., Bl. 111 ff., 145 ff., 161 f. (Hermann Karl Struckmann) und ebd., Nr. 16855, Bl. 75, 102 (Erwin Bumke); ebd., Bl. 23 R., 112 a) R., 135 R. (Heinrich Delbrück); ebd., Bl. 4 (Karl Gutbrod); ebd., Bl. 20 (Eduard Hoffmann); ebd., Bl. 27 f. (Hermann Karl Struckmann).

212 Reden bei der Gedenkfeier, S. 6. Für Erwin Bumke wird eine ähnliche Feststellung getroffen, vgl. Kolbe, a.a.O., S. 11 f.

213 Siehe dazu die Beförderungsbegründungen in GStA PK, Rep. 89, Nr. 16854, Bl. 43 b), Bl. 78. („befriedigende" bzw. „hervorragende Geschäftsgewandtheit").

214 Vgl. dazu auch den Hinweis während der seckendorffschen Gedenkfeier, Reden bei der Gedenkfeier, S. 6 (Seckendorff wurde im Reichsjustizamt „schnell heimisch").

215 Vgl. GStA PK, Rep. 89, Nr. 16854, Bl. 78; ebd., Nr. 27, Bl. 168 b) – dazu sogleich. Siehe im Übrigen Drittes Kapitel, C. sowie das Vierte Kapitel.

216 Stürmer, a.a.O., S. 208.

217 Zur Bedeutung des Geheimen Zivilkabinetts, siehe oben Erstes Kapitel, B.

218 Morsey, Oberste Reichsverwaltung, S. 248.

Katholiken kaum Chancen auf eine Stelle in der höheren Reichsverwaltung hatten.[219]

In allen Ministerien galten zwar strenge Aufnahmebedingungen. Trotz Vorhandenseins der fachlichen Qualifikation neuer Anwärter machte die Regierung aber ausgiebig von ihren Möglichkeiten Gebrauch, *politisch* missliebige Beamte zu benachteiligen.[220] Dies äußerte sich in der Nichtberücksichtigung von Katholiken[221] bei erhofften Beförderungen und Titulaturen wie „Geheimrat“ oder „Exzellenz“.[222] Die fachliche Eignung der Beamten war daher nur ein „Kriterium“ unter vielen bei der Kandidatenauswahl.

Gleichwohl lässt sich bei Seckendorff nach Durchsicht der Akten keine religiöse Benachteiligung feststellen.[223] Immerhin waren Religionsfragen zwar ein bedeutender, dennoch nicht ausschließlicher Faktor der Personalpolitik. Man achtete damals gerade auch auf die politische Zuverlässigkeit, also die ‚regierungstreue Gesinnung‘ des Kandidaten.[224]

Die in den gleichen Zeitraum fallende Ablehnung der Ernennung Eduard Papes[225] zum Reichsgerichtspräsidenten beruhte deswegen nicht auf aktuellen oder ehemaligen Religionszugehörigkeiten, sondern auf erheblichen internen Unstimmigkeiten.[226] Abgesehen davon scheint es, als wenn diese Entscheidung keine Entscheidung gegen Pape, sondern vielmehr eine zugunsten Simsons

219 Röhl, Beamtenpolitik, S. 295 f. Bemerkenswert ist daher der Einsatz Seckendorffs für den jüdischen Rechtsanwalt Salomon Ganz, siehe Viertes Kapitel, B. II.

220 Röhl, Beamtenpolitik, S. 293, 295.

221 Ein Beispiel gibt Röhl, Beamtenpolitik, S. 296.

222 Vgl. Morsey, DVBl. 1971, 8, 14. Allgemein zur Verleihung von Rängen und Orden in Preußen, Ormond, a.a.O., S. 63 ff., S. 174 ff.,

223 Siehe GStA PK, Rep. 89, Nr. 16854, Bl. 43 a) f., 77 ff., 80 ff., 114 f.

224 Röhl, Beamtenpolitik, S. 295 f. und die dort angegebenen Beispiele; vgl. Ormond, a.a.O., S. 396.

225 Heinrich *Eduard* Pape (1816–1888), preuß. Jurist, durchlief eine Laufbahn im preußischen Justizdienst und war u.a. Appellationsgerichtsrat in Königsberg. Von 1869–1879 Präsident des Bundesoberhandelsgerichts (ab 1871 Reichsoberhandelsgerichts) in Leipzig. Ab 1874 Präsident der Kommission zur Erarbeitung eines Allgemeinen Bürgerlichen Gesetzbuches, siehe Mertens, „Pape, Heinrich Eduard“, in: Neue Deutsche Biographie 20 (2001), S. 45–46 [Onlinefassung].

226 Henne, „Jüdische Richter“ am Reichsgericht, S. 145; siehe aber Müller, a.a.O., S. 117, Fn. 54.

war: Eduard (von) Simson war in den Augen der meisten Zeitgenossen besser geeignet, den *Reichsgedanken*[227] zu repräsentieren.[228]

---

227 Man müsse der Bedeutung Rechnung tragen, „welche dem Reichsgericht neben seiner Aufgabe als höchste Rechtspflegeanstalt zugleich als einer der wichtigsten politischen Organisationen des Reichs beizumessen ist. Nach dieser Richtung hin würde die Wahl des p. Simson als eine besonders geeignete bezeichnet werden können. Fast in allen großen parlamentarischen Körperschaften, welche in der neueren Verfassungsgeschichte der Nation von Bedeutung gewesen sind [...] ist Simson mit *großer Anerkennung als leitender Präsident thätig gewesen.* Seine Berufung zum ersten Reichsgerichtspräsidenten würde deshalb in den *weitesten Kreisen mit Sympathie entgegengenommen werden.*", GStA PK, Rep. 89, Nr. 16872, Bl. 13 f. (Schreiben des preußischen Justizministers an den Kaiser). Die Hervorhebung stammt vom Verf. Diese Stellen wurden im Schreiben besonders angestrichen. In die gleiche Richtung weisen auch die LNN, vom 15.3.1903, Nr. 74, S. 1 f. (Artikel: „Spahn, Pape und das Reichsgericht"). Dort wurde darauf hingewiesen, dass Pape nicht wegen seines katholischen Glaubens, sondern vielmehr wegen seiner mangelnden repräsentativen Eigenschaften als Präsident des Reichsgerichts abgelehnt worden sei. Bismarck habe an ihm die „die Gabe liebenswürdiger Repräsentation und jede volkstümliche Vergangenheit" vermisst. Er sei „nicht geschickt im Auftreten und überaus trocken in der Rede" gewesen. In Eduard Simson habe er aber eine Persönlichkeit gefunden, die den „Reichsgedanken" durch seine Vergangenheit stärker als Pape verkörperte. Dieser war „befähigt [...] dem obersten Gerichtshof die ihm gebührende Stellung zu verschaffen und auch auf die aus allen deutschen Landen zusammengeführten Mitglieder einen wirkungsvollen Einfluß zu üben."; siehe auch Müller, a.a.O., S. 117. Eine angemessene Repräsentation des Gerichtshofes war nicht nur für die Beziehungen des Reichsgerichts zur Stadt, sondern auch für die zwischenmenschlichen Kontakte der Reichsgerichtsmitglieder von Bedeutung, siehe dazu Drittes Kapitel, A., Viertes Kapitel, B., C.

228 Kritischer zu diesem Aspekt der Amtsführung Simsons äußerte sich sein Kollege RGR Viktor v. Meibom in seinen Lebenserinnerungen: „Die Besetzung der Chef-Präsidentenstelle [mit S., der Verf.] enthielt nicht nur eine Ungerechtigkeit gegen Pape, sondern auch einen Mißgriff, der für das Reichsgericht verhängnisvoll wurde. Obschon Simson eine große persönliche Liebenswürdigkeit, eine unzweifelhafte Redegabe und eine [...] Sicherheit in der Leitung von Debatten [...] nicht abzusprechen ist, so machte ihn doch seine Passivität [...] ungeeignet für das Amt des Reichsgerichtspräsidenten. Er hatte den Grundsatz, nur da zu sprechen, wo er gefragt wurde, und trat womöglich mit seiner Meinung gar nicht hervor. Die Folge war, daß sein Einfluß gleich Null blieb. Er vermochte weder eine unpassende Besetzung von Stellen zu verhindern, noch auf die Gleichförmigkeit der Rechtsprechung der verschiedenen Senate einzuwirken, noch den Corpsgeist und das gesellschaftliche Zusammenhalten der zahlreichen Mitglieder zu stärken. Ich wüßte auch nicht ein Verdienst zu nennen, welches er sich um das Reichsgericht erworben hat" (Vortmann, Meibom Lebenserinnerungen, S. 122).

Wahrscheinlich spielte deshalb auch bei der Einstellung, den Beförderungen bzw. der oben erwähnten Charakterverleihung Seckendorffs weniger die kirchliche, als die *politische Gesinnung* eine Rolle. Maßstab für die politische Gesinnung bildete dabei, insbesondere auch bei Katholiken, die Reichstreue bzw. ‚Preußentreue'. Die Reichsverwaltung sollte von missliebigen – bspw. aus religiösen oder politischen Gründen partikularistisch motivierten[229] – Personen freigehalten werden.[230] Schließlich wurde regelmäßig schon bei der Einstellung in das Reichsjustizamt die Eignung für den Reichsdienst geprüft.[231] Interessanterweise scheint es auch im Richterkollegium beim Reichsgericht lange Zeit keinen Zusammenhalt bzw. kein „*Reichs*gefühl" gegeben zu haben.[232]

Die Reichstreue Seckendorffs lässt sich in verschiedener Hinsicht belegen.[233] Im Übrigen mag die Frage nach dem Standesethos der Reichsbeamten zwar schwierig zu beantworten sein.[234] Auch bei Seckendorff stützt die lange Verweildauer im Reichsdienst die These, dass er, obwohl er gebürtiger Preuße war, sich

229 Vgl. Morsey, DVBl. 1971, 8, 14 f.

230 Beispiele bei Röhl, Beamtenpolitik, S. 294 ff. Die eingestellten Nichtpreußen wurden sorgfältig auf ihre mögliche Neigung zum Partikularismus hin geprüft. Dies zeigte sich auch bei der Beförderung Karl Gutbrods zum stellvertretenden *preußischen* Bevollmächtigten zum Bundesrat. Dabei wurde hervorgehoben, dass dieser, obwohl „Württemberger", keine besonderen Rücksichten oder Interessen in jener Beziehung hege. Zu dem Vorgang BArch, R 3002, PA Nr. 304, Bd. 3, Bl. 187 f. (Sitzung des preußischen Staatsministeriums vom 27. Mai 1895). Als er für den Posten des Reichsgerichtspräsidenten vorgeschlagen wurde, war auf seine württembergische Herkunft und im Zusammenhang damit, auf dessen „unbedingte Reichstreue" hingewiesen worden, BArch, R 43, Nr. 695, Bl. 8 R.

231 Siehe etwa GStA PK, Rep. 89, Nr. 16854, Bl. 43 b) (Seckendorffs Einstellung in den Reichsdienst). Man hegte die Erwartung, dass seine Einstellung dem „Interesse des Reiches" entsprechen werde. Diese und ähnliche Floskeln finden sich auch bei anderen Personalien in der Akte.

232 Zu Beginn des Jahrhunderts war eine Entfremdung unter den Reichsgerichtsräten eingetreten, vgl. Gutbrod, a.a.O., S. 73. Eine Folge dieser Entfremdung dürften Diskriminierungen gewesen sein. Darüber berichtet L. Ebermayer in seinen Erinnerungen (a.a.O., S. 55): „es gab damals immer noch Leute am Reichsgericht, die die Intelligenz des Bayern gegenüber der des Norddeutschen sehr gering einschätzten.", siehe dazu Viertes Kapitel, B. I.

233 Dafür sprechen u.a. von ihm verfasste Gutachten – dazu sogleich.

234 Vgl. Schulte-Nölke, Reichsjustizamt, S. 28 f.

bald als Reichsbeamter verstand.[235] Weitere Gründe dafür dürften in seinem persönlichen Berliner Umfeld zu finden sein.

Obgleich die Justiz(-verwaltung) – im Allgemeinen – den Katholiken bessere Chancen bot, als es in anderen Verwaltungszweigen der Fall war[236], zeigten die Nachwirkungen des Kulturkampfes auch in den 1890er Jahren noch Grenzen auf.[237] Möglicherweise fügte der Reichskanzler deshalb, nachdem er Seckendorff Ende 1898 als „unbedingt zuverlässig" gelobt und für das preußische Staatsministerium empfohlen hatte, hinzu: seine *„katholische Konfession kann dieses Urtheil nicht beeinflussen, da er ein erklärter Gegner des Centrums ist"*.[238]

Positiv auf seine Einstellung und spätere Beförderungen hat sich wahrscheinlich auch der ‚Familienfaktor' ausgewirkt. Dieser wurde, jedenfalls in Preußen in den 1870er Jahren, bei Beförderungen berücksichtigt.[239] So hatten Seckendorffs unmittelbare Vorfahren allesamt in landesherrlichen Verwaltungs- und militärischen Diensten gestanden und entsprechende Loyalität bewiesen.[240] Sein *protestantisch* und national gesinnter Vater war, nach langen Jahren im preußischen Justizdienst, im Frühjahr 1879[241] zum zukünftigen Oberreichsanwalt befördert worden.[242] ‚Dementsprechend' wurde bei der Verleihung des Charakters als „Geheimer Regierungsrat" auch darauf hingewiesen, dass Seckendorff der Sohn des „jetzigen Oberreichsanwalts" sei.[243] Abgesehen von diesem kurzen Hinweis, ergeben sich aus den Beförderungsakten jedoch keine konkreten Belege dafür,

---

235 Nach den Anschauungen seiner Zeitgenossen „lebte" und „arbeitete" Seckendorff für die Reichseinheit, LNN, Nr. 328, vom 23.11.1932, S. 9. Zu dieser These vgl. u.a. Schulte-Nölke, Reichsjustizamt, S. 29.

236 Vgl. Morsey, DVBl. 1971, 8, 15; Schulte-Nölke, Reichsjustizamt, S. 27.

237 Vgl. Ormond, a.a.O., S. 488 ff., 498 f. zu den preußischen Verhältnissen.

238 GStA PK, Rep. 89, Nr. 27, Bl. 168 b); siehe außerdem unter Verweis auf die alte Signatur, Röhl, Beamtenpolitik, S. 296, 309. Die Hervorhebung stammt vom Verfasser.

239 Das preußische Justizministerium entwarf in den 1870er Jahren „Beförderungsverzeichnisse". In diese sollten Beamte eingetragen werden, die „vorzugsweise zu höheren Stellen geeignet" erschienen. Diese Verzeichnisse enthielten Rubriken/Angaben zu Konfession, *Familien-* und Vermögensverhältnissen, vgl. Ormond, a.a.O., S. 69 f. Daraus lässt sich entnehmen, dass das familiäre Umfeld eines Kandidaten eine nicht zu unterschätzende Bedeutung für eine Beförderung hatte.

240 Vgl. Rechter, a.a.O., S. 21.

241 GStA PK, Rep. 89, Nr. 16872, Bl. 39 ff., 42 (die Bestallung wurde am 23.4.1879 vollzogen).

242 Siehe dazu Erstes Kapitel, A. I.

243 GStA PK, Rep. 89, Nr. 16854, Bl. 77.

dass er aufgrund seiner familiären adeligen Herkunft bevorzugt worden ist.[244] Dies deckt sich mit dem bisherigen Forschungsstand, nachdem im Reichsjustizamt verhältnismäßig wenige Adelige beschäftigt waren.[245] Im Übrigen belegt die vorerwähnte Charakterverleihung Seckendorffs politische Zuverlässigkeit.

Rudolf von Seckendorff war vermutlich (gemäßigt) liberaler Gesinnung.[246] Er entstammte einem national-konservativen Elternhaus, blieb aber durchaus für liberale Ideen empfänglich. Er war nicht nur in religiösen Fragen auffallend tolerant[247] – Ursachen dafür lassen sich vermutlich in der gemischtkonfessionellen Zusammensetzung der Familie verorten – sondern er trat auch für entsprechende Ansichten ein.[248] Dieser Umstand bestätigt die durchaus vorhandene liberale Grundstimmung der Beamten des Reichsjustizamts – trotz aller Bemühungen der bismarckschen Personalpolitik.[249]

B) Seckendorffs persönliches Umfeld in Berlin

Die personale Unterbesetzung hatte zwar auch negative Auswirkungen, da die zuständigen Beamten – mit Ausnahme der Anfangsjahre[250] – oft überlastet waren.[251] Diese Unterbesetzung hatte aber den Vorzug, dass sich dadurch eine

244 Vgl. GStA PK, Rep. 89, Nr. 16854, Bl. 43 a) f., 77 ff., 114 f.

245 Vgl. Hattenhauer, a.a.O., S. 29; Röhl, Beamtenpolitik, S. 292, 302.

246 Seckendorff war allerdings ein Befürworter der Todesstrafe, befand sich dabei aber in ‚prominenter' Gesellschaft, Schriftleitung der DJZ, DJZ 1911, Sp. 233. Auch Otto von Gierke befürwortete die Todesstrafe, ebd., Sp. 234 f. Gleiches gilt für den als *gemäßigt liberal* geltenden (GStA PK, Rep. 89, Nr. 16876, Bl. 178 c)), ehemaligen Oberreichsanwalt und Oberlandesgerichtspräsidenten a.D., Oskar Hamm, ebd., Sp. 238.

247 Er bemühte sich um die Berufung „jüdischer" Juristen ans Reichsgericht und legte bei Bewerbungen Wert auf Leistung und nicht auf Konfession, siehe dazu unten Viertes Kapitel, B. II.

248 Beispielsweise bei der stark diskutierten Frage der Zulässigkeit eines öffentlichen Verfahrens in Militärstrafsachen, siehe Zweites Kapitel, C. II. 2.

249 Vgl. Schulte-Nölke, Reichsjustizamt, S. 27 f.

250 „In der Öffentlichkeit hinterließ das Reichsjustizamt den Eindruck eines Idylls. Die Breslauer Zeitung sprach 1889 sogar von einem ‚friedlichen Stilleben' im Reichsjustizamt im Vergleich zu anderen Reichsbehörden. Erst in den 1890er Jahren soll wegen der Vorbereitung des BGB wieder ‚Leben' in das Amt gekommen sein.", zitiert nach Schulte-Nölke, Reichsjustizamt, S. 31; außerdem Morsey, Oberste Reichsverwaltung, S. 196 Anmerkung 40.

251 Hinweise dafür finden sich in BArch, R 3001, Nr. 3676, Bl. 12 R (Sitzung des Reichstages vom 27.2.1893, S. 1296, Rede Hanauers. Dieser wies auf die „Kräfte aufreibenden" Aufgaben des Reichsjustizamts, also auf die Arbeitsbelastung zum damaligen

familiäre (Arbeits-)Atmosphäre herausbilden konnte.[252] Durch die Zusammenarbeit mit Juristen aus verschiedenen Teilen des Reiches, immerhin kamen etwa 20 % der Beamten des Reichsjustizamts nicht aus Preußen[253], hat sich womöglich auch das Empfinden Seckendorffs verstärkt, Reichsbeamter zu sein.

Obwohl der ‚Randpreuße'[254] Seckendorff ursprünglich nicht aus einer preußischen, sondern fränkischen Familie entstammte, fühlte er sich in diesem angenehmen Arbeitsumfeld[255] schnell heimisch.[256] Die enge Zusammenarbeit, bspw. mit dem Württemberger Karl Gutbrod, dem Frankfurter Eduard Hoffmann[257] oder dem Westpreußen Arnold Nieberding[258] sowie im Kollegenkreis organisierte Gesellschaften dürften ihr übriges zur Bildung einer familiären Atmosphäre beigetragen haben. Es fanden regelmäßig kleinere und größere Diners statt, bei denen Seckendorff u.a. mit dem Zentrumsführer Ludwig Windthorst

---

Zeitpunkt hin. Ähnlich mit Hinweis auf die „ungewöhnliche Beanspruchung" der (Kanzlei-)Beamten, ebd., Nr. 3675, Bl. 85.

252 Hinweise bei Hattenhauer, a.a.O., S. 28 f.; Reden bei der Gedenkfeier, S. 6; Schulte-Nölke, Reichsjustizamt, S. 32.

253 Schulte-Nölke, Reichsjustizamt, S. 26.

254 Als Randpreußen werden hier diejenigen Personen verstanden, die der Herkunft nach nicht aus den alten preußischen Kerngebieten (Mark Brandenburg, Pommern, (Ost-)Preußen), sondern aus den neuen bzw. Rand-Provinzen (Hannover, Schlesien), entstammten. Zum Einfluss der landsmannschaftlichen Herkunft auf die Besetzung des *Reichs*gerichts, Residenzen des Rechts, S. 123 (Diskussionsbeiträge): „Mindestens für die Zeit bis 1918/1925, kann man sagen, dass weder aus Bayern, noch aus Preußen bei den einzelnen Richtern übergroße Neigung bestand, nach Leipzig zu gehen, und zwar deshalb: die Bayern hatten ihr bayerisches oberstes Landesgericht; die dortigen Oberlandesgerichtsräte hatten ein außerordentliches Ansehen und wollten in München bleiben. Das gleiche gilt für Preußen, die das *Kammergericht* anstrebten. *Das war mehr eine Legende, eine Ideologie als Rechtsprechungsinstitution*, und deshalb war auch von dorther die Neigung nicht allzu groß [...] die Kern-Berliner, möchte ich sagen, und die Kern-Bayern blieben lieber Zuhause mit ihrem gesellschaftlichem Ansehen." Hervorhebung vom Verfasser.

255 Hinweise bei Hattenhauer, a.a.O., S. 28 f.; Reden bei der Gedenkfeier, S. 6; Schulte-Nölke, Reichsjustizamt, S. 32.

256 Reden bei der Gedenkfeier, S. 6.

257 Eduard Hoffmann stammte aus Frankfurt am Main, GStA PK, Rep. 89, Nr. 16854, Bl. 83 R.

258 Zu Nieberding, der aus Konitz (Westpreußen) stammte, s. bspw., GStA PK, Rep. 89, Nr. 13416, Bl. 5 f.; Hattenhauer, a.a.O., S. 39 ff.; Morsey, Reichsjustizamt, S. 156, Anmerkung 103.

Bekanntschaft machte.[259] Dadurch entstanden enge persönliche Kontakte und zum Teil sogar langanhaltende Freundschaften.[260]

Diese positiven Erfahrungen nahm er mit ins Reichsgericht.[261] Wohl nicht nur aufgrund der zu Beginn des Jahrhunderts am Reichsgericht bestehenden schlechten Stimmung[262], legte er dort Wert auf eine familiäre Atmosphäre und veranstaltete Gesellschaften. Jedenfalls ließe sich dadurch erklären, aus welchem Grund Seckendorff als *Reichs*gerichtspräsident als *Integrations*figur[263] wahrgenommen wurde.[264]

Möglicherweise war die (zeitweilig) geringere Arbeitsbelastung im Reichsjustizamt auch eine Erklärung dafür, dass Seckendorff die kulturellen Möglichkeiten der Reichshauptstadt umfangreich nutzten konnte. „Freudig" besuchte er Opern und Theateraufführungen.[265] Er war mehrere Jahre Vorsitzender[266] des in der Berliner Dorotheenstraße ansässigen „Allgemeinen Richard Wagner Vereins" und übte dessen Leitung u.a. zusammen mit einem Grafen Waldersee

259 „Auf meinen gesellschaftlichen Verkehr in Berlin im übrigen des Näheren einzugehen würde zu weit führen. Es sei nur erwähnt, dass die Angehörigen des Reichsjustizamts sehr gesellig lebten, dass […] viele Diners in grösserem und kleinerem Kreise stattfanden, bei denen sich hervorragende Männer verschiedenster Berufe, namentlich hohe Beamte, Militärs, Parlamentarier […] zusammenfanden; ich traf dort u.a. mehrmals den Zentrumsführer Windthorst.", ThStA, FA Seckendorff, Nr. 1595, Bl. 41 f.

260 Zur Freundschaft mit Hoffmann, Reden bei der Gedenkfeier, S. 6. Von einem unbekannten Autor wird in der DJZ 1905, Sp. 537 auf das „hohe Vertrauen" verwiesen, das Gutbrod Rudolf von Seckendorff entgegenbrachte. Das spricht für eine enge und freundschaftliche Beziehung der langjährigen Kollegen. Auf die freundschaftliche Beziehung der Kollegen weist auch der unbekannte Verfasser der Mitteilung in der Zeitschrift Das Recht, 1905, S. 305 hin. Dort heißt es, er sei „langjähriger Freund und Mitarbeiter" Gutbrods gewesen. Auf die engen Beziehungen zu Nieberding und weiteren Berliner Freunden weisen verschiedene Schreiben des späteren Reichsgerichtspräsidenten hin, etwa: BArch, R 3001, Nr. 6853, Bl. 17 ff. Diese sind an den „Lieben Freund" adressiert.

261 Vgl. Reden bei der Gedenkfeier, S. 7: Seckendorff erinnerte sich „stets" mit „besonderer Freude" an die Zeit im Reichsjustizamt.

262 Vgl. L. Ebermayer, a.a.O., S. 55; vgl. Gutbrod, a.a.O., S. 73.

263 Auf die Bedeutung des Reichsgerichtspräsidenten als Integrationsfigur weisen schon die LNN, Nr. 74, vom 15.3.1903, S. 1 f. hin.

264 E. Ebermayer (a.a.O., S. 22) bezeichnet ihn als die„denkbar richtige symbolische Spitze". Näheres unten Viertes Kapitel, C.

265 ThStA, FA Seckendorff, Nr. 1595, Bl. 39, 42; vgl. Reden bei der Gedenkfeier, S. 7.

266 Reden bei der Gedenkfeier, S. 7.

aus.[267] Ab 1883 besuchte er regelmäßig die Bayreuther Festspiele und lernte dort Siegfried Wagner, den Sohn Richard Wagners, näher kennen.[268] Auch im Übrigen besaß er weitreichende soziale Kontakte zu Reichstagsabgeordneten, zu Künstlern und zu Gelehrten. Fast täglich traf er zum „Mittagsstammtisch“[269] mit „lebensfrohen, geistvollen Männern aus allen Berufszweigen“ im Berliner Tiergartenhotel zusammen.[270]

Darüber hinaus entstanden, vermutlich ab dem Jahr 1879, erste persönliche Verbindungen des späteren Reichsgerichtspräsidenten mit der Stadt Leipzig. Rudolf von Seckendorff besuchte die Stadt in „jüngeren Jahren gern und öfter“.[271] Dies dürfte mit der beruflichen Tätigkeit seines Vaters und dessen *sozialen Kontakten* zusammenhängen. Eduard von Seckendorff nahm großen Anteil am geselligen und offiziellen Leben Leipzigs. Er engagierte sich bspw. beim 15. Deutschen Juristentag in Leipzig im Jahr 1880[272] und führte seinen Sohn vermutlich in seine Gesellschaftskreise (Leipziger Professoren und Harmoniegesellschaft) ein.[273] Bereits durch Eduard von Seckendorff war der Name der Familie

267 Siehe etwa in das Bayreuther Taschenbuch mit Kalendarium für das Jahr 1889/1892/1893, Herausgegeben vom Allgemeinen Richard Wagner Verein, SGM, RW 161 Nr. 1–3. Zur Leitung des Vorsitzes, SGM, RW 161, Nr. 1, S. 174 (mit Waldersee; evtl. Paul v. W., Musikwissenschaftler (1831–1906)); ebd., RW 161, Nr. 2, S. 159.

268 Vgl. ThStA, FA Seckendorff, Nr. 1595, Bl. 43; Reden bei der Gedenkfeier, S. 7.

269 ThStA, FA Seckendorff, Nr. 1595, Bl. 39.

270 Reden bei der Gedenkfeier, S. 7.

271 Illustrirte Zeitung, Bd. 124, Nr. 3231, S. 838 (Artikel über den neuen Reichsgerichtspräsidenten Seckendorff, „Der neue Präsident des Reichsgerichts wird in Leipzig, wo er in jüngeren Jahren gern und öfter verweilt hat, als alter Bekannter sehr freundliche Aufnahme finden […].“); weitere Hinweise unten Viertes Kapitel, C. I.,

272 SGM, Nr. IM 96, Fünfzehnter Deutscher Juristentag zu Leipzig 1880, S. 15 f. E. v. S. war damals Mitglied des „Orts-Centralausschusses“ des Deutschen Juristentags. Weitere Mitglieder des Ausschusses waren beispielsweise: Senatspräsident Dr. Drechsler, Oberbürgermeister von Leipzig Dr. Georgi und Prof. Dr. Adolf Wach. Auch E. v. S. dürfte daher in nähere Bekanntschaft mit Universitätsprofessoren gekommen sein, zumal Adolf Wach bereits früh engen Kontakt zum Reichsgericht pflegte – siehe Fünfzigjahrfeier des Reichsgerichts, S. 37 ff., insbes. S. 39. Dafür spricht auch die Teilnahme von Professoren der Juristenfakultät an der Trauerfeier für E. v. S., LTgBl., Nr. 3, vom 3.1.1886, S. 52.

273 Hinweise auf die gesellschaftlichen Aktivitäten des Oberreichsanwalts finden sich im LTBl., Nr. 1 vom 1.1.1886, S. 17. Außerdem war E. v. S. Mitglied in der Leipziger Harmoniegesellschaft. Zwar hatten grundsätzlich nur Mitglieder Zugang zur „Harmonie“, allerdings konnten Gäste eingeführt werden, Kroker, Die Gesellschaft Harmonie, S. 68, 114, 126 und § 13 II Gesellschaftsordnung der Harmonie vom 1. April 1921,

in Leipzig „wohlbekannt" und stand in gutem Ansehen.[274] Damit bestand für die Leipziger eine ‚frühe' Verbindung des späteren Chefpräsidenten mit der ersten Generation ‚ihrer' Reichsgerichtsmitglieder.[275]

C) Qualifikation für das Reichsgericht – die Beteiligung Seckendorffs an Reformvorhaben und sonstige Tätigkeitsbereiche

I) Allgemeines

Eine weitere Folge des geringen Personalbestandes war die fehlende strikte Trennung in Zuständigkeitsbereiche. Die einzelnen Dezernenten des Reichsjustizamts wurden oft zu unterschiedlichen Aufgaben herangezogen.[276] Seckendorff war als Ersatz für Dr. Hoseus ins Reichsjustizamt gekommen[277], der nach der Geschäftsverteilung aus dem Jahr 1877 grundsätzlich u.a. für zivilprozessuale und kirchenrechtliche Fragen sowie die Reichslande betreffende Fragen zuständig gewesen war.[278] Seckendorff hatte nach eigenen Angaben auch militärrechtliche Fragen bearbeitet.[279] Infolgedessen lässt sich zu Beginn seiner Tätigkeit im Reichsjustizamt eine Beschäftigung mit einzelnen strafrechtlichen Anliegen nachweisen.[280] Dies

---

SGM, Nr. 81 (Sammlung Losse). Ähnliche Regelungen haben vermutlich auch ‚früher' existiert. Aufgrund der gesellschaftlichen Aktivitäten des Oberreichsanwalts liegt es nahe, dass er seinen Sohn in seine Gesellschaftskreise einführte.

274 Illustrirte Zeitung, Bd. 124, Nr. 3231, S. 838.

275 Zur Verwendung des Begriffs „Reichsgerichtsmitglieder" bzw. „Reichsgerichtsangehörige" siehe oben, Einführung.

276 Vgl. Kolbe, a.a.O., S. 10.

277 GStA PK, Rep. 89, Nr. 16854, Bl. 43 a); ThStA, FA Seckendorff, Nr. 1595, Bl. 27 f.

278 BArch R 3001, Nr. 1950, Bl. 51 ff., Bl. 53. Der Geschäftsverteilungsplan ist bei Morsey, Oberste Reichsverwaltung, S. 164 f. und bei Schulte-Nölke, Reichsjustizamt, S. 45 abgedruckt. Eine besondere Zuständigkeitsverteilung konnte danach auch im Einzelfall getroffen werden.

279 ThStA, FA Seckendorff, Nr. 1595, Bl. 29.

280 Nach Stichproben lassen sich Nachweise für eine, mehr oder weniger intensive, Beschäftigung mit strafrechtlichen bzw. strafprozessualem Belangen bspw. in BArch, R 3001, Nr. 5276, Bl. 76 f., 78 ff. (1879) oder in ebd., Nr. 5750, Bl. 125 ff., 140 ff. (1880, 1881); ebd., Nr. 5751, Bl. 116 ff., Bl. 186 ff. (1886, 1887) finden. In den jeweils nachfolgenden Bänden (Nr. 5277, 5278 sowie in Nr. 5752 bis 5754), welche die Zeiträume

hing wahrscheinlich mit seiner Erfahrung als Staatsanwalt zusammen. Nichtsdestoweniger haben sich seine Aufgaben, auch wenn sie gelegentlich das (Neben-)Strafrecht berührten, immer mehr in andere Rechtsgebiete verlagert.

Dazu gehörten bspw. Fragen des (internationalen) Zivilprozesses[281], des Staats- und Völkerrechts[282] sowie Aufgaben auf dem Gebiet des Urheberrechts[283] bzw. des gewerblichen Rechtsschutzes.[284] In den 1890er Jahren arbeitete er hauptsächlich auf dem Gebiet des gewerblichen Rechtsschutzes. So war er an der Entstehung eines Gesetzes zum Schutz vor „unlauterem Geschäftsgebahren"[285]

---

bis Ende der 1890er Jahre betreffen, ist Seckendorff als Sachbearbeiter so gut wie nicht mehr verzeichnet.

281 Bereits in den 1880er Jahren war Seckendorff regelmäßig mit zivilprozessualen Fragen beschäftigt. Dabei ging es zunächst – eine umfassende Revision der Zivilprozessordnung war nicht beabsichtigt – lediglich um das Sichten von Beschwerden und Änderungsvorschlägen zur ZPO. Gelegentlich nahm er dabei auch an parlamentarischen Beratungen teil, BArch, R 3001, Nr. 8107, Bl. 132, 134 ff., 188 ff., Bl. 193 ff. (1883/1884) sowie Bl. 283 (1889). Eine grundsätzlichere Reform der ZPO kam erst mit den durch das BGB bedingten Änderungen zustande. Hinweise auf eine Beschäftigung mit zivilprozessualen (Reform-)Fragen bieten bspw. auch die Akten BArch, R 3001, Nr. 8127, 8128 (1882) oder ebd., Nr. 8152, Bl. 96 ff. (1892). Zur Arbeit an der ZPO Novelle 1898 siehe unten Zweites Kapitel, C. IV.

282 Illustrirte Zeitung, Bd. 124, Nr. 3231 S. 838; Hinweise befinden sich bspw. in BArch R 3001, Nr. 7143, Bl. 191 ff. (1893) oder ebd. Nr. 7603, Bl. 124 ff., 149 ff. (1893). Zum Staatsrecht siehe auch Seckendorffs Gutachten über die Zulässigkeit eines eigenständigen obersten bayerischen Militärgerichts, unten Zweites Kapitel, C. II. 3.

283 Illustrirte Zeitung, Bd. 124, Nr. 3231, S. 838. Zur Tätigkeit Seckendorffs im Urheberrecht, insbesondere bei der Urheberrechtsreform (das Reichsjustizamt stellte damals Grundzüge für ein Gesetz zum „Urheberrecht an Werken der Literatur und der Tonkunst" auf), BArch, R 3001, Nr. 6350, Bl. 49a), 64 ff., 157 a); ebd., Nr. 6351, Bl. 5 f., 153 f.; ebd., Nr. 6352, Bl. 15 ff. Weitere Hinweise finden sich in den Aktenbeständen, BArch, R 3001 Nr. 6395 bis 6397, die das internationale Urheberrecht betreffen.

284 ThStA, FA Seckendorff, Nr. 1595, Bl. 29.

285 Die führende Rolle übernahm dabei zwar das Reichsamt des Innern, das Vorgehen wurde aber in Besprechungen eng mit dem Reichsjustizamt abgestimmt. Seckendorff war daher bereits an der Abfassung eines „Vorentwurfs" beteiligt, BArch, R 3001, Nr. 2642, Bl. 46 f., 56 f., 61 ff., 114 ff. Er vertrat bei den Beratungen zunächst u.a. die Ansicht, der „unlauteren Konkurrenz" durch geschäftsschädigende Äußerungen sei lediglich mit zivilrechtlichen Mitteln, nicht aber mit strafrechtlichen Mitteln zu begegnen (Bl. 62). Zur weiteren Beteiligung Seckendorffs am Gesetzgebungsverfahren, ebd., Nr. 2643, Bl. 221, 234, 239. Seckendorff nahm auch an den abschließenden Reichstagsberatungen als Regierungsvertreter teil und trat dort zu den Bestimmungen auf, die

und – zumindest am Rand – mit dem damit verknüpften „Gesetz zum Schutz der Waarenbezeichnungen"[286] beteiligt. Noch viele Jahre später wurde Seckendorffs Wirken in diesem Bereich anerkennend gewürdigt.[287]

Gelegentlich hatten seine Aufgaben *Leipzigbezug*. Sie dürften sich später als ‚Gesprächsgrundlage' in der Leipziger Harmoniegesellschaft angeboten haben.[288] Im Rahmen der Reform des Zivilverfahrens war der Regierungsrat Seckendorff bspw. mit Untersuchungen des Leipziger Prozessrechtsexperten Adolf Wach über den Ablauf des Verfahrens in Berührung gekommen.[289] Adolf Wach und mit ihm Eduard und Albert Brockhaus – letztere waren, ebenso wie Seckendorff, an Besprechungen über eine Urheberrechtsreform beteiligt gewesen[290] – waren Mitglieder der Harmoniegesellschaft.[291]

Seckendorff war vermutlich erst ab seiner Leipziger Zeit eng mit der Familie Brockhaus befreundet.[292] Allerdings sind auch frühere Verbindungen nicht ausgeschlossen. Wahrscheinlich hatte Eduard von Seckendorff seinen Sohn bereits in den 1880er Jahren in seine (Harmonie-)Gesellschaftskreise eingeführt.

---

den Verrat von Geschäfts- bzw. Betriebsgeheimnissen betrafen. Diese Bestimmungen waren während des Gesetzgebungsverfahrens vielfacher Kritik ausgesetzt gewesen, ebd., Nr. 2643, Bl. 118 ff.

286 Seckendorff nahm an den Reichstags(kommissions)beratungen als Regierungsvertreter teil, BArch, R 3001, Nr. 2361, Bl. 196, 213, 224. Näheres, zum Teil inhaltsgleich, ebd., Nr. 2352. Auch in Nr. 2362 finden sich Nachweise für seine Beschäftigung mit dem Warenzeichen- bzw. Markenschutz.

287 BArch, R 3002, PA Nr. 790, Bd. 2, Bl. 54 (Zum Lob seiner Arbeit auf dem Gebiet des Patent- und Urheberrechts).

288 Zur Harmoniegesellschaft, Viertes Kapitel, C. II. 2 a.

289 BArch, R 3001, Nr. 8107, Bl. 226 ff., Bl. 233. Eine Schrift Wachs über den „Feststellungsanspruch" war zur Kenntnis Seckendorffs gelangt, ebd., Nr. 8107, Bl. 270, 272.

290 BArch, R 3001, Nr. 6352, Bl. 15 ff. (Besprechnung mit Sachverständigen zur Reform des deutschen Urheberrechts mit Beteiligung von Albert Brockhaus). Eduard Brockhaus war als Sachverständiger an den Besprechungen einer Reform der „Berner Übereinkunft" beteiligt, ebd., Nr. 6396, Bl. 128 ff. Allgemein zum Ablauf der Beratungen, ebd., Nr. 6396, Bl. 35.

291 Kroker, Die Gesellschaft Harmonie, S. 86. Zur Mitgliedschaft von Eduard und Albert Brockhaus in der „Harmonie": Eduard war seit 1859, Albert seit 1885 Mitglied. Auch Söhne der Vorgenannten (Fritz B., Hans B.) gehörten der Gesellschaft seit Beginn des 20. Jahrhunderts an; Wach war seit 1887 Mitglied (ebd., S. 132).

292 Vgl. BArch, R 3002, PA Nr. 790, Bd. 1, Bl. 171.

Insgesamt lässt sich feststellen, dass Seckendorff hauptsächlich auf dem Gebiet des (internationalen) Prozessrechts und des Öffentlichen Rechts, jedoch weniger im materiellen Zivilrecht bewandert war.[293] An der Entstehung des neuen Bürgerlichen Gesetzbuchs war er nicht beteiligt.[294] Dies ließ Reichsjustizstaatssekretär Arnold Nieberding später vermutlich an der Eignung Seckendorffs für das Amt des Reichsgerichtspräsiden zweifeln[295]: für jede Stelle in der Verwaltung hätte er ihm den Vorzug gegeben.[296]

Gleichwohl ist davon auszugehen, dass Seckendorff im Reichsjustizamt einige Kenntnisse erwarb bzw. Eigenschaften zeigte, die ihn dennoch für das Amt qualifizieren sollten. Einiges verbleibt allerdings im Dunkeln.[297] Die Reichsjustizverwaltung verlangte von einem Kandidaten für das Amt des Reichsgerichtspräsidenten ein gewisses Maß an wissenschaftlicher Autorität, politische Zuverlässigkeit und Kenntnisse über die Verhältnisse am Reichsgericht sowie Repräsentations- bzw. Sozialkompetenz.[298]

Der Mangel an Personal im Reichsjustizamt hatte allerdings zur Folge, dass die Sachbearbeiter sich (zügig) in andere (Themen-)Bereiche einarbeiten bzw. flexibel sein mussten. Dieses Geschick besaß Rudolf von Seckendorff. Ihm wurde von seinen Vorgesetzten eine „hervorragende Geschäftsgewandtheit und Gesetzeskenntnis" attestiert.[299] Der Begriff Geschäftsgewandtheit lässt sich als Fähigkeit deuten, sich zügig in unbekannte bzw. schwierige Rechtsmaterien (bspw. in ein neues Gesetz) einzuarbeiten und eine entsprechende Gesetzeskenntnis zu erwerben. Diese These wird durch die zeitgenössische Aussage gestützt, Seckendorff sei gern zu „schwierigen politischen Fragen" herangezogen worden.[300]

---

293 BArch, R 43, Nr. 695, Bl. 9.

294 ThStA, FA Seckendorff, Nr. 1595, Bl. 30; vgl. BArch, R 3001, Nr. 3918–3920; ebd., Nr. 4078, Nr. 4086–4089.

295 BArch, R 43, Nr. 695, Bl. 28, 28 R.

296 BArch, R 43, Nr. 695, Bl. 4 ff., Bl. 7; siehe unten Drittes Kapitel, A. II.

297 Aus welchem Grund Seckendorff schließlich zum Reichsgerichtspräsidenten ernannt wurde, ließ sich nicht vollständig klären. Wahrscheinlich war seine Wahl eine Art Kompromissentscheidung, siehe dazu Drittes Kapitel, A. II. 2.

298 BArch, R 43, Nr. 695, Bl. 4 ff.; im Einzelnen, Drittes Kapitel, A. I.

299 Etwa GStA PK, Rep. 89, Nr. 27, Bl. 168 b); ebd., Nr. 16854, Bl. 78).

300 Vgl. Reden bei der Gedenkfeier, S. 6: „zahlreiche Gesetzesentwürfe und Gutachten von seiner Hand finden sich in Akten des Reichsjustizamts; besonders gern hat man sich in schwierigen politischen Fragen seiner Feder bedient […]."

Letztlich waren diese Eigenschaften möglicherweise – trotz der mangelnden Kenntnisse im Kernzivilrecht – (mit-)entscheidend, den Verwaltungsjuristen zum Reichsgerichtspräsidenten zu ernennen. Den Spuren dieser Eigenschaften wird im Folgenden nähere Aufmerksamkeit gewidmet.

II) Politische Zuverlässigkeit in „schwierigen Fragen“– die Reform des Militärstrafverfahrens

1) Die Reform des Militärgerichtswesens

Als Vertreter des Reichsjustizamts wirkte Seckendorff teilweise an den Reformarbeiten zur Militärstrafgerichtsordnung mit.[301] Im deutschen Reich existierten damals unterschiedliche Regelungen über das Militärgerichtswesen.[302] Im Rahmen der Rechtsvereinheitlichung wurden deshalb verschiedentlich Versuche unternommen, die Regeln des modernen zivilen Strafverfahrens – insbesondere Gewaltenteilung, Öffentlichkeit und Mündlichkeit des Verfahrens – auch auf das Militär auszuweiten.[303] Die Militärverwaltung und der Kaiser haben jedoch diese Versuche wegen der möglichen „Gefahren für die Armee“ verzögert und blockiert.[304] Im Kern setzte sich die Reform mit der Frage nach dem Einfluss des Militärs auf die Gesellschaft auseinander. Angesichts der großen Bedeutung des Militärs als „Vollstrecker der nationalen Einheit“ und Garant der monarchischen Staatsordnung zählte die Schaffung eines einheitlichen Militärstrafverfahrens im Deutschen Kaiserreich zu den Grundgedanken der Reichsverfassung.[305] Für Bayern kam es zusätzlich darauf an, bei einer Reform den militärrechtlichen Besitzstand zu wahren, der durch dessen Beitrittsvertrag mit dem Deutschen Reich[306] (möglicherweise[307]) festgeschrieben worden war.[308] Während in

---

301 Seckendorff war im Jahr 1890 in verschiedenen Stadien an der Ausarbeitung eines (erneuten) Entwurfs bzw. der Motive für eine Militärstrafgerichtsordnung beteiligt, BArch, R 3001, Nr. 3675, Bl. 73 R, Bl. 76, Bl. 110 f. Ein Exemplar des Entwurfs vom Dezember 1890 befindet sich ebd., Bl. 86. Zu alledem auch Anker, Militärstrafgerichtordnung, S. 184 ff. Zur Mitwirkung Seckendorffs siehe ebenfalls bei Rauh, Föderalismus, S. 156, Anmerkung 21.

302 Anker, Militärstrafgerichtsordnung, S. 121.

303 Anker, a.a.O., S. 116, 133, 178 f., S. 202, 207, 227.

304 Anker, a.a.O., S. 13, 147, 151 f., S. 175, 188, 263.

305 Anker, a.a.O., S. 120.

306 Bündnisvertrag vom 23. November 1870 (Bundesgesetzbl. 1871 S. 9) unter III. § 5.

307 Der Umfang und damit der Inhalt der Vereinbarungen war teilweise streitig, siehe sogleich.

308 Näheres zu Bayerns Sonderrolle bei Anker, a.a.O., S. 33 ff., 54 ff.

den bayerischen Regelungen der Militärstrafprozessordnung von 1869 bereits grundsätzlich die Regelungen des modernen Strafverfahrens – einschließlich der Öffentlichkeit des Verfahrens – eingeführt und durch Schaffung einer selbständigen Militäranklagebehörde die Gewaltentrennung zwischen Disziplinargewalt des Befehlshabers und Justiz vollzogen worden war[309], betonten die preußischen Regelungen bspw. mit dem Bestätigungsrecht[310] des Gerichtsherrn[311] und der inquisitorischen Ausgestaltung des Verfahrens die starke Stellung des Militärs in dieser Gerichtsbarkeit.[312] Die Regeln des zivilen Strafverfahrens, insbesondere die daran angepasste bayerische Militärstrafprozessordnung von 1869 bildeten aber durchaus ein Vorbild für die Reform.[313] Die Auseinandersetzungen um die Militärstrafgerichtsordnung gehörten damit zu den zentralen innenpolitischen Themen der Zeit bis zur Jahrhundertwende.[314]

Bei diesem politisch brisanten Reformvorhaben blieb für das Reichsjustizamt kein Raum für eine eigenständige Betätigung, auch wenn Seckendorff, wie eingangs angesprochen, als Vertreter des Reichsjustizamts teilweise hinzugezogen worden bzw. an den entscheidenden Arbeiten beteiligt war.[315] Die maßgeblichen Entscheidungen wurden an anderer Stelle getroffen.[316]

---

309 Anker, a.a.O., S. 91 ff.

310 Die militärgerichtlichen Urteile waren nach dem preußischen System nicht mit ordentlichen Rechtsmitteln anfechtbar. Sie mussten allerdings, um Rechtskraft zu erlangen, vom Gerichtsherrn bestätigt werden. Damit besaßen die gerichtlichen Urteile eigentlich nur Vorschlagscharakter, wenn auch der Gerichtherr das Urteil nur mildern, nicht aber verschärfen durfte, Anker, a.a.O., S. 105. Nichtsdestoweniger zeigt sich darin die starke Stellung des Gerichtsherrn. Siehe im Übrigen in die nachfolgende Fn.

311 Der militärische Befehlshaber besaß als Gerichtsherr umfangreiche Kompetenzen und entschied über die Einleitung und Einstellung der Strafverfolgung, die Verhängung der Untersuchungshaft oder die Bestellung des Spruchgerichts. Der Gerichtsherr war damit die zentrale Gestalt des gesamten militärgerichtlichen Verfahrens. Dahinter stand die Auffassung, dass die Militärgerichtsbarkeit einen Ausfluss der Kommandogewalt darstelle, die für die Aufrechterhaltung der Disziplin wesentlich sei, Anker, a.a.O., S. 102 f.

312 Anker, a.a.O., S. 100 ff.

313 Vgl. Anker, a.a.O., S. 157, 202 f., S. 264.

314 Anker, a.a.O., S. 13 f.

315 Vgl. Anker, a.a.O., S. 186. Bis auf vereinzelt angefertigte Gutachten, lässt sich aus den Akten des Reichsjustizamts eine nähere Mitwirkung der Behörde bzw. Seckendorffs am Gesetzgebungsverfahren nicht entnehmen, BArch, R 3001, Nr. 3669, 3674–3677.

316 Abgesehen von einer generellen Abneigung des Kaisers gegen eine Aufweichung der militärischen Disziplin durch die Zulassung der Öffentlichkeit (Anker, a.a.O., S. 295),

Das schließlich 1898 zustande gekommene Gesetz besaß keine dem Öffentlichkeitsgrundsatz vergleichbare Regelung und war auch sonst – trotz einiger Fortschritte wie der Einführung des Mündlichkeitsprinzips und des Unmittelbarkeitsgrundsatzes – weit von den Regelungen des modernen Strafverfahrens entfernt.[317]

2) *Seckendorffs (gewandelte) Haltung zur Reform des Militärgerichtswesens*

Wie Seckendorff politisch zu der Reform stand, lässt sich nur schwer ermitteln. Einem von ihm im Frühjahr 1892 „Zur Reform des Militärgerichtswesens" verfassten Aufsatz lassen sich allerdings einige Hinweise zu seiner politischen Einstellung entnehmen.[318] Mit diesem Aufsatz kam er einer Bitte des Reichskanzlers Caprivi nach. Kurz zuvor waren im Reichstag in einer kontroversen Debatte abermals die Vorteile der bayerischen gegenüber den preußischen Regelungen hervorgehoben worden.[319]

Caprivi bemühte sich, die im Reichstag aufgetretenen Wogen zu glätten und war deswegen an das Reichsjustizamt herangetreten. Der Aufsatz sollte nicht „polemisch" sein und vor allem die Schwierigkeiten mit den vom Reichstag favorisierten bayerischen Regelungen aufzeigen, die von militärischer Seite bei einer Reform zu überwinden wären.[320]

---

wurde dies schon daran deutlich, dass einzelne Initiativen zu den Entwürfen vornehmlich vom preußischen Kriegsministerium ausgingen, Anker, a.a.O., S. 266, 268 (Entwurf vom November 1892/1893). Der Entwurf von 1896 wurde dort ebenfalls angefertigt (ebd., S. 405). Zum fehlenden Einfluss des RJA auch Schulte-Nölke, Reichsjustizamt, S. 57 f.

317 Im Einzelnen dazu, Anker, a.a.O., S. 451 ff., S. 461 ff., S. 509 ff. Die Öffentlichkeit wurde zwar im Grundsatz zugelassen, konnte aber nach § 270 Abs. 2 des Gesetzes aus „Gründen der Disziplin", deren Voraussetzungen vom Kaiser zu bestimmen waren, weitgehend ausgeschlossen werden, ebd., S. 507 ff.

318 Der Entwurf des Aufsatzes einschließlich nicht von Seckendorff stammenden (sprachlichen) Korrekturen, befindet sich in BArch, R 3001, Nr. 3669. Die nun folgenden Blattzahlen beziehen sich jeweils auf die Seite des Aufsatzes.

319 Anker, a.a.O., S. 201 ff.

320 Das Schreiben Caprivis vom 22.2.1892 an das RJA befindet sich zu Beginn der Akte in BArch, R 3001, Nr. 3669. Dort heißt es u.a.: „Der Reichstag zeigte neulich nur die blau-weiße Flagge und es konnte den Eindruck [?] machen, wie wenn Widerstand gegen das bayerische Verfahren [unleserliches Wort] Eigensinn wäre."

Dass Rudolf von Seckendorff diese Aufgabe übertragen wurde, dürfte nicht nur seine Expertise (er war bis Ende 1887 auch Reserveoffizier gewesen[321]), sondern auch seine politische Zuverlässigkeit betonen. Eine Abänderung der Zuständigkeitsverteilung im Reichsjustizamt hätte im Einzelfall erfolgen können.[322]

In seinem, bisweilen ironisch formulierten[323], Aufsatz stimmte Seckendorff zwar dem „allgemein anerkannten" Bedürfnis nach einer einheitlichen Regelung zu.[324] Er stellte aber bei der Reform die Bewahrung der militärischen Disziplin und damit militärische Gesichtspunkte in den Vordergrund. Für ihn gehörten die Kommando- und Disziplinargewalt sowie das militärgerichtliche Verfahren untrennbar zusammen. Die Regelungen des zivilen Strafverfahrens, also die Unterstellung der Militärangehörigen unter eine bürgerliche Strafgewalt, konnten deswegen erst „in zweiter Linie" und nur „insoweit" in Betracht kommen, als nicht die militärische Disziplin leide.[325]

Die bayerischen Regelungen könnten dementsprechend nicht einfach auf das Reich übertragen werden[326], weil sie einerseits nicht den militärischen Interessen gerecht würden und andererseits, auch im Hinblick auf die kritisierten preußischen Regelungen, nicht hielten, was allgemein angenommen wurde.

Diese Auffassung untermauerte Seckendorff beispielhaft mithilfe der Schlagwörter, unter denen im Reichstag die Reformdebatte geführt worden war: Selbständigkeit und Ständigkeit der Militärgerichte sowie die Öffentlichkeit des Verfahrens.

Das bayerische Recht verwirkliche allerdings die Selbständigkeit der Militärjustiz, indem die von „unbeeinflussten Richtern" gefällten militärgerichtlichen Urteile nur einer Anfechtung im gerichtlichen Instanzenzug unterworfen seien.[327] Obwohl die Gültigkeit der Urteile einer Kontrolle unterstehen müsse, vertrüge sich dieser „Rechtszustand" nicht mit dem Wesen der Militärgerichtsbarkeit.[328]

321 GStA PK, Rep. 89, Nr. 16854, Bl. 114 R.

322 BArch, R 3001, Nr. 1950, Bl. 51.

323 Bspw. Für den „Unbefangenen" werfe sich die Frage auf, „was denn in aller Welt die Verbündeten Regierungen [...] bei dem allgemein anerkannten Bedürfnisse nach einer einheitlichen Regelung der Militärgerichtsbarkeit [...] davon abhalten konnte, mit den vorzüglichen bayerischen Einrichtungen auf diesem Gebiete das gesamte Reich zu beglücken", BArch, R 3001, Nr. 3669, Bl. 1 des Aufsatzes.

324 Vgl. BArch, R 3001, Nr. 3669, Bl. 1 R, 16 R des Aufsatzes.

325 Vgl. BArch, R 3001, Nr. 3669, Bl. 2, 2 R des Aufsatzes.

326 Vgl. BArch, R 3001, Nr. 3669, Bl. 1 R des Aufsatzes.

327 Vgl. BArch, R 3001, Nr. 3669, Bl. 7 R des Aufsatzes.

328 Vgl. BArch, R 3001, Nr. 3669, Bl. 7 R des Aufsatzes.

Für Seckendorff beruhte die Militärgerichtsbarkeit auf dem Gedanken, den Bestand und die Verwendbarkeit der Armee durch die Aufrechterhaltung von Disziplin sicherzustellen. Die dafür notwendigen Befugnisse müssten deswegen in der Hand der Befehlshaber liegen und die Strafverfolgung mit einschließen, weil die Unterstellung der Armeeangehörigen unter eine „getrennte“ Justiz die Kommando- und Disziplinargewalt schwächen würde.[329] Dementsprechend hinge in den preußischen Regelungen die „Rechtsgültigkeit der Erkenntnisse“ von der Bestätigung[330] durch den Befehlshaber ab und es seien ordentliche Rechtmittel – von einigen Ausnahmen abgesehen – ausgeschlossen. Der „nach diesem System“ in letzter Instanz entscheidende Richter sei allein der oberste Kriegsherr (mit anderen Worten: der Monarch).[331] Damit sprach der Oberregierungsrat letzten Endes die Bedeutung des Bestätigungsrechts für die Gültigkeit der Urteile und damit für die Durchsetzung der militärischen Disziplin an. Infolgedessen wäre allerdings, wie sich „immerhin“ nicht leugnen lasse, die Selbständigkeit der Militärgerichte eingeschränkt.[332]

Werde außerdem, unter einfachem Hinweis auf das Bayerische Recht, ein akkusatorisches Verfahren mit einer „selbständigen“ Anklagebehörde eingeführt, bliebe die Stellung des Befehlshabers unberücksichtigt. Der innere Zusammenhang der Strafverfolgungsbefugnis mit der Disziplinargewalt verlange aber, dass dem Befehlshaber ein maßgebender Einfluss auf die Einleitung der Strafverfolgung zustehen müsse.[333] Die bayerischen Regelungen böten aber lediglich „kaum befriedigende“ Lösungen an, indem in Bayern mit der Militärstaatsanwaltschaft eine von den für die Aufrechterhaltung der Disziplin verantwortlichen Befehlshabern unabhängige Strafverfolgungsbehörde geschaffen worden sei. Dadurch werde aber aus soeben erwähnten Gründen die militärische Disziplin gefährdet, weswegen diesem Weg „schwerwiegende Bedenken“ entgegenstünden.[334]

Auch die Regelungen über die Ständigkeit, worunter Seckendorff den „dauernden Bestand einer gesetzlich organisierten gerichtlichen Behörde“[335] verstand,

329 Vgl. BArch, R 3001, Nr. 3669, Bl. 2, 2 R des Aufsatzes.

330 Ein Urteil war erst durch die Bestätigung vollstreckbar. Zugleich beinhaltete das Bestätigungsrecht das Recht zur Minderung der Strafe – das Gnadenrecht, Rauh, Föderalismus, S. 152.

331 Vgl. BArch, R 3001, Nr. 3669, Bl. 7 R, 8 des Aufsatzes.

332 Vgl. BArch, R 3001, Nr. 3669, Bl. 10 des Aufsatzes.

333 Vgl. BArch, R 3001, Nr. 3669, Bl. 10 R, 11 des Aufsatzes.

334 Vgl. BArch, R 3001, Nr. 3669, Bl. 11 R, 12 unter Verweis auf Bl. 2 R des Aufsatzes.

335 BArch, R 3001, Nr. 3669, Bl. 4 des Aufsatzes.

seien für eine reichsgesetzliche Regelung „wenig verwerthbar".[336] Diese habe zwar möglicherweise für eine konstante Rechtsprechung gewisse Vorzüge, führe aber in militärischer Hinsicht zu „empfindlichen Nachteilen".[337] Die wenigstens für ein Jahr dauerhafte Abordnung der Offiziere zu den Militärgerichten könne nicht nur für die Betroffenen, sondern auch für den militärischen Dienst an sich schädlich sein.[338]

Problematisch sei in dieser Hinsicht vor allem, dass die bayerischen Bestimmungen keine „passende" Lösung für den Kriegsfall oder die Marine anböten. Zwar würden anstelle der Militärbezirksgerichte in diesem Fall mobile Feldgerichte urteilen, allerdings sei dies seiner Auffassung nach, wie es auch von „bayerischer Seite" mehrfach ausgesprochen wurde, nicht „befriedigend".[339] Vorzug verdiene demgegenüber eine engere Verknüpfung der Gerichte mit der Truppenformation, wie dies die preußische Militärgerichtsverfassung bestimme.[340] Damit sprach er wahrscheinlich die bessere Durchsetzung der militärischen Disziplin, also die Verwendung der Armee im Kriegsfall an.

Im Zusammenhang mit der Behandlung der Ständigkeit konnte Seckendorff sich einen leicht bissigen Seitenhieb auf die bayerisch-orientierten Reformwünsche nicht verkneifen. Die *gesetzlichen* Regelungen betrafen dort nur allgemeine Bestimmungen über die sachliche Zuständigkeit bestimmter Gerichte. Der König von Bayern könne aber im *Verordnungswege* jederzeit Anzahl und örtliche Zuständigkeitsgrenzen der Militärgerichtsbezirke ändern.[341] Eine dem bayerischen Rechtszustand vergleichbare Bestimmung für das Reich zu treffen, dürfte nicht dem (Rechtsschutz-)Interesse „mancher Reichstagsabgeordneter" entsprechen.[342] Wohl deshalb, weil dadurch auch eine Umgehung der (personellen) Ständigkeitsregelungen möglich gewesen sein dürfte.

---

336 BArch, R 3001, Nr. 3669, Bl. 7 des Aufsatzes.

337 Vgl. BArch, R 3001, Nr. 3669, Bl. 6 des Aufsatzes.

338 Vgl. BArch, R 3001, Nr. 3669, Bl. 6 des Aufsatzes.

339 BArch, R 3001, Nr. 3669, Bl. 6 R des Aufsatzes.

340 Vgl. BArch, R 3001, Nr. 3669, Bl. 7 des Aufsatzes.

341 Vgl. BArch, R 3001, Nr. 3669, Bl. 4 R, 5 des Aufsatzes. Die Änderung im Verordnungsweg ermöglichte also eine Veränderung am „konstitutionellen Gesetzgeber" vorbei.

342 Vgl. BArch, R 3001, Nr. 3669, Bl. 5 des Aufsatzes.

Schlussendlich widmete sich Seckendorff der „Öffentlichkeitsfrage", die den bedeutendsten Punkt der Reformdebatte darstellte, da viele in ihr den „Hauptvorzug" des bayerischen Gesetzes sahen.[343]

Auch hierbei hob er erneut die Bedeutung der Disziplin für eine zukünftige reichsgesetzliche Lösung heraus. Die maßgebende Entscheidung, ob bei einer reichsgesetzlichen Regelung grundsätzlich die Öffentlichkeit zuzulassen sei, hänge nämlich immer davon ab, ob durch öffentliche Verhandlungen tatsächlich eine ernstliche Gefährdung der Disziplin zu befürchten wäre, weil einzelne Straffälle „schneller und umfassender" als bisher zur Kenntnis „weiterer Kreise" kommen würden.[344]

Im Übrigen hatte die grundsätzliche Öffentlichkeit des Verfahrens für Seckendorff zum damaligen Zeitpunkt praktisch keine große Bedeutung. Bayern habe sich zwar für ein öffentliches Verfahren im Sinne der modernen Prozessgesetze entschieden und dabei, neben den üblichen Ausschlussgründen, den Ausschluss der Öffentlichkeit aufgrund „militärdienstlicher Interessen" zugelassen.[345]

Aus seiner Sicht existierte nämlich bereits eine „Öffentlichkeit" des Verfahrens. Der Unterschied zu den bestehenden preußischen Bestimmungen sei nur „theoretischer" Natur und nicht von derjenigen Bedeutung, zu der er „aufgebauscht" werde.[346] Insbesondere leide dieses Verfahren nicht an „Heimlichkeit", weil etwa ein Dutzend anderer Personen daran beteiligt seien und das „Wesentliche" ohnehin nach Veröffentlichung des Urteils meist seinen Weg in die Presse finde.[347]

Er hielt aber die grundsätzliche Zulassung der Öffentlichkeit (zunächst) auch nicht für notwendig. Gehe man davon aus, dass eine mündliche Hauptverhandlung mit unmittelbarer Beweisaufnahme eingeführt werde, würden die „wesentlichen Punkte" einem noch „beträchtlicheren" Personenkreis bekannt werden und dies unabhängig davon, ob die Öffentlichkeit gesetzlich zugelassen werde.[348]

Wie weit sich Seckendorff auf die Bitte des Reichskanzlers eingelassen hatte, konnte nicht belegt werden. Indes berichtet Seckendorff später darüber, der Reichskanzler habe seinen Aufsatz gelobt.[349] Deutlich wird aber eines: mit teils

343 Vgl. BArch, R 3001, Nr. 3669, Bl. 13, 13 R des Aufsatzes. Zur Bedeutung dieses Punktes auch Anker, a.a.O. S. 510, die Öffentlichkeitsfrage war zum Synonym für die Modernität des Gesetzes geworden.

344 Vgl. BArch, R 3001, Nr. 3669, Bl. 16, 16 R des Aufsatzes.

345 Vgl. BArch, R 3001, Nr. 3669, Bl. 14 R, 15 des Aufsatzes.

346 BArch, R 3001, Nr. 3669, Bl. 13 R des Aufsatzes.

347 Vgl. BArch, R 3001, Nr. 3669, Bl. 14, 14 R des Aufsatzes.

348 Vgl. BArch, R 3001, Nr. 3669, Bl. 15 R des Aufsatzes.

349 ThStA, FA Seckendorff, Nr. 1595, Bl. 35.

bissigen Kommentaren machte er sich die konservative militärische Position zu Eigen[350] und bewies damit seine politische Zuverlässigkeit. Der mit wenigen sprachlichen Veränderungen redigierte Aufsatz wurde in der Norddeutschen Allgemeinen Zeitung veröffentlicht.[351]

Nichtsdestoweniger finden sich in den untersuchten Akten Hinweise darauf, dass sich seine Anschauungen später zu einer moderateren Ansicht hin „wandelten".[352] Betonte Seckendorff in seinem Aufsatz die Bedeutung des Bestätigungsrechts des Befehlsherrn für die Durchsetzung der militärischen Disziplin, sah er darin wenige Jahre später – in einer undatierten Stellungnahme zum Entwurf einer Militärstrafgerichtsordnung von 1892, welche Seckendorff vermutlich 1895 verfasste[353] – eine Regelung, die den „modernen Rechtsanschauungen" widerspreche, (auch) weil sie sich nur auf den Akteninhalt und nicht auf das Ergebnis einer „mündlichen, kontradiktorischen Hauptverhandlung" stütze.[354]

In derselben Stellungnahme trat er nun auch für den Öffentlichkeitsgrundsatz im bayerischen Sinne[355] ein. Zwar würde vielfach der generelle Ausschluss der Öffentlichkeit aus „militärischen Interessen" gefordert. Allerdings könne dieser nicht nur wegen der in Bayern und „fast sämmtlichen ausländischen europäischen Staaten auch für die Militärgerichte" geltenden Bestimmungen, sondern auch wegen des allgemeinen, dem „*Rechtsbewusstsein des deutschen Volkes entspringende[n] Verlangen nach Einführung der Öffentlichkeit*" nicht aufrechterhalten werden.[356]

---

350 Vgl. Anker, a.a.O., S. 209.

351 NAZ, Nr. 107, 109 und 111 vom 4.3., 5.3. und 6.3.1892. Siehe auch BArch, R 3001, Nr. 3675, Bl. 196; Anker, a.a.O., S. 209.

352 Einen weiteren Hinweis gibt der bei Anker (a.a.O., S. 265 f.) angesprochene Vorgang. Seckendorff unterstütze im Bundesrat eine Petition, die die Öffentlichkeitsfrage zur Annahmebedingung für die Reform gemacht hatte. Seckendorff war als Regierungskommissar bei den Beratungen der Petitionskommission im Reichstag anwesend gewesen, BArch, R 3001, Nr. 3575, Bl. 215.

353 BArch, R 3001, Nr. 3676, Bl. 97 ff. Anhand der Verfügung auf Bl. 97 lässt sich das Dokument auf März/April 1895 datieren.

354 BArch, R 3001, Nr. 3676, Bl. 97 ff., Bl. 105, 105 R.

355 BArch, R 3001, Nr. 3676, Bl. 97 ff., Bl. 102 R, 103. Die Öffentlichkeit sollte (auch) aus „militärdienstlichen Interessen" ausgeschlossen werden können.

356 BArch, R 3001, Nr. 3676, Bl. 97 ff., Bl. 102. Die Hervorhebung stammt vom Verf. Auf Bl. 102 R. untermauerte er seine Anschauung mit weiteren Argumenten, etwa dahingehend, dass durch die Gestattung der Öffentlichkeit auch das Vertrauen in die Militärrechtspflege steigen würde.

Im Ergebnis trat auch er damit für die grundsätzliche Angleichung des Militärstrafverfahrens an die Regelungen des modernen Strafprozesses ein. Offenbar lernte Seckendorff über seinen milieubedingten Horizont hinauszuschauen, indem er auf die Stimmungen in der Öffentlichkeit Rücksicht nahm. Es zeigen sich hier (erste) Anzeichen für Seckendorffs flexible und praxisorientierte Rechtsanschauung.[357] Im Hinblick auf sein später am Reichsgericht artikuliertes Rechtsverständnis ist diese „gewandelte" Haltung nachvollziehbar. Damit dürfte er sich inhaltlich im Einklang mit Staatsekretär Arnold Nieberding befunden haben. Dieser hielt die (später) vorgeschlagene stark eingeschränkte Öffentlichkeit für „juristisch unvertretbar", obwohl er wusste, dass nur mit jener Fassung die Zustimmung des Kaisers erreicht werden konnte.[358]

3) „Wissenschaftliche Autorität" – zur Zulässigkeit eines eigenständigen bayerischen obersten Militärgerichts

Ein weiterer Streitpunkt der Reform war die Zulässigkeit eines eigenen bayerischen obersten Militärgerichts. Bei „schwierigen politischen Fragen" wurde Seckendorff „besonders gern" herangezogen.[359] Ein Gutachten Seckendorffs, das wahrscheinlich Ende 1897 von ihm angefertigt wurde, veranschaulicht nicht nur seine Argumentationsweise, sondern gibt auch Aufschluss über seine *national*staatliche Orientierung. Schließlich verkörperte eine einheitliche Oberinstanz den Nationsgedanken beim Militär ebenso, wie ein einheitliches Militärstrafverfahren.[360] So hat die Art und Struktur der von ihm in diesem Zusammenhang genutzten Argumente – typischerweise dürfte die Anwendung des „klassischen" Argumentationsrepertoires[361] aus Wortlaut, Systematik und Zweck die Überzeugungskraft der so gefundenen Schlussfolgerungen verstärken[362] – höchstwahrscheinlich seine Auswahl zum Reichsgerichtspräsidenten beeinflusst, weil diese Arbeitsweise exemplarisch seine juristische Autorität positiver einzuschätzen

---

357 Drittes Kapitel, B. III.

358 Anker, a.a.O., S. 337 Fn. 179. Dies bezog sich auf die oben erwähnte Regelung in § 270 Abs. 2 des Gesetzes.

359 Zur Beurteilung von Seckendorffs Fähigkeiten, Reden bei der Gedenkfeier, S. 6.

360 Allgemein dazu Anker, a.a.O. S. 120; zum Gutachten, BArch, R 3001, Nr. 3676, Bl. 183 ff.

361 Allgemein dazu: Zippelius, Methodenlehre, S. 36 ff.

362 Allgemein gesehen stärkt eine logische Argumentation die innere Autorität und Überzeugungskraft der so gefundenen Schlussfolgerungen. Zur juristischen Methodik im 19. Jh. am Beispiel von Puchta's Juristenrechtsdoktrin vgl. Ogorek, a.a.O., S. 202 f.

half.[363] Eine gewisse wissenschaftliche Autorität wurde aber bei einem Reichsgerichtspräsidenten vorausgesetzt, nicht nur wegen der Bedeutung des Gerichtshofes, sondern auch und gerade wegen der (notwendigen) juristischen Autorität des Kandidaten innerhalb des Kollegiums.[364]

Die Einrichtung eines obersten bayerischen Militärgerichts wurde während der Reformberatungen vielfach angesprochen[365] und berührte verschiedene verfassungsrechtliche und politische Probleme, die auf der Sonderstellung Bayerns im Kaiserreich beruhten. Dabei ging es um die Anerkennung eines aus der Militärhoheit abgeleiteten (möglichen) bayerischen Reservatrechts zur Bildung eines eigenständigen obersten Militärgerichtshofs und damit also auch um die Reichweite der Reichsgesetzgebung.[366]

Neben einer Aktenanalyse bezog sich Rudolf von Seckendorff auch auf Gutachten der Staatsrechtler Wilhelm Kahl und Albert Hänel, die sich beide für einen obersten bayerischen Militärgerichtshof aussprachen, sowie auf eine Stellungnahme Philipp Zorns, der sich dagegen aussprach. In der sehr streitigen Frage unterstützten allerdings auch andere namhafte Juristen wie Max von Seydel mit beachtlichen Argumenten den bayerischen Anspruch.[367]

Ausgangspunkt für Seckendorffs Erwägungen waren die Gesetzgebungskompetenzen des Reichs, wie sie Eingang in Art. 4 Nr. 14 (Zuständigkeit für „Militairwesen") und Art. 61 (Abs. 1 regelte die Einführung der preußischen Militärgesetzgebung – „namentlich" der preußischen Militärstrafgerichtsordnung – im Reich, Abs. 2 bestimmte die Zuständigkeit für ein künftiges Reichsmilitärgesetz) der Reichsverfassung gefunden hatten. Die Zuständigkeit des Reichs nach Art. 4 Nr. 14 RV für das Militärwesen galt dem Grunde nach auch für

363 Zur Ernennung siehe Drittes Kapitel, A.

364 BArch, R 43, Nr. 695, Bl. 4 ff., 5 R f. Zur Ernennung siehe Drittes Kapitel, A.

365 Anker, a.a.O., S. 139 f. (1877), S. 185 ff. (1890), S. 296 f. (1897), S. 334 ff. (1896). Auf S. 339 ist ein früheres Gutachten des Reichsjustizamts erwähnt.

366 Zur Sonderstellung Bayerns, Anker, a.a.O. S. 54 ff., 112 ff.

367 Dafür sah Seckendorff u.a. Akten des Auswärtigen Amts über die Verhandlungen Bayerns zum Beitritt in den Norddeutschen Bund 1870, des Reichsamt des Inneren und des preußischen Kriegsministeriums ein, BArch, R 3001, Nr. 3676, Bl. 138 (Blattangabe nicht eindeutig), 169 ff. Die Gutachten der Professoren Kahl, Hänel und Zorn inklusive Gegenbemerkungen befinden sich auf den Bl. 172 ff. Das endgültige, undatierte Gutachten befindet sich auf den Bl. 183 ff. Dort gibt es auch einen Vermerk, wonach das Gutachten im Januar 1898 zu den Akten genommen wurde. Zur wissenschaftlichen Auseinandersetzung um das bayerische Reservatrecht, Anker, a.a.O., S. 484 ff.

Bayern. Streitig war allerdings die Reichweite eines etwaigen Reservatrechts.[368] Aus den Gesetzgebungskompetenzen leitete Seckendorff dann in einem zweiten Schritt die Kompetenz zur Errichtung eines Reichsmilitärgerichts ab.

Mithilfe einer innersystematischen Auslegung ermittelte er zunächst die Reichweite des Begriffs „Militärgesetzgebung" in Art. 61 RV und steckte damit inhaltlich den Rahmen des Art. 4 Nr. 14 RV ab. Er kam zu dem Schluss, dass die Kompetenz in Art. 61 Abs. 2 RV auch das Militärstrafverfahren inklusive – wie in Absatz 1 – der Militärstrafgerichtsordnung erfasse.[369] Zwar gelten nach der Schlussbestimmung des XI. Abschnitts der Reichsverfassung[370] in Verbindung mit dem Abschnitt III § 5 des Bündnisvertrages mit Bayern vom 23.11.1870, die Art. 61 bis 68 der RV eigentlich nicht für Bayern. Indes entspreche jede Nummer des § 5 des Vertrages einem der zuvor genannten Artikel der Reichsverfassung.[371] Wenn also der Art. 61 RV durch die Bestimmung des § 5 Nr. 1 („Bayern behält zunächst seine Militärgesetzgebung [...]) ersetzt worden sei, könne „Militairgesetzgebung" nur so verstanden werden, wie in Art. 61 RV. Die (bayerische) Militärgesetzgebung umfasse demnach zwar auch das Militärstrafverfahren, allerdings *nur* bis zu einer Beschlussfassung des Reichsgesetzgebers.[372] Seckendorff stützte sich also auf den Wortlaut und den – durch systematische Auslegung ermittelten – Sinn der Bestimmung.

Mit der Annahme einer nur zeitlich bedingten Gesetzeskompetenz Bayerns stimmte er (weitestgehend) mit dem Gutachten Zorns überein und widersprach damit gleichzeitig dem Gutachten Kahls. Letzterer hatte mit einer beschränkten Gesetzgebungskompetenz des Reiches und damit einhergehend, mit dem Sinn und Zweck der (Reservat-)Regelungen des Bündnisvertrages argumentiert, die sich nur durch Zustimmung Bayerns gemäß Art. 78 Abs. 2 RV abändern ließen.[373]

---

368 Dass das Reich die Kompetenz zur Regelung des Militärstrafverfahrens besaß, war unstrittig. Ein anderslautender Vorschlag Bayerns wurde 1870 verworfen, Anker, a.a.O., S. 116.

369 Vgl. BArch, R 3001, Nr. 3676, Bl. 183 R.

370 „Schlussbestimmung zum XI. Abschnitt: Die in diesem Abschnitt enthaltenen Vorschriften [Art. 57–68 RV, d.V.] kommen in Bayern nach näherer Bestimmung des Bündnißvertrages vom 23. November 1870 (Bundesgesetzbl. 1871 S. 9) unter III. § 5. [...] zur Anwendung."

371 Vgl. BArch, R 3001, Nr. 3676, Bl. 183 R, 184.

372 Vgl. BArch, R 3001, Nr. 3676, Bl. 184, 174 f. („Gegenbemerkungen" zum Gutachten Kahl's).

373 Zur durchaus plausiblen Verneinung der Gesetzgebungskompetenz des Reichs durch Kahl ebd., Bl. 173 R ff. („Aus der Schlussbestimmung zum XI. Abschnitt der

Seckendorff folgerte aus der Kompetenz des Reichs zur Regelung der militärischen Gerichtsverfassung die Einrichtung eines obersten Militärgerichtshofs.[374] Hänel und Kahl verneinten allerdings die Befugnis zur Errichtung einer reichsmilitärgerichtlichen Instanz mit dem Hinweis, sie würde in die durch den Bündnisvertrag gewährleistete (Reservat-)Rechte zur eigenständigen „Militärhoheit" und „Militärverwaltung" des Königs von Bayern eingreifen (§ 5 Nr. 3 des Bündnisvertrages), denn beide sahen die Militärgerichtsbarkeit als Teil der Militärhoheit bzw. Militärverwaltung an. Deswegen dürfe – sinngemäß – das Reich die Militärgerichtsbarkeit in Bayern auch nicht durch eigene Organe ausüben.[375]

Dass das Reich nichtsdestoweniger zur Ausübung der Militärgerichtsbarkeit durch eigene Organe auch in Bayern berechtigt sei, legte Seckendorff durchaus plausibel unter Heranziehung von historischen und vergleichenden Argumenten dar. Auf dem Gebiet des Bürgerlichen Rechts hatte nämlich die überwiegende Mehrheit im Bundesrat bei den Verhandlungen über die Einrichtung eines Bundesoberhandelsgerichts die Auffassung vertreten, dass der Bund, wenn er zur Regelung eines gemeinsamen Zivilprozessverfahren berechtigt sei, auch die gesamte Gerichtsverfassung inklusive einer *einheitlichen Gestaltung der obersten Instanz* regeln könne. Die Justizhoheit der Bundesstaaten unterliege damit der Einwirkung der Bundesgesetzgebung. Ähnliches wurde später bei der

---

Reichsverfassung in Verbindung mit III § 5 des Bündnisvertrages vom 23. November 1870 folgt, dass die Gesetzgebungsgewalt des Reichs Bayern gegenüber nur bezüglich der in den Art. 57 bis 60 der R.V. behandelten Gegenstände des Heerwesens besteht.") Die Militärhoheit umfasste nach Kahls Ansicht auch die Militärgerichtsbarkeit. Ähnliches hatte Seckendorff in seinem Aufsatz zur Militärgerichsreform vertreten, siehe oben Zweites Kapitel, C. II. 2 (Disziplinarhoheit und Strafverfolgungsbefugnis). In seinen Gegenbemerkungen zu den Äußerungen Kahls verweist Seckendorff darauf, dass selbst Max v. Seydel „die verfassungsmäßige Zuständigkeit des Reiches zur Regelung des Militärstrafverfahrens ausdrücklich anerkenne und ein Reservatrecht Bayerns nur hinsichtlich des obersten Militärgerichts [annehme]", ebd., Bl. 177. Zum Gutachten Zorns ebd., Bl. 179 ff., insbes. Bl. 180 f. Die Auffassung, dass die militärischen Sonderrechte Bayerns nur vorübergehender Natur seien, wurde auch von preußischer Seite während der Kommissionsverhandlungen im Reichstag aufgegriffen, Anker, a.a.O. S. 430.

374 Vgl. BArch, R 3001, Nr. 3676, Bl. 184 R ff.

375 Abschnitt III § 5 Nr. 3 Abs. 1 „Das bayerische Heer bildet einen in sich geschlossenen Bestandtheil des deutschen Bundesheeres mit selbständiger Verwaltung unter der Militärhoheit Seiner Majestät des Königs von Bayern. Im Kriege unter dem Befehle des Bundesfeldherrn." Zur Ansicht Kahls ebd., Bl. 174 R ff.; zu Hänels Auffassung, die Seckendorff etwas undeutlich fand, ebd., vgl. Bl. 178, 178 R.

Errichtung des Reichsgerichts angeführt und gleiches müsse nun auch für ein oberstes Reichsmilitärgericht gelten.[376]

Gegen die Ansicht der zuvor genannten Professoren spreche auch der „Zusammenhang" mit den übrigen „Nummern" des Vertrages sowie das Verhältnis des Vertrages zur Reichsverfassung insgesamt. Abermals nahm Seckendorff also eine systematische Betrachtung vor. Die Bestimmung in § 5 Nr. 3 des Bündnisvertrags entspreche sinngemäß dem Art. 63 RV. Dadurch werde bspw. der militärische Oberbefehl, die Organisation des Heeres, die Militärverwaltung geregelt. Nur in diesem Umfang werde deshalb – allerdings weiter als bei Zorn, der Sonderrechte Bayerns auf dem Gebiet der Militärgesetzgebung vollends ablehnte[377] – das Reservatrecht des Königs von Bayern z.B. in Form der Selbständigkeit der Militärverwaltung gewährleistet. Die Ausgestaltung der Gerichtsverfassung sei aber kein Teil der Verwaltung. Im Übrigen ergebe sich weder aus dem Wortlaut noch dem Sinn der Bestimmung, dass die Kompetenz des Reiches zur Regelung der Militärgerichtsverfassung (§ 5 Nr. 1) eingeschränkt werden solle. Bayern sollte nach § 5 Nr. 1 eben nur zeitweilig („zunächst") seine Militärgesetzgebung behalten.[378]

Zu guter Letzt sicherte sich Seckendorff noch durch einen Verweis auf einen Teil der staatsrechtlichen Literatur, die seine Ansicht durchaus teilte, und durch ein pragmatisches Argument dahingehend ab, dass *„schon früher auf dem Gebiete des Militärwesens ohne jeden Vorbehalt für Bayern Reichsgesetze erlassen worden [sind], welche die Militärhoheit des Königs in dem Sinne, wie sie hier zur Wahrung eines Reservatrechts beansprucht wird, unzweifelhaft berühren."*[379]

---

376 Vgl. BArch, R 3001, Nr. 3676, Bl. 184 R ff. mit Nachweisen aus den Verhandlungen des Bundesrats. In einer Rede anlässlich der ersten Beratung des endgültigen Entwurfs im Reichstag im Herbst 1897, wandte sich der spätere Reichskanzler Georg v. Hertling gegen jede Schmälerung des bayerischen (Militär-)Reservatrechts und verwies dabei auf die bayerische Haltung bei Errichtung des Reichsgerichts, Anker, a.a.O. S. 405 ff., 413.

377 BArch, R 3001, Nr. 3676, Bl. 181 R f. Dieser sah das Reservatrecht allein in der „Kommandogewalt" in Friedenszeiten gewährleistet. Zu dieser Kommandogewalt gehöre aber nicht das Militärstrafverfahren.

378 BArch, R 3001, Nr. 3676, vgl. Bl. 178 (Gegenbemerkung zu Hänel), 186 ff.

379 BArch, R 3001, Nr. 3676, Bl. 188, 188 R, Hervorhebung stammt vom Verfasser. Als Nachweis gab er bspw. an: Kittel, Die bayerischen Reservatrechte 1862, S. 68; sowie v. Stengel, Beilage zur Allgemeinen Zeitung, Nr. 289, vom 22.12.1897. Seckendorff hatte mit seiner Ablehnung des obersten Gerichtshofs auch Wolfgang Mittermaier, den Enkel des Strafrechtlers, auf seiner Seite, der ebenso wie Seckendorff die Gerichtsbarkeit nicht unter die Militärhoheit subsumierte, Anker, a.a.O., S. 497.

Indem Seckendorff u.a. Schlussfolgerungen aus dem Wortlaut und der Systematik zog, konnte er die Überzeugungskraft der Logik für seine Ansicht verbuchen. Dadurch zeigte er argumentatives Können. Dies hat möglicherweise später die Ansichten über seine wissenschaftliche Autorität bei der Auswahl zum Reichsgerichtspräsidenten gestärkt.[380]

Auch wenn von namhaften Juristen gegenteilige Ansichten vertreten wurden, sprechen die Betonung der Gesetzgebungskompetenzen des Reichs und die Ablehnung militärgerichtlicher Reservatrechte für Seckendorffs nationalstaatliche Orientierung. Dies legt die Vermutung nahe, dass auch er sich durch seine langjährige Tätigkeit im Reichsjustizamt als *Reichs*beamter fühlte.[381]

Ein einheitlicher Militärgerichtshof diente, ähnlich wie in der ordentlichen Gerichtsbarkeit das Reichsgericht, als Medium für die *Nationsbildung* durch Recht. Als Kompromisslösung kam schließlich, nachdem das Gesetz an der Reservatfrage zu scheitern drohte[382], die Einrichtung eines eigenen bayerischen Senats beim Reichsmilitärgericht in Berlin zustande, dessen Mitglieder vom König von Bayern ernannt wurden.[383]

III) Diplomatische Qualitäten – die Vertretung des Deutschen Reichs auf den Haager Konferenzen für internationales Zivilrecht 1893 und 1894

Die bereits angesprochenen diplomatischen und sozialen Fähigkeiten Seckendorffs empfahlen ihn für die Leitung der deutschen Delegation bei den ersten

---

380 Siehe Drittes Kapitel, A. I., II.

381 Diese Haltung dürfte auch sein Verhalten während der Revolution 1918 erklären, siehe unten Fünftes Kapitel, B. II.

382 Anker, a.a.O., S. 445, 480. Die Frage nach dem Bayerischen Reservatrecht war aus dem Hauptgesetz ausgeklammert und dem Einführungsgesetz vorbehalten worden (ebd., S. 352, 456), wonach eine Regelung über eine Verständigung zwischen Preußen und Bayern erfolgen sollte (ebd., S. 372).

383 Anker, a.a.O., S. 444 ff., S. 480 ff. In den Akten finden sich noch Äußerungen Seckendorffs über den Entwurf, welcher die Einrichtung des Senats beim Reichsmilitärgericht regelte, BArch, R 3001, Nr. 3677, Bl. 158 ff., insbesondere Bl. 161 ff. An den für Anfang 1899 in Aussicht genommenen Besprechungen im Kriegsministerium über die weitere rechtliche Ausgestaltung des beim Reichsmilitärgerichtshofs angestellten Personals (u.a. Rang, Einkommen der Räte betreffend) nahm Seckendorff aufgrund seiner Beförderung zum Unterstaatssekretär nicht mehr teil, vgl. ebd., Nr. 3678, Bl. 1 ff., Bl. 17. Zu den Verhandlungen über die Gestaltung des bayerischen Senats, Anker, a.a.O. S. 491 ff.

Haager Zivilrechtskonferenzen in den Jahren 1893 und 1894. Diese sozialen Fähigkeiten dürften sich ebenfalls vorteilhaft auf seine Ernennung zum Reichsgerichtspräsidenten ausgewirkt haben, da die sozialen Beziehungen am Reichsgericht zu Beginn des Jahrhunderts „zerrüttet" waren.[384] Die Teilnahme an den Konferenzen bildete für Seckendorff eine „recht interessante Unterbrechung" seiner Berliner Tätigkeit.[385]

Es hatte bereits seit den 1870er Jahren verschiedene Versuche gegeben, die rechtlichen Beziehungen im Privatrecht zwischen den europäischen Staaten auf eine gemeinsame rechtliche Basis zu stellen. Die Versuche waren u.a. daran gescheitert, dass Europa damals noch zu sehr unter dem Eindruck des Deutsch-Französischen-Krieges stand.[386] Erst im Jahr 1893 waren diese Anstrengungen erfolgreich, als sich die niederländische Regierung abermals darum bemühte, eine Konferenz zur Beratung über „einige Streitfragen des internationalen Privatrechts" ins Leben zu rufen.[387] Dreizehn europäische Staaten, u.a. Belgien, Dänemark und Spanien, entsandten Vertreter zur Konferenz. Zum Präsidenten der Konferenz wurde Tobias Asser, eine Koryphäe auf dem Gebiet des internationalen Privatrechts[388], gewählt.[389]

Der Staatssekretär des Auswärtigen Amtes stand einer Teilnahme Deutschlands zunächst ablehnend gegenüber. Hintergrund war, dass damals noch nicht abzusehen war, wann das Bürgerliche Gesetzbuch fertig gestellt sein würde und ob bzw. welche Grundsätze des internationalen Privatrechts in diesem Aufnahme finden würden.[390] Eine Teilnahme an der Konferenz wurde dann aber vor allem aus *politischen* Erwägungen beschlossen. Es sollte vermieden werden, dass einseitige Beschlüsse gefasst werden, die mit den deutschen Rechtsanschauungen im Widerspruch stünden und sich später nur „mit Mühe" korrigieren ließen. Diese Gefahr bestand akut, nachdem im Frühjahr 1893 ausschließlich Länder des „französischen Rechtskreises" ihre Teilnahme zugesagt hatten.[391]

---

384 Siehe dazu Drittes Kapitel, II. 2. und Viertes Kapitel, B. I.

385 ThStA, FA Seckendorff, Nr. 1595, Bl. 35.

386 Hinweise gibt BArch, R 3001, Nr. 8219, Bl. 23. Dort wird auf einen Artikel der Münchener Neuesten Nachrichten vom 19.9.1893 verwiesen.

387 BArch, R 3001, Nr. 8219, Bl. 1.

388 Vgl. Neue Freie Presse, vom 30.7.1913, S. 8.

389 BArch, R 3001, Nr. 8219, Bl. 21 (Bericht der Delegierten), Bl. 23 (MNN vom 19.9.1893).

390 BArch, R 3001, Nr. 8219, Bl. 1 f., 1 R, Bl. 5.

391 BArch, R 3001, Nr. 8219, Bl. 2, 5 R, Bl. 7 R (Schriftverkehr zwischen dem A.A. und dem RAdI, RJA vom Juni/September 1893).

Bei der Auswahl eines in dieser Hinsicht geeigneten deutschen Vertreters stieß die Verwaltung indes auf Schwierigkeiten. Während des Zeitraumes der Konferenz stand im Auswärtigen Amts keine „geeignete Persönlichkeit" zur Verfügung.[392] Nach Rücksprache mit dem Reichsjustizamt wurde schließlich Rudolf von Seckendorff zum deutschen Delegierten bestimmt[393], dem der Legationssekretär bei der kaiserlichen Botschaft in Paris, Graf v. Arco Valley[394], zur Unterstützung zur Seite gestellt wurde.[395] Mittelbar übernahm dadurch das Reichsjustizamt die Vertretung des Reiches auf der Konferenz.

Die Ernennung Seckendorffs dürfte nicht nur aufgrund seiner (zivilprozessualen) Fachkenntnis[396] oder seiner Französischkenntnisse[397] erfolgt sein, sondern auch aufgrund seiner diplomatischen Umgangsformen.[398] Offenbar ließ er sich, obwohl er auch als Soldat am Krieg 1870/1871 teilgenommen hatte, nicht von einer – bisweilen in Deutschland vorkommenden[399] – antifranzösischen Stimmung beeinflussen.[400] Im Gegenteil: es spricht einiges dafür, dass er der französischen Kultur und Lebensart zugetan war. So reiste er mehrere Male nach Paris und Südfrankreich und genoß dort die Sehenswürdigkeiten bzw. die „ganze paradiesische Riviera von Cannes bis San Remo" – zuletzt im Frühling 1913.[401]

Um einseitigen Beschlüssen entgegenzuwirken bzw., um über die damaligen *Streit*fragen ein *Einvernehmen* zu erzielen, dürfte es auf Fingerspitzengefühl und diplomatisches Geschick angekommen sein.

---

392 BArch, R 3001, Nr. 8219, Bl. 8.

393 Das war kurzfristig erfolgt. Seckendorff besaß keine Zeit mehr, sich vorzubereiten, vgl. ThStA, FA Seckendorff, Nr. 1595, Bl. 35.

394 Vermutlich handelte es sich dabei um Maximilian Graf v. Arco-Valley (1849–1911).

395 BArch, R 3001, Nr. 8219, Bl. 12 f., 15. Zur Leitung der Deutschen Delegation durch Seckendorff, ebd., Nr. 8219, Bl. 140 R; ThStA, FA Seckendorff, Nr. 1595, Bl. 36.

396 Seckendorff war schon früh mit zivilprozessualen Belangen beschäftigt, Zweites Kapitel, C. IV.

397 Die Druckanlagen bzw. die Protokolle waren in französischer Sprache verfasst, BArch, R 3001, Nr. 8219, Bl. 76 f. Zu seinen Sprachkenntnissen, siehe Erstes Kapitel, B.

398 Die Akte BArch, R 3001, Nr. 8219 enthält allerdings keine Angaben über die Auswahlkriterien.

399 Zum Beispiel 1887 als während der schwersten Krise der deutsch-französischen Beziehungen seit der „Krieg-in-Sicht-Krise" 1875 die (vermeintliche) Kriegsgefahr das bestimmende Thema des Reichstagswahlkampfes war und die Nationalisten starken zulauf erhielten, dazu: Winkler, Geschichte des Westens, S. 910.

400 Siehe auch Reden bei der Gedenkfeier, S. 5.

401 Vgl. ThStA, FA Seckendorff, Nr. 1595, Bl. 26, 87, 90 f.

Seckendorff bewegte sich entsprechend gekonnt auf internationalem Parkett: die Presse lobte den talentierten Auftritt der deutschen Vertreter bei den Verhandlungen.[402] Seine Delegation wurde „überall freundlichst“ empfangen.[403] Zur positiven (Arbeits-)Atmosphäre dürften auch abendliche Gesellschaften bzw. Veranstaltungen beigetragen haben.[404] Seckendorff knüpfte dort langjährige Kontakte.[405] Aus dieser Stimmung lassen sich Rückschlüsse auf das Verhalten der deutschen Teilnehmer ziehen. Ohne ein entsprechendes diplomatisches Auftreten der deutschen Vertreter bei der Konferenz wäre diese freundliche Atmosphäre[406] schwerlich denkbar gewesen.

Infolgedessen konnten die Verhandlungen sachlich und ohne den „geringsten Mißton“ geführt werden.[407] Diese Stimmung sorgte vermutlich dafür, dass Missverständnisse und einseitige Auffassungen (mit anderen Worten: Vorbehalte), die gegenüber der Gesetzgebung des Auslands bestanden, gemindert und abgebaut werden konnten.[408]

Der Abbau von Missverständnissen bzw. Vorbehalten, Ausgleich und gegenseitiges Nachgeben spielten eine entscheidende Rolle bei der Konferenz. Auch der zeitgenössischen Presse blieb die Bedeutung dieses Einigungsprozesses nicht verborgen.[409] Die beschriebene positive Verhandlungs – und Arbeitsatmosphäre

---

402 In einem Zeitungsbericht wurden das „Talent“ und der „Eifer“ der deutschen Teilnehmer hervorgehoben, BArch, R 3001, Nr. 8220, Bl. 44. Dort befindet sich ein Zeitungsartikel aus der Kölnischen Zeitung vom 18.7.1895.

403 BArch, R 3001, Nr. 8219, Bl. 72 f., Bl. 73 R (Abschlussbericht der Delegierten).

404 ThStA, FA Seckendorff, Nr. 1595, Bl. 37.

405 ThStA, FA Seckendorff, Nr. 1595, Bl. 37. Indizien lassen sich auch aus folgendem Umstand ableiten. Seckendorff wurde später ein Erinnerungsfoto zugeschickt, das die Teilnehmer zeigte, BArch, R 3001, Nr. 8219, Bl. 96.

406 Auch bei der Konferenz 1894 herrschten gute Beziehungen zwischen den Diplomaten, BArch, R 3001, Nr. 8219, Bl. 154 ff., Bl. 158 (Abschlussbericht 1894).

407 Vgl. BArch, R 3001, Nr. 8219, Bl. 72 f., Bl. 73 R (Abschlussbericht der Delegierten).

408 BArch, R 3001, Nr. 8219, Bl. 72 f., 73. (Abschlussbericht der Delegierten vom 28.9.1893). „Was das Gesamtergebniß der Konferenzverhandlungen betrifft, so konnten dieselben [...] kaum einen größeren unmittelbaren Erfolg haben, als er erzielt ist. Jedenfalls haben sie unseres Dafürhaltens den Vortheil geboten, die Mißverständnisse und einseitigen Auffassungen, die zum Theil über die Gesetzgebungen des Auslandes bestehen, zu klären und zu mindern.“

409 Vgl. BArch, R 3001, Nr. 8219, Bl. 23 (MNN vom 19.9.1893 –„auch wenn die Konferenz nur einen rein konsultativen Charakter haben sollte, so wird dieselbe doch zweifelsohne die Bestrebungen zur Einführung eines internationalen Privatrechtes ihrem Ziele um einen bedeutenden Schritt näher bringen.“), ähnlich ebd., Bl. 86 (MNN

ebnete den Weg für eine Abmachung über einzelne[410] praktisch wichtige Rechtsfragen[411], die auch deutsche Interessen berücksichtigte.[412] Zum Teil lässt sich dabei ein ausschlaggebender Einfluss Seckendorffs belegen.[413]

Die politischen Erwartungen, die an die deutsche Teilnahme gesetzt wurden, konnte Rudolf von Seckendorff umsetzen. Seine Delegation konnte verhindern, dass auf der Konferenz einseitige Beschlüsse zu Lasten Deutschlands gefasst wurden.

Jene positiven Erfahrungen führten dazu, dass gegen die Teilnahme Deutschlands an einer Fortsetzungskonferenz im Jahr 1894 keine grundlegenden „Bedenken“ erhoben wurden.[414] Insoweit stellt es eine Anerkennung seines

---

vom 15.10.1893). Dort wird betont, dass obwohl die Beschlüsse der Konferenz nicht bindend sein sollten, diese dennoch „offenbar einen vorbereitenden Werth“ besaßen.

410 Bei den Verhandlungen wurde auf die Beratung eines umfangreichen von Prof. Asser eingereichten und als zu „umfangreich“ befundenen Programmkatalogs verzichtet. Die Teilnehmer widmeten sich der Besprechung einiger ausgewählter Punkte. Dazu gehörten Fragen des internationalen Ehe- und Erbrechts sowie diverse zivilprozessuale Fragen. Für die näheren Beratungen wurden Subkommissionen gebildet. Seckendorff übernahm dabei den Vorsitz in der IV. Kommission (Internationaler Zivilprozess, Rechtshilfeersuchen etc.), Graf v. Arco-Valley wurde Mitglied der I. Kommission (Internationales Eherecht), BArch, R 3001, Nr. 8219, Bl. 25 (Bericht der Delegierten vom 17.9.1893).

411 So jedenfalls (die Auffassung Seckendorffs über) die Beschlüsse der I./IV. Kommission (Eherecht/Zivilprozess), BArch, R 3001, Nr. 8219, Bl. 41 f.

412 Wie bspw. die Regelungen über die Eheschließung, die sich „sachlich rechtfertigen“ ließen oder über die „gegenseitige Rechtshülfe“, die dem „deutschen Standpunkt“ entsprachen, BArch, R 3001, Nr. 8219, Bl. 72 f. Diese Themen betrafen die Arbeitsbereiche der Kommissionen, an denen Arco und Seckendorff beteiligt waren. Weitere Hinweise finden sich ebd., Bl. 95. Dort wird auf einen Zeitungsartikel aus der Allgemeinen Zeitung, Nr. 21, vom 22.1.1894 Bezug genommen.

413 BArch, R 3001, Nr. 8219, Bl. 95 (Allgemeine Zeitung, Nr. 21, vom 22.1.1894: Seckendorff beeinflusste die Entscheidung bei einer Sitzung über die Beschlüsse der II. Kommission). Diese Beschlüsse wurden den Regierungen allerdings, da Bedenken gegen ihre „gegenwärtige Gestalt“ erhoben wurden, zunächst lediglich zur Kenntnis mitgeteilt, ebd., Bl. 42.

414 BArch, R 3001, Nr. 8219, Bl. 97 f., Bl. 97 R, Bl. 101, Bl. 139 f., Bl. 140. Auf letzterem Blatt heißt es: zur Teilnahme hatte die Erwägung veranlasst, „daß die Beschlüsse des vorjährigen Kongresses, die den diesjährigen Verhandlungen zu Grunde gelegt und in ihrer Fassung noch nachgeprüft werden sollen, zum *Theil der deutschen Rechtsauffassung Rechnung tragen* und daher für später *möglicherweise* eine geeignete Unterlage bei dem Abschlusse internationaler Abmachungen oder bei anderweiter Regelung einzelner, das internationale Privatrecht berührender Fragen für uns bieten können.“ Der

diplomatischen Verhandlungsgeschickes dar, dass ihm im jenen Jahr erneut die Leitung der deutschen Delegation übertragen wurde.[415] Vor seiner Ernennung zum Unterstaatssekretär im Preußischen Staatsministerium war offenbar auch eine Entsendung Seckendorffs zu der Dritten Haager Konferenz im Jahr 1900 angedacht, da er an den Vorbereitungen für die deutsche Teilnahme beteiligt gewesen war.[416]

Die Repräsentations- und Sozialkompetenz, die mit der Leitung der Delegation verbunden war, war vor allem für seine spätere Tätigkeit als Reichsgerichtspräsident bedeutsam. So hat die „Illustrirte Zeitung" anlässlich Seckendorffs Ernennung zum Reichsgerichtspräsidenten den Umstand hervorgehoben, dass er *„mehrfach anderweitig im Interesse des Staates verwandt"* und deshalb *„direkt auf das ihm jetzt übertragene hohe Amt vorbereitet"* wurde.[417] Seckendorff wurde später, möglicherweise aufgrund seines Auftretens bei den Konferenzen, mit einem niederländischen Orden ausgezeichnet.[418]

IV) Einblick in die Verhältnisse am Reichsgericht – die Zivilprozessnovelle von 1898

Im Rahmen der Beratungen über eine Zivilprozessreform erlangte der Oberregierungsrat wichtige Einblicke in die Geschäftsverhältnisse beim Reichsgericht.

Beitritt Deutschlands zu einem Abkommen wurde später, u.a. aufgrund der Gesetzgebungsarbeiten zum BGB und verschiedener Detailfragen, zunächst hinausgezögert, letztlich aber 1897 beschlossen, BArch, R 3001, Nr. 8220, Bl. 17 ff., 45 f., 70 f., 105 f. Die Hervorhebung stammt vom Verf.

415 BArch, R 3001, Nr. 8219, Bl. 139 f. Interessanterweise wurde ihm aber ein anderer Kollege, nämlich der Geheime Legationsrat von Dirksen, zur Seite gestellt. Im Rahmen der Vorbereitung einer Teilnahme an der Konferenz hatten im Reichsjustizamt Beratungen mit verschiedenen Ministerien stattgefunden. An diesen nahmen u.a. Karl Gutbrod und Seckendorff teil, BArch, R 3001, Nr. 8219, Bl. 123 ff., 132 ff.

416 BArch, R 3001, Nr. 8222, Bl. 8, 13 R, 15 ff. Diese dritte Konferenz sollte ursprünglich 1899 stattfinden, wurde dann aber im Frühsommer 1900 abgehalten, ebd., Bl. 26, 29.

417 Illustrirte Zeitung, Bd. 124, Nr. 3231, S. 838. Die Hervorhebung stammt vom Verfasser. Zu der damit womöglich auch angesprochenen schlechten Repräsentation des Reichsgerichts bzw. dem schlechten Zusammenhalt der Reichsgerichtsmitglieder, siehe unten Viertes Kapitel, B. I.

418 Seckendorff wurde Großoffizier des niederländischen Ordens von Oranien-Nassau. Er besaß dazu Kreuz und Stern, BArch, R 3002, PA Nr. 790, Bd. 2, Bl. 160 f. Unter Umständen könnte seine Auszeichnung aber auch auf ein weiteres Schiedsverfahren am Reichsgericht zwischen 1905–1908 zurückzuführen sein, vgl. dazu BArch, R 3001, Nr. 2053.

Diese Kenntnisse waren deshalb bedeutend, weil parallel zu der generellen Steigerung der Arbeitsbelastung der Justiz im Kaiserreich auch die geschäftliche Auslastung des Reichsgerichts angestiegen war.[419] Reichsgerichtspräsident Gutbrod hatte die Geschäftsbelastung als eines der „dringlichsten“ Probleme des Gerichtshofs angesehen.[420] Die Geschichte des Reichsgerichts ist auch stets die Geschichte seiner Überlastung gewesen.[421]

Als das Zivilverfahren in den 1890er Jahren anlässlich der Entstehung des Bürgerlichen Gesetzbuches reformiert werden sollte[422], wurde die Gelegenheit dazu genutzt, auch über andere Anregungen und Vorschläge zur Verbesserung des Verfahrens zu beraten.[423] Jene Änderungen sollten dabei hauptsächlich der Vereinfachung und Beschleunigung des Verfahrens sowie der Verminderung der Prozesse dienen.[424] Dazu wurde eine Kommission „erfahrener Juristen“[425] eingesetzt, zu denen auch Seckendorff gehörte.[426]

Die Kommission, die sich mehrheitlich aus Praktikern, d.h. Richtern und Rechtsanwälten zusammensetzte[427], beriet im Frühjahr 1895 im Gebäude des Reichsjustizamts.[428] Seckendorff trat bei den Beratungen nicht merklich in Erscheinung.[429] Nichtsdestotrotz dürfte es ein Anliegen dieser Besprechungen

---

419 Allgemein dazu Müller, a.a.O., S. 77 ff.

420 Gutbrod, S. 73 f.; auch Reichsgerichtspräsident Oehlschläger hatte um schnellstmögliche Hilfe durch Anhebung der Revisionssumme noch vor Inkrafttreten des BGB gebeten, BArch, R 3001, Nr. 8109, Bl. 251.

421 Müller, a.a.O., S. 77.

422 Vgl. Hahn, Materialien ZPO, S. 189 f. Auch wenn das Zivilverfahren im Wesentlichen lediglich aufgrund der durch das BGB bedingten Änderungen überarbeitet wurde, waren die Änderungen im Ergebnis sehr vielfältig, siehe auch Meyers Großes Konversations-Lexikon, Artikel: Zivilprozessordnung, S. 968 f.

423 BArch, R 3001, Nr. 8109, Bl. 43 (Stenographische Berichte des Reichstags, 66. Sitzung vom 21.3.1895, S. 1626, Rede des Staatssekretärs des Reichsjustizamts Nieberding).

424 BArch, R 3001, Nr. 8111, Bl. 11 ff., Bl. 13 R, Bl. 28 ff., Bl. 29 R (Abschrift), Begründung zu den „Grundzügen eines Gesetzes, betreffend Aenderungen der Civilprozeßordnung“.

425 BArch, R 3001, Nr. 8109, Bl. 43.

426 BArch, R 3001, Nr. 8108, Bl. 194 ff.; ebd., Nr. 8109, Bl. 66 f. (Teilnehmerliste).

427 BArch, R 3001, Nr. 8109, Bl. 66 f. (Teilnehmerliste).

428 BArch, R 3001, Nr. 8109, Bl. 45 ff.

429 BArch, R 3001, Nr. 8109, Bl. 110 ff., 144 ff. (Sitzungsprotokolle). Es fanden im April und Mai 1895 insgesamt 14 Sitzungen statt. An der Mehrzahl dieser Sitzungen hatte Seckendorff teilgenommen.

gewesen sein, die Sachbearbeiter des Reichsjustizamts über die *aktuellen Probleme und Reformwünsche* auf dem Laufenden zu halten.[430]

Einen Beratungspunkt bildete die Reform des Revisionsrechts, insbesondere um das Reichsgericht zu entlasten.[431] In diesem Zusammenhang erfuhr Seckendorff näheres zu den gesundheitlichen Folgen einer dauerhaften Arbeitsüberlastung der Reichsrichter.[432] Naheliegend ist außerdem, dass er durch seinen Vater – Eduard von Seckendorff sollte sich vornehmlich um organisatorische Aufgaben kümmern[433] – schon früh über die innerbehördlichen Zustände beim Reichsgericht informiert worden ist.[434]

Die Entlastungsvorschläge gingen u.a. dahin, die Revision bei gleichbleibenden Urteilen der Vorinstanzen auszuschließen (fehlende Difformität[435]) oder aber die Revisionssumme zu erhöhen.[436] Auch wenn die Beteiligten in einzelnen Punkten unterschiedlicher Ansicht waren, so traf doch zumindest die von der Mehrheit der Kommission getragene Erhöhung der Revisionssumme[437] den Nerv des Reichsgerichts. Eine Entlastung der Revisionsinstanz auf diesem Wege wurde – im Gegensatz zum Ausschluss der Revision bei gleichbleibenden Urteilen der Vorinstanzen, die weder in der Kommission[438] noch im Reichsgericht befürwortet wurde[439] – auch von den Reichsrichtern als „durchaus empfehlenswert" erachtet. Sie stellten sich dabei auf den Standpunkt, dass zwei Instanzen zur Ermittlung der „Rechtswahrheit" genügen, zumal das Reichsgericht

430 Darauf verweist die Berliner Correspondenz, Nr. 121, vom 1. Juni 1895, BArch, R 3001, Nr. 8109, Bl. 207. Es „ist noch eine beträchtliche Reihe von Anregungen, die von den Mitgliedern der Kommission gegeben wurden, einer eingehenden Erörterung unterzogen worden. Das Ergebniß wird jedenfalls für das in Aussicht genommene Gesetzgebungswerk fruchtbringend sein."

431 BArch, R 3001, Nr. 8109, Bl. 117 (Entlastungsvorschläge), 175 ff., 183 R., 184.

432 Vgl. BArch R 3001, Nr. 8109, Bl. 249 ff., 249 R. Näheres dazu Drittes Kapitel, C. I.

433 Müller, a.a.O., 88.

434 In diese Richtung geht auch der in den LNN, Nr. 142, vom 23.5.1905, S. 9 veröffentlichte Artikel: „Freiherr von Seckendorff ist, wie wir schon früher hervorhoben, der Sohn des früheren Oberreichsanwalts beim Reichsgericht. Infolge dieser Beziehungen sind dem neuen Präsidenten die Verhältnisse im Reichsgericht seit langem vertraut."

435 Mit Difformität waren unterschiedliche Urteile der Vorinstanzen gemeint. Siehe außerdem Drittes Kapitel, C. I.

436 BArch, R 3001, Nr. 8109, Bl. 117, 175 ff.; BArch, R 3002, Gen. Nr. 239, Bl. 80 ff.

437 BArch, R 3001, Nr. 8109, Bl. 175, ebd., R 3002, Gen. Nr. 239, Bl. 80.

438 BArch, R 3001, Nr. 8109, Bl. 175.

439 BArch, R 3001, Nr. 8109, Bl. 249 ff., Bl. 250. Man war der Meinung, dies gefährde die Rechtseinheit.

vornehmlich die Aufgabe habe, eine „einheitliche Rechtsprechung" sicherzustellen.[440] Berechnungen hatten zuvor ergeben, dass bereits bei einer Erhöhung der Revisionssumme auf 2.000 Mark etwa 20 % der Urteile eingespart würden.[441]

Die Teilnahme an diesen und anderen Besprechungen[442] sowie die Aufstellung eines von ihm (mit-)verfassten ersten Änderungsentwurfs zur Zivilprozessordnung[443] führten zu einer intensiven Beschäftigung Seckendorffs mit den inneren Verhältnissen am Reichsgericht. ‚Sein' Entwurf verzichtete auf den Ausschluss der Revision bei fehlender Difformität und legte die Revisionssumme auf 3.000 Mark fest (§ 508 E).[444] Dies entsprach zwar den Forderungen des Reichsgerichts, ließ sich aber im Gesetzgebungsverfahren nicht durchsetzen.[445] Im Bundesrat und Reichstag wurde befürchtet, die Revision würde dadurch zu einem „Privilegium der Wohlhabenden" werden.[446] Gleichwohl dürften Seckendorffs Erfahrungen mit der Überlastungsproblematik seine Ernennung mitbegünstigt haben.[447]

---

440 BArch, R 3001, Nr. 8109, Bl. 249 ff., Bl. 250 R.; BArch, R 3002, Gen. Nr. 239, Bl. 107 ff. Bericht Oehlschlägers an Nieberding vom 25.2.1896.

441 BArch, R 3001, Nr. 8109, Bl. 51 R.; BArch, R 3002, Gen. Nr. 239, Bl. 74 R.

442 BArch, R 3001, Nr. 8110, Bl. 191 f., ebd., Nr. 8111, Bl. 10 b) ff., Bl. 10 d) R. Dabei kam u.a. zur Sprache, ob die Zurückverweisungsbefugnis des Revisionsgerichts an das Berufungsgericht eingeschränkt werden sollte. Dies wurde vom Reichsgericht abgelehnt, weil befürchtet wurde, die durch die Erhöhung der Revisionssumme zu gewinnende Entlastung, würde dadurch wieder verloren gehen, ebd., Nr. 8111, Bl. 1 ff., Bl. 3.

443 BArch, R 3001, Nr. 8110, Bl. 100 ff. Der Entwurf selbst ist undatiert. Der Entstehungszeitpunkt lässt sich aber anhand der Randvermerke auf März 1897 datieren.

444 BArch, R 3001, Nr. 8110, Bl. 125 f., insb. Bl. 125 R.

445 Zum weiteren Gang des Entwurfs BArch, R 3001, Bl. 195 ff.; ebd., Nr. 8111, Bl. 11 ff., Bl. 35 (Druckexemplar), Bl. 112, 119 (Äußerungen der Bundesregierungen auf den Entwurf); ebd., Nr. 8112, Bl. 2 ff. (Vorschlag an den Bundesrat).

446 Zur Kritik der Bundesstaaten, BArch, R 3001, Nr. 8111, Bl. 119 (Manuskript, S. 39 f.) Zur Ablehnung der Bestimmung im Reichstag siehe Müller, a.a.O., S. 79; außerdem Hahn, a.a.O., S. 351 ff. (insbesondere S. 358 ff.), S. 672 (Synopse). Auch einige Reichsgerichtsmitglieder hatten davor gewarnt, BArch, R 3001, Nr. 8110, Bl. 268 R.

447 Vgl. dazu u.a. die späteren Berichte in den LNN, Nr. 142, vom 23.5.1905, S. 9: „im Reichsjustizamt […] hat er an der Novelle zur Zivilprozeßordnung von 1898, welche die F r a g e d e r E n t l a s t u n g d e s R e i c h s g e r i c h t s zum ersten Male zur legislatorischen Behandlung brachte, in den Vorstadien mitgearbeitet." Ähnliche Berichte in der LVZ, Nr. 119, vom 25.5.1905, 2. Beilage. In der Illustrirten Zeitung, Bd. 124, Nr. 3231, S. 838 heißt es, er wurde „zur Ausarbeitung und parlamentarischen Vertretung der Civilprozeßnovelle von 1898 herangezogen. In ihr handelte es sich damals schon um die Frage der Entlastung des Reichsgerichts."

D) Auf dem Weg zum Reichsgericht? – Zusammenfassende Bemerkungen

Rudolf von Seckendorffs Tätigkeit im Reichsjustizamt umspannt zwanzig Jahre. Er wurde in dieser Zeit aufgrund seiner Leistungen bis zum Oberregierungsrat befördert. Obwohl er seine Laufbahn als Staatsanwalt begonnen hatte, entwickelte er sich zunehmend zu einem Experten auf den Gebieten des Zivilprozessrechts und des Gewerblichen Rechtsschutzes. An der Entstehung des neuen Bürgerlichen Rechts war er hingegen nicht beteiligt. Trotz aller deswegen geäußerten Zweifel an seinen Fähigkeiten zeigte Seckendorff Qualitäten, die seine spätere Ernennung zum Reichsgerichtspräsidenten befördert haben dürften.

Die Reichsjustizverwaltung verlangte von einem Kandidaten für das Amt des Reichsgerichtspräsidenten ein gewisses Maß an wissenschaftlicher Autorität, politische Zuverlässigkeit sowie Kenntnisse über die Verhältnisse am Reichsgericht und Repräsentations- bzw. Sozialkompetenz. Politische Zuverlässigkeit und argumentatives Können hatte Seckendorff in seinem Aufsatz zur Reform des Militärgerichtswesens und in seinem Gutachten zur Zulässigkeit eines eigenständigen bayerischen obersten Militärgerichts anschaulich bewiesen. Obwohl Katholiken in der obersten Reichsverwaltung nicht selten diskriminiert wurden, war eine religionsspezifische Benachteiligung bei Seckendorff nicht feststellbar. Eine Bevorzugung aufgrund seiner adeligen Herkunft ließ sich ebenfalls nicht belegen. Er stammte im Übrigen zwar aus einem national-konservativem Umfeld, blieb aber trotz alledem aufgeschlossen gegenüber liberalen Entwicklungen. Während er zunächst bei der Frage, inwieweit die Regelungen des bayerischen Militärstrafverfahrens bei einer reichseinheitlichen Lösung zu berücksichtigen seien, konservative Ansichten vertrat, indem er ein öffentliches Verfahren ablehnte, verwarf er diese Ansicht wenige Jahre später, weil sie nicht mit den modernen Rechtsanschauungen übereinstimmte. Als er die Frage behandelte, ob Bayern aufgrund seiner Reservatrechte einen eigenständigen obersten Militärgerichtshof beanspruchen könne, argumentierte er in überzeugender Weise dagegen. Er konnte dadurch – exemplarisch – für eine positivere Bewertung seiner juristischen Qualitäten sorgen. Bei den Konferenzen im Haag bewegte Seckendorff sich gekonnt auf internationalem Parkett. Nähere Einblicke in die (geschäftlichen) Verhältnisse beim Reichsgericht hatte er nicht nur über seinen Vater, sondern auch während der Beratungen über eine Reform des Zivilprozessrechts erhalten. Hierbei handelte es sich um Kenntnisse, auf denen er als Reichsgerichtspräsident aufbauen konnte. Zunächst entwickelte sich seine Karriere mit seiner Ernennung zum Unterstaatssekretär allerdings in eine andere Richtung.

Intermezzo: Im Preußischen Staatsministerium

A) Holprige Ernennung

Aufgrund seines „Charakters“ und seiner „vorzüglichen Diensteigenschaften“ wurde Seckendorff zu Beginn des Jahres 1899 zum Unterstaatssekretär im preußischen Staatsministerium ernannt.[448] Vorausgegangen waren einige Querelen zwischen Kaiser Wilhelm II. und seinem Reichskanzler, Fürst v. Hohenlohe. Der Kaiser hatte zunächst versucht, die Stelle mit einem Rat aus seinem Geheimen Zivilkabinett zu besetzen, um über Staatsministerialsachen unmittelbar informiert zu bleiben. Der Reichskanzler brachte wiederum mit Kurt Freiherr v. Wilmowski einen eigenen Vertrauten aus der Reichskanzlei in Vorschlag. Wilmowski wurde indes von Wilhelm II. nicht akzeptiert[449], so dass Hohenlohe in der Folge Seckendorff für das Amt empfahl. Die näheren Hintergründe für diesen Meinungswechsel lassen sich den Akten nicht entnehmen. Der Reichskanzler sprach in seiner Empfehlung zwar Seckendorffs katholische Konfession an, maß diesem Umstand aber keine entscheidende Bedeutung bei und verwies – wohl um den Kaiser zu überzeugen – auf Seckendorffs politische Zuverlässigkeit.[450] Seine adelige Herkunft spielte trotz der Intervention Hohenlohes bei der Auswahl keine Rolle. Dieser Befund wird nicht zuletzt dadurch bestätigt, dass für die Position des Unterstaatssekretärs im Staatsministerium immer wieder auch Bürgerliche in Betracht kamen.[451] Nach den vorausgegangenen Querelen

---

448 GStA PK, Rep. 89, Nr. 27, Bl. 168 a) f. (Vorschlag Seckendorff).

449 ACTA BORUSSICA, Neue Folge, Bd. 8-1, S. 39; BArch, R 43/I, Nr. 3627, Bl. 64 ff.; GStA PK, Rep. 89, Nr. 27, Bl. 169 f. (Vorschlag Wilmowski). Für die Eignung Wilmowskis sprach nach Ansicht Hohenlohes neben den üblichen notwendigen Eigenschaften (Zuverlässigkeit und Pflichtentreue), insbesondere, dass er durch seine vorherige Tätigkeit schon in „nahe Verbindung“ mit den Geschäften des Staatsministeriums gekommen war. Daher würde ihm das Einarbeiten in die neue Stellung „doppelt leicht“ werden. Damit ist vermutlich dessen „Geschäftsgewandtheit“ angesprochen worden. Eine wichtige Eigenschaft, die auch Rudolf von Seckendorff besaß. Vgl. zum Vorgang ebenfalls v. Müller, Denkwürdigkeiten, S. 464 f., 469; Röhl, Deutschland ohne Bismarck, S. 237.

450 GStA PK, Rep. 89, Nr. 27, Bl. 168 b).

451 So waren in den Jahren 1877 bis 1898 sowie von 1905 bis 1907 mit Gustav Homeyer, Georg Paul Humbert und Wilhelm Hengstenberg Bürgerliche in diesem Amt, ACTA

war der Oberregierungsrat aus dem „neutralen" Reichsjustizamt wahrscheinlich eine *Kompromisslösung*. Obwohl die Position des Unterstaatssekretärs eine Schlüsselstellung in der preußischen Verwaltung darstellte, wirkte sich die adlige Stellung des Kandidaten abermals nicht auf die Stellenbesetzung aus.[452]

B) Schlüsselstellung in der Verwaltung

Als Unterstaatssekretär war Seckendorff u.a. für die Planung und Nachbereitung der Sitzungen des Staatsministeriums verantwortlich, d.h. er bereitete die Sitzungen vor, indem er in Absprache mit dem Ministerpräsidenten die Tagesordnungspunkte zusammenstellte[453] bzw. sie an einzelne Wünsche anpasste[454] oder dringende Fragen zur Behandlung brachte[455] und die Sitzungsprotokolle anfertigte.[456] Er musste dementsprechend für einen reibungslosen Ablauf der Geschäfte sorgen.[457] Für diese Position waren daher nicht nur juristische Fähigkeiten, sondern ein gewisses organisatorisches Talent bzw. vorausschauendes Handeln vorteilhaft.[458] In den Sitzungen des Ministeriums referierte Seckendorff lediglich bei Disziplinar- und Pensionssachen[459] – das Preußische

---

BORUSSICA, Neue Folge, Bd. 8-2, S. 554 (Homeyer), S. 556 (Humbert); ebd. Bd. 9, S. 365 (Hengstenberg).

452 Allgemein zu den Befunden der (neueren) Adelsforschung, wonach die „glänzenden Stellen" in der Beamtenhierarchie oft an adlige Personen vergeben wurden, Reif, a.a.O., S. 74 ff.; Wehler, Gesellschaftsgeschichte, Bd. 3, S. 817.

453 Zum Geschäftsgang allgemein ACTA BORUSSICA, Neue Folge, Bd. 9, S. 27 ff., 28.

454 Seckendorff berücksichtigte die Wünsche der Minister bei der Verfassung der Tagesordnung, bspw. GStA PK, Rep. 90 A, Nr. 3446, Schreiben vom 24.10.1899 zur Sitzung vom 28.10.1899; ebd., Nr. 3447, Mitteilung vom 20.5.1900.

455 Auch ohne betreffenden „Wunsch" setzte er, natürlich in Absprache mit dem Ministerpräsidenten, als „dringlich" eingeschätzte Punkte auf die Tagesordnung, ebd., Nr. 3447, Mitteilung vom 15.2.1901.

456 ACTA BORUSSICA, Neue Folge, Bd. 9, S. 29 f., 38. Die Protokolle wurden erst *nach* den Sitzungen aufgrund von Notizen verfasst, die der jeweilige Protokollführer während der Sitzungen anfertigte (S. 29 f.). Im Speziellen Seckendorff betreffend GStA PK, Rep. 90 A, Nr. 3446–3449.

457 Bei der Planung der Sitzungstage versuchte er von vornherein Probleme, etwa Kollisionen mit Reichstagssitzungen, zu vermeiden, GStA PK, Rep. 90 A, Nr. 3447, Mitteilung vom 27.11.1900. Zur Verlegung von Sitzungen bei Verhinderung eines Ministers bspw. ebd., Nr. 3448, Mitteilung Seckendorffs vom 13.5.1902.

458 Reden bei der Gedenkfeier, S. 7 f.

459 Allgemein dazu ACTA BORUSSICA, Neue Folge, Bd. 9, S. 38. Über die Disziplinar- und Pensionssachen wurden gesonderte Protokolle angefertigt, GStA PK, Rep. 90

Staatsministerium war die zweite Instanz in Disziplinarverfahren gegen nichtrichterliche Beamte – sowie bei den Ordens- und Titelverleihungen.[460]

Der Untersstaatssekretär hatte daher vor allem während der Kanzlerschaft Bülows eine unpolitische Beamtenstellung inne.[461] Allerdings erhielt Seckendorff in dieser Position einen Einblick in die wichtigen politischen und gesetzgeberischen Entwicklungen der Jahrhundertwende, wie etwa in den Bereich der Sozial-, Handels- oder Beamtenpolitik. Aufgrund der engen personellen Verknüpfung zwischen der preußischen Verwaltung und der Reichsverwaltung waren im Staatsministerium weitreichende Machtbefugnisse konzentriert.[462] Dadurch war er nicht nur mit dem Meinungsstand der preußischen Staatsregierung, sondern auch mit den (gesetzlichen) Entwicklungen auf Reichsebene vertraut.[463] Diese Kenntnisse bildeten aber einen wichtigen Faktor bei der Auswahl eines Reichsgerichtspräsidenten.[464]

Die sich daraus ergebene „Schlüsselstellung" des Unterstaatssekretärs wurde von den Zeitgenossen nicht verkannt. Belege hierfür finden sich in den zahlreichen Einladungen zu Festveranstaltungen.[465] Auch die Dienstwohnung des Unterstaatssekretärs im (neuen) Sitzungsgebäude des Staatsministeriums in der Wilhelmstraße war mit einem Tanz- und Speisesaal zu repräsentativen Zwecken ausgestattet.[466] Dies dürfte Seckendorffs geselligen Neigungen entgegengekommen sein.[467] Während seiner Zeit im Staatsministerium lernte er außerdem

---

Annex F (Disziplinarsachen) und H (Zwangspensionierungen). Einen inhaltlichen Einfluss konnte Seckendorff in diesen Verfahren nicht nehmen. Feststellen lassen sich aber gelegentlich handschriftliche Korrekturen formeller Art, etwa ebd., Annex F, Nr. 1315; ebd., Nr. 1855 oder Annex H, Nr. 99; ebd., Nr. 550.

460 z.B. GStA PK, Rep. 90 A, Nr. 3446, Sitzung des Staatsministeriums vom 5.8.1899.

461 ACTA BORUSSICA, Neue Folge, Bd. 8-1, S. 39; ebd., Bd. 9, S. 38

462 ACTA BORUSSICA, Neue Folge, Bd. 9, S. 1 ff. (Einleitung; zu den einzelnen Sachthemen der Staatsministerialsitzungen allgemein) und im Besonderen die jeweiligen Sitzungen ebd., S. 49–154.

463 Darauf weist auch der anonym in der DJZ 1905, Sp. 537 veröffentlichte Artikel hin. Dort heißt es: „Seine Stellung im preußischen Staatsministerium legte ihm die Aufgabe auf, die Entwicklung der Gesetzgebung auf dem Gebiete des Reichsrechts und preußischen Landesrechts sorgfältig zu verfolgen."

464 GStA PK, Rep. 89, Nr. 16876, Bl. 178 d). Dazu siehe sogleich Drittes Kapitel, A.

465 Allgemein dazu: ACTA BORUSSICA, Neue Folge, Bd. 9, S. 38.

466 Zu den Repräsentationsräumen siehe GStA PK, Rep. 89, Nr. 3715, Bl. 84 ff.

467 „Naturgemäß brachte meine Zugehörigkeit zum Staatsministerium auch einen lebhaften gesellschaftlichen Verkehr [...] mit sich, vgl. ThStA, FA Seckendorff, Nr. 1595, Bl. 53

einige spätere Reichsgerichtsmitglieder wie etwa den Geheimen Oberjustizrat im preußischen Justizministerium Stoeckel kennen.[468]

C) Eine neue Verbindung zum Reichsgericht – Richter am Kaiserlichen Disziplinarhof

Im August 1899 wurde der Unterstaatssekretär zum Richter am Kaiserlichen Disziplinarhof ernannt.[469] Für diese Position war er „geeignet", da er bereits – wie soeben angesprochen – Erfahrungen in diesem Bereich gesammelt hatte. Bereits sein Amtsvorgänger im Disziplinarhof hatte langjährige Erfahrungen im preußischen Disziplinarrecht vorzuweisen. Derartige Verbindungen sollten beibehalten werden.[470]

Ab diesem Zeitpunkt bestand deshalb eine weitere berufliche Beziehung zum Reichsgericht, da dem Disziplinarhof mindestens fünf Reichsgerichtsmitglieder angehörten.[471] In den Jahren 1899 bis 1905 war er als Beisitzer regelmäßig an den Disziplinarverfahren beteiligt.[472]

---

468 Zu diesem GStA PK, Rep. 89, Nr. 16876, Bl. 159 f. Stoeckel war des Öfteren Referent in Pensionssachen, ebd., Rep. 90 Annex H. Zu Stoeckel auch Lobe, a.a.O., Anlage I, S. 346.

469 BArch, R 3002, PA Nr. 790, Bd. 2, Bl. 1. Zu dem Ernennungsvorgang siehe GStA PK, Rep. 90 A, Nr. 861 (ohne Blattangabe), ebd., Rep. 89, Nr. 3947, Bl. 187 f.

470 Zu alledem GStA PK, Rep. 90 A, Nr. 861 (Schreiben des RA d. I vom 11.6.1899 an das Staatsministerium, sowie die darauf ergehende Antwort vom 1. Juli 1899). Hohenlohes Ansicht ergibt sich aus einer, ebenfalls dort befindlichen, Notiz vom 20.6.1899. Zur Verbindung mit dem Reichsgericht siehe auch die Mitteilung zur Berufung als Reichsgerichtspräsident, Anonym, DJZ 1905, Sp. 537.

471 Lobe, Disziplinarhof, S. 62; Müller, a.a.O., S. 74.

472 Siehe bspw. BArch, R 1503, Nr. 246–324. Dementsprechend heißt es in der LVZ, Nr. 119, vom 25.5.1905, 2. Beilage: „Im Jahre 1899 wurde Seckendorff [...] Mitglied des Disziplinarhofes in Leipzig, dem auch der Präsident und weitere Räte des Reichsgerichts angehören, wodurch er in Fühlung mit dem Reichsgericht trat."

Drittes Kapitel: Am Reichsgericht 1905–1919

A) Die Ernennung zum Präsidenten des Reichsgerichts

Gemäß den Vorschriften des § 127 Abs. 1 GVG wurde der Reichsgerichtspräsident nach Vorschlag des Bundesrats vom Kaiser ernannt. Die Auswahlkriterien für einen Reichsgerichtspräsidenten waren im Gesetz nicht festgelegt. Auch in Seckendorffs Personalakten und den Akten des Reichsgerichts, bspw. aus dem Geheimen Zivilkabinett oder dem preußischen Justizministerium finden sich keine Anhaltspunkte, aus welchem Grund er schließlich ausgewählt wurde.[473] Nähere Angaben lassen sich allerdings dem Schriftverkehr zwischen Reichsjustizamt und der Reichskanzlei entnehmen.[474] Seckendorff war bereits bei der Auswahl für die Nachfolge des im Herbst 1903 in den Ruhestand getretenen Reichsgerichtspräsidenten Otto von Oehlschläger[475] in die engere Wahl gekommen. Die im vorgenannten Schriftverkehr enthaltenen Überlegungen geben die Grundsätze wieder, die für die Reichs(-justiz)verwaltung für die preußische Stimme im Bundesrat entscheidend waren. Wichtig waren für den Reichskanzler Bernhard von Bülow und die Reichsjustizverwaltung bestimmte persönliche und sachliche Eigenschaften, aber auch (und gerade) politische Erwägungen.[476]

---

473 Die Akte im Bundesarchiv R 3002, Gen. Nr. 12 ist wenig ergiebig. Sie beinhaltet lediglich eine Tabelle über die jeweiligen Amtsdaten der Reichsgerichtspräsidenten. Vergleichbares gilt für die Akte BArch, R 3002, Nr. 7 (Besetzung des Kollegiums, 1900–1907). Weder Seckendorffs Personalakten – BArch, R 3002, PA Nr. 790 – noch die Akten des Geheimen Zivilkabinets über das Reichsgericht (GStA PK, Rep. 89, Nr. 16872–16879; Nr. 1888), in denen sich u.a. Angaben über die Erwägungen, welche zur Ernennung Simsons und Gutbrods führten, befinden, enthalten vergleichbare Schreiben. Auch der Bestand im preußischen Justizministerium zur Besetzung des Reichsgerichts, GStA PK, Rep. 84a, Nr. 11825, Bl. 113, gibt nicht viel her.

474 Für Seckendorff lassen sich Nachweise anhand der Akte der Reichskanzlei – R 43, Nr. 695 – führen. Allgemein zum Verfahren der Stellenbesetzung, Müller, a.a.O., S. 107 ff.

475 Näheres zu Oehlschläger (geboren 1831) u.a. bei Hermann Pilz, Der neue Präsident, S. 199 (1891) und Müller, a.a.O., S. 120 f. Vor seiner Stellung als Reichsgerichtspräsident war O. u.a. Präsident des KG und Staatssekretär des RJA.

476 Zu dem Vorgang GStA PK, Rep. 89, Nr. 16876, Bl. 178 a) ff., Bl. 178 c) R. ff. Das Schreiben Bülows entspricht inhaltlich weitestgehend dem Schreiben des Staatssekretärs Nieberding, BArch, R 43, Nr. 695, Bl. 4 ff., Schreiben vom 20. Juli 1903. In der Anlage

I) Auswahlgrundsätze

Persönlich kamen sowohl hochrangige Verwaltungsjuristen als auch *Praktiker* in Betracht[477], solange sie den „repräsentativen Anforderungen der Stelle"[478] genügen konnten und noch nicht das 65. Lebensjahr überschritten hatten. Eine Besetzung des Amts mit „Greisen" sollte vermieden werden.[479] Für die Reichs(-justiz)verwaltung war außerdem das „juristische Ansehen" bzw. die „wissenschaftliche Autorität" des Kandidaten ein wichtiges, auch aus politischer Sicht bedeutsames Qualifikationsmerkmal. Damit wollte man nicht nur der Bedeutung des obersten Gerichtshofs „nach außen" gerecht werden, sondern auch und gerade für einen Kandidaten sorgen, der juristische Autorität „innerhalb" des Kollegiums besaß.[480] Sachlich war allgemein gesehen eine gute Kenntnis der

---

dazu (Bl. 8 f.) befindet sich eine mehrere Personen umfassende Vorschlagsliste, die den Kanzler „in die Lage [versetzen sollte], alle in Besetzungsfragen möglichen Kombinationen selbst zu prüfen." Die endgültige Entscheidung lag zwar schwerpunktmäßig beim Reichskanzler, wenngleich auch ein maßgebender Einfluss des Reichsjustizamts im Hinblick auf die Vorschläge nicht zu verkennen ist. Dieser Einfluss des Reichsjustizamts sollte aber vor der Öffentlichkeit verborgen bleiben, vgl. ebd., Bl. 15.

477 Siehe dazu in die soeben erwähnte Liste der potentiellen Kandidaten, BArch, R 43, Nr. 695, Bl. 8 f.

478 Siehe den Hinweis in GStA PK, Rep. 89, Nr. 16876, Bl. 178 b) R. Mit den „repräsentativen Anforderungen der Stelle" waren vermutlich die Mängel in der Repräsentation des Reichsgerichts durch Oehlschläger angesprochen. Denn bei der Beratung der Nachfolge wurde von „Allerhöchster Stelle" der Wunsch ausgesprochen, dass die sich aus dem Amt ergebenden Repräsentationspflichten in „vollem Umfang" erfüllt werden mögen, BArch, R 43, Nr. 695, Bl. 36 ff., Bl. 36 R. Näheres dazu auch unten, Viertes Kapitel, B. I.

479 Vgl. BArch, R 43, Nr. 695, Bl. 5; vgl. GStA PK, Rep. 89, Nr. 16876, Bl. 178 c) R.

480 Vgl. BArch, R 43, Nr. 695, Bl. 5 R f. Der Kandidat war damals 52 Jahre alt und in den Augen der Reichsjustizverwaltung schlichtweg zu ‚jung'. Dort heißt es über einen Kandidaten (v. Thelemann): „Er steht im 53. Lebensjahr und ist erst im vorigen Jahr aus der Stelle eines Ministerialraths an die Spitze des Münchener Oberlandesgerichts getreten. Diese kurze Thätigkeit in der Rechtsprechung kann die Autorität nicht bringen, welche im Reichsgericht ein Alter von 53 Jahren noch nicht gewährt. Zweifellos würde die Berufung dieses Richters politisch in Bayern sehr günstig wirken. Auch seine hervorragende Begabung ist außer Zweifel; er würde, wie mir bekannt ist, bei dem letzten Ministerwechsel in München das Justizministerium erhalten haben, wenn nicht Erwägungen, die hier nicht interessieren, dies verhindert hätten. Aber seine juristische Bedeutung ist in der Wissenschaft und in der öffentlichen Meinung doch nicht so anerkannt, um ihn an die Spitze des Reichsgerichts in einem Alter zu stellen, in welchem dessen meiste Mitglieder schon bei ihrem Eintritt standen." Bei einem

„neueren Rechtsentwicklung" ebenso wünschenswert wie im Besonderen eine gute Kenntnis der höchstrichterlichen Rechtsprechung und der „Verhältnisse beim Gerichtshof".[481] Mit den Verhältnissen am Gerichtshof sprach man die geschäftliche Überlastung und die lange Dauer der Verfahren am Reichsgericht an. Auswahlkriterium war deswegen (wohl) auch eine gewisse Erfahrung mit verwaltenden Tätigkeiten.[482]

Die bereits angesprochenen *politischen* Gründe waren aber dafür ausschlaggebend, dass auch Nichtpreußen in das Amt gewählt werden konnten. Schon aus verfassungsrechtlichen Gründen kamen nicht nur preußische Juristen für das Amt in Frage. Aus sachlicher Sicht war die Wahl eines Nichtpreußen „unbedenklich". Allerdings sollten bei „gleichwerthigen Personen" die preußischen Juristen einen Vorrang besitzen.

Eine Bevorzugung von Preußen aber unter „allen Umständen" würde nämlich „den Rücksichten, welche die Reichspolitik zu nehmen hat, nicht entsprechen." Die Bundesregierungen würden aber die Ernennung eines Nichtpreußen mit „gewisser Genugtuung" begrüßen. Damit würde dem Eindruck entgegengetreten werden, das Amt des Reichsgerichtspräsidenten sei ein „preußisches Reservat".[483] Zu den politischen Bedingungen gehörte, auch wenn dies nicht ausdrücklich angesprochen, aber wahrscheinlich als notwendig vorausgesetzt werden kann, die „Reichstreue" des entsprechenden Kandidaten.[484] Auf den

---

anderen – Dr. Oscar Hamm – nahm man an, er würde „als Jurist schwerlich große Autorität im Kollegium erringen."

481 BArch, R 43, Nr. 695, Bl. 7; GStA PK, Rep. 89, Nr. 16876, Bl. 178 d).

482 In BArch, R 43, Nr. 695, Bl. 7 wird auf die Tätigkeit Gutbrods als Direktor im RJA und damit auf verwaltende Tätigkeiten hingewiesen („durch seine langjährige Stellung als Direktor im Reichsjustizamt ist er für eine dirigierende Stellung in einem hohen Gerichtshof vorbereitet"). Zu den geschäftlichen Verhältnissen am Reichsgericht als Auswahlkriterium siehe auch den Hinweis bei Gutbrod, S. 73.

483 GStA PK, Rep. 89, Nr. 16876, Bl. 178 a) R. f. Markierung bereits im Original; BArch, R 43, Nr. 695, Bl. 4 R. Damit bestätigen sich die Ausführungen Müllers (a.a.O., S. 142), wonach die Personalpolitik ihre Grenze im Föderalismus fand.

484 BArch, R 43, Nr. 695, Bl. 9. In der Vorschlagsliste wurde bei dem bayerischen Oberlandesgerichtspräsidenten von Thelemann vermerkt, er sei „ohne partikularistische Färbung". Auch bei der Ernennung Erwin Bumkes zum Reichsgerichtspräsidenten wurde als Auswahlkriterium das „Reichsinteresse" herangezogen, denn dieses müsse der Präsident „in genügender Weise wahrnehmen", vgl. Kolbe, a.a. O. S. 57, 59.

Adel kam es – trotz der Stellung des Reichsgerichts in der Justizhierarchie[485] – bei der Besetzung der Stelle eines Reichsgerichtspräsidenten eher nicht an.[486]

In den Ausgangsvorschlägen des Reichsjustizamts fanden sich daher ursprünglich neben dem bayerischen Oberlandesgerichtspräsidenten v. Thelemann u.a. auch Mitglieder des Reichsgerichts (der *Sachse* Senatspräsident Freiesleben, der *Preuße* Oberreichsanwalt Olshausen). Rudolf von Seckendorff und der damalige Ministerialdirektor im Reichsjustizamt Karl Gutbrod waren ebenfalls in der Vorschlagsliste enthalten.[487] Trotz „hervorragender Begabung" wurden allerdings v. Thelemann und Freiesleben ausgeschlossen, da Ersterem das Alter[488] und Letzterem die „repräsentativen Eigenschaften" fehlten.[489]

Politische Gründe erweiterten die Kandidatenauswahl aber nicht nur, sondern begrenzten diese auch. Die Auswahl eines Kandidaten sollte aus politischen Gründen nicht angreifbar sein.[490] Olshausen wurde deshalb aus *politischen* Gründen ausgeschlossen, da ein amtierender Staatsanwalt nicht „oberster Richter" des Reiches werden sollte. Dies hätte, wie auf Seiten der Justizverwaltung befürchtet, in der Öffentlichkeit „unliebsam verwerthet" werden können, um das Ansehen des Gerichts zu schädigen.[491] Hintergrund hierfür dürfte das

---

485 Das Reichsgericht bzw. der Reichsgerichtspräsident gehörten zu den höheren Reichsbehörden, die dem Reichsjustizamt als oberster Reichsbehörde unmittelbar unterstellt waren, Müller, a.a.O., S. 102, Fn. 79. Auch hier kann wieder auf die bei Reif (a.a.O., S. 74 ff.) und Wehler (Gesellschaftsgeschichte, Bd. 3, S. 817) aufgestellten allgemeinen Befunde zur Adelsgeschichte verwiesen werden. Siehe bereits Erstes Kapitel, B.

486 Dieses mehr oder weniger politisch-persönliche Merkmal spielte bei der Auswahl der Kandidaten keine wesentliche Rolle. In der Vorschlagsliste befanden sich neben Seckendorff nur ein weiterer Adliger, BArch R 43, Nr. 695, Bl. 8 f. Entsprechendes gilt für den späteren Ernennungsvorgang 1905, ebd., Bl. 24 ff. Es kam auf die genannten Auswahlgrundsätze an.

487 BArch R 43, Nr. 695, Bl. 8 f.

488 BArch, R 43, Nr. 695, Bl. 5 R f. siehe zuvor.

489 BArch R 43, Nr. 695, Bl. 6 – „Dr. Freiesleben fehlen die repräsentativen Eigenschaften vollständig, welche m. E. für den ersten Präsidenten nothwendig sind. Schon jetzt wird ihm die ihm als ältesten Senatspräsidenten zufallende Vertretung des Ersten Präsidenten schwer." An anderer Stelle hieß es allerdings, Freiesleben sei ein „hervorragender Jurist" (ebd. Bl. 8).

490 Dies war auch im Jahr 1905 bei der möglichen Ernennung Seckendorffs ein Problem, siehe dazu sogleich.

491 Zur Ablehnung Olshausens durch Nieberding heißt es: „Wäre er nicht in der Stellung des Oberreichs-Anwalts sondern in der gleichwerthigen Stellung eines Senatspräsidenten, so würde ich seine Berufung befürworten. Aber er ist Staatsanwalt und ich erachte es aus politischen Gründen für ausgeschlossen, daß ein Mitglied der

schlechte Bild der Strafjustiz in der Öffentlichkeit – von der innerjuristischen Bevorzugung von „Zivilisten“ bzw. Zivilrechtlern gegenüber Strafrechtlern bei der Besetzung von Stellen einmal abgesehen[492] – gewesen sein, die sich vor allem in der Zeit um die Jahrhundertwende bis zum ersten Weltkrieg u.a. aufgrund der Urteile gegen Mitglieder der Sozialdemokratie oder der Gewerkschaften dem Vorwurf der Klassenjustiz ausgesetzt sah.[493]

Die Entscheidung zwischen Gutbrod und Seckendorff fiel im Reichsjustizamt letztlich wegen seiner „ungewöhnlichen Kenntnisse“ im gesamten neuen (Bürgerlichen) Recht – und damit verbunden – seiner hohen Autorität im Reichsgericht und seiner württembergischen Herkunft, auch aus politischen Gründen, zugunsten Gutbrods aus. In absehbarer Zeit sei sonst keine Stelle für Württemberg am Reichsgericht zu erlangen.[494] Seckendorff besaß aus Sicht der Justizverwaltung zwar bessere „repräsentative Eigenschaften“, allerdings „vorwiegend“ Kenntnisse im Öffentlichen Recht und Prozessrecht, weniger aber im (materiellen) Zivil- und Strafrecht.[495] Nieberding sah in ihm also eher einen Verwaltungsjuristen. So ist es auch zu erklären, dass er ihm für jede Stellung in der Verwaltung den Vorzug gegeben hätte.[496]

Auch Reichskanzler Bülow berücksichtigte Seckendorff bei seiner Auswahl und Entscheidung nicht.[497] Als Nachfolger für Reichsgerichtspräsident Oehlschläger waren im Ergebnis der ehemalige Oberreichsanwalt und damalige Oberlandesgerichtspräsident von Köln, Oscar Hamm, und Karl Gutbrod im Gespräch. Auffallend daran ist, dass mit Oscar Hamm ein (gemäßigt)

Staatsanwaltschaft zum obersten Richter des Reichs berufen wird. In der Oeffentlichkeit, wo man ohnehin schon bemüht ist, jeden Anlaß zu benutzen, um das Ansehen des Gerichts zu untergraben, würde seine Berufung voraussichtlich unliebsam verwerthet werden.“, BArch R 43, Nr. 695, Bl. 6 R.

492 Vgl. BArch, R 43, Nr. 695, Bl. 24 R („für die Besetzung der ersten Präsidentenstelle [werden] Zivilisten vorgezogen“); im Übrigen Wilhelm, Justiz, S. 225 f.; siehe unten Drittes Kapitel, C. III.

493 Eingehend dazu Wilhelm, Justiz, S. 504 ff.

494 Vgl. BArch, R 43, Nr. 695, Bl. 6 R ff. „Da er Württemberger ist, so würde die Württembergische Regierung seine Wahl umso mehr willkommen heißen, als Württemberg unter den Senatspräsidenten schon seit vielen Jahren nicht mehr vertreten ist und auch auf absehbare Zeit keine Aussicht hat, zu einem Vertreter zu gelangen.“ (Bl. 7, 7 R). Zum Auswahlverfahren und der Stellenbesetzung allgemein, Müller, a.a.O. S. 107 ff.

495 BArch, R 43, Nr. 695, Bl. 7, 9.

496 BArch, R 43, Nr. 695, Bl. 7.

497 GStA PK, Rep. 89 Nr. 16876, Bl. 178 b) ff.

liberaler, dem Zentrum aber „fernstehender“ Katholik für das Amt vorgeschlagen wurde.[498] Obwohl Oscar Hamm durch seine Tätigkeit als Oberreichsanwalt offenbar gut über die Verhältnisse beim Reichsgericht informiert war und auch persönlich besonders geeignet erschien, den repräsentativen Anforderungen des Amts zu entsprechen[499], zog der Reichskanzler aus denselben Gründen wie das Reichsjustizamt ebenfalls Gutbrod vor. Gutbrod besaß im Gegensatz zu Hamm zwar keine besonderen „repräsentativen Eigenschaften“, Bülow glaubte aber dennoch, dieser würde den repräsentativen Anforderungen der Präsidialstellung „genügen“.[500]

Entscheidender war neben dessen juristischem Ansehen im Reichsgericht, dass mit ihm erstmals ein Württemberger Reichsgerichtspräsident werden würde.[501] An diesem Punkt wurde er etwas deutlicher als Nieberding: es würde nicht ohne „politischen Wert“ sein, wenn sich Preußen in der Besetzungsfrage „Zurückhaltung“ auferlege.[502] Maßgeblich für seine Entscheidung wie für die im Reichsjustizamt waren also auch Rücksichten auf die einzelnen Bundesregierungen. So ist es auch erklärlich, dass er in diesem Zusammenhang auf das „besondere Vertrauen“ verwies, über das Gutbrod im *Bundes*rat verfügte.[503] Wilhelm II. entschied sich gegen Oscar Hamm und stimmte mit dem Vorschlag Bülows überein.[504] Vermutlich war damals die Zeit für die Ernennung eines Katholiken zum Reichsgerichtspräsidenten noch nicht ‚reif‘. Karl Gutbrod trat demzufolge zum 1. November 1903 die Nachfolge Oehlschlägers als Reichsgerichtspräsident

---

498 „Er ist Preuße, von bewährter politischer Gesinnung, gemäßigt liberal; dem Centrum und seinen Bestrebungen steht er fern.“, GStA PK, Rep. 89, Nr. 16876, Bl. 178 c). Dies ähnelt den Kriterien, welche für die Beförderung Seckendorffs ins Staatsministerium maßgeblich waren. Zu Oscar Hamm, siehe auch Müller, a.a.O., S. 89.

499 GStA PK, Rep. 89, Nr. 16876, Bl. 178 c).

500 GStA PK, Rep. 89, Nr. 16876, Bl. 178 b) f.

501 GStA PK, Rep. 89, Nr. 16876, Bl. 178 d) f.

502 Während das Gutachten des Reichsjustizamts weitestgehend wortgleich von Bülow übernommen worden war, fehlte der folgende Satz im Entwurf von Nieberding: „Namentlich den Bayerischen Prätentionen auf Reservatbegünstigungen gegenüber würde eine Zurückhaltung Preußens in dieser Frage [der Besetzung der Präsidentenstelle mit einem Nichtpreußen, Anm. d. V.] nicht ohne politischen Wert sein“, GStA PK, Rep. 89, Nr. 16876, Bl. 178 b). Vor allem Bayern legte stets Wert auf Anerkennung seiner Sonderstellung, siehe oben Zweites Kapitel, C. II.

503 GStA PK, Rep. 89, Nr. 16876, Bl. 178 d) R.

504 GStA PK, Rep. 89, Nr. 16876, Bl. 178 f.). Weiteres zur Ernennung Gutbrods durch Wilhelm ebd., Bl. 193 a) f. sowie BArch, R 3002, PA Nr. 304, Bd. 3, Bl. 220.

an. Der ehemalige Reichsgerichtspräsident Oehlschläger verstarb bereits kurze Zeit später im Januar 1904 in Berlin-Charlottenburg.[505]

II) Reichsgerichtspräsident Seckendorff, eine ungeeignete Wahl oder Kompromisslösung?

1) Ein zivilrechtsferner Verwaltungsjurist?

Aus Vorgenanntem lässt sich also folgern, dass durchaus auch Praktiker und nicht nur Verwaltungsjuristen in die engere Wahl für das Amt des Reichsgerichtspräsidenten gekommen waren.

Dieselben Grundsätze waren wenige Jahre später abermals maßgeblich. Nachdem überraschenden Tode Karl Konrad Gutbrods im April 1905[506] fand Ende des Monats erneut ein Briefwechsel zwischen dem Reichsjustizamt und der Reichskanzlei statt.[507] Zusätzlich wollte sich Reichsjustizstaatssekretär Nieberding aber auch über die am Reichsgericht „vorwaltenden Wünsche“ informieren. Dieses Vorgehen hielt er für „interessengerecht“, aber auch „aus Achtung vor dem höchsten Gerichtshof für geboten.“[508]

In dem Schreiben schlug der Staatssekretär Rudolf von Seckendorff zwar abermals vor, allerdings war es nach Ansicht Nieberdings *politisch* ausgeschlossen, „zweimal hintereinander einen Verwaltungsbeamten an die Spitze des Gerichtshofs zu berufen“.[509] Es spielte wiederum die Erwägung eine Rolle, dass Seckendorff eher als Verwaltungsjurist, denn als Zivilrechtler angesehen wurde.

Daher fiel diesmal die engere Wahl auf „Praktiker“. Dazu zählten einige Senatspräsidenten des Reichsgerichts, erneut Oberreichsanwalt Justus Olshausen sowie verschiedene preußische Oberlandesgerichtspräsidenten, wie Max Beseler oder Felix Vierhaus und abermals der aus Bayern stammende von Thelemann.[510] Die meisten Senatspräsidenten des Reichsgerichts hatten mit Ausnahme eines Mecklenburgers allerdings die Altersgrenze überschritten. Aus politischen Gründen sollte nicht noch einmal auf einen preußischen Juristen im Amt des Reichsgerichtspräsidenten verzichtet werden, wie dies 1903 der Fall

505 LNN, Nr. 108, vom 18.4.1905, S. 1. Näheres zu Gutbrod bei Müller (a.a.O., S. 121 f.).

506 Karl Konrad Gutbrod (geboren 1844) war überraschend – begünstigt wurde diese Erkrankung wohl durch dessen Erschöpfungszustand – an einer Lungenentzündung verstorben, siehe LNN, Nr. 108, vom 18.4.1905, S. 1; Gutbrod, a.a.O., S. 75 f.

507 BArch, R 43, Nr. 695, Bl. 23 ff., Schreiben vom 26.4.1905.

508 BArch, R 43, Nr. 695, Bl. 23.

509 BArch, R 43, Nr. 695, Bl. 24 R.

510 BArch, R 43, Nr. 695, Bl. 24 ff.

gewesen war. Deshalb nahm Nieberding den bayerischen Oberlandesgerichtspräsidenten – zunächst – aus der engeren Wahl.[511] Felix Vierhaus fand keine weitere Berücksichtigung, da er „Charaktereigenschaften" besaß, „die ihm in den Kreisen der Berufsgenossen keine Sympathien erwerben" und er daher „Persönlichkeit und Stellung" vermissen lasse, wie sie für das Reichsgericht vorausgesetzt werden müssen.[512] Sehr wahrscheinlich waren damit dessen rassistisch begründete antisemitische Ansichten angesprochen.[513]

Der (politische) Anitsemitismus war zwar spätestens seit den 1870er Jahren auch im Kaiserreich durch den Hofprediger Adolph Stoecker oder den Berliner Universitätsprofessor Heinrich von Treischke gesellschaftsfähig geworden und tief im politisch-administrativen System verwurzelt.[514] Dementsprechend

---

511 Vgl. BArch, R 43, Nr. 695, Bl. 24, 25 R.

512 BArch, R 43, Nr. 695, Bl. 25 – „Oberlandesgerichts-Präsident Vierhaus in Kiel, 55 Jahre alt, evangelisch. M.E. kommt er nicht in Frage. Erst seit 1 ¼ Jahr an der Spitze eines, überdies kleinen, Oberlandesgerichts, bis dahin lange Jahre in der abhängigen Stellung eines Ministerialrats, zwar *fleißig, aber mit manchen Charaktereigenschaften ausgestattet, die ihm in den Kreisen der Berufsgenossen keine Sympathien erwerben*, fehlen ihm Stellung und Persönlichkeit, wie sie für das Reichsgericht vorausgesetzt werden müssen." Kursive Hervorhebung vom Verfasser. Im Original grün angestrichen.

513 Vgl. dazu die nach Ormond (a.a.O. S. 502 f.) zitierten Ausführungen. In seinem in späteren Jahren als Präsident des Oberlandesgerichtes Breslau an die preußische Justizverwaltung gerichteten Bericht äußerte sich Vierhaus ausführlich über die „Judenfrage": „… Die tiefe Abneigung der Bewohner Schlesiens christlicher Abstammung gegen Juden – *von denen hier die getauften Juden nicht unterschieden werden* – ist noch im Wachsen begriffen. Daß es sich hierbei nicht um religiöse Differenz, sondern um einen *Rassengegensatz* handelt, unterliegt keinem Zweifel… Die hohe intellektuelle Begabung der jüdischen Rasse führt zu einer spitzfindigen Formal-Jurisprudenz […] Nach unserer Überzeugung fehlt dem Durchschnittsjuden das Rechtsgefühl als Begabung […]. Mag man über die Judenfrage denken, wie man will, ein Anstreben gegen die – innerlich sicher nicht unbegründete – Abneigung gegen das Judentum kann nur zum Schaden der Rechtspflege und des Ansehens der Gerichte ausschlagen. Bei jeder Ernennung eines jüdischen Richters wird man daher sorgfältig zu prüfen haben, ob der Ort seine Anstellung gestattet und ob er dasjenige Maß von Anpassungsfähigkeit in christlich germanischer Weltanschauung besitzt, ohne die nun einmal ein Richter in Schlesien nicht seines Amtes walten kann. Das Ergebnis wird freilich sein, daß *eine ganz bedeutende Einschränkung in der Verwendung jüdischer Richter* Platz zu greifen hat." Kursive Hervorhebung vom Verf.

514 Mit dem Ende der 1870er Jahre durchlief der seit Jahrhunderten vorhandene traditionelle Antijudaismus eine fatale Steigerung und qualitative Veränderung, die sich u.a. in dem Vordringen der „Rassetheorien" und in der politischen Organisation von antisemitischen Verbänden und Parteien niederschlug. Prominente Vertreter waren

betrieb auch das Reichsjustizamt eine „antijüdische Personalpolitik".[515] Allerdings sollte die Stellung eines Reichsgerichtspräsidenten offensichtlich nicht mit einem (ausgesprochenen) Antisemiten besetzt werden, zumal dem Reichsgerichtspräsidenten eine repräsentative und integrierende Funktion zukam[516] und am Reichsgericht zu jeder Zeit jedenfalls getaufte Juden tätig waren.[517] Vierhaus entsprach damit ebenfalls nicht den zuvor erwähnten Grundsätzen.

Nieberding schlug daher im Ergebnis Beseler und Olshausen vor. Er bevorzugte aber den letzteren, obwohl dieser Staatsanwalt war. Olshausen war jünger, aus Sicht Nieberdings besser mit den Verhältnissen am Reichsgericht vertraut und besaß nicht zuletzt aufgrund seiner „literarischen Leistungen" mehr wissenschaftliche Autorität. Im Übrigen beschäftigte er sich im Gegensatz zu Beseler vorwiegend mit der „Rechtsprechung" anstelle der „Verwaltung". Der Präsident des Reichsgerichts habe sich aber „überwiegend mit der Rechtsprechung zu befassen."[518] Nieberding lehnte also Beseler zunächst aus ähnlichen Gründen wie Seckendorff ab.

Nachdem sich der Staatssekretär bis Anfang Mai 1905 in „vertraulichen" Gesprächen[519] über die Stimmung im Reichsgericht informiert hatte, wurde die Angelegenheit komplizierter.[520] Dort hatte man die Schwierigkeiten der „diesmaligen Nachfolgefrage" erkannt, dennoch bestand keine Mehrheit zugunsten eines der in der Liste erwähnten Kandidaten. Die Reichsrichter stimmten mit den Auswahlgrundsätzen jedoch insoweit überein, dass kein Senatspräsident des

---

u.a. der Hofprediger Adolf Stoecker, der mit der christlichsozialen Partei eine antisemitische Partei gründete, oder der Historiker Heinrich v. Treischke. Obwohl der Erfolg dieser antisemitischen Verbände und Parteien seit den 1890er Jahren wieder abnahm, war der politische Antisemitismus durch wohlbekannte Figuren wie Stoecker oder Treischke salonfähig gemacht worden. Im politisch-administrativen System grassierten die antisemitischen Vorurteile daher unentwegt weiter, zu alledem Wehler, Gesellschaftsgeschichte, Bd. 3, S. 921 ff., S. 1063 ff.

515 Zur Personalpolitik des RJA, Müller, a.a.O., S. 107 ff., insbes. S. 131 ff.

516 Auf die Bedeutung des Reichsgerichtspräsidenten als Integrationsfigur weisen schon die LNN, Nr. 74, vom 15.3.1903, S. 1 f. hin. Der Reichsgerichtspräsident sollte zudem die Reichsgewalt in Leipzig repräsentieren, BArch, R 43, Nr. 695, Bl. 36 ff., Bl. 36 R.

517 Aus zeitgenössischer Sicht: E. Ebermayer, a.a.O., S. 25. Aus der jüngeren Vergangenheit dazu: Henne „jüdische Richter", S. 148 ff. S. 153 f. (Übersicht über „jüdische Juristen" am RG).

518 Vgl. BArch, R 43, Nr. 695, Bl. 26; Beseler wurde 1905 preußischer Justizminister, Ormond, a.a.O., S. 444.

519 BArch, R 43, Nr. 695, Bl. 23 R.

520 Vgl. BArch, R 43, Nr. 695, Bl. 27 f., Bericht Nieberdings vom 6.5.1905.

Reichsgerichts für den Posten infrage käme. Oberreichsanwalt Olshausen besaß zwar einige Fürsprecher, vor allem aber unter den älteren Mitgliedern der *Zivil*senate „viele und heftige Gegner", weswegen auch die Reichsjustizverwaltung weitestgehend von seiner Kandidatur Abstand nahm.[521] Von den Oberlandesgerichtspräsidenten fanden innerhalb des Kollegiums *nur preußische* Kandidaten, u.a. Beseler, nähere Berücksichtigung. Allerdings besaßen diese keine größere Autorität im Gericht – gemeint waren (wohl) Erfahrungen mit der jüngeren Zivilrechtsprechung wie das Beispiel Gutbrods verdeutlicht –, sodass kein näheres Interesse an diesen Kandidaten bestand.[522] Die Nichtberücksichtigung des bayerischen Kandidaten[523] war vielleicht auf verschiedene „herkunftsbedingte" Vorbehalte zurückzuführen, die damals am Reichsgericht vorhanden gewesen zu sein scheinen.[524]

Für Rudolf von Seckendorff sprachen sich einzelne „ältere Mitglieder" des Gerichtshofs aus, die sich an die ehemals in Leipzig ansässige Familie erinnerten. Ansonsten war er aber vergleichsweise „unbekannt" im Gerichtshof, weshalb die Reichsrichter seiner Kandidatur mit „großer Indifferenz" und einigen Vorbehalten gegenüberstanden.[525] Vor allem waren die Reichsrichter skeptisch, ob Seckendorff überhaupt der Stellung eines Reichsgerichtspräsidenten gewachsen sein würde. Man zweifelte insbesondere an seiner juristischen Autorität, weil ihm „namentlich das neue Bürgerliche Recht fremd geblieben" sei und leitete daraus offenbar eine geringe Durchsetzungsfähigkeit ab.[526] Auch für die Reichsrichter war die *juristische Autorität* eines Kandidaten somit ein wesentliches Qualifikationsmerkmal.

Diese Skepsis muss im größeren Zusammenhang gesehen und mit der zum gleichen Zeitraum bestehenden Kritik an der Justiz, die sich schlagwortartig in dem Vorwurf der „Weltfremdheit" der Richter äußerte und dem damit

---

521 Vgl. BArch, R 43, Nr. 695, Bl. 27, 27 R.

522 BArch, R 43, Nr. 695, Bl. 27 R.

523 BArch, R 43, Nr. 695, Bl. 27 R. „Andere als preußische Juristen hat man anscheinend gar nicht in Betracht gezogen."

524 Über herkunftsbezogene Vorbehalte berichtet Ludwig Ebermayer in seinen Erinnerungen, a.a.O., S. 55. Zur Stärkung der Zusammengehörigkeit der Reichsgerichtsmitglieder durch Seckendorff, siehe Viertes Kapitel, C. II. 2.

525 BArch, R 43, Nr. 695, Bl. 27 R.

526 „Man zweifelt, ob ein Mann, dem die neueste Rechtsentwicklung, namentlich das neue Bürgerliche Recht, völlig fremd geblieben sein müßte, der Stellung sich gewachsen zeigen könne. Daraus folgert man, daß seine Autorität eine geringe sein und *bleiben* würde.", vgl. BArch, R 43, Nr. 695, Bl. 28, Hervorhebung vom Verfasser.

zusammenhängenden (verunsicherten Selbst-)Bild der Richterschaft in Verbindung gesetzt werden.[527] Dieser Vorwurf deutete an, den Richtern fehle es vielfach an praktischer Weltkenntnis und Lebenserfahrung, die durch deren begrifflich-abstrakte Denk- und Arbeitsweise bzw. deren Wege zur Rechtsfindung noch verstärkt werde.[528] Zielvorstellung der justizkritischen Debatte war es daher u.a., eine wirklichkeitsnähere Form der Rechtsanwendung und dementsprechend auch eine stärkere Einzelfallgerechtigkeit zu erreichen. Mit dieser Forderung nach einer „lebensnahen" Rechtsprechung – dem „Lieblingswort des Zeitgeistes" – die sich gegen Rationalismus, Historismus und positivistische Wissenschaftlichkeit richtete, rückte nach 1900, d.h. mit der Kodifizierung des Kernzivilrechts durch das Bürgerliches Gesetzbuch, (auch) die Frage nach dem Verhältnis zwischen Gesetz und Richter immer mehr in den Vordergrund.[529]

Vor diesem Hintergrund stehen die Äußerungen der Reichsrichter gegenüber dem Kandidaten Seckendorff in einem besonderen Licht: seine zukünftigen Kollegen sahen in Seckendorff zumindest ansatzweise einen „zivilrechtsfernen Verwaltungsjuristen", dem es deswegen möglicherweise an Praxistauglichkeit fehlte.[530] Nieberding befürchtete daher nicht zuletzt aufgrund der zivilrechtlichen Fertigkeiten Karl Gutbrods eine „schwierige" Position für Rudolf von Seckendorff am Reichsgericht, weil er sich auf eine „scharfe Kritik" im Reichsgericht werde einstellen müssen.[531] Letzten Endes spiegeln diese Aussagen Zweifel der Reichsrichter an Seckendorffs sachlichen bzw. fachlichen Fähigkeiten wider. Entsprechendes dürfte für den Widerstand gegenüber einem Kandidaten Olshausen gegolten haben. Als Strafrechtler hätte er im Reichsgericht keine Autorität besessen, einen Zivilsenat zu leiten. Bis damals hatte der Reichsgerichtspräsident stets den Vorsitz in einem Zivilsenat gewählt.[532] So dürfte es auch zu erklären sein, dass vor allem die Mitglieder der Zivilsenate der Kandidatur Olshausens ablehnend gegenüberstanden.

---

527 Näheres unten Drittes Kapitel, B. III. 1.

528 Siehe dazu ausführlich Wilhelm, a.a.O., S. 577 ff.; Schröder, Richterschaft, S. 201, 203 ff.

529 Vgl. Wilhelm, a.a.O., S. 595 f.

530 Dazu unten: Drittes Kapitel, B. III. 1 b.

531 „Wenn er berufen werden sollte, wird er voraussichtlich nicht auf einen unfreundlichen Empfang, wohl aber auf eine scharfe Kritik sich gefasst machen müssen. Seine Stellung wird jedenfalls schwieriger sein, als die des verstorbenen Präsidenten.", BArch, R 43, Nr. 695, Bl. 28. Die Hervorhebung stammt vom Verf.

532 Dies sollte sich erst mit Walter Simons in den 1920er Jahren ändern, Gründer, a.a.O., S. 221 f.; Simons, DJZ 1929, Sp. 1249 f.

Aber auch aus anderen, d.h. politischen Gründen war die mögliche Auswahl Seckendorffs angreifbar. Insbesondere wiesen die Reichsrichter auf die „politischen Anfechtungen" hin, die sich daraus ergeben könnten, dass der „Vertrauensmann" des preußischen Staatsministeriums mit dem Vorsitz in dem Schiedsgericht für die „Lippische Frage" betraut würde.[533] Dabei schwang wahrscheinlich die Sorge mit, der Kaiser versuche das Verfahren zu beeinflussen.[534]

Nach Ansicht Nieberdings würde die Mehrheit des Reichsgerichts zwar Seckendorff gegenüber Olshausen bevorzugen, nichtsdestoweniger regte er die Frage an, ob unter diesen Umständen „nicht doch auf einen außerpreußischen Juristen zurückgegriffen werden sollte." Dafür brachte er den bereits erwähnten Münchener Oberlandesgerichtspräsidenten von Thelemann, der als „hervorragender Geschäftsmann" bekannt war[535], erneut in Vorschlag.[536]

Die Zweifel, die innerhalb des Kollegiums gegenüber der Kandidatur Seckendorffs bestanden, spiegeln sich auch in den Presseberichten der Leipziger Neuesten Nachrichten (LNN) und der Leipziger Volkszeitung (LVZ) des Monats Mai wider.[537] In der Öffentlichkeit war kaum etwas über eine mögliche Neubesetzung der Stelle bekannt. Es kamen allerdings bereits Anfang Mai 1905 erste Gerüchte über eine Vergabe der Präsidentenstelle beim Reichsgericht auf.[538] Am Gerichtshof gab man wohl auch wegen der vertraulichen Gespräche mit

533 BArch, R 43, Nr. 695, Bl. 28.

534 Damit war der lippische Erbfolgestreit gemeint, dazu sogleich Drittes Kapitel, B. II.

535 Vgl. BArch, R 43, Nr. 695, Bl. 5 R, 9.

536 BArch, R 43, Nr. 695, Bl. 28, 28 R. Gleichzeitig empfahl er die Einholung der Meinung des preußischen Justizministers zu der Personalfrage. Ob es eine solche „Nachfrage" tatsächlich gegeben hat und wie diese beschieden wurde, ließ sich allerdings nicht belegen. In den Akten des preußischen Justizministeriums über die Stellenbesetzung beim RG, GStA PK, Rep. 84 a, Nr. 11825, Bl. 113, befindet sich lediglich ein Schreiben vom 12. Mai 1905. In diesem wurde mitgeteilt, dass Seckendorff für die Stelle in Vorschlag gebracht *werden wird* und Nieberding, vor der nächsten Plenarsitzung im Bundesrat, eine Sitzung des Justizausschusses anberaumen werde. Die maßgebliche Entscheidung war also zu jenem Zeitpunkt längst gefallen.

537 Der Verfasser analysierte dazu die Ausgaben der LNN und LVZ vom April bis Juni 1905.

538 Die LNN, Nr. 124, vom 5. Mai 1905, S. 9 sprachen die Gerüchte an. Man berief sich dabei auf die Preußische Korrespondenz. Die LVZ, Nr. 102, vom 5.5.1905, 2. Beilage, berichtet ebenfalls kurz in ihren „Leipziger Angelegenheiten" über seine (mögliche) Ernennung. Über etwaige Zweifel oder Kritik an seiner Ernennung wird dabei nichts geäußert. Auch die Illustrirte Zeitung (Bd. 124, Nr. 3231, S. 838) weiß von frühen Gerüchten über die Ernennung zu berichten.

Nieberding vor, nichts Näheres darüber zu wissen. Interessanterweise hieß es in einer Meldung vom 5. Mai 1905, dass nach Informationen aus „Reichsgerichtskreisen" nicht von seiner Ernennung, sondern allenfalls von einer Kandidatur Seckendorffs die Rede sein könne. Aber auch „*davon*" sei im Reichsgericht bisher nichts bekannt.[539] Zu diesem Zeitpunkt dürften aber die Gespräche mit dem Reichsjustizstaatssekretär im vollen Gange, wenn nicht gar abgeschlossen gewesen sein.[540]

In den darauffolgenden Ausgaben der LNN und LVZ finden sich keine weiteren Hinweise. Erst am 23. Mai 1905 verstärkten sich jene Gerüchte abermals. Dabei bezog sich der Verfasser auf „Berliner Blätter", die von einer bereits vollzogenen Ernennung Seckendorffs berichteten. Wiederholt war aber scheinbar in „Reichsgerichtskreisen" nichts von einer Ernennung bekannt. Seckendorff könne „höchstens für die Stellung eines Reichsgerichtspräsidenten in Vorschlag gebracht sein."[541] Die Bedenken wurden allerdings bereits einen Tag später, am 24. Mai 1905, ausgeräumt, als in einem Leitartikel die Ernennung Seckendorffs zum neuen Reichsgerichtspräsidenten „offiziell" bestätigt wurde.[542] Die Veröffentlichung der Ernennung im Reichsanzeiger erfolgte dementsprechend kurz darauf.[543] Nachdem die Entscheidung getroffen war, trieb die Reichsjustizverwaltung die Amtseinführung wegen der „Geschäftslage" des Reichsgerichts und der Entscheidung des „lippischen Thronfolgestreits" voran.[544] Die eigentliche kaiserliche Bestallungsorder erging am 20. Mai und wies als Tag der Amtsübernahme den 1. Juni 1905 aus.[545]

---

539 Die LNN, Nr. 124, vom 5. Mai 1905 berichten auf S. 9: „Aus Reichsgerichtskreisen wird uns übrigens versichert, daß von einer Ernennung noch überhaupt keine Rede sein könne und daß Frhr. von Seckendorff höchstens für den Posten des Reichsgerichtspräsidenten in Frage kommen könne; jedoch sei auch *davon* im Reichsgericht bisher nichts bekannt." Die kursive Hervorhebung stammt vom Verf.

540 Der bereits erwähnte Bericht über die vertraulichen Gespräche, BArch, R 43, Nr. 695, Bl. 27 f., ist auf den 6. Mai 1905 datiert.

541 LNN, Nr. 142, vom 23.5.1905, S. 9. In dem anonym verfassten Artikel in der Zeitschrift, Das Recht, 1905, S. 305, ist von „Angriffen einiger Berliner Blätter" die Rede. Was es mit dieser Kritik an der Ernennung Seckendorffs auf sich hatte, konnte nicht näher aufgeklärt werden.

542 LNN, Nr. 143, vom 24.5.1905, S. 1.

543 Hinweise in den LNN, Nr. 147, vom 28.5.1905, S. 9.

544 BArch, R 3001, Nr. 141, Bl. 136, 136 R. Schreiben vom RJA an das Preuß. Staatsministerium vom 25.5.1905.

545 BArch, R 3002, PA Nr. 790, Bd. 2, Bl. 3.

Rudolf Frhr. v. Seckendorff,
der neuernannte Reichsgerichtspräsident.

Abbildung 1) Illustrirte Zeitung, Band 124, Nr. 3231, S. 838
Stadtgeschichtliches Museum Leipzig, Signatur: III Q 147/3231

Am 2. Juni 1905, einem Freitag, stellte sich Rudolf Freiherr von Seckendorff seinen neuen Kollegen vor und nahm seine Tätigkeit am Reichsgericht auf: als Richter war er fortan im IV. Zivilsenat tätig[546], dessen Zuständigkeit sich

546 LNN, Nr. 153, vom 3.6.1905, S. 1, 17. Zugleich wählte er den Vorsitz im IV. Zivilsenat, BArch, R 3001, Nr. 141, Bl. 141, 141 R, Schreiben Seckendorffs an den Staatssekretär des RJA vom 2.6.1905.

hauptsächlich auf familien- und erbrechtliche Streitigkeiten erstreckte.[547] In der ersten Junihälfte kehrte er allerdings noch für einige Tage nach Berlin zurück, um manche „Geschäfte abzuwickeln".[548]

2) Seckendorff als Kompromisslösung?

Welche Stimmungen letztlich den Ausschlag gaben, ist nicht überliefert. Auch der Kaiser zögerte zunächst mit der Zustimmung für Seckendorff.[549] Die Wahl Rudolf von Seckendorffs zum Reichsgerichtspräsidenten war erneut eine Art Kompromisslösung.

In der Reichsjustizverwaltung und im Reichsgericht war man sich der Schwierigkeiten der Neubesetzung der Position eines Reichsgerichtspräsidenten nicht zuletzt aufgrund der Bedeutung des Bürgerlichen Gesetzbuches für die Rechtseinheit[550] und der damaligen massiven Justizkritik bewusst. Dementsprechend waren Kenntnisse über das neue Bürgerliche Recht bei der Ernennung von Seckendorffs Amtsvorgängern jeweils von erheblicher – wenn auch nicht immer entscheidender – Bedeutung gewesen (Stichwort: juristische Autorität).[551] Vor diesem Hintergrund ist seine Ernennung umso erstaunlicher. Dass trotz alledem ein Kandidat für das Amt des Reichsgerichtspräsidenten ausgewählt wurde, der kaum praktische Erfahrungen im Zivilrecht aufweisen konnte, war nicht selbstverständlich.

---

547 Zur Neuordnung der Geschäftsverteilung, Müller, a.a.O., S. 70.

548 ThStA, FA Seckendorff, Nr. 1595, Bl. 62, 64. Die LNN, Nr. 161, vom 11. Juni 1905, S. 9 berichten einige Tage später von einem Abschiedsessen, das im Festsaal des Zoologischen Gartens zu Berlin veranstaltet wurde. An diesem nahmen fast alle preußischen Staatsminister, die Staatssekretäre des Reichsjustizamts und des Reichspostamts – Nieberding und Krätke – und der Reichskanzler, (der neue Fürst) von Bülow, teil. Daran verdeutlicht sich mittelbar die Bedeutung der Person Seckendorffs bzw. des Amts des Reichsgerichtspräsidenten. Die Datumsangabe bei Müller (a.a.O., S. 123, Fn. 96 – 18.6.1905) bezieht sich offenbar auf den Zeitpunkt seiner Rückkehr aus Berlin.

549 Der Kaiser hatte sich nach einer Mitteilung aus der Reichskanzlei vom 19. Mai 1905 zunächst mit der Wahl Seckendorffs „noch nicht einverstanden erklärt", vgl. BArch, R 3001, Nr. 141, Bl. 127 ff.

550 Vgl. Schulte-Nölke, NJW 1996, 1705, 1706 f.

551 Siehe bereits zuvor Drittes Kapitel, A. I. Außerdem: BArch, R 3002, PA Nr. 304, Bd. 3, Bl. 220 R. Dort werden, in Verbindung mit den besonderen Rechtskenntnissen Gutbrods, dessen „Verdienste" bei der „Vorbereitung des neuen Bürgerlichen Rechts" hervorgehoben. Siehe dazu auch Müller, a.a.O., S. 120 ff.

Da indessen keiner der in Vorschlag gebrachten Kandidaten in einem ähnlichen Maße wie Karl Gutbrod mit dem Bürgerlichen Gesetzbuch bewandert war, blieb der Reichsjustizverwaltung keine Wahl. Es musste daher auf *andere* Erwägungen, d.h. nicht lediglich auf eine etwaige Erfahrung mit dem neuen Bürgerlichen Recht bzw. Autorität als Zivilrechtler, ankommen. Hinzu kam, dass die Ernennung eines Amtsnachfolgers vor dem Hintergrund der Geschäftsbelastung des Reichsgerichts und der noch ausstehenden Entscheidung im lippischen Thronfolgestreit keinen langen Aufschub duldete.[552] Aus diesen Gründen dürfte eine Kombination der beschriebenen Auswahlgrundsätze für die Reichsjustizverwaltung ausschlaggebend gewesen sein, auch wenn sich dies anhand der untersuchten Quellen nicht sicher für Seckendorff belegen lässt.

Deutlich wird aber, dass den politischen Argumenten – positiv wie negativ – eine erhebliche Rolle zukam. Die seit Jahren schwelende Justizkritik[553] führte u.a. dazu, dass Olshausen aufgrund seiner Stellung als Oberreichsanwalt aus der engeren Kandidatenwahl ausgeschlossen wurde. Entsprechendes gilt für den Kandidaten Vierhaus, dessen antisemitische Äußerungen ihn für das Amt disqualifizierten, weil dies der integrativen Funktion eines Reichsgerichtspräsidenten widersprach.[554] Allerdings sollte mit Seckendorff nun abermals ein Preuße für das Amt ausgewählt werden.

Vor dem Hintergrund der weiteren sachlichen, persönlichen und politischen Erwägungen stellt sich die Auswahl Seckendorffs unter den damals gegebenen Umständen trotz alledem als plausible Kompromisslösung dar. Er war zwar eher ein Verwaltungsjurist und anders als seine Amtsvorgänger – wird einmal von der Mitwirkung an der Zivilprozessnovelle von 1898 abgesehen – nicht an der Vorbereitung des neuen Bürgerlichen Rechts beteiligt. Andererseits besaß er durchaus einige Eigenschaften und Kenntnisse, die ihn auch im Hinblick auf die Auswahlgrundsätze für das Amt empfahlen.

Der „hochbegabte“ und „tüchtige“ Jurist[555] war durch seine Tätigkeit im Staatsministerium nicht nur mit Verwaltungsaufgaben vertraut[556], sondern vor

552 Vgl. BArch, R 43, Nr. 695, Bl. 31 – diese Entscheidung konnte nur unter dem Vorsitz eines Reichsgerichtspräsidenten gefällt werden, Drittes Kapitel, B. II.

553 Vgl. Wilhelm, a.a.O., 335 ff., 504 ff.

554 Auf die Bedeutung des Reichsgerichtspräsidenten als Integrationsfigur weisen schon die LNN, Nr. 74, vom 15.3.1903, S. 1 f. hin. Der Reichsgerichtspräsident sollte zudem die Reichsgewalt in Leipzig repräsentieren, BArch, R 43, Nr. 695, Bl. 36 ff., Bl. 36 R.

555 LNN, Nr. 142, vom 23.5.1905, S. 9; Anonym, Das Recht, 1905, S. 305.

556 Zu den verwaltenden Tätigkeiten des Unterstaatssekretärs siehe ACTA BORUSSICA, Neue Folge, Bd. 9, S. 38 f.

allem über die Entwicklungen der jüngeren (Reichs-)gesetzgebung umfangreich informiert gewesen.[557] Über seine frühen persönlichen Kontakte zum Reichsgericht[558] hinaus, besaß Seckendorff durch seine Arbeit im Reichsjustizamt und Disziplinarhof Kenntnisse über die „allgemeinen Verhältnisse" beim Gerichtshof und damit sachliche Beziehungen zum Reichsgericht.[559] Solche Kenntnisse waren im Ernennungsverfahren von Vorteil, weil u.a. – wie soeben angesprochen – die Lösung der Geschäftsbelastung zu den dringlichsten Problemen des Reichsgerichts gehörte[560] und nicht zuletzt deswegen die schnelle Ernennung eines *Amts*nachfolgers aus sachlichen Gründen geboten war. Obwohl es sich bei dem Amt des Reichsgerichtspräsidenten um *die* Spitzenposition in der Reichsjustizverwaltung handelte, kam es auf Seckendorffs adelige Herkunft nach dem Vorstehenden nicht an.[561]

Auch die sozialen Fähigkeiten eines Kandidaten haben eine größere Rolle bei der Entscheidungfindung gespielt. Der Reichsgerichtspräsident musste eine Autorität in jeglicher Hinsicht darstellen, ein Bindeglied im Gerichtshof sein. Er sollte für die Repräsentation, den Zusammenhalt bzw. die Integration der Reichsgerichtsmitglieder sorgen.[562] Dies alles hatte nach zeitgenössischen Aussagen gerade unter Otto von Oehlschläger gelitten: es habe keine „amtlichen Geselligkeiten" und nur noch unzureichenden Kontakt zwischen den Reichsgerichtsmitgliedern gegeben.[563] Seckendorff eignete sich nach den Anschauungen der Zeitgenossen hingegen sehr für die repräsentativen Anforderungen

557 Zur Gesetzeskenntnis etwa: Anonym, DJZ 1905, Sp. 537; Illustrirte Zeitung, Bd. 124, Nr. 3231, S. 838.

558 Vgl. LNN, Nr. 142, vom 23.5.1905, S. 9. Genauer zu den „familiären Beziehungen" zum Gerichtshof siehe Erstes Kapitel, A. I.

559 Der anonyme Verfasser der Mitteilung in der Zeitschrift, Das Recht, 1905, S. 305, verwies ebenfalls darauf, dass dem neuen Reichsgerichtspräsidenten „die Verhältnisse am Reichsgericht nicht fremd" seien.

560 Gutbrod, S. 73.

561 „[es erscheint] mit Rücksicht auf die Geschäftslage des Reichsgerichts dringend erwünscht, dass der neue Präsident sein Amt nicht später als am 1. Juni d. Js. übernimmt. Auch politische Gründe lassen den baldigen Amtsantritt desselben geboten erscheinen, weil das zur Erledigung des Lippischen Thronstreits berufene Schiedsgericht die ihm übertragene Entscheidung nur unter dem *persönlichen Vorsitze des Präsidenten* fällen kann.", BArch, R 43, Nr. 695, Bl. 31, Hervorhebung vom Verfasser. Zur Bedeutung der Amtsstellung im Lippischen Thronfolgestreit, Drittes Kapitel, B. II. 1.

562 Siehe unten Viertes Kapitel, B. und C.

563 Gutbrod, a.a.O. S. 73.

der Stellung.[564] Seine repräsentativen Fähigkeiten und seine Fähigkeit zum Ausgleich hatte er nicht nur in seiner Zeit im Reichsjustizamt anschaulich bewiesen.[565] Seine „Reichstreue“ bzw. politische Zuverlässigkeit hatte Seckendorff außerdem wiederholt, etwa im Rahmen der Reform des Militärstrafverfahrens, „genügend“ unter Beweis gestellt. Und schließlich hatte er die zuvor angesprochene Altersgrenze noch nicht erreicht.

Gegenüber dem ebenfalls[566] als „hervorragenden Geschäftsmann“ bekannten Bayern Thelemann[567] war möglicherweise aus politischen Gründen entscheidend, dass Seckendorff rheinländischer Preuße katholischen Glaubens war.[568] Andere geeignete Kandidaten katholischen Glaubens kamen nicht in Betracht.[569] Thelemann war zwar Bayer, aber von evangelischer Konfession.[570] Für die Bedeutung seines Religionsbekenntnisses bei der Personalauswahl spricht, dass Reichskanzler Bülow wenige Monate später, als der Zentrumspolitiker Spahn zum Oberlandesgerichtspräsidenten in Kiel ernannt werden sollte, die Bedeutung der Parität der Religionen bei der Besetzung von Ämtern betonte. Es müsse Aufgabe der Regierung sein, eine „möglichste Einigung“ zwischen den Religionen anzustreben, um im Interesse des „politischen Friedens“ zu verhindern, dass sich die Religionen wie zwei Blöcke gegenüberstehen.[571] Nicht zuletzt

---

564 LNN, Nr. 142, vom 23.5.1905, S. 9. Auch Nieberding erkannte die sozialen Fähigkeiten Seckendorffs an, BArch, R 43, Nr. 695, Bl. 7.

565 Siehe Erstes Kapitel, B.

566 Seckendorff war als ausgezeichneter Geschäftsmann mit angenehmen Formen, der sich vieler Sympathien erfreute, bekannt, Illustrirte Zeitung, Bd. 124, Nr. 3231, S. 838.

567 Vgl. BArch, R 43, Nr. 695, Bl. 5 R, 9.

568 Zum Einfluss der Religion auf die Wahl eines Reichsgerichtspräsidenten, vgl. GStA PK, Rep. 89, Nr. 16876, Bl. 178 c) (zu Oscar Hamm). Nichtsdestotrotz dürfte eine „zentrumsferne“ Einstellung förderlich für die Ernennung eines Katholiken zum Reichsgerichtspräsidenten gewesen sein. Ähnliches gilt für die Empfehlung Seckendorffs für das Staatsministerium, siehe Intermezzo, A; Zweites Kapitel, A. II. Dass die Religion eines Reichsrichters nicht ganz unbedeutend war, beweisen auch die Stellenbesetzungslisten des Reichsgerichts. Die Religionsangabe bei Seckendorff wurde durch Unterstreichung „markiert“, BArch, R 3001, Nr. 142, Bl. 2.

569 In den Vorschlagslisten findet sich nur ein weiterer Katholik, der damalige Präsident des OLG Hamm, Holtgreven. Dessen Kandidatur wurde allerdings – da er keine größere juristische Autorität besaß und nicht zur Repräsentation geeignet erschien – weder vom RJA noch innerhalb des Reichsgerichts befürwortet, BArch, R 43, Nr. 695, Bl. 8 f., 25, 27 R.

570 BArch, R 43, Nr. 695, Bl. 9.

571 Vgl. GStA PK, Rep. 90 A Nr. 2337, Bl. 107 ff., Bl. 108 R, 109 R, Sitzung des Preußischen Staatsministeriums vom 15.11.1905.

fiel das Auswahlverfahren in eine Zeit, in der der politische Katholizismus zu einer Stütze der Regierung geworden war und sich die Haltung der (preußischen) Justizverwaltung gegenüber dem Zentrum gelockert hatte.[572] Immerhin konnte die erneute Auswahl eines Preußen im Amt des Reichsgerichtspräsidenten den süddeutschen Gliedstaaten dadurch politisch erträglich gemacht werden, dass mit Seckendorff erstmals ein katholischer Rheinpreuße in dieses Amt gelangte. Da auch dem Richterkollegium beim Reichsgericht trotz der zwischenzeitlichen Fürsprache des Reichsjustizamts ein außerpreußischer Kandidat für das Amt schwerlich vermittelbar war, schied der Kandidat v. Thelemann aus der Kandidatenwahl aus.

Daher dürfte sich die Haltung manch „älterer Mitglieder" des Kollegiums positiv auf die Ernennung Seckendorffs ausgewirkt haben. Die Meinung der Reichsrichter über einen Kandidaten war, wie sich entgegen der von *Müller* vertretenen Ansicht[573] aus dem Vorstehenden ergibt, nicht nur von untergeordneter Bedeutung.

Hinzu mag im Ergebnis auch ein Gesichtspunkt gekommen sein, der bereits früher Seckendorffs Beurteilung positiv beeinflusst hatte: seine „hervorragende" Gesetzeskenntnis und Geschäftsgewandtheit.[574] Die Entscheidungsträger in der Reichsverwaltung trauten ihm offenbar zu, dass er sich schnell in seinen neuen (zivilrechtlichen) Tätigkeitsbereich einschließlich der damit verbundenen Schwierigkeiten würde einarbeiten können. Dem Aspekt seiner eventuell fehlenden oder geringen (juristischen) Autorität im Reichsgericht maßen sie daher kaum Bedeutung bei.

III) Gründe für die Annahme des Amts des Reichsgerichtspräsidenten

Für Seckendorff kam die Auswahl und Ernennung zum Reichsgerichtspräsidenten unerwartet. Womöglich fiel ihm aus diesem Grund der Abschied von Berlin,

572 Vgl. Ormond, a.a.O., S. 427 f.

573 Danach hatten die Mitglieder des Gerichtshofes kaum Einfluss auf dessen Zusammensetzung, vgl. Müller, a.a.O., S. 114.

574 GStPK, Rep. 89, Nr. 27, Bl. 168 b). Geschäftsgewandtheit kann eben auch mit „Fähigkeit", Beweglichkeit in dem Sinne verstanden werden, dass man ihm zutraute mit schwierigen Situationen (also in diesem Sinne mit einem neuen Gesetz) umzugehen. Bei „schwierigen Aufgaben" bediente man sich aber „gern seiner Feder", Reden bei der Gedenkfeier, S. 6. Zu diesem Aspekt bereits oben Zweites Kapitel, C. II. 3.

wie er später in seinen Lebenserinnerungen berichtete, nicht leicht.[575] Die Gründe, warum er sich dennoch für die Annahme des Amts entschlossen hatte, dürften vielfältiger Art gewesen sein. Zum einen besaß er bereits einige persönliche Kontakte zum Reichsgericht. Zum anderen war die Stellung des Reichsgerichtspräsidenten in Leipzig allgemein, etwa gegenüber den (preußischen) Oberlandesgerichtspräsidenten[576], im Laufe der Jahre nicht nur in finanzieller Hinsicht attraktiver geworden. Seit Karl Gutbrod bekam der Präsident nämlich ein jährliches Gehalt von 20.000 M plus 10.000 M Repräsentationskosten, währenddessen Simson und Oehlschläger zwar 25.000 M Gehalt bezogen, dafür aber keine besondere „Repräsentationszulage" erhalten hatten.[577]

Leipzig entwickelte sich seit Mitte des 19. Jahrhunderts immer mehr zu einer Boomtown auf kulturellem und wirtschaftlichem Gebiet, wodurch die bisweilen geäußerte Sorge, das Reichsgericht würde in Leipzig in „provinzieller Bedeutungslosigkeit" versinken, immer mehr ausgeräumt wurde.[578] Das Amt des Reichsgerichtspräsidenten war möglicherweise gerade für ‚Randpreußen' sehr *prestigeträchtig* und erstrebenswert sowie wichtig für die Reichs- und Rechtseinheit. So erfuhr die Judikatur des Reichsgerichts bspw. durch die weitere Rechtsvereinheitlichung im Zuge des Inkrafttreten des BGBs[579], d.h. die Einbeziehung des sächsischen und bayerischen Rechtskreises, eine nicht unbeträchtliche Erweiterung.[580] Man stand als Reichsgerichtspräsident außerdem in der

---

575 Vgl. ThStA, FA Seckendorff, Nr. 1595, Bl. 62 f. Auch bei der seckendorff'schen Gedächtnisfeier wird auf diesen Umstand hingewiesen, Reden bei der Gedenkfeier, S. 9.

576 Zur Besoldung der preußischen Oberlandesgerichtspräsidenten siehe Ormond, a.a.O., S. 163 ff. 1909 betrug beispielsweise das Gehalt des Kammergerichtspräsidenten 20.000 M (ebd., S. 171).

577 Dazu auch Müller, a.a.O., S. 94. 1908 betrug das Gehalt des Reichsgerichtspräsidenten 26.000 M plus 10.000 M Repräsentationskosten, dazu siehe BArch, R 43, Nr. 695, Bl. 36 ff. Zu den „neuen Anstellungsbedingungen" siehe auch die LNN, Nr. 143, vom 24.5.1905, S. 1.

578 Zur Kritik an der Wahl Leipzigs siehe Müller, a.a.O., S. 43 ff. Dort wird darauf verwiesen, dass bei einigen Räten die Vorzüge der Großstadt Berlin, die sich etwa auch auf die Teilnahme an „öffentlichen Gesellschaften" bezogen, vermisst würden. Allerdings trug gerade Seckendorff dazu bei, dass das Reichsgericht zu einem Zentrum des gesellschaftlichen Lebens in Leipzig wurde, siehe unten Viertes Kapitel, C. II.

579 Müller, a.a.O., S. 54 f.

580 Zur Attraktivität des Reichsgerichts allgemein: Residenzen des Rechts, S. 123 (Diskussionsbeiträge). „Mindestens für die Zeit bis 1918/1925, kann man sagen, dass weder aus Bayern, noch aus Preußen bei den einzelnen Richtern übergroße Neigung bestand, nach Leipzig zu gehen, und zwar deshalb: die Bayern hatten ihr bayerisches

Nachfolge der Symbolfigur Eduard von Simsons.[581] Die Gründe für die Annahme des Amts waren daher auch für Seckendorff, der die Stelle des Reichsgerichtspräsidenten als „einzigartig" und „beneidenswert" ansah[582], vornehmlich ideeller Art. Ähnliche Erwägungen haben vielleicht auch den Ostpreußen und Kammergerichtspräsidenten a. D., Otto Karl von Oehlschläger, zur Annahme des Amtes bewogen, obwohl dieser vorher als Staatssekretär[583] ein formell höheres Amt[584] bekleidet hatte. Eine Annahme des Amtes aus rein finanziellen Gründen dürfte ausscheiden, da Letzterem bereits als Staatssekretär ein Gehalt von 24.000 M zugestanden hatte.[585]

Für die Annahme des Amts durch Seckendorff dürften außer den vorstehenden Erwägungen auch dessen musische Neigungen und Interessen gesprochen haben.[586] Leipzig war und ist nicht nur berühmt für seine lang zurückreichende

---

oberstes Landesgericht; die dortigen Oberlandesgerichtsräte hatten ein außerordentliches Ansehen und wollten in München bleiben. Das gleiche gilt für Preußen, die das *Kammergericht* anstrebten. *Das war mehr eine Legende, eine Ideologie als Rechtsprechungsinstitution*, und deshalb war auch von dorther die Neigung nicht allzu groß [...] die Kern-Berliner, möchte ich sagen, und die Kern-Bayern blieben lieber Zuhause mit ihrem gesellschaftlichem Ansehen." Zitiert nach Kissel. Hervorhebung vom Verfasser.

581 Vgl. GStA PK, Rep. 89, Nr. 16872, Bl. 13 f. Kritischer Vortmann, Meibom Lebenserinnerungen, S. 122, 137.

582 ThStA, FA Seckendorff, Nr. 1595, Bl. 63.

583 Zu diesem Hattenhauer, a.a.O., S. 37 f.

584 Das Reichsgericht gehörte zu den höheren Reichsbehörden, d.h. zu denjenigen Behörden, die den obersten Reichsbehörden – hier dem Reichsjustizamt – unmittelbar untergeordnet waren. Erhellend mag auch sein, dass Oehlschläger bei Übernahme des Amts darum gebeten hatte, die Galakleidung des im Range eigentlich höher stehenden Staatssekretärs des Reichsjustizamts auch als Reichsgerichtspräsident tragen zu dürfen, siehe dazu GStA PK, Rep. 89, Nr. 16854, Bl. 134, ebd., Nr. 16874, Bl. 47 ff., Bl. 49 f. Der Staatsekretär und der Reichsgerichtspräsident trugen jeweils, in Abstufungen, die Galakleidung der Wirklichen Geheimen Räte. Zu Rang und Titel der Reichsgerichtsmitglieder, Müller, a.a.O., S. 100 ff.

585 Hattenhauer, a.a.O., S. 23. Später wurde das Gehalt des Staatssekretärs allerdings auf 44.000 M erhöht, ebd., S. 39.

586 Vgl. ThStA, FA Seckendorff, Nr. 1595, Bl. 63 f. Die Stadt Leipzig „zeichnet sich vor vielen anderen grossen Städten dadurch aus, dass das geistige und gesellige Leben aus verschiedensten Quellen und Interessenkreisen genährt wird, an denen Handel und Industrie, Beamtentum und Militär, Wissenschaft und Kunst [...] beteiligt sind. *Die Stellung des Reichsgerichtspräsidenten bringt es mit sich*, dass er zu all diesen Kreisen in Beziehung kommt und Fühlung behält." (Hervorhebung vom Verf.).

musikalische Geschichte[587], sondern ist auch als Geburtsstadt Richard Wagners bekannt.[588] Seckendorff fühlte sich bereits mit jungen Jahren eng mit dem wagnerischen Werk verbunden.[589] Demzufolge spiegelte sich Seckendorffs Interesse an der Stadt und am Amt auch in dessen umfangreicher repräsentativer Tätigkeit wider.[590]

IV) Ausblick

Entgegen der Ansicht *E. Ebermayers*[591] war die Wahl des Reichsgerichtspräsidenten allgemein und auch im Fall Seckendorff keine „unpolitische" Angelegenheit, sondern eine Entscheidung, die von verschiedenen sachlichen, aber auch politischen Erwägungen bestimmt war. Der Reichsgerichtspräsident sollte insbesondere juristisches Ansehen, d.h. Autorität im Kollegium besitzen und repräsentieren können. Die Achtung vor dem Reichsgericht führte dabei dazu, den Gerichtshof grundsätzlich in die Auswahlentscheidung mit einzubeziehen. Politische Erwägungen beschränkten und erweiterten allerdings die Kandidatenwahl. Strafrechtler kamen für die Stellung aus politischen Gründen grundsätzlich nicht in Betracht. Rücksichten auf die süddeutschen Bundesstaaten führten dazu, mit Karl Gutbrod ausnahmsweise auch einen im neuen Zivilrecht erfahrenen Nichtpreußen für dieses Amt vorzuschlagen. Es sollte dem Eindruck entgegengetreten werden, das Amt des Reichsgerichtspräsidenten sei ein preußisches Reservat. Obwohl es sich bei dem Amt des Reichsgerichtspräsidenten um eine repräsentative Spitzenposition in der Reichsverwaltung handelte, war die adelige Stellung eines Kandidaten nicht entscheidend.

---

587 Vgl. Riedel, Stadtlexikon, S. 595 (Artikel: Thomanerchor), S. 180 (Artikel: Gewandhaus).

588 Riedel, Stadtlexikon, S. 627 (Artikel: Richard Wagner).

589 Vgl. Reden bei der Gedenkfeier, S. 7.

590 Siehe dazu unten Viertes Kapitel, C. II.

591 Vgl. Ebermayer, Prisma 1947, S. 21. Das „Politische Element" zeigt sich besonders deutlich an der Wahl (v.) Simsons, GStA PK, Rep. 89, Nr. 16872, Bl. 12 ff., insbes. Bl. 13 f. „Es empfiehlt sich […] bei der zu treffenden Wahl nicht blos die Befriedigung des juristisch-technischen Bedürfnisses ins Auge zu fassen, sondern auch der Bedeutung Rechnung zu tragen, welche dem Reichsgericht neben seiner Aufgabe als höchste Rechtspflegeanstalt *zugleich als einer der wichtigsten politischen Organisationen des Reichs beizumessen ist.*" Die Hervorhebung stammt vom Verf. Auch Ebermayer machte sich offenbar die „Logik der Beamtenschaft" im Kaiserreich zueigen, wonach an der Behördenspitze jeweils „unpolitische Beamte" standen, vgl. dazu allgemein Winkler, Der lange Weg nach Westen, Bd. 1, S. 384.

Da bei der erneuten Besetzung des Amtes des Reichsgerichtspräsidenten nach dem Tod Gutbrods kein Kandidat zur Verfügung stand, der ähnliche Erfahrungen mit dem BGB aufweisen konnte, blieb der Reichsjustizverwaltung keine andere Wahl. Es musste auf andere Erwägungen ankommen, wenn auch die genauen Gründe für die Auswahl Seckendorffs sich anhand der Quellen nicht klären ließen. Dass vor dem Hintergrund der damaligen Justizkritik ein Kandidat für das Amt des Reichsgerichtspräsidenten ausgewählt wurde, der kaum praktische Erfahrungen im Zivilrecht aufweisen konnte, war jedenfalls nicht selbstverständlich. Im Ergebnis dürfte eine Kombination der beschriebenen Auswahlgründe für die Wahl Seckendorffs entscheidend gewesen sein.

So besaß Seckendorff zwar teilweise im größeren Maße als seine Vorgänger persönliche wie auch berufliche Beziehungen zum Gerichtshof sowie eine umfangreiche Verwaltungserfahrung und genügte damit einigen Anforderungen an das Amt. Zu einer Zeit jedoch, in der katholische Kandidaten aus politischen Gründen vermehrt bei der Stellenbesetzung innerhalb der Justiz berücksichtigt wurden und der politische Katholizismus zu einer Stütze der Regierung geworden war, hat sich Seckendorffs Religionsbekenntnis wahrscheinlich positiv auf seine Wahl ausgewirkt. Mit ihm konnte abermals ein Preuße ausgewählt werden, der den repräsentativen Anforderungen der Stelle entsprach und zudem aufgrund seines Religionsbekenntnisses als Preuße ebenfalls für die süddeutschen Gliedstaaten annehmbar war. Dem Aspekt seiner eventuell fehlenden oder geringen juristischen Autorität im Reichsgericht maß man in der Reichs(-justiz)verwaltung kaum Bedeutung bei. Offenbar ging man davon aus, er würde sich der Stelle auch in dieser Hinsicht gewachsen zeigen.

Von der späteren Verehrung, die ihm als Mensch und als Jurist zuteilwurde, war 1905 jedoch nichts zu spüren. Es sind Betrachtungen von Außenstehenden, die Seckendorffs juristische Fähigkeiten, seine „Geschäftsgewandtheit" und „angenehme Formen" loben.[592] Im Reichsgericht selbst herrschten indes nicht nur Zweifel an seinen juristischen Fähigkeiten, weil er mit dem Bürgerlichen Gesetzbuch nicht vertraut war. Man fürchtete zudem eine politische Einflussnahme auf die anstehende Entscheidung im Lippischen Erbfolgestreit, wenn Seckendorff zum Reichsgerichtspräsidenten ernannt werden sollte. Vor allem die in den damaligen Presseberichten deutlich werdende anhaltende Skepsis *im* Gericht selbst verdeutlicht die schwierige Position, die Rudolf von Seckendorff

592 Vgl. Illustrirte Zeitung, Bd. 124, Nr. 3231, S. 838.

zu Beginn seiner Amtszeit innehatte.[593] Er war entgegen der Vermutung *Kai Müllers* keine Symbolfigur[594], sondern musste sich erst in der Stellung beweisen. Wie gelang es ihm also zu einer „achtungsgebietenden Persönlichkeit" und zu einem „Vorbild" zu werden?[595]

B) Rudolf von Seckendorff als Richter – praktisch und ‚gut'?

> *„Soweit es in meiner Macht und Kraft steht, werde ich stets bemüht sein, darauf hinzuwirken, daß [einer] […] von freiem Geist getragene[n], von jeder Einseitigkeit und jedem starren juristischen Formalismus losgelöste[n] Rechtsprechung Rechnung getragen werde."*
>
> *– Rudolf von Seckendorff –*[596]

I) Ein schwieriger Einstand – Gegenwind im Reichsgericht

Der Beginn seiner Tätigkeit am Reichsgericht verlief für Rudolf von Seckendorff denkbar ungünstig. So befürchtete der Staatssekretär des Reichsjustizamts, dass er sich auf eine schwierige Stellung im Kollegium gefasst machen müsse. Dies deshalb, weil seine zukünftigen Kollegen Zweifel an den zivilrechtlichen Fähigkeiten und der juristischen Autorität des neuen Reichsgerichtspräsidenten hegten. Auch wenn sich die von den Reichsrichtern gegenüber Seckendorff geäußerten Vorbehalte im Wesentlichen auf dessen juristische Fähigkeiten bezogen, wird seine Amtsführung im Folgenden unter verschiedenen Blickwinkeln untersucht. Dabei wird insbesondere der Frage nachgegangen, wie es ihm gelang, zu einer respektierten Persönlichkeit zu werden.

Für die Zeit vom Sommer bis Spätherbst 1905 dürfte es in den Augen der Reichsrichter darauf angekommen sein, wie er das Verfahren zur Lösung des lippeschen Erbfolgestreits führte. So hatten diese im Rahmen des

---

593 Vgl. ebenfalls dazu die bereits zitierten Äußerungen Nieberdings im Rahmen des Auswahlverfahrens, BArch, R 43, Nr. 695, Bl. 28.

594 Müller, a.a.O., S. 123 f.

595 Diese Charakterbeschreibungen finden sich in der LNN, Nr. 268, vom 24.9.1932, S. 2. und LNN, Nr. 269, vom 25.9.1932 S. 13.

596 BArch, R 3002, PA Nr. 790, Bd. 2, Bl. 52, 52 R. Schreiben Seckendorffs an die Aeltesten der Kaufmannschaft von Berlin vom 26.11.1914, Hervorhebungen vom Verfasser.

Ernennungsverfahrens noch die Sorge geäußert, eine Ernennung Seckendorffs würde zu „politischen Anfechtungen“ führen.

II) Eine erste Bewährungsprobe – die Beendigung des lippischen Thronfolgestreits

Das Verfahren zur Beendigung des lippischen Thronfolgestreites stellte daher für Rudolf von Seckendorff eine erste Bewährungsprobe dar. Mit dem Amt des Reichsgerichtspräsidenten hatte er zugleich den Vorsitz im Schiedsgericht zur Lösung des Erbstreites übernommen. Sein Amtsvorgänger Karl Gutbrod hatte sich durch seinen Arbeitseinsatz in dieser politisch brisanten Angelegenheit großen Respekt und Ansehen im Gericht verschafft.[597] Dort bestanden gegenüber Seckendorff indes Vorbehalte, da er aufgrund seiner vorangegangenen Tätigkeit als „Vertrauensmann“ des preußischen Staatsministeriums angesehen wurde.

1) Zur Vorgeschichte und Brisanz des Verfahrens

Das Schiedsverfahren hatte die Regelung der Thronfolge im Fürstentum Lippe-Detmold zum Gegenstand. Bei diesem Thronfolgestreit handelte es sich um einen etwa 10 Jahre dauernden, aus zwei Teilen bestehenden Rechtsstreit um den Detmolder Fürstenthron.[598] Nachdem 1895 der letzte regierende Fürst von Lippe-Detmold kinderlos verstorben war, brach zwischen den Linien Lippe-Schaumburg und Lippe-Biesterfeld ein Streit um die Nachfolge aus. Nach der damals üblichen, auf dem Erbrecht des jeweils ersten Sohnes beruhenden Erbfolge, wären an sich die Biesterfelder vorrangig vor den Schaumburgern erbberechtigt gewesen. Gegen die Thronfolgeberechtigung der Biesterfelder führten die Schaumburger u.a. eine (angeblich) mangelnde Ebenbürtigkeit[599] der Angehörigen der Biesterfelder Linie sowie einen 1886 geschlossenen Erbvertrag[600] ins Feld. Der letzte regierende Fürst von Lippe-Detmold und die Schaumburger

597 Zum Arbeitseinsatz siehe Gutbrod a.a.O., S. 73 ff., 84; Hinweise finden sich auch in den LNN, Nr. 108, vom 18.4.1905, S. 1.

598 Bartels-Ishikawa, Thronfolgestreit, S. 1.

599 Da ein Vorfahr eine nicht standesgemäße Ehe eingegangen sein soll, seien die Angehörigen der Biesterfelder Linie nicht thronfolgeberechtigt, Bartels-Ishikawa, a.a.O., S. 26.

600 Dieser Vertrag war maßgeblich (wohl) auch darauf zurückzuführen, dass der letzte in Detmold regierende Fürst eine Abneigung gegenüber seinen gräflichen Verwandten entwickelte, Reichold, Der Streit um die Thronfolge, S. 5 ff., S. 67 f.

hatten darin vereinbart, dass ein Angehöriger der Linie Schaumburg die Nachfolge im Fürstentum Detmold antreten solle.[601]

Das Verfahren um die Thronfolge entwickelte daraufhin zunehmend eine politische Dimension, da es die Grundlagen des damaligen Staatsrechts – das Verhältnis zwischen demokratischem und monarchischem Prinzip – berührte.[602] Weder die lippische Verfassung noch die Reichsverfassung besaßen (ausdrückliche) Regelungen zur Schlichtung von Thronfolgestreitigkeiten bzw. bestimmten ein Gremium, das für solche Streitigkeiten zuständig war.[603] Konnte ein Monarch die Thronfolge in seinem Territorium (ausschließlich) selbst bestimmen, wie dies durch den soeben genannten Vertrag geschehen war oder war ein Fürst an die Mitwirkung des Landtages gebunden? Für den lippischen Landtag war eine solche Regelung „ungesetzlich", da er dazu seine Zustimmung nicht erteilt hatte.[604] Welche Instanz sollte indes für solche Streitigkeiten – der Bundesrat, ein Fürstengericht als Schiedsgericht oder das Reichsgericht – zuständig sein?[605] Diese und weitere Fragen[606] waren damals umstritten, so dass der Staatsrechtler Wilhelm Kahl formulieren konnte: „das ganze öffentliche Rechtsbewußtsein in Deutschland (war) stark bei der Sache interessirt […]."[607]

Ein erster Schiedsspruch unter dem Vorsitz des Königs von Sachsen und unter Beteiligung einiger Mitglieder des Reichsgerichts aus dem Jahr 1897 hatte den Streit nur unvollkommen beilegen können. Das Schiedsgericht klärte lediglich die Ebenbürtigkeit bzw. Thronfolgefähigkeit des damaligen Familienoberhauptes der Biesterfelder, Ernst zur Lippe-Biesterfeld.[608] Nachdem dieser im Herbst 1904 verstorben war, entbrannte das Verfahren, diesmal um die Thronfolgefähigkeit von dessen Nachkommen erneut.[609]

Eine zusätzliche Brisanz erhielt das Verfahren durch das Verhalten Wilhelms II. Über den Verlauf und den Ausgang des ersten Verfahrens war er

601 Bartels-Ishikawa, a.a.O., S. 24 ff.
602 Bartels-Ishikawa, a.a.O., S. 2, 9 ff.
603 Bartels-Ishikawa, a.a.O., S. 28 f., 38 ff.
604 Vgl. Bartels-Ishikawa, a.a.O., S. 28, 52 ff.
605 Bartels-Ishikawa, a.a.O., S. 169 ff.
606 Zur Diskussion über die Rechtsnatur des Reiches, Bartels-Ishikawa, a.a.O., S. 114 ff.
607 Zitiert nach Bartels-Ishikawa, a.a.O., S. 1.
608 Bartels-Ishikawa, a.a.O., S. 28 ff.; Reichold, a.a.O., S. 29 ff. Ein Abdruck des ersten Schiedsspruches befindet sich in BArch, R 3004, Nr. 23.
609 Bartels-Ishikawa, a.a.O., S. 34 f. Zu weiteren Einzelheiten, ebd., S. 24 ff.

unzufrieden.[610] So vertrat er u.a. die Auffassung, die Rechtwirksamkeit des ersten Schiedsspruches sei mit dem Tod des Grafregenten Ernst „erschöpft".[611] Da er bereits in der Bildung eines Schiedsgerichtes „gefährliche demokratische Anwandlungen" sah und darin einen Eingriff in das Privatfürstenrecht erblickte[612], regte er die Einrichtung eines Fürstengerichtes zur Schlichtung von Thronfolgestreitigkeiten an.[613]

Sein Handeln dürfte im Übrigen auch auf persönliche Motive zurückzuführen sein. Ein mögliches „Verpflichtungsgefühl" gegenüber seiner Schwester, die mit dem von ihm favorisierten Nachfolger für den Fürstenthron in Detmold verheiratet war, könnte dafür die Erklärung gewesen ein.[614]

Am Ende wurde der Thronfolgestreit nicht durch ein Fürstengericht oder einen Staatsgerichtshof entschieden, sondern es setzte sich abermals ein Schiedsgerichtsmodell durch. Das Verfahren wurde durch den Bundesrat dem vereinigten IV. und VII. Senat des Reichsgerichts[615] zur Entscheidung

---

610 Vgl. die Angaben bei Reichold, a.a.O., S. 38 ff. („Politik der Nadelstiche"); im Übrigen Röhl, Wilhelm II., Bd. 2, S. 890 ff.

611 Vgl. Reichold, a.a.O., S. 58 f. Demgegenüber verweist Seckendorff in seinen Erinnerungen (a.a.O., Bl. 66) auf den Umstand, dass der Haupteinwand gegen das Erbfolgerecht der Biesterfelder – die angeblich nicht ebenbürtige Ehe eines Vorfahren – bereits durch den ersten Schiedsspruch rechtkräftig verworfen wurde. Anders gewendet: die Rechtswirksamkeit des Schiedsspruches war durch den Tod des Grafen Ernst nicht „erschöpft".

612 Vgl. Reichold, a.a.O., S. 34, 43. Als der Reichskanzler dem Kaiser 1896 das Schiedsverfahren vorschlug, antwortete dieser: „Schiedsrichter in dieser Frage kann nur *einer* im Reich sein, und das ist der *Deutsche Kaiser*! Jede andere Alternative ist *undenkbar*. [...] Streitigkeiten unter Reichsfürsten kann kein Gericht entscheiden, das können nur die Fürsten unter dem Kaiser [...].", zitiert nach Röhl, Wilhelm II., S. 891 f.

613 Reichold, a.a.O., S. 35 f. Dieser Plan scheiterte jedoch am Widerstand der Bundesfürsten, die ihre Souveränität gefährdet sahen, Bartels-Ishikawa, a.a.O., S. 33.

614 Reichold, a.a.O., S. 67 f. Auf das „Verpflichtungsgefühl" Wilhelms II. gegenüber seiner Schwester wird auch in Gutbrod, a.a.O., S. 76 hingewiesen.

615 Zur Ausgestaltung des Schiedsverfahrens vor dem Reichsgericht fand im Vorfeld ab Oktober 1904 ein *vertraulicher* Schriftwechsel zwischen Arnold Nieberding und Karl Gutbrod statt. Danach sollte die Wahl der zu beteiligenden Senate dem Reichsgerichtspräsidium und nicht dem Reichskanzler vorbehalten sein, um „jeden Verdacht eines politischen Einflußes zu beseitigen". Unbedingt sollte der „präsidiale" IV. Zivilsenat an der Entscheidung mitwirken. Im Übrigen wurde auf die Wünsche der Parteien Rücksicht genommen, um Bedenken gegen eine mangelnde Objektivität von vornherein auszuschließen, zu alledem BArch, R 3004, Nr. 25, Bl. 2 ff.; Gutbrod, a.a.O., S. 80 ff.

übertragen.[616] Der Vorsitz im Schiedsgericht stand dem Reichsgerichtspräsidenten zu. Letzterer war offenbar schwerer durch einen Fürsten zu ersetzen als ein Senatspräsident[617] und bot deshalb die Gewähr für ein objektiveres Verfahren.[618] Diese Wertung bestätigen zeitgenössische Äußerungen, wonach die Übertragung des schiedsgerichtlichen Verfahrens an das Reichsgericht nicht „zum wenigsten" auf Gutbrods Ansehen zurückzuführen gewesen sei, stand er doch für „unbeugsames Rechtsgefühl" und „Unabhängigkeit" ein.[619]

2) Das weitere Verfahren und seine Entscheidung

a) Die Sorgen der Reichsrichter vor „politischen Anfechtungen"

Die Ernennung eines *neuen* Reichsgerichtspräsidenten, der zugleich den Vorsitz im Schiedsgericht übernehmen sollte, bot prinzipiell eine Gelegenheit, den Verlauf des weiteren Verfahrens zu beeinflussen. Vor diesem Hintergrund werden auch die bereits erwähnten Sorgen der Reichsrichter, bei einer Wahl Seckendorffs – des „Vertrauensmanns des Staatsministeriums" – zum Reichsgerichtspräsidenten würde es *„politische Anfechtungen"* geben[620], etwas klarer.

Offenbar sahen die Reichsrichter in dem Kandidaten Seckendorff aufgrund seiner vermeintlichen Nähe zum Monarchen[621] eine Gefahr für die Neutralität bzw. Unabhängigkeit der schiedsgerichtlichen Entscheidung. Die Befürchtungen,

---

616 Bartels-Ishikawa, Thronfolgestreit, S. 34 f., 173; Reichold, a.a.O., S. 57 ff. Zu weiteren Schiedsverfahren am Reichsgericht, BArch, R 3001, Nr. 2053.

617 Gutbrod, a.a.O., S. 80 ff., 83.

618 Vgl. BArch, R 3004, Nr. 25, Bl. 2 R.

619 Anonym, DJZ 1905, Sp. 442, 443.

620 Dazu das bereits erwähnte Schreiben Nieberdings, BArch, R 43, Nr. 695, Bl. 28 – „Auch der politischen Anfechtungen wurde gedacht, die daraus sich ergeben könnten, daß der frühere Vertrauensmann des preußischen Staatsministeriums mit dem Vorsitz in dem Schiedsgericht für die Lippische Frage vertraut sein würde." Diese Befürchtung war durchaus berechtigt, da Wilhelm II. versuchte, das preußische Staatsministerium mit „Vertrauensleuten" zu besetzen. Dies wurde u.a. an den Streitigkeiten um die Ernennung Seckendorffs zum Unterstaatssekretär deutlich, Intermezzo, A.

621 Tatsächlich war Seckendorff dem Kaiser auch noch Jahre später „wenig bekannt". Das ergibt sich aus einer Randbemerkung in BArch, R 43, Nr. 695, Bl. 48 R. Anlässlich des 50.jährigen Dienstjubiläums (1915) hatte der Staatssekretär des Reichsjustizamts für Seckendorff den Schwarzen Adlerorden vorgeschlagen. Nach einer Rücksprache zwischen Reichskanzlei und Zivilkabinett wurde vermerkt, dass der Kaiser von den „Verleihungsgrundsätzen" nicht „zu Gunsten eines ihm wenig bekannten Zivilbeamten" abweichen werde.

das Verfahren könnte beeinflusst werden, waren indes nicht unberechtigt. Mehrfach hatte es Versuche gegeben, auf Karl Gutbrods Meinung einzuwirken. Gutbrod ließ sich davon jedoch nicht beeindrucken. In der Familie Gutbrod ist für die Zurückweisung der kaiserlichen Wünsche der Satz überliefert: *„Majestät, das ist mit Gutbrod nicht zu machen."*[622] Er soll daraufhin beim Kaiser in „Ungnade" gefallen sein.[623]

---

622 Aus den Notizen Fritz Gutbrods über die Tätigkeit seines Vaters lässt sich entnehmen, dass von Seiten des kaiserlichen Zivilkabinetts Versuche unternommen wurden, einen Einfluss auf die Entscheidung Karl Gutbrods zu nehmen: „Daß sogar aus der nächsten Umgebung des Kaisers ja vielleicht vom Kaiser selbst Eingriffe [Beeinflussungsversuche, Anm. d. Verf.] in diese Richtung versucht wurden, ist durch mehrere Vorgänge erwiesen. Schon im Dezember 1904 stand für meinen Vater fest, daß die Erbansprüche des Prinzen von Schaumburg-Lippe unbegründet waren. Diese Auffassung meines Vaters war offenbar durchgesickert. Wie mir i.J. 1908 Legationsrat Gneist [...] erzählte, war ihm [Gneist, Anm. d. Verf.] aus seiner früheren Tätigkeit im Auswärtigen Amt eine vertrauliche Anfrage aus dem Zivilkabinett des Kaisers bekannt, die Auskunft darüber verlangte, auf welchem Wege dem Reichsgerichtspräsidenten Gutbrod ein Wink bezüglich der Wünsche Seiner Majestät in dieser ihn persönlich berührenden Streitsache nahe gebracht werden könnte, und daß diese Anfrage vom Auswärtigen Amt dahin beschieden worden sei, die Persönlichkeit des Präsidenten Gutbrod lasse keinen Zweifel darüber aufkommen, daß er jeder Einwirkung unzugänglich und daher dringend zu empfehlen sei, einen derartigen Versuch zu unterlassen.", Gutbrod, a.a.O., S. 86 f.

623 Dies wurde in der Familie Gutbrod „mündlich" überliefert. Karl Gutbrod habe seine Nichtberücksichtigung beim Ordensfest 1905 mit seiner Haltung in der Lippefrage in Zusammenhang gebracht. Gutbrod sei „schwer gekränkt" gewesen, da er nicht mit dem ihm – seiner Meinung nach – zustehenden Roten Adlerorden I. Klasse ausgezeichnet worden war. Möglicherweise meint die Quelle den „Schwarzen Adlerorden", indem sie außerdem darauf verweist, dass Eduard Simson durch die Ordensverleihung nobilitiert worden war, siehe dazu Gutbrod, a.a.O., S. 75, 86 f. Ob der Orden Gutbrod tatsächlich „zustand", kann nicht beurteilt werden. Fest steht allerdings, dass sich bei der Verleihung von preußischen Orden mit der Zeit gewisse Grundsätze herausgebildet hatten. Bei einer erst kürzlich zurückliegenden Beförderung sollte auf eine Ordensauszeichnung verzichtet werden. Zu den Verleihungsgrundsätzen GStA PK, Rep. 90 A, Nr. 2064, hier insbesondere Nr. 16. Allerdings stand das Verleihungsrecht, positiv wie negativ, im unbeschränkten Ermessen der Krone, weshalb der Monarch bei „Missfallen" jederzeit davon abweichen konnte, vgl. Ormond, a.a.O., S. 65, 177. Seckendorff wurde hingegen im Januar 1907 der Königliche Kronenorden I. Klasse verliehen, GStA PK, Rep. 90 A, Nr. 2119, Bl. 125 R., Bl. 346 f., 786. Der Kronenorden wurde allerdings, obwohl er dem Roten Adlerorden formell gleichgestellt war,

Nach dem Vorstehenden ist es denkbar, dass es im Sommer 1905 Versuche gegeben hat, Seckendorffs Meinung zu beeinflussen. Anhand der untersuchten Akten lässt sich dieser Umstand allerdings nicht belegen.[624] Selbst wenn es solche Versuche gegeben haben sollte, ist es wenig wahrscheinlich, dass sich Seckendorff dadurch hätte leiten lassen. Für ihn bildete die Unabhängigkeit der Stellung des Reichsgerichtspräsidenten einen „beneidenswerten“ und „einzigartigen“ Vorzug des Amtes. Er sah sich letztlich (wahrscheinlich) nur Gott bzw. seinem Gewissen gegenüber verpflichtet.[625]

Diese Deutung wird durch eine Aussage *Erich Ebermayers* bestätigt. Seckendorff schätzte keine Personen, die sich krampfhaft um seine Gunst bemühten.[626] Im Übrigen legte Seckendorff großen Wert auf das Ansehen des Gerichtshofes. Das drückte sich vor allem in der Wahrnehmung repräsentativer Aufgaben aus.[627]

b) Der Schiedsspruch vom Herbst 1905 als Bewährungsprobe?

Am zweiten Schiedsspruch war Rudolf von Seckendorff als Vorsitzender des IV. Zivilsenates beteiligt. Diesem dürften die maßgeblichen Probleme aus seiner Zeit im Reichsjustizamt bekannt gewesen sein[628], auch wenn er an den Gutachten des Reichsjustizamts in dieser Frage nicht mitwirkte.[629]

---

als geringwertiger angesehen, GStA PK, Rep. 90 A, Nr. 2064, (Grundsätze Nr. 50); vgl. Ormond, a.a.O., S. 177.

624 BArch, R 3004, Nr. 18–27.

625 „Die Stellung als Präsident des höchsten deutschen Gerichtshofs [war] durch ihre Bedeutung und Unabhängigkeit („nur der liebe Herrgott“ – wie sich der Präsident des Herrenhauses [...] ausdrückte – sei sein Vorgesetzter) eine ganz einzigartige und beneidenswerte [...], ThStA, FA Seckendorff, Nr. 1595, Bl. 63.

626 Zu dieser Beschreibung des Reichsgerichtspräsidenten siehe E. Ebermayer, Prisma 1947, S. 21, 22.

627 Siehe dazu Viertes Kapitel, C. II.

628 BArch, R 3001, Nr. 6841, Bl. 1. Daraus ergibt sich, dass Seckendorff amtlich vom Inhalt des ersten Schiedsspruchs Kenntnis erlangte. Zu dieser Feststellung für Karl Gutbrod, Gutbrod, a.a.O., S. 83.

629 In BArch, R 43, Nr. 1685, Bl. 1, 16 f. findet sich ein Hinweis auf ein Gutachten des RJA vom 1.12.1895 über „einige“, den Thronfolgestreit betreffende „Rechtsfragen“. In der dazu korrespondierenden Akte des Reichsjustizamts, BArch, R 3001, Nr. 6840, befindet sich ein Gutachten vom gleichen Tag, welches von den Räten Lenthe und Grzywacz sowie von Karl Gutbrod gegengezeichnet wurde. Offenbar meint Reichold (a.a.O., S. 29) dieses Gutachten. Seckendorff scheint eher mit organisatorischen Aufgaben beschäftigt gewesen zu sein, vgl. BArch, R 3001, Nr. 6840, Schreiben vom 30.9.1896.

Der Schiedsspruch erging – nach neunstündiger Verhandlung am 25. Oktober 1905[630] – dahin, dass „die Nachkommen des Graf-Regenten Ernst zur Lippe-Biesterfeld und von seinen dieser Linie angehörigen Seitenverwandten" zur Regierungsnachfolge in dem Fürstentum Lippe „berechtigt und berufen" sind.[631]

Auf die Stellung Seckendorffs im Kollegium dürfte sich das Verfahren positiv ausgewirkt haben. Zum einen ist eine Beeinflussung Seckendorffs nicht feststellbar bzw. wenig wahrscheinlich. Eine Einflussnahme des Kaisers hätte seine Stellung im Gericht wohl vollends untergraben. Zum anderen hat er das „unangenehme" Verfahren[632] schnell, dauerhaft und (wahrscheinlich) im Sinne Karl Gutbrods beendet, hatte doch letzterer bereits früh die Erbfähigkeit der „Biesterfelder" anerkannt.[633]

Anfängliche Befürchtungen, es könne sich durch das Ableben des Reichsgerichtspräsidenten Gutbrod eine „wesentliche" Verzögerung in der Streitfrage ergeben[634], bestätigten sich nicht. Trotz des sehr umfangreichen „Streitstoffes" und der allgemein starken Geschäftsbelastung des Gerichtshofes – es hatten sich, wie der Reichsgerichtspräsident Anfang Juli 1905 mitteilte, die Geschäfte bei den Zivilsenaten in den letzten zehn Jahren seit 1895 geradezu verdoppelt[635] – zeigte

---

630 Hinweise über die Dauer der Verhandlungen lassen sich dem Dokument in BArch, R 3004, Nr. 26, Bl. 211, 211 R entnehmen; im Übrigen LNN, Nr. 297, vom 26.10.1905, S. 2.

631 BArch R 3004, Nr. 22 (Zweiter Schiedsspruch, S. 1). Im Übrigen Bartels-Ishikawa, Thronfolgestreit, S. 35. Die Begründung findet sich ebenfalls abgedruckt in der DJZ 1906, Sp. 61 ff.

632 BArch, R 3004, Nr. 25, Bl. 11, 11 R. Arnold Nieberding hätte das Reichsgericht „gern vor diesem Ausgang der Sache gerettet" – gemeint war damit die Bestellung des Reichsgerichts zum Schiedsgericht; siehe auch Gutbrod, S. 82, 84.

633 Laut den „Erinnerungen" seines Sohnes Fritz Gutbrod, stand diese Entscheidung bereits im Dezember 1904 fest, Gutbrod, S. 86.

634 BArch, R 3001, Nr. 6845. Dieser Band enthält eine Sammlung von Zeitungsausschnitten zum Thema, u.a. ergeben sich Hinweise auf eine mögliche Verzögerung der Entscheidung aus der Freien Deutschen Presse, Nr. 279, vom 17.6.1905 (eine mündliche Verhandlung werde nicht vor Oktober erwartet), aus der Kölnischen Volkszeitung, Nr. 646, vom 7.8.1905 („Wesentliche Verzögerungen" durch Tod des Reichsgerichtspräsidenten), oder der Germania, vom 6.10.1905, Nr. 230, in der sogar die Befürchtung geäußert wurde, dass „nicht einmal sicher" sei, ob die Entscheidung noch im Jahr 1905 gefällt werden würde. Siehe außerdem die LNN, Nr. 108, vom 18.4.1905, S. 1. Vorher war man noch der Auffassung gewesen, dass eine Verhandlung voraussichtlich im Juni stattfinden und eine Entscheidung im Juli 1905 gefällt werden könne (Germania, Nr. 63, vom 17.3.1905; BArch, R 3001, Nr. 6842, Bl. 97).

635 BArch, R 3001, Nr. 2015, Schreiben an das RJA vom 1. Juli 1905. Zur Geschäftsbelastung beim Reichsgericht siehe Drittes Kapitel, C. I.

Seckendorff Arbeitseinsatz und machte sich schnell mit der Materie vertraut.[636] Auch konnte er seine praktischen Fähigkeiten beweisen, indem er sich um eine effiziente und zügige Verfahrensgestaltung kümmerte.[637]

Dies wird durch ein Schreiben bestätigt, das der neue Fürst Leopold von Lippe (-Biesterfeld) an den Reichsgerichtspräsidenten sandte. Darin bedankte er sich für die mit der Entscheidung verbundenen Anstrengungen, vor allem aber für die schnelle Erledigung des Streites:

> *„ich [muß] danken für die außerordentliche Mühewaltung, welche mit der schiedsrichterlichen Funktion für alle Beteiligten verbunden war, sowie für die im Interesse des Friedens in meinem Lande so überaus wohltätige schnelle Erledigung des Streits. Ich bin mir bewußt, Eurer Exzellenz für beides zu ganz besonderem Dank verpflichtet zu sein […].“*[638]

Eine persönliche Stellungnahme oder ein Votum des Reichsgerichtspräsidenten zu dem Verfahren lässt sich den vorhandenen Akten hingegen nicht entnehmen.[639] Sehr wahrscheinlich ist die Entscheidung, vergleichbar mit den Zivilverfahren[640], aber mit seiner Zustimmung ergangen.[641] Bereits Anfang

---

636 So ließ er sich bereits Anfang Juni 1905 über den aktuellen Sachstand informieren. In der Akte befindet sich eine Liste über die Verteilung der „Darstellung“. Daraus ergibt sich, dass für „Exzellenz v. Seckendorf“ am 5.6.1905 ein Exemplar angefertigt worden war, vgl. BArch, R 3004, Nr. 18. Ähnliches ergibt sich aus einer Verteilerliste für das Gutachten des zweiten Berichterstatters. Danach war am 1. Juli 1905 ein Exemplar für „Seine Exzellenz“ angefertigt worden, BArch, R 3004, Nr. 20.

637 BArch, R 3004, Nr. 26, Bl. 87 f. An diesem Vorgang verdeutlicht sich die, durchaus praktisch orientierte, Verfahrensleitung des Reichsgerichtspräsidenten. Um den Sachverhalt bereits vor der mündlichen Verhandlung erschöpfend aufzuklären und um widersprüchliche Angaben auszuschließen, wurden die Parteien aufgefordert, sich ihrerseits auf die gegnerischen Äußerungen zu erklären bzw. ihre Behauptungen näher zu belegen. An diesem üblichen Vorgang wird schließlich deutlich, dass er sich um eine zügige und effiziente Abwicklung des Verfahrens bemühte. Indizien ergeben sich auch aus ebd., Nr. 23, Bl. 2 ff., Bl. 48, 152 ff. Die dort erwähnten Schriftstücke leitete Seckendorff zeitnah, bisweilen am Tag des Eingangs, an die Mitglieder des Schiedsgerichts weiter.

638 BArch, R 3004, Nr. 26, Bl. 211, 211 R, Schreiben Leopolds vom 9.11.1905. Hervorhebung stammt vom Verfasser.

639 BArch, R 3004, Nr. 18–27; ebd., R 3001, Nr. 6842, 6843. Auch die Akten in GStA PK, FA Unruh, Nr. 13 (Entwurf des Urteils) bzw. ebd., Rep. 90 A, Nr. 4734/1 helfen diesbezüglich nicht weiter.

640 Siehe dazu unten, Drittes Kapitel, B. III. 3.

641 In seinen Lebenserinnerungen verwies er u.a. darauf, dass der Haupteinwand gegen das Erbfolgerecht der Biesterfelder Linie bereits durch den ersten Schiedsspruch vom

Oktober 1905 hatte er Staatssekretär Nieberding „vertraulich" über die Einigung des Schiedsgerichts in den „wesentlichen Punkten" hingewiesen.[642] Auch hatte er in früheren Gutachten die Bedeutung des „Rechtsbewußtseins des Volkes" hervorgehoben.[643] Dazu passend betonen zeitgenössische Presseberichte, die Anerkennung der Ebenbürtigkeit der Biestefelder entspräche dem „deutschen Rechtsgefühl."[644] Die Mitwirkung Seckendorffs an der Entscheidung wird vermutlich auch deshalb später betont.[645]

c) Ausblick

Durch die schnelle Erledigung des langjährigen Streits um die lippische Thronfolge dürfte der neue Reichsgerichtspräsident Seckendorff einen Grundstein für seine spätere Autorität gesetzt haben. Eine mögliche (versuchte) politische Beeinflussung durch den Kaiser ist denkbar, lässt sich allerdings nicht belegen. Vorteilhaft für seine Stellung im Gerichtshof dürfte die Tatsache gewesen sein, dass er Auffassungen vertrat, die dem „Rechtsempfinden" des Volkes entsprachen. Dieser Umstand lässt sich indes nicht konkret anhand der Verfahrensakten belegen. Aufschluss darüber geben allerdings u.a. seine Äußerungen in den Zivilverfahren.

22.6.1897 rechtskräftig verworfen worden sei, vgl. ThStA, FA Seckendorff, Nr. 1595, Bl. 66.

642 BArch, R 3001, Nr. 6843, Bl. 5, Schreiben Seckendorffs vom 5.10.1905. Ein Protokoll der Vorbesprechung befindet sich in BArch, R 3004, Nr. 26, Bl. 112.

643 Etwa BArch, R 3001, Nr. 3676, Bl. 97 ff., Bl. 102. (s.o., Stellungnahme zum Entwurf der Militärstrafgerichtsordnung 1892).

644 LNN, Nr. 298, vom 27.10.1905, S. 2, „Das deutsche Rechtsgefühl wird mit freudiger Genugtuung die Kunde vernehmen, daß der Biesterfelder Leiden nun aufgehört haben." Ähnlich auch die Kölnische Zeitung, Nr. 1115, vom 26.10.1905, wonach das „ ganze deutsche Volk aber wird mit Befriedigung die endliche glückliche Erledigung dieser leidigen Angelegenheit vernehmen […]. Der Artikel befindet sich in BArch, R 3001, Nr. 6845. Ein wenig zynisch ist der Artikel der Leipziger Volkszeitung, dem Ergebnis wird aber doch zugestimmt, LVZ, Nr. 249, vom 26.10.1905, 1. Beilage.

645 Vgl. Arnold, DRiZ 1932, S. 340. Dort heißt es: „In die Zeit seines Wirkens in diesem Senat [dem IV. Zivilsenat, Anm. des Verf.] fällt auch die Entscheidung des Lippeschen Erbfolgestreits. Er ist seiner Richteraufgabe im besten Sinne gerecht geworden. […] Daß er dort von dem Grundsatz geleitet wurde, dem Volk müsse das Recht geschaffen werden, nach dem es in seinem Innersten verlange, sei besonders hervorgehoben."

III) Seckendorff als Vorsitzender des IV. Zivilsenats

1) Erwartungshorizont an den Reichsgerichtspräsidenten – Justizkritik und Drucksituation

a) Justizkritik

Die Stellung eines Reichsgerichtspräsidenten sollte, wie bereits erwähnt, weder aus politischen[646] noch aus anderen Gründen[647] anfechtbar sein. Indes waren diese anderen Gründe für das Anforderungsprofil an einen Reichsgerichtspräsidenten entscheidend.

Aufgrund einer zu Beginn des Jahrhunderts aus verschiedenen Richtungen geäußerten massiven Kritik, die sich in einem allgemeinen nicht näher greifbaren „Unbehagen" gegen die Justiz – oder verschärfter von Seiten der Industrie und Kaufmannschaft (Richter seien „weltfremd" bzw. „lebensfremd") und von Seiten der Sozialdemokraten (Richter verübten „Klassenjustiz") – artikulierte, war das richterliche Selbstverständnis erheblich erschüttert.[648]

Mit dieser Kritik waren verschiedene Problemkreise angesprochen. Während der Vorwurf der Klassenjustiz als Angriff auf die richterliche Ehre eine stark politische Dimension besaß, bezog sich der Vorwurf der Welt- bzw. Lebensfremdheit jedoch im Wesentlichen auf die begrifflich-abstrakte Denkweise und die angestammte Art der Rechtsfindung der Juristen, d.h. deren (mangelnde) Kenntnisse und Fähigkeiten überhaupt.[649]

Die Welt- und Lebensfremdheit der Richter lässt sich dementsprechend zwar im Allgemeinen mit dem Vorwurf der fehlenden Vertrautheit der Richter mit den Verhältnissen des modernen Wirtschaftslebens[650] bzw. mit einer mangelnden praktischen Lebenserfahrung der Richter umschreiben. Die Ursachen für diese Fremdheit wurden dabei u.a. in der Milieugebundenheit" bzw. „Sozialstruktur"[651] und der unzureichenden Ausbildung der Juristen gesehen. Als weltfremd

646 Siehe dazu bereits Drittes Kapitel, A. I., B. II.

647 Vgl. BArch, R 43, Nr. 695, Bl. 5 R f. – Hinweis auf die „Juristische Bedeutung" bzw. „Autorität" als Qualifikationsmerkmal für das Amt.

648 Vgl. im Einzelnen Schröder, Richterschaft, S. 201, 203 ff.

649 Eingehend dazu Wilhelm, a.a.O., S. 335 ff., 577 ff.; Schröder, Richterschaft, S. 201, 203 ff.

650 Allgemein zur Wirtschaftsentwicklung im Kaiserreich, Wehler, Gesellschaftsgeschichte, Bd. 3, S. 547 ff., S. 613 ff. (insbesondere zur chemischen und Automobilindustrie).

651 Angaben zur Sozialstruktur, d.h. der sozialen Herkunft der Richterschaft bzw. Staatsanwälte im Kaiserreich, finden sich u.a. bei Rottleuthner, a.a.O., S. 155 f., 170 ff. (Tabelle 3 am Beispiel Bayerns). Der Anteil der Beamtensöhne war mit fast 40 % sehr

wurden die Richter danach bspw. dann angesehen, wenn sie bei der Lösung von Streitigkeiten nicht den „praktischen Bedürfnissen" bzw. den „Anschauungen des praktischen Lebens" gerecht wurden. Dies fände seine Ursache darin, dass sich der Richter, bedingt durch seine Ausbildung und „Milieugebundenheit" bzw. „soziale Herkunft", regelmäßig nur im begrenzten Umkreis Kenntnisse über Verkehrs- und Geschäftsbedürfnisse der Bevölkerung verschaffen könne.[652]

Bei dem mit dem Vorwurf der Weltfremdheit ebenfalls verknüpften Angriff auf die (mangelhaften) richterlichen Fähigkeiten – der u.a. durch den sogenannten „Kwilecki-Prozess"[653] ausgelöst worden war und im Speziellen die von den Richtern angewandte Methodenlehre betraf – handelte es sich allerdings um einen schwerwiegenderen Vorwurf. Dieser Vorwurf ließ sich nicht zuletzt auch deshalb ungleich schwerer ausräumen als der politische Vorwurf der Klassenjustiz, weil er von Teilen der staatstragenden Schichten (Professoren, Richter, Rechtsanwälte) erhoben worden war.[654] Eine Justiz, die von so vielen Seiten angegriffen wurde, konnte die hohen und verschiedenen Erwartungshaltungen an sie dementsprechend nur bedingt erfüllen.[655]

Verschärft wurde die Situation noch durch die rechtlichen Probleme, vor denen die Richter damals standen: sie mussten sich an das neue Bürgerliche Gesetzbuch gewöhnen und Lösungen für (neu) auftretende rechtliche Fragen des modernen Wirtschaftslebens finden. So waren diverse mit der Industrialisierung verbundene Probleme der wilhelminischen Gesellschaft weder rechtlich noch gesellschaftlich gelöst. Letzten Endes ging es dabei darum, das neue BGB für die praktische, d.h. die einzelfallgerechte Lösung von Fällen nutzbar zu machen.[656]

---

hoch. Ein geringerer Anteil kam aus der Landwirtschaft (8 %), dem Handel (11,5 %) oder der Industrie (6 %). Dagegen finden sich so gut wie gar keine Offiziers- oder Arbeiterkinder unter den Richtern und Staatsanwälten (1,3 % zu 0,9 %). Auch Wilhelm (a.a.O., S. 627 f.) kommt in jüngerer Vergangenheit zu einem vergleichbaren Befund. Die oberen Gesellschaftskreise waren schwach vertreten. Es dominierten Söhne aus der Beamtenschaft und den gewerblichen Mittelschichten. Mit der Lebenssituation der Richter am Reichsgericht und möglichen Auswirkungen auf die Rechtsprechung setzt sich Lakenberg, a.a.O., S. 321 ff. auseinander.

652 Vgl. Linnemann, Klassenjustiz und Weltfremdheit, S. 134 ff., insbesondere S. 136 f.; Wilhelm, a.a.O., S. 577, 612 f.

653 Zum „Kwilecki Prozess" und dessen Auswirkungen, Linnemann, a.a.O., S. 30 ff., 51 ff., 72 ff., insbes. S. 87 ff., S. 134 ff. (zur „Weltfremdheit").

654 Eingehend dazu Wilhelm, a.a.O., S. 577 ff.

655 Vgl. Schröder, Richterschaft, S. 201, 203 ff.

656 Vgl. Schröder, Richterschaft, S. 201, 223 f., ders., Methodendiskussion, S. 324 ff., 333 ff.

In diesem Zusammenhang wirkten allerdings die Beanstandungen aus der Entstehungszeit des Gesetzes und die soeben erwähnten Zweifel an der juristischen Methodik nach. So hatte sich der Unmut über die juristische Methodik bereits im Zuge der Entstehungsgeschichte des BGB in den 1880er und 1890er Jahren auf breiter Front bemerkbar gemacht. Die Klagen über das Bürgerliche Gesetzbuch hatten zwar hauptsächlich den ersten Entwurf betroffen, allerdings wirkte die Kritik an diesem – etwas abgeschwächt – in dem späteren Gesetzbuch fort.[657] Ungeachtet der durch die Kritik bewirkten Änderungen war das Bürgerliche Gesetzbuch eine Spätfrucht der Pandektistik und scheint mit seiner Technizität in der Fachwelt teilweise geradewegs Ängste verursacht zu haben.[658] Es verbreitete sich die Auffassung, das Bürgerliche Gesetzbuch sei „fremdes" kodifiziertes Recht, welches einer bedrohlich empfundenen Gesellschaftsordnung diene.[659] Die Einsicht in den praktischen und nationalen „Wert der Rechtseinheit" hatte dem Gesetzbuch schließlich zwar den Durchbruch, aber keine Sympathien verschafft.[660] Im Bewusstsein der Menschen galt dieses daher als „*doktrinär, lebensfremd, undeutsch, sprachlich unelegant und vor allem als zu wenig sozial*".[661]

Vor diesem Hintergrund und der Kodifikationsproblematik, d.h. dem Dogma von der Geschlossenheit bzw. Vollständigkeit des Gesetzes[662], rückte immer mehr die Frage nach dem Verhältnis von Gesetz und Richter in den Vordergrund.[663] Der Vorwurf der Weltfremdheit heizte die Zweifel an der juristischen Methodik und die Methodendebatte schließlich an und führte zu einer weitreichenden Diskussion und Aufbereitung der Methodenkritik in der Rechtslehre. Es schälten sich in der Folge mehrere Reformrichtungen, so u.a. die Freirechtslehre[664]

657 Vgl. dazu Wieacker, Privatrechtsgeschichte, S. 470 f.; Wilhelm, a.a.O., 598 f.

658 Wilhelm, a.a.O., 595; Honsell, Historische Argumente, S. 23.

659 Schulte-Nölke, NJW 1996, 1705, 1709.

660 Vgl. Schulte-Nölke, NJW 1996, 1705, 1706 f.

661 Schulte-Nölke, NJW 1996, 1705, 1707, Hervorhebung vom Verf.; *Grüneberg*, in: Palandt, Bürgerliches Gesetzbuch, 80. Aufl. 2021, Einl., Rn. 5; vgl. Wieacker, a.a.O., S. 470 f.

662 Wieacker, a.a.O., S. 475.

663 Vgl. Wilhelm, a.a.O., 595, 599.

664 Näheres bei Wilhelm, a.a.O., S. 599 ff.; Wieacker, a.a.O., S. 579 ff.: Die Freirechtsbewegung lässt sich nicht als geschlossene Gruppierung darstellen. Die Vertreter der Freirechtslehre verfolgten zwei Grundanliegen. Zum einen versuchten sie über den Vorgang der richterlichen Entscheidungsfindung aufzuklären. Die richterliche Entscheidung lasse sich nicht als bloß rein logisch-begriffliche Operation der Subsumtion unter eine rechtliche Regel darstellen. Es sei unvermeidlich, dass subjektiv-emotionale

oder die Interessenjurisprudenz[665] heraus. Zielvorstellungen waren dabei vor allem eine wirklichkeitsnähere Form der Rechtsanwendung sowie – als Folge davon – eine stärkere Einzelfallgerechtigkeit.[666]

In dieser justizkritischen Gemengelage ist es gleichwohl naheliegend, dass die (Reichs-)Richter sich bemühten, die unterschiedlichen Erwartungshaltungen an die Justiz einigermaßen zu befriedigen bzw. den negativen Vorstellungen nicht zuletzt im Hinblick auf die Methodik der Rechtsanwendung entgegenzuwirken. Dieser Umstand dürfte dementsprechend auch auf den Erwartungshorizont an einen Reichsgerichtspräsidenten zurückgewirkt haben.[667]

Faktoren wie Werturteile, Interessen oder persönliche Einstellungen die richterliche Entscheidung beeinflussten. Die richterliche Entscheidung sei daher nie nur bloße Subsumtion, sondern Rechtsschöpfung sui generis. Der Richter sei daher im konkreten Fall auch zur Abweichung vom Gesetz berechtigt und verpflichtet, wenn er seine Anwendung im gegebenen Fall für unrichtig oder aber unzweckmäßig hält. Zum anderen bemühten sich die Freirechtler, Auslegungsregeln für die Ausfüllung von Gesetzeslücken zu formulieren. Der Richter solle seiner freien richterlichen Überzeugung folgen, dabei aber bspw. die Bedürfnisse der Gegenwart, der im Volke herrschenden Anschauungen oder die im einzelnen Falle vorliegende Interessenlage berücksichtigen. Mit der Aufforderung, nach dem konkreten Interesse des Einzelfalles zu entscheiden, gab die Freirechtsbewegung aber den normativen Charakter des Rechts preis, nämlich: die Gleichbehandlung des Gleichen und die Möglichkeit, die Verallgemeinerung konkreter, typisierender Pflichten zu allgemein formulierten Sollensätzen. Aus diesem Grund sahen sich die Vertreter dieser Ansicht u.a. dem Vorwurf ausgesetzt, der richterlichen Willkür Vorschub zu leisten.

665 Näheres bei Wilhelm, a.a.O., S. 604; Wieacker, a.a.O., S. 574 ff.; Möllers, Methodenlehre, § 5, Rdn. 19 ff. Die Interessenjurisprudenz geht von der Prämisse aus, dass jede Rechtsnorm dem Ausgleich widerstreitender Interessen diene. Diese Interessen habe der Richter zu erforschen und damit die im Gesetz enthaltende Konfliktentscheidung zu konkretisieren. Statt einer formal-logischen Ableitung verlange das Gesetz eine wertende Gebotsbildung. Von der Begriffsjurisprudenz unterscheidet sich die Interessenjurisprudenz dadurch, dass sie den Richter vom begrifflich-buchstäblichen Gesetzesgehorsam befreit und ihn zum „denkenden Gehorsam" anhält. Der Richter sei danach zwar selbst Schöpfer anzuwendender Normen, bleibe dabei aber ein dem Gesetzgeber „untergeordneter Gehilfe" und habe dessen Interessenwahl zu befolgen. Eine Nichtbeachtung der gesetzgeberischen Entscheidung würde daher den normativen Charakter des gesetzlichen Gebots und damit seine Rechtssatzqualität aufheben. Die Gesetzesbindung des Richters wurde danach nicht angetastet.

666 Vgl. dazu eingehend Wilhelm, a.a.O., S. 595 ff.; Linnemann, a.a.O., insbes. S. 88 ff., S. 134 ff.

667 Vgl. BArch, R 43, Nr. 695, Bl. 27 R f. – Siehe auch nächste Fußnote.

b) Das Anforderungsprofil für einen Reichsgerichtspräsidenten – der Erwartungshorizont der Reichsrichter

In dieser Drucksituation war daher die mögliche (Fremd-)Wahrnehmung der Öffentlichkeit über einen Kandidaten für das Amt des Reichsgerichtspräsidenten ein nicht zu unterschätzender Bewertungsmaßstab. So wurde schließlich auch von Reichsgerichtskreisen auf den Zusammenhang zwischen geringem Ansehen und geringer Autorität hingewiesen.[668] Demzufolge dürfte sich die mögliche Fremdwahrnehmung auf den Erwartungshorizont an einen Reichsgerichtspräsidenten ausgewirkt haben. Die Reichsrichter dürften einen Chefpräsidenten bevorzugt haben, der denjenigen Ansprüchen genügen konnte, die sie selbst aufgrund der Kritik als wesentlich ansahen: einen Richter, der nach ihren Vorstellungen einzelfallgerecht und volkstümlich judizierte und (auch) deshalb Autorität besaß. Letzten Endes kam es damit für die Umsetzung und ggf. einzelfallorientierte Fortbildung des neuen Rechts auf die Richterpersönlichkeit an.[669] Mit Seckendorffs Amtsvorgänger Karl Gutbrod, der „besondere Kenntnisse" im neuen Bürgerlichen Recht besaß, hatte sich dementsprechend die Hoffnung verknüpft, er werde das neue Recht „praktisch" umsetzen helfen.[670]

Vor dem Hintergrund der bereits angesprochenen Eingewöhnungsprobleme zweifelten Seckendorffs zukünftige Kollegen an dessen juristischen Fähigkeiten deshalb, weil er diese besonderen Kenntnisse nicht besaß.[671] Rein zufällig war wenige Tage vorher, am 1. Mai 1905, ein methodenkritischer Artikel des der

---

668 BArch, R 43, Nr. 695, Bl. 27 f. (Bericht Nieberdings über die Besprechungen im Frühjahr 1905): „Man zweifelt, ob ein Mann, dem die neueste Rechtsentwicklung, namentlich das neue Bürgerliche Recht, völlig fremd geblieben sein müßte, der Stellung sich gewachsen zeigen könne. Daraus folgert man, daß seine Autorität eine geringe sein und *bleiben* würde.", Hervorhebung vom Verfasser. Im Übrigen Schröder, Richterschaft, S. 221 mit Verweis auf RGR Düringer, Richter und Rechtsprechung (1908), S. 44: Geringe Autorität bedinge geringes Ansehen, zwischen beiden bestehe ein „untrennbarer Zusammenhang".

669 Allgemeine Hinweise bei Schröder, Methodendiskussion, S. 361.

670 Vgl. Anonym, DJZ 1903, S. 492 „Seine langjährige Befassung mit allen wichtigeren Gesetzgebungsfragen auf dem Gebiete des Privatsrechts lassen darauf schließen, daß [...] dem Reichsgericht ein Präsident gegeben wurde [...], der als der geeignete Mann erscheint um zu bewirken, daß die unter seiner Mitwirkung zustande gekommenen Gesetze seitens des höchsten Gerichtshofes in maßgebender, dem Sinne des Gesetzgebers entsprechender Weise zur praktischen Anwendung gelangen." Ähnlich im anonym verfassten Nachruf in der DJZ 1905, Sp. 442 f.

671 Vgl. BArch, R 43, Nr. 695, Bl. 28

Freirechtschule zuzurechnenden Greifswalder Professors Ernst Stampe[672] in der Deutschen Juristenzeitung (DJZ) erschienen.[673] In den Sorgen der Reichsrichter schwang daher mehr oder weniger ersichtlich, der gegen die Richterschaft erhobene Vorwurf mit, mangelnde analytisch-theoretische Fähigkeiten des Kandidaten würden zur „Buchstabengläubigkeit" bzw. zur kritiklosen Übernahme anderer Entscheidungen führen (sog. „Präjudizienkult")[674], d.h. Seckendorff würde aufgrund seiner fehlenden Erfahrung einseitig oder formalistisch judizieren.

Um diese Sorgen der Reichsrichter und damit den Erwartungshorizont an einen Reichsgerichtspräsidenten näher zu konkretisieren, werden im Folgenden exemplarisch einzelne Punkte aus der zeitgenössischen Methodenkritik (bzw. der Kritik an der „Begriffsjurisprudenz") aufgegriffen, um Anhaltspunkte für die sich anschließende Urteilsanalyse der Entscheidungen des IV. Zivilsenats und die Bewertung der Argumentation Seckendorffs herauszuarbeiten.

Ein wesentlicher Kritikpunkt an der als herrschend empfundenen juristischen Methodenlehre war die Rechtsfindung durch ‚Konstruktion'. Dementsprechend behauptete der soeben erwähnte Kritiker, die ‚Konstruktion' führe zu ungerechten Ergebnissen. Als Beispiel führte er eine Entscheidung des VII. Zivilsenats in RGZ 54, 289 ff. an, bei der lediglich ‚systematisch' (nach seinem Verständnis also ‚konstruktiv') argumentiert werde, ohne die Besonderheiten des einzelnen Falles zu beachten. Die Folge seien demnach lebensfremde und praxisferne, dem Volk unverständliche Urteile.[675] Er unterstellte dabei diesem Konstruktionsverständnis eine ‚strenge', also unabänderliche Logik. Zu ähnlich unerwünschten Ergebnissen führe diese Arbeitsweise, wenn die in einer Norm enthaltenen Begriffe nur mit Blick auf den Wortlaut ohne Blick auf den „vernünftigen Sinn der betreffenden Bestimmung" präzisiert würden („Buchstabenkult"); der Richter also zu „streng" dem Wortlaut verhaftet bleibe.[676] Dadurch würden – sinngemäß – praktische (Einzelfall-)Erwägungen ausgeschaltet, weil das Recht in die Tatsachen „hineingetragen" werde. Ähnlich ist die Argumentation zu bewerten,

672 Vgl. Wieacker, a.a.O., S. 579.

673 Vgl. Stampe, DJZ 1905, Sp. 417 ff.; Haferkamp (Puchta und die Begriffsjurisprudenz, S. 79) bezeichnet dessen in der DJZ 1905 veröffentlichten Aufsätze als „aufsehenerregend".

674 Vgl. Wilhelm, a.a.O., S. 69, 577, 610 ff.

675 Vgl. Stampe, DJZ 1905, Sp. 417, 421 f.

676 Weitere Gefahren ergäben sich aus der „strengen" Systematisierung so gefundener Begriffe – zur zeitgenössischen Diskussion im beginnenden 20. Jh., vgl. die Nachweise bei Haferkamp, Puchta und die Begriffsjurisprudenz, S. 79 ff.

es dürfe der Rechtssatz nicht lediglich als logische Konsequenz des Begriffes aufgefasst werden. Der Rechtssatz sollte also nicht bloß logische Konsequenz des Inhalts der Norm sein.[677] Durch eine „strenge“ Anwendung von logischen Argumentationsmustern würden, so der Vorwurf, soziale Erwägungen im Einzelfall grundsätzlich ausgeschaltet und die Rechtsprechung sei daher „unsozial“ und „formalistisch“, schließlich also „weltfremd“.[678] Billige Urteile ließen sich demgegenüber aber nur durch die Berücksichtigung von soziale Erwägungen, die u.a. durch eine Interessenabwägung zu bewerkstelligen war, erzielen.[679]

Diese soeben beschriebene Arbeitsweise führte vielfach zum Vorwurf der „Begriffsjurisprudenz“. Ein Begriff, der damals wie heute – nicht zuletzt, weil die richterlichen Leitbilder dieser begriffsjuristischen Vorstellung nicht entsprechen[680] – schwer zu fassen ist.[681] Gleichwohl weist dieser Vorwurf auf die damals bei den Zeitgenossen bestehenden Vorbehalte hin. Aus diesem Grund betonten andere, dass nicht die Begriffsbildung als solche, sondern lediglich die unsachgemäße Art der Verwendung der Begriffsbildung Kritik herausfordern könne.[682] Daher solle nicht lediglich „ins Blaue hinein“, ohne Rücksicht auf die Brauchbarkeit des Ergebnisses konstruiert werden. Die Logik solle kein Selbstzweck sein.[683] Um das zu vermeiden, solle der Rechtsanwender den von ihm gebildeten Rechtsätzen (Normen) „Interessenbegriffe“ gegenüberstellen. Dazu gehörten etwa Vorstellungen über Gesetzeszwecke und Interessenlagen oder Wertungen.[684] Statt einer formal-logischen Ableitung verlange das Gesetz daher eine wertende Gebotsbildung. Der Richter sei nicht zu einem begrifflichbuchstäblichen, sondern zu einem „denkenden Gehorsam“ angehalten.[685]

Die Anforderungen der Kritiker an die Rechtsprechung lassen sich dahingehend präzisieren, dass der Richter das Recht nicht lediglich „formallogisch“ anzuwenden habe, sondern dabei das Ergebnis unter Einbeziehung von (gesetzlichen) Wertungen und Interessen im Blick behalten solle. Förderlich dabei

677 Vgl. Heck, DJZ 1909, Sp. 1457, 1460; Fuchs, DJZ 1910, Sp. 285.
678 Vgl. Stampe, DJZ 1905, Sp. 417 ff.; vgl. Haferkamp, Puchta und die Begriffsjurisprudenz, S. 109 f.
679 Vgl. Stampe, DJZ 1905, Sp. 417 ff.; Sp. 713 ff.
680 Vgl. dazu Ogorek, a.a.O., S. 273 ff., 368 f.
681 Vgl. Haferkamp, Puchta und die Begriffsjurisprudenz, S. 22.
682 Vgl. Heck, DJZ 1909, Sp. 1457 f.; Vierhaus, DJZ 1909, Sp. 1169, 1171.
683 Vgl. Haferkamp, Puchta und die Begriffsjurisprudenz, S. 80 f.
684 Heck, DJZ 1909, Sp. 1457 f.
685 Näheres zur Interessenjurisprudenz bei Wilhelm, a.a.O., S. 604; Wieacker, a.a.O., S. 574 ff.; Möllers, Methodenlehre, § 5, Rdn. 19 ff.

war – hier knüpfte auch die angesprochene Sozialkritik am Richterstand an – neben der Teilnahme an richterlichen Fortbildungskursen eine regere Anteilnahme der Richter am gesellschaftlichen Leben, bspw. im Bereich von Literatur, Kunst, Handel oder Technik.[686] Der Richter sollte gewissermaßen lernen, über den ‚eigenen Tellerrand' zu schauen.

Vor dem Hintergrund dieser Kritik ist es daher nachvollziehbar, dass die Reichsrichter sich zunächst gegen einen Kandidaten sträubten, der aus ihrer Sicht nicht dem Bild eines praktisch orientierten (Zivil-)Richters, sondern eher dem eines zivilrechtsfernen Verwaltungsjuristen entsprach. Darin lagen verschiedene Risiken verborgen. Zum einen würde durch Seckendorff möglicherweise praxisfern judiziert, zum anderen bedinge seine geringe Autorität in der Fremdwahrnehmung unter Umständen ein geringeres Ansehen (des Gerichtshofes).

Der neu ernannte Reichsgerichtspräsident musste sich in den Augen der Reichsrichter insbesondere als Jurist zunächst erst beweisen. Die „achtungsgebietende Persönlichkeit", für die er später gehalten wurde[687], war er zu diesem Zeitpunkt noch nicht. Aufgrund seiner nebenberuflichen Aktivitäten war Rudolf von Seckendorff allerdings, wie noch zu zeigen sein wird, ein Paradebeispiel für die von der Sozialkritik geforderte Verknüpfung von beruflichen und außerberuflichen Gesellschaftskreisen.[688]

c) Der Reichsgerichtspräsident als Richter – Hinweise zur Urteilsanalyse

Wichtig für seine künftige Stellung und Autorität im Gericht dürfte deshalb eine den Anforderungen der Methodendebatte entsprechende sowie überzeugende juristische Argumentation in den einzelnen Urteilen gewesen sein. Denn dadurch würde auch die juristische Autorität des Reichsgerichtspräsidenten im Kollegium gestiegen sein.

In seiner richterlichen Tätigkeit stand der Gerichtspräsident selbstverständlich jedem anderen Senatsmitglied gleich.[689] Auch im Übrigen besaß er nicht die starke Stellung des Präsidenten des Bundesoberhandelsgerichts bei der Geschäftsverteilung mit der Folge[690], dass seiner „Einwirkung auf die Arbeitsweise des Gerichtshofes" gewisse Grenzen gezogen waren.[691] Hinzu kam, dass

686 Linnemann, a.a.O., S. 134 ff., insbesondere S. 142 f.

687 Diese Charakterbeschreibungen finden sich in den LNN, Nr. 268, vom 24.9.1932, S. 2. und LNN, Nr. 269, vom 25.9.1932, S. 13.

688 Siehe dazu insbesondere Viertes Kapitel, C.

689 Reden bei der Gedenkfeier, S. 9.

690 Müller, a.a.O., S. 61 ff.

691 Reden bei der Gedenkfeier, S. 9.

der Reichsgerichtspräsident die Sitzungen seines Senats lediglich an einem von zwei Sitzungstagen – der IV. Zivilsenat tagte wie jeder andere Senat an zwei Tagen in der Woche, und zwar jeweils montags und donnerstags, ab 1914 kam gelegentlich ein weiterer Sitzungstag an jeden zweiten Sonnabend hinzu – je Woche leitete.[692] Ein größeres Pensum richterlicher Tätigkeiten war neben den verwaltenden und repräsentativen Tätigkeiten für den Gerichtspräsidenten kaum möglich.[693] Diese Gegebenheiten könnten zunächst für einen schwachen Einfluss auf die Meinung der Richterkollegen bzw. die Rechtsprechung des Senats sprechen.

Gleichwohl soll die Rechtsprechung des IV. Zivilsenats nach Belegen für einen Autoritätsgewinn Seckendorffs untersucht werden. Besondere Aufmerksamkeit erlangen in diesem Zusammenhang die Aspekte „juristische Autorität" im Kollegium und „Rückwirkung" bzw. „Fremdwahrnehmung" der Urteile. Da jeder Rechtsstreit Parteien unterschiedlicher praktischer Bedürfnisse zusammenführt, bietet es sich in diesem Zusammenhang ebenfalls an, die Art der Praxis bzw. der jeweils geschützten Interessen näher herauszuarbeiten. Trotz aller damit verbundenen Schwierigkeiten werden die Urteile bzw. Prozessakten daher nach einer möglichen Motivation Seckendorffs untersucht, die sich in dem Schutz des einen oder anderen Interesses zeigte. Das führt zu folgenden Fragestellungen:

Konnte sich Seckendorff im Senat durchsetzen bzw. „juristische Autorität" erwerben?

- Lassen sich die Vorwürfe der Justizkritiker (formallogisches Argumentieren, strenges Haften am Wortlaut, strenge Logik) bestätigen oder bemühte er sich um eine praxis- und interessengerechte Rechtsprechung, indem ggf. die anzuwendende Norm modifiziert wurde? Welche Argumente nutzte der Reichsgerichtspräsident in seinen Voten und wessen Interessen stützte er?
- Konnte der Reichsgerichtspräsident die Vorbehalte der Reichsrichter widerlegen und entsprach er damit dem Erwartungshorizont seiner Kollegen? Konnte er seine Kollegen überzeugen oder war er mit seinen Ansichten isoliert? Ist demzufolge eine Umsetzung von Seckendorffs Anschauungen und Argumenten in der Rechtsprechung des Senats feststellbar? War eine mögliche Isolation ein Zeichen mangelnder juristischer Autorität? Konnte der

692 Siehe dazu den Geschäftsverteilungsplan der Jahre 1906 (April), 1908 und 1914, BArch, R 3001, Nr. 2008, 2009.

693 Bereits Reichsgerichtspräsident Oehlschläger hatte darauf hingewiesen, dass der Reichsgerichtspräsident kaum mehr als einen Sitzungstag in der Woche übernehmen könne, BArch, R 3001, Nr. 2014, Schreiben vom 13.1.1897 an das Reichsjustizamt.

Reichsgerichtspräsident entsprechend späterer Äußerungen Einfluss auf die Rechtsprechung nehmen?

Wie wurde diese Rechtsprechung in der Presse aufgenommen?

- Wurde Seckendorffs Autorität möglicherweise durch die Urteilskritik gestärkt oder fanden sich darin auch jene Vorwürfe wieder, die bspw. Anfang des Jahrhunderts die Zustimmung zum BGB bzw. zur Rechtsprechung verschlechterten?

Im Hinblick auf sein bereits in der Einleitung zitiertes Aufgabenverständnis – das Gesetz solle entsprechend der „allgemeinen Rechtsanschauung" angewendet werden, *sofern* dies mit dessen Wortlaut und Absicht *irgend* vereinbar ist – soll in diesem Zusammenhang auch der Frage nachgegangen werden, wie sich seine richterliche Tätigkeit vor dem Hintergrund des Bindungspostulates bewerten lässt.

2) Aufgaben und personelle Zusammensetzung des IV. Zivilsenats

Rudolf von Seckendorff war seit dem 2. Juni 1905 Vorsitzender des IV. Zivilsenats.[694] Diesem Senat gehörte der Reichsgerichtspräsident bis zum Ende seiner Amtszeit ununterbrochen an, wie die Geschäftsverteilungsberichte und Besetzungslisten veranschaulichen.[695] Im Gegensatz zu seinem Amtsvorgänger Gutbrod, der zu „geeigneter Zeit" in den I. Zivilsenat wechseln wollte[696], blieb Seckendorff dem IV. Zivilsenat verbunden. Längerfristige Vertretungen im Vorsitz des Senats lassen sich nicht belegen. Ausnahmen bildeten, soweit aus den (Personal-)Akten ersichtlich, lediglich Urlaubszeiten – hauptsächlich während der Gerichtsferien im Sommer – und Erkrankungen.[697] Trotz einiger Beschwerden war er in besserer körperlicher Verfassung als manche seiner Vorgänger und Nachfolger.[698]

---

694 BArch, R 3001, Nr. 141, Bl. 141, 141 R, Schreiben Seckendorffs an den Staatssekretär des RJA vom 2.6.1905.

695 Siehe etwa BArch, R 3001, Nr. 2008, 2009.

696 Gutbrod, a.a.O., S. 74.

697 Im Einzelnen dazu die Angaben in Seckendorffs Personalakten, BArch, R 3002, PA Nr. 790, Bd. 2. Sonderurlaub nahm er beispielsweise zur Hochzeit seiner Nichte Ellen im März 1917 (ebd., Bl. 96). Mit ihrem Cousin Rudolf von Seckendorff gehörte sie zu den nächsten Angehörigen des Reichsgerichtspräsidenten. Nachweisbar erkrankt war Seckendorff Mitte Juli 1905. Er verzichtete während dieser Zeit lediglich auf die Teilnahme an den Sitzungen, die Verwaltungsgeschäfte führte er weiter (ebd., Bl. 4).

698 Zum Gesundheitszustand Delbrücks, BArch, R 3002, PA Nr. 146, Bl. 8 ff., 17 f. Hinweise auf Gutbrods Gesundheitszustand bei Gutbrod, a.a.O., S. 73, 75. Erich Ebermayer weist auf eine „tief gebückte Haltung" Seckendorffs hin, E. Ebermayer, Prisma

Dem IV. Zivilsenat gehörten in den Jahren 1905 bis 1910 weitestgehend die gleichen Richter an. Später kam es allerdings aufgrund von Pensionierungen und der Einstellung von Hilfsrichtern zu einigen Veränderungen. Die Herkunft der einzelnen Richter entsprach der föderalen Zusammensetzung des Reichsgerichts.[699] Daher waren nicht nur (Rand-)Preußen, sondern auch Reichsgerichtsräte aus Bayern im Senat vertreten.[700] Über die möglicherweise bestehenden persönlichen Beziehungen untereinander ist nichts bekannt. Soweit ersichtlich, waren jene bis auf einen Reichsgerichtsrat nicht Mitglieder in der „Leipziger Harmonie".[701] Dennoch ist anzunehmen, dass die Mitglieder des Senats über die langjährige Zusammenarbeit in nähere soziale Bindungen zueinander traten – bspw. durch „Senats-Tees[702], Diners[703] oder sonstige Veranstaltungen.

Seit Neuordnung der Geschäftszuweisung mit Inkrafttreten des Bürgerlichen Gesetzbuchs war dieser Senat im Wesentlichen für die Rechtsprechung in familien- und erbrechtlichen Streitigkeiten zuständig.[704] Seit dem Jahr 1905 gehörten

---

1947, S. 22; Hinweise auch bei Arnold, DRiZ 1932, S. 340, 341 und in der anonym verfassten Mitteilung in DJZ 1932, Sp. 1276. Dort wird jeweils auf die „seltene Frische des Geistes" verwiesen, die Seckendorff bis ans Ende seines Lebens besaß.

699 Dazu Müller, a.a.O., S. 107 ff., 141 f.

700 Der IV. Zivilsenat besaß als ständige Mitglieder: Veltman (bis 1910, Preuße, Herkunft: Rheine), Dr. Planck (bis 1906, Preuße, Herkunft: Greifswald), Dr. Wanjeck (bis 1920, Preuße, Herkunft: Ratibor), Dr. Ebbecke (bis 1923, Preuße, Herkunft: Quedlinburg), G. Hoffmann (bis 1913, Bayer), Dr. Krantz (bis 1918, Ostpreuße), Erler (bis 1914, Preuße, Herkunft: Osterode), Maenner (bis 1916, Bayer) und Suntheim (bis 1914, Preuße, Herkunft: Falkenberg bei Homburg). Ab 1910 kamen u.a. noch die RGR bzw. Hilfsrichter Schlieben (bis 1924, Preuße, Herkunft: Mainz), Bewer (bis 1919, Preuße, Herkunft: Wien), Niedner (bis 1923, Preuße), Keller (bis 1929, Preuße, Herkunft: Unna), Herb (bis 1929, Bayer und Preuße) und Arndts (bis 1924, Preuße) hinzu, zu alledem: Lobe, Anlage I, S. 338 ff. und Anlage II, S. 391. RGR Krantz bildete während des Krieges in Leipzig einen Ortsausschuss für die „Ostpreußenhilfe", vgl. Stadtarchiv Leipzig, Kap. 72, Nr. 22, 68 (Landesausschuss für Kriegshilfe betreffend, Akten betreffend den Reichsverband Ostpreußenhilfe).

701 Zur Bedeutung der Harmonie für die Soziabilität der Reichsgerichtsangehörigen siehe Viertes Kapitel, C. II. 2. a. Alexander Niedner war Mitglied der Harmonie von 1916–1921, Kroker, Die Gesellschaft Harmonie in Leipzig. 1776 bis 1926, S. 115.

702 So weist Kolbe (a.a.O., S. 123) darauf hin, dass sich die Frauen der Senatsmitglieder regelmäßig „zum Tee" trafen. Entsprechende Angaben auch bei Hartung, a.a.O., S. 84, 126.

703 ThStA, FA Seckendorff, Nr. 1595, Bl. 67; exemplarisch auch der Bericht bei Gutbrod, S. 71.

704 Zur Neuordnung der Geschäftsverteilung, Müller, a.a.O., S. 70.

dazu aber auch Bereiche des Deliktsrechts, wie etwa die der Tierhalterhaftung.[705] Aufgrund dieser Zuständigkeiten war der IV. Zivilsenat von vornherein nicht oder lediglich selten mit solchen (meist) konfliktträchtigen Problemen – wie bspw. des Arbeitskampfes – befasst, die die Entwicklung der wilhelminischen Gesellschaft mit sich brachte.[706]

3) Urteilsbetrachtungen[707]

a) Strenge Gesetzesanwendung?

aa) Keine bloße Praxisbezogenheit – die Verjährung des Pflichtteilsanspruchs in RGZ 66, 30[708]

Die Entscheidung behandelt den Verjährungsbeginn von Pflichtteilsansprüchen nach § 2332 BGB. Bis vor wenigen Jahren knüpfte der Wortlaut der Vorschrift den Verjährungsbeginn an die vom Pflichtteilsberechtigten „erlangte Kenntnis" vom Erbfall und der diesen von der Erbenstellung ausschließenden „beeinträchtigenden Verfügung".[709] Die Richter in der Vorinstanz erachteten unter Anlehnung an § 1944 Abs. 2 BGB eine amtliche Verkündung der entsprechenden

---

705 Zu den Zuständigkeiten für die genannten Bereiche des Deliktsrechts, BArch, R 3001, 2008, Schreiben vom 17.12.1904 an das RJA.

706 Beispielhaft sei dazu die Untersuchung von Rainer Schröder, Die Entwicklung des Kartellrechts und des kollektiven Arbeitsrechts, insbes. S. 273 ff., genannt. Dementsprechend wurde die Entwicklung anderer bedeutender Rechtsinstitute von anderen Senaten vorangetrieben, vgl. Lakenberg, a.a.O., S. 260 (zum Vertrag mit Schutzwirkung zugunsten Dritter); Glöckner, a.a.O., S. 560 (zur Positiven Vertragsverletzung).

707 Der Verfasser analysierte die in jenen Jahren in den RGZ Bänden veröffentlichten Entscheidungen. Er beschränkte sich weitestgehend auf diejenigen Urteile, die Normen des BGB betreffen (etwa 180 Entscheidungen). Die darüber hinaus in diesem Zeitraum veröffentlichten Urteile – etwa 70 an der Zahl – ließ er für die Untersuchung außer Acht, da diese Nebengesetze, Übergangsvorschriften oder das alte Recht betreffen. In etwa der Hälfte der erstgenannten Entscheidungen ließ sich eine Mitwirkung Seckendorffs anhand der vorhandenen (Prozess-)Akten belegen. Für die folgende Darstellung nahm der Verfasser eine Auswahl aus diesen Entscheidungen vor.

708 Die Akte befindet sich in BArch, R 3002, Prozessakte Nr. 10180.

709 § 2332 Abs. 1 a.F. lautete: Der Pflichttheilsanspruch verjährt in drei Jahren von dem Zeitpunkt an, in welchem der Pflichttheilsberechtigte von dem Eintritte des Erbfalls und von der ihn beeinträchtigenden Verfügung Kenntniß erlangt, ohne Rücksicht auf diese Kenntniß in dreißig Jahren von dem Eintritte des Erbfalls an. – Eine entsprechende Lösung wird heute über die allgemeinen Verjährungsregeln der §§ 195, 199 BGB gefunden.

Verfügung für notwendig und vertraten damit eine ausdehnende Anwendung des § 1944 Abs. 2 BGB auf § 2332 BGB.

Dabei hatten die Richter durchaus das Problem erkannt, dass der Wortlaut des § 2332 BGB eine solche Interpretation nicht zuließ. Sie stützten ihre Argumentation dennoch auf eine Ansicht in der Literatur, wonach der Gesetzgeber in § 1944 Abs. 2 BGB einen allgemein für das Gebiet des Erbrechts geltenden Grundsatz aufstellen wollte.[710]

Diese Auffassung lehnte der vom Reichsgerichtspräsidenten geführte Senat mit Hilfe von systematischen und zweckbezogenen Argumenten ab. Dabei stützte sich der Senat im Wesentlichen auf das Votum Seckendorffs, der zuvor die auch vom Berichterstatter RGR Veltman vertretende, ausdehnende Ansicht abgelehnt hatte.

Der Senat verwies im Urteil, ebenso wie Seckendorff in seinem Votum, auf den praktischen Nutzen, den ein objektiver, leicht und sicher bestimmbarer Anfangstermin für den Lauf der Verjährung des Pflichtteilsanspruchs habe. Auch in anderen Bestimmungen würde diesem Gesichtspunkt Rechnung getragen.[711] Dieser objektiv bestimmbare Termin habe nach Seckendorffs Aussage sogar „de lege ferenda" manches für sich.[712]

Allein jene (praktischen) Erwägungen konnten allerdings bei der Beurteilung nicht entscheidend sein. Im gleichen Atemzug verwiesen die Richter des Senats nämlich darauf, dass das Bürgerliche Gesetzbuch erbrechtliche Bestimmungen kenne, bei denen die Frist erst ab dem Zeitpunkt der erlangten Kenntnis laufen würde (etwa §§ 1954, 2082, 2340 BGB) und damit, wie Seckendorff sich bezüglich § 2332 BGB ausdrückte, „ein subjektives Moment" voraussetzen.[713]

Der Senat lehnte eine ausdehnende Anwendung des § 1944 Abs. 2 BGB mit „strukturellen", also systematischen Bedenken endgültig ab: *„Nach der äußeren Anlage des Gesetzes muß es ferner bedenklich erscheinen, in einer singulären, dem Abschnitte über Annahme und Ausschlagung der Erbschaft angehörigen, dem § 1944 nur in Form eines Zwischensatzes einverleibten Vorschrift den Ausspruch eines auch nur auf erbrechtlichem Gebiete allgemeine Geltung beanspruchenden Grundsatzes zu erblicken."*[714] Damit setzte sich Seckendorffs Ansicht auch wertmäßig durch. Für Seckendorff ergaben sich diese systematischen Bedenken aus

---

710 Vgl. RGZ 66, 30, 31.

711 Vgl. RGZ 66, 30, 31.

712 BArch, R 3002, Prozessakte Nr. 10180, Bl. 17.

713 Vgl. RGZ 66, 30, 31 sowie BArch, R 3002, Prozessakte Nr. 10180, Bl. 17.

714 RGZ 66, 30, 31 f. Die Hervorhebung stammt vom Verfasser.

der sorgfältigen Verweisungstechnik des Bürgerlichen Gesetzbuches.[715] Der Reichsgerichtspräsident bemühte sich daher grundsätzlich, bei der Rechtsanwendung die Vorgaben des Gesetzgebers – hier der Systematik – einzuhalten.

Um sich abzusichern, ‚hinterfragten' die Richter ihr Ergebnis, indem sie mit den (unterschiedlichen) Zwecken der §§ 1944, 2332 BGB argumentierten. Bei § 1944 BGB gehe es im Gegensatz zu § 2332 BGB u.a. um ‚Haftungsfragen' gegenüber Nachlassgläubigern. Auf die formale Vorschrift des § 1944 BGB sollten sich die Pflichtteilsberechtigten deshalb dann nicht berufen können, wenn sie bereits zur Zeit des Erbfalles von der Sachlage voll unterrichtet waren.[716] Ein vergleichbarer Hinweis findet sich bereits im Votum Seckendorffs. Schon dort hatte er die Ansicht vertreten, der Gesetzgeber habe die Fälle des § 2332 und § 1944 Abs. 2 BGB unterschiedlich regeln wollen und dafür ein Beispiel angeführt: es sei „unwahrscheinlich", dass der Pflichtteilsberechtigte nicht alsbald von dem Erbfall und der ihn beschränkenden Verfügung Kenntnis erlange, weil er „alle Veranlassung [habe], sich die genaue Kenntnis aller ihn interessierenden Umstände zu verschaffen".[717] Gerade dadurch bewiesen die Richter des Senats einschließlich des Vorsitzenden aber auch praxisnahes Verständnis.

An diesem Urteil wird deutlich, dass sich Seckendorff mit seinen Argumenten durchsetzen und die anderen Reichsgerichtsräte überzeugen konnte. Aus diesem Umstand folgt gleichfalls, dass das vorhandene Votum des Berichterstatters nicht zwingend mit den abgedruckten Entscheidungsgründen übereinstimmte. Seckendorff bemühte sich um eine Absicherung seiner Ansichten am Gesetz. Trotz aller praktischen Vorteile der Gegenansicht konnte ihn diese vor allem deshalb nicht überzeugen, weil der § 2332 BGB „unleugbar" ein subjektives Element voraussetze.[718] Logische Argumente führten hier zu einem praxisnahen

---

715 Vgl. BArch, R 3002, Nr. 10180, Bl. 17. Die analoge Anwendung des § 1944 Abs. 2 BGB erscheine bedenklich „im Hinblick auf die Sorgfalt, mit der das BGB auf anderwärts ausgesprochene, aber unmittelbar oder entsprechend anzuwendende Sätze ausdrücklich hinzuweisen gewohnt ist."

716 Vgl. RGZ 66, 30, 32, „Hierzu kommt, daß diese Vorschrift [§ 1944, Anm. d. V.] ihre gute Bedeutung hat, wenn es sich um die auch für Beziehungen zu den Nachlaßgläubigern wichtige Frage des Erbewerdens handelt, daß aber kein Grund ersichtlich ist, den pflichtteilsberechtigten nahen Familienangehörigen des Erblassers die Berufung auf eine Formvorschrift auch dann zu gestatten, *wenn sie bereits zur Zeit des Erbfalles von der Sachlage voll unterrichtet* […] gewesen sind." Hervorhebung stammt vom Verf.

717 Vgl. BArch, R 3002, Nr. 10180, Bl. 17 R.

718 Vgl. BArch, R 3002, Nr. 10180, Bl. 17.

Urteil. Eine lediglich formallogische Herangehensweise ist nicht erkennbar, auch wenn praktische Argumente das Gesetz nicht um jeden Preis überwogen.

bb) Eine rechtsfolgenorientierte Lösung – der „Verlöbnisfall" in RGZ 80, 88[719]

Die Klägerin machte einen Schadensersatzanspruch aus den § 1300 und § 1298 BGB[720] geltend, nachdem ihr Verlobter vom Verlöbnis zurückgetreten war. Der Beklagte bestritt den Anspruch dem Grunde und der Höhe nach mit dem Argument, er habe die Klägerin stets darauf hingewiesen, dass er sie ohne die (hier fehlende) Zustimmung seines Vaters nicht heiraten könne. Problematisch war dabei die Frage, ob auch dann ein Schadensersatzanspruch aus einem Verlöbnisbruch in Betracht komme, wenn die Eheschließung nur unter einer Bedingung oder Befristung zugesagt worden war.

In der Vorinstanz vertraten die Richter die Auffassung, dass ein „unbedingtes Eheversprechen" und damit auch ein „festes Verlöbnis" aufgrund der fehlenden Zustimmung des Vaters nicht vorgelegen habe. Diese Auffassung wurde von den Revisionsführern abgelehnt, weil aus der von der Zustimmung des Vaters abhängigen Eheschließung nicht gefolgert werden könne, es habe nur ein bedingtes Verlöbnis vorgelegen.[721]

Auch der von Rudolf von Seckendorff geleitete Senat beurteilte den Fall differenzierter. Die Senatsmitglieder unterschieden zwischen dem Verlöbnisvertrag (der Verlobung) bzw. dem dadurch begründeten Rechtsverhältnis (dem Brautstand) und der späteren Eheschließung (der Heirat). Zwar sei die Verlobung nach

---

719 Siehe außerdem BArch, R 3002, Prozessakte Nr. 10619.

720 § 1300) Hat eine unbescholtene Verlobte ihrem Verlobten die Beiwohnung gestattet, so kann sie, wenn die Voraussetzungen des § 1298 oder des § 1299 vorliegen, auch wegen des Schadens, der nicht Vermögensschaden ist, eine billige Entschädigung in Geld verlangen. § 1298) I) Tritt ein Verlobter von dem Verlöbnisse zurück, so hat er dem anderen Verlobten und dessen Eltern sowie dritten Personen, welche an Stelle der Eltern gehandelt haben, den Schaden zu ersetzen, der daraus entstanden ist, daß sie in Erwartung der Ehe Aufwendungen gemacht haben oder Verbindlichkeiten eingegangen sind. Dem anderen Verlobten hat er auch den Schaden zu ersetzen, den dieser dadurch erleidet, daß er in Erwartung der Ehe sonstige sein Vermögen oder seine Erwerbsstellung berührende Maßnahmen getroffen hat. II) Der Schaden ist nur insoweit zu ersetzen, als die Aufwendungen, die Eingehung der Verbindlichkeiten und die sonstigen Maßnahmen den Umständen nach angemessen waren. III) Die Ersatzpflicht tritt nicht ein, wenn ein wichtiger Grund für den Rücktritt vorliegt.

721 Vgl. RGZ 80, 88 f.

der herrschenden Anschauung ein auf die künftige Eheschließung gerichteter Vertrag.[722] Mithilfe von systematischen Betrachtungen legten sie dar, dass dieser Vertrag grundsätzlich auch unter einer Bedingung geschlossen werden könne. Es folge aber daraus nicht, dass das Verlöbnis(-verhältnis) „notwendig dadurch" zu einem bedingten werde, dass die Heirat vom Eintritt einer Bedingung abhängig gemacht wurde.[723] Seckendorff hatte in seinem Votum eine vergleichbare Ansicht vertreten. Für ihn wurde *„die Rechtswirksamkeit des [unbedingten] Verlöbnisses"* nicht dadurch ausgeschlossen, *„daß die Eheschließung aufschiebend bedingt war."*[724]

Der Senat begründete dieses Ergebnis eng normbezogen. Als Ausgangspunkt für ihre Argumentation nahmen die Richter zunächst die *Rechtsfolgen* näher in den Blick, die das BGB an das Verlöbnis bzw. an dessen Auflösung knüpfe.

Ein Verlöbnis begründe nicht unmittelbar die Verpflichtung zur Heirat, sondern beinhalte nur die Willenseinigung über das „gegenseitige Versprechen der künftigen Verheiratung". Mithilfe historischer Argumente zeigten sie auf, dass das Gesetz durch das Verlöbnis einen rechtlichen Zwang zur Eingehung der Ehe – wie es auch heutzutage anerkannt ist[725] – nicht begründen wolle, sondern der jeweilige Verlobte die Willensfreiheit über die Eheschließung behalten solle.[726]

Auch Schadensersatzansprüche würden sich nur aus der schuldhaften Auflösung des Verlöbnisses, ansonsten sei eine freiwillige Beendigung des Verlöbnisses durch Rücktritt möglich, ergeben.[727] Da diese Rechtsfolgen ausschließlich an die schuldhafte Auflösung des Verlöbnisses geknüpft würden, könnten diese lediglich das Bestehen dieses Verhältnisses, d.h. des Verlöbnisses zur Voraussetzung haben. Mit dieser systematischen Argumentation war aber zugleich ausgesprochen, dass es zur Begründung des Schadensersatzanspruches gar nicht darauf ankam, ob die spätere Eheschließung von der Zustimmung des Vaters abhing. Für ein wirksames Verlöbnis sei deshalb eine mögliche Bedingung

722 Der Senat sah das Verlöbnis also als Vertragsverhältnis an, vgl. zur (strittigen) Rechtsnatur des Verlöbnisses Saar, Verlöbnis, S. 76 f., 119 f.

723 Vgl. RGZ 80, 88, 89 f.

724 BArch, R 3002, Prozessakte Nr. 10619, Bl. 26 R, kursive Hervorhebung stammt vom Verfasser.

725 Das Verlöbnis ist weder Voraussetzung für die Eheschließung, noch bedeutet es den Verzicht auf die negative Eheschließungsfreiheit, Saar, a.a.O., S. 74.

726 Vgl. RGZ 80, 88, 90.

727 Vgl. RGZ 80, 88, 90 f.

zur Eheschließung – weil es sich um unabhängig voneinander zu beurteilende Rechtsverhältnisse handele – ohne Belang.[728]

Auch hier untermauerte der Senat sein Ergebnis mit einem praktischen Argument: selbst wenn ein bedingtes Verlöbnis nach dem zuvor Gesagtem „denkbar und tatsächlich feststellbar sein sollte", werde diese Bedingung regelmäßig dann eintreten, wenn die Liebenden sich gegenseitig über längere Zeit fortlaufend und ausdrücklich „in Wort und Tat" die Absicht erklärten, sich zukünftig heiraten zu wollen.[729]

Abermals setzte sich Seckendorff mit seiner Ansicht gegen den Berichterstatter, Reichsgerichtsrat Schlieben, durch. Dieser hatte die Revision u.a. deswegen zurückweisen wollen, weil Schadensersatzansprüche nur bei „begründeter Verpflichtung" zur Eheschließung gegeben seien. Diese Verpflichtung sei aufgrund der Bedingung, d.h. der von der Zustimmung des Vaters abhängigen Eheschließung aber nicht eingetreten. Damit ging auch der Berichterstatter von einem unmittelbaren rechtlichen Zusammenhang zwischen Verlöbnis und Verpflichtung zur Eheschließung aus.[730] Der Senat übernahm dabei höchstwahrscheinlich die, im Einzelnen im Dunkeln liegende, Argumentation des Reichsgerichtspräsidenten. Eine Lösung mit Blick auf die (systematischen) Voraussetzungen und die Rechtsfolgen der Auflösung eines Verlöbnisses, klang nämlich bereits in seinem Votum an.[731] Der Senat argumentierte ‚eng' am Gesetz. Auffallend ist dabei allerdings, dass die Reichsgerichtsräte nicht – vergleichbar mit dem bereits geäußerten Vorwurf – „ins Blaue hinein" konstruierten[732], sondern gerade im Gegenteil, mit Orientierung am Ergebnis („die Rechtsfolgen des Verlöbnisbruches") und am Einzelfall ihre Schlussfolgerungen herleiteten. Möglicherweise war Seckendorffs Blick in dieser Hinsicht auch von ‚Interessenrücksichten' geleitet,

---

728 Vgl. RGZ 80, 88, 91.

729 Vgl. RGZ 80, 88, 91.

730 BArch, R 3002, Prozessakte Nr. 10619, Bl. 22 ff. (Gutachten Schlieben). Allerdings hielt dieser das Urteil der Vorinstanz für sachlich „unbefriedigend", sah aber kaum Möglichkeiten dagegen anzugehen.

731 Vgl. BArch, R 3002, Prozessakte Nr. 10619, Bl. 26 R, „Nach den tatsächl.[ichen, der Verfasser] Feststellungen des BG liegt m. E. ein (unbedingtes) Verlöbnis im Sinne des Gesetzes vor. Daß die Eheschließung aufschiebend bedingt war, scheint mir die Rechtswirksamkeit des Verlöbnisses – soweit die Folgen der §§ 1298, 1300 in Betracht kommen – nicht auszuschließen."

732 Zu dem Vorwurf Drittes Kapitel, B. III. 1. b.

nahm er doch in einem anderen Votum ausdrücklich darauf Bezug, dass „den Rechten der Frau nicht ausreichend Rechnung [getragen]" werde.[733]

cc) Die zweckbestimmte Argumentation – der Ausschluss von Mitgliedern eines Vereins in RGZ 80, 189[734]

Der Kläger gehörte dem verklagten Verein als Mitglied an. Nach § 27 der Vereinssatzung war ein Ausschluss aus dem Verein bei einer Mehrheit „von drei Vierteln der erschienenen stimmberechtigten Mitglieder" möglich. Als über den Ausschluss des Klägers beschlossen wurde, waren 64 Mitglieder anwesend. Die Stimmabgabe erfolgte durch Stimmzettel. 47 Mitglieder stimmten für einen Ausschluss, 12 waren dagegen und 5 gaben unbeschriebene Zettel ab. Daraufhin wurde der Kläger aus dem Verein ausgeschlossen. Der Kläger machte u.a. geltend, dass die für seine Ausschließung erforderliche Mehrheit nicht erreicht sei, weil diese Mehrheit sich nach der Anzahl der Erschienenen richte und nicht nach der Anzahl derjenigen Mitglieder, die an der Abstimmung mit sachlichen Erklärungen teilnahmen. Für die Ausschließung hätten demzufolge 48 Mitglieder stimmen müssen.[735]

In dieser Entscheidung ging es zwar um die Auslegung einer Vereinssatzung, allerdings sind mit dem Erfordernis „Mehrheit von erschienenen Mitgliedern" auch solche Erfordernisse erfasst, die mit den Regelungen im Vereinsrecht im engen Zusammenhang stehen. Der Wortlaut der entsprechenden Norm der Satzung stimmte bspw. (teilweise) mit § 32 Abs. 1, S. 3, § 33 Abs. 1 BGB in der damaligen Fassung überein, die gleichfalls auf die „Mehrheit der erschienenen Mitglieder" abstellten.

Der Berufungsrichter hatte die entsprechende Mehrheit mit dem Argument angenommen, es dürften bei der Berechnung der Mehrheit nur solche Stimmen von Mitgliedern mitgezählt werden, die *tatsächlich* an der Abstimmung teilgenommen hatten. Abgezogen wurden daher die unbeschriebenen Stimmzettel. Der Berufungsrichter legte demnach einen Wert von 59 Mitgliedern der Berechnung zugrunde. Damit war die erforderliche Stimmenzahl für den Ausschluss des Klägers aus dem Verein erreicht. Zur näheren Begründung berief sich dieser u.a. auf eine überwiegende Mehrheit im Schrifttum zum entsprechenden § 32 Abs. 1, S. 3 BGB und auf dessen Entstehungsgeschichte. Danach ergab sich die

---

733 Vgl. BArch, R 3002, Prozessakte Nr. 10302, Bl. 15. Siehe außerdem seine Stellungnahme zur Entscheidung in RGZ 85, 11, dazu sogleich Drittes Kapitel, B. III. 3. a. dd.

734 Siehe dazu auch BArch, R 3002, Prozessakte Nr. 10614.

735 Vgl. RGZ 80, 189 f.

„Mehrheit der erschienenen Mitglieder" aus der „Mehrheit der Stimmen". Mitglieder, welche sich der Stimme enthielten, galten damit nicht als „erschienen".[736]

Dagegen wandten sich die Richter des IV. Zivilsenats, die dabei sinngemäß ein weiteres Mal der Argumentation ihres Vorsitzenden folgten. Während der Berichterstatter, Reichsgerichtsrat Krantz, die unbeschriebenen Zettel mit (teilweise abweichender eher) formaler Begründung ebenfalls nicht mitzählen und deshalb die Revision zurückweisen wollte[737], war diese nach Seckendorffs Ansicht begründet.[738]

Die Reichsgerichtsräte führten zunächst den Wortlaut der Satzung an. Die erforderliche Mehrheit hing danach nicht von den sachlichen Erklärungen, sondern von dem *Erscheinen* der Mitglieder ab. Es läge nicht mehr in den „Grenzen der Auslegungsmöglichkeit, von solchen Mitgliedern, die auf die Aufforderung zur Stimmenabgabe sich nicht entfernt, sondern eine Antwort, gleichviel welche, gegeben haben, anzunehmen, sie seien bei der Beschlussfassung nicht erschienen gewesen." Ein Mitglied, das bei der Abstimmung der zu beantwortenden Frage „ausweicht" oder die Antwort „geradehin ablehnt", hört damit nicht auf, bei der Abstimmung anwesend zu sein.[739] Seckendorff hatte zuvor in seinem Votum ebenfalls auf den klaren Wortlaut der Bestimmung hingewiesen.[740]

Die Mitglieder des Senats lehnten die vom Berufungsrichter angeführten historischen Argumente als zu „weit hergeholt" und für die Auslegung des § 32 BGB bzw. der Satzung als „wertlos" ab.[741] Für die Richter des Senats waren also

---

736 Vgl. RGZ 80, 189, 192 ff.

737 BArch, R 3002, Prozessakte Nr. 10614, Bl. 17 ff. Nach Auffassung des Berichterstatters sei dem Berufungsgericht im Ergebnis zuzustimmen, auch wenn dessen Begründung „recht unbefriedigend" sei. Leere Stimmzettel seien daher bei der Berechnung des Abstimmungsergebnisses nicht zu berücksichtigen. Es liege nicht in der Macht der Mitglieder eines Vereins – jedenfalls nicht ohne entsprechende Ermächtigung in der Satzung – das Stimmgewicht der für die Ausschließung stimmenden Mitglieder durch die Abgabe von leeren Stimmzetteln abzuschwächen. Er erkannte allerdings, dass der Wortlaut der Satzungsbestimmung eher für die Auslegung des Revisionsklägers sprach.

738 BArch, R 3002, Prozessakte Nr. 10614, Bl. 17 ff., Bl. 20 R (Anmerkungen Seckendorffs).

739 Vgl. RGZ 80, 189, 192 f.

740 BArch, R 3002, Prozessakte Nr. 10614, Bl. 20 R. Im Votum heißt es dazu: „[die hier maßgebende Satzung] [...] scheint mir nach Wortlaut und Sinn ganz klar zu sein. Die „bei den Beschlüssen erschienenen" Mitglieder sind natürlich die bei der Beschlussfassung anwesenden [...]."

741 RGZ 80, 189, 193 f.

historische Argumente nicht immer von Bedeutung. Der Reichsgerichtspräsident ging vermutlich deswegen in seinem Votum auch gar nicht weiter darauf ein.[742]

Der Senat stützte sich vielmehr vergleichend auf die Auslegung des § 33 Abs. 1, S. 1 BGB und nutzte dessen Zweckbestimmung, die für die Auslegung der Satzungsnorm passender und deshalb (wohl) auch „praxisnäher" war. Diese Vorschrift behandele einen bestimmten Fall, in dem ebenso wie durch die Satzung das Mehrheitserfordernis vergrößert und eine Mehrheit von „drei Vierteilen" verlangt werde. Wenn aber das Gesetz bzw. die Satzung „das Mehrheitserfordernis gegen die allgemeine Regel verschärft, richte sich die Absicht solcher Vorschriften gerade gegen das Zustandekommen der Änderung. Sie begünstigen vielmehr die Beibehaltung des bisherigen Zustandes, also bspw. auch die Erhaltung bestehender Mitgliedschaften."[743] Im Sinn solcher Vorschriften liege es daher auch, die unbeschriebenen Stimmzettel bei der Ermittlung der erforderlichen Stimmenzahl, die sich für einen Ausschluss entscheiden, mitzuzählen.[744]

Entsprechendes hatte Seckendorff anschaulich auch in seinem Votum angemerkt: *„von diesen Mitgliedern müssen ¾ für die in § 27 Abs. 3 bezeichneten Änderungen und Neuerungen stimmen, damit sie als beschlossen gelten. Der Ausschluss von Mitgliedern […] setzt also voraus, dass ¾ der anwesenden Mitglieder ihre Stimme dafür abgeben. Geben sie weiße Zettel ab, enthalten sie sich also der Abstimmung, so sind sie zweifellos nicht für die Neuerung und stimmen deshalb nicht dafür."*[745]

Daher würden Stimmen solcher Mitglieder, die weiße Stimmzettel abgeben genau wie die verneinenden Stimmen zu jenen gehören, die gegen die Ausschließung gestimmt haben.[746] Seckendorff untermauerte seine Argumentation abermals mit einem anschaulichen, praxisbezogenen Beispiel zur Beschlussfassung in einem Verein, das ebenso wie das Abstellen auf den Sinn und Zweck der (Satzungs-)Norm zur Überzeugung der Senatsmitglieder beigetragen haben dürfte. Damit konnte er nämlich die von Berufungsinstanz und Berichterstatter vertretene Ansicht ad absurdum führen.[747] Diese Entscheidung berührte in

742 BArch, R 3002, Prozessakte Nr. 10614, Bl. 20 R. „Wie der § 32 Abs. 1 BGB auszulegen ist, ist m.E für die vorliegende Frage unerheblich […]."

743 Vgl. RGZ 80, 189, 194.

744 RGZ 80, 189, 194 f.

745 BArch, R 3002, Prozessakte Nr. 10614, Bl. 20 R. Die kursive Hervorhebung stammt vom Verfasser.

746 Vgl. RGZ 80, 189, 195.

747 BArch, R 3002, Prozessakte Nr. 10614, Bl. 20 R. „Man denke nur, daß der Vorstand die Ernennung eines Ehrenmitglieds vorschlägt und alle außer ihm anwesenden

gewisser Weise auch das unmittelbare Lebensumfeld des Reichsgerichtspräsidenten: Seckendorff engagierte sich stark in der Leipziger Harmoniegesellschaft und wurde später nach einer langjährigen (ordentlichen) Mitgliedschaft Ehrenmitglied der Gesellschaft.[748]

dd) Der „Scheidungsfall" in RGZ 85, 11 – bloß technische Anwendung der Normen?

Die in *RGZ 85, 11 ff.* abgedruckte Entscheidung[749] behandelte eine Ehescheidungsklage.[750] Diese stützte sich in den Vorinstanzen u.a. auf den Vorwurf, der Ehegatte habe seine Ehefrau vielfach grob misshandelt. Abgesehen von diesem durch den Ehegatten bestrittenen Umstand war bei diesem Sachverhalt problematisch, dass die Ehefrau aufgrund einer geistigen Erkrankung seit einigen Jahren entmündigt und nicht in der Lage gewesen ist, die Handlungen ihres Ehegatten als „ehezerrüttend" zu empfinden. Vor diesem Hintergrund hatte der Vormund der Ehefrau die Scheidungsklage erhoben. Dies führte zu der für den Senat entscheidenden Frage, ob ein Scheidungsgrund nach § 1568 BGB[751] auch dann vorliegen konnte, wenn die zur Scheidung Berechtigte nicht in der Lage war, den Scheidungsgrund als solchen zu empfinden.

Die Vorschrift setzte nämlich nach der Senatsmehrheit ein objektives und ein subjektives Element voraus. Die Verfehlungen des Ehegatten müssten aufgrund ihrer Schwere objektiv geeignet sein, die Ehe zu „zerrütten". Die Fortsetzung

---

Mitglieder (vielleicht 9/10 der Erschienenen) weiße Zettel abgeben, während sie mit ja oder nein beschrieben sein sollen. Soll da etwa das vorgeschlagene Ehrenmitglied gewählt sein? Genauso liegt es beim Ausschluß. Diesem muss nach Wortlaut und Sinn der Satzung positiv von mindestens 3/4 der erschienenen Mitglieder zugestimmt werden. Wer einen unbeschriebenen Zettel abgibt, erklärt, daß er zwar erschienen und deshalb mitzuzählen ist, der vorgeschlagenen Maßregel aber nicht zustimmen, sondern sich der Stimme enthalten will. Gerade beim Ausschluß eines Mitglieds ist eine andere Lösung der Frage m. E. kaum denkbar."

748 Dazu Viertes Kapitel, C. II. 2.

749 Siehe zum Fall außerdem BArch, R 3002, Prozessakte Nr. 10809.

750 Zu den Ehescheidungsgründen im BGB von 1900 allgemein siehe Ludyga, Ehescheidungsgründe, S. 841 ff.

751 § 1568 BGB: „Ein Ehegatte kann auf Scheidung klagen, wenn der andere Ehegatte durch schwere Verletzung der durch die Ehe begründeten Pflichten oder durch ehrloses oder unsittliches Verhalten eine so tiefe Zerrüttung des ehelichen Verhältnisses verschuldet hat, daß dem Ehegatten die Fortsetzung der Ehe nicht zugemuthet werden kann. Als schwere Verletzung der Pflichten gilt auch grobe Mißhandlung."

der Ehe durfte dem anderen Ehegatten daher in subjektiver Hinsicht auch nicht zugemutet werden.[752]

Die erstinstanzlichen Richter verzichteten allerdings auf das subjektive Element der Norm. Sie befürworteten eine Scheidung auf Grundlage von § 1568 BGB mit der Erwägung, dass bei Anlegung eines objektiven Maßstabes eine „geschäftsfähige Ehefrau" das Verhalten des Mannes als mit dem Wesen und Zweck der Ehe unvereinbar empfunden hätte und deshalb ihr die Fortsetzung der Ehe auch nicht zugemutet werden könne. Das Berufungsgericht behielt das subjektive (Zerrüttungs-)Erfordernis allerdings bei und kam zur Abweisung der Scheidungsklage, da die Ehefrau das eheliche Verhältnis nicht als zerrüttet empfunden habe.[753]

Der vom Reichsgerichtspräsidenten geleitete IV. Zivilsenat prüfte daher die Frage, ob von den subjektiven Voraussetzungen der Norm abgesehen werden konnte. Das wurde vom Senat im Ergebnis abgelehnt. Auffallend ist dabei, dass sich die Senatskollegen über Seckendorffs (weiter gehende) Meinung mehr oder weniger hinwegsetzten.

Zunächst verwiesen die Richter auf die Grundsätze, die den damaligen Scheidungsvorschriften zugrunde lagen: auf den Grundsatz des Verschuldens sowie auf die Relativität der Scheidungsgründe. Sie folgerten im Umkehrschluss aus der *Regel* des § 1568 BGB, dass die Bestimmungen der §§ 1565–1567 BGB über absolute Scheidungsgründe lediglich *ausnahmsweise* auf eine subjektive Betrachtung verzichten.[754] Ergänzend verwiesen die Richter dabei auf die Motive, sie zogen also ein historisches Argument heran. In diesen Fällen sei die Verletzung der ehelichen Pflichten objektiv so schwerwiegend, dass dadurch „erfahrungsgemäß die Fortsetzung der Ehe dem klagenden Teile [...] unerträglich werde und daß daher [...] die Scheidung nicht erst von dem Nachweise der subjektiven Wirkung der Verfehlungen abhängig gemacht werden dürfe."[755] Die Argumentation fußte also auf einer systematischen Betrachtungsweise. Der Senat hielt es zwar grundsätzlich für möglich, dass dieser „Erfahrungssatz" auch in anderen Fällen besonders schwerer Verletzungen zutreffen könne, gleichwohl verneinten

752 Vgl. RGZ 85, 11, 13.

753 Vgl. RGZ 85, 11, 12.

754 Vgl. RGZ 85, 11, 13. Allgemein Ludyga, a.a.O., S. 878 ff.

755 RGZ 85, 11, 13. Bei absoluten Scheidungsgründen war also eine Einzelfallbewertung – durch Nachweis der subjektiven Wirkung der Verfehlung – entbehrlich, vgl. Ludyga, a.a.O., S. 879.

sie eine Ausweitung der absoluten Scheidungsgründe.[756] Sie legten dementsprechend nach wie vor Wert auf das subjektive Element des § 1568 BGB.

Aus dem *Regel-Ausnahmeverhältnis*, der Systematik der maßgeblichen Normen, leiteten die Senatsmitglieder den Willen des Gesetzes ab, das Vorliegen des „absoluten Scheidungsrechts" auf ganz bestimmte Tatbestände zu beschränken.[757] In allen anderen Fällen galten daher die in § 1568 BGB beschriebenen Scheidungsvoraussetzungen. Dieser Wille des Gesetzes zeige sich auch in den Motiven, da dort ausdrücklich bemerkt sei, es bestehe für weitere absolute Scheidungsgründe kein Bedürfnis.[758] Der Senat vermied eine ausdehnende Betrachtung und argumentierte dabei mit dem Willen des Gesetzes, den er vor allem aus systematischen, aber auch aus historischen Argumenten herleitete.

Für alle unter § 1568 BGB fallende Scheidungsgründe musste daher mit der Senatsmehrheit an dem subjektiven Erfordernis festgehalten werden. Fehlte aber dem betroffenen Ehegatten infolge seines Geisteszustandes die Fähigkeit, die Ehewidrigkeit des Verhaltens des anderen zu erkennen, könne nicht auf Scheidung erkannt werden.[759]

Seckendorff „neigte" der anderen, bereits von der ersten Instanz vertretenen Ansicht zu. Er berief sich zunächst auf den Wortlaut des § 1568 BGB. Die Scheidung war demnach zugelassen, wenn der eine Ehegatte eine so „tiefe Zerrüttung des ehelichen Verhältnisses verschuldet" habe, dass dem anderen Ehegatten die Fortsetzung der Ehe nicht zugemutet werden könne. Mithilfe der Motive definierte er die Zerrüttung als einen Zustand der „völligen Zerstörung der sittlichen Grundlagen der Ehe." Regelmäßig sei bei einer Zerstörung der sittlichen Grundlagen – gewissermaßen als ‚Vorbedingung' – auch die eheliche Gesinnung des verletzten Ehegatten zerstört. Dies sei nach dem Wortlaut des Gesetzes aber nicht notwendig.[760] Womöglich stellte er in diesem Zusammenhang darauf ab, dass im Gesetz lediglich von Zumutbarkeit („nicht zugemutet werden kann") die Rede war. Ein subjektives Element, d.h. die Zerstörung der „ehelichen Gesinnung" war nach seiner Ansicht für die Annahme der Zerrüttung also entbehrlich.

Diesen Gedanken untermauerte er mit weiteren interessenbezogenen Erwägungen. Insbesondere bei einem Geisteskranken *„wäre [es] doch unerhört, wenn das Recht kein Mittel gäbe, einem fortgesetzt auf das brutalste von dem anderen*

756 RGZ 85, 11, 13 f.
757 Vgl. RGZ 85, 11, 14.
758 RGZ 85, 11, 14.
759 Vgl. RGZ 85, 11, 14.
760 BArch, R 3002, Prozessakte Nr. 10809, Bl. 34 R.

Ehegatten mißhandelten Gatten von jenem zu befreien, bloß weil der mißhandelte Gatte kein Bewußtsein und keinen Willen infolge Geisteskrankheit hat."[761] Der Gesetzgeber wolle dieses Mittel aber gewähren, das ergebe sich aus dem Wortlaut der Vorschrift des § 612 Abs. 2 ZPO.[762]

Danach sei der gesetzliche Vertreter ermächtigt, über die Erhebung der Scheidungsklage zu entscheiden. Da diese Bestimmung aber keine Beschränkung auf absolute Scheidungsgründe vorgebe, so sei eine Klageerhebung durch den gesetzlichen Vertreter auch im Fall des relativen Scheidungsgrundes nach § 1568 BGB möglich. In diesem Fall könne es aber nicht auf ein „subjektives Element" beim Vertretenen ankommen. Die Prüfung der Frage der Zerrüttung sei daher „in die Hand des Richters zu legen, also nach objektiven Gesichtspunkten zu beurteilen."[763]

Seckendorff folgte damit wertungsmäßig der ersten Instanz. Auf das Empfinden eines Verhaltens als „ehezerrüttend" kam es für die Annahme eines Scheidungsgrundes nach § 1568 BGB im Einzelfall nicht an. Von der Systematik des BGB ließ er sich bei seiner Lösung nicht einschränken.

Die Senatsmehrheit konnte der Reichsgerichtspräsident indes nicht überzeugen, sie lehnte das zivilprozessuale Argument ab und folgte der Ansicht des Berichterstatters RGR Arndts.[764] Durch § 612 Abs. 2 ZPO sei nur geregelt, „ob" von einem für den geschäftsunfähigen Ehegatten bestehenden Scheidungsrecht Gebrauch gemacht werden soll, nicht aber inwieweit ein Scheidungsrecht des Ehegatten begründet sei. Das richte sich nach den Vorschriften des Bürgerlichen Rechts. Die Zerstörung der „ehelichen Gesinnung" sei aber als „rein innerliches" Phänomen kein rechtsgeschäftlicher Vorgang, der einer Vertretung zugänglich sei.[765] Auf das subjektive Element konnte daher nach Ansicht der Senatsmehrheit auch bei schweren „Eheverfehlungen" nicht verzichtet werden. Dies ungeachtet des Umstandes, dass auch der Berichterstatter in seinem Votum darauf

---

761 BArch, R 3002, Prozessakte Nr. 10809, Bl. 34 R. Die Hervorhebung stammt vom Verfasser.

762 BArch, R 3002, Prozessakte Nr. 10809, Bl. 34 R. Diese Bestimmung war auch von der Revisionsklägerin zur Begründung ihrer Ansicht herangezogen worden, RGZ 85, 11, 14 ff.

763 Vgl. BArch, R 3002, Prozessakte Nr. 10809, Bl. 34 R.

764 BArch, R 3002, Prozessakte Nr. 10809, Bl. 31 ff., 33 f. (Gutachten des Berichterstatters RGR Arndts).

765 Vgl. RGZ 85, 11, 15. Die Richter schlossen gleichwohl die Anwendung des § 612 ZPO auf Fälle des § 1568 BGB nicht für alle Fälle der Geschäftsunfähigkeit aus (ebd., S. 15 f.).

hingewiesen hatte, dass in diesem Fall die Scheidungsklage eines Geschäftsunfähigen „vielfach nicht zu begründen" sein würde.[766]

Dieses Ergebnis mutet sehr ‚technisch' an und scheint bei pauschaler Urteilswürdigung auch die Justizkritiker zu bestätigen. Gerade das soeben angesprochene Eingeständnis des Berichterstatters traf den Kern der Kritik: nämlich, dass von den Richtern zu abstrakte bzw. lebensferne Urteile gefällt würden, indem diese lediglich formal-systematisch argumentierten und ohne Rücksicht auf den Einzelfall konstruierten. Diesen (möglichen) Vorwurf entkräftete die Senatsmehrheit aber durch die weiteren (praktischen) Ausführungen im Urteil. Die Richter hinterfragten im Anschluss ihr Ergebnis. Die Versagung der Scheidungsklage in diesen Fällen sei keine „unangebrachte Härte" gegenüber dem betroffenen Ehegatten, insbesondere werde dieser nicht weiteren Misshandlungen durch seinen Ehegatten schutzlos preisgegeben. Der Vormund sei verpflichtet, die für den Schutz des Mündels erforderlichen Maßnahmen zu treffen und könne bspw. die häusliche Gemeinschaft der Eheleute beenden und sein Mündel anderweitig unterbringen. Einwände gegen diese Maßnahmen könne der schuldige Ehegatte nicht vorbringen, da dies aufgrund der drohenden ehewidrigen Behandlung rechtsmissbräuchlich sei. Diese Lösung biete dem misshandelten Ehegatten den „nicht zu unterschätzenden" Vorteil, im Falle seiner Genesung selbst die Entscheidung über den Fortbestand der Ehe zu treffen.[767]

Durch diese Argumentation der Senatsmehrheit wurde dem § 1568 BGB die Schärfe genommen und die vorgenommene Auslegung gerechtfertigt. Das Urteil erschöpft sich daher nicht in einer lediglich formal-systematischen Lösung, sondern war durchaus ausgewogen. Die Reichsgerichtsräte berücksichtigten die Interessen des betroffenen Ehegatten, da dieser nicht weiteren Misshandlungen ausgesetzt werden sollte. Diese Begründung zeigt, dass die Richter des Senats ebenso wie der Reichsgerichtspräsident eine Gratwanderung zwischen den Schutzinteressen der Betroffenen und der bloßen Gesetzesanwendung vollzogen. Aus diesem Grund wirkt das Urteil nur bei oberflächlicher Betrachtung als zu ‚technisch' und praxisfern. Wie durchdacht das Urteil trotz aller systematischen Erwägungen war, zeigt sich insbesondere an der aufgezeigten Möglichkeit, dass die Entscheidung über eine Fortsetzung der Ehe bei dem eventuell gesundenden Ehegatten verbleiben solle.

Seckendorff konnte sich zwar mit seiner Ansicht nicht durchsetzen. Gleichwohl ist erkennbar, dass nach den in diesem Fall vertretenen Ansichten die

---

766 Dazu BArch, R 3002, Prozessakte Nr. 10809, Bl. 34.

767 Vgl. RGZ 85, 11, 16 f.

Betroffene möglichst interessengerecht geschützt werden sollte. Aus diesem Grund ist eine Isolierung Seckendorffs im Senat trotz seiner gegenteiligen Ansicht auszuschließen.

ee) Die Entscheidung in RGZ 93, 142 – der „Gattungsschuldfall" – praxisnahe Logik

In diesem Fall verpflichtete sich die Beklagte, eine im Gewichtsumfang bestimmte, aber noch zu produzierende Menge Zuckersirup aus den Produktionsjahren 1915/16 an die Klägerin zu liefern. Diese Verpflichtung konnte die Beklagte nicht erfüllen, weil sie die gesamte Produktion aufgrund von Bundesratsverordnungen an die Bezugvereinigung der deutschen Landwirte abgeben musste. Dabei erzielte sie jedoch einen höheren Preis, als das nach den Vereinbarungen mit der Klägerin der Fall gewesen war. Die Klägerin verlangte deshalb den Mehrerlös gemäß § 281 BGB[768] heraus.[769]

Der Berichterstatter, Reichsgerichtsrat Bewer, lehnte den Anspruch auf den Mehrerlös ab, weil bloß eine (beschränkte) Gattungsschuld vorliege und auf jene nach der Rechtsprechung des Reichsgerichts der § 281 BGB unanwendbar sei. § 281 BGB setze nämlich voraus, dass Ersatz für *den* geschuldeten Gegenstand erlangt werde. Es liege kein bestimmter bzw. individualisierter Gegenstand vor. Auch, dass die Beklagte Ersatz für die gesamte Produktion an Zuckersirup bekommen habe, die auch den ursprünglich gekauften Teil umfasse, ändere daran nichts. Die ursprünglich an die Klägerin verkaufte Menge sei „bloß nach Gewicht" bezeichnet gewesen und eine „Gattungsmasse" geblieben. Es fehle damit an der „gegenständlichen Identität" zwischen Ersatz und geschuldeter Leistung.[770]

Allerdings war im Senat streitig, ob die Rechtsprechung des Reichsgerichts in diesen Fällen ohne weiteres auch hier anzuwenden war. Gegen den aus seiner Sicht vergleichsweise formalen Ausschluss des § 281 BGB durch den Berichterstatter – er markierte die zuvorgenannte Stelle „bloß nach Gewicht" mit einem Fragezeichen[771] – führte der Reichsgerichtspräsident an, dass ein Widerspruch

768 § 281 „Erlangt der Schuldner in Folge des Umstandes, welcher die Leistung unmöglich macht, für den geschuldeten Gegenstand einen Ersatz oder einen Ersatzanspruch, so kann der Gläubiger Herausgabe des als Ersatz Empfangenen oder Abtretung des Ersatzanspruches verlangen. […]"

769 RGZ 93, 142 f.

770 Vgl. BArch, R 3002, Prozessakte Nr. 11076, Bl. 20 ff., insbes. Bl. 22, 22 R.

771 BArch, R 3002, Prozessakte Nr. 11076, Bl. 22.

mit der Rechtsprechung des Reichsgerichts gar nicht vorliege. Selbst wenn der bisherigen Lösung der Rechtsprechung gefolgt würde, § 281 BGB sei auf Gattungsschulden nicht anwendbar, so sei die hier getroffene Beurteilung „recht zweifelhaft".[772]

Nach Seckendorffs Auffassung lag keine Gattungsschuld vor, die zu einem Konflikt mit der bisherigen Rechtsprechung des Gerichts hätte führen können. Er nahm eine „Speziesschuld" an und verwies dafür auch auf die Ansichten von Dernburg und Oertmann. Selbst wenn man diese Ansicht nicht teilen würde, so ergab sich aus der Rechtsprechung des Gerichts „durchaus" nicht der Grundsatz, dass der § 281 BGB für „alle darunter etwa unterzubringende Fälle" von (beschränkten) Gattungsschulden unanwendbar sei.[773]

Allerdings war ein stärkerer Begründungsaufwand des Vorsitzenden notwendig, da sich im Senat nur eine Minderheit für diese Ansicht aussprach. Demzufolge wandte sich Seckendorff an die Präsidenten des I. und II. Zivilsenats, deren Rechtsprechung (vermeintlich) der Anwendung des § 281 BGB entgegenstand.[774]

Ein Konflikt mit der Rechtsprechung des Reichsgerichts lag nach Seckendorffs Anschauung nicht vor. Es handele sich um einen Spezieskauf, der die Anwendbarkeit des § 243 BGB ausschließe und demnach auch einen Ersatz nach § 281 BGB ermögliche. Ein Spezieskauf werde nicht dadurch ausgeschlossen, dass ein konkret vorgestelltes Sachindividuum nicht als Ganzes, sondern nur zum Teil verkauft werde. Zur Begründung führte er einige praktische Beispiele an und verwies u.a. darauf, dass auch beim Kauf eines „festbegrenzten Teiles eines dem Kunden im Geschäft in konkreter Gestalt und Art vorgelegten […] Schinkens" keine Gattungsschuld vorliege.[775] Es könne dabei keinen Unterschied machen, ob dieser Teil nur nach Quote oder Gewicht bestimmt werde. Zwar sei dies „etwas zweifelhafter", wenn aus einer bestimmten Masse gleichartiger Sachen ein nach Quote oder Gewicht auszusondernder Teil – etwa die Hälfte aus einer bestimmten Schiffsladung von Weizen – geleistet werden soll.[776] Maßgeblich für die Individualisierung müsse aber der Parteiwillen sein. Ausreichend sei, wenn die Parteien sich die Gesamtheit der Masse als ein nach Art, Beschaffenheit oder Umfang

772 Vgl. BArch, R 3002, Prozessakte Nr. 11076, Bl. 22 R.
773 Vgl. BArch, R 3002, Prozessakte Nr. 11076, Bl. 23 R.
774 BArch, R 3002, Prozessakte Nr. 11076, Bl. 34 ff.
775 Vgl. BArch, R 3002, Prozessakte Nr. 11076, Bl. 35 R.
776 Vgl. BArch, R 3002, Prozessakte Nr. 11076, Bl. 35a.

bestimmtes Konkretum vorstellen und davon ausgehen, dass die Teile dieses Konkretums sich in Art, Güte oder Wert nicht voneinander unterscheiden. Dies müsse auch für den Fall gelten, wenn das bekannte Erzeugnis einer Fabrik aus einem bestimmten (zukünftigen) Zeitraum zu einem Teil verkauft werde.[777] Deswegen stand der Annahme, daraus die Identität zwischen geschuldeter Leistung und Ersatz abzuleiten, nichts entgegen. Die Argumentation des Vorsitzenden verdeutlicht, dass er die in einer Norm enthaltenen Begriffe möglichst praxisnah auszufüllen suchte.

Seine Auffassung konnte die Senatspräsidenten indes nicht in allen Nuancen überzeugen. Sie gingen auf die Annahme einer „Speziesschuld“ nicht weiter ein. Entscheidend für die Anwendbarkeit des § 281 BGB sei, ob gerade *das Stück*, für das Ersatz erlangt wurde, zur Erfüllung der Schuld verwendet werden sollte. Wenn dem Schuldner der gesamte Vorrat gegen Entschädigung entzogen werde, bedürfe es keiner Individualisierung, weil sich der Ersatz mit „begrifflicher Notwendigkeit“ auch auf die ursprünglich geschuldete Leistung erstrecke.[778] Eine wortgleiche Formulierung findet sich im abgedruckten Urteil.[779]

Im Ergebnis stimmten die Senatspräsidenten mit Seckendorff aber darin überein, dass für die geschuldete Leistung Ersatz erlangt wurde, also eine „gegenständliche Identität“ zwischen diesen bestand. Unabhängig von der abweichenden rechtlichen Begründung schlossen sie sich damit wertmäßig Seckendorffs Auffassung an. Für die Autorität und die Überzeugungskraft des Reichsgerichtspräsidenten dürfte sprechen, dass er sich abermals gegen ein bestehendes Votum durchsetzen konnte und für eine einzelfallgerechte Lösung einsetzte. Dies belegen die von ihm in seinem Votum angesprochenen anschaulichen Beispiele.

---

777 Vgl. BArch, R 3002, Prozessakte Nr. 11076, Bl. 35a R. Dies dürfte auch dem heutigen Verständnis entsprechen, vgl. etwa *Emmerich*, in: Münchener Kommentar zum BGB, Bd. 2, 7. Aufl. 2016, § 243 Rn. 9 f. Eine Stückschuld ist anzunehmen bei genau bestimmten Vertragsgegenständen wie z.B. den nächsten 30 aus einer Grube zu fördernden Tonnen Wolfram-Erz, der gesamten Ausbeute an Tran eines Fischereidampfers etc.

778 Vgl. BArch, R 3002, Prozessakte Nr. 11076, Bl. 36 f. (Äußerungen der Senatspräsidenten).

779 RGZ 93, 142, 143.

b) *Restriktive Tendenzen*

aa) *Die Berücksichtigung von Interessen – der Ausschluss der Tierhalterhaftung bei „Gefälligkeit" in RGZ 65, 313 und RGZ 67, 431*

Für die Ansichten der Presse über die Judikatur des Reichsgerichts sind insbesondere die Tierhalterfälle einschließlich der Beförderungsfälle geeignet.[780] Diese erregten aufgrund der ihrer alltäglichen Sachverhalte regelmäßig großes Aufsehen.[781] Während das Reichsgericht zunächst noch zurückhaltend bei der der Annahme eines Haftungsausschlusses im Rahmen des § 833 BGB war, änderte sich dies in späteren Jahren.[782]

---

780 Zur Tierhalterhaftung eingehend Schmalhorst, Die Tierhalterhaftung im BGB von 1896 sowie Kannowski, Unerlaubte Handlungen, S. 2857 ff. Lakenberg hat sich in seiner Untersuchung ebenfalls eingehend – allerdings unter einem anderen Ansatz, nämlich der Entwicklungsgeschichte des Vertrages mit Schutzwirkung zugunsten Dritter – mit den Beförderungsfällen befasst. Gleichwohl lassen sich die dort gefundenen Ergebnisse auch teilweise für die vorliegende Untersuchung verwerten (a.a.O., S. 39 ff., 145 ff.).

781 Schmalhorst (Tierhalterhaftung, S. 17 f.) verweist darauf, dass zu Beginn des 20. Jahrhunderts nur vergleichsweise wenig Lastkraftwagen bzw. Nutzfahrzeuge zugelassen waren und die Tierhaltung dementsprechend für die Landwirte und Droschkenunternehmer eine größere Bedeutung besaß. Abgesehen davon waren die von dem Tier verursachten Schäden oft existenzvernichtend für den Tierhalter und den Geschädigten. Vgl. im Übrigen die zeitgenössischen Besprechungen zum § 833 BGB in der DJZ z.B. von Litten in DJZ 1905, Sp. 339 ff. Dieser bezeichnet die Vorschrift als „Schmerzenskind für Theorie und Praxis", die zu einer „Hochflut" von Entscheidungen geführt habe und diskutiert verschiedene Restriktionsansätze. So setzt er sich mit der Frage auseinander, ob eine Abänderung des § 833 BGB notwendig sei. Ähnlich v. Thur, DJZ 1906, Sp. 389 ff., der u.a. darauf hinweist, dass sich die Organe der Reichsgesetzgebung verstärkt mit den Problemen der Tierhalterhaftung auseinandersetzen. Allerdings: Lenel, DJZ 1906, Sp. 626 ff. Letzterer äußert sich kritisch zur damals geplanten Gesetzesänderung und warnt vor den „Gefahren der Gelegenheitsgesetzgebung", so habe etwa die Differenzierung zwischen „Luxus- und Haustierhalter" keine Wurzel im Rechtsgefühl des Volkes. Weitere Nachweise bei Glöckner, a.a.O., S. 728 f.

782 Lobe, Die Rechtsprechung im Bürgerlichen Recht, S. 251. Lobe verweist dabei auf die „streng formale" Anwendung der Norm durch den VI. Zivilsenat in RGZ 54, 73 (Urteil vom 26.2.1903). Diese Entscheidung behandelt ebenfalls die Mitnahme eines Fahrgastes aus Gefälligkeit. Während der Fahrt ereignete sich ein Unfall, infolgedessen der Mitgenommene verstarb. Der Senat bejahte damals eine Haftung aus § 833 BGB, ohne eine mögliche Einschränkung der Haftung überhaupt zu problematisieren. Kritik an dieser Entscheidung übte u.a. Schumacher, JW 1906, S. 156 ff. Diese Entscheidung stünde „mit dem Rechtsbewußtsein des Volkes in denkbar größtem Widerspruch

Bereits RGZ 65, 313 ff. behandelte die Problematik, wann ein Haftungsausschluss als zwischen den Parteien vereinbart angesehen werden konnte.[783] Ein Haftungsausschluss sei jedenfalls nicht nur durch ausdrückliche, sondern auch durch stillschweigende Erklärungen möglich. Für alle nicht besprochene Punkte solle nach dem Willen der Parteien die Wertung des § 157 BGB gelten und demgemäß sei das Anstandsgefühl der billig und gerecht Denkenden bei der Auslegung der vertraglichen Vereinbarungen zu berücksichtigen. Bei bestimmten äußeren Umständen, wie etwa der Alltäglichkeit oder der Unentgeltlichkeit der Mitnahme, sei danach eine Haftung bei „Verwirklichung der gemeinsamen Gefahr" gemäß § 833 BGB ausgeschlossen.[784] Im Ergebnis wurde daher der bei formaler Betrachtung an sich vorliegende § 833 BGB durch eine ergänzende Auslegung der Parteivereinbarungen ausgeschlossen. An dieser Entscheidung war Seckendorff allerdings nicht beteiligt, die Leitung des Senats hatte Reichsgerichtsrat Veltman übernommen.[785]

Vergleichbare Probleme behandelte die Entscheidung in RGZ 67, 431 ff.[786] Hier wurde der Senat unter Leitung Seckendorffs in seiner Begründung noch etwas deutlicher als im vorgenannten Urteil. Diese Entscheidung ist auch deshalb bemerkenswert, weil darin unterschiedliche Auffassungen über die Bedeutung des Richteramtes zutage traten. Schwerpunktmäßig handelte es sich auch hier um die Frage, ob ein wirksamer Haftungsausschluss zwischen der Geschädigten und dem Tierhalter vereinbart worden war.

[…]." Näheres zu den Auswirkungen und der Kritik an dieser Entscheidung findet sich auch in der jüngeren Literatur, Glöckner, a.a.O., S. 727 ff. Eine Änderung der Rechtsprechung trat erst mit den nun im folgenden behandelten Entscheidungen ein.

783 Sachverhalt: Die Beklagte und der Geschädigte waren gemeinsam mit einem Pferdefuhrwerk der Beklagten geschäftlich unterwegs. Außer der Einladung zum Mitfahren aus Gefälligkeit hatten die Parteien keine besonderen Vereinbarungen getroffen. Auf der Fahrt ereignete sich ein Unfall, infolgedessen der Geschädigte verstarb. Die Parteien stritten insbesondere darüber, ob ein Haftungsausschluss vereinbart worden war und inwieweit sich dieser Ausschluss auch auf Ansprüche aus §§ 844, 845 BGB erstreckte.

784 Vgl. RGZ 65, 313, 314.

785 Ein Nachweis wurde über die vorhandenen Prozessakten vom selben Tag geführt, BArch, R 3002, Prozessakte Nr. 10176.

786 Der Sachverhalt gestaltete sich wie folgt: Der Beklagte nahm seine Nachbarin zur Heimfahrt von einem Markt auf seinem Schlitten mit. Bei einem Überholvorgang kam es zu einem Unglück. Die Mitwirkung Seckendorffs an der Entscheidung ergibt sich aus BArch, R 3001, Nr. 2020, Urteil vom 19.3.1908, IV 322/07. Eine Prozessakte ist nicht mehr vorhanden.

Nach Ansicht der Berufungsrichter sei zwar grundsätzlich eine (stillschweigende) Vereinbarung über den Ausschluss der Haftung aus § 833 BGB möglich. Auch eine solche Vereinbarung setze aber eine Einigung über die maßgeblichen Punkte voraus, d.h. dass die Beteiligten an das mögliche schädigende Ereignis gedacht haben und für diesen Fall eine Verantwortlichkeit des Tierhalters ausgeschlossen werden sollte. Dass die Parteien den Eintritt eines Unfalles für möglich hielten, sei nicht ersichtlich. Auch spreche die überwiegende Wahrscheinlichkeit gegen die Annahme, die Beteiligten hätten an den Eintritt eines Unfalles gedacht.[787] Aus diesem Grund sei die Vereinbarung eines Haftungsausschlusses „reine Fiktion", sie widerspräche dem wirklichen Willen der Parteien.[788] Der Tierhalter sollte demnach für den Schaden aufkommen. Geschlossen wurde mit Folgendem:

> *„Mag auch das Ergebnis […] unter Umständen unbillig und unangemessen erscheinen, so kann dies doch den Richter nicht veranlassen oder berechtigen, das Gesetz dessen klarem Inhalte zuwider umzudeuten oder ihm durch die völlig grund- und bodenlose Unterstellung eines stillschweigend abgeschlossenen Vertrages oder Verzichtes die Spitze abzubrechen. Abhilfe kann hier vielmehr nur, falls es einer solchen bedarf, durch entsprechende Änderung des Gesetzes geschaffen werden."*[789]

Dieser Auffassung trat der IV. Zivilsenat, weil sie zu eng sei und den §§ 133, 157 BGB nicht gerecht würde, entgegen. Die Beteiligten müssten nicht an den möglichen Eintritt eines Tierschadens denken und für diesen Fall einen Haftungsausschluss vereinbaren. Bei der Auslegung der Willenserklärungen komme es auf das bloß „Gedachte" nicht an. Maßgebend sei vielmehr der (ausdrücklich oder stillschweigend) *erklärte* Wille. Dabei sei nicht nur das gesprochene Wort, sondern das „ganze Verhalten" der Beteiligten unter Einschluss der tatsächlichen Umstände zu berücksichtigen. Zwar seien diese Erklärungen häufig unvollständig und erstreckten sich regelmäßig nicht auf alle Einzelheiten. Ausreichend sei es aber, dass bestimmte „leitende Gesichtspunkte" feststünden, mit deren Hilfe sich der erklärte Willen ermitteln lasse. Soweit kein anderer Wille kundgegeben werde, darf angenommen werden, dass die Beteiligten die Einzelheiten den Umständen des Falles und der Billigkeit entsprechend regeln wollten.[790]

Den Richtern des Senats war bewusst, dass es sich dabei nicht um eine streng wissenschaftliche Auslegung von Willenserklärungen, sondern um eine

---

787 Vgl. RGZ 67, 431, 432.
788 Vgl. RGZ 67, 431, 432 f.
789 RGZ 67, 431, 433. Die Hervorhebung stammt vom Verfasser.
790 Vgl. RGZ 67, 431, 433 f.

Ergänzung des fehlenden Willens handelte. Sie sicherten sich aber mithilfe eines historischen Arguments ab, indem sie auf die Kommissionsprotokolle verwiesen. Auch das Gesetz spreche in diesem Sinne von der Auslegung der Verträge.[791] Diese Auslegung hatte zur Folge, dass die Vorschrift des § 833 BGB entgegen ihres Wortlautes eingeschränkt wurde.[792]

Bei der Auslegung von Erklärungen blieben die Senatsmitglieder dementsprechend nicht ‚doktrinär' an einer *Willens*erklärung stehen. Sie verwiesen im Gegensatz zum Berufungsgericht nicht nur auf das Gedachte, sondern berücksichtigten das (nach der Verkehrsanschauung ergänzend) Erklärte. Entscheidend waren interessengerechte Bewertungen. Das belegt vor allem der Schlussteil der Entscheidungsgründe, in dem der Senat die leitenden Gesichtspunkte für die Lösung solcher Fälle hervorhob. Für eine Freizeichnung von der Haftung spreche u.a. die Unentgeltlichkeit der Fahrt oder die Verpflichtung des Fuhrbesitzers, den Fahrgast an sein Ziel zu bringen.[793] Gerade bei der Unentgeltlichkeit der Mitnahme könne es als *„selbstverständlich erscheinen […], daß ein Fuhrbesitzer […] von der Haftung für die b e s o n d e r e Gefahr befreit sei, welcher derjenige sich aussetzt, der seine Person dem Fuhrwerk anvertraut.*"[794] Auch wenn sich in den Beförderungsfällen keine tiefergehende sozial motivierte Rechtsprechung erkennen lässt[795], so ist doch nicht zu verkennen, dass die vorstehenden Urteile in der Motivation begründet wurden, die Interessen des altruistisch Handelnden zu schützen.

Die Richter wählten demnach eine Begründung, die sich mit den Gerechtigkeitsvorstellungen der übrigen Rechtsordnung und des Rechtsverkehrs bzw. den Lebensgewohnheiten der Menschen am Besten vereinbaren ließ.[796] Die Einsicht,

---

791 Vgl. RGZ 67, 431, 434 unter Verweis auf die Kommissionprotokolle, Bd. 1, S. 625.

792 Vgl. auch Kannowski, a.a.O., S. 2867.

793 Vgl. RGZ 67, 431, 434.

794 RGZ 67, 431, 434. Kursive Hervorhebung vom Verfasser, Sperrdruck im Original.

795 Vgl. Lakenberg, a.a.O., 39 ff., 170 ff., S. 298 (Fn. 886) – er untersuchte, ob die Rechtsprechung des Reichsgerichts zum Vertrag mit Schutzwirkung zugunsten Dritter als Teil der Lösung der „Sozialen Frage" bzw. als Ausdruck „richterlicher Sozialpolitik" verstanden werden konnte. Die Betroffenen entstammten allerdings unterschiedlichen sozialen Gruppen bzw. gehörten unterschiedlichen Berufsgruppen an. Auch in den hier behandelten Urteilen verhält es sich ähnlich. Der Beklagte nahm jeweils seinen „Geschäftsfreund"(RGZ 65, 313) und die „Nachbarin" (RGZ 67, 431) aus Gefälligkeit mit.

796 Dahinter stand die Erwägung, dass ein Tierhalter nicht schärfer als ein Automobilfahrer haften könne, der nach den damaligen Regelungen lediglich nach § 823 BGB verschuldensabhängig haftete. Mit der im Jahr 1908 erfolgenden Reform des § 833

dass die üblicherweise bestehenden Absprachen, würden sie ‚schlicht' angewendet, diesen Lebensgewohnheiten nicht entsprochen hätten, führte damit zu der ergänzenden Auslegung der Erklärungen.[797] Zwar sei es Aufgabe des Tatrichters, die leitenden Gesichtspunkte zu ermitteln[798], allerdings gab das Kollegium durch die vorstehenden Erläuterungen Hinweise zur Rechtsanwendung in solchen Fällen. Die Richter des Senats sorgten dadurch nicht nur für eine praxisnahe Rechtsanwendung, sondern zugleich auch für Rechtssicherheit, da sich durch die Angabe der leitenden Gesichtspunkte die Interessenlage der Beteiligten besser aufklären bzw. berücksichtigen ließ.[799]

Zu diesem Fall ist keine Prozessakte mehr vorhanden, allerdings dürfte die Entscheidung auf Seckendorffs Zustimmung gestoßen sein. In einer weiteren – nicht abgedruckten und nur wenige Wochen zuvor ergangenen – Entscheidung, die ebenfalls den Ausschluss des § 833 BGB bei Gefälligkeitsverhältnissen betraf, schloss sich der Reichsgerichtspräsident einem entsprechenden Votum des Berichterstatters an.[800]

In dem Urteil entwickelten die Richter letztendlich durch *ergänzende Vertragsauslegung* den Haftungsmaßstab bei Gefälligkeitsverhältnissen weiter und stellten damit früh einen Auslegungsgrundsatz auf, der, wie es scheint, in ähnlicher Form in späteren Jahren wiederholt angewendet werden sollte.[801]

Die Richter des Senats verwiesen zwar nicht ausdrücklich, wie heute in ähnlichen Fallkonstellationen üblich, auf eine „bloße" Haftung für grobe Fahrlässigkeit, die sich aus einer analogen Anwendung der §§ 521, 599, 690 BGB ergebe.

BGB wurde dementsprechend der Wunsch „weiter Kreise" u.a. aus der ländlichen Bevölkerung berücksichtigt, die Haftung nach § 833 BGB einzuschränken, Kannowski, a.a.O., S. 2866 f.

797 Zum „Richtmaß" gerechter Entscheidungen, vgl. Zippelius, a.a.O., S. 12 ff., 52 ff.: auch durch Maßstäbe des Verkehrs kann zumindest eine Wertungslücke im Gesetz festgestellt werden. Diese Wertungslücke kann aber nur dann eine Ergänzung des bestehenden Rechts legitimieren, wenn eine andere Regelung als die gesetzliche Regelung den Lebensgewohnheiten besser gerecht würde (ebd., S. 53).

798 Vgl. RGZ 67, 431, 434.

799 Vgl. dazu allgemein den zeitgenössischen Aufsatz von Müller-Erzbach, DJZ 1906, Sp. 1235 ff.

800 BArch, R 3002, Prozessakte Nr. 10207, Bl. 19 f., Urteil vom 2.1.1908, IV 219/07. Hier fehlt es jedenfalls an einem ausdrücklichen entgegenstehenden Votum des Reichsgerichtspräsidenten.

801 Vgl. allgemein dazu Klemmer, a.a.O., S. 105 ff., S. 110.

Allerdings löst auch der Bundesgerichtshof die Problematik grundsätzlich durch die Annahme eines stillschweigenden Haftungsausschlusses.[802]

bb) Zurechnungserwägungen in RGZ 69, 399 – ein weiterer Tierhalterfall

Hier ging es um Frage, ob der Tierhalter für den vom Tier zugefügten Schaden auch dann noch haften soll, wenn dem Tier zuvor ein ‚Gewaltakt' angetan wurde. Ein Pferd des Beklagten sollte an den Hufen beschnitten werden. Der Ehemann der Klägerin half beim Niederwerfen des Tieres, das dabei um sich schlug. Dabei wurde der Ehemann durch einen Hufschlag so schwer verletzt, dass er wenig später daran verstarb. Die Klägerin nahm den Beklagten als Tierhalter in Anspruch.[803] Voraussetzung für eine Schadenszurechnung an den Tierhalter waren „willentliche" Bewegungen des Tieres.[804]

Nach Ansicht der Richter fügte das Pferd die tödlichen Verletzungen zwar im Zustand einer „gewissen Bewegungsfreiheit" zu. Es lag daher durchaus eine „Kraftentfaltung" des Pferdes vor. Allerdings, so heißt weiter, vollführte das Tier die Hufschläge unter der „unwiderstehlichen Einwirkung ihm angetaner Gewalt." Die Bewegungen des Pferdes waren die *unmittelbare* und unausweichliche Folge des Niederwerfens. Dem Tier sei nicht die „innere Freiheit" gelassen worden, seine Bewegungen zurückzuhalten. Nach Auffassung des Senats unter dem Vorsitz Seckendorffs, hätte jedes andere Pferd in gleicher Lage sich in gleicher Weise verhalten und versucht, durch seine Bewegungen wieder in die „natürliche aufrechte Stellung" zurückzugelangen. Im *Rechtssinne* werde der Getroffene nicht durch das Tier verletzt, weil die Bewegungen lediglich die Folge des an dem Tier vorgenommenen Gewaltakts seien.[805]

---

802 Siehe bspw. Medicus, Bürgerliches Recht, Rdnr. 369, mit Nachweisen zur Rechtsprechung.

803 Vgl. RGZ 69, 399, 400. Dieses Problem wird auch schon von v. Thur, DJZ 1906, Sp. 389, 391 diskutiert.

804 Dazu ein anderer Fall der Tierhalterhaftung aus der Rechtsprechung des vierten Zivilsenats, RGZ 65, 103 ff. „Derjenige Schade[n] ist nach § 833 zu ersetzen, den das Tier aus eigenem Antriebe verursacht. Aus eigenem Antriebe schädigt das Tier nicht, wenn es lediglich dem Willen des Menschen folgt." Dafür beriefen sich die Richter auf die Kommissionsberatungen und Motive, die den Einzelbestimmungen des BGB Entwurfs zugrunde lagen. In der erwähnten Entscheidung befand sich Seckendorff in Übereinstimmung mit dem Senat, BArch, R 3002, Prozessakte Nr. 10171, Bl. 20 R.

805 Vgl. RGZ 69, 399, 400 f.

Diese Ansicht bekräftigten sie mit einigen praktischen Beispielen. So könne auch eine während des Schlachtens von dem betroffenen Tier ausgehende Verletzung „im Rechtssinne“ nicht auf das Verhalten des Tieres zurückgeführt werden.[806]

Diese Beispiele entstammten teilweise dem Votum Seckendorffs. Einen vergleichbaren Hinweis auf die „krampfhaften Bewegungen“ eines Tieres auf der Schlachtbank hatte er bereits in seinem Votum gegeben. Nach Auffassung des Reichsgerichtspräsidenten lag dann kein „willentliches Tun“ eines Tieres vor, wenn dieses durch äußeren Zwang *„mit Naturnotwendigkeit zu gewissen Bewegungen veranlasst […] wird, so daß jedes Tier seiner Art im gleichen Falle ebenso handeln muß […].“*[807] Nach seiner Auffassung war § 833 BGB nach Wortlaut *und* Sinn auf solche Fälle nicht anwendbar. Er setzte sich damit gegen den Berichterstatter RGR Krantz durch.[808] Sinngemäß fanden sich seine Äußerungen, wie soeben gezeigt, im Urteil wieder.

Obwohl das Tatbestandsmerkmal des § 833 BGB „durch ein Tier“ zunächst vorzuliegen schien, beschränkten sich die Richter nicht auf eine ‚buchstabengetreue‘ Anwendung der Norm. Der Rechtssatz folgte also nicht ‚streng‘ logisch aus dem (Tierhalter-)Begriff. Das Tier fügte zwar äußerlich den Tritt zu. Der Senat nahm aber unter dem Einfluss seines Vorsitzenden eine Einschränkung des Anwendungsbereiches vor, indem er den Zurechnungszusammenhang ablehnte. Da die Bewegungen des Pferdes die unmittelbare Folge des Niederwerfens waren und dem Tier damit nicht die „innere Freiheit“ gelassen wurde, lag lediglich eine – so nicht ausdrücklich im Urteil bezeichnete – zwangartige Handlung vor.

Eine weitergehende methodische Argumentation lässt sich dem Urteil zwar nicht entnehmen, allerdings weist das Votum Seckendorffs in eine zweck- und praxisorientierte Richtung. Diese Einschränkung der Norm stand im Einklang mit sonstigen Bemühungen in der Rechtswissenschaft, den Anwendungsbereich des § 833 BGB einzuschränken.[809] Die Richter des Senats bemühten sich um eine praxis- und wertgerechte Anwendung der Norm. Die Differenzierung zwischen einer tatsächlichen Bewegung des Tieres und einer Bewegung im Rechtssinn mag auf den ersten Blick gekünstelt erscheinen. Immerhin hatten

---

806 Vgl. RGZ 69, 399, 401.

807 BArch, R 3002, Prozessakte Nr. 10307, Bl. 28, kursives Hervorheben stammt vom Verfasser.

808 Vgl. BArch, R 3002, Prozessakte Nr. 10307, Bl. 25 ff., 28.

809 Vgl. etwa Litten, DJZ, 1905, Sp. 339 ff.

die Vorinstanzen den Anspruch bejaht.[810] Nichtsdestoweniger zeugen gerade die im Urteil angeführten Beispiele von einem Bezug zur Wirklichkeit. Auffallend ist, dass sich Seckendorff mit seiner Argumentationsweise und insbesondere mit einem Verweis auf praktische Argumente, also mit dem ‚gesunden Menschenverstand' durchsetzen konnte. Dies legt die ähnliche Argumentation in Votum und Urteil nahe. Das spätere Lob, der Reichsgerichtspräsident habe den Reichsgerichtsmitgliedern gezeigt, dass der Richter „mitten in der Welt" stehen müsse, wenn das Recht „lebendig" bleiben soll[811], dürfte in solchen Fällen seinen Ursprung finden und entscheidenden Einfluss auf seine Autorität im Senat gehabt haben. Aufgrund der zu Beginn des 20. Jahrhunderts noch fehlenden Motorisierung der deutschen Bevölkerung[812], dürften nämlich (auch) die Richterkollegen mit dem Gebrauch von Pferden und den damit einhergehenden Gefahren vertraut gewesen sein.[813]

cc) Einzelfallgerechte Lösungen – die „Testamentfälscherfälle" in RGZ 72, 207 und RGZ 81, 413

Eine andere Fallgestaltung betraf *RGZ 72, 207 ff.*[814] Der Erblasser hatte seine Witwe durch ein formunwirksames Testament zur Alleinerbin eingesetzt. Nachdem die Witwe durch das Nachlassgericht über die Ungültigkeit des (ursprünglichen) Testaments informiert worden war, legte sie dem Gericht nunmehr zwei fälschlich von ihr angefertigte Testamente vor. In diesen wurde sie ebenfalls zur Erbin bestimmt und erlangte infolgedessen den Erbschein. Nach Ansicht der gesetzlich erbberechtigten Kläger war die Beklagte erbunwürdig.[815]

An sich verwirklichte die Fälschung der Testamente den Tatbestand des § 2339 Abs. 1 Nr. 4 BGB. Es lag auch keine Ausnahmesituation im Sinne des § 2339 Abs. 2 BGB vor.[816] Die Besonderheit des Falles lag nun aber darin, dass gerade

---

810 Vgl. RGZ 69, 399, 400.

811 Zu diesem Lob, Reden bei der Gedenkfeier, S. 9 f., „[…] er hat uns gezeigt, daß der Richter sich nicht vor der Welt verschließen darf, sondern mitten in der Welt stehen muss, wenn das Recht lebendig bleiben soll."

812 Vgl. Schmalhorst (a.a.O., S. 17 f.); Kannowski, a.a.O., S. 2865.

813 So versorgte ein Fuhrunternehmer die Reichsgerichtsräte mit Aktenlieferungen, Vgl. BArch, R 43, Nr. 694, Bl. 110, 116 – Näheres unten Drittes Kapitel, C. III.

814 Eine Abschrift des Urteils befindet sich in BArch, R 3001, Nr. 1533, Urteil vom 18.11.1909, AZ: 666/08. Aus dieser Abschrift ergibt sich die Mitwirkung des Reichsgerichtspräsidenten.

815 RGZ 72, 207.

816 Vgl. RGZ 72, 207, 208.

durch die Fälschung der wirkliche Wille des Erblassers zur Geltung gebracht werden sollte. Das vom Reichsgerichtspräsidenten geleitete Kollegium verglich nun die verschiedenen Varianten des § 2339 Abs. 1 BGB miteinander und kam dabei zu dem Schluss, dass *„ihnen sämtlich der Gesichtspunkt einer Verfehlung des Erben gegen den Erblasser gemeinsam ist [...].“* Dieses Ergebnis bekräftigten die Richter durch einen Vergleich mit § 2343 BGB, der für alle Fälle der Erbunwürdigkeit (also für alle Fälle von Verfehlungen) die Möglichkeit einer Verzeihung durch den Erblasser vorsehe.[817] Die Mitglieder des Senats stellten demnach nicht nur ‚streng‘ auf den Wortlaut ab[818], sondern versuchten den Begriff der Erbunwürdigkeit durch Auffinden der dahinterstehenden Rechtssätze zu präzisieren.

Nichtsdestoweniger lagen nach Ansicht der Senatsmitglieder zwar strafbare Handlungen, aber keine Verfehlungen gegen den Erblasser vor. Das Motiv des Fälschers, lediglich den wirklichen Willen des Erblassers zu erfüllen, dürfe *zivilrechtlich* nicht unberücksichtigt bleiben. Der Bürgerliche Gesetzgeber habe den Fälscher nicht in jedem Fall mit dem Verlust des Erbrechts als „Privatstrafe“ belegen wollen. Entscheidend sei, dass keine Verfehlung in einer Handlungsweise zu sehen ist, wenn damit dem wahren Willen des Erblassers entsprochen werden soll. Weil aber der mit der Fälschung bezweckte Erfolg dem Willen des Erblassers entsprach, konnte eine „Verfehlung gegen den Erblasser“ ausgeschlossen werden.[819]

Der Rechtssatz war auch in diesem Fall nicht bloß logische Konsequenz des (Erbunwürdigkeits-)Begriffes: eine ‚strenge‘ Anwendung des Wortlautes hätte die Erbunwürdigkeit zur Folge gehabt. Vielmehr nutzten die Richter die innersystematische Auslegung, um eine einzelfallbezogene Konkretisierung des Erbunwürdigkeitsbegriffs zu erhalten. Der Senat korrigierte damit eine Wertungslücke mithilfe von ‚Gleichheitserwägungen‘.[820] Der § 2339 BGB erfasst demzufolge nur

817 Vgl. RGZ 72, 207, 208, Hervorhebung vom Verfasser.

818 Siehe oben Drittes Kapitel, B. III. 1. b.

819 Vgl. RGZ 72, 207, 208 f. In der heutigen Literatur werden dazu z.T. abweichende Ansichten vertreten (vgl. die Nachweise bei Weidlich, in: Palandt, a.a.O., § 2339, Rdn. 7).

820 Vgl. Zippelius, Methodenlehre, S. 52 ff. – auch die Frage, ob eine Ausnahmebestimmung fehle, lässt sich oft anhand des Gleichheitssatzes erwägen: Eine Norm kann ihrem Wortlaut nach zu weit gefasst sein, so dass sie auch Fälle mit betrifft, die sie gerechterweise nicht miterfassen dürfte. Hier kann es legitim sein, wesentlich Ungleiches aus dem Anwendungsbereich der Norm herauszunehmen, sei es durch die Einführung eines gesonderten Ausnahmetatbestandes, sei es durch einschränkende Tatbestandsmerkmale (durch eine „Restriktion“). Dementsprechend heißt es in der bereits zitierten Stelle, dass den einzelnen Alternativen des § 2339 BGB „sämtlich der

Verfehlungen gegen den Erblasser. Daher gelang es den Senatsmitgliedern, die tatsächlichen Besonderheiten des Falles und die damit verbundenen Interessen hinreichend zu würdigen. Die Berücksichtigung der tatsächlichen Gegebenheiten führte somit zu einer restriktiven Anwendung, einer teleologischen Reduktion der Norm.

Auch die Verhandlung in *RGZ 81, 413 f.*, die mit vorheriger Entscheidung in Zusammenhang steht, wurde von Seckendorff geleitet.[821] Dabei ging es im Wesentlichen um die Frage der Beweislast, wenn der Fälscher einwand, er verwirkliche lediglich den „wahren Willen" des Erblassers. Mithilfe des Wortlautes des § 2339 Abs. 1 Nr. 4 BGB sowie u.a. einem Vergleich mit der in § 2343 BGB geregelten „Verzeihung" stellten die Richter klar, dass der Fälscher die Darlegungs- und Beweislast für die Behauptung trage, er habe nur den wirklichen Willen des Erblassers berücksichtigen wollen. Damit mache dieser nämlich wie im Fall der Verzeihung einen die Erbunwürdigkeit ausschließenden „rechtshindernden Umstand" geltend. Würde demgegenüber die Darlegungs- und Beweislast für eine vom Willen des Erblassers abweichenden Erfolg dem Anfechtungskläger auferlegt, könnte die im vorherigen Urteil aufgestellte Einschränkung zu leicht missbraucht werden. Denn dann „würde die Anwendung der Vorschrift des § 2339 Abs. 1 Nr. 4 BGB leicht dahin führen, dass bösgläubige Fälscher dem vom Gesetze gewollten Nachteil unverdient entgehen."[822]

Diese Entscheidung zeigt, wie vorsichtig die Richter bei der praktischen Umsetzung einer einschränkenden Auslegung verfuhren. Die Restriktion des § 2339 BGB sollte nicht die Möglichkeit zum Missbrauch eröffnen. Daher hielten sich die Richter im Einklang mit dem Berichterstatter RGR Schlieben[823] auch an die Fassung des Gesetzes und die (damit verknüpften) prozessualen Beweislastregeln. Indem die Richter dem Fälscher die Beweislast auferlegten, bestätigten sie die ‚Richtigkeit' der zuvor genannten Entscheidung. Denn so wurde zwischen

---

Gesichtspunkt einer Verfehlung des Erben gegen den Erblasser *gemeinsam* ist […].", RGZ 72, 207, 208. Die Hervorhebung stammt vom Verfasser.

821 Siehe auch BArch, R 3002, Prozessakte Nr. 10687, Bl. 26 ff.

822 Vgl. RGZ 81, 413, 414.

823 Vgl. BArch, R 3002, Prozessakte Nr. 10687, Bl. 23, 23 R – dort befinden sich die Ausführungen des BE zur Darlegungs- und Beweislast. Es sei „Sache des Beklagten […] zu behaupten und zu beweisen, daß […] Erbunwürdigkeit nicht vorliegt, weil er mit der Fälschung einen dem wahren Willen des Erblassers entsprechenden Erfolg herbeizuführen gesucht habe. Dieser Einwand des Beklagten muß, wie ich erwidern möchte, dem der Verzeihung (§ 2343) gleichstehen. *Sonst hätte das Gesetz anders gefaßt werden müssen.*" Die Hervorhebung stammt vom Verfasser.

den beteiligten Interessen – die Vorschriften dienen dem Schutz des Erblasserwillens bzw. seiner Testierfreiheit[824] – ein angemessener Ausgleich erreicht: Der Anfechtungskläger müsse lediglich eine strafbare Handlung nach §§ 267 ff. StGB belegen. Eine „bloße Fälschung" verwirkliche nicht notwendigerweise den Tatbestand des § 2339 Abs. 1 Nr. 4 BGB. Das „Fehlen" der Tatbestandsvoraussetzungen müsse aber vom Betroffenen bewiesen werden.

Ein abweichendes Votum des Reichsgerichtspräsidenten lässt sich der Verfahrensakte nicht entnehmen.[825] Daher ist anzunehmen, dass diese praxis- und interessenbezogene Anwendung des Gesetzes auch mit seinen Vorstellungen übereinstimmte, zumal er auch an anderer Stelle betonte, wie wichtig „praktisches Verständnis" für die Rechtsprechung des Reichsgerichts sei.[826] Da der Reichsgerichtspräsident keine eigenen Nachkommen besaß, dürfte er sich im Übrigen frühzeitig mit der Regelung seines Nachlasses und – damit zusammenhängend – mit den einschlägigen erbrechtlichen Vorschriften des Bürgerliches Gesetzbuches auseinandergesetzt haben. Der Reichsgerichtspräsident wurde später von seinem gleichnamigen Neffen beerbt.[827]

dd) Ein Herausgabefall in RGZ 87, 56 – das „sittliche Wesen" der Ehe und die Anbindung an die „Anschauungen des Volkes"[828]

Die von ihrem Mann getrenntlebende Ehefrau verlangte von diesem die Herausgabe von Gegenständen, die sie zur Einrichtung der ehelichen Wohnung verwendet hatte. Da sie im Zeitpunkt der Eheschließung noch minderjährig gewesen war, sei die Eheschließung von der Einwilligung ihres Vaters abhängig gewesen. Es gelte nun für die Ehe gemäß § 1364 BGB[829] die Gütertrennung. Der Beklagte wandte ein, solange seine Ehefrau ohne berechtigten Grund von ihm getrennt lebe, stehe ihr auch kein Herausgabeanspruch zu. Die Klage wurde in den Vorinstanzen u.a. deshalb abgewiesen, weil eine vertragliche Vereinbarung

---

824 Vgl. *Weidlich*, in: Palandt, a.a.O., § 2339, Rdn. 2. Im Einzelnen ist der Normzweck zwar nach heutiger Ansicht umstritten (vgl. Muscheler, ZEV 2009, 58, 59 ff.), im hier interessierenden Zusammenhang ist aber allein maßgeblich, dass der Wille und damit das Interesse des Erblassers durch Beeinträchtigung seiner Testierfreiheit betroffen ist.

825 BArch, R 3002, Prozessakte Nr. 10687, Bl. 23 f.

826 Bspw. in BArch, R 3002, PA Nr. 790, Bd. 2, Bl. 53.

827 BArch, R 3002, PA Nr. 790, Bd. 1, Bl. 21.

828 Siehe dazu auch BArch, R 3002, Prozessakte Nr. 10876.

829 § 1364 BGB: Die Verwaltung und die Nutznießung des Mannes tritt nicht ein, wenn er die Ehe mit einer in der Geschäftsfähigkeit beschränkten Frau ohne Einwilligung ihres gesetzlichen Vertreters eingeht.

zwischen den Parteien den Verbleib der Einrichtungsgegenstände beim Ehemann gestattete.[830]

Im Grundsatz bejahte der IV. Zivilsenat unter der Leitung des Reichsgerichtspräsidenten jedoch einen Herausgabeanspruch der Ehefrau. Allerdings bestanden im Senat teilweise erhebliche Differenzen über die Grenzen des Herausgabeanspruches (d.h. Beschränkung durch vertragliche Regelung und/oder gesetzliche Wertung?). Dies führte soweit, dass die ursprünglich im Senat vertretene Ansicht, die Revision zurückzuweisen, nach mehreren Besprechungen verworfen und der Rechtsstreit am Ende unter Aufhebung des Berufungsurteils an diese Instanz zurückverwiesen wurde.[831]

Nach Ansicht des Senats war die Ehefrau zur Beschaffung von Einrichtungsgegenständen für die eheliche Wohnung gesetzlich nicht verpflichtet. Der Senat berief sich dabei u.a. auf den Wortlaut des § 1427 Abs. 1, 2 BGB. Zwar entspreche die „Einrichtung des neuen Hauswesens" durch die Frau einer „hergebrachten deutschen Sitte". Allerdings stelle die Beschaffung der dafür erforderlichen Gegenstände einen Teil des ehelichen Aufwandes dar, den bei der Gütertrennung nach § 1427 Abs. 1 BGB der Mann zu tragen habe. Die Frau sei aber gemäß § 1427 Abs. 2 BGB nur verpflichtet, dem Mann einen angemessenen Beitrag bspw. aus ihrem Vermögen zu leisten.[832] Die gesetzliche Verpflichtung der Frau beschränke sich danach vielmehr auf die Herausgabe bestimmter Geldbeträge.[833] Die Ehefrau gehe deshalb über ihre gesetzlichen Verpflichtungen *hinaus*, wenn sie ihr gehörige Gegenstände für den ehelichen Gebrauch überlasse. Ist die Ehefrau aber weder zur Hergabe von Gegenständen verpflichtet noch wegen der Gütertrennung in der Verwaltung ihres Vermögens beschränkt, so könne sie jederzeit die Herausgabe verlangen.[834]

---

830 Vgl. RGZ 87, 56.

831 Im Einzelnen zu den zum Teil unterschiedlichen Ansichten, BArch, R 3002, Prozessakte Nr. 10876, Bl. 22 ff., insbes. Bl. 31 ff. (Voten des Berichterstatters, Stellungnahmen der übrigen Senatsmitglieder).

832 § 1427 Abs. 1 BGB: Der Mann hat den ehelichen Aufwand zu tragen.
Abs. 2: Zur Bestreitung des ehelichen Aufwandes hat die Frau dem Manne einen angemessenen Beitrag aus den Einkünften ihres Vermögens und dem Ertrag ihrer Arbeit oder eines von ihr selbständig betriebenen Erwerbsgeschäfts zu leisten. Für die Vergangenheit kann der Mann die Leistung nur insoweit verlangen, als die Frau ungeachtet seiner Aufforderung mit der Leistung im Rückstande geblieben ist. Der Anspruch des Mannes ist nicht übertragbar.

833 Vgl. RGZ 87, 56, 57 f.

834 Vgl. RGZ 87, 56, 58.

Ein (Gegen-)Anspruch des Mannes auf „Belassung“ der Gegenstände in der ehelichen Wohnung konnte allenfalls aus besonderen Abmachungen hergeleitet werden.[835] Daran zeigt sich, dass die Richter das Gesetz nicht ‚formal‘ anwendeten, sondern sich bemühten, die Verhältnisse des Einzelfalles zu berücksichtigen.

Das Berufungsgericht hatte in der Überlassung der Gegenstände eine stillschweigende Vereinbarung eines Beitrages im Sinne des § 1427 Abs. 2 BGB gesehen. So lange die Ehe bestehe, könne die Ehefrau deshalb die Gebrauchsübertragung aufgrund der vertraglichen Vereinbarungen nicht einseitig zurücknehmen.[836]

Gegen die Zulässigkeit solcher Abmachungen äußerte der Senat im Grundsatz keine Bedenken.[837] Allerdings war eine solche Vereinbarung nach Ansicht (des Reichsgerichtspräsidenten und der Mehrheit[838]) des Senats entgegen der Auffassung des Berufungsgerichtes formunwirksam gemäß § 1434 BGB. Danach mussten bei Änderungen der güterrechtlichen Verhältnisse besondere Formerfordernisse erfüllt werden.[839] Zwar unterfielen nicht alle Verträge vermögensrechtlicher Art zwischen Ehegatten der Form des § 1434 BGB, sondern nur solche, die eine Regelung der güterrechtlichen Verhältnisse betrafen.[840] Gewissermaßen in einer Art Erst-Recht-Schluss stellten die Richter aber die Formbedürftigkeit einer solchen „stillschweigenden Vereinbarung“ fest. Wenn die Ehefrau im Rahmen der Gütertrennung nicht in der Verfügung über ihr Vermögen beschränkt, sie ihr Vermögen selbständig verwalte und sie außerdem, wie dargelegt, nur gemäß § 1427 Abs. 2 BGB zur Leistung eines Geldbetrages verpflichtet sei, dann sei jede Änderung dieses Zustandes zugleich eine Regelung der „güterrechtlichen Verhältnisse“.[841] Da insoweit keine formwirksame Vereinbarung zwischen

---

835 Vgl. RGZ 87, 56, 58 f.

836 Vgl. RGZ 87, 57.

837 Vgl. RGZ 87, 56, 59.

838 Vgl. BArch, R 3002, Prozessakte Nr. 10876, Bl. 33, 33 R, 35 R. Zwei Mitglieder des Senats sahen in der Vereinbarung keinen formbedürftigen Vertrag und vertraten daher eine vertragliche Begrenzung des Herausgabeanspruchs.

839 § 1434 lautete: „Der Ehevertrag muss bei gleichzeitiger Anwesenheit beider Teile vor Gericht oder vor einem Notar geschlossen werden.“ In einer ersten Beratung ging die Mehrheit des Senats noch von einer wirksamen Vereinbarung aus, vgl. ebd., Prozessakte Nr. 10876, Bl. 31. Dazu hat der Reichsgerichtspräsident vermutlich nicht gehört (Bl. 33). Auch im weiteren Verlauf der Beratungen bestanden darüber unterschiedliche Ansichten, vgl. ebd., Bl. 33 (RGR Wanjeck, Herb).

840 Vgl. RGZ 87, 56, 60.

841 Vgl. RGZ 87, 56, 60.

den Eheleuten bestand, die Gegenstände in der ehelichen Wohnung zu belassen, sprach auch die „freiwillige Überlassung“ der Sachen durch die Ehefrau nicht gegen einen Herausgabeanspruch der Klägerin.

Sein so begründetes Ergebnis ‚hinterfragte‘ der Senat jedoch abermals. Die Frau könne dann nicht die Herausgabe verlangen, wenn ihr Verhalten im Einzelfall *„dem sittlichen Wesen der Ehe“*[842] widerspräche.[843] Wie eine Begrenzung des Herausgabeanspruchs über eine vertragliche Regelung hinaus überhaupt zu erreichen war, war zuvor im Senat umstritten.[844]

Der Berichterstatter, RGR Arndts, leitete aus der systematischen Stellung der §§ 1353 ff. BGB, weil sie als allgemeine Regelungen den speziellen Regelungen über den Güterstand (§§ 1363 ff. BGB) vorangestellt waren, eine Begrenzung der Rechte des jeweiligen Ehegatten ab. Zur Bestätigung seiner Ansicht nahm er dann auf Teile der Motive Bezug[845], in denen angeführt wurde, dass das „sittliche Wesen der Ehe“ die entscheidende Grundlage für die Beurteilung *aller* eherechtlichen Verhältnisse bilde.[846]

Die Mehrheit im Kollegium folgte dieser Ansicht, da die allgemeinen Vorschriften des Eherechts die speziellen Vorschriften des ehelichen Güterrechts nicht einschränken könnten, zunächst nicht.[847] Diese allgemeinen Vorschriften

---

842 Zu den Wirkungen der Ehe und den Geschlechterrollten der Ehegatten im BGB von 1900 allgemein: Schumann, Wirkungen der Ehe, S. 487 ff., 542 ff. Die aus dem „Wesen der Ehe“ fließenden persönlichen Rechte und Pflichten der Gatten untereinander sollten in erster Linie sittlicher Natur sein und dem Mann sollte als Haupt der Ehe im Innenverhältnis das Bestimmungsrecht und im Außenverhältnis das Recht zur Vertretung der Ehegatten zukommen (ebd. S. 498 f.).

843 Vgl. RGZ 87, 56, 61.

844 Vgl. BArch, R 3002, Prozessakte Nr. 10876, Bl. 33, 33 R.

845 „Eine Bestätigung meiner Ansicht finde ich in den Motiven zu § 1353 BGB (Mot IV. S. 104), wo es heißt: Den sittlichen Grundgedanken des durch die Ehe unter den Gatten begründeten persönlichen Verhältnisses durch einen leitenden Grundsatz im Gesetz auszusprechen, empfiehlt sich aber namentlich auch um deswillen, weil dadurch die über die rechtlichen Wirkungen der Ehe im Einzelnen gegebenen Vorschriften ihre richtige Beleuchtung gewinnen und zum rechtlichen Ausdruck gebracht wird, daß, wie im Obligationenrecht Treu und Glauben, so im Eherechte das sittliche Wesen der Ehe die Grundlage bildet, von der bei der Auslegung des Gesetzes und bei der Beurteilung aller Rechtsverhältnisse der Ehegatten untereinander auszugehen ist.“, BArch, R 3002, Prozessakte Nr. 10876, Bl. 31 R. Hervorhebung im Original.

846 Vgl. BArch, R 3002, Prozessakte Nr. 10876, Bl. 28 R, Bl. 31 f.

847 Vgl. BArch, R 3002, Prozessakte Nr. 10876, Bl. 31, 33 R.

bezögen sich außerdem vielmehr auf die „persönlichen Verhältnisse" der Ehegatten, nicht aber auf deren „vermögensrechtlichen Verhältnisse."[848]

Auch der Reichsgerichtspräsident leitete aus dem Wesen der Ehe eine im Einzelfall bestehende Beschränkung des Herausgabeanspruches ab: *„nach der Auffassung des Volkes wie des Gesetzes [ergeben sich] aus dem Wesen der Ehe gewisse Wirkungen vermögensrechtlicher Art"* für jede Art des Güterstandes. Dem widerspräche es, *„die Eheleute – auch wenn sie in Gütertrennung leben – vermögensrechtlich als unverheiratet zu betrachten."*[849]

Seckendorff stellte zwar auch auf die Anschauungen der Praxis ab, die er hier in der schwer greifbaren „Auffassung des Volkes" verkörpert sah, ab. Gleichwohl bemühte er sich in erster Linie darum, seine Auffassung mit den Wertungen des Gesetzes zu begründen. Dies bestätigen seine weiteren Erwägungen. Das Gesetz ordne teilweise vermögensrechtliche Wirkungen der Ehe wie in den §§ 1360–1362 BGB unabhängig vom Güterstand ausdrücklich an. Fraglich könne daher nur sein, ob vermögensrechtliche Wirkungen aus dem Wesen der Ehe gezogen werden könnten, die das Gesetz nicht ausdrücklich ausspreche. Das sei aber zu bejahen. Es sei anerkannt *„daß für die persönlichen Beziehungen der Eheleute derartige Folgerungen [ungeschriebene Folgerungen, Anm. d. V.] gezogen werden dürfen […]. Warum soll es auf vermögensrechtlichem Gebiet unzulässig sein? Die vom Hrn. Kollegen Arndts angeführten Sätze aus den Motiven […] sprechen entschieden für die Zulässigkeit […] Muß dafür eine positive Gesetzesvorschrift bezeichnet werden, so paßt m.E. noch am Besten § 1429 – natürlich nicht dem Wortlaut aber dem Sinne nach."*[850]

Seckendorff stellte nach alledem wie der Berichterstatter auf die Wertung des Gesetzes ab. Er sah in dem „Wesen der Ehe" die entscheidende Grundlage. Die güterrechtliche Stellung der Eheleute war deshalb für ihn nicht von Belang, da die Verfügungsbefugnisse allgemein durch das Wesen der Ehe beschränkt werden konnten. Das verdeutlich sich auch an seinen Ausführungen zu § 1429 BGB, der mehr oder weniger einen Ersatzanspruch bei freiwilligen Vermögensopfern

---

848 Vgl. BArch, R 3002, Prozessakte Nr. 10876, Bl. 35 R. Vgl. dazu auch Schumann, a.a.O., S. 548 – trotz der Betonung des sittlichen Charakters der Beziehung der Ehegatten zueinander sollten sich aus der Pflicht zur ehelichen Lebensgemeinschaft nach § 1353 BGB sämtliche klassische persönliche Ehepflichten bis zur Grenze des Missbrauchs ableiten lassen.

849 BArch, R 3002, Prozessakte Nr. 10876, Bl. 36. Die Hervorhebung stammt vom Verfasser.

850 Vgl. BArch, R 3002, Prozessakte Nr. 10876, Bl. 36, 36 R. Das kursive Hervorheben stammt vom Verfasser.

ausschloss[851]: „was die Frau nicht ersetzt verlangen kann, kann sie noch viel weniger, solange der Zweck [d.h. die Ehe, Anmerkung d. Verf.] dauert [...] wieder zurücknehmen."[852] Ausschlaggebend für diese Wertung war für den Reichsgerichtspräsidenten die Lösung im konkreten Fall und damit letztlich die Einzelfallgerechtigkeit.[853] Damit stellte auch er die zuvor festgestellte grundsätzliche Bejahung des Herausgabeanspruchs in Frage.

Die Argumente Seckendorffs und des Berichterstatters konnten schlussendlich das Kollegium überzeugen. Die „sittlichen Wirkungen" der Ehe waren nicht nur auf die persönlichen Beziehungen der Ehegatten beschränkt, sondern hatten auch Auswirkungen auf die zwischen den Eheleuten bestehenden vermögensrechtlichen Beziehungen. Dadurch wurde eine Begrenzung bzw. Korrektur des Herausgabeanspruchs im Einzelfall erreicht.

Welche Rolle Seckendorffs Erwägungen bei der Urteilsbegründung spielten, wird daran deutlich, dass sich in der abgedruckten Entscheidung seine Gedankengänge teilweise wortgleich wiederfinden. Auch im Urteil heißt es dementsprechend, das „sittliche Wesen der Ehe" sei die Grundlage für die Beurteilung der Rechtsverhältnisse zwischen den Ehegatten. Aus den §§ 1357–1362 BGB ergeben sich vermögensrechtliche Vorschriften für jede Art des Güterstandes. Es kann sich nur fragen, ob in vermögensrechtlicher Beziehung aus dem Wesen der Ehe auch Folgerungen gezogen werden dürfen, die das Gesetz nicht ausdrücklich ausspricht. Das ist unbedenklich zu bejahen. Im „einzelnen Falle" kann der Anspruch der Frau auf Herausgabe der von ihr beschafften Einrichtung als mit den ehelichen Pflichten unvereinbar abzuweisen sein.[854] Im Ergebnis lehnte der Senat zwar eine Begrenzung des Herausgabeanspruchs im konkreten Fall ab, aber nur deshalb, weil es an einer ausreichenden „tatsächlichen Grundlage" für die Beurteilung des Einzelfalles fehlte. Das Berufungsurteil wurde aufgehoben und

851 „Macht die Frau zur Bestreitung des ehelichen Aufwandes aus ihrem Vermögen eine Aufwendung oder überlässt sie dem Manne zu diesem Zwecke etwas aus ihrem Vermögen, so ist im Zweifel anzunehmen, dass die Absicht fehlt, Ersatz zu verlangen."

852 BArch, R 3002, Prozessakte Nr. 10876, Bl. 36, 36 R.

853 Er strich in dem Votum des Berichterstatters diejenige Stelle an, in der RGR Arndts die Bedeutung seiner Lösung für die Einzelfallgerechtigkeit – „Ich hätte gegen die von mir für richtig gehaltene Begründung umso weniger Bedenken, als es danach *Sache der Beurteilung des einzelnen Falles* sein würde, ob und in welchem Umfang ein Herausgabeanspruch der Frau mit dem sittlichen Wesen der Ehe als vereinbar anzusehen sein würde" – betonte, BArch, R 3002, Prozessakte Nr. 10876, Bl. 32 R. (Hervorhebung stammt vom Verf.).

854 Vgl. RGZ 87, 56, 62 f.

die Sache in die Vorinstanz zurückverwiesen.[855] Lediglich in dieser konkreten Bewertung des Sachverhalts unterschied sich die abgedruckte Entscheidung von der Ansicht des Reichsgerichtspräsidenten. Für diesen kam es offenbar nicht auf die weitere Feststellung der tatsächlichen Verhältnisse an.[856] Zwar setzte sich der Reichsgerichtspräsident hier nicht gegen ein Votum des Berichterstatters durch, sondern war mit diesem vielmehr einer Meinung. Allerdings befand er sich mit diesem zunächst in einer Minderheitenstellung. Dass es gleichwohl gelang, die Mehrheit von seiner Rechtsauffassung zu überzeugen und diese Gedanken ins Urteil hineinzuführen, spricht für die Überzeugungskraft der von ihm vertretenen Argumente. Dies nicht zuletzt auch deshalb, weil durch den von ihm vertretenen Lösungsansatz eine einzelfallbezogene Lösung möglich wurde.

c) Erweiternde Tendenzen

aa) Die praxisorientierte Anwendung von Formvorschriften in RGZ 85, 308 („Dolmetscherfall") und RGZ 64, 423 („Zahlendreherfall")

Die Entscheidungen behandeln Testamentsfälle, in denen nicht nur eine praxisnahe Anwendung von Formvorschriften, sondern auch eine sinngemäße Berücksichtigung von Seckendorffs Vorstellungen erkennbar ist.

In *RGZ 85, 308 ff.*[857] errichtete der Erblasser ein Nottestament, indem er seinen letzten Willen mündlich in polnischer Sprache gegenüber einer amtlich bestellten Urkundsperson erklärte. Das Testament wurde in der Folge doppelt, und zwar in deutscher und polnischer Sprache niedergeschrieben. Es bestand Streit darüber, ob der in der deutschen Sprache verfasste Teil der Urkunde – weil der Erblasser bei seinen Erklärungen nicht die deutsche Sprache gebraucht hatte – eine wirksame letztwillige Verfügung darstellen konnte. Auf den polnischsprachigen Teil der Urkunde kam es insoweit nicht an.[858]

Nach Ansicht der Berufungsrichter stellte der deutschsprachige Teil kein wirksames Testament dar. Es werde durch die mündliche Erklärung des letzten

---

855 Vgl. RGZ 87, 56, 63.

856 „Im vorlieg. Falle würde ich keine Bedenken tragen, es als gegen das Wesen der Ehe und die aus ihm entspringenden Pflichten verstoßend zu erklären, wenn die in Gütertrennung lebende Ehefrau – nachdem sie die eheliche Wohnung aus ihrem Vermögen ausgestattet hat, diese Wohnung, in der sie zu leben verpflichtet ist (§ 1354 Abs. 1) der von ihr belassenen Einrichtung berauben will.", BArch, R 3002, Prozessakte Nr. 10876, Bl. 36 R.

857 Siehe dazu auch BArch, R 3002, Prozessakte Nr. 10830.

858 Vgl. RGZ 85, 308, 309.

Willens in polnischer Sprache der § 2238 BGB[859] verletzt. In der Vorschrift sei der Gebrauch der deutschen Sprache zwar nicht ausdrücklich, doch aber wie selbstverständlich vorgeschrieben.[860]

Diesen Ausführungen trat das von dem Reichsgerichtspräsidenten geleitete Kollegium aus verschiedenen Gründen entgegen. Es sei nicht richtig, aus § 2238 BGB den zwingenden Gebrauch der deutschen Sprache abzuleiten. Zwar sei davon auszugehen, dass gemäß § 186 GVG der Gebrauch der deutschen Sprache die Regel bilde. § 2238 BGB enthalte aber keine besondere Vorschrift darüber, in welcher Weise die mündliche Erklärung des Erblassers zu erfolgen habe. Der Wortlaut sei unbestimmt und das Gesetz habe deswegen für die Art und Weise des Zustandekommens der mündlichen Erklärung einen „ziemlich weiten Spielraum“ lassen wollen. Dieser Spielraum könne *unbedenklich* auch auf die bei Abgabe der Erklärung zu gebrauchende Sprache ausgedehnt werden. Im Übrigen sprechen die „Bedürfnisse des Lebens“ besonders in „gemischtsprachigen Bezirken“ gegen die Stellung zu strenger Anforderungen an den Gebrauch der deutschen Sprache. Es werde häufig sehr naheliegen, dass eine fremdsprachige Person zwar ausreichend Deutsch verstehe, sie aber dennoch Schwierigkeiten habe, sich in Rechtsangelegenheiten verständlich auszudrücken. Diese verwende dann die ihr geläufigere Sprache zur Erläuterung ihres Willens.[861] Die Richter des IV. Zivilsenat stützen ihre Rechtsanschauung in erster Linie also auf die unbestimmte und daher weite Fassung des Wortlauts und auf praktische Erwägungen.

Um ihre Argumentation abzusichern, nutzten die Richter des Senats (weitere) vergleichende und systematische Argumente. Sie stützten sich dabei sinngemäß auf die Anmerkungen des Reichsgerichtspräsidenten zum Gutachten des Berichterstatters, RGR Herb. Der Berichterstatter hielt den deutschsprachigen Teil der Urkunde im Ergebnis zwar für ein gültiges Testament. Er hatte aber Zweifel an seiner Entscheidung, da er die Argumentation der Berufungsrichter, § 2238 BGB setze den Gebrauch der deutschen Sprache voraus, gleichwohl für „folgerichtig“ hielt.[862]

---

859 § 2238 Abs. 1 BGB: Die Errichtung des Testaments erfolgt in der Weise, daß der Erblasser dem Richter oder dem Notar seinen letzten Willen mündlich erklärt oder eine Schrift mit der mündlichen Erklärung übergiebt, daß die Schrift seinen letzten Willen enthalte. Die Schrift kann offen oder verschlossen übergeben werden. Sie kann von dem Erblasser oder von einer anderen Person geschrieben sein.

860 Vgl. RGZ 85, 308, 309.

861 Vgl. RGZ 85, 308, 310.

862 Vgl. BArch, R 3002, Prozessakte Nr. 10830, Bl. 30 („[Es] scheint sich aus § 186 GVG [...] die Schlußfolgerung zu ergeben, daß alles, was vor einer deutschen Urkundsperson

Diesen Zweifeln trat Seckendorff mit seinen Anmerkungen entgegen. Nach Seckendorffs Ansicht ergab sich aus § 186 GVG kein allgemein gültiger Grundsatz über die Verwendung der deutschen Sprache bei mündlichen Erklärungen. Unter Verweis auf u.a. § 187 Abs. 2 GVG und §§ 2240, 2245 Abs. 1 BGB[863] führte er an, dass die Erklärung „nicht notwendig" in deutscher Sprache erfolgen müsse, weil das Gesetz bereits Ausnahmen „unmittelbar" vorsehe.[864] Demgemäß führten die Richter unter Verweis auf §§ 187 Abs. 1 und 2, § 189 Abs. 2 GVG im Urteil an, dass auch das Gesetz den Gebrauch der fremden Sprache in gewissem Umfang vorsehe. Gleiches gelte für die Testamentserrichtung: so enthalte § 2238 BGB zwar keine Bestimmung über den Gebrauch der deutschen Sprache, über die Errichtung eines Testaments müsse aber (deswegen) gemäß § 2240 BGB ein Protokoll in deutscher Sprache aufgenommen werden. Dieser „in die Augen springende" Gegensatz weise darauf hin, dass für die mündliche Erklärung eine fremde Sprache nicht ausgeschlossen sein soll.[865]

Neben praktischen Erwägungen führen in dem Urteil abermals auch die logischen, d.h. systematischen und wertenden Argumente zu einer verständlichen Rechtsprechung. Die aufgezeigten Interpretationsspielräume, die in der weiten Fassung des Gesetzes lagen, wurden dadurch abgesichert. Der Senat hatte sich die Argumentation Seckendorffs zu Eigen gemacht und seine Anmerkungen berücksichtigt. Der Reichsgerichtspräsident konnte sich gegen die ‚schwankenden' Ansichten des Berichtserstatters durchsetzen. Das dürfte an der

---

verhandelt wird, in deutscher Sprache verhandelt werden müßte. Aber vielleicht ist diese Schlußfolgerung nicht zwingend." – den letztgenannten Satz strich der BE später durch, an anderer Stelle im Gutachten fand sich diese Formulierung jedoch sinngemäß wieder, Anm. d. Verf.), Bl. 32 („Ich wäre geneigt, das streitige Testament für giltig anzuerkennen [...] ich verkenne aber nicht, daß die vom BG aus § 186 GVG gezogene Folgerung den Vorzug der Folgerichtigkeit für sich hat.").

863 § 2245 BGB lautete: „Sind sämmtliche mitwirkende Personen ihrer Versicherung nach der Sprache, in der sich der Erblasser erklärt, mächtig, so ist die Zuziehung eines Dolmetschers nicht erforderlich. Unterbleibt die Zuziehung eines Dolmetschers, so muß das Protokoll in der fremden Sprache aufgenommen werden [...] Eine deutsche Uebersetzung soll als Anlage beigefügt werden."

864 Zu Seckendorffs Bemerkungen BArch, R 3002, Prozessakte Nr. 10830, Bl. 30 (Randbemerkung), 32 R. „Daß bei mündl.[licher, der Verfasser] Erklärung des Testaments die Erklärung nicht notwendig in deutscher Sprache zu erfolgen hat, geht m. E. unmittelbar aus § 2240 in Verb. mit § 2245 Abs. 1 hervor [...]."

865 Vgl. RGZ 85, 308, 311.

Überzeugungskraft seiner Argumente gelegen und somit zu seinem juristischen Ansehen innerhalb des Kollegiums beigetragen haben.

In *RGZ 64, 423 ff.*[866] behandelte der Senat unter der Leitung Seckendorffs die Frage der Wirksamkeit eines unter einem Formmangel leidenden Testaments. Die im Alter von 67 Jahren verstorbene Erblasserin hatte ein eigenhändiges Testament errichtet und sich dabei in der Jahrhundertangabe versehen. Sie hatte ihr Testament auf das Jahr 1804 anstelle des Jahres 1904 datiert. Die Klägerin beantragte deswegen, die Nichtigkeit des Testaments festzustellen.

Nach Ansicht der Richter seien die gemäß § 2231 Nr. 2 BGB[867] erforderlichen Orts- und Tagesangaben wesentliche Bestandteile eines Testaments, die für dessen Wirksamkeit der Wahrheit entsprechen müssen.[868] Bei Schreibfehlern entsprächen aber die Zeit- und Ortsangaben den gesetzlichen Erfordernissen, wenn es „ohne weiteres gelingt" die offenbar falsche durch die gewollte Datierung zu ersetzen. Dazu genüge allerdings nicht die Ermittlung der gewollten Datierung mithilfe der gewöhnlichen Beweismittel im Prozess. Das würde dem Wesen der Formvorschrift als Zeugnis über Ort und Tag der Testamentserrichtung widersprechen.[869] Formgültig sei aber ein Testament dann, wenn das gewollte und nur versehentlich falsch beurkundete Datum aus dem sonstigen Inhalt des Testaments erkannt werden könne. Auch die Verwertung von offenkundigen Tatsachen sei dabei nicht ausgeschlossen.[870]

Der Senat verwies dann vor allem auf den Inhalt des Testaments und die damit verbundenen offenkundigen Umstände. Die im Jahr 1904 verstorbene Erblasserin könne im Jahr 1804 „unmöglich" gelebt und zu diesem Zeitpunkt keine bereits erwachsenen Kinder gehabt haben. Im Übrigen sei es eine bekannte Erscheinung, *„dass gerade in den ersten Jahren nach der Jahrhundertwende zahlreichen Personen ganz das gleiche Versehen unterlaufen ist […] [und] sich lediglich in der Niederschrift der Jahrhundertziffer vergriffen und in Wahrheit 1 9 0 4 statt 1 8 0 4 […][haben] schreiben wollen."*[871]

---

866 Dazu auch BArch, R 3002, Prozessakte Nr. 10170.

867 § 2231 BGB: „Ein Testament kann in ordentlicher Form errichtet werden:
1. vor einem Richter oder vor einem Notar;
2. durch eine von dem Erblasser unter Angabe des Ortes und des Tages eigenhändig geschriebene und unterschriebene Erklärung."

868 Vgl. RGZ 64, 423.

869 Vgl. RGZ 64, 423, 424.

870 Vgl. RGZ 64, 423, 424.

871 Vgl. RGZ 64, 423, 424. Hervorhebung vom Verfasser. Sperrdruck bereits im Original.

Die Richter verwiesen in ihrer Urteilsbegründung zunächst auf die Bedeutung der Form für ein Testament. Allerdings zeigt sich in ihrer Argumentation, dass sie den Formbedarf nicht zwingend in den Vordergrund stellten, wenn es sich bloß um einen Schreibfehler handelte und das Gewollte unproblematisch zu ermitteln war. Da die Aufklärung aber allein aus dem sonstigen Inhalt des Testaments erfolgen durfte, schränkten sie ihre Auffassung ein und legitimierten zugleich ihre Auffassung mit dem Wortlaut des § 2331 BGB. Dies erinnert an eine mit der „Andeutungstheorie"[872] vergleichbare Betrachtungsweise.

Die Richter gingen also trotz alledem bei Abschwächung des Formerfordernisses behutsam vor. Sie sicherten sich inhaltlich mit der Erkenntnis ab, dass die Erblasserin zum angegebenen Zeitpunkt nicht schon hätte gelebt haben können. Zusätzlich verwiesen sie auf die praktischen Erfahrungen nach der Jahrhundertwende. Die Senatsmitglieder stellten daher auf eine natürliche Logik, auf den gesunden Menschenverstand und nicht auf ein formallogisches Verständnis ab. Daran zeigt sich, dass der Senat die Normen des BGB dann nicht strikt umsetzte, wenn diese sich ersichtlich zu den Erfahrungen der Praxis in Widerspruch setzten.[873] Dadurch gelang es Ihnen, die erbrechtlichen Formvorschriften praxisgerecht, aber wortlautgetreu umzusetzen und die Erblasserinteressen zu berücksichtigen.

Die Prozessakte enthält kein entgegenstehendes separates Votum Seckendorffs.[874] Vorstehende Erwägungen einschließlich der Ausführungen des Berichterstatters, RGR Veltman, dürften daher auf Seckendorffs Zustimmung gestoßen sein, vor allem, weil die Entscheidung nicht lediglich den juristischen Formbedarf in den Vordergrund rückt. In diese Richtung weist auch eine Äußerung Seckendorffs: „Soweit es in meiner Macht und Kraft steht, werde ich stets bemüht sein, darauf hinzuwirken, daß den *Interessen* von Handel und Industrie durch eine von freiem Geist getragene, von *jeder Einseitigkeit und jedem starren juristischen Formalismus losgelöste Rechtsprechung* Rechnung getragen

872 Als „Andeutungstheorie" soll hier – wie allgemein üblich – eine Auslegung verstanden werden, die erfordert, dass in der Urkunde ein Anhaltspunkt für den durch Auslegung zu ermittelnden Willen des Erblassers gegeben sein muss, vgl. *Ellenberger*, in: Palandt, a.a.O., § 133, Rdn. 19.

873 Vgl. dazu allgemein, Zippelius, Methodenlehre, S. 53 f., zu der Gebotenheit von Gesetzeskorrekturen in dem Fall, dass eine Rechtsnorm den Lebensgewohnheiten der Menschen nicht (mehr) gerecht wird und eine andere als die gesetzliche Regelung diesen Realitäten besser gerecht würde. Das Gericht stützt seine Gesetzeskritik und die Berechtigung zur Gesetzeskorrektur damit auf Gründe der Gerechtigkeit.

874 BArch, R 3002, Prozessakte Nr. 10170, Bl. 24 ff.

werde."[875] Der Mangel weiterer Voten lässt im Übrigen auf eine einstimmige Entscheidung im Senat schließen. Auch in diesem Fall war die Lebenswelt der Richter und nicht zuletzt des Reichsgerichtspräsidenten unmittelbar betroffen. Da der Reichsgerichtspräsident keine eigenen Nachkommen hatte und damals ebenso wie seine Richterkollegen[876] bereits im höheren Lebensalter stand, dürfte er sich ebenfalls mit der Regelung seines Nachlasses befasst haben.

bb) Das behutsame Herleiten von Analogien – das Auskunftsrecht des Pflichtteilsberechtigten in RGZ 73, 372

Die Entscheidung, an der Seckendorff als Vorsitzender beteiligt war[877], befasste sich mit der Frage, ob die Vorschrift des § 2057 BGB auch auf den pflichtteilsberechtigten, nicht erbenden Abkömmling anzuwenden ist.

Der Erblasser hatte testamentarisch seinen Sohn – den Beklagten – zum Alleinerben bestimmt. Die Klägerin, seine Tochter aus erster Ehe, forderte den vollen Pflichtteil. Zur Vorbereitung dieses Anspruches verlangte sie vom Beklagten nicht nur Auskunft über den Bestand des Nachlasses, sondern auch über die diesem vom Erblasser zu dessen Lebzeiten gemachten Zuwendungen. Der Beklagte legte ihr ein Nachlassverzeichnis vor. In diesem war auch eine Gesamtsumme empfangener Zuwendungen angegeben. Zur (weiteren) Auskunft über die empfangenen Zuwendungen sah er sich nicht verpflichtet.[878]

Der in § 2057 BGB genannte Auskunftsanspruch sei allerdings dem Wortlaut nach nur einem (Mit-)Erben gestattet. Nach Auffassung der Richter des Senats konnte die nicht erbende, pflichtteilsberechtigte Klägerin nur dann anspruchsberechtigt sein, wenn man „*die Gesetzesworte [...] in einem weiteren Sinne*" verstünde.[879] Zur Erstreckung des Auskunftsanspruchs auch auf den Pflichtteilsberechtigten führe die Vorschrift des § 2316 BGB. Danach sei bei Bestimmung des Pflichtteils die Ausgleichungspflicht unter mehreren Abkömmlingen zu berücksichtigen. In dieser und in der Regelung des § 2303 Abs. 1 S. 2 BGB bringe das Gesetz die Abhängigkeit des Pflichtteils vom gesetzlichen Erbteil zum

---

875 Vgl. etwa die Äußerung Seckendorffs in BArch, R 3002, PA Nr. 790, Bd. 2, Bl. 52, 52 R. Die Hervorhebung stammt vom Verfasser.

876 Müller (a.a.O., S. 131) beziffert das Durchschnittsalter bei der Ernennung zum RGR auf 56 Jahre.

877 Die Beteiligung Seckendorffs an der Entscheidung ergibt sich aus der erhaltenen Akte in BArch, R 3002, Prozessakte Nr. 10419, Bl. 21 ff.

878 Vgl. RGZ 73, 372, 373 f.

879 Vgl. RGZ 73, 372, 374 f. Hervorhebung stammt vom Verfasser.

Ausdruck. Der Pflichtteilsberechtigte müsse in diesem Zusammenhang nachweisen, was ihm unter Berücksichtigung der die Ausgleichungspflicht begründenden Zuwendungen vergrößert (bzw. verkleinert) fiktiv mittels der „Erbteilung" hätte zugeteilt werden müssen. Er müsse dabei den gleichen Nachweis erbringen wie ein Miterbe, der in der Erbauseinandersetzung die Zuteilung seines Erbteiles betreibt.[880] Die Richter nahmen also Bezug auf „das Ganze", den Regelungskomplex und wiesen auf die *vergleichbare Interessenlage* zwischen Miterben und Pflichtteilsberechtigtem hin.

Dieser Nachweis sei aber nur unter „erheblich schwierigeren Verhältnissen" möglich, wenn ihm die „materiellen Behelfe" des § 2057 BGB fehlen würden. Dazu erläuterten die Richter im Folgenden die fehlende praktische Wirksamkeit der u.a. in §§ 2314, 809 ff. BGB geregelten (Auskunfts-)Ansprüche. Aufklärung über etwaige Ausgleichsverpflichtungen des Pflichtteilsschuldners würde er auf diesem Wege kaum gewinnen. Hinzu kämen prozessuale Nachteile, wenn der Pflichtteilsberechtigte seinen Anspruch im Klageweg geltend mache. Im Rahmen seiner Darlegungspflicht müsse er im Hinblick auf § 2316 BGB Angaben über eigene ausgleichspflichtige Zuwendungen machen. Ein entsprechend wirksames Mittel, den Pflichtteilsschuldner zur Angabe seiner Vorempfänge zu zwingen, um damit eine höhere Bemessung des eigenen Pflichtteils zu erreichen, stünde ihm allerdings nicht zu.[881] Die Rechte aus § 2057 BGB müssten daher „sinnentsprechend" auch einem nicht miterbenden Abkömmling zugebilligt werden, da sich anderenfalls die nach § 2316 BGB bestehenden beiderseitigen Ausgleichspflichten nicht hinreichend durchsetzen lassen würden.[882]

Der Senat argumentierte mit der nachteiligen Rechtsposition des pflichtteilsberechtigten Nichterben gegenüber der des Miterben und verdeutlichte so dessen *Ungleichbehandlung*. Die Richter nutzen dafür u.a. systematische Argumente und setzen die vorhandenen Regelungen in einen allgemeineren Zusammenhang. Sie deckten damit eine (Wertungs-)Lücke auf und rechtfertigten so die Analogie.

Allerdings sollte diese ‚Erweiterung der Gesetzesworte' nicht grenzenlos sein. Das zeigte sich in den weiteren Ausführungen des Senats. Der Senat begrenzte diesen Auskunftsanspruch auf konkrete Fälle und führte zur Begründung neben der Systematik – § 2057 BGB beschränke die Auskunftspflicht auf „ganz bestimmte" Fälle – auch praktische Argumente an. Die Auskunftspflicht sollte

---

880 Vgl. RGZ 73, 372, 375.
881 Vgl. RGZ 73, 372, 375 f.
882 Vgl. RGZ 73, 372, 376.

nicht auf alle Zuwendungen ausgeweitet werden, die der Auskunftspflichtige bei Lebzeiten des Erblassers von diesem erhalten hatte. Insbesondere würde *„wenn es sich, wie hier, um Zuwendungen an einen Sohn handelt, die Offenbarungspflicht bis auf die früheste Kindheit zurück nahezu alle Gaben und Wohltaten umfassen, die das Kind einem seiner Eltern zu verdanken hatte."* Eine unbeschränkte Auskunftspflicht entspreche nicht dem Verständnis des Rechtsunkundigen.[883]

Die Richter nahmen in diesem Fall nicht ausdrücklich, aber inhaltlich eine Interessenberücksichtigung vor. Die Erweiterung des Wortlauts begründeten sie möglichst sorgfältig, behutsam und nah am Gesetz, indem sie die für eine Analogie notwendige Wertungslücke und eine vergleichbare Interessenlage herausarbeiteten. Spiegelbildlich hatte diese Herangehensweise eine ‚verhältnismäßige' Beschränkung der Reichweite des Auskunftsanspruchs zur Folge. Die Richter des Senats sicherten ihre Rechtsauffassung mit systematischen und praktischen Argumenten, dem Laienverständnis ab. Abermals wurden also praktische Erwägungen angeführt, um die Richtigkeit des gefundenen Ergebnisses zusätzlich zu bekräftigen.

Aus der Prozessakte ergeben sich keine Hinweise auf separate Auffassungen des Reichsgerichtspräsidenten.[884] Naheliegend ist daher auch in dieser Entscheidung eine einhellige Auffassung im Senat. Schließlich wurden dabei Interessen und Wertungen berücksichtigt, die Seckendorffs Vorstellungen entsprochen haben dürften: Das *objektive* Recht[885] sollte seiner Auffassung nach, soweit dies mit der Absicht des Gesetzes vereinbar war[886], die Lebensverhältnisse der Menschen gestalten.[887]

cc) Die flexible Anwendung des ‚Systems' – die wertgebundene Begründung der Analogie zu § 2285 BGB in RGZ 77, 165

Diese Entscheidung befasste sich mit der erstmals praktizierten analogen Anwendung des § 2285 BGB auf gemeinschaftliche Testamente. Damals war

883 Vgl. RGZ 73, 372, 376 f. Hervorhebung stammt vom Verfasser.

884 BArch, R 3002, Prozessakte Nr. 10419, Bl. 15 ff.

885 Siehe dazu den folgenden Fall (Analogie zu § 2285 BGB).

886 Reden bei der Gedenkfeier, S, 8 f. „„Es ist meines Erachtens eine der schönsten Aufgaben des obersten Gerichtshofs für eine der allgemeinen Rechtsanschauung entsprechende Anwendung des Gesetzes Raum zu schaffen, sofern dies mit dessen Wortlaut und Absicht irgend vereinbar ist'."

887 LNN, Nr. 348, vom 30.12.1919, S. 2. „er [war] einer der begnadeten Richter, denen ein weiter Blick verliehen und für die das objektive Recht eine lebendige Macht ist, die die Lebensverhältnisse der Menschen regeln soll [...]."

dessen Anwendung auf die Regeln des gemeinschaftlichen Testaments noch stark umstritten und vom Senat bis dahin noch unentschieden gelassen.[888]

Zugrunde lag folgender Sachverhalt: die Erblasser errichteten 1898 ein gemeinschaftliches Testament, worin sie sich gegenseitig zu Alleinerben einsetzten und u.a. bestimmten, dass nach dem Tod des Überlebenden je ein Viertel des Nachlasses an die beiderseitigen Verwandten fallen sollte. Der Ehemann nahm nach dem Tod der Ehefrau im Jahr 1900 das Erbe an und adoptierte in der Folge sein außereheliches im Jahr 1899 geborenes Kind, den Beklagten. Mit einem im Jahr 1906 errichteten Testament setzte der Ehemann den Beklagten zu seinem alleinigen Erben ein. Nach dem Tod seines Vaters 1908 focht der Beklagte die Verfügungen seines Vaters aus dem gemeinschaftlichen Testament an und wurde durch Erbschein als dessen Alleinerbe ausgewiesen. Kläger waren die in dem gemeinschaftlichen Testament bedachten Verwandten der Ehefrau.[889] In Frage stand, ob der Beklagte die Verfügungen seines Vaters überhaupt (noch) anfechten konnte, da der Erblasser selbst zuvor keine Anfechtung des gemeinschaftlichen Testaments vorgenommen und damit die Bindungswirkung des gemeinschaftlichen Testamentes nicht beseitigt hatte. Dies hing von der Möglichkeit ab, § 2285 BGB auch auf den Bereich des gemeinschaftlichen Testaments zu erstrecken.

Die Richter des Senats bejahten dies und lehnten ein Anfechtungsrecht des Beklagten ab. Das Anfechtungsrecht Dritter müsse von den Voraussetzungen des § 2285 BGB abhängig gemacht werden, da eine „enge Verwandtschaft“ und eine „völlige Gleichheit“ der Rechtslage zwischen Erbvertrag und gemeinschaftlichem Testament bestünde. Zur Begründung verwiesen sie auf die Arbeit der zweiten Kommission für den Entwurf eines Bürgerlichen Gesetzbuches. Die Kommission habe – neben anderen Verweisungen auf die Regelungen des Erbvertrages – in § 2271 BGB die Vorschriften des § 2296 BGB über den Rücktritt vom Erbvertrag für den Widerruf einer gemeinschaftlichen Verfügung für entsprechend anwendbar erklärt.[890] Mithilfe systematischer Erwägungen begründeten die Richter daher die enge Verbundenheit der beiden Institute.

888 BArch, R 3002, Prozessakte Nr. 10517, Bl. 38 ff., 39 (Gutachten des Berichterstatters Hoffmann).

889 Vgl. RGZ 77, 165, 166.

890 Vgl. RGZ 77, 165, 167 f.

Problematischer war für den Senat allerdings die Begründung einer Lücke im Gesetz. Unter dem Vorsitz Seckendorffs[891] näherte sich der Senat der Frage, wie eine Lücke begründet werden konnte, zunächst auf ‚historischem Weg'.

Die Richter verwiesen zunächst darauf, dass die Erste BGB-Kommission das gemeinschaftliche Testament noch abgelehnt und erst die Zweite Kommission dafür nach langen Beratungen selbständige Gesetzesvorschläge aufgestellt habe. Dadurch sei es erklärlich, *„daß ihre Arbeit Lücken aufweist, die der Ergänzung durch die Rechtsprechung bedürfen."*[892] Ähnlich wie im vorangegangenen Auskunftsanspruchsfall nahm der Senat für sich also eine Ergänzungsbefugnis in Anspruch.

Dem durchaus nicht unbeachtlichen systematischen Einwand, dass in § 2271 BGB nur auf bestimmte Regelungen des Erbvertrages, nicht aber auf § 2285 BGB verwiesen werde[893], hielten die Richter des Senats allerdings folgendes, aus dem Gutachten des Berichterstatters Hoffmann entnommenes Argument[894], entgegen: „Wollte man freilich aus dem Umstande, daß § 2271 von den über den Erbvertrag erlassenen Vorschriften nur die §§ 2296, 2294, 2289 Abs. 2 heranzieht, e contrario folgern, die entsprechende Anwendung sonstiger Erbvertragsbestimmungen sei unzulässig, so wäre die Frage im verneinenden Sinne erledigt. Aber jenes, bekanntlich auch sonst nur vorsichtig zu benutzende, Argument versagt, wenn anzunehmen ist, daß die *gesetzgeberische Regelung* des erst später aufgenommenen gemeinschaftlichen Testaments *überhaupt keine erschöpfende* ist."[895]

Der Senat erklärte damit den fehlenden Verweis auf § 2285 BGB für unbeachtlich, weil er die gesetzlichen Regelungen für unvollständig hielt. Zur näheren Begründung und Absicherung seiner Vermutung führte der Senat nun historische Argumente an und verwies auf die systematische Ausgestaltung der Anfechtungsregeln. Die Kommission habe sich zwar ausführlich mit dem Widerrufsrecht der beiden Ehegatten beschäftigt, auf das Anfechtungsrecht Dritter gegenüber dem gemeinschaftlichen Testament sei sie aber nicht eingegangen. Im Gesetzesabschnitt über das gemeinschaftliche Testament fehlen, anders als bei dem Erbvertrag, entsprechende Regelungen. Für die Anfechtbarkeit des gemeinschaftlichen Testaments bleiben daher an sich vielmehr die allgemeinen für alle

891 Die Mitwirkung Seckendorffs ergibt sich aus dem Urteil, BArch, R 3002, Prozessakte Nr. 10517, Bl. 57 ff.

892 Vgl. RGZ 77, 165, 167. Hervorhebung stammt vom Verfasser.

893 Vgl. RGZ 77, 165, 168.

894 BArch, R 3002, Prozessakte Nr. 10517, Bl. 38 ff., 39 R.

895 RGZ 77, 165, 168, Hervorhebung stammt vom Verfasser.

Testamente geltenden Regelungen der §§ 2078 ff. BGB maßgebend.[896] Es liege aber *„näher anzunehmen, die Kommission habe einfach übersehen [!], der Anfechtung des gemeinschaftlichen Testaments dieselbe Schranke zu ziehen, wie der des Erbvertrages, als das Gegenteil, daß sie, abweichend vom Erbvertrage, die Anfechtung dritter Beteiligter durchaus selbständig gestalten, sie von dem Willen und dem Verhalten des überlebenden Ehegatten völlig loslösen wollte.“*[897]

Die Richter gingen demnach von einer unbewussten Lücke aus, weil eine Begrenzung des Anfechtungsrechts durch die Zweite BGB-Kommission weder besprochen noch geregelt worden war. In kleinen Schritten lösten sie sich von einer subjektiven Auslegung. Diese Feststellung ist ein Zeugnis dafür, dass die Richter wie selbstverständlich davon ausgingen, dass eine Kodifikation nicht vollumfänglich alles erfassen kann und somit auch Lücken aufweist. Damit wurde die Bindungsproblematik berührt, die man bei der Entstehung des BGB eher „ausgeklammert“ hatte, um das Werk nicht zu gefährden.[898] Im Übrigen bestätigt diese Argumentation, dass die Richter des Senats nicht formal-systematisch judizierten bzw. die Strukturen des BGB ‚einfach so‘ hinnahmen.

Das Kollegium ‚hinterfragte‘ und überprüfte seine Feststellung abermals mit logischen und wertenden Argumenten. Nach ihrer Auffassung war nicht ersichtlich, aus welchem Grund der anfechtungsberechtigte Dritte gegenüber dem gemeinschaftlichen Testament bessergestellt sein sollte als gegenüber dem Erbvertrag. Während der Vertragserblasser in der Lage sei, durch Unterlassen der Anfechtung das Anfechtungsrecht des Dritten „nach freiem Belieben“ zu zerstören, bestehe diese Möglichkeit für den ans Testament gebundenen Ehegatten ausdrücklich nicht. Wäre diese Ansicht aber zutreffend, dann wäre es „folgerichtig“, dem im Testament übergangenen Pflichtteilsberechtigten die Anfechtung und damit das (gesetzliche) Erbrecht auch gegen den erklärten – nur nicht durch Anfechtung bestätigten – Willen des Erblassers zu verschaffen. Dies stünde aber im *„schroffsten Widerspruch mit dem Systeme des Bürgerlichen Gesetzbuchs“*, das dem Willen des Erblassers erhebliche Bedeutung beimesse.[899] Der Senat zeigte damit auf, wie widersprüchlich die Rechtsfolgen wären, wenn die vorhandenen gesetzlichen Regelungen lediglich ‚formal‘ angewendet würden. Es bringe § 2285 BGB nur den „allgemeinen Gedanken“ zum Ausdruck, dass immer der Wille des Erblassers dafür maßgebend bleibe, ob der Dritte seinerseits den Bestand der

896 Vgl. RGZ 77, 165, 168.
897 Vgl. RGZ 77, 165, 168 f. Hervorhebung vom Verfasser.
898 Dazu Schulte-Nölke, Das Reichsjustizamt, S. 341 ff.
899 Vgl. RGZ 77, 165, 169. Hervorhebung vom Verfasser.

letztwilligen Verfügungen angreifen dürfe oder nicht. Gerade der ans gemeinschaftliche Testament gebundene Erblasser sei aber auf die Anfechtung angewiesen, wenn er dessen Bindungswirkung zugunsten der später entstehenden Pflichtteilsberechtigten beseitigen wolle. Ein „Übergehungswille" könne sich nach Auffassung der Richter des Senats daher auch darin äußern, dass der Erblasser das betreffende Testament nach seiner Wiederverheiratung oder der Geburt eines weiteren Kindes bestehen lasse. Daher könne kaum unterstellt werden, dass der Gesetzgeber diesen Standpunkt nur im Falle der Gebundenheit durch Erbvertrag, nicht aber in dem völlig gleichliegenden Falle der Gebundenheit durch gemeinschaftliches Testament hätte zur Geltung bringen wollen.[900]

Die Richter banden also ihre Begründung in den allgemeinen *Wertungskontext* der gesetzlichen Regelungen ein.[901] Sie argumentierten mit dem gesetzlichen Wertesystem gegen (formalere) systematische Argumente und stellten damit eine Regelungslücke fest. Sie ließen sich nicht durch die Systematik des Gesetzes binden, sondern wandten es flexibel und wertbezogen an. Eben dadurch wurden sie aber widersprüchlicherweise auch dem ‚System' des Gesetzes gerecht. Auch wenn das Argument, die Kommission habe lediglich eine Regelung übersehen, ein wenig mutmaßend klingt, bemühte sich der Senat um eine plausible Argumentation. Sie sprachen dabei die methodischen Voraussetzungen für die Gestaltung einer Analogie im Urteil nicht direkt an. An der Argumentationsweise ist aber ersichtlich, dass sie – ähnlich wie in dem vorher behandelten Fall – die Voraussetzungen einer Analogie herausarbeiteten. Dadurch sicherten die Senatsmitglieder ihr Ergebnis ab. Der Senat begnügte sich deswegen nicht damit, die Folgen der Widersprüchlichkeit der formal-gesetzlichen Regelung aufzuzeigen, sondern begründete sein Ergebnis mit der Wertung des Gesetzes. Nicht zuletzt besteht die wissenschaftliche Legitimation der Analogiebildung in der Aufdeckung der Inkonsequenz der Regelungstechnik des Gesetzgebers und somit in der Ausweitung des gleichen Gedankens auf gleichgelagerte Fälle.[902] Die Gefahr einer unbeschränkten Auslegung, die darin lag, dass sie zuvor ausdrücklich gegen die Verweisungstechnik argumentierten, minimierte sich dadurch.

900 Vgl. RGZ 77, 165, 170 f.

901 Allgemein dazu: Zippelius, Methodenlehre, S. 52 ff.

902 Vgl. auch Zippelius, a.a.O., S. 52 ff. Der gesetzlich geregelte Falltypus wird mit dem vorliegenden Falltypus verglichen. Durch Aufzeigen von „Ungleichheiten" gleich zu behandelnder Fälle werden Wertungslücken im Gesetz ermittelt. Der vergleichbare – gesetzlich geregelte – Fall dient sodann zugleich als Hilfe zur Ausfüllung der zuvor festgestellten Lücke. Entsprechendes gilt für den Analogieschluss. Dieser ist letztlich ein Anwendungsfall des Gleichheitssatzes (ebd. S. 55).

Im Übrigen verdeutlicht diese Entscheidung, dass die Senatsmitglieder in Fällen, in denen keine klare Klärung durch das hermeneutische Instrumentarium möglich war, ein Ergebnis herzuleiten suchten, das den konsensfähigen Gerechtigkeitsvorstellungen entsprach.[903] Dieses Ergebnis bestand in der Anwendung des § 2285 BGB auch auf die gemeinschaftlichen Testamente. Eine andere Lösung hätte zu widersprüchlichen, den Willen des Erblassers missachtenden Ergebnissen geführt.

In der zugrundeliegenden Prozessakte ist kein separates bzw. abweichendes Votum Seckendorffs enthalten.[904] Da er bei abweichenden Ansichten üblicherweise eigene Bemerkungen hinterließ, dürfte die Entscheidung auch auf seine Zustimmung gestoßen sein. Im Übrigen ähnelt die Argumentation zur Begründung und Begrenzung der Rechtsfortbildung den bereits u.a. in der Einleitung angesprochenen Äußerungen des Reichgerichtspräsidenten: so sollte der Richter selbstverständlich ohne „starren Formalismus" judizieren, dies jedenfalls *sofern* dies mit Wortlaut und Absicht des Gesetzes vereinbar war.[905] Auch für den Reichsgerichtspräsidenten war die Auslegung des Gesetzes gewissen Grenzen unterworfen.

dd) Der Vornamensfall in RGZ 87, 109 – eine politische Entscheidung?

Die Entscheidung in *RGZ 87, 109ff.* fällt in die Zeit des Krieges. An dem Beschluss waren der Reichsgerichtspräsident und RGR Schlieben beteiligt.[906] Dieser Beschluss betrifft abermals die Formwirksamkeit eines Testaments. Der Erblasser, ein Feldwebel, war kurz nach Kriegsbeginn gefallen. Zuvor hatte er mehrere Briefe an seine Angehörigen verfasst, die Anordnungen für den Fall seines Todes enthielten. Die Briefe hatte er lediglich mit seinem Vornamen unterzeichnet. Die Vorinstanzen sahen in diesen Anordnungen keine formwirksamen Verfügungen und lehnten aus diesem Grund die Erteilung eines Erbscheines ab.[907]

---

903 Vgl. allgemein dazu: Zippelius, a.a.O., S. 66 ff., 12 ff.

904 BArch, R 3002, Prozessakte Nr. 10517, Bl. 38 ff.

905 BArch, R 3002, PA Nr. 790, Bd. 2, Bl. 52, 52 R; Reden bei der Gedenkfeier, S. 9.

906 Das ergibt sich aus der Abschrift der „Entscheidungssammlung des Reichsgerichts" beim BGH. Für diese Informationen bedanke ich mich bei den Mitarbeitern der Bibliothek des Bundesgerichtshofs. Eine Prozessakte zu diesem Verfahren ist in den Beständen des Bundesarchivs nicht überliefert. Das dort befindliche Exemplar der „Entscheidungssammlung" ist leider unvollständig. Die Entscheidung erging am 5. Juli 1915.

907 Vgl. RGZ 87, 109 f.

Der Wortlaut des § 2231 Nr. 2 BGB bestimme nicht, *wie* eine letztwillige Verfügung „unterschrieben" sein müsse. Die Richter der Vorinstanz zogen daher zur Konkretisierung des § 2231 Nr. 2 BGB die Vorschrift des § 126 BGB heran. Unter der dort erwähnten „Namensunterschrift"[908] sei grundsätzlich die Unterzeichnung mit dem verkehrsüblichen Namen, d.h. mit dem Familiennamen zu verstehen.[909]

Nach Ansicht von Seckendorff und RGR Schlieben war aber bereits zweifelhaft, ob § 126 BGB überhaupt zur Ergänzung der speziellen Formvorschriften des § 2231 Nr. 2 BGB herangezogen werden könne. Einer Entscheidung darüber bedürfe es aber nicht, da aus einer Anwendung des § 126 BGB nichts Gegenteiliges folge. Das eigenhändige Testament müsse nicht „unter allen Umständen" mit dem verkehrsüblichen (Familien-)Namen unterzeichnet werden. Im Übrigen sei auch in § 126 Abs. 1 BGB nicht bestimmt, „was zur Namensunterschrift" gehöre.[910]

Seckendorff und Schlieben zogen zur Begründung ihrer Ansicht historische Argumente, insbesondere die Beratungen der Ersten BGB-Kommission zu § 126 BGB heran. Zwar sei im Vorentwurf ursprünglich bestimmt worden, der Aussteller müsse eine Urkunde mit seinem *Familien*namen unterzeichnen, soweit (einfache) Schriftform vorgeschrieben sei. Auf die unbedingte Unterzeichnung mit dem Familiennamen sei aber im Rahmen der damaligen Beratungen nicht mehr abgestellt worden, da „namentlich" besonders erlauchte Personen – d.h. dem höheren Adel zugehörige Personen – zur Unterschrift üblicherweise nur ihren *Vor*namen nutzen. Es genüge für die Wahrung der Form daher eine *Unterschrift*, die den Aussteller hinreichend identifiziere. Es sei zwar durch die Zweite BGB-Kommission die Formvorschrift abermals geändert worden – sie stellte nunmehr auf eine *Namens*unterschrift wie in § 126 Abs. 1 BGB ab. Es sei damit „anscheinend" lediglich eine sprachliche, nicht aber eine sachliche Änderung bezweckt gewesen. Eine Unterzeichnung mit dem Familiennamen habe der Gesetzgeber in § 126 Abs. 1 BGB „absichtlich" nicht vorschreiben wollen.[911] Nach alledem genüge bei eigenhändigen Erklärungen die Unterzeichnung mit dem „bloßen Vornamen" jedenfalls dann, wenn sich aus dem Text der Urkunde die Person des

908 § 126 Abs. 1 BGB „Ist durch Gesetz schriftliche Form vorgeschrieben, so muß die Urkunde von dem Aussteller eigenhändig durch Namensunterschrift oder mittelst gerichtlich oder notariell beglaubigten Handzeichens unterzeichnet werden."

909 Vgl. RGZ 87, 109, 110 f.

910 Vgl. RGZ 87, 109, 111.

911 Vgl. RGZ 87, 109, 111 f.

Ausstellers für jeden Dritten mit Sicherheit ergebe.[912] Bedenken könnten sich allenfalls aus dem Umstand ergeben, dass möglicherweise nicht eindeutig sei, ob es sich aufgrund der Unterzeichnung mit dem Vornamen lediglich um einen schriftlichen Entwurf o.ä. handele. Auf diesen (möglichen) Einwand komme es aber nicht an, wenn Erklärungen in Briefform betroffen sind, in denen sich der Verfasser „regelmäßig" lediglich mit dem Vornamen bezeichne.[913]

Ein lediglich ‚technisches' Verständnis der Formvorschriften lässt sich aus dem Vorstehenden nicht entnehmen. Schlieben und Seckendorff argumentierten mit dem *allgemeinen* Sinn und Zweck der Formvorschriften, indem sie auf die (historisch hergeleitete) Identifikationsfunktion der Formvorschriften abstellten. Dadurch konnten sie den Wortlaut des § 2231 Nr. 2 BGB präzisieren. Ob eine Unterzeichnung mit dem Familiennamen erfolgte oder nicht, war daher nicht entscheidend. Auf den Wortlaut des § 126 BGB, d.h. die Namensunterschrift, kam es in diesem Zusammenhang nur bedingt an. Die Behauptung, es sei durch die Zweite Kommission lediglich eine sprachliche Verbesserung vorgenommen worden klingt indes dürftig („anscheinend"). Nichtsdestoweniger führten Seckendorff und Schlieben den Fall einer praktischen Lösung zu. Dabei bemühten sie sich gleichwohl um eine Absicherung ihres Ergebnisses: jeder objektive Dritte müsse den Aussteller aus der Urkunde entnehmen können bzw. es müsse auszuschließen sein, dass lediglich ein Entwurf vorliege.

Auf diesen Praxisbezug weisen auch die (teilweise sehr kritischen) Äußerungen in der Deutschen Juristenzeitung hin. Endemann[914] setzt sich mit den Argumenten des Senats auseinander und bemüht sich – auf durchaus plausible Weise – diese zu widerlegen.[915] So gelang es ihm, der ‚historischen' Behauptung des Senats entgegenzutreten, mit der abschließenden Fassung sei keine

---

912 Vgl. RGZ 87, 109, 112.

913 Vgl. RGZ 87, 109, 113.

914 Friedrich Endemann (1857–1936), Professur für Bürgerliches und Römisches Recht u.a. in Königsberg und Heidelberg. Erwarb sich große Anerkennung durch sein „Lehrbuch des Bürgerlichen Rechts". Das Lehrbuch enthielt nach Darstellung der Zeitgenossen einen der ersten bedeutenden Beiträge zur Lösung der um die Jahrhundertwende der deutschen Zivilrechtswissenschaft gestellten Aufgabe, den konstruktiven Neubau am bürgerlichen Recht durchzuführen, dazu Nolte, Endemann, Friedrich", in: Neue Deutsche Biographie 4 (1959), S. 491 [Onlinefassung].

915 Allgemein kritisch zur Entwicklung der Rechtsprechung zum eigenhändigen Testament, Endemann, DJZ 1914, Sp. 22 ff. Im Speziellen mit RGZ 87, 109 ff. setzt sich Endemann in DJZ 1916, Sp. 32 ff. auseinander.

inhaltliche Änderung verbunden gewesen.[916] Die vom Senat vorgenommene Auslegung widerspreche im Übrigen der Systematik[917] und sei mit dem Zweck der Formvorschriften, eine Identifizierung zu gewährleisten, nicht vereinbar. Außerdem führe diese Ansicht zu widersprüchlichen Ergebnissen. Jeder Empfänger müsse sich bspw. bewusst sein, dass die Veränderung oder Vernichtung eines solchen Briefes möglicherweise ein Urkundendelikt darstelle. Eine solche Vereinfachung der Formgebote lasse sich ausschließlich durch eine Gesetzesänderung erreichen.[918] Aus dieser Sicht hatte der Senat demnach eine vom Gesetz abweichende Lösung *erfunden*.

Es ist zu diesem Verfahren zwar keine Prozessakte mehr vorhanden. Der Reichsgerichtspräsident hatte aber als Soldat am Deutsch-Französischen Krieg 1870/71 teilgenommen[919] und konnte sich deshalb in die Gedanken- und Motivationswelt eines Soldaten, die u.a. von Entbehrungen und Verlust geprägt sein dürfte, hineinversetzen. Dies war umso mehr naheliegend, als sich bereits im August 1914 einige Reichsgerichtsräte freiwillig zum Heeresdienst gemeldet hatten[920] und so das Gericht selbst unmittelbar vom Kriegsausbruch betroffen war. Ohne dass dieser Umstand in der Entscheidung ausdrücklich erwähnt wurde, wollte der Senat den Soldaten das Testieren erleichtern und stützte damit deren Interesse. Die Entstehungsgeschichte als Auslegungsmittel stand damit im Dienst einer ergebnisbestimmten, methodisch durchaus fragwürdigen Rechtsprechung.[921] Eine weitere Besprechung bringt es auf den Punkt: *„Maßgebend für die neuere Rechtsprechung ist […] der Gedanke, daß mit Rücksicht auf die ständige Todesgefahr der Kriegsteilnehmer jede schriftliche Kundgebung, die sich irgendwie als letztwillige Verfügung darstellt, aufrecht erhalten werden soll.*"[922] Die

---

916 Endemann bezog sich auf im Rahmen der Beratungen der Zweiten Kommission herangezogene Gutachten bzw. Berichte über diese Beratungen. Aus diesen Materialien ergab sich, dass mit den Änderungen nicht lediglich eine eine sprachliche Anpassung, sondern durchaus eine sachliche Änderung bezweckt gewesen war, Endemann, DJZ 1916, Sp. 32, 34 f.

917 Endemann führte verschiedene Beispiele an, um die Verwendung und Bedeutung des Begriffes „Name" im BGB zu verdeutlichen. Danach sei der Begriff „Name" ausschließlich – mit Ausnahme des Namensrechtes – als Familienname zu verstehen, Endemann, DJZ 1916, Sp. 32, 35 f.

918 Vgl. Endemann, DJZ 1916, Sp. 32, 36 ff.

919 ThStA, FA Seckendorff, Nr. 1595, Bl. 13 ff.

920 Vgl. BArch, R 3001, Nr. 107, Bl. 9 ff.

921 Vgl. Finkenauer, Etikettenschwindel, S. 305 ff., 317.

922 Koppel, DJZ 1916, Sp. 1071 f. Hervorhebung stammt vom Verfasser. Im Übrigen wurde diese durchaus streitige Problematik der Vornamensunterschrift auch schon

Auswirkungen des Krieges waren demzufolge mitursächlich für die großzügige Anwendung der Formvorschriften.

4) Schlussfolgerungen – der Erwerb juristischer Autorität

a) Arbeitsweise und Einfluss auf die Meinungsbildung des Senats

aa) Die Voten Seckendorffs: flexible und schöpferische Arbeitsweise – kein ‚unbedingtes' Festhalten an Wortlaut, System oder Historie des Bürgerlichen Gesetzbuchs

Eingangs wurde bereits darauf hingewiesen, dass Seckendorff zu Beginn seiner Amtszeit am Reichsgericht unter einem enormen Erwartungsdruck stand. So musste der Reichsgerichtspräsident einer juristischen Vorbildfunktion gerecht werden, in der er insbesondere Impulse für eine praxisorientierte Rechtsprechung geben sollte. Eine praxisnahe Anwendung des BGB wurde aber gerade von einem Reichsgerichtspräsidenten erwartet, wenn er juristische Autorität im Gerichtshof erwerben wollte.[923] Für Seckendorffs Stellung im Gericht war es deshalb wichtig, dass er sich durch seine Arbeitsweise juristische Autorität im Senat erarbeiten konnte.

Der Wortlaut des Gesetzes bildete zwar regelmäßig einen Ausgangspunkt für seine Argumentation.[924] Gleichwohl erschöpfte sich die richterliche Tätigkeit für Rudolf von Seckendorff nicht in einer ‚bloßen' Gesetzesanwendung. So wies der Reichsgerichtspräsident in seinen Voten nicht nur auf den Wortlaut, sondern *auch* auf den Sinn oder den „Geist" einer Vorschrift hin. Dies bestätigt bspw. das Votum zum „Vereinsausschlussfall". Indem er in einem Atemzug sowohl den Wortlaut als auch den Sinn einer Norm ansprach, zeigt sich, dass er den Wortlaut nicht einfach nur hinnahm, sondern die Regelung auch entsprechend dem „Sinn" angewendet wissen wollte.[925] Dieses Rechtsverständnis konnte zu

---

vor dem Krieg diskutiert: u.a. Glaser, DJZ 1906, Sp. 646 ff.; Thiessing, DJZ 1907, Sp. 352 ff. Die Autoren stellten dabei allerdings, wie der Senat, weitestgehend auf den Wortlaut des § 2331 BGB sowie den Sinn und Zweck der Formvorschriften ab. Danach sei auch die Unterzeichnung lediglich mit dem Vornamen gesetzlich zulässig.

923 Siehe oben Drittes Kapitel, A. I., B. III. 1. b.

924 Bspw. in BArch, R 3002, Prozessakten Nr. 10180, Bl. 17 (s.o., „Verjährungsfall"); ebd., Prozessakte Nr. 10307, Bl. 28 (s.o., „Zurechnungserwägungen"); ebd., Prozessakte Nr. 10614, Bl. 20 R (s.o., „Vereinsausschlussfall") oder ebd., Prozessakte Nr. 10809, Bl. 34 R (s.o., „Scheidungsfall").

925 BArch, R 3002, Prozessakte Nr. 10614, Bl. 20 („Wortlaut und Sinn" – Vereinsausschlussfall). Siehe im Übrigen etwa die Prozessakten in ebd., Nr. 10307, Bl. 28 („Wortlaut und Sinn" – Zurechnungserwägungen) oder ebd., Nr. 10168, Bl. 57 („Geist der

einer wortlautentsprechenden Anwendung der Norm im „Vereinsausschlussfall" oder aber wie bei den „Zurechnungserwägungen" zu einer Beschränkung der Haftung aus § 833 BGB führen. Aus diesen Gründen konnte die Systematik des Gesetzes für ihn wie im „Verjährungs- oder Verlöbnisfall"[926] entscheidungsrelevant[927] oder aber, wie die Begründung im „Scheidungsfall"[928] nahelegt, als unbeachtlich zu bewerten sein. Gleiches gilt für die Verwendung von historischen Argumenten. Diese waren entweder wie im „Vereinsfall" unbeachtlich[929] oder (unter-)stützten wie im „Herausgabefall"[930] ein bestimmtes Ergebnis.

An diesen Beispielen zeigt sich ein weiterer Aspekt seines Rechtsverständnisses: die Verwendung der herkömmlichen methodischen Mittel bspw. aus Wortlaut, Historie und/oder Systematik dürften zwar per se Anwendungssicherheit und Überzeugungskraft vermittelt haben. Diese Auslegungsmittel verstand der Reichsgerichtspräsident aber nicht als Selbstzweck. Er bemühte sich vielmehr, unter Einhaltung der Gesetzesbindung „gerechte" und „billige", Entscheidungen zu fällen.[931] So sicherte er seine teilweise vom Wortlaut oder der formalen gesetzlichen Konzeption abweichenden Ansichten ab, indem er sich auf den Gesetzeszweck („Zurechnungserwägungen"), die Systematik („Dolmetscherfall") oder auf Wertungen bzw. Interessen stützte. So finden sich u.a. im „Scheidungsfall", der die Interessen des misshandelten Ehegatten besonders in den Blick nahm[932] oder im „Herausgabefall", in dem *neben* den gesetzlichen

---

Vorschrift"). Diese Akten beziehen sich auf die Entscheidungen in RGZ 69, 399 ff.; RGZ 80, 189 ff.; RGZ 65, 249 ff.

926 BArch, R 3002, Prozessakte Nr. 10180, Bl. 17 (s.o., „Verjährungsfall"); ebd., Prozessakte Nr. 10619, Bl. 26 R (s.o., „Verlöbnisfall").

927 Ein weiteres Beispiel ist der „Dolmetscherfall", BArch, R 3002, Prozessakte Nr. 10830, Bl. 32, 32 R.

928 BArch, R 3002, Prozessakte Nr. 10809.

929 Auch im „Verjährungsfall" waren sie aus Seckendorffs Sicht jedenfalls interpretationswürdig: „Die Stelle der Motive (Bd. 5, S. 426) läßt sich sehr wohl verschieden auffassen, wie im B. U. (Bl. 50 der Akten) anerkannt wird.", BArch, R 3002, Prozessakte Nr. 10180, Bl. 17.

930 BArch, R 3002, Prozessakte Nr. 10876, Bl. 36.

931 So etwa auch in BArch, R 3002, Prozessakte Nr. 10435, Bl. 20. Am Ende seines Votums findet sich folgende Stellungnahme: „Dieses Ergebnis erscheint mir ebenso gerecht wie billig."

932 BArch, R 3002, Prozessakte Nr. 10809, Bl. 34 R („Scheidungsfall"). Ähnlich auch in BArch, R 3002, Prozessakte Nr. 10302 (Az. 66/1908, nicht abgedruckt), Bl. 15 („die Begründung scheint mir den Rechten der Frau nicht ausreichend Rechnung zu tragen").

Wertungen die „Auffassung des Volkes" von ihm dafür herangezogen wurden, den an sich bestehenden Herausgabeanspruch der Ehefrau auszuschließen[933] entsprechende Äußerungen. Vergleichbares ergibt sich in den „Tierhalterfällen" oder im „Vornamensfall" aus der Urteilsbegründung bzw. den weiteren Umständen. Die *Interessen* des altruistisch Handelnden und des Soldaten bzw. des Erblassers sollten danach gewahrt werden.[934] Wenn der Reichsgerichtspräsident sich auf *wert*ausfüllungsbedürftige Begriffe wie die „Volksauffassung" oder Interessen berief, dann wollte er dem jeweiligen Einzelfall Rechnung tragen.

Entsprechend den Anforderungen der Kritiker und entgegen der anfänglichen Befürchtungen seiner Kollegen, wandte der Reichsgerichtspräsident das Gesetz daher nicht ‚streng logisch' (etwa durch schlichtes subsumieren im Sinne eines „Buchstabenkults") bzw. ‚formal systematisch' (also ‚konstruktiv' im oben verstandenen Sinn) an. Bei aller Flexibilität nahm er dabei v.a. auf die *gesetz*lichen Wertungen Rücksicht. Die Inhalte des Bürgerlichen Gesetzbuches wurden deshalb nicht strikt-formal, sondern wertmäßig umgesetzt. Vor diesem Hintergrund wird Seckendorffs eingangs zitierte Aussage klarer, der Richter solle das Gesetz entsprechend der „allgemeinen Rechtsanschauung" anwenden, sofern dies mit dessen Wortlaut und Absicht „*irgend*" vereinbar sei.[935]

Bemerkenswert ist diese Aufgabenbeschreibung im Verhältnis zum Bindungspostulat. Ihm blieb sein (rechts-)schöpferisches Handeln – entgegen mancher zeitgenössischen Aussagen[936] – nicht verborgen. Das verdeutlichen insbesondere diejenigen Konstellationen, in denen Seckendorff seine Entscheidung aus gesetzlichen Wertungen ableitete, um sonstige ‚Schwachstellen' im Gesetz auszufüllen. Die Probleme, die sich daraus im Hinblick auf das Bindungspostulat ergaben, minimierte er durch die Behauptung einer (wissenschaftlichen) Notwendigkeit, um die so gefundenen Ergebnisse möglichst an das Gesetz bzw. an dessen Wertungen anzubinden.[937] So sah der Reichsgerichtspräsident im „Scheidungsfall" die rechtliche Legitimation zu der von ihm favorisierten – an sich der Systematik widersprechenden – Lösung in einer an anderer Stelle vom Gesetz ‚gegebenen' Wertung: „es wäre doch unerhört, wenn das Recht kein Mittel gäbe [...] Daß der *Gesetzgeber* dieses Mittel geben will, beweist § 612 Abs. 2 ZPO

---

933 BArch, R 3002, Prozessakte Nr. 10876, Bl. 36 („Herausgabefall").
934 Vgl. RGZ 67, 431 und RGZ 87, 109 f. (s.o., „Tierhalterfälle" und „Vornamensfall")
935 Reden bei der Gedenkfeier, S. 8. Die Hervorhebung stammt vom Verfasser.
936 E. Ebermayer, bezeichnet ihn als „unpolitischen Richter", ders., Prisma 1947, 21, 22.
937 Dies ergibt sich auch aus weiteren Aussagen Seckendorffs zur richterlichen Gestaltungsmacht, siehe bspw. Drittes Kapitel, B.

[...]." Die Erlaubnis, ein bestimmtes Interesse zu schützen, fand er so in der von ihm *entsprechend* interpretierten Stelle.[938] Vergleichbares lässt sich u.a. für den „Herausgabefall" feststellen.[939] Einzig auf praktische Erwägungen, Interessen oder die „Volksanschauung" sollte es aber bei der Entscheidungsfindung nicht ankommen („Verjährungsfall", „Scheidungsfall", „Herausgabefall").

Indem er die methodischen Möglichkeiten ausschöpfte, war es ihm möglich, einzelfallbezogen auf auftretende Probleme zu reagieren, um ein materiell brauchbares, aber zugleich möglichst legitimes Ergebnis zu generieren.[940] Auch für den Reichsgerichtspräsidenten war der „politisch-schöpferische" Richtertypus daher ein wichtiges justizielles Leitbild. Das Bild des „unpolitischen", nicht schöpferischen Richters, auf das man sich allgemein oft berief, war tatsächlich nur ein in bestimmten Diskurszusammenhängen tradiertes *Ideal*, das in der Rechtsprechungspraxis, wie die analysierten Entscheidungen belegen, vielfach bereits verlassen worden war.[941]

Durch diese Arbeitsweise kam Seckendorff nicht nur den Justizkritikern entgegen, die der Rechtsprechung u.a. vorwarfen, an den Besonderheiten des Falles ‚vorbeizukonstruieren'[942], sondern er konnte die Bestimmungen des BGB

---

938 Vgl. BArch, R 3002, Prozessakte Nr. 10809, Bl. 34, „Es wäre doch unerhört, wenn das Recht kein Mittel gäbe, einem fortgesetzt auf das brutalste von dem anderen Ehegatten misshandelten Gatten von jenem zu befreien, bloß weil der mißhandelte Gatte kein Bewußtsein und keinen Willen infolge Geisteskrankheit hat. Daß der Gesetzgeber dieses Mittel geben will, beweist § 612 Abs. 2 ZPO [...]." Hervorhebung vom Verf.

939 Dort beschränkte er den eigentlich bestehenden Herausgabeanspruch der Ehefrau, in dem er sich auf die gesetzlichen Wertungen, das „Wesen der Ehe" berief: „Muß dafür eine positive Gesetzesvorschrift bezeichnet werden, so *paßt* m.E. noch am Besten § 1429 – *natürlich nicht dem Wortlaut aber dem Sinne* nach. [...]. Vgl. BArch, R 3002, Prozessakte Nr. 10876, Bl. 36, 36 R. Das kursive Hervorheben stammt vom Verfasser.

940 Der Interpretationslehre, d.h. dem Rechtsanwender musste es darum gehen, das abstrakte Gesetz für situativ auftretende Problemkonstellationen produktiv zu machen, ohne gleichzeitig das Prinzip der gesetzmäßigen Rechtsprechung aufzugeben, vgl. allgemein, Ogorek, a.a.O., S. 169. Ein entsprechendes Zeugnis stellten ihm auch seine Zeitgenossen aus: „ Zum Rücktritt des Reichsgerichtspräsidenten v. Seckendorff"). Er war „einer der begnadeten Richter, denen ein weiter Blick verliehen und für die das objektive Recht eine lebendige Macht ist, die die Lebensverhältnisse der Menschen regeln soll [...].", vgl. die LNN, Nr. 348, vom 30.12.1919, S. 2.

941 Vgl. dazu Ogorek, a.a.O., S. 278 f., 292 ff., 368 f.; vgl. Simon, Die Unabhängigkeit des Richters, S. 68 ff., 104 ff.; allgemeine Hinweise bei Wadle, Das Reichsgericht, S. 282; ders. JuS 1979, 841, 843.

942 Siehe oben Drittes Kapitel, B. III. 1. b.

zur „praktischen Anwendung“[943] bringen. Der Reichsgerichtspräsident dürfte deshalb auch in der Achtung seiner Kollegen am Reichsgericht gestiegen sein. Dies zeigte sich insbesondere dann, wenn es ihm gelang, seine Vorstellungen in den Entscheidungen umzusetzen. Das verdeutlichen (auch) die folgenden Ausführungen.

bb) Überzeugen der Kollegen – Durchsetzungsstärke gegenüber dem Berichterstatter

(1) Überzeugungskraft durch die wissenschaftliche Autorität der Logik

Die Entscheidungsfindung im Kollegium gibt einen Einblick in die Überzeugungskraft seiner Argumente und damit in seine (wachsende) Autorität. Förderlich für seine Autorität war es, wenn es ihm gelang, sich gegen die ‚Bestandskraft‘ des Votums des Berichterstatters durchzusetzen oder er die übrigen Senatsmitglieder von dessen Ansicht überzeugen konnte. In beiden Fällen konnte er seine Vorstellungen umsetzen. Das erreichte er, auch wenn die Akten diesen Umstand lediglich in Auszügen belegen, vermutlich regelmäßig.[944] Wahrscheinlich führte die Widerlegung oder Bestätigung des Berichterstatters dann zu einer Art Gruppendynamik dergestalt, dass sich auch die übrigen Mitglieder des Kollegiums überzeugen ließen. Dementsprechend bemerkt *Kiefner*, der Vorsitzende habe oftmals einen „prägenden Einfluss“ auf ein Urteil.[945]

Beleg für diesen Einfluss ist der Umstand, dass sich Seckendorffs Argumente wortgleich bzw. jedenfalls sinngemäß im Urteil wiederfinden. Aus den

---

943 Das erhofften sich die Zeitgenossen bereits von Gutbrod, vgl. Anonym, DJZ 1903, S. 492.

944 BArch, R 3002, Prozessakte Nr. 10180, Bl. 14 ff. (s.o., „Verjährungsfall“); ebd., Prozessakte Nr. 10307, Bl. 25 ff. (s.o., „Zurechnungserwägungen“); ebd., Prozessakte Nr. 10332, Bl. 21 ff.; ebd., Prozessakte Nr. 10619, Bl. 22 ff. (s.o., „Verlöbnisfall“); ebd., Prozessakte Nr. 10614, Bl. 17 ff. (s.o., „Vereinsausschlussfall“); ebd., Prozessakte Nr. 10830, Bl. 29 ff. (s.o., „Dolmetscherfall“); ebd., Prozessakte Nr. 10876, Bl. 22 ff. (s.o., „Herausgabefall“); wenigstens teilweise in ebd., Prozessakte Nr. 11076, Bl. 20 ff. (s.o., „Gattungsschuldfall“).

945 Im Übrigen sollte das Reichsgericht „nicht als „Monolith“ angesehen, vielmehr auf die Individualität seiner Senate geachtet, „ja sogar ihren Präsidenten [der Senate, Anmerkung vom Verf.], den Berichterstattern und den beisitzenden Räten Aufmerksamkeit“ geschenkt werden. Ergebnis und Begründung einer Entscheidung würden oftmals durch den Referenten und den Vorsitzenden geprägt; auch die Besetzung eines Senats könne eine Rolle spielen, vgl. u.a. Kiefner, Zur Divergenzjudikatur des Reichsgerichts S. 585 ff., S. 623.

zuvor näher angeführten Urteilen ist ersichtlich, dass er sich aus unterschiedlichen Gründen gegen das Votum des Berichterstatters durchsetzen konnte. Sind es in den Fällen der Verjährung des Pflichtteilsanspruchs, im „Verlöbnisfall" oder „Dolmetscherfall" weitestgehend systematische Argumente, die zur Überzeugung der Kollegen geführt haben[946], so besitzen im „Herausgabefall", bei den „Zurechnungserwägungen" oder in dem „Vereinsausschlussfall" wertende bzw. teleologische Argumente diese Überzeugungskraft.[947] Die (wissenschaftliche) Autorität der Logik dürfte dabei entscheidend zur Meinungsbildung der übrigen Senatsmitglieder und damit auch zur Stärkung der juristischen Autorität des Reichsgerichtspräsidenten beigetragen haben: mit diesem Repertoire an methodischen Mitteln konnte er seine juristischen Fähigkeiten, seine „Geschäftsgewandtheit" im Umgang mit den neuen Regelungen des Bürgerlichen Gesetzbuches beweisen.

Durch die Analyse der Prozessakten lässt sich – jedenfalls teilweise – die These Glöckners entkräften, dass die in den Akten überlieferten Voten regelmäßig mit den abgedruckten Entscheidungsgründen übereinstimmten.[948] Abgesehen von dem Umstand, dass die zur Veröffentlichung in der Entscheidungssammlung vorgesehenen Urteile von vornherein einer gewissen formalen Bearbeitung unterworfen waren[949], trifft diese Behauptung allenfalls eingeschränkt und nur dann zu, wenn die im Votum vertretene Ansicht des Berichterstatters von Seckendorff und ggf. weiteren Senatsmitgliedern geteilt worden ist. Gerade wenn eine Rechtsfrage im Senat (stark) umstritten war, wie im „Gattungsschuld-" und dem „Herausgabefall"[950], führte dies zu ausführlicheren Stellungnahmen des Reichsgerichtspräsidenten und ggf. weiterer Senatsmitglieder. Eine Übereinstimmung der in der Entscheidungssammlung des Reichsgerichts veröffentlichten Entscheidungen mit den jeweiligen Voten dürfte – unter den vorstehend

946 BArch, R 3002, Prozessakte Nr. 10180 (s.o., „Verjährungsfall" – RGZ 66,30); ebd., Prozessakte Nr. 10619 (s.o., „Verlöbnisfall" – RGZ 80, 88); ebd., Prozessakte Nr. 10830 (s.o., „Dolmetscherfall" – RGZ 85, 308).

947 BArch, R 3002, Prozessakte Nr. 10876 (s.o., „Herausgabefall" – RGZ 87,56); ebd., Prozessakte Nr. 10307 (s.o., „Zurechnungserwägungen" – RGZ 69, 399); ebd., Prozessakte Nr. 10614 (s.o., „Vereinsausschlussfall" – RGZ 80, 189).

948 Glöckner, a.a.O., S. 563, Fn. 987.

949 „Ihr Abdruck erfolgt nicht in der Form, wie sie erlassen sind, und nicht schlechthin unter wortgetreuer Wiedergabe ihres Inhaltes. [...].", Wildhagen, DJZ 1921, Sp. 234 f.

950 BArch, R 3002, Prozessakte Nr. 11076, Bl. 20 ff. (s.o., „Gattungsschuldfall" – RGZ 93, 142); Prozessakte Nr. 10876 (s.o., „Herausgabefall" – RGZ 87,56).

erwähnten formalen Voraussetzungen – nur dann anzunehmen sein, wenn im Senat eine ‚übereinstimmende Linie' vertreten wurde.

Selbst wenn es ihm nicht gelang, die Mehrheit im Senat für sich zu gewinnen bzw. er nur einen Teil der Senatsmitglieder überzeugte, so ist entgegen der anfänglichen Befürchtungen eine Isolierung des Reichsgerichtspräsidenten im Senat wenig wahrscheinlich. Hier sind bspw. der „Scheidungsfall"[951] oder abermals der „Gattungsschuldfall"[952] zu nennen. Die dort vertretenen Lösungswege waren zwar unterschiedlich. Trotzdem belegen diese Entscheidungen, dass sich alle Beteiligten für eine aus ihrer Sicht interessengerechte bzw. einzelfallgerechte Lösung einsetzten. Dieser Umstand dürfte sich ebenfalls positiv auf sein juristisches Ansehen im Senat ausgewirkt haben.

(2) Überzeugungskraft durch praxisnahe und verständliche Beispiele

Im letztgenannten Fall haben v.a. praktische Erwägungen eine maßgebliche Rolle in der Argumentation des Reichsgerichtspräsidenten gespielt. Im Hinblick auf die Kritiker, die der Justiz vorwarfen, sie urteile „lebensfremd", war eine praxisbezogene Umsetzung des Rechts für die Autorität eines Reichsgerichtspräsidenten von besonderer Bedeutung.[953]

Die Wirkung der von ihm vielfach verwendeten anschaulichen Beispiele auf die Meinung seiner Kollegen ist daher nicht gering zu veranschlagen. Mit einer solchen Argumentation dürfte er in besonderem Maße die Erwartungshaltung der Reichsrichter angesprochen haben und in deren Achtung gestiegen sein. Er unterstützte damit seine Argumentation und bewies praktisches Verständnis – nach dem damaligen Sprachgebrauch – „Lebensnähe".

Die Bedeutung der praktischen Beispiele für die Entscheidungsfindung im Kollegium wird darin deutlich, dass sich diese entweder (nahezu wörtlich oder sinngemäß) in den Urteilen wiederfinden oder doch zumindest zur Entscheidungsfindung beigetragen haben dürften. Bei den „Zurechnungserwägungen" führte er gegen die Ansicht des Berichterstatters, der § 833 BGB sei verwirklicht, zusätzlich einige Beispiele – wie u.a. über die Bewegungen eines Tieres während seiner Schlachtung – an. Eine ähnliche Formulierung fand sich später im Urteil.[954] Vergleichbares lässt sich auch für andere Entscheidungen wie etwa

---

951 BArch, R 3002, Prozessakte Nr. 10809 (RGZ 85, 11).

952 Eine weitere Entscheidung, in der jedenfalls ein Teil der Räte auf seiner Seite war, findet sich in BArch, R 3002, Prozessakte Nr. 10298 (AZ: 45/08, nicht abgedruckt).

953 Siehe oben Drittes Kapitel, B. III. 1. b.

954 Im Votum findet sich folgende Formulierung: „Es liegt meines Erachtens kein willkürliches Tun eines Tieres vor, wenn es durch äußeren Zwang mit Naturnotwendigkeit

den „Verjährungsfall" feststellen.[955] In der Vereinsausschlussentscheidung ist das von ihm in seinem Votum angeführte Beispiel zwar nicht ausdrücklich erwähnt. Allerdings zeigte er mit diesem Beispiel die Absurdität der Gegenansicht auf.[956] Es ist anzunehmen, dass solche Beispiele in diesem und in anderen Fällen seine Auffassung stützten, da sie halfen, die *Widersprüchlichkeit* der entgegenstehenden Ansichten aufzuzeigen.

Diese Praxisbezogenheit des Reichsgerichtspräsidenten hat starken Eindruck bei den Mitgliedern des Senats hinterlassen und somit seine Autorität im Kollegium begründet bzw. gestärkt. Indizien ergeben sich aus Bemerkungen, die anlässlich seines Dienstjubiläums getroffen wurden: er wurde unter anderem deswegen für eine Auszeichnung vorgeschlagen, weil *„er es verstanden hat, bei den Mitgliedern des Reichsgerichts den Geist [...] [eines] weitherzigen Verständnisses für die Bedürfnisse des Lebens zu pflegen."*[957] Zumindest auf den Reichsgerichtspräsidenten traf also der – anfangs befürchtete – Vorwurf von der „Weltfremdheit" nicht zu.[958]

---

zu gewissen Bewegungen veranlasst, genötigt wird, so daß jedes Tier seiner Art im gleichen Falle ebenso handeln muß, ohne das irgendein Wille, eine Willkür dabei mitwirkt. [...] Es würde ebenso sein, wenn ein Tier auf der Schlachtbank etwa noch eine letzte krampfhafte Bewegung ausführt u. dadurch Schaden anrichtet.", BArch, R 3002, Nr. 10307, Bl. 28. Damit lehnte er eine Haftung aus § 833 BGB ab. Eine ähnliche Formulierung findet sich in der abgedruckten Entscheidung: „Im Rechtssinne wurde der Getroffene nicht durch das Tier verletzt; ebenso wenig wie [...] eine während des Schlachtens von dem Schlachttiere ausgehende Verletzung auf das Verhalten des Tieres als auf ihre Ursache zurückgeführt werden darf."

955 Vgl. BArch, R 3002, Nr. 10180, Bl. 17 R (RGZ 66, 30).

956 „Man denke nur, dass der Vorstand die Ernennung eines Ehrenmitglieds vorschlägt und alle außer ihm anwesenden Mitglieder (vielleicht 9/10 der Erschienenen) weiße Zettel abgeben, während sie mit ja oder nein beschrieben sein sollen. Soll da etwa das vorgeschlagene Ehrenmitglied gewählt sein?", vgl. BArch, R 3002, Prozessakte Nr. 10614, Bl. 20 R (RGZ 80, 189).

957 Vgl. GStA PK, Rep. 89, Nr. 16879, Bl. 115 R. Seckendorff wurde mit dem Großkreuz zum Roten Adlerorden mit Eichenlaub ausgezeichnet. Die Hervorhebung stammt vom Verf. Außerdem die Ausführungen bei der Gedenkfeier 1932, S. 9 f. „er hat uns gezeigt, dass der Richter sich nicht vor der Welt verschließen darf, sondern *mitten in der Welt* stehen muss, wenn das Recht *lebendig* bleiben soll." Mit anderen Worten müsse der Richter also den Einzelfall beachten. Hervorhebung stammt vom Verf.

958 Vgl. dazu das etwas überschwängliche Lob der „Aeltesten der Kaufmannschaft" in BArch, R 3002, PA Nr. 790, Bd. 2, Bl. 49.: „wenn der Widerspruch zwischen Juristen und Laienauffassung seine Schärfe verloren hat, so war es wesentlich der Wirksamkeit des Reichsgerichts in den Jahren zu danken, in denen Sie an seiner Spitze standen."

cc) Autoritätsgewinn durch ‚Übereinstimmung' – Flexibilität, Absicherung und Grenzen der Rechtsanwendung

Auch wenn sich an den untersuchten Verfahrensakten nicht in jedem Fall ein entscheidender Einfluss des Vorsitzenden belegen ließ – regelmäßig weil er mit dem Votum des Berichterstatters oder der Senatsmehrheit einverstanden war bzw. keine entgegenstehenden Voten Seckendorffs überliefert sind – so dürften auch diese Entscheidungen zur Stärkung seiner juristischen Autorität im Kollegium beigetragen haben. Diese basieren auf *vergleichbaren* Argumentationsstrukturen. Mit gleichen, nicht aber mit fernliegenden Ansichten konnte Seckendorff anfängliche Differenzen überbrücken und Vorbehalte abbauen.

So unterstützte Seckendorff Entscheidungen, in denen der Senat den Wortlaut konkretisierte bzw. korrigierte oder den Anwendungsbereich einer Norm durch die Bildung von Analogien auf andere Sachverhalte ausweitete. Die zuvor erwähnten Tierhalterfälle[959], die „Testamentsfälscherfälle"[960] und weitere Entscheidungen[961] belegen, dass seine Kollegen ebenfalls nicht einzig auf den Wortlaut des Gesetzes abstellten. Für Seckendorffs Senatskollegen sollten logische Argumente ebenfalls Anwendungssicherheit gewährleisten, aber nicht in einem ‚strengen' Sinn – bspw. einem formalen Wortlaut- bzw. Systematikverständnis – verwendet werden, sondern für den Einzelfall berücksichtigende bzw. zumindest materiell

---

Umfassend zu den Ältesten der Kaufmannschaft bzw. zu der Berliner Kaufmannschaft: Christof Biggeleben, Das „Bollwerk des Bürgertums", Die Berliner Kaufmannschaft 1870–1920. Die Ältesten besaßen eine unzweifelhafte Sachkompetenz in Wirtschaftsfragen (Biggeleben, Kaufmannschaft, S. 90). Die „Korporation der Kaufmannschaft" von Berlin gehörte zu den angesehensten Körperschaften der deutschen Wirtschaft (ebd., S. 132).

959 RGZ 65, 313; RGZ 67, 431 oder BArch, R 3002, Prozessakte Nr. 10207.

960 RGZ 72, 207 und BArch, R 3002, Prozessakte Nr. 10687 (RGZ 81, 413) – „Testamentsfälscherfälle".

961 Konkretisierungen bzw. Korrekturen finden sich beispielsweise in RGZ 70, 334 (BArch, R 3002, Prozessakte Nr. 10340, Vorsitz Seckendorff) – „hiernach muss angenommen werden, daß die Fassung des § 1574 Abs. 3 BGB den Willen des Gesetzgebers insofern nicht genau wieder gibt […]". In RGZ 74, 110 (BArch, R 3002, Prozessakte Nr. 10429, Vorsitz Seckendorff) federte der Senat unbillige Härten ab, die durch die unklare Fassung des § 1325 Abs. 1 BGB entstanden waren. Eine Ehe war danach nur unter zusätzlichen Voraussetzungen für nichtig zu erklären. Der Senat ermittelte in dieser Entscheidung mithilfe von vergleichenden und historischen Argumenten den (eigentlichen) Sinn des Gesetzes.

nachvollziehbare Urteile verwertbar sein. Dementsprechend stellte der Senat bei der Begründung der analogen Anwendung des § 2285 BGB auf die Vorschriften des gemeinschaftlichen Testaments ausdrücklich nicht bloß auf die Systematik des Gesetzes ab, sondern untermauerte seine Argumente mit gesetzlichen Wertungen.[962] Die Richter des Senats einschließlich des Reichsgerichtspräsidenten nahmen also ggf. *interessen*bedingte bzw. teleologische Korrekturen unabhängig davon vor, ob der Gesetzgeber diese Änderungen ausdrücklich autorisiert hatte.[963]

Hinsichtlich der Verwendung von historischen Argumenten bestätigen sich die von *Thomas Honsell* dargelegten Strukturen[964], bspw., wenn wie im „Vornamensfall" die Bedeutung einer Vorschrift aus den Materialien abgeleitet oder aber wie im „Vereinsausschlussfall" die Materialien völlig ignoriert bzw. als unergiebig angesehen wurden.[965] Diese Herangehensweise verdeutlicht, dass der Senat das Repertoire methodischer Mittel aus bspw. historischen, systematischen, zweck- oder praxisbezogenen Argumenten kumulativ oder alternativ für

962 BArch, R 3002, Prozessakte Nr. 10517 (RGZ 77, 165).

963 Nach den Vorstellungen des Reichsjustizamts über die Rolle des Richters bei der Anwendung der Regelungen des BGB sollte dessen „Freiheit" im Wesentlichen auf solche Bereiche beschränkt sein, in denen der Gesetzgeber gewissermaßen *bewusst* und *freiwillig* Lücken ließ oder *ausdrücklich* Entscheidungsspielräume eröffnete, dazu: Schulte-Nölke, Das Reichsjustizamt, S. 341 ff., 346. Eine ausdrückliche Autorisierung durch den Gesetzgeber findet sich in RGZ 67, 204 erwähnt. Die Weiterentwicklung des Begriffs der Leibrente sollte der „Wissenschaft und Praxis" vorbehalten sein (S. 212).

964 Honsell, Historische Argumente, S. 97 ff., 122 ff.

965 Die Entscheidung weicht vom Wortlaut ab und stützt sich wesentlich auf historische Argumente, vgl. BArch, R 3002, Prozessakte Nr. 10327 unter dem Vorsitz Seckendorffs (RGZ 70, 213). Im Rahmen der Analogie zu § 2285 BGB führte der Senat an, die Kommission habe die Regelung der Streitfrage „einfach übersehen", BArch, R 3002, Prozessakte Nr. 10517 (RGZ 77, 165). Die Entstehungsgeschichte „spricht für die Verneinung" der hier in Betracht kommenden Frage, vgl. BArch, R 3002, Prozessakte Nr. 10663 unter dem Vorsitz Seckendorffs (RGZ 81, 151). Diese Deutung lässt sich auch an weiteren Entscheidungen, z.B. in RGZ 62, 286, 291, bestätigen. Hier waren die Materialien unbeachtlich, da „jedes Gesetz [...] aus sich selbst heraus ausgelegt werden [müsse]." Den Vorsitz führte der Reichsgerichtspräsident. Seine Mitwirkung ergibt sich indes nicht aus den (fehlenden) Prozessakten, sondern aus der „Entscheidungssammlung" des Reichsgerichts bzw. aus BArch, R 3001, Nr. 1363. Dort befindet sich eine Urteilsabschrift vom gleichen Sitzungstag.

die Herleitung eines Ergebnisses nutzte bzw. teilweise ablehnte, um die eine oder andere Art der Rechtsanwendung zu stützen.[966]

Aufgrund dieser Flexibilität waren die Richter des Senats in der Lage, Entscheidungen problemorientiert zu lösen. Gestützt wurden diese Erwägungen möglicherweise auch durch Erfahrungen aus der eigenen Lebenswelt der Richter. Die Motivationslage des Tierhalters, der unentgeltlich Fahrgäste in seinem Fuhrwerk mitnahm, dürfte aufgrund ihrer ‚Alltäglichkeit' für die Reichsrichter ebenso nachvollziehbar gewesen sein, wie die Interessenlage des Erblassers bzw. des sich im Kriegseinsatz befindlichen Soldaten. Die Richter generierten dadurch ein materiell wünschenswertes und brauchbares Ergebnis für den Einzelfall, indem sie den Anwendungsbereich einer Norm präzisierten, d.h. einschränkten oder erweiterten.

Gleichwohl sollten die so gefundenen Ergebnisse legitimiert und an die gesetzliche Konzeption angebunden werden. Dies verdeutlichen u.a. die Erwägungen im „Auskunftsanspruchsfall" oder im „Scheidungsfall", bei dem die Senatsmehrheit auf die Systematik des Gesetzes abstellte. Die Richter des Senats hinterfragten daher regelmäßig ihr Ergebnis und unterzogen dieses einer Art ‚Gegenprobe', um die ‚Richtigkeit' der gewählten Lösung zu bestätigen. Diese Probe aufs Exempel konnte aus Wertungen[967], wie etwa in dem Aufzeigen von

966 Vgl. dazu bspw. BArch, R 3002, Prozessakte Nr. 10177 (RGZ 65, 367, 372 – Vorsitz Seckendorff). In dieser Entscheidung bestimmt der Senat den Anwendungsbereich der streitigen Vorschrift unter Verwendung von systematischen und historischen Argumenten eher wortlautgetreu. Die Entscheidung in BArch, R 3002, Prozessakte Nr. 10327 (RGZ 70, 213 – Vorsitz Seckendorff) weicht vom als zu eng aufgefassten Wortlaut ab und stützt sich wesentlich auf historische Argumente. Dadurch wurde das für eine Zahlungsverpflichtung zu berücksichtigende Vermögen näher bestimmt („erweiternde Auslegung"). In BArch, R 3002, Prozessakte Nr. 10371 unter dem Vorsitz Seckendorffs (RGZ 71, 262) verwendet der Senat keine historischen Argumente. Der Senat argumentiert vielmehr entscheidend mit dem Zweck, um bei der Verletzung des Wappenrechts eine analoge Anwendung des § 12 BGB anzunehmen („erweiternde Auslegung"). Der Wortlaut, historische und systematische Argumente sowie der „Sprachgebrauch" werden in BArch, R 3002, Prozessakte Nr. 10494 – unter dem Vorsitz Seckendorffs (RGZ 76, 225) – kumulativ mit dem Ziel verwendet, den Entlastungsbeweis des § 833 Satz 2 BGB auch bei von Juristischen Personen (dem Fiskus) eingesetzten Tieren zu gestatten („erweiternde Auslegung").

967 Der Senat führt die Rechtssicherheit als kontrastierendes Argument an, um das Ergebnis zu stärken, vgl. BArch, R 3002, Prozessakte Nr. 10481 (RGZ 76, 94, 95). Auch in der Entscheidung RGZ 65, 367, 372 (BArch, R 3002, Prozessakte Nr. 10177) nutzt der Senat die Rechtssicherheit bzw. Rechtsklarheit als wesentliches Argument zur Stützung seiner Ansicht.

Widersprüchen[968] und/oder praktischen Erwägungen[969] bestehen. Einen entsprechenden Eindruck hatte der Reichsgerichtspräsident bspw. durch seine Ausführungen im „Vereinsausschlussfall" oder bei den „Zurechnungserwägungen" vermittelt. In den letztgenannten Entscheidungen belegte er durch (Extrem-) Beispiele die Richtigkeit seiner Auffassung bzw. die Widersprüchlichkeit der Gegenansicht.[970] Indem Seckendorff und seine Senatskollegen ihr jeweiliges Ergebnis ‚hinterfragten', zeigt sich, dass die Richter nicht ins Blaue hinein ‚konstruierten' – wie manche Kritiker meinten – sondern das *Ergebnis* und dessen Auswirkungen im Blick behielten.[971]

---

968 Abermals ist für diesen Nachweis die Entscheidung zur Begründung der analogen Anwendung des § 2285 BGB geeignet: dort hinterfragt der Senat das Ergebnis mit wertenden Argumenten und zeigt die Widersprüchlichkeit des (formalen) gesetzlichen Systems auf, vgl. BArch, R 3002, Prozessakte Nr. 10517 (RGZ 77, 165). Im Übrigen u.a. die „Kwileckientscheidung" in RGZ 76, 283, 287. Die Verhandlung wurde von Seckendorff geleitet, Linnemann, a.a.O., S. 155. In dieser Entscheidung wurde das Ergebnis u.a. mit sonst auftretenden Widersprüchen begründet. Eine Prozessakte ist zu diesem Verfahren nicht überliefert.

969 Vgl. BArch, R 3002, Prozessakte Nr. 10419 („Auskunftsanspruchfall" – RGZ 73, 372, 377): die dort gewählte Auslegung des Gesetzes stand mit dem „Verständnis eines nicht rechtskundigen (Erben)" im Einklang. Vgl. BArch, R 3002, Prozessakte Nr. 10177 (RGZ 65, 367, 372) – „praktische Erwägungen", d.h. Schwierigkeiten bei der Ermittlung, welche Gegenstände zum Vorbehaltsgut der Frau gezählt werden sollen, werden vom Senat – zusätzlich – zur Untermauerung des Ergebnisses angeführt.

970 Vgl. dazu BArch, R 3002, Prozessakte Nr. 10307 („Zurechnungserwägungen"); ebd., Prozessakte Nr. 10614 („Vereinsausschlussfall"). Ein weiteres Beispiel findet sich u.a. ebd., Nr. 10809 („Scheidungsfall").

971 Die Ergebnisorientiertheit wird auch schon von Zeitgenossen festgestellt und kritisiert. Dort allerdings auch in Verbindung gesetzt mit einer (vermeintlichen) Abkehr von der „klassischen Jurisprudenz. Siehe Bozi, Gruchot Bd. 60, S. 95 ff., 104 f. Dort heißt es: „[Es] wird die praktische Brauchbarkeit des Auslegungsergebnisses, die in der klassischen Auslegungslehre ganz und gar in den Hintergrund trat, jetzt mehr und mehr als maßgebender Gesichtspunkt betont." Dann erfolgt ein Verweis auf RGZ 76, 283 ff. (die „Kwileckientscheidung"), in der der IV. Zivilsenat sein Ergebnis mit der Widersprüchlichkeit des gegenteiligen Standpunktes begründete – siehe dazu bereits den vorangegangenen Unterabschnitt. Dass diese Abkehr nicht so erheblich war, zeigt sich u.a. daran, dass auch nach der puchta'schen Methode der „richtig denkende" Richter das Leitbild war. Ausschlaggebendes Kriterium für diese „Richtigkeit" war dabei nicht lediglich die formale Systemgerechtigkeit, sondern zumindest auch das „wünschenswerte Ergebnis", dazu Ogorek, a.a.O., S. 207 f.

Durch diese übereinstimmende Herangehensweise bei der Lösung von Fällen[972] konnte der Reichsgerichtspräsident ebenfalls Befürchtungen entkräften, er würde aufgrund seiner mangelnden Erfahrung mit den Regelungen des BGB formalistisch bzw. nicht praxisorientiert judizieren.

Seckendorff war imstande, über den bloß ‚juristischen (unter Umständen milieubedingten[973]) Horizont' hinauszuschauen und konnte dadurch die Erwartungshaltung des Kollegiums befriedigen sowie seine juristische Autorität zunehmend ausbauen. Er war kein ‚zivilrechtsferner Verwaltungsjurist' und entsprach in seinen Äußerungen und in seiner Arbeitsweise der Vorstellung, die ein Richter *und* Reichsgerichtspräsident verkörpern sollte – nämlich dem Ideal eines praktisch orientierten Richters.[974] Förderlich für seine Autorität dürfte im Übrigen die Wahrnehmung der Entscheidungen in der Öffentlichkeit gewesen sein.

b) Autoritätssteigerung durch die Besprechung der Urteile in der Fachpresse – Stimmen aus dem Publikum[975]

Vor dem Hintergrund der eingangs angesprochenen ‚Drucksituation' – die Richter urteilten „weltfremd", eine geringe Autorität bedinge aber geringes Ansehen und umgekehrt – dürfte die Außenwirkung der Entscheidungen in der juristischen Öffentlichkeit für die Autorität des Reichsgerichts(-präsidenten) von nicht zu unterschätzender Bedeutung gewesen sein. Welche Bedeutung diese Kritiken für die Reichsrichter erlangen konnten, belegt die nachfolgende

---

972 Weitere Entscheidungen, in denen der Reichsgerichtspräsident mit der Senatsmeinung übereinstimmte, finden sich bspw. in BArch, R 3002, Prozessakte Nr. 10174 (RGZ 65, 162); ebd., Prozessakte Nr. 10392 (RGZ 73, 134); ebd., Prozessakte Nr. 10444 (RGZ 74, 234 – der bekannte Lotterielosfall); ebd., Prozessakte Nr. 10708 (RGZ 82, 149); ebd., Prozessakte Nr. 11107 (RGZ 93, 297).

973 Die Milieugebundenheit der Richter führte nach Ansicht der Kritiker gewissermaßen zwangsläufig zu einer Rechtsprechung, die vom Leben und den Lebensinteressen des Volkes entfernt sei, vgl. Linnemann, a.a.O., S. 88 ff., insbes. S. 89, 110, S. 136 ff.

974 Vgl. bspw. Anonym, DJZ 1903, S. 492; vgl. allgemein Linnemann, a.a.O., S. 134 ff. Zu dem von der Justizkritik geforderten gesellschaftlichem Engagement siehe Viertes Kapitel, C. II.

975 Der Verfasser beschränkte sich beispielhaft und stichprobenartig auf die Besprechung der Entscheidungen des Reichsgerichts durch die Fachpresse in der „Deutschen Juristenzeitung", „Juristischen Wochenschrift" bzw. „Gruchot's Beiträgen zur Erläuterung des Deutschen Rechts". Gerade mit der offiziellen Entscheidungssammlung trat das Reichsgericht an die Öffentlichkeit. Zur Veröffentlichungspraxis siehe Wildhagen, DJZ 1921, Sp. 234 ff.

Anekdote. Aufgrund der „verletzenden Kritik" einiger Leipziger Professoren an Urteilen des Gerichtshofes reagierte so manches Reichsgerichtsmitglied einigermaßen verschnupft und verzichtete dementsprechend auf eine Teilnahme an den Feierlichkeiten zum Leipziger Universitätsjubiläum 1909.[976] Aus diesen Gründen dürften sich positive Kritiken günstig auf das Ansehen des Reichsgerichtspräsidenten ausgewirkt haben. Dies führt zu der bereits zu Beginn dieses Kapitels angesprochenen Fragestellung: wurde Seckendorffs Autorität möglicherweise durch die Urteilskritiken gestärkt oder finden sich darin auch jene Vorwürfe wieder, die zu Beginn des 20. Jahrhunderts die Zustimmung zum BGB bzw. zur Rechtsprechung verschlechterten?

Für Seckendorffs Ansehen im Kollegium dürften sich solche Urteile vorteilhaft ausgewirkt haben, bei denen er sich nicht nur gegen den Berichterstatter durchsetzen konnte, sondern deren Begründung bzw. jedenfalls deren Ergebnis auch den Justizkritikern entgegengekommen ist. Denn dadurch bestätigte sich, dass *seine* Auffassung ‚richtig', d.h. problemorientiert und praxisnah gewesen ist.

Die Befürchtungen und Vorurteile der Reichsrichter bestätigten sich insgesamt gesehen nicht. So wurde die Lösung im „Verlöbnisfall" (RGZ 80, 88) exemplarisch möglicherweise gerade wegen ihrer rechtfolgenorientierten und systematischen Lösung, als „grundlegend", „lehrreich" und – es handelt sich hierbei um einen Quellenbegriff – dem „Volksempfinden" entsprechend bewertet.[977] Für die juristische Öffentlichkeit waren naturgemäß mit dem „Volksempfinden" übereinstimmende Urteile von Bedeutung. Dieser Aspekt dürfte sich positiv auf das Ansehen Seckendorffs im Kollegium ausgewirkt haben, zumal er diesen oder ähnliche Begriffe[978] wie im „Herausgabefall" (RGZ 87, 56) bisweilen selbst zur

---

976 Siehe dazu den Vorgang in BArch, R 3002, Gen. Nr. 106, Bl. 11, 29 ff. Dieser behandelt die Teilnahme an den Festlichkeiten zum Universitätsjubiläum 1909. Jedenfalls für RGR Skonietzky lässt sich diese Absage ausdrücklich mit „Kritiken" an Urteilen des Reichsgerichts in Verbindung bringen. Dass auch einige andere Reichsgerichtsräte aus diesen Gründen nicht – allerdings fehlen dort konkrete Angaben – daran teilnahmen, liegt nahe. Dazu auch die Ausführungen bei Bernd-Rüdiger Kern, Die Geschichte der Leipziger Juristenfakultät, S. 71.: „Ansonsten war das Verhältnis [zwischen RG und Juristenfakultät Leipzig, Anm. d. V.] wohl nicht immer so ungetrübt, wie man es erwarten sollte. Das zeigt die Überlieferung der folgenden Anekdote. Nach einer vernichtenden Kritik an einem Urteil des Reichsgerichts fragte ein Leipziger Professor seine Studenten, was einem die Reichsgerichtsräte tun könnten, und seine eigene Antwort lautete: leid!"

977 Lenel, DJZ 1913, Sp. 881, 883, Besprechung von RGZ Bd. 80. Vgl. ferner Kaiser, JW 1913, S. 38 f.; Neumann, JW 1913, S. 64 („grundlegende Entscheidung").

978 Die „allgemeine Rechtsanschauung", Reden bei der Gedenkfeier, S. 8 f.

Begründung seiner Ansichten nutzte. Er sprach damit im besonderen Maße die Vorstellungen der Kritiker an, die praxis- und interessengerechte bzw. „lebensnahe“ Urteile von den Richtern (ein-)forderten. Die in dem letztgenannten Fall angesprochene Korrekturmöglichkeit durch das „sittliche Wesen der Ehe“ wird dementsprechend für „bedeutsam“ angesehen.[979]

Aber auch in anderen Entscheidungen, in denen sich ein konkreter Einfluss des Reichsgerichtspräsidenten anhand der Aktenlage nicht belegen lässt – eine Übereinstimmung im Senat aber mangels entgegenstehender Voten zu vermuten ist – finden sich wohlwollende Kritiken. Dadurch konnte Seckendorff ebenfalls zeigen, dass er ‚richtige‘ und nicht etwa ‚zivilrechtsferne Ansichten‘ vertrat. So wurde die Einschränkung des § 833 BGB durch die Annahme eines stillschweigenden Haftungsausschlusses bei Gefälligkeitsverhältnissen zwar teilweise kritisiert, jedenfalls aber im Ergebnis für richtig befunden.[980] Immerhin könne dadurch der Hauptbeschwerdepunkt der Gefährdungshaftung – die unbeschränkte Haftung in jedem Fall[981] – „*ohne* Gesetzesänderung“ beseitigt werden.[982] Als „juristisch und menschlich einwandfrei“ wurde die Lösung zur Einschränkung der Erbunwürdigkeit im „Testamentsfälscherfall“ (RGZ 72, 207) bezeichnet.[983] Dort hatte der Senat den Anwendungsbereich des § 2339 BGB im Einzelfall teleologisch reduziert. Des Weiteren betonten Kritiken, dass das Reichsgericht sich bemühe, *vernünftige Interessenabwägungen* vorzunehmen, ohne die Lösung „außerhalb [!] des Gesetzes zu suchen“. Um dies zu bewerkstelligen nutzen die Richter „*in bewußter und zulässiger Weise*“ das Hilfsmittel der Analogie. In diesem Zusammenhang wurde u.a. der „Auskunftsanspruchfall“

---

979 Bitter, JW 1915, S. 781 ff.; Anonym, JW 1915, S. 822.

980 Vgl. Schneider, DJZ 1908, Sp. 217, 218 ff. Schneider kritisierte, dass die Parteivereinbarung ein „Phantasiegebilde“ sei. Diese Vorgehensweise sei nicht notwendig, da sich dieses Ergebnis bereits aus dem Gesetz ergebe. Die Haftung bestimme sich nach der Art des Vertragsverhältnisses. Diesen Umstand bestätige das Gesetz u.a. in § 690 BGB.

981 Zum damaligen Zeitpunkt existierte die Regelung des § 833 S. 2 BGB noch nicht. Zur zeitgenössischen Diskussion über die Einschränkung des § 833 BGB siehe bspw. Litten, DJZ 1905, Sp. 339 ff. Dieser diskutiert verschiedene Restriktionsansätze und setzt sich mit der Frage auseinander, ob eine Abänderung des § 833 BGB notwendig sei. Siehe auch v. Thur, DJZ 1906, Sp. 389 ff.

982 Seelig, JW 1908, S. 108 f.; Neumann, JW 1908, S. 120 – zur Besprechung der Entscheidung vom 2.1.1908; BArch, R 3002, Prozessakte Nr. 10207. Hervorhebung vom Verf.

983 Hachenburg, DJZ 1910, Sp. 938, 943. Dort wird einleitend auf das Vertrauen, welches der Gerichtshof im Volk besaß, hingewiesen.

in RGZ 73, 372 angesprochen.[984] Die zuvor besprochenen Urteile[985] sind daher meist positiv von der Öffentlichkeit aufgenommen worden, da deren Gründe überzeugten bzw. diese mit den Anschauungen des Publikums übereinstimmten. Das Verdienst Seckendorffs und Grund für seine Autorität im Kollegium war es also auch, dass er mehr oder weniger dem ‚Idealbild' eines Richters entsprach und (dadurch zugleich) für eine ‚richtige', d.h. anerkannte Rechtsprechung sorgte. Die späteren Aussagen, der Reichsgerichtspräsident habe positiven Einfluss auf die Rechtsprechung genommen[986], dürften in solchen Besprechungen ihren Ursprung finden.

Natürlich blieb die Rechtsprechung des Senats nicht unwidersprochen. Es finden sich durchaus kritische Stimmen, wenn bspw. eine Entscheidung „schwere Bedenken" erregte oder mit ihr „nicht viel gewonnen" sei, weil das Ergebnis zu Unsicherheiten führe[987] bzw. sich schwer umsetzen ließ.[988] Unabhängig von der

---

984 Vgl. Michaelis, DJZ 1910, Sp. 1435, 1436 f. Kursive Hervorhebung und Ausrufungszeichen vom Verf.

985 Dies zeigen u.a. auch die Besprechungen zu den „Zurechnungserwägungen" in RGZ 69, 399. Das Urteil fand Zustimmung, weil seine Gründe „überzeugend klingen", vgl. Serini, DJZ 1909, Sp. 1258, 1259. Auch in der „Gattungsschuldentscheidung (BArch, R 3002, Prozessakte Nr. 11076; RGZ 93, 142.), in der Seckendorff doch zumindest einen Teil der Kollegen von seinen Ansichten überzeugen konnte, stimmte der Kritiker dem Ergebnis „wertmäßig" zu, vgl. Hachenburg, JW 1918, S. 550. Die oben angesprochene „Zahlendreherfallentscheidung" in RGZ 64, 423 wird als „grundlegend" charakterisiert, vgl. Seelig, JW 1907, S. 49 f.; Neumann, JW 1907, S. 64. Entsprechendes gilt für eine Entscheidung in BArch, R 3002, Prozessakte Nr. 10429 (RGZ 74, 110); Neumann, JW 1910, 848; Seelig, JW 1910, S. 817.

986 Vgl. BArch, R 3002, PA Nr. 790, Bd. 2, Bl. 49 (Brief der Aeltesten der Kaufmannschaft von Berlin zum 70. Geburtstag S. 1914) „In dem letztem Jahrzehnt hat der [...] Widerspruch zwischen Juristen und Laienauffassung seine Schärfe verloren [...][dies sei] wesentlich der Wirksamkeit des Reichsgerichts in den Jahren zu danken, in denen Sie an seiner Spitze standen"; LNN, Nr. 268, vom 24.9.1932, S. 2: „Im Laufe seiner langen Berufstätigkeit hat der Verstorbene auf Recht und Rechtsprechung verbessernd und belebend eingewirkt."

987 RGZ 69, 130 ff. Die Mitwirkung Seckendorffs an der Entscheidung ergibt sich aus einer anderen Entscheidung vom gleichen Tag, BArch, R 3002, Prozessakte Nr. 10276 (AZ: 580/07). Für die abgedruckte Entscheidung ist keine Prozessakte mehr vorhanden. Zur Kritik an der Entscheidung, die Einzelfragen einer Beurkundung betraf, Lenel, DJZ 1909, Sp. 621, 623.

988 RGZ 76, 94, BArch, R 3002, Prozessakte Nr. 10481. Die Akte enthält kein entgegenstehendes Votum Seckendorffs. Zur Kritik an der Entscheidung, die eine testamentarische Formvorschrift (§ 2238 Abs. 2 BGB a.F.) betraf, Ring, DJZ 1912, Sp. 367, 370.

Frage, ob diese Beanstandungen gerechtfertigt erscheinen[989], dürfte auch eine negative Urteilskritik im Einzelfall dem Ansehen des Reichsgerichtspräsidenten kaum geschadet haben. Bei dieser positiven Wertung der richterlichen Tätigkeit des Reichsgerichtspräsidenten ist allerdings zu berücksichtigen, dass sich die Zuständigkeit des IV. Zivilsenates eher auf ein harmloseres Gebiet erstreckte, als es etwa bei der oft mit der „Klassenjustiz" in Verbindung gesetzten „Streikrechtsprechung"[990] oder den ehrengerichtlichen Verfahren[991] der Fall war.

c) Zusammenfassende Bemerkungen

Entgegen der anfänglichen Befürchtungen in der Reichsjustizverwaltung konnte sich Rudolf von Seckendorff im Kollegium Respekt und Ansehen erarbeiten. Eine „scharfe Kritik" an seiner Autorität[992] oder eine Isolierung im Senat ist, jedenfalls soweit ersichtlich, ausgeblieben. Die Gründe für seine wachsende Autorität im Gericht sind u.a. in seiner richterlichen Tätigkeit zu finden. Diese

---

Kritisch wurde auch eine Entscheidung in BArch, R 3002, Prozessakte Nr. 10649 (RGZ 81, 34 ff.) bewertet, da der Senat nach Ansicht des Rezensenten den Wortlaut der streitigen Vorschrift nicht „praxisgerecht" ausgelegt habe, dazu Bozi, Gruchot, Bd. 60, S. 95 ff., S. 101; Danz, Die Auslegung der Formvorschriften in der reichsgerichtlichen Rechtsprechung, JW 1914, S. 665 f.

989 So weist Bozi als Ergebnis seiner Ausführungen u.a. darauf hin, dass der Richter zwar grundsätzlich an die Gesetze gebunden sei. Der Richter sei aber ermächtigt, sein Ergebnis zu korrigieren, wenn dieses den „Verschiebungen des wirtschaftlichen und sozialen Lebens" nicht gerecht werde. Aus diesen „Verschiebungen" habe der Richter dann sodann „das neue Recht ebenso herauszulesen, wie der Techniker neue Gesetze findet, wenn geänderte Verhältnisse […] neue Leistungen verlangen […].", vgl. Bozi, Gruchot, Bd. 60, S. 95 ff., S. 113. Mit anderen Worten war sich der Kritiker ebenfalls bewusst, dass die tatsächlichen Gegebenheiten des Falles bei der Urteilsfindung durchaus eine Rolle spielen können. Die entscheidende Frage, was ein praxisgerechtes Ergebnis ist, lässt sich – je nach Standpunkt – schließlich unterschiedlich beantworten.

990 Zu dieser Verknüpfung – Streikjustiz als „modernste Form" der „Klassenjustiz", u.a. Dittenberger, JW 1913, 255 f. Zur „Streikrechtsprechung" in der Judikatur des Reichsgerichts siehe Rainer Schröder, Die Entwicklung des Kartellrechts und des kollektiven Arbeitsrechts durch die Rechtsprechung des Reichsgericht vor 1914: Während die Zivilsenate Streik und Boykott für zulässige Arten des gewerblichen Kampfes hielten, wurde ebendieses Verhalten von den Strafsenaten als strafbar kriminalisiert (ebd., insbes. S. 251 ff.).

991 Siehe insbesondere Seckendorffs Votum zum Liebknechtverfahren vor dem EGH, Drittes Kapitel, B. IV. 4. b. bb. 2.

992 Vgl. dazu BArch, R 43, Nr. 695, Bl. 28.

erschöpfte sich für ihn nicht in einer formal-logischen Anwendung des Gesetzes. Auch für den Reichsgerichtspräsidenten sollte die juristische Logik lediglich Anwendungssicherheit gewähren, aber kein Selbstzweck sein. Vielmehr sah er im Einklang mit seinen Kollegen seine Aufgabe darin, „schöpferisch" praxis- und *interessen*gerechte Lösungen unter Einhaltung der Gesetzesbindung zu finden.

Auch aus diesem Grund ist die Schlussfolgerung, die bisweilen aus der Art der Veröffentlichung der Urteile des Reichsgerichts in den Entscheidungsbänden gezogen wird – die Richter hätten ihre Entscheidungsmacht selbst beschränkt, indem sie den Entscheidungen Fragestellungen anstatt von Leitsätzen voranstellten[993] – nur bedingt aussagekräftig.[994] Abgesehen davon, dass sich der Reichsgerichtspräsident seiner schöpferischen Tätigkeit sehr wohl bewusst war, geben auch die Prozessakten eine solche Selbstbeschränkung auf ‚bloße' Fragestellungen nicht her. Die Urteile sind dort ‚typisch' nach Rubrum, Tenor, Tatbestand und Entscheidungsgründen gegliedert.[995] Die gewählte Darstellung in den Entscheidungsbänden war demnach eine Formfrage. In dieser kann eine Fortsetzung der im 19. Jahrhundert im Rahmen der staatsrechtlichen Lehre von der Gewaltenteilung geübten „Beschwichtigungspolitik"[996] gesehen werden.

---

993 Vgl. Kiefner, Zur Divergenzjudikatur des Reichsgerichts, S. 624.

994 Hinweise zur Veröffentlichungspraxis des Reichsgerichts gibt Wildhagen anlässlich des Erscheinens des 100. Bandes der Reichsgerichtsentscheidungen in Zivilsachen. Nach dessen Angaben erfolgte die Veröffentlichung der Entscheidungen in einer besonderen Form: „Die zur Aufnahme in die Sammlung vom Senate ausgewählten Entscheidungen werden einer besonderen Bearbeitung unterworfen. Ihr Abdruck erfolgt nicht in der Form, wie sie erlassen sind, und nicht schlechthin unter wortgetreuer Wiedergabe ihres Inhaltes. Sie werden vielmehr nach einheitlichen Grundsätzen den Zwecken der Sammlung angepaßt. Diese Bearbeitung besorgt der Berichterstatter, der das Urteil verfaßt hat. *Die Sachbezeichnung und die Entscheidungsformel werden gestrichen. Stattdessen gibt der Berichterstatter der Entscheidung eine Ueberschrift*, die die entschiedene Rechtsfrage […] kurz bezeichnet, *in der Regel in Frageform, niemals in einem Aussagesatze.*", Wildhagen, DJZ 1921, Sp. 234 f. Die Hervorhebung stammt vom Verfasser.

995 Vgl. bspw. BArch, R 3002, Prozessakte Nr. 10307 (s.o., „Zurechungserwägungen"); ebd., Prozessakte Nr. 10419 (s.o., „Auskunftsanspruchsfall"); ebd., Prozessakte Nr. 10517 (s.o., „§ 2285 BGB analog"); ebd., Prozessakte Nr. 10809 (s.o., „Scheidungsfall"); ebd., Prozessakte Nr. 10876 (s.o., „Herausgabefall").

996 Siehe dazu Ogorek, a.a.O., S. 279 ff., 292 ff.; im Übrigen Schröder, Methodendiskussion, S. 345, 366.

IV) „Voll unerzwungener Teilnahme für die Anwaltschaft" – die ehrengerichtlichen Verfahren

1) Der Vorsitz am Ehrengerichtshof

Mit dem Amt des Reichsgerichtspräsidenten war der Vorsitz im Ehrengerichtshof für deutsche Rechtsanwälte (EGH) verbunden. Angesichts Seckendorffs geringer Autorität zu Beginn seiner Tätigkeit am Reichsgericht wird nunmehr ein Blick in seine Arbeitsweise in den ehrengerichtlichen Verfahren geworfen. Möglicherweise lassen sich hieraus ebenfalls Anhaltspunkte für einen möglichen Autoritätsgewinn herausarbeiten: konnte er den Senat von seinen Ansichten überzeugen, teilten also die Richterkollegen seine Ansichten oder wurde er überstimmt? Konnte er sich durch diese Tätigkeit gleichfalls Ansehen und Respekt unter den Mitgliedern des Gerichtshofs erarbeiten?

2) Einleitendes

Der Ehrengerichtshof war ein dem Reichsgericht beigeordneter Gerichtshof und für Berufungen gegen Urteile der Ehrengerichte erster Instanz (EG) zuständig. Die Ehrengerichte erster Instanz wurden aus den Vorständen der Anwaltskammern gebildet, § 49 Nr. 1 RAO. Neben dem Reichsgerichtspräsidenten bestand der zuständige Senat aus drei Berufsrichtern sowie drei Mitgliedern der beim Reichsgericht zugelassenen Rechtsanwälte, § 90 RAO. Zu den Mitgliedern des Senats gehörten auch einige von Seckendorffs Freunden und Wegbegleitern, wie Ludwig Ebermayer (1908–1910)[997], Georg Wildhagen (1904–1906) oder Salomon Ganz (1914–1919).[998] Seit dem Jahr 1910 wurden die Aufgaben des Ehrengerichtshofs zusätzlich von einem 2. Senat wahrgenommen.[999]

Die ehrengerichtlichen Sachen stellten allerdings eine zusätzliche Belastung des Reichsgerichts(-präsidenten) dar. Die Verfahren besaßen oft einen großen Umfang und die Sitzungen zeichneten sich durch eine lange Sitzungsdauer aus. Eine im Jahre 1906 gemachte Aufstellung ergab eine Sitzungsdauer von regelmäßig 6 bis zu 16 Stunden. In einzelnen Fällen nahmen die Sitzungen sogar zwei bis drei volle Tage in Anspruch.[1000]

---

997 Zur Biographie Ebermayers siehe Staufer, Ludwig Ebermayer, Leben und Werk.

998 Lobe, a.a.O., Anlage VIII, S. 432 ff. (Übersicht über die Mitglieder des Ehrengerichtshofs).

999 Kurlbaum, Ehrengerichtshof, S. 75.

1000 Vgl. Kurlbaum, a.a.O., S. 73. Bereits Reichsgerichtspräsident Oehlschläger hatte diesen Umstand im Schreiben vom 8.1.1892 an das RJA moniert, vgl. BArch, R 3001,

Trotz der starken allgemeinen Geschäftsbelastung des Reichsgerichts wird bereits von den Zeitgenossen die Tätigkeit der Reichsgerichtspräsidenten Gutbrod und Seckendorff am Ehrengerichtshof anerkennend hervorgehoben. Beide übernahmen regelmäßig den Vorsitz in den Verhandlungen und ließen sich dementsprechend selten(-er) vertreten.[1001] Stichproben aus den Jahren 1905 und 1906 bestätigen, dass Seckendorff den Vorsitz in *jeder* ehrengerichtlichen Hauptverhandlung übernommen hatte.[1002] Für den Sommer und Herbst 1905 ist dieser Umstand von besonderer Bedeutung[1003], da er sich in diesem Zeitraum hauptsächlich um die Beendigung der lippischen Thronfolgefrage gekümmert haben dürfte. In den ersten Jahren erging daher kaum ein Urteil ohne seine Beteiligung. Durch einen hohen Arbeitseinsatz im Ehrengerichtshof hatte bereits Karl Gutbrod unter seinen Kollegen viel Respekt erlangt.[1004] Es ist anzunehmen, dass ein solches Engagement sich auch auf das Ansehen Seckendorffs positiv auswirkte.

Gleichwohl schlug Seckendorff später eine personelle Umstrukturierung des Ehrengerichtshofs in ein reines Anwaltskollegium vor. Dadurch würden dem Reichsgericht „nicht unerhebliche und wenig angenehme Geschäfte" abgenommen.[1005] Er konnte sich mit seinem Vorschlag zwar im Ergebnis nicht durchsetzen, hatte damit aber „alte Wünsche" der Rechtsanwälte angesprochen.[1006]

Nr. 2013. Beispielhaft sei das Verfahren in BArch, R 3005, Nr. 798 erwähnt, bei dem die Verhandlungen 4 Tage in Anspruch nahmen, ebd., Bl. 132 ff.

1001 Kurlbaum, a.a.O., S. 78. Zur Geschäftsbelastung siehe unten Drittes Kapitel, C. I.

1002 Vgl. BArch, R 3005, Nr. 698, Nr. 703, 704, 706–777. Einzelne Aufzählungslücken sind durch die Rücknahme der Berufung bzw. auf den Zeitraum vor Seckendorffs Ernennung zum Reichsgerichtspräsidenten zurückzuführen.

1003 Bspw. BArch, R 3005, Nr. 698 und Nr. 706 (Verhandlung jeweils am 23. Juni 1905); ebd., Nr. 703 (Verhandlung am 5. Juli 1905); ebd., Nr. 704 und 708 (Verhandlung jeweils am 4. Oktober 1905); ebd., Nr. 707 (Verhandlung vom 21. Oktober 1905).

1004 Vgl. Gutbrod, a.a.O., S. 74.

1005 BArch, R 3001, Nr. 2005, Bl. 126 ff., 129, Schreiben vom 14.1.1917.

1006 Vgl. Ostler, Die deutschen Rechtsanwälte, S. 52 f. Walter Simons lehnte später eine solche Umstrukturierung mit der Begründung ab, der Stand der Rechtsanwälte sei so eng mit der Organisation der Rechtspflege verknüpft, dass ein völliges Ausscheiden richterlicher Mitwirkung bei ehrengerichtlichen Entscheidungen nicht im Interesse der Reichsjustizverwaltung liege, Kurlbaum a.a.O., S. 76 f.

3) Einblicke in die Urteilspraxis[1007]

a) Grundlagen

Die wesentliche materielle Entscheidungsgrundlage für das ehrengerichtliche Verfahren bildete § 28 RAO mit seiner Generalklausel.[1008] Als Strafen kamen entweder eine Warnung bzw. ein Verweis sowie eine Geldstrafe von maximal 3.000 M[1009], die ggf. mit einem Verweis verknüpft war oder – schlimmstenfalls – ein Ausschluss aus der Rechtsanwaltschaft in Betracht, § 63 RAO. Im Übrigen konnte die Zulassung nach §§ 5, 6 RAO versagt werden. Das Recht auf Zulassung zur Anwaltschaft erlosch damit unwiderruflich, wenn nicht ausnahmsweise eine Begnadigung erfolgte.[1010] Die nach § 82 RAO grundsätzlich nicht öffentlichen Verhandlungen fanden im Saal V des Reichsgerichtsgebäudes statt.[1011]

b) Der Reichsgerichtspräsident als Freund des Anwaltsstandes?

aa) Allgemeines zur Einflussnahme des Vorsitzenden auf das Beratungsergebnis

Laut zeitgenössischen Aussagen war Seckendorff „voller Geduld“ für den Angeklagten und „unerzwungener Teilnahme für die Anwaltschaft“[1012] Er soll ein „Menschenfreund“[1013] mit „mildem Gerechtigkeitssinn“ gewesen

---

1007 Der Verfasser untersuchte stichprobenartig etwa 50 Verfahren aus dem sehr umfangreichen Bestand BArch, R 3005.

1008 Ostler, a.a.O., S. 22. § 28 RAO lautete: „Der Rechtsanwalt ist verpflichtet, seine Berufstätigkeit gewissenhaft auszuüben und durch sein Verhalten in Ausübung des Berufs sowie außerhalb desselben sich der Achtung würdig zu zeigen, die sein Beruf erfordert.“ Im Übrigen Kurlbaum, a.a.O., S. 81 f.

1009 Zur Relation der Geldstrafe zum Einkommen: 1884 betrug das durchschnittliche Jahreseinkommen eines Rechtsanwalts ca. 3.500 M netto, gegenüber einem älteren Oberamtsrichter von etwa 4.000 M. 1907 betrug das Durchschnittseinkommen der Anwälte etwa 5000 M, vgl. Ostler, a.a.O., S. 60 f., 65.

1010 Kurlbaum, a.a.O., S. 81.

1011 Kurlbaum, a.a.O., S. 79.

1012 Vgl. Kurlbaum, a.a.O., S. 80. Dieser betont dabei die harmonische Zusammenarbeit im EGH, insbesondere zwischen dem Reichsgerichtspräsidenten und Rechtsanwalt beim Reichsgericht, Rudolf Lehmann. Letzterer war Mitglied in der Leipziger Harmonie, siehe Kroker, Die Gesellschaft Harmonie, S. 109. Zur Bedeutung dieser Gesellschaft für das gesellschaftliche Leben in Leipzig siehe unten Viertes Kapitel, C. II. 2. a.

1013 Walter Simons sah in ihm einen „weisen Berater“ und „gütigen Menschenfreund“, vgl. BArch, R 3002, PA Nr. 790, Bd. 2, Bl. 119.

sein.[1014]

Diese Angaben lassen sich anhand der Voten des Reichsgerichtspräsidenten kaum überprüfen. Im Gegensatz zu den Zivilverfahren befinden sich in den untersuchten Verfahrensakten nur wenige Anmerkungen oder Voten Seckendorffs.[1015] Gleichwohl dürfte er als Vorsitzender des Kollegiums üblicherweise über die Meinung des Berichterstatters informiert gewesen sein und deshalb, soweit es ihm darauf ankam, eigene (ggf. davon abweichende) Vorschläge unterbreitet haben. So hatte der Reichsgerichtspräsident im Liebknechtverfahren – dazu sogleich – eine abweichende Ansicht vertreten. Anderenfalls bestand anscheinend grundsätzlich Einvernehmen mit dem Berichterstatter bzw. dem Kollegium im konkreten Verfahren.[1016] Dieser Umstand lässt sich indes für Seckendorffs mit der Zeit wachsende Autorität verwerten. Mit gleichen Ansichten konnte er auch in den ehrengerichtlichen Verfahren anfängliche Differenzen überbrücken und Vorbehalte abbauen sowie in der Folge seine richterliche Autorität ausbauen.

Um diese Aussagen und *Ansichten* näher zu konkretisieren bzw., um einen Einblick in die politischen Anschauungen des Reichsgerichtspräsidenten zu gewähren – die Generalklausel des § 28 RAO war aufgrund ihrer Unbestimmtheit geeignet, ein Einfallstor für die Sozial- und Standesnormen der wilhelminischen Zeit zu bilden – ist ein kurzer Blick in die Rechtsprechung des Ehrengerichtshofs hilfreich.

bb) Die Rechtsprechung des Ehrengerichtshof – mild, religionsneutral aber patriotisch

(1) Milderungsgründe

Die Rechtsprechung des Ehrengerichtshofs war vergleichsweise mild und moderat.[1017] Statistiken aus den Jahren 1903/04 bzw. 1919 bis 1928 ergaben

---

1014 Allgemein zum Gerechtigkeitssinn Seckendorffs vgl. Anonym, DJZ 1919, Sp. 909 f.; Anonym, DJZ 1932, Sp. 1276. Im Übrigen Kurlbaum, a.a.O., S. 80 – Seckendorff wollte dem Angeklagten „durchaus sein Recht, auch das strenge gegen ihn gesprochene" verschaffen.

1015 In den untersuchten Verfahren finden sich lediglich in BArch, R 3005, Nr. 869, Bl. 33 f. sowie in ebd., Nr. 1022, Bl. 8 Voten des Reichsgerichtspräsidenten.

1016 Kurlbaum (a.a.O., S. 97) betont, dass sich bspw. bei den Beratungen über das Strafmaß „niemals" Gegensätze zwischen den Richtergruppen (RGR und Rechtsanwälte) gezeigt hätten. Dies spricht ebenfalls für weitgehend einstimmige Entscheidungen. Kurlbaum war von 1911–1919 beim EGH, Lobe, a.a.O., Anlage VIII, S. 434.

1017 Damit ist, soweit es hier in Betracht kommt, nur die Rechtsprechung des I. Senats gemeint. Inhaltliche Abweichungen zum II. Senat dürften sich aber kaum ergeben

eine Milderungsquote gegenüber dem erstinstanzlichen Urteil von 25 % bzw. etwa 30 %.[1018] Diese Tendenz lässt sich mit den untersuchten Urteilen bestätigen: diese ergaben eine leicht höhere Milderungsquote von 37 %.[1019]

Das Kollegium bemühte sich unter Einschluss des Reichsgerichtspräsidenten jedenfalls um eine einzelfallgerechte Lösung. So konnte eine andere, ggf. differenzierte Auffassung von der Tat zur Milderung des ursprünglichen Strafmaßes führen. Führte in der ersten Instanz ein „schwerer Ehebruch" grundsätzlich zur „Ausschließung", wurde in der Berufungsinstanz festgestellt, dass dies nie „grundsätzlich" bejaht worden sei, sondern, dass es immer auch auf die „verschiedenen Nebenumstände" angekommen sei.[1020] Aber auch dabei spielte teilweise eine liberalere Bewertung des Sachverhaltes eine Rolle.[1021]

---

haben. Vgl. die allgemeine Besprechung bei Kurlbaum, a.a.O., S. 81 ff. Zur Kritik an dieser milden Rechtsprechung, ebd., S. 96 ff.

1018 Vgl. Kurlbaum, a.a.O., S. 96 f.

1019 Gemildert wurde in BArch, R 3005, Nr. 707, 709, 731, 742, 792, 793, 798, 827, 841, 858, 886, 895, 923, 930, 948, 955, 966, 1022, 1083, also in insgesamt 19 Urteilen. Bestätigt wurde das erstinstanzliche Urteil in ebd., Nr. 712, 729, 740, 772, 774, 780, 782, 785, 794, 820, 821, 833, 838, 840, 849, 867, 869, 882, 910, 1009, 1015, 1032, 1037, 1040, 1078, 1138, 1152, 1234, 1268, 1270, 1290, 1321, also in insgesamt 32 Urteilen. In BArch, R 3005, Nr. 1319 findet sich einer der seltenen Fälle der Verschärfung des erstinstanzlichen Urteils. Dies führt zu einer Milderungsquote 37 %. Die übrigen untersuchten Urteile ergingen ohne die Beteiligung Seckendorffs, beispielsweise weil sie der Jurisdiktion des II. Senats unterfielen.

1020 Vgl. BArch, R 3005, Nr. 948, Bl. 11 R, 12. (Gutachten des BE – „Der EGH. hat die Frage, ob der Ehebruch eines Rechtsanwalts ein Ausschließungsgrund sei, niemals grundsätzlich bejaht, vielmehr je nach den Nebenumständen verschieden beurteilt. Der hier vorliegende Fall bietet nichts Besonderes. Was das Urteil vorbringt, um den Fall als sehr schwer hinzustellen, kann man fast von jedem Ehebruch sagen.")

1021 Vgl. BArch, R 3005, Nr. 948, Bl. 15 f., 16. (Urteilsgründe). Außerdem bspw. ebd., Nr. 966, Bl. 54 ff., Bl. 57 R – eine nachträgliche Heirat führte, im Gegensatz zum Urteil des Ehrengerichts, das diesem Aspekt keine wesentliche Bedeutung beimaß (ebd., Urteil des EG, S. 22), weitestgehend zur „Heilung" des „Ehebruchs". Ferner: vgl. ebd., Nr. 858, Bl. 17 ff. Das Urteil behandelte eine „Press(e)fehde". Während das EG auch aus anonym veröffentlichten Artikeln einen Vorwurf ableitete (Urteil des Ehrengerichts, ebd., S. 20, 43), belastete das den Angeklagten aus Sicht des EGH nicht (ebd., insbes. Bl. 17 R, 20 R). Außerdem bspw. ebd., Nr. 923, Bl. 61 ff., Bl. 62 R („Die erwähnten Verfehlungen würden die Versagung der Zulassung zur Rechtsanwaltschaft rechtfertigen, wenn nicht in besonderen Nebenumständen Milderungsgründe zu finden wären." Diese „Nebenumstände" hatten für das Ehrengericht nicht für die Annahme einer „geminderten Zurechnungsfähigkeit" gereicht, vgl. ebd., Urteil des Ehrengerichts, S. 9.)

Gründe für die mildere Bewertung einer Tat wurden bspw. darin gesehen, dass der Angeklagte nunmehr in „geordneten Verhältnissen" lebte und/oder eine Besserung seines Verhaltens in Aussicht stellte[1022], also in Fällen, in denen die *Zukunftsprognose* günstig war.

Weitere Milderungsgründe lagen in der Unerfahrenheit des jungen Rechtsanwalts oder aber darin, dass der Angeklagte „bisher ehrengerichtlich nicht bestraft" war.[1023] Eine große Rolle bei den Strafzumessungserwägungen spielten auch die voraussichtlichen Folgen der Strafe für den Angeklagten. Die Richter stellten also teilweise – trotz schwerer Verfehlungen – eher den Anwalt und dessen familiäre Bedürfnisse in das Zentrum ihrer Überlegungen und nicht notwendigerweise den ‚Stand'. Hintergrund dieser Erwägungen war auch der Umstand, dass härtere Strafen zu einer Verschlechterung der Situation des Angeklagten führen konnten.[1024]

Für den Vorsitzenden[1025] und seine Kollegen spielte auch das Verhalten des Angeklagten in der Hauptverhandlung vor dem Ehrengerichtshof eine

---

1022 Vgl. BArch, R 3005, Nr. 731, Bl. 13 R, 15 f.; ebd., Nr. 742, Bl. 45 ff., Bl. 55, 55 R; ebd., Nr. 827, Bl. 29 ff., Bl. 32 R.

1023 Vgl. BArch, R 3005, Nr. 793, Bl. 30 ff., 33; ebd., Nr. 798, Bl. 142 ff., Bl. 150.

1024 „Hauptsächlich hat der Ehrengerichtshof aber in Betracht gezogen, daß eine Geldstrafe von 1000 Mk. den Angeklagten besonders hart treffen würde, weil er […] in schlechten Vermögensverhältnissen lebt und seine Einnahmen kaum hinreichen, ihn und seine Familie zu unterhalten.[…]." Der Gerichtshof milderte aus diesem Grund die Geldstrafe um 400 M, vgl. BArch, R 3005, Nr. 793, Bl. 29 ff., 33. Ähnlich bspw. auch in ebd., Nr. 895, Bl. 9 R f., Bl. 10 (Gutachten des Berichterstatters), Bl. 15 R, 16 (Urteil): „Wenn der Ehrengerichtshof trotz dieser erschwerenden Umstände zu einer Milderung der vom Ehrengericht erkannten Strafe gelangt ist, so geschah dies […] hauptsächlich mit Rücksicht darauf, daß die von dem Ehrengericht erkannte hohe Geldstrafe den […] Angeklagten sehr hart treffen und ihn in der Erfüllung der ihm gegen seine zahlreiche Familie (Frau und sechs Kinder) obliegenden Pflichten allzusehr behindern würde." Hervorhebung bereits im Original.

1025 Siehe bspw. in BArch, R 3001, Nr. 4428. Dort befindet sich ein Schreiben Seckendorffs vom 2.3.1908, in dem er seine Auffassung über die Bedeutung der Hauptverhandlung für die Strafe kundtat: „die Bemessung der Strafe [hängt] so sehr von dem Eindrucke der mündlichen Verhandlung auf den Gerichtshof ab […]." Indizien ergeben sich auch aus Folgendem: in BArch, R 3005, Nr. 886, Bl. 38 machte Seckendorff bei der Terminsbestimmung darauf aufmerksam, dass die persönliche Anwesenheit des Angeklagten in der Hauptverhandlung „in seinem eigenen Interesse wünschenswert" sei.

bedeutende Rolle.[1026] Sie vertraten demnach keine vorgefassten Meinungen. Offenbar waren die Richter am Ehrengerichtshof eher als die Richter in der Eingangsinstanz geneigt, den Anwälten eine ‚zweite Chance' zu geben.[1027] Nutzte der Betroffene diese Chance nicht, hatte dies in der Regel für ihn (ungünstige) Folgen.[1028]

1026 Vgl. BArch, R 3005, Nr. 785, Bl. 21 (Gutachten des Berichterstatters: „Eine schwere Strafe verdient der G. Ob die Ausschließung angemessen ist, ist mir trotzdem zweifelhaft. [...] [Ich habe] nicht die Empfindung, daß keine Besserung zu erwarten ist. [...] Ich möchte abwarten, wie der G. sich in der Berufungsinstanz verhält."), Bl. 27 ff., Bl. 30, 30 R (Urteil: „Von Bedeutung für die Bemessung der Strafe war von den übrigen Verfehlungen hauptsächlich noch das Verhalten des Angeklagten [...] im ehrengerichtlichen Verfahren [...]. Der Angeklagte hat gegen die ihm obliegenden Pflichten in grober Weise verstoßen; er hat als Anwalt, wie er selbst in der Berufungsbegründung sich ausdrückt, vollständig versagt, der Ehrengerichtshof hat auch die Überzeugung, daß keine Besserung von dem Angeklagten zu erwarten ist."). Der Angeklagte war zu dem Verhandlungstermin nicht erschienen. Er hatte zwar einen Vertagungsantrag gestellt, der EGH vermutete aber eine Prozessverschleppung. Eine Verhandlung war gemäß § 83 Abs. 1 RAO auch ohne den Angeklagten möglich, sofern er nur ordentlich geladen war.

1027 Vgl. BArch, R 3005, Nr. 798, Bl. 142 ff., Bl. 150. Dort wurde das erstinstanzliche Urteil (Ausschluss) auf die zweithöchste Strafe, Verweis und Geldstrafe i.H.v. 3.000 Mark, abgemildert. Zunächst hatten der Berichterstatter und mangels eines entgegenstehenden Votums wohl auch der Reichsgerichtspräsident die Berufung des Angeklagten verwerfen, d.h. den Ausschluss bestätigen wollen (vgl. ebd., Bl. 113 ff.). Im Urteil spielten die soeben aufgezeigten ‚Milderungsgründe' eine entscheidende Rolle. Der EGH beschloss eine Milderung der erstinstanzlichen Strafe, weil der Angeklagte erst kurze Zeit als Rechtsanwalt tätig gewesen war, er ein „makelloses Vorleben" besaß und die Richter von dem Angeklagten in der Berufungsinstanz einen günstigen Eindruck gewonnen hatten. Weitere Bsp. in BArch, R 3005, Nr. 731, Bl. 13 R (Hauptverhandlungsprotokoll), 15 f., Bl. 16 R (Entscheidungsgründe). Auch hier beruhte die günstigere Beurteilung u.a. auf der Einlassung in der Hauptverhandlung vor dem Ehrengerichtshof. Ähnlich in ebd., Nr. 742, Bl. 41 ff., Bl. 41 R. (Hauptverhandlungsprotokoll), Bl. 45 ff. (Entscheidungsgründe), Bl. 48, 55.

1028 Vgl. BArch, R 3005, Nr. 910, Bl. 134 ff., 136 R. Neben den Verfehlungen kam bei der Strafzumessung hinzu, dass „er sich durch die früher erlittenen schweren Bestrafungen im ehrengerichtlichen Verfahren nicht hat warnen lassen [...]." Dieses Verfahren war das Folgeverfahren zu dem soeben erwähnten Verfahren Nr. 742, bei dem der Senat schon einmal von einer Ausschließung abgesehen hatte, weil er von einer günstigen Zukunftsprognose ausgegangen war, ebd., Nr. 742, Bl. 45 ff., Bl. 55.

(2) „Zuviel Nachsicht" – Kritik aus Anwaltskreisen

Aufgrund der vorbezeichneten Urteilspraxis wurde dem Ehrengerichtshof aus Anwaltskreisen der Vorwurf gemacht, dass bei den (richterlichen) Mitgliedern eine „weniger strenge" Auffassung von der „Integrität der Anwaltschaft" vorherrsche. Auch die Beteiligung der Rechtsanwälte beim Reichsgericht an den Verfahren änderte daran nicht viel, da diese aufgrund ihrer „elitären" Stellung eher den Beamten ähnelten, als der großen Menge der Rechtsanwälte. Beispielhaft wurde das in Fällen, in denen in der 2. Instanz Rechtsanwälte für „würdig" befunden, die in der Vorinstanz von ihren Kollegen ausgeschlossen worden waren.[1029]

Die tieferen Ursachen für die soeben erwähnte Kritik an der Rechtsprechung des Ehrengerichtshofs lagen aber auch in den „Nöten" der Anwaltschaft verborgen. Mit Einführung der Rechtsanwaltsordnung hatte sich die freie Advokatur – darunter verstanden die Rechtsanwälte ursprünglich nicht nur den Kampf gegen die richterliche Disziplinargewalt über den Anwalt bzw. gegen dessen beamtenähnliche Stellung, sondern auch gegen den numerus clausus – durchgesetzt. Vor allem an letzterem schieden sich aber selbst innerhalb der Anwaltschaft die Geister. Aufgrund der stark wachsenden Anwaltszahlen wurde ein numerus clausus durchaus befürwortet.[1030]

Damit einhergehend kamen aber gleichfalls Bedenken auf, die Rechtsanwaltschaft würde sich in dieser Frage von solchen – aufgrund der Bedeutung der freien Advokatur an sich sachfremden – Erwägungen, leiten lassen: *„Es können hier nicht nur die zeitweiligen und örtlichen Interessen des Anwaltstandes als entscheidend angesehen werden.[…] [Denn dann würde die Rechtsanwaltschaft] sich überdies in solchem Falle eines Angriffes auf die Uneigennützigkeit der Entscheidung nur schwer erwehren können."*[1031]

1029 Vgl. Broh, JW 1913, 783 ff. Im Übrigen, Kurlbaum, a.a.O., S. 96 ff.

1030 Vgl. Ostler, a.a.O., S. 59 ff.

1031 „Es können hier nicht nur die zeitweiligen und örtlichen Interessen des Anwaltstandes als entscheidend angesehen werden. Es handelt sich um ein vom politischen Standpunkte aus jedenfalls wertvolles Gut und um einen Besitz der gesamten Nation, und es würde der deutschen Rechtsanwaltschaft übel anstehen, wenn sie einer rückläufigen Bewegung in der deutschen Justizverwaltung durch ihre Zustimmung [zum numerus clausus, Anmerkung des Verf.] in die Hände arbeiten wollte. Sie würde sich überdies in solchem Falle eines Angriffes auf die Uneigennützigkeit der Entscheidung nur schwer erwehren können.", zitiert nach Ostler, a.a.O., S. 63, Hervorhebung stammt vom Verfasser.

Solche Erwägungen kamen allerdings durchaus vor und spielten bei der Bewertung des Sachverhaltes eine Rolle. In einem Verfahren, in dem es um die Zulassung zur Rechtsanwaltschaft ging, machte sich das Ehrengericht die Argumentation der örtlichen Staatsanwaltschaft zueigen, wonach „für die Zulassung eines Anwärters, *namentlich bei dem heutigen Zudrang zur Advokatur, und deren dadurch bedingte Gefährdung* möglichste Integrität der Person [zu] verlangen [sei]."[1032] Die Möglichkeiten der Rechtsanwaltsordnung wurden also genutzt, um strengere standes*politische* Vorstellungen – mittelbar also auch den numerus clausus – durchzusetzen.

Das Ehrengericht folgte hier offenbar einer Tendenz im allgemeinen Strafrecht. Das Verbrechen als „fundamentalste Rechtsverletzung" wurde mit der Zuwendung zum Interventionsstaat von dem „bloßen Verstoß" gegen „Interessen", d.h. den Interessen des Anwaltsstandes – verdrängt.[1033]

Seckendorff und der Ehrengerichtshof ließen sich allerdings nicht auf eine solche standespolitische und zugleich sachfremde Argumentation ein. Das Urteil wurde aufgehoben. Im späteren Berufungsurteil fehlten nicht nur gleichgelagerte Argumente, es wurden vielmehr nach den oben angesprochenen Maßstäben, die Umstände des Sachverhaltes anders bewertet.[1034]

1032 Vgl. dazu BArch, R 3005, Nr. 948. In der Akte einliegend – ohne Blattangabe – das Urteil des Ehrengerichts der Anwaltskammer Darmstadt vom 6.11.1909 (hier S. 3). „Der Grossh.[erzogliche] Generalstaatsanwalt hat hervorgehoben, daß die Rechtsanwaltsordnung in § 63 Mittel an die Hand gebe einen Rechtsanwalt wegen Verletzung seines Berufs oder seiner Lebensführung zu bestrafen, ohne ihn gerade auszuschliessen, bei einem Anwärter treffe dies aber nicht zu. Man müsse also für die Zulassung eines Anwärters, namentlich bei dem heutigen Zudrang zur Advokatur, und deren dadurch bedingte Gefährdung möglichste Integrität der Person verlangen. Das Ehrengericht verkennt nicht die Bedeutung dieses Gesichtspunktes. Aber es ist auch abgesehen davon der Auffassung, dass die Voraussetzungen des § 5 [5] Rechtsanwaltsordnung auch für den Antragsteller zutreffen." Die Hervorhebung stammt vom Verfasser.

1033 Allgemein – im Rahmen einer Darstellung über die Strafrechtslehre A. v. Feuerbachs und der Kriminalpolitik F. v. Liszt' in dessen Marburger Programm – dazu: Naucke, Über die Zerbrechlichkeit des rechtstaatlichen Strafrechts, S. 203 ff., 223, 237 ff.

1034 Während in der Eingangsinstanz in der Tatsache, dass der Angeklagte aus dem Staatsdienst ausgetreten war, ein Indiz dafür gesehen wurde, dass dieser damit seinem „Rauswurf" durch ein Disziplinarverfahren zuvorkommen wollte (Urteil des EG, S. 2 R), konnte der Ehrengerichtshof für einen solchen möglichen „Rauswurf" keine Belege finden. Vielmehr konnten die Richter plausibel begründen, dass dies „nicht wahrscheinlich" gewesen sei. Ähnlich verhielt es sich mit anderen Umständen, die das Ehrengericht ‚negativer' gewertet hatte bzw. annahm, obwohl es dafür keine

(3) Religionsneutrale Urteile

Obwohl seit den 1890er Jahren der Antisemitismus (auch) in „Juristenkreisen" weiter vordrang[1035], ließ sich eine Benachteiligung der Angeklagten aufgrund ihrer *jüdischen* Religion durch den von Seckendorff geleiteten Senat nicht feststellen.[1036] Auch die jüdischen Rechtsanwälte bekamen ein faires Verfahren, d.h. ihnen wurde rechtliches Gehör bzw. das letzte Wort gewährt.[1037] Teilweise verhielt es sich so, dass ein jüdischer Rechtsanwalt aufgrund wiederholter Pflichtverletzungen vor dem EGH stand und erst nach mehreren – zum Teil parallelen – Verfahren aus der Rechtsanwaltschaft ausgeschlossen wurde. Auch in diesen Verfahren ist eine religiöse Diskriminierung den Akten nicht zu entnehmen. Vielmehr wurden die jeweiligen Verfahren einzelfallentsprechend abgeschlossen.[1038] Den *Bannstrahl des Ausschlusses* setzten Seckendorff

---

Belege gab, im Einzelnen BArch, R 3005, Nr. 948, Bl. 11 R f. (Gutachten des BE), Bl. 15 f., Bl. 16 R (Urteil).

1035 Vgl. Ormond, a.a.O., S. 335, 492 ff. Ormond bezieht sich dabei auf die Richterschaft. Zur „antijüdischen Ausschlusspraxis" am Reichsgericht – vgl. Müller, a.a.O., S. 131 ff. – und zum Antijudaismus während der Kaiserzeit, Wehler, Gesellschaftsgeschichte, Bd. 3, S. 921 ff., S. 1063 ff.

1036 In BArch, R 3005, Nr. 886, Bl. 56 f. wurde das erstinstanzliche Urteil (Ausschließung) auf Verweis und 1000 M Geldstrafe gemildert. Die Ursachen dafür lagen, wie so oft, sowohl in einer anderen Beweiswürdigung als auch in einer milderen Beurteilung. Während das Ehrengericht aus dem Verhalten des Schwagers des Beschuldigten den Schluss gezogen hatte, es habe „keinen Zweifel" daran, dass der Beschuldigte Mandantengelder verbraucht habe (ebd., Nr. 886, einliegend Urteil des Ehrengerichts), sah sich der Ehrengerichtshof nicht genötigt, diesen Schluss zu ziehen, weil dessen Verhalten „auch einen anderen Grund" gehabt haben könnte (ebd., Bl. 57). Im Übrigen wurde der Gesundheitszustand des Angeklagten zur Tatzeit zugunsten desselben verwertet. Die Erwägungen halten sich also im Rahmen dessen, was auch sonst bei der Überprüfung der erstinstanzlichen Urteile zugrunde gelegt wurde. Hinweise auf eine Diskriminierung des Angeklagten aufgrund seines „mosaischen Glaubens" sind nicht ersichtlich. Zumal auch die Aussage eines jüdischen Zeugen (im Protokoll der Hauptverhandlung, ebd., Bl. 53 R als „mosaisch" bezeichnet) „wesentlich" zu Gunsten des Angeklagten berücksichtigt worden war. Weitere Verfahren, die jüdische Juristen betrafen, finden sich u.a. in ebd., Nr. 729, 780, 838, 867, 1078, 1290.

1037 Vgl. bspw. die Verfahren in BArch, R 3005, Nr. 729, Bl. 28 f.; ebd., Nr. 780, Bl. 18 ff.; ebd., Nr. 867, Bl. 52 ff.; ebd., Nr. 1290, Bl. 108 ff.

1038 Vgl. dazu bspw. BArch, R 3005, Nr. 729 und Nr. 740 (1906); ebd., Nr. 780 und Nr. 792 (1907); ebd., Nr. 867 (1908), Verfahren gegen Hermann Cohén aus Nürnberg. Obwohl der Angeklagte ‚Wiederholungstäter' gewesen und u.a. mehrfach wegen Beleidigungen bzw. Verleumdungen aufgefallen war, hielt der Senat ihm (zunächst)

und seine Kollegen zurückhaltend ein. Ausschlaggebende Argumente waren dafür, wie sonst auch, das bisherige Gesamtverhalten des Angeklagten bzw. die in der Vielzahl der Verstöße liegende fehlende Besserungsfähigkeit und/oder Besserungswilligkeit.[1039] Dieser Umstand spricht letztendlich für eine (religiöse) Gleichbehandlung mit anderen Angeklagten. Im Übrigen wurde die Religionszugehörigkeit nicht nur bei jüdischen, sondern auch bei den andersgläubigen Angeklagten regelmäßig in den Akten vermerkt.[1040] Da hier ebenfalls abweichende Voten des Vorsitzenden fehlen, kann eine übereinstimmende Haltung

zugute, dass er im Verfahren Nr. 792 zwar den Anstand verletzt hatte, die Absicht der Beleidigung aber nicht das treibende Motiv hinter seinem Handeln gewesen sei. Dies ließ sich in der mündlichen Verhandlung vor dem Ehrengerichtshof nicht belegen, ebd., Nr. 792 Bl. 26 R., 28 f. Siehe dazu sogleich auch das Verfahren ebd., Nr. 867.

1039 Im Einzelnen zur Abwägung BArch R 3005, Nr. 867, Bl. 49 ff. (Gutachten des Berichterstatters). Dort wird darauf verwiesen, dass die einzelnen angeklagten Taten an sich auch mit einem mit Geldstrafe gekoppeltem Verweis abgegolten werden könnten. Allerdings scheide das hier aus, weil das Gesamtverhalten gewürdigt werden müsse und sich der Angeklagte durch die früheren Strafen nicht gebessert habe. Das Urteil (Bl. 54 f.) spricht die schlechte Zukunftsprognose als erschwerenden Umstand allerdings nicht ausdrücklich an. Das ist aber aufgrund anderer Verfahren zu vermuten, vgl. etwa ebd., Nr. 785, Bl. 27 ff., Bl. 29 R, 30, 30 R; ebd., Nr. 910, Bl. 134 ff., Bl. 136 R. Die Religionszugehörigkeit spielte bei der Beurteilung des Falles allerdings keine Rolle. Interessant ist in diesem Zusammenhang auch die Entscheidung in ebd., Nr. 687 vom 14.12.1904, die noch unter Reichsgerichtspräsident Gutbrod gefällt wurde: Der Angeklagte, ein Berliner Rechtsanwalt, hatte Streitigkeiten mit seinen Kollegen und warf dem Vorstand der Berliner Anwaltskammer u.a. Parteilichkeit zugunsten von jüdischen Rechtsanwälten vor. In diesem Zusammenhang und in seiner Berufungsrechtfertigung kam es zu einigen antijüdischen Äußerungen (Bl. 23 R, „auch Herr von Simson [hat] jüdisches Blut in den Adern"; Bl. 11, „Dr. Cannedt ist getaufter Jude"; Bl. 14 R, „Wer die Berliner Anwaltsverhältnisse kennt, wird mein Verhalten nicht mißbilligen und mir nicht Unrecht geben."). Im Urteil (Bl. 27 f.) wird das Verhalten des Angeklagten als „ungehörig" und „wenig geschmackvoll" gerügt und das Strafmaß (Verweis, weil nicht ehrengerichtlich vorbestraft) des Ehrengerichts bestätigt. Auch hier ist keine antisemitische Parteilichkeit ersichtlich. Der Angeklagte stand später immer wieder vor dem Ehrengerichtshof, etwa ebd., Nr. 945 (1911) oder Nr. 1609 (1923).

1040 Siehe etwa ebd., Nr. 712, Bl. 7 („katholisch"); ebd., Nr. 772, Bl. 14 („evangelisch"); ebd., Nr. 785 Bl. 14, („französisch-reformiert"; siehe dazu auch die vorherige Fußnote); ebd., Nr. 793, Bl. 3 („evangelisch"); ebd., Nr. 1078, Bl. 14 („evangelisch – früher jüdisch –").

vorausgesetzt werden.[1041] Insoweit kann die Rechtsprechung und damit auch Seckendorffs Haltung als religionsneutral bezeichnet werden.

(4) Patriotismus – kriegsbedingte Veränderungen

Einige Urteile legen allerdings nahe, dass auch die Rechtsprechung des Ehrengerichtshofs –im Einklang mit der Rechtsprechung des IV. Zivilsenats[1042] – vom Kriegsverlauf patriotisch überformt und in diesem Sinne ebenfalls politisch wurde. Zwar scheint der Reichsgerichtspräsident nicht sonderlich ‚kriegsbegeistert'[1043] gewesen zu sein, wenn er von einer „von Kriegsgetöse und Unrecht erfüllten Gegenwart" sprach.[1044] Nichtsdestoweniger zeigt sich am Argumentationshaushalt einiger Entscheidungen eine deutliche Betonung des nationalen Gedankens. Beleg hierfür ist der Umstand, dass die Urteile der Erstinstanz bestätigt bzw. sogar verschärft wurden: ein Rechtsanwalt, der aufgrund einer „deutschfeindlichen" Kundgebung in der ersten Instanz lediglich zu einer Gefängnisstrafe von 8 Monaten verurteilt worden war, wurde im Ergebnis ausgeschlossen.[1045] Hauptsächlich deswegen, weil sich *„der Stand*

1041 Ein interessanter – zivilrechtlicher – Fall befindet sich in BArch, R 3002, Prozessakte Nr. 11025. Den Vorsitz führte der Reichsgerichtspräsident. Diese Entscheidung wurde von Wilhelm Kahl in der JW 1917, S. 765 f. besprochen. Das Urteil behandelt die Frage, ob in der Nichterfüllung des Versprechens zur jüdischen Konfession überzutreten ein „Scheidungsgrund" gesehen werden könne. In der Akte befindet sich kein separates Votum. Der Senat düfte daher in Übereinstimmung mit dem Reichsgerichtspräsidenten geurteilt haben. Ferner fehlen in der Akte Belege für antisemitische Äußerungen der Reichsgerichtsräte. Für diese Deutung spricht ebenfalls die Besprechung durch Kahl: dieses Urteil beanspruche unabhängig von der konkreten Konfession Geltung, da die tatbestandlichen Voraussetzungen des § 1568 BGB – ehrloses, unsittliches Verhalten oder Verletzung, der durch die Ehe begründeten Pflichten – nicht vorlagen.

1042 Vgl. dazu die Entscheidung in RGZ 87, 109 ff. („Vornamensfall"), siehe oben Drittes Kapitel, B. III. 3.

1043 Allgemein und differenzierter zur „Auguststimmung von 1914", Wehler, Gesellschaftsgeschichte, Bd. 4, S. 14 ff.

1044 BArch, R 3002, PA Nr. 790, Bd. 2, Bl. 61, 61 R. Dort befindet sich ein Schreiben an den Schriftleiter der DJZ, Dr.iur. O. Liebmann, vom 5. November 1915. Indizien ergeben sich auch aus dem Vorgang in BArch, R 3002, Gen. Nr. 107, Bl. 119 ff. Dort begrüßte er den Ausfall von Feierlichkeiten aufgrund des Krieges.

1045 Karl Liebknecht war hingegen 1907 zu 18 Monaten Haft verurteilt worden und dennoch 1908 nicht aus der Rechtsanwaltschaft ausgeschlossen worden. Zudem wurde in jenem Rahmen diskutiert, ob überhaupt ein strafrechtlicher Verstoß eine ehrengerichtliche Bestrafung notwendig mache.

der Rechtsanwälte [...] nicht dem Vorwurf aussetzen dürfe, in der jetzigen Zeit der Bedrängnis des Reichs auch vor der Öffentlichkeit zu Reichsfeinden gestempelte Personen in seinen Reihen zu dulden". Auffallend daran ist, dass die üblichen Argumentationsmuster, welche sonst zu einer milderen Bewertung der Tat führen konnten, wie etwa die fehlenden ehrengerichtlichen Vorstrafen, (so) nicht mehr angewendet wurden.[1046] Anders lautende Voten Seckendorffs lassen sich den Akten nicht entnehmen, so dass von einer einstimmigen politischen Stimmung im Senat ausgegangen werden kann.

(5) Zusammenfassung: Seckendorffs anwaltsfreundliche Haltung

Durch seinen Arbeitseinsatz im Ehrengerichtshof hatte sich Seckendorff Ansehen und Respekt erworben. Im Gegensatz zu den Zivilverfahren befinden sich in den ehrengerichtlichen Akten nur wenige Anmerkungen oder Voten des Reichsgerichtspräsidenten. Es ist daher davon auszugehen, dass Seckendorff im konkreten Verfahren typischerweise mit seinen Kollegen übereinstimmte. Die zeitgenössischen Aussagen, Seckendorff sei ein „Menschenfreund" mit „Geduld" für den Angeklagten gewesen, lassen sich anhand der untersuchten Urteile bestätigen und konkretisieren. Die Spruchtätigkeit des Senats war durch milde und religionsneutrale Urteile gekennzeichnet.

1046 Im Einzelnen dazu BArch, R 3005, Nr. 1321, Bl. 20 ff. (Gutachten des BE), Bl. 27 f. (Urteil). Die Hervorhebung stammt vom Verfasser. Dabei wurde außerdem im Gegensatz zu ebd., Nr. 882, Bl. 19 f., Bl. 19 R – wo u.a. darauf hingewiesen wurde, dass eine Pflichtverletzung auch „voraussehbar" sein müsse, also auf Merkmale der subjektiven Zurechnung verwiesen worden ist – der Einwand nicht berücksichtigt, dass das Gespräch ursprünglich einen vertraulichen Inhalt gehabt hatte. Mit anderen Worten: der Betroffene habe nicht unbedingt mit einer „Verbreitung" rechnen müssen. Der Angeklagte war nicht vorbestraft. Siehe dazu außerdem das Verfahren in ebd., Nr. 1319, Bl. 23 R. ff. Der Angeklagte war aus dem Elsass in die Schweiz geflohen. Ihm wurde u.a. ein Verstoß gegen eine kaiserliche Verordnung vorgeworfen, die alle im Ausland lebenden Deutschen zur Rückkehr ins Inland verpflichtete. Die Entschuldigungsgründe des Angeklagten, er sei krank und stünde auf einer „schwarzen Liste", wurden i.E. nicht akzeptiert. Letzten Endes habe er „Fahnenflucht" begangen, vgl. ebd., Nr. 1319, Bl. 23 R ff., 24, 26 R (Gutachten des BE). Der Angeklagte sei zwar bisher ehrengerichtlich nicht bestraft, es gebe aber „Verfehlungen, die auch als erstmalige nicht zu entschuldigen sind [...]" (Bl. 21, 26). Dementsprechend werden die fehlenden ehrengerichtlichen Vorstrafen im Urteil nicht zugunsten des Angeklagten erwähnt und verwertet. Im Übrigen habe er durch sein Verhalten das „allgemeine Gefühl" verletzt, (Urteil, Bl. 29 ff.). Die Urteile in beiden Verfahren ergingen am gleichen Tag, am 8. April 1916.

So wurde den Angeklagten u.a. bei fehlenden ehrengerichtlichen Vorstrafen bzw. einer guten Zukunftsprognose eine „zweite Chance" gewährt. Seckendorff vertrat keine vorschnellen bzw. vorgefestigten Ansichten und legte Wert auf das Verhalten des Beschuldigten vor dem Ehrengerichtshof. Eine Benachteiligung von jüdischen Rechtsanwälten durch den von Seckendorff geleiteten Senat ließ sich nicht feststellen. Überhaupt kann Seckendorff als *Freund* des Anwaltsstandes bezeichnet werden. Dies belegt nicht nur Seckendorffs Beteiligung an den vorerwähnten Urteilen, sondern auch seine Amtsführung am Reichsgericht.[1047] Zur Bestätigung kann auch die *Juristische Wochenschrift* – das Organ des Deutschen Anwaltsvereins – herangezogen werden. Diese veröffentlichte mehrfach Glückwünsche an den Reichsgerichtspräsidenten.[1048] Dieser Umstand war angesichts des zeitweilig schlechten Verhältnisses zwischen Richterstand und Rechtsanwaltschaft[1049] nicht unbedingt eine Selbstverständlichkeit.[1050] Allerdings hatte der erste Weltkrieg Auswirkungen auf die Rechtsprechungspraxis. Milderungsgründe, die üblicherweise einer Bestätigung des erstinstanzlichen Urteils entgegengestanden hätten, wandte der Senat aus politischen Gründen (so) nicht mehr an. An einem weiteren Verfahren, dem Verfahren gegen Dr. Karl Liebknecht, zeigt sich indes, wie stark die im Senat vertretenen Ansichten voneinander abweichen konnten. Hier war der Reichsgerichtspräsident dem Berichterstatter entgegengetreten.

1047 Dazu siehe u.a. Viertes Kapitel, B. II., III., C. II. 2. a.

1048 Beispielsweise Anonym, JW 1914, S. 993 und Anonym, JW 1915, S. 1229.

1049 Vgl. Ostler, a.a.O., S. 129 ff. Die Ausführungen Ostlers beziehen sich im Wesentlichen auf das Verhältnis Dt. Richterbund mit seiner DRiZ – der in dem Rechtsanwalt den „geborenen Feind des Richterstandes" sah – zur Rechtsanwaltschaft, das die Beziehung zwischen den Berufen zeitweilig „vergiftete". Er betont allerdings auch, dass sich seine Ausführungen nur auf einzelne Richter, nicht auf *die* Richter bezogen. Auch der Reichsgerichtspräsident kann nach dem zuvor Gesagten zu den „Freunden" des Anwaltsstandes gezählt werden.

1050 Für seine Teilnahme am Anwaltstag in Leipzig 1907 erntete er Lob, währenddessen das RJA dafür kritisiert wurde, dass es keinen Vertreter entsandt hatte. Dies sei eine „Nichtachtung gegenüber der deutschen Anwaltschaft", vgl. Magnus, JW 1907, S. 728.

4) *Ein Politikum – das Verfahren gegen Karl Liebknecht im Jahr 1908*

„Lebensgefährlich wird die Chose nicht – ein Jahr Festungshaft und Herausschmiß aus der Anwaltsschaft“[1051]

– Karl Liebknecht 1907 –

„Ich komme deshalb zur Ausschließung des Angekl.[agten] aus der Rechtsanwaltschaft [...]“[1052]

– Rudolf von Seckendorff 1908 –

a) Die politische Vorgeschichte – das Hochverratsverfahren 1907

Der Vereinigte II. und III. Strafsenat des Reichsgerichts hatte Karl Liebknecht am 12. Oktober 1907 für dessen Manuskript „Militarismus und Antimilitarismus“ wegen Vorbereitung eines hochverräterischen Unternehmens zu eineinhalb Jahren Festungshaft verurteilt.[1053] Welche Bedeutung dieses Verfahren für die ‚Reichsregierung‘ besaß, wird an folgender Anekdote deutlich: Reichskanzler Bülow schlug Oberreichsanwalt Olshausen, der als Chefankläger im Strafverfahren fungiert hatte, anlässlich seines Ausscheidens aus der Reichsanwaltschaft für eine Auszeichnung vor. In seiner Begründung verwies er auch auf dessen Rolle im Strafprozess gegen Liebknecht, denn es sei *„wesentlich dem thatkräftigen und geschickten Eingreifen des Dr. O l s h a u s e n zuzuschreiben, wenn der Verbrecher eine strenge Bestrafung gefunden“* habe.[1054]

1051 Laschitza, Die Liebknechts, S. 130.

1052 BArch, R 3005, Nr. 869, Bl. 34 R.

1053 Vgl. Laschitza, Die Liebknechts, S. 121 ff., insbes. S. 130 ff.; Trotnow, Liebknecht, S. 73 ff., insbes. S. 78 ff. Liebknecht prangerte darin den „militaristischen Geist“ an, der durch die Weltmachtpolitik der europäischen Mächte immer mehr in die Gesellschaft – u.a. in Form von „Kriegsbegeisterung“ und Nationalismus – eingedrungen war. Die Schrift sollte Liebknechts Forderung nach einer speziellen Agitation gegen den Militarismus theoretisch und praktisch erläutern sowie begründen. Angesichts der raschen Verbreitung der Schrift unter den Sozialisten im In- und Ausland drängte das preußische Kriegsministerium auf einen schnellen Hochverratsprozess gegen Liebknecht vor dem Reichsgericht. Die Anklage wurde mit dem hinreichenden Tatverdacht bezüglich einer Tat gemäß § 86 RStGB in Verbindung mit § 81 Nr. 2, 82 RStGB begründet, wobei ihm der Vorwurf gemacht wurde, er habe durch die Schrift ein „hochverräterisches Unternehmen“ in dem Sinne vorbereitet, er wolle die Verfassung des Reichs durch Abschaffung des Heeres gewaltsam ändern.

1054 Zu dem Vorgang siehe GStA PK, Rep. 89, Nr. 16878, Bl. 5 ff. Olshausen wechselte mit Beginn des Jahres 1908 aus gesundheitlichen Gründen – womöglich auch aufgrund der Ereignisse im Strafverfahren gegen Karl Liebknecht – in die „ruhigere Stellung

In den Tagen des Hochverratsprozesses herrschte auf den Gängen und Treppen des Reichsgerichtsgebäudes „lebhafte Bewegung". Vor dem Gericht hielten sogar Schutzmannposten Wache.[1055] Auch der Reichsgerichtspräsident war sich der Öffentlichkeitswirkung des Verfahrens sehr bewusst, weil er das Gebäude für das Publikum öffnete. Zwar bestimmt – allgemein gesehen – das jeweilig ‚erkennende Gericht' über den möglichen Ausschluss der Öffentlichkeit in einem Verfahren, der Reichsgerichtspräsident besaß allerdings selbstverständlich das Hausrecht im Reichsgerichtsgebäude.[1056]

Das sich später an diesen Prozess anschließende ehrengerichtliche Verfahren wurde offenbar deshalb eingeleitet, weil Karl Liebknecht in seiner wirtschaftlichen Existenz getroffen werden sollte.[1057] Zunächst lehnte allerdings das Ehrengericht der Berliner Anwaltskammer die Eröffnung eines Hauptverfahrens ab. Erst nach sofortiger Beschwerde der Staatsanwaltschaft gemäß § 69 RAO wurde das ehrengerichtliche Verfahren durch Beschluss des zuständigen Senats beim Kammergericht im März 1908 eröffnet.[1058]

Das von Dr. Paul (von) Krause[1059] geleitete Kollegium untersuchte – bei Bindung an die strafrechtlichen Feststellungen – ob in dem Abfassen und Verbreiten der Druckschrift ein „bewusstes Auflehnen gegen die staatliche Rechtsordnung bestanden" und dabei eine unehrenhafte Gesinnung vorgelegen hatte (dann läge ein Pflichtenverstoß vor), oder ob dieses Handeln noch von der politischen Meinungsfreiheit gedeckt war.[1060] Liebknecht selbst vermutete damals einen „Rausschmiss aus der Anwaltschaft"[1061], da er „höhere Stellen" hinter dem

---

eines Senatspräsidenten" (Bl. 6). Näheres zu Olshausen bei Müller, a.a.O. S. 90. Die kursive Hervorhebung stammt vom Verf.

1055 Vgl. Laschitza, Die Liebknechts, S. 133; Trotnow, a.a.O., S. 83; LNN, Nr. 281, vom 10.10.1907, S. 2.

1056 Vgl. etwa BArch, R 3002, Gen. Nr. 107. Darin ging es u.a. um die Nutzung der großen Halle des Reichsgerichts für die Paroleausgabe der Garnison.

1057 Vgl. Trotnow, a.a.O. S. 85. Im Übrigen wird diese Vermutung bereits in der zeitgenössischen Presse geäußert, bspw. LVZ, Nr. 237, vom 12.10.1908 (Leitartikel „Liebknecht").

1058 BArch, R 3005, Nr. 869, Bl. 28 (Bericht); LVZ, Nr. 237, vom 12.10.1908 (Leitartikel „Liebknecht").

1059 Zu diesem Luckemeyer, „Krause, Paul von", in: Neue Deutsche Biographie 12 (1979), S. 708 f. [Onlinefassung].

1060 Näheres in BArch, R 3005, Nr. 869, Bl. 3 ff. (Abschrift des ehrengerichtlichen Urteils 1. Instanz).

1061 Vgl. Laschitza, Die Liebknechts, S. 130.

ehrengerichtlichen Verfahren vermutete.[1062] Allerdings war er am 29. April 1908 vom Ehrengericht frei gesprochen worden. Vor allem aufgrund des Ergebnisses der Hauptverhandlung und der *„Kenntnis von der Persönlichkeit des Angeschuldigten"* nahm das Ehrengericht an, dass er nicht bewusst gegen das Gesetz verstoßen und sich bei seinen Handlungen auch nicht von einer unehrenhaften Gesinnung habe leiten lassen.[1063] Gegen dieses Urteil legte der zuständige Oberstaatsanwalt kurz darauf Berufung zum Ehrengerichtshof ein.[1064]

b) Das Berufungsverfahren vor dem Ehrengerichtshof

aa) Ein faires Verfahren?

Obwohl das ursprüngliche ehrengerichtliche Verfahren erst aufgrund der sofortigen Beschwerde der Staatsanwaltschaft eröffnet worden war, lässt sich dem untersuchten Aktenmaterial keine Beeinflussung des Reichsgerichts durch andere (Reichs-) Behörden, d.h. kein rechtstaatswidriger Verfahrensablauf entnehmen.

Der Reichsgerichtspräsident behandelte den Angeklagten Liebknecht fair: so beantwortete er Briefe des Angeklagten postwendend, bisweilen am Tag des Posteingangs. Er bemühte sich also um einen zügigen Ablauf und hielt Liebknecht nicht durch ‚Nadelstiche' hin.[1065] Auf Bitten Liebknechts informierte

1062 Gegenüber einem Parteifreund äußerte er den Verdacht, dass auch „Seine Majestät" hinter der Sache steckte, Trotnow, a.a.O., S. 86.

1063 Zu den weiteren Einzelheiten siehe BArch, R 3005, Nr. 869, Bl. 7: „*Entscheidend* aber fiel für die Feststellung des Ehrengerichts ins Gewicht, daß seine Mitglieder den Angeschuldigten als einen Charakter kennen, in dessen Wahrheitsliebe kein Zweifel zu setzen ist. Das Ehrengericht hält es für ausgeschlossen, daß der Angeschuldigte sich durch unwahre Erklärungen den Konsequenzen seiner politischen Tätigkeit zu entziehen suche und hat deshalb seiner Versicherung, daß er von der gesetzlichen Zulässigkeit der von ihm betriebenen Propaganda und der Veröffentlichung seiner Schrift überzeugt gewesen sei, vollen Glauben geschenkt. […] Das Ehrengericht ist darüber hinaus *aufgrund des Ergebnisses der Hauptverhandlung und auf Grund seiner Kenntnis der Person des Angeschuldigten* zu der positiven Feststellung gelangt, daß der Angeschuldigte *ausschließlich* von politischen Motiven zur Veröffentlichung seiner Schrift bestimmt worden ist und daß er damit nichts anderes bezweckt hat, als den Zielen seiner Partei und damit – nach seiner Ueberzeugung – dem Volkswohl zu dienen. Deshalb fällt trotz der an sich schweren strafrechtlichen Verfehlung des Angeschuldigten auf seinen Charakter kein Makel […]", (Bl. 7). Auf dieses Urteil war man innerhalb der Berliner Anwaltschaft sehr „stolz", vgl. Anonym, JW 1918, S. 759. Die Hervorhebungen stammen vom Verf.

1064 Vgl. BArch, R 3005, Nr. 869, Bl. 28 (Bericht).

1065 Vgl. BArch, R 3005, Nr. 869, Bl. 12 f.

er diesen u.a. über die Besetzung des Gerichts, obwohl eine dem § 222a StPO vergleichbare Vorschrift damals (noch) nicht existierte.[1066] Auch sonst verhielt sich der Reichsgerichtspräsident ihm gegenüber sachlich und entgegenkommend.[1067] Der eigentlich seit 1908 am Ehrengerichtshof tätige Reichsgerichtsrat Ebermayer wurde für die Verhandlung von RGR Maenner ersetzt, wahrscheinlich weil ersterer als Mitglied des III. Strafsenats auch an der (strafgerichtlichen) Verurteilung Liebknechts beteiligt gewesen war. Die Umsetzung Ebermayers erfolgte vermutlich – wie üblich – durch Präsidiumsbeschluss.[1068] Von einer Politisierung des Reichsgerichtspräsidenten durch die Vorgeschichte des Verfahrens ist hiernach nichts ersichtlich.

bb) Divergierende Voten – Seckendorff contra Berichterstatter

An den einzelnen Voten wird aber nichtsdestoweniger eine unterschiedliche Auffassung über die Stellung und den Beruf des Rechtsanwaltes deutlich.

(1) Das Votum des Berichterstatters Bernhardi

Der Berichterstatter, Reichsgerichtsrat Dr. Bernhardi, votierte darauf, die Berufung der Staatsanwaltschaft zu verwerfen, weil aus seiner Sicht in dem Verhalten

1066 Vgl. BArch, R 3005, Nr. 869, Bl. 13.

1067 Dies wird im Übrigen durch eine Gesamtschau der beiden Verfahren gegen Liebknecht vor dem Ehrengerichtshof deutlich. Zu dem späteren Verfahren (1914), BArch, R 3005, Nr. 1037. In jenem Verfahren kam der Reichsgerichtspräsident den Wünschen Liebknechts ebenfalls entgegen. Ein zunächst für September 1914 angesetzter Verhandlungstermin war aufgehoben worden. Als Liebknecht die Gründe zu erfahren wünschte und eine „schleunige Anberaumung" beantragte, beantwortete der Reichsgerichtspräsident auch dieses Schreiben unmittelbar am Eingangstag. Dabei stellte er einen Verhandlungstermin für den 3. Oktober 1914 in Aussicht, den Liebknecht aber nicht wahrnehmen konnte, BArch, R 3005, Nr. 1037, Bl. 43 f. 1916 erbat dessen Bruder, Theodor L., beim Reichsgericht die von Karl L. eingereichten Schriftsätze, da er sie „dringend" benötigte. Dieser Bitte wurde durch Seckendorff am darauffolgenden Tag entsprochen. Zu den Schriftsätzen gehörte interessanterweise auch die „Rechtfertigungsschrift" in diesem Verfahren, ebd., Nr. 1037, Bl. 77. Eine ‚höfliche' Verfahrensgestaltung zeigt sich auch in anderen Verfahren, vgl. ebd., Nr. 858, Bl. 3 f.

1068 Zur Besetzung des EGH – Maenner (1905–1907), Ebermayer (1908–1910), siehe Lobe, a.a.O., Anlage VIII, S. 432. Zur Besetzung des III. Strafsenats, ebd., Anlage II, S. 395. Zum Austausch der Besetzung siehe BArch, R 3005, Nr. 869, Bl. 33 (und § 90 III RAO iVm §§ 62 f. GVG).

Liebknechts kein Pflichtenverstoß zu sehen sei.[1069] Er bemühte sich in seinem Votum darum, das Verfahren zu *entschärfen*. Bei der Beurteilung des Falles müsse „der Zorn und der Abscheu gegen Wesen und Ziel der revolutionären Sozialdemokratie" außer Acht bleiben.[1070]

Da Karl Liebknecht „die Tat" – das Verbreiten des Schriftstücks – nicht im Rahmen seiner anwaltlichen Tätigkeit begangen hatte, war für Bernhardi nur relevant, ob Liebknecht gegen die „außerberuflichen" Pflichten des Rechtsanwalts verstoßen hatte.[1071] Allerdings stand für den Berichterstatter ein „bewusster Verstoß" gegen das Strafgesetzbuch, anders als für das Ehrengericht, fest.[1072] Diese Feststellung war für ihn aber lediglich für das Strafmaß entscheidend, wenn Liebknecht überhaupt ehrengerichtlich strafbar war.[1073] Ehrengerichtlich strafbar war er nach alledem nur dann, wenn sein Verhalten zu einer „Achtungsverletzung" bzw. zu einem Achtungsverlust führte.[1074]

Im Kern behandelte das Gutachten die Fragen, ob erstens ein (strafrechtlicher) Gesetzesverstoß ausreichte, um einen Achtungsverlust zu begründen und zweitens inwieweit dabei auch die Bewertung der Straftat bei der Beurteilung der Pflichtverletzung (der anwaltlichen „Würde") eine Rolle spielen durfte. Und drittens, war eine andere Bewertung angezeigt, weil es sich bei einem Rechtsanwalt um ein Organ der Rechtspflege handelt?

1) Für Bernhardi reichte ein „bloßer" strafrechtlicher Verstoß allerdings nicht aus. An den Rechtsanwalt seien zwar grundsätzlich hohe Anforderungen zu stellen, da er eine Vertrauensperson sei, „deren Redlichkeit, Zuverlässigkeit und Gewissenhaftigkeit keinem Zweifel ausgesetzt werden" dürfe. Gleichwohl führe ein Verstoß gegen Strafgesetze aber nicht „unbedingt" und „ohne weiteres" zu einem Achtungsverlust, da es Taten gebe, die das Gesetz zwar mit Strafe bedrohe, ohne dass damit aber zugleich ein Verlust der Wertschätzung eintrete. Es sei nämlich möglich, dass ein ehrenhafter Mann „*absichtlich*" gegen das Gesetz verstoße, wenn für diesen ein höherer Beweggrund vorliege, dass er selbst seine Bestrafung dem „höheren Zweck" unterordne, um diesen zu erreichen. In solchen Fällen brauche er damit noch „*keineswegs* in der Achtung

---

1069 Vgl. BArch, R 3005, Nr. 869, Bl. 29 ff. (Votum Bernhardi). Zu Bernhardi siehe Lobe, a.a.O., Anlage I, S. 371.

1070 Vgl. BArch, R 3005, Nr. 869, Bl. 30 R, 31.

1071 Vgl. BArch, R 3005, Nr. 869, Bl. 30.

1072 Vgl. BArch, R 3005, Nr. 869, Bl. 29 R. Er belegte seine Behauptung mit einem Beispiel, das die Glaubhaftigkeit der Angaben Liebknechts erschüttern sollte.

1073 Vgl. BArch, R 3005, Nr. 869, Bl. 29 R.

1074 Vgl. BArch, R 3005, Nr. 869, Bl. 30.

seiner Mitmenschen zu sinken."[1075] Es kam für Bernhardi also maßgeblich auf den Beweggrund des Handelnden an. War der Beweggrund ‚ehrenhaft', lag kein anwaltlicher Pflichtenverstoß vor.

Beispielhaft führte der Berichterstatter u.a. das Verhalten von katholischen Geistlichen während der Kulturkampfära an, die absichtlich gegen die Kirchengesetze verstießen, weil sie deren Befolgung als im Widerspruch mit ihren Pflichten als Katholiken verstanden und dennoch, selbst in den Augen der Protestanten, keinen Achtungsverlust erlitten hatten.[1076]

2) Im Übrigen betonte Bernhardi, dass „besonders vorsichtig", also gewissermaßen objektiv entschieden werden müsse. Seine Abneigung vor der Sozialdemokratie konnte er gleichwohl nicht verbergen.[1077] Die Verwerflichkeit der politischen Überzeugungen – mit anderen Worten also die Strafbarkeit nach § 86 RStGB – müsse deshalb bei der Beurteilung der „Achtungsverletzung" außer Betracht bleiben.[1078] Diese Wertung klang schon bei dem zuvor genannten Beispiel aus der Kulturkampfära an. Es müsse also lediglich die „Achtung" abstrakt, d.h. losgelöst von der Straftat, unpolitisch beurteilt werden. Maßstab dafür war dann offenbar der zuvor erwähnte „höhere Zweck". Bernhardi sah in Liebknecht einen Sozialdemokraten aus *Überzeugung*, der die Erreichung seines Ziels für das „Volkswohl und den allgemeinen Weltfrieden" für dienlich halte.[1079] Aufgrund *dieser* Gesinnung und politischen Ansichten könne ihm aber nicht die Achtung verwehrt werden, die der Beruf des Rechtsanwalts erfordere. Das sei anerkannte Rechtsprechung des Ehrengerichtshofes.[1080] Anscheinend hielt

---

1075 Vgl. BArch, R 3005, Nr. 869, Bl. 30. Hervorhebungen vom Verfasser.

1076 Vgl. BArch, R 3005, Nr. 869, Bl. 30 R.

1077 Vgl. BArch, R 3005, Nr. 869, Bl. 30 R. Man könne kaum glauben, dass ein „anderer *ehrenhafter* Mensch" mit Überzeugung und Begeisterung die Ziele der Sozialdemokratie verfolge. Hervorhebung vom Verfasser.

1078 Vgl. BArch, R 3005, Nr. 869, Bl. 31, 31 R. „[Es] muß ganz abgesehen werden von der Billigung oder Mißbilligung der politischen Ansichten, die den Beweggrund zu der strafbaren Tat gebildet haben, und die Frage ist nur dahin zu stellen: Macht sich der Rechtsanwalt, der gegen § 86 StGB verstößt und deshalb bestraft wird, der Achtung unwürdig, die sein Beruf erfordert? [...] Wenn nun nach dem Ausgeführten die Verwerflichkeit der politischen Überzeugungen des Angeklagten bei der Beurteilung seines Verhaltens ausscheiden muß [...]."

1079 Vgl. BArch, R 3005, Nr. 869, Bl. 30 R. Ähnlich auch seine Ausführungen am Ende des Gutachtens, ebd., Nr. 869, Bl. 31 R.

1080 Vgl. BArch, R 3005, Nr. 869, Bl. 30 R.

auch Bernhardi die Handlungen Liebknechts objektiv für ehrenwert, weil er das „Volkswohl" fördern wollte.

3) An dieser Beurteilung würde auch die Stellung als *Organ der Rechtspflege* nichts ändern. Der Berichterstatter zog einen Vergleich zu den Konsequenzen, die Beamte in vergleichbaren Situationen zu erwarten hätten. Bei bestimmten politischen Straftaten wie bei Verstößen gegen § 86 RStGB könnten diese aber „*allein* nach dem Strafgesetz „*möglicherweise*" noch im Amt belassen werden, obwohl sie als Staatsorgane einen Diensteid zur „gewissenhaften Beobachtung" der Verfassung geschworen hatten.[1081]

In einer Art Erst-Recht-Schluss legte er dar, dass dies auch für den Rechtsanwalt gelten müsse: der Rechtsanwalt sei kein öffentlicher Beamter mehr[1082] und sein Eid beinhalte demzufolge auch keine gleichlautende Verpflichtung.[1083] Im Übrigen legte er dem Organbegriff weniger Bedeutung bei. Während die Berufungsschrift darauf hinwies, dass der Rechtsanwalt „als mitwirkendes Organ der Rechtspflege" selbst nicht gegen bestehende Strafgesetze verstoßen dürfe und zugleich andere davor zu bewahren habe, die Gesetze zu übertreten, zog er einen Vergleich zu anderen Organen der Rechtspflege. Richter und Staatsanwälte strafen andere „wegen Gesetzesverletzungen". Deren Ansehen würde beeinträchtigt, wenn sie selbst die Gesetze überträten. Der Anwalt habe aber den Angeklagten lediglich zu verteidigen. Er habe nicht die Pflicht, andere vor Übertretungen der Gesetze zu bewahren. Seine zivilrechtliche Tätigkeit habe auf die Organstellung „wohl" keine Auswirkungen.[1084] Ein Gesetzesverstoß durch den Rechtsanwalt hatte demnach – anders als bei einem Staatsanwalt oder Richter – nicht notwendig einen Einfluss auf dessen „Achtung". Diese zwischen den Zeilen zu lesende Argumentation deckt sich mit seiner Ansicht, dass ein Verstoß gegen ein Strafgesetz nicht „unbedingt" zu einem Achtungsverlust führen müsse. Besondere

---

1081 Vgl. BArch, R 3005, Nr. 869, Bl. 31. § 81 III RStGB sah im Gegensatz zu § 86 RStGB die Möglichkeit vor, auf Verlust der öffentlichen Ämter zu erkennen („Neben der Festungshaft kann auf Verlust der bekleideten öffentlichen Ämter [...] erkannt werden."). Ein Verlust des Amtes durch ein paralleles Disziplinarverfahren blieb gleichwohl möglich.

1082 Dazu siehe Ostler, a.a.O., S. 18.

1083 Vgl. BArch, R 3005, Nr. 869, Bl. 31.

1084 Vgl. BArch, R 3005, Nr. 869, Bl. 31 R. „Dieser Satz ist m.E. nur unter großen Einschränkungen richtig. Er trifft zu auf Staatsanwälte und Richter, die andere wegen Gesetzesverletzungen strafen sollen und deren Ansehen natürlich sehr beeinträchtigt wird, wenn man ihnen vorwerfen kann, daß sie selbst die Gesetze übertreten haben [...]."

Schranken seien dem Rechtsanwalt bei „Betätigung seiner Ideale" aber lediglich in seinem Verhalten gegenüber anderen Beamten, also begrenzt, auferlegt.[1085]

Bernhardi kam daher zu dem Ergebnis, Liebknecht habe sich durch das Verbreiten seiner Schrift, weil er überzeugt gewesen sei, damit einen „guten Zweck" – d.h. die Förderung von „Volkswohl" und „Weltfrieden" – zu verfolgen, nicht „unwürdig" verhalten. Auch das freisprechende Urteil des Ehrengerichts bestätige, dass er in der Achtung seiner Standesgenossen nicht gesunken sei. Seine „Parteigenossen" werden ihn „verehren", auch seine politischen Gegner werden ihm aber die „persönliche Achtung" nicht absprechen können.[1086] Das Votum des Berichterstatters war letzten Endes ein Plädoyer für die politische Bewegungsfreiheit des Rechtsanwalts.

(2) Das Votum des Reichsgerichtspräsidenten

Rudolf von Seckendorff konnte sich diesem Votum allerdings nicht anschließen, er trug – zumindest vorläufig – „wesentliche Bedenken" gegen die Meinung des Berichterstatters vor und bejahte im Ergebnis eine „Achtungsverletzung". Diese folgte für ihn aus der „erlittenen Bestrafung" wegen Vorbereitung eines hochverräterischen Unternehmens.[1087] Im Kern behandelte sein Votum die Gesinnungsfreiheit sowie die Grenzen der politischen Betätigungsfreiheit des Rechtsanwaltes, wobei er die Organstellung stärker als der Berichterstatter gewichtete.

1) Aus einer bewusst begangenen schweren Straftat folgte für diesen ein „Achtungsverlust". Im Gegensatz zu Bernhardi[1088] sah er in dem „Bewusstsein" eine Voraussetzung für die ehrengerichtliche Bestrafung und nicht nur eine Frage des Strafmaßes.[1089]

„Selbstverständlich" sei der Rechtsanwalt in seiner politischen Gesinnung frei, deren *Betätigung* aber gleichwohl an „gewisse Schranken" gebunden.[1090]

1085 Vgl. BArch, R 3005, Nr. 869, Bl. 31 R.

1086 Vgl. BArch, R 3005, Nr. 869, Bl. 31 R f.

1087 Vgl. BArch, R 3005, Nr. 869, Bl. 33.

1088 Vgl. BArch, R 3005, Nr. 869, Bl. 29 R.

1089 Vgl. BArch, R 3005, Nr. 869, Bl. 34 R.

1090 BArch, R 3005, Nr. 869, Bl. 33 R. Ähnlich auch das Ehrengericht, das aber noch „weiter" ging, ebd., Bl. 3 ff., Bl. 4 R. „Politische Betätigung ist das Recht jedes Staatsbürgers und muss somit auch dem Rechtsanwalt in weitestem Maasse freistehen. Dabei macht es grundsätzlich keinen Unterschied, ob die politische Richtung, zu der ein Rechtsanwalt sich bekannt und die er durch öffentliche Wirksamkeit zu fördern sucht, sich in mehr oder minder starken Gegensatz zu der herrschenden Staats- und Gesellschaftsordnung stellt [...]".

Selbst für den Reichsgerichtspräsidenten war die bloße „staatsfeindliche“ Gesinnung für einen Pflichtenverstoß nicht ausreichend. Er forderte aber, dass der Rechtsanwalt in seinem politischen Wirken zumindest das „Gesamtwohl“ bzw. das „Staatswohl“ erhalten oder fördern müsse, wenn er sich *diesem* Staat durch „freiwillige“ Wahl seines Berufes „dienstbar“ mache.[1091] Über die „Wege“, dies zu bewerkstelligen, könne man allerdings, „je nach der politischen Richtung der verschiedensten Meinung sein.“ Der Rechtsanwalt dürfe sich aber nicht zur Erreichung seiner Ziele dahingehend *betätigen*, dass er durch vom Strafgesetz „verbotene, verbrecherische Mittel“ anwende.[1092] Von Bedeutung war für ihn also nicht nur der Beweggrund, sondern auch die Art und Weise seiner Umsetzung. Daraus lässt sich immerhin schließen, dass – auch nach seiner Meinung – nicht jedwede Straftat zu einer ehrengerichtlichen Bestrafung führen müsse, sondern nur solche, durch welche die „verbotenen, verbrecherischen Grenzen“ überschritten würden.

2) Für Seckendorff folgte aus der so verstandenen Betätigungsschranke ein Achtungsverlust, weil er ein stärkeres Gewicht auf die *Organstellung* legte. Diese strengere Auffassung von der Organstellung leitete er teilweise aus gesetzlichen Wertungen, teilweise aus einer Gesamtbetrachtung der Stellung des Rechtsanwaltes ab.

Als Organ der Rechtspflege wirke der Rechtsanwalt bei der Erfüllung einer der staatlichen (Haupt-)Aufgaben und Zwecke mit. Er sei zwar kein Beamter, allerdings führte Seckendorff unter Verweis auf § 31 Abs. 2 RStGB[1093] und eine

---

1091 Vgl. BArch, R 3005, Nr. 869, Bl. 33 R.

1092 „Über die Wege zu diesem Ziele [das „Staatswohl“, Anm. d. Verf.] kann man je nach der politischen Richtung der verschiedensten Meinung sein. Wenn aber *nicht nur* Ziele und Zwecke des politischen Wirkens staatsfeindliche, auf den Umsturz der *geltenden* Staatsordnung gerichtete sind, *sondern auch* zur Erreichung von solchen Zielen und Zwecken durch das Strafgesetzbuch *verbotene, verbrecherische* Mittel *angewendet* werden [„der Weg“, Anm. d. Verf.], so läßt sich damit die Ausübung eines Berufs, der zur Verwirklichung und Erhaltung der gesetzlich bestehenden Staatsordnung, insbesondere der Rechtsordnung, tätig beitragen und mitwirken soll, m.E. absolut nicht vereinen.“, BArch, R 3005, Nr. 869, Bl. 33 R, 34. Kursive Hervorhebungen vom Verf.

1093 § 31 RStGB lautete:
I) Die Verurteilung zur Zuchthausstrafe hat die dauernde Unfähigkeit zum Dienste in dem Deutschen Heere und der Kaiserlichen Marine, sowie die dauernde Unfähigkeit zur Bekleidung öffentlicher Ämter von Rechtswegen zur Folge.
II) Unter öffentlichen Ämtern im Sinne dieses Strafgesetzes sind die Advokatur, *die Anwaltschaft* und das Notariat, sowie der Geschworenen- und Schöffendienst mitbegriffen. Die Hervorhebung stammt vom Verf.

Fundstelle bei Laband[1094] an, dass auch der Rechtsanwalt „*in gewissem Sinne ein öffentliches Amt*" ausübe.[1095]

In einer Art Gesamtbetrachtung ging er auf die Bedeutung des Anwaltsberufes ein. Der Rechtsanwalt übernehme „freiwillig" amtliche Funktionen im Staatswesen, etwa als Mitglied eines Ehrengerichts oder Anwaltskammervorstands. Der Rechtsanwalt sei außerdem juristischer Berater seiner Klienten auch auf politischem Gebiet, da er beurteilen soll, wie weit sein Klient bei seiner politischen Betätigung – bspw. bei *Veröffentlichung von Schriften* – gehen dürfe, ohne sich selbst strafbar zu machen.[1096] Anders als der Berichterstatter betonte er die Bedeutung der Organsstellung vor allem (auch) im Zivilrecht, allerdings ohne dies näher zu begründen.[1097]

Aus diesem Grund legte er auch einen anderen Maßstab als der Berichterstatter an. Der Rechtsanwalt sei nicht nur „Vertrauensperson", an deren Redlichkeit keine Zweifel gesetzt werden dürfen. Da er der Rechtspflege diene, sei die Stellung *vergleichbar* mit einem „Organ des Staatswesens".[1098]

Aufgrund dieser Stellung trennte er im Gegensatz zu Bernhardi die Beurteilung der „Achtung" nicht von der politischen Straftat. Die Organfunktion lasse sich mit einer solchen Straftat nicht in „anständiger und ehrenwerter Weise" in Einklang bringen.[1099] Voraussetzung für einen „Achtungsverlust" war für den

1094 Laband, Dt. Staatsrecht, 4. Aufl., Bd. 1, S. 402 ff. Paul Laband (1838–1918) war die „führende Figur" der Staatsrechtswissenschaft im Deutschen Kaiserreich, vgl. Friedrich, Laband in: Neue Deutsche Biographie 13 (1982), S. 362–363 [Online-Version].

1095 Vgl. BArch, R 3005, Nr. 869, Bl. 33, 33 R. Die Hervorhebung stammt vom Verf.

1096 Vgl. BArch, R 3005, Nr. 869, Bl. 34, 34 R.

1097 BArch, R 3005, Nr. 869, Bl. 33, 33 R, „Er [der Rechtsanwalt, Anm. d. Verf.] ist aber ein organisch wesentliches Glied bei der Ausübung der staatlichen Rechtspflege (bei der Zivilrechtspflege noch mehr als der Strafrechtspflege, was der Hr. Referent unberücksichtigt läßt) und da die Rechtspflege eine der Hauptaufgaben des Staates (und des Reiches) bildet, so ist er berufen, bei der Erfüllung der staatlichen Aufgaben und Zwecke tätig mitzuwirken." Unterstreichung im Original, der Verf.

1098 Vgl. BArch, R 3005, Nr. 869, Bl. 34 R.

1099 Vgl. BArch, R 3005, Nr. 869, Bl. 34: „Die freiwillige Übernahme von amtlichen Funktionen in einem Staatswesen [die Organfunktion, der Verf.] läßt sich aber, wie ich meine, anständiger und ehrenwerter Weise nicht in Einklang bringen, mit dem Bestreben [der Absicht, der Verf.], dieses nämliche Staatswesen auf gewaltsame Weise zur Auflösung und zum Untergange zu bringen [die politische Straftat, der Verf.]."

Reichsgerichtspräsidenten allerdings ein bewusster sowie schwerer Verstoß gegen die rechtliche Ordnung.[1100]

Davon ging Seckendorff aber offenbar (zunächst) aus. Nach seiner Ansicht hatte Karl Liebknecht durch sein Handeln die „Würde" des Standes verletzt, weil er als Organ der Rechtspflege bewusst ein „schweres politisches Verbrechen" begangen hatte, indem er den Untergang der Staats- bzw. Rechtsordnung herbeizuführen suchte.[1101] Damit entsprach er sowohl der in der Berufungsschrift vertretenen Auffassung[1102] – Liebknecht habe einen bewussten Verstoß begangen – als auch der des Berichterstatters. Allerdings zog der Reichsgerichtspräsident aus diesem Umstand andere Konsequenzen als der Berichterstatter. Für letzteren war dies, wie bereits angesprochen, lediglich eine Frage des Strafmaßes.

Dem Einwand des Berichterstatters, dass es bewusste Verstöße gegen das Strafgesetzbuch gebe, bei denen der Rechtsanwalt nicht in der Achtung seiner Mitmenschen sinke, stellte er wertmäßig die Organstellung entgegen. Auf den „höheren Zweck", der für den Berichterstatter Bernhardi bei bewussten Delikten gewissermaßen einen Strafausschließungsgrund begründen konnte und die Handlungsweise in den Augen der Mitmenschen nicht „unwürdig" machte, kam es für Seckendorff nicht an. Maßgeblich war für ihn danach allein, ob das Organ bewusst und schwer gegen die Rechtsordnung verstoßen hatte.[1103] Demzufolge ging er auch nicht darauf ein, dass Liebknecht nach Ansicht Bernhardis einen „guten Zweck" verfolgt hatte. Anders als der Berichterstatter konnte und/oder wollte er offenbar nicht die politischen Ansichten der „revolutionären

---

1100 Vgl. BArch, R 3005, Nr. 869, Bl. 34 R. „Diese Art und dieser Grad der Achtung [Bezugnahme zur Organstellung bzw. anwaltlichen Würde, der Verf.] kann […] [nicht] beansprucht werden von einem Mann, […] der sich *nicht nur* in seinen Ansichten und Zielen *in bewussten* Gegensatz zu der rechtlichen Ordnung seines Staates stellt, […] *sondern der* sogar den gewaltsamen Untergang und Zusammenbruch dieses Staates und seiner Rechtsordnung herbeizuführen oder vorzubereiten *unternimmt.*" Kursive Hervorhebungen vom Verfasser. Siehe auch die vorangegangene Fußnote („Bestreben"). Ähnlich auch das Ehrengericht, vgl. ebd., Nr. 869, Bl. 3 ff., 5 f.

1101 Vgl. BArch, R 3005, Nr. 869, Bl. 34 R. „In dieser Beziehung hat doch jedenfalls ein RA., der selbst ein schweres politisches Verbrechen durch sein öffentliches Wirken begeht, des allgemeinen Vertrauen und deshalb auch die für ihn nötige Achtung eingebüßt."

1102 Vgl. den Hinweis im Urteil, ebd., Nr. 869, Bl. 38.

1103 Vgl. BArch, R 3005, Nr. 869, Bl. 34 R und die bereits in den vorangegangenen Fn. zitierten Stellen.

Sozialdemokratie" bei der Beurteilung der Pflichtverletzung außer Betracht lassen.[1104]

Angesichts der zeitgenössischen Anmerkungen, Seckendorff habe einen „milden Gerechtigkeitssinn" besessen, überrascht dieses Votum. Eine Erklärung hierfür könnte in Seckendorffs Reichstreue und den damit verbundenen etatistischen Ansichten liegen. Auch die in seinem Votum artikulierte ‚überholte Auffassung' vom Rechtsanwalt als Staatsbeamten weist in diese Richtung. Mit der Rechtsanwaltsordnung vom 1. Juli 1878[1105] war auch die Beamtenstellung des Rechtsanwalts beseitigt und die freie Advokatur eingeführt worden.[1106]

Seckendorffs Strafvorschlag lautete, obwohl Liebknecht ehrengerichtlich *nicht* vorbestraft war, auf Ausschluss aus der Rechtsanwaltschaft. Er sah in diesem Votum aber „weniger eine Strafe, als vielmehr die notwendige logische Konsequenz des Standpunktes, den er [Liebknecht] der Staatsordnung gegenüber eingenommen" hatte, in welcher er als Rechtsanwalt tätig sein würde.[1107]

Anscheinend berücksichtigte Seckendorff für das Strafmaß erschwerend, dass Karl Liebknecht, da er die Staatsordnung nicht akzeptierte bzw. ihren „Umsturz" herbeizuführen suchte, in *dieser* Staats- und Rechtsordnung nicht als Rechtsanwalt, also als Organ der Rechtspflege, tätig sein wollte. Dass sich Seckendorff allerdings nur von einer Staatsräson habe leiten lassen, etwa dahingehend, dass Liebknecht unbedingt auszuschließen sei und er insoweit eine politisch vorgefertigte Meinung vertrat, ist zweifelhaft. Schließlich verhielt sich Seckendorff ihm gegenüber im Laufe des Verfahrens fair und behielt sich – trotz alledem – seine „endgültige Stellungnahme"[1108] für später, (wohl) für die Hauptverhandlung, vor.

1104 Siehe dazu ebd., Nr. 869, Bl. 31 (Votum Bernhardi). „Bei der hier entscheidenden Frage, inwieweit eine Gesetzesverletzung auch eine besondere Rechtsanwaltspflicht verletze, muß m.E. der Zorn und der Abscheu gegen Wesen und Ziel der revolutionären Sozialdemokratie ganz zurückgedrängt werden."

1105 RGBl. I S. 177.

1106 Dazu siehe insbesondere Ostler, a.a.O., S. 11 ff., 18; Kurlbaum, a.a.O., S. 70.

1107 BArch, R 3005, Nr. 869, Bl. 34 R. „Ich komme deshalb zur Ausschließung des Angekl. aus der Rechtsanwaltschaft und sehe in ihr weniger eine Strafe, als vielmehr die notwendige, logische Konsequenz des Standpunktes, den er der Staatsordnung gegenüber eingenommen hat, innerhalb deren und in Gemäßheit deren er als RA. zu wirken berufen sein würde."

1108 BArch, R 3005, Nr. 869, Bl. 33. Die Voten und Akten wurden auch den anderen Mitgliedern des Ehrengerichtshofes zur Kenntnis vorgelegt. Weitere Voten der Senatskollegen sind aber, anders als in den Zivilverfahren, nicht ersichtlich.

(3) Das überraschende Urteil vom 10. Oktober 1908

α) Ablauf der Hauptverhandlung und das Schlusswort Karl Liebknechts

Der Reichsgerichtspräsident war auch in diesem Verfahrensstadium trotz seines Votums darauf bedacht, keine Zweifel an der Fairness im Verfahren aufkommen zu lassen. Auch dies ist ein Indiz für sein Gespür für die Öffentlichkeit(-swirkung des Verfahrens).[1109] Seckendorff bemühte sich daher darum, Falschmeldungen über einen ‚unfairen Verlauf' des Verfahrens, die kurze Zeit später kursierten – es wurde berichtet, Seckendorff habe einen Antrag Liebknechts, die Presse zuzulassen, abgelehnt – zu entkräftigen und veranlasste die beteiligten Zeitungen (LVZ, LNN) zu einer Gegendarstellung. Der Reichsgerichtspräsident hatte sich an die Regelung des § 82 RAO gehalten. Über eine Zulassung von Pressevertretern brauchte nicht entschieden werden, da Liebknecht keinen entsprechenden Antrag gestellt hatte.[1110] In der Hauptverhandlung wurden zwar – trotz Antrags auf Zeugenvernehmung – keine weiteren Zeugen gehört, allerdings wurde Karl Liebknecht noch einmal das Wort gegeben. Dabei machte dieser deutlich, dass er trotz seiner strafgerichtlichen Verurteilung „nicht unwürdig" sei und sich auch nicht „unwürdig" fühle.[1111]

Dementsprechend fiel auch das Urteil des Ehrengerichtshofs nach zweieinhalbstündiger Beratung aus[1112]: er hielt Liebknecht nicht für „unwürdig" und

---

1109 Siehe oben Drittes Kapitel, B. IV. 4. b.

1110 LNN, Nr. 284, vom 13.10.1908, S. 10; LVZ, Nr. 238, vom 13.10.1908, 1. Beilage. Beide betreffen den Ausschluss der Öffentlichkeit im Liebknechtprozess (Ehrengerichtsverfahren). Es wurde gemeldet, Seckendorff habe Liebknechts Antrag auf Zulassung der Presse abgelehnt. Allerdings hatte dieser keinen solchen Antrag gestellt. Man hatte sich dabei auf Berichte von der Verhandlung verlassen (vgl. LNN, Nr. 282, vom 11.10.1908, S. 10 f.; LVZ, Nr. 237, vom 12.10.1908 – Artikel „Liebknecht"). Es wurde aber später auch von anderen Seiten eingeräumt, dass Liebknecht keinen Antrag gestellt hatte, LNN, Nr. 284, vom 13.10.1908, S. 10 (Stellungnahme der LNN). Dies belegt auch ein Blick in die Prozessakte BArch, R 3005, Nr. 869, Bl. 23 ff. Selbst konservative Berichterstatter der Kreuzzeitung wurden nicht zugelassen. Gemäß § 82 RAO war die Hauptverhandlung nicht öffentlich. Die Mitglieder der Kammer waren aber als Zuhörer zugelassen. „Andere Personen" aber nur auf Antrag des Angeklagten nach dem Ermessen des Vorsitzenden.

1111 BArch, R 3005, Nr. 869, Bl. 35 f. (Hauptverhandlungsprotokoll). Vermutlich missverstand der Presseberichterstatter – siehe zuvor – diesen Antrag mit einem Antrag auf Zulassung der Öffentlichkeit.

1112 Zur Dauer der Beratung LVZ, Nr. 237, vom 12.10.1908 (Leitartikel „Liebknecht").

verwarf die Berufung der Staatsanwaltschaft.[1113] Damit hatten die Mitglieder des Senats möglicherweise den Reichsgerichtspräsidenten überstimmt. Die lange Beratung der Sache lässt allerdings auf eine grundlegende Diskussion mit divergierenden Ansichten schließen. Denkbar ist auch, dass Seckendorff aufgrund des persönlichen Eindrucks von Liebknecht in der Hauptverhandlung von seiner bisherigen Meinung abwich.

Dafür spricht die Einschätzung Seckendorffs, wie sie sich nach der Analyse der bereits besprochenen ehrengerichtlichen Verfahren darstellt. Seckendorff war „geduldig" gegenüber den Angeklagten, vertrat keine vorgefestigten Ansichten und gewährte im Einzelfall eine zweite Chance, sofern nur die Prognose günstig ausfiel. Dabei war das Verhalten des Betroffenen in der Hauptverhandlung – vor allem die aus Sicht des Reichsgerichtspräsidenten ‚richtige' Einstellung zum Anwaltsberuf[1114] – von entscheidender Bedeutung. Für Liebknecht haben sich möglicherweise folgende Worte seiner Schlussrede positiv ausgewirkt:

> *„Ich habe nicht in bewusster Weise gegen das Gesetz verstoßen – selbst der Herr Oberreichsanwalt unterstellt dies –, und ich soll nicht Anwalt bleiben können? […]*
> *Es ist eine ernste Stunde für mich. Nicht wegen der materiellen Seite der Sache, die hat völlig zurückzutreten. Ich hänge an dem Anwaltsberufe, dem ich vielleicht durch Anlagen, jedenfalls durch warme Neigung angehöre. […] Ich sehe Ihrem Spruch mit Vertrauen und mit Zuversicht entgegen."*[1115]

1113 BArch, R 3005, Nr. 869, Bl. 37 f. (Urteil). Der Ehrengerichtshof urteilte in folgender Besetzung: Die RGR Bernhardi, Rohde und Maenner sowie die JR'e Syring, Zenetti und Malkwitz. Als Vertreter der Anklage fungierte ORA Zweigert. An dem Strafurteil im Jahr 1907 war keiner der Räte beteiligt, vgl. ebd., R 3001, Nr. 2008 (Besetzung des II. und III. Strafsenats 1907).

1114 Vgl. BArch R 3005, Nr. 731, Bl. 13 R., 16 R. „Der Antragsteller hat glaubhaft versichert, daß er seine falsche Auffassung von der Stellung eines Anwaltes zu seinem Büreaupersonal […] nicht nur aufgegeben, sondern daß er auch zwecks gründlicher Erlernung des Büreauwesens im Anwaltsbüro des Justizrats Meyßner zu Berlin als Büreauvorsteher sich beschäftigt hat."

1115 Aus dem Bericht des „Vorwärts" vom 13.10.1908 (S. 2) über das Schlusswort Liebknechts im ehrengerichtlichen Verfahren. Abgedruckt und zitiert nach Laschitza, Karl Liebknecht, S. 109 f. Da die Presse nicht zum Verfahren zugelassen war, berief sich der Verfasser des Artikels wahrscheinlich auf mündliche Äußerungen oder eine spätere schriftliche Stellungnahme Liebknechts. Dafür spricht die zeitliche Verzögerung der Veröffentlichung des Artikels. Jedenfalls im zweiten ehrengerichtlichen Verfahren hielt Liebknecht es zur Vermeidung von Missverständnissen für „zwecksmässig", den wesentlichen Inhalt seiner Äußerungen in der Hauptverhandlung schriftlich niederzulegen. Es handelte sich dabei also um eine Rechtfertigungsschrift,

Mit diesen Worten hatte Liebknecht seine Wertschätzung für den Anwaltsberuf, d.h. seine ‚richtige' Einstellung, anschaulich bestätigt. Entgegen der ursprünglichen Begründung des Reichsgerichtspräsidenten machte er damit deutlich, dass er seine rechtsanwaltliche Tätigkeit in *diesem* Staat weiter ausüben wollte. Daher erlangte möglicherweise auch der sonst beachtliche Umstand Bedeutung, dass Liebknecht ehrengerichtlich nicht vorbestraft war. Auch einzelne andere Aspekte waren für das Urteil und wahrscheinlich für Seckendorffs Haltung von Bedeutung. Diese ergeben sich aus den Entscheidungsgründen.

β) Entscheidungsgründe

Der Ehrengerichtshof sprach Karl Liebknecht frei, da dieser nicht gegen seine anwaltlichen Pflichten verstoßen hatte. Die Richter folgten dabei im Wesentlichen der Vorinstanz und verneinten einen bewussten Gesetzesverstoß sowie eine „unehrenhafte Gesinnung" Liebknechts.[1116]

Für den Ehrengerichtshof war allein das außerberufliche Verhalten Liebknechts maßgeblich. Zwar habe der Angeklagte einen Gesetzesverstoß begangen. Ein strafrechtlicher Verstoß verlange aber nicht unbedingt die ehrengerichtliche Bestrafung.[1117] Dies sei dann anzunehmen, wenn kein bewusster Verstoß gegen die gesetzlichen Vorschriften vorliege. Das Kollegium glaubte der „Versicherung" Liebknechts in der Hauptverhandlung, er sei sich nicht bewusst gewesen, dass er mit seiner Broschüre die gesetzlichen Grenzen überschreite. Dieses „Unbewusstsein" sei zwar strafrechtlich ohne Belang, erlange aber für die ehrengerichtliche Würdigung „erhebliche" Bedeutung.[1118]

---

siehe dazu BArch, R 3005, Nr. 1037, Bl. 69 ff. Die Hervorhebungen stammen vom Verfasser.

1116 Vgl. BArch, R 3005, Nr. 869, Bl. 37 R f.

1117 Vgl. BArch, R 3005, Nr. 869, Bl. 38: „der Ehrengerichtshof ist mit dem Ehrengerichte der Ansicht, daß daraus allein [dem Verstoß gegen das Strafgesetz, Anm. d. Verf.] die Notwendigkeit einer ehrengerichtlichen Bestrafung nicht folgt, daß vielmehr unter Umständen die kriminelle Strafe für eine solche Überschreitung ausreicht […]." Hervorhebung im Original.

1118 Vgl. BArch, R 3005, Nr. 869, Bl. 38. *„Entsprechend der Versicherung des Angeklagten* und in Übereinstimmung mit dem Ehrengericht nimmt der Ehrengerichtshof abweichend von der Berufungsschrift an, daß der Angeklagte […] nicht mit Absicht das Gesetz verletzt hat. Strafrechtlich ist das freilich ohne Bedeutung […] aber für die Frage, ob der Angeklagte sich der Achtung unwürdig gezeigt hat, die sein Beruf erfordert, kommt dieser Umstand erheblich in Betracht." Hervorhebung stammt vom Verfasser. Siehe dazu auch ebd., Bl. 5 (Urteil des EG).

Mit dieser Feststellung wich das Kollegium sowohl von der Beurteilung in der Berufungsschrift als auch von den beiden Voten – sowohl Bernhardi als auch Seckendorff waren zunächst von einem bewussten Verstoß ausgegangen – ab. Dieser Umstand könnte den Reichsgerichtspräsidenten bewogen haben, sein Votum zu überdenken. Für diesen war ein „bewusster" Verstoß Voraussetzung für die Annahme einer anwaltlichen Pflichtverletzung.[1119] Abermals hätte sich dann der günstige Eindruck in der Hauptverhandlung positiv für den Angeklagten ausgewirkt.

Im Übrigen gingen die Richter davon aus, dass Liebknecht in ehrenhafter Gesinnung gehandelt habe, weil er von der „Richtigkeit seiner politischen Ansicht" und davon ehrlich überzeugt gewesen war, seine Handlungen dienten der „Wohlfahrt des Volkes".[1120] Damit entsprach das Kollegium sinngemäß der Haltung des Berichterstatters, der die Beurteilung der Würde von der Bewertung des strafrechtlichen Verstoßes abgekoppelt und einen „höheren Zweck" als ‚strafbefreiendes' Element anerkannt hatte. Schließlich war auch die charakterliche Beurteilung Liebknechts durch das Ehrengericht für den Senat von Bedeutung. Dessen Einschätzung beruhe auf „persönlicher Kenntnis" des Angeklagten. Diesen Umstand müsse auch der Ehrengerichtshof berücksichtigen.[1121]

An dieser Bewertung ändere auch die *Organstellung* nichts. Der Senat folgte im Ergebnis der Auffassung Bernhardis. Der Rechtsanwalt müsse zwar bei Ausübung seiner Tätigkeit die Rechtsordnung beachten. Er dürfe aber einzelne Bestandteile dieser Ordnung bekämpfen. Eine „dabei" begangene Verletzung der Strafgesetze stelle kein „unwürdiges Verhalten" dar, wenn sie nicht absichtlich erfolge.[1122]

1119 Vgl. BArch, R 3005, Nr. 869, Bl. 34 R.

1120 Vgl. BArch, R 3005, Nr. 869, Bl. 38.

1121 Vgl. BArch, R 3005, Nr. 869, Bl. 38: „Daß der Angeschuldigte sich dieser Achtung im vorliegenden Falle unwürdig gezeigt habe, nimmt der Ehrengerichtshof nicht an, wie es auch das Ehrengericht nicht angenommen hat, dessen Mitglieder auch auf ihre persönliche Kenntnis von dem Charakter des Angeklagten Bezug nehmen und deren Anschauung daher nicht ohne Einfluß auf die Beurteilung des Ehrengerichtshofs bleiben konnte." Zum Urteil des EG, ebd., insbes. Bl. 7.

1122 Vgl. BArch, R 3005, Nr. 869, Bl. 38 R. „Es folgt aber nicht daraus [aus der Organstellung, Anm. d. Verf.], daß er nicht einzelne Bestandteile der geltenden Rechtsordnung bekämpfen darf, und daß jede Verletzung der Strafgesetze dabei, zumal wenn sie nicht der Absicht entspricht, ein Verhalten darstellt, das ihn der Achtung unwürdig macht, die sein Beruf erfordert."

Auch in dieser Hinsicht knüpfte das Kollegium einen „Achtungsverlust“ einzig an ein absichtliches Handeln. Damit bestand eine Gemeinsamkeit mit dem Votum des Vorsitzenden. Auch wenn dieser die Organstellung stärker betonte, war für Seckendorff ebenfalls eine „bewusste“ Rechtsverletzung zwingende Voraussetzung für die ehrengerichtliche Bestrafung.[1123]

γ) Überraschender Ausgang

Der Angeklagte und die zeitgenössische Presse hatten diesen Ausgang des Verfahrens nicht vorausgesehen. Nach seinem Berliner Freispruch hatte sich Liebknecht noch skeptisch über seine anwaltliche Zukunft geäußert[1124] und auch die Leipziger Volkszeitung hatte bereits im Vorfeld angenommen, dass ein mögliches Verfahren vor dem Ehrengerichtshof zu einem Ausschluss Liebknechts aus der Rechtsanwaltschaft führen könnte[1125], weil die „gesiebten“ Richter in Leipzig nicht „versagen“ würden.[1126] Dass diese Vermutungen nicht unberechtigt waren, belegt das Votum des Reichsgerichtspräsidenten. Für die politische Bewegungsfreiheit des Rechtsanwalts war dieses Urteil sehr bedeutsam.[1127]

(4) Der Reichsgerichtspräsident – ein „Sozialistentöter“[1128]?

Welche Ansichten der Reichsgerichtspräsident während der Beratungen vertrat, lässt sich nicht mehr aufklären. Eine ‚sozialistenfeindliche‘ Einstellung allein aus

---

1123 Vgl. BArch, R 3005, Nr. 869, Bl. 34 R.

1124 „Meine Freisprechung war ja sicher, in Leipzig kann's anders werden.“, vgl. Trotnow, a.a.O., S. 86.

1125 Die LVZ, Nr. 240, vom 15.10.1907 druckte Stellungnahmen der „bürgerlichen Presse“ ab, die eine ähnliche Vermutung äußerten.

1126 Vgl. LVZ, Nr. 234, vom 8.10.1908, 2. Beilage und LVZ, Nr. 237, vom 12.10.1908 (Leitartikel „Liebknecht“). Nachdem Freispruch „hätte [man] annehmen dürfen, man habe an der einen Abfuhr genug. [...] Macht nichts! Wenn Berlin versagt, Leipzig wird nicht versagen. Hier hat man gesiebtes Material, hier gibt's noch „politisch zuverlässige Richter“, wie B i s m a r c k [...] sagte [...]. Aber das Unerwartete geschah! [...].“ Zur Zusammensetzung der Richterschaft und insbesondere Bismarcks Einwirken auf die erste Zusammensetzung des Reichsgerichts, vgl. Müller, a.a.O., S. 108 ff., S. 125, 131. Die Rechtsanwälte beim Reichsgericht wurden allerdings nach freiem Ermessen des Präsidiums zum Gerichtshof zugelassen (§ 99 RAO). Siehe dazu auch den Fall Salomon Ganz, siehe unten Viertes Kapitel, B. II.

1127 Allgemein dazu: Kurlbaum, a.a.O., S. 87 f. Außerdem: LVZ, Nr. 237, vom 12.10.1908 (Leitartikel „Liebknecht“).

1128 Zu dieser Begrifflichkeit, vgl. Ormond, a.a.O., S. 330, 364 f.

seinem Votum und/oder seinem konservativen Familienumfeld, d.h. dem Adelsmilieu und seiner monarchischen Einstellung[1129] abzuleiten, liefe allerdings zu kurz. So nutzte er zwar etatistische Argumente, indem er auf die Bedeutung der Organstellung bzw. darauf hinwies, dass sich der Betreffende durch die freiwillige Wahl seines Berufes einem bestimmten Staat dienstbar mache. Der Reichsgerichtspräsident war sich aber im Allgemeinen der besonderen Bedeutung der mündlichen Verhandlung für das Strafmaß bewusst. Dadurch wäre jedenfalls erklärbar, aus welchem Grund er sich zunächst in seinem Votum noch nicht endgültig festlegen wollte. Es ist daher nicht ausgeschlossen, dass Seckendorff im Rahmen der zweieinhalbstündigen Beratungen seine Meinung änderte. Für diese Interpretation spricht die Tatsache, dass die Richter in den Urteilsgründen von einem unbewussten Gesetzesverstoß Liebknechts ausgingen. Bei einem unbewussten Verstoß kam aber auch nach der Ansicht des Reichsgerichtspräsidenten keine ehrengerichtliche Bestrafung in Betracht. Zudem hatte Liebknecht in seinem Schlusswort seine Wertschätzung für den Anwaltsberuf betont. Die somit dargelegte ‚richtige' Einstellung zum Anwaltsberuf war aber auch für den Reichsgerichtspräsidenten von entscheidender Bedeutung. Im Übrigen bleibt festzuhalten, dass er Karl Liebknecht weiterhin freundlich und ‚normal' behandelte.[1130] Nach alledem ist eine Benachteiligung Liebknechts aufgrund dessen parteipolitischer Einstellung wenig wahrscheinlich.

C) Die Steuerung der Geschäftsverhältnisse am Reichsgericht

I) Geschäftslast und Reformvorschläge

Nähere Kenntnisse über die „Verhältnisse" beim Reichsgericht sowie eine gewisse Erfahrung mit verwaltenden Tätigkeiten waren wichtige Kriterien für das Amt des Reichsgerichtspräsidenten. Dementsprechend hatten diese Aspekte auch zum Zeitpunkt von Seckendorffs Ernennung eine besondere Bedeutung gespielt.[1131] Nach einem Bericht des Reichsgerichtspräsidenten Oehlschläger aus

---

1129 Zur monarchischen Gesinnung des Reichsgerichtspräsidenten, die angenommen werden kann, vgl. die LNN, Nr. 27, vom 28.1.1913, S. 12. Dort ist ein „Trinkspruch" Seckendorffs auf den Geburtstag des Kaisers abgedruckt.

1130 Vergleiche dazu das zweite ehrengerichtliche Verfahren vor dem Ehrengerichtshof im Jahr 1914, BArch, R 3005, Nr. 1037, Bl. 43 f. Ähnliches ergibt sich auch aus anderen Verfahrensakten, ebd., Nr. 858, Bl. 3 f. Seckendorff terminierte nicht ohne Rücksicht auf den Angeklagten, sondern bezog diesen mit ein. Eine Verhandlung vor dem Ehrengerichtshof konnte allerdings gemäß §§ 83, 91 RAO auch ohne den Angeklagten ergehen, sofern dieser nur geladen war.

1131 Siehe oben Drittes Kapitel, A. I.

dem Jahr 1903 konnten die Zivilsenate jährlich insgesamt etwa 2.800 Verfahren, die Strafsenate etwa 1.200 Revisionen jährlich bearbeiten.[1132] Im Jahr 1905 waren aber bereits über 4.100 Zivilverfahren bei den Zivilsenaten anhängig.[1133] Die Geschäftsbelastung des Reichsgerichts – mit anderen Worten der Arbeitsbelastung der Reichsrichter – stellte daher eines der „dringlichsten" Probleme des Gerichtshofs dar.[1134]

Dabei war die Arbeitsbelastung der Reichsrichter nicht nur ein rechtliches Problem. Sie hatte erhebliche Auswirkungen auf die gesundheitliche Verfassung der Reichsgerichtsräte. In dem zuvor genannten Bericht hatte Oehlschläger darauf hingewiesen, dass es zwar für das Jahr 1902 gelungen sei, den Geschäftsfluss zu beschleunigen, allerdings *„nur auf Kosten der Gesundheit der Mitglieder."* Dabei vermutete er einen direkten Zusammenhang zwischen stressbedingter Arbeitsbelastung und den *„Erkrankungen und Sterbefälle[n]"*.[1135] Prominentes Beispiel dafür ist Karl Gutbrod, der letztlich an Erschöpfung verstarb.[1136]

Rudolf von Seckendorff war mit diesen Verhältnissen am Reichsgericht seit langem vertraut.[1137] Er konnte dabei von seinen früheren Erfahrungen im

1132 BArch, R 3001, Nr. 2015, Bericht vom 8.1.1903 an den Staatssekretär des RJA. Oehlschläger ging bei den Zivilsenaten von einer „jährlichen Arbeitskraft" von etwa 350 bis 400 Verfahren bei 40 Sitzungswochen mit jeweils zwei Sitzungstagen aus. Bei vergleichbarer Arbeitsaufteilung hielt er bei den Strafsenaten eine Bewältigung von 1.200 Revisionen im Jahr je Strafsenat für möglich.

1133 BArch, R 3001, Nr. 2015, Bericht vom 11.1.1906.

1134 Gutbrod, a.a.O., S. 73; allgemein dazu Müller, a.a.O., S. 77.

1135 Vgl. BArch, R 3001, Nr. 2015, Schreiben Oehlschlägers an den Staatssekretär des RJA vom 8.1.1903. Hervorhebung vom Verfasser: „Zwar reichen wir mit den Verhandlungsterminen noch nicht, wie ich im vorherigen Jahr angenommen hatte, über die Ferien hinaus, sondern erst bis zum Anfange derselben. Dieses Ergebnis hat sich aber nur auf Kosten der Gesundheit der Mitglieder sich erringen lassen [...]. Wiederholt haben Mitglieder der Senate sich mir gegenüber dahin geäußert, daß eine derartige Anspannung über ihre Kraft hinausgehe und ich habe auch im Interesse einer ordnungsmäßigen sachlichen Erledigung geglaubt [...] auf Herabminderung der Zahl der an jedem Sitzungstage zu verhandelnden Sachen [...] [hinzuwirken]. Ich irre wohl nicht, wenn ich die im Berichtsjahre so vielfach unter den Mitgliedern vorkommenden Erkrankungen und Sterbefälle mit dieser Überspannung der Arbeitskraft in Zusammenhang bringe." Unterstreichung bereits im Original. Eine vergleichbare Feststellung trifft er in BArch, R 3001, Nr. 8109, Bl. 249 ff., 249 R.

1136 Vgl. Gutbrod, a.a.O., S. 75 f.

1137 Vgl. LNN, Nr. 142, vom 23.5.1905, S. 9.

Reichsjustizamt[1138] oder im Staatsministerium profitieren. Dort hatte es u.a. zu seinen Aufgaben gehört, einen ordnungsgemäßen Geschäftsgang zu gewährleisten.[1139]

Für die Anerkennung Seckendorffs im Kollegium dürfte es deshalb von Bedeutung gewesen sein, wie er mit dieser Geschäftsbelastung und den damit verbundenen Alltagsproblemen umgegangen ist. Gelang es ihm also, die Arbeitsbelastung zu verringern oder das (tägliche) Arbeitsumfeld der Räte zu verbessern?

In diesem Zusammenhang ist sein Einsatz für eine gesetzliche Entlastung des Reichsgerichts zu nennen. Seckendorff machte über die Jahre hinweg Vorschläge für eine legislative Entlastung des Gerichtshofs. Diese Vorschläge waren vor dem Hintergrund der justizinternen Kritik an der richterlichen Arbeitsbelastung[1140] wahrscheinlich auch für die Stellung Seckendorffs im Kollegium von Bedeutung. So trat er bspw. für eine Beschränkung der Zuständigkeit des Reichsgerichts durch die Abnahme von Verfahren der Konsulargerichtsbarkeit in zweiter Instanz[1141], die Abnahme der erst- und letztinstanzlichen Strafsachen in Fällen des Hoch- bzw. Landesverrates[1142] sowie der Geschäfte des Ehrengerichtshofs ein.[1143] Im Übrigen wünschte er eine Vereinfachung des Verfahrens im „Armenrecht", d.h. im Prozesskostenhilfeverfahren.[1144]

Alle Vorschläge dienten dem Ziel, die Arbeitsbelastung der betroffenen Richter zu vermindern. Besonders deutlich wird dies bei den ehrengerichtlichen Verfahren, die zwar nicht in der Anzahl[1145], aber ihrem Umfang nach eine große Belastung für die Richter darstellten. Durchsetzen konnte er sich damit

---

1138 Mit den früheren Erfahrungen sind u.a. die Besprechungen im Rahmen der Zivilprozessreform gemeint, etwa BArch, R 3002, Gen. Nr. 239, Bl. 78, 80 ff.

1139 GStA PK, Rep. 90 A, Nr. 3446–3449; ACTA BORUSSICA, Neue Folge, Bd. 9, S. 29 f., 38. Siehe oben Intermezzo, B.

1140 Allgemein zur justizinternen Kritik an der Arbeitsbelastung der Richter, Schröder, Richterschaft, S. 203, 225 ff.

1141 BArch, R 3001, Nr. 2011, Bl. 177, Schreiben an den Staatssekretär des RJA vom 18.10.1907.

1142 In diesen Verfahren, war das Reichsgericht nicht Revisionsinstanz, sondern Tatsacheninstanz. Zur Zuständigkeit des Reichsgerichts in Strafsachen, Müller, a.a.O., S. 55 ff.

1143 Vgl. BArch, R 3001, Nr. 2005, Bl. 126 ff., Schreiben vom 14.1.1917.

1144 BArch, R 3001, Nr. 2011, Bl. 177, Schreiben an den Staatssekretär des RJA vom 18.10.1907.

1145 Siehe dazu die Geschäftsübersichten für die Jahre 1905, 1906 und 1908. In diesen Jahren waren jeweils 62/64/76 Verfahren vom EGH zu bearbeiten. Am Ende blieben mit 23/19/34 Sachen rund ein Drittel der Verfahren unerledigt, BArch, R 3001, Nr. 2015.

allerdings nicht. Sowohl die Verfahren in Konsularsachen als auch die Zuständigkeiten im ehrengerichtlichen Verfahren verblieben beim Reichsgericht.[1146] Nichtsdestoweniger erlangte der Reichsgerichtspräsident – wohl auch aufgrund der Arbeitsbelastung in diesen Verfahren – Anerkennung dadurch, dass er die Aufgaben im Ehrengerichtshof regelmäßig selbst wahrnahm und sich nicht vertreten ließ.[1147]

Eine besondere Rolle bei der Entlastung des Reichsgerichts spielte abermals eine Reform des Zivilverfahrens[1148], auch weil die 1905 beschlossene Erhöhung der Revisionssumme auf 2.500 Mark nur kurzzeitig eine Erleichterung für das Gericht gebracht hatte.[1149] Weitere Änderungen könnten aber nach Auffassung Nieberdings nur dann bei den „gesetzgebenden Körperschaften" Erfolg haben, wenn sie von der Autorität des obersten Gerichtshofs getragen würde.[1150] Auf Seiten der Justizverwaltung bemühte man sich deshalb darum, im Einverständnis mit dem Reichsgericht vorzugehen.[1151] In diesem Zusammenhang organisierte Seckendorff deshalb mehrfach Besprechungen mit ausgewählten Mitgliedern des Reichsgerichts.[1152]

Der Reichsgerichtspräsident neigte dabei bspw. Vorschlägen zu, das Revisionsverfahren dahingehend abzuändern, aussichtslose Revisionen – etwa bei der fehlenden Difformität[1153] von Vorentscheidungen[1154] – im Beschlusswege

---

1146 Vgl. die Geschäftsübersichten des Reichsgerichts zu den betreffenden Jahren, ebd., Nr. 2016, 2017 (1910–1924).

1147 Vgl. Kurlbaum, a.a.O., S. 78.

1148 „Es besteht im Hinblick auf diese tatsächliche Lage der Dinge [Überhang an unerledigten Sachen, der Verf.] in den Kreisen des Reichgerichts die Überzeugung, daß ohne eine Änderung der Gesetzgebung oder eine Vergrößerung des Gerichtshofes, die wenig Fürsprecher haben dürfte, die Geschäfte in sachdienlicher Weise nicht lange mehr bewältigt werden können.", vgl. dazu den Bericht Seckendorffs vom 18. Oktober 1907 in BArch, R 3002, Gen. Nr. 240, Bl. 19 ff., 20 über die Geschäftslage bei den Zivilsenaten des Reichsgerichts.

1149 Vgl. Müller, a.a.O., S. 79.

1150 BArch, R 3002, Gen. Nr. 240, Bl. 37.

1151 Etwa BArch, R 3002, Gen. Nr. 240, Bl. 37, 90.

1152 Etwa BArch, R 3002, Gen. Nr. 240, Bl. 44 ff., Bl. 67 ff., 160 ff.

1153 Mit Difformität waren unterschiedliche Urteile der Vorinstanzen gemeint. Die fehlende Difformität bezog sich dementsprechend auf übereinstimmende Entscheidungen der vorhergehenden Instanzen.

1154 Bei den Beratungen befürworteten die richterlichen Mitglieder der Kommission einschließlich des Reichsgerichtspräsidenten diesen Vorschlag, da sich dadurch eine „wirksame Entlastung" herbeiführen ließe, vgl. BArch, R 3002, Gen. Nr. 240, Bl. 67 ff., Bl. 76 ff., Bl. 76 R. Weitere Nachweise ergeben sich u.a. aus dem Vorgang in GStA PK,

zurückzuweisen. Mit der Mehrheit teilte er nämlich die Ansicht, dass eine weitere Erhöhung der Senate nicht wünschenswert sei.[1155] Durch diesen Vorschlag hätten sich etwa 50 % der Revisionen vom Reichsgericht fernhalten lassen.[1156] Bei all diesen Ansätzen gewann man aber früh die Erkenntnis, dass es keinen allseits befriedigenden Vorschlag geben würde, sondern sich vermutlich nur derjenige durchsetzen würde, der am wenigsten zu beanstanden wäre.[1157] Gerade die Zulässigkeit der Revision aber von der Difformität abhängig zu machen, ließ sich im Reichstag nicht durchsetzen. Daher wurde von Seiten des Reichsjustizamts von dieser Möglichkeit Abstand genommen und fortan versucht, die Entlastung der Zivilsenate auf einem „anderen Wege" zu bewerkstelligen.[1158]

In diesem Zusammenhang wies Reichjustizstaatssekretär Nieberding im Juni 1908 u.a. auf die Möglichkeit hin, diese mit Mitteln der üblichen Geschäftsverteilung (§ 133 i.V.m. § 62 GVG[1159]) zu erreichen, bspw. indem (entbehrliche) Strafrichter auf die Zivilsenate verteilt würden.[1160]

MdA III, Nr. 17695/27, Bl. 45 ff., 47. Dort befinden sich Anmerkungen des Staatssekretärs des RJA – datiert auf den 23.11.1909 – zu Gesetzesvorschlägen bezüglich einer Änderung der Zuständigkeit des Reichsgerichts. Darin heißt es: „Gleichwohl möchte ich annehmen, daß der Reichstag angesichts der Notlage des Reichsgerichts den Gründen, die für die Durchführung energischer Maßregeln sprechen, sich nicht wird verschließen können; er wird dabei großes Gewicht darauf legen, wie sich das Reichsgericht selbst zu den geplanten Maßregeln verhält und die Tatsache, daß sich die zur Beratung der Vorschläge eingesetzte Kommission – bestehend aus dem Präsidenten des Reichsgerichts, den Präsidenten der Zivilsenate, 3 Reichsgerichtsräten und 2 Rechtsanwälten – mit Ausnahme dieser Rechtsanwälte für das Difformitätsprinzip ausgesprochen hat, wird des Eindrucks nicht verfehlen." Unterstreichung im Original.

1155 Vgl. BArch, R 3002, Gen. Nr. 240, Bl. 19 ff., 20 R.

1156 BArch, R 3002, Gen. Nr. 240, Bl. 76 ff., Bl. 76 R.

1157 Vgl. BArch, R 3002, Gen. Nr. 240, Bl. 37 R.

1158 Nieberding hatte Rücksprache mit „einflußreichen Mitgliedern der maßgebenden Parteien" gehalten, vgl. BArch, R 3002, Gen. Nr. 240, Bl. 90.

1159 § 62 GVG lautete: (1) Vor Beginn des Geschäftsjahres werden auf die Dauer desselben die Geschäfte unter die Kammern derselben Art vertheilt und die ständigen Mitglieder der einzelnen Kammern sowie für den Fall ihrer Verhinderung die regelmäßigen Vertreter bestimmt. Jeder Richter kann zum Mitgliede mehrerer Kammern bestimmt werden. (2) Die getroffene Anordnung kann im Laufe des Geschäftsjahres nur geändert werden, wenn dies wegen eingetretener Ueberlastung einer Kammer oder in Folge Wechsels oder dauernder Verhinderung einzelner Mitglieder des Gerichts erforderlich wird.

1160 Vgl. BArch, R 3002, Gen. Nr. 240, Bl. 103.

II) Entlastung des Gerichts durch Selbstverwaltungsmaßnahmen?

Mit solchen Lösungen waren letzten Endes Maßnahmen der gerichtlichen Selbstverwaltung angesprochen. Gerade weil gesetzliche Entlastungsmaßnahmen nicht (ausreichend) Wirkung zeigten, musste es für den Reichsgerichtspräsidenten darum gehen, konkrete Lösungen für die am Reichsgericht bestehenden Probleme zu entwickeln.

So versuchte das von Seckendorff geleitete Präsidium eine Entlastung der jeweils betroffenen Senate herbeizuführen, (auch) um die Geschäfte zu beschleunigen. Dabei wurde regelmäßig eine bestimmte Anzahl von Verfahren auf andere Senate umverteilt.[1161] Diese Ziele wurden allerdings angesichts der der stetig steigenden Geschäftslast[1162] nicht[1163] bzw. lediglich teilweise erreicht.[1164] Natürlich führten

---

1161 Vgl. beispielhaft den Bericht über die Geschäftsverteilung für das Jahr 1906 vom 16.12.1905. Dieser betraf die Abgabe von 75 Sachen des VI. Zivilsenats an andere Zivilsenate, in denen bereits Verhandlungstermine nach dem 1. Juli 1906 anberaumt waren. Zur Entlastung des I. Zivilsenats wurden später weitere Maßnahmen getroffen. Ein Beschluss vom 16.12.1907 hatte die Umverteilung von 40/20 Revisionen vom I./VII. Zivilsenat an den II./III. Zivilsenat zum Gegenstand, Bericht vom 3.1.1908. Siehe im Übrigen den Beschluss bzw. Bericht vom 27.3.1911/9.10.1912, zu den Vorgängen vgl. BArch, R 3001, Nr. 2008.

1162 In den Jahren 1905, 1907 und 1909 waren jeweils 4.111, 4.291 und 4.595 Verfahren bei den Zivilsenaten zu bearbeiten. Im Übrigen waren eine Vielzahl von Beschwerden und Armenrechtsgesuchen zu erledigen. Auch die Zahl der am Ende eines Jahres nicht abgeschlossenen Verfahren blieb – 1905 (2.229), 1907 (2.419), 1909 (3.084) – gleichbleibend hoch, dazu BArch, R 3001, Nr. 2015 und 2016, Berichte Seckendorffs über die Geschäftsübersichten der betreffenden Jahre.

1163 Zur Beurteilung wurden die Übersichten über die Geschäftsverhältnisse beim Reichsgericht herangezogen. Lt. dem zuvor erwähnten Bericht vom 16.12.1905 waren die Termine im Dezember 1905 beim VI. Zivilsenat auf mehr als 6 Monate hinausgerückt. Ein ähnliches Bild ergibt sich für die Terminsübersichten am 30.11.1906 (etwa 6,5 Monate), 30.4.1907 (etwa 9 Monate), vgl. BArch, R 3001, Nr. 2019, Bl. 70 ff., 107 ff.

1164 Die Übersicht über die Geschäftsverhältnisse beim I./VII. Zivilsenate weist am 30.11.1907 für den jeweiligen Senat einen Zeitraum bis zur Terminsbestimmung von 12 bzw. 10 Monaten auf, vgl. BArch, R 3001, Nr. 2019, Bl. 156 ff. Möglicherweise konnten die Geschäfte durch die o.g. Maßnahme vom 16.12.1907 zum 30.4.1908 um zwei bzw. einen Monat beschleunigt werden, vgl. BArch, R 3001, Nr. 2019, Bl. 230 ff. Danach stieg die Verfahrensdauer jedenfalls beim I. Zivilsenat wieder an (ebd., Bl. 71 b) ff.). Auch die Entlastung des I. Zivilsenats durch die Maßnahme vom 27.3.1911 ermöglichte eine leichte Beschleunigung der Geschäfte. Am 31.5.1911 waren die Termine auf rund 10,5 Monate hinausgerückt, während sich am 30.9.1911 ein Rückgang auf 8 Monate verzeichnen ließ, vgl. BArch, R 3001, Nr. 2020.

diese Maßnahmen zu einem Anstieg der Arbeitsbelastung bei den beteiligten Senaten.[1165] Insgesamt versuchte das von Seckendorff geleitete Präsidium jedenfalls, die Verfahren einheitlich und damit auch die Arbeitsbelastung möglichst gleichmäßig aufzuteilen.[1166]

Eine andere Möglichkeit zur Entlastung der Reichsrichter bestand in der bereits angesprochenen Möglichkeit, in den Strafsenaten entbehrliche Räte auf die Zivilsenate umzuverteilen. Seckendorff betrachtete solche Maßnahmen als „nützlich" und „wertvoll" für die Bewältigung der Geschäfte der Zivilsenate. Er war aber gleichwohl der Ansicht, dass sich eine dauerhafte Entlastung der Zivilsenate nur durch eine gesetzliche Lösung erreichen ließ.[1167] Dies nicht zuletzt deshalb, weil eine solche personelle Umverteilung mit Rücksicht auf die Geschäftsbelastung der Strafsenate nur als „vorübergehende Maßregel" bzw. lediglich wenige Monate andauernde Maßnahme in Betracht kommen könnte. Er stieß deswegen auch im Präsidium (zunächst) auf Widerstand, da nach Ansicht der Mehrzahl der Senatspräsidenten u.a. die gewünschten Vorteile in der Bearbeitung der Geschäfte bei den Zivilsenaten außer Verhältnis zu den bei den Strafsenaten im Geschäftsablauf zu erwartenden Nachteilen standen.[1168]

Trotz der zuvor beschriebenen Schwierigkeiten versuchte der Reichsgerichtspräsident, einen möglichst reibungslosen Ablauf der Geschäfte am Reichsgericht zu gewährleisten.[1169] So setzte er über die Jahre im Einzelfall immer wieder seine Ansicht im Präsidium um, Strafrichter auch in den Zivilsenaten zu verwenden.[1170] Seckendorff ließ sich dabei, wie ein späteres Schreiben nahelegt, einzig

---

1165 Die zuvor genannte Beschleunigung beim I./VII. Zivilsenat hatte bei dem II./III. Zivilsenat eine stärkere Arbeitsbelastung zur Folge. Dort stieg der Zeitraum bis zur Terminsbestimmung von drei bzw. 6 Monaten (30.11.1907) auf etwa 6,5 bzw. 8,5 Monate (30.4.1908), vgl. BArch, R 3001, Nr. 2019, Bl. 156 ff., Bl. 230 ff.

1166 Bspw. wurde im Rahmen der Geschäftsverteilung für 1909 eine Entlastung des I. und des VI. Zivilsenats durch Abgabe von „Sachen" an andere Senate beschlossen, um zu erreichen, dass „im Anfange des Jahres 1909 die Verhandlungstermine in allen Zivilsenaten ungefähr gleichweit hinausgerückt sein werden.", BArch R 3001, Nr. 2008, Schreiben vom 17.12.1908. Zu dieser Deutung vgl. im Übrigen, BArch, R 3002, Gen. Nr. 240, Bl. 124 ff., Bl. 127 R.

1167 Vgl. BArch, R 3002, Gen. Nr. 240, Bl. 105 R f; Bl. 109, 109 R.

1168 Vgl. BArch, R 3002, Gen. Nr. 240, Bl. 105 ff., 108 ff.

1169 Indizien ergeben sich aus dem ans RJA gerichtete Schreiben vom 24.1.1915, vgl. BArch, R 3001, Nr. 2009.

1170 Im Folgenden wurde beispielhaft geprüft, inwieweit hauptsächlich auf dem Gebiet des Strafrechts tätige Richter auf die Zivilsenate verteilt worden waren. Dazu wurden die Lebenswege der betreffenden Räte nach einer möglichen vorherigen strafrechtlichen

von pragmatischen Erwägungen leiten: er wolle sich vor dem Hintergrund der Geschäftsbelastung für den Übertritt von Mitgliedern der Strafsenate in die „am *meisten beschäftigten*“ Zivilsenate einsetzen.[1171]

Die Strafsenate waren zwar den Strafrichtern, Staatsanwälten und ehemaligen Reichsanwälten vorbehalten[1172], dennoch wurden diese zur Entlastung der Zivilsenate herangezogen. Eine solche Abänderung der Geschäftsverteilung im laufenden Geschäftsjahr war nach § 62 GVG durchaus möglich, da diese Bestimmungen nur auf die Überlastung einer „Kammer“ oder den Wechsel bzw. die Verhinderung eines Mitglieds (mit anderen Worten auf die Arbeitsbelastung), nicht aber auf die ‚fachliche Herkunft‘ des betreffenden Richters abstellten. Da es damals eine verbreitete Auffassung gegeben hat, die Strafgerichtsbarkeit sei gegenüber der Zivilgerichtsbarkeit lediglich eine Justiz ‚zweiter Güte‘[1173], verdienen die unter Seckendorff – interessanterweise bereits vor erwähnten Hinweis Nieberdings[1174] – vorgenommenen und teilweise länger als ein halbes Jahr

Tätigkeit (Staatsanwalt oder Strafrichter) untersucht. Wo diese nicht ausdrücklich feststellbar war, wurde auf dafürsprechende Indizien abgestellt.

1171 Dazu BArch, R 3001, Nr. 2009, Schreiben vom 24.1.1915. Seckendorff stellte nach einem Vergleich mit der Geschäftsentwicklung der Jahre 1906–1909 zwar fest, dass die Zahl der mündlichen Verhandlungen 1914 allgemein stark abgenommen habe. Zugleich verwies er aber darauf, dass bei dem IV. und VI. Zivilsenat die Geschäftsentwicklung „sich 1914 auf der *gleichen Höhe wie früher* gehalten“ habe. Er wolle deswegen „darauf hinwirken, daß […] einzelne Mitglieder der Strafsenate zugleich oder auch ganz den am meisten beschäftigten und nicht voll besetzten Zivilsenaten […] zugewiesen werden.“ Hervorhebung stammt vom Verf.

1172 Müller, a.a.O., S. 73.

1173 Dazu Müller, a.a.O., S. 72 f. unter Verweis auf die Lebenserinnerungen Ludwig Ebermayers. Weitere Hinweise bei Schröder, Die Entwicklung des Kartellrechts und des kollektiven Arbeitsrechts, S. 419 f. Auch in der Reichsjustizverwaltung herrschte offenbar eine Auffassung vor, wonach zumindest „für die Besetzung der ersten Präsidentenstellen Zivilisten vorgezogen werden […]“, aus der Stellungnahme Nieberdings zur möglichen Auswahl des Oberreichsanwalts Olshausen zum Reichsgerichtspräsidenten, vgl. BArch, R 43, Nr. 695, Bl. 24 R.

1174 Etwa BArch, R 3001, Nr. 2008, Büronotiz vom 4.3.1907. Der vorher in verschiedenen richterlichen Stellen tätige RGR *Althaus* war ursprünglich infolge der Errichtung des Fünften Strafsenats ans Reichsgericht gekommen (vgl. GStA PK, Rep. 89, Nr. 16877, Bl. 112 ff.) und war zunächst im ersten Strafsenat tätig. Seine Ernennung im Zusammenhang mit der Errichtung des Fünften Strafsenats legt nahe, dass dieser eher ‚Strafrechtler‘ gewesen ist (dazu GStA PK, Rep. 89, Nr. 16877, Bl. 112 ff.; BArch, R 3001, Nr. 142, Bl. 48 f., 78). Dennoch wurde er später für die Zeit vom 1. März bis

andauernden Wechsel der Reichsgerichtsräte zwischen den einzelnen Senaten besondere Beachtung.[1175]

Ende Dezember 1907 dem V. Zivilsenat zugeteilt. Dort blieb er auch während der folgenden Jahre (Lobe, a.a.O., Anlage I und II, S. 373, 392, 394).

1175 RGR *Scholber* war aus denselben Gründen wie RGR Althaus ans Reichsgericht gekommen (vgl. GStA PK, Rep. 89, Nr. 16877, Bl. 112 ff.). Seit seiner Einstellung war er im III. Strafsenat tätig und trat Anfang Juli 1909 in den VII. Zivilsenat über. Er verblieb dort weitere Jahre (vgl. Lobe, a.a.O., Anlage I und II, S. 373, 393, 395; BArch, R 3001, Nr. 2008, Notiz vom 6.7.1909). Auch in anderen Jahren finden sich Belege für eine solche Geschäftsleitung:
RGR (Edmund) *Fuchs* war nach mehrjähriger (jedenfalls teilweise straf-) richterlicher Tätigkeit für den zum Senatspräsidenten in einem Strafsenat beförderten Reichardt ans Gericht gekommen (vgl. BArch, R 3001, Nr. 142, Bl. 126 ff., Bl. 126 R). Fuchs trat nach mehrjähriger Tätigkeit in einem Strafsenat im Juli 1910 zu einem Zivilsenat über und verblieb dort (zu diesem Vorgang auch: BArch, R 3001, Nr. 2008, Notiz vom 2.7.1910; vgl. Lobe, a.a.O., Anlage I und II, S. 373, 393, 396). RGR *Niedner* kam für den pensionierten RGR Richter vom IV. Strafsenat ans Reichsgericht (GStA PK, Nr. 16879, Bl. 21; BArch, R 3001, Nr. 147, Bl. 95, 97) und war seitdem Mitglied im III. bzw. V. Strafsenat (vgl. BArch, R 3001, Nr. 147, Bl. 126; ebd., Nr. 2009, Büronotiz vom 1.10.1914; Lobe, a.a.O., Anlage I und II, S. 347, 391, 395 f.). 1917 wurde er wegen der Erkrankung eines RGR zeitweilig zunächst dem V. Zivilsenat zugeteilt und verblieb auch in den folgenden Jahren in den Zivilsenaten (vgl. BArch, R 3001, Nr. 2009, Beschluss vom 2.4.1917). Reichsgerichtsrat *Oegg* durchlief verschiedene *staatsanwaltliche* Positionen und startete seine Karriere im II. Strafsenat, wurde aber 1914 für 3 Monate dem III. Zivilsenat zugeteilt (vgl. BArch, R 3001, Nr. 2009, Bericht vom 1.10.1914). In den 20er Jahren wurde er Senatspräsident in einem Strafsenat und später im III. Zivilsenat (vgl. GStA PK, Nr. 16879, Bl. 38; BArch, R 3001, Nr. 147, Bl. 138, 167; Lobe, a.a.O, Anlage I und II, S. 347, 390 f., 394 f.). RGR *Rosenberg* wurde 1910 als Hilfsrichter dem VI. Zivilsenat zugeteilt und wechselte im Herbst 1912 als Rat zum IV. Strafsenat. Er verblieb, abgesehen von einer halbjährlichen Unterbrechung 1915, bei welcher er dem VI. Zivilsenat zur Unterstützung zugeteilt wurde, bis 1919 bei diesem Strafsenat. Danach wechselte er in den V. Zivilsenat (vgl. BArch, R 3001, Nr. 147, Bl. 89 R; ebd., Nr. 2008 und Nr. 2009, Notizen vom 2.11.1912, 17.3.1915, 29.9.1915; Lobe, a.a.O., Anlage I und II, S. 378, 392, 396). Rosenberg kam nach verschiedenen richterlichen Positionen im Zuge der Neubesetzung der Stelle des RGR von Eschstruth ans Reichsgericht, der allerdings in einem Zivilsenat tätig gewesen war (vgl. GStA PK, Rep. 89, Nr. 16878, Bl. 259; BArch, R 3001, Nr. 147, Bl. 55, 65 ff). RGR *Happich* kam als Rat für die erledigte Stelle des RGR Pilling ans Reichsgericht (vgl. GStA PK, Rep. 89, Nr. 16878, Bl. 196 f.; BArch, R 3001, Nr. 146, Bl. 165 f., 184). Er war seit 1912 beim III. Strafsenat beschäftigt und wurde 1915 dem V. Zivilsenat für 3 Monate zur Unterstützung zugeteilt. Zuvor war er diesem Senat bereits als Hilfsrichter zugeteilt gewesen (vgl. BArch, R 3001, Nr. 2009, Beschlüsse

Diese Nutzung der vorhandenen ‚personellen Ressourcen' veranschaulicht eine pragmatische, von den Notwendigkeiten bestimmte, Herangehensweise des Präsidiums, die so auch von Seckendorff geteilt wurde. Zwar fehlt es an konkreten Nachweisen über die Beschlussfassung im Präsidium. Gleichwohl dürften solche Entscheidungen, entsprechend dem soeben erwähnten Schreiben, auf Zustimmung des Reichsgerichtspräsidenten gestoßen sein, da er sich auch im Übrigen für eine gleiche Behandlung der Senate stark machte.[1176] Durch solche und ähnliche Maßnahmen[1177] verteilte das Präsidium die Arbeitslast gleichmäßig im Kollegium und verbesserte damit auch das Arbeitsumfeld.

Eine größere Entspannung der Verhältnisse setzte jedoch erst durch die Zulassung von Hilfsrichtern zum Reichsgericht[1178] – dadurch war es für die Senate möglich geworden, mehr Sitzungstage abzuhalten und dementsprechend mehr Verfahren zu erledigen[1179] – und nicht zuletzt mit der Abnahme der Geschäfte

---

vom 17.2./18.5.1915; Lobe, a.a.O., Anlage I und II, S. 378, 392, 395). RGR Pilling war im V. Strafsenat tätig gewesen (Lobe, a.a.O., Anlage I und II, S. 376, 396).

1176 Vgl. BArch, R 3001, Nr. 2005, Bl. 126 ff. Der dort archivierte Vorgang vom 14.1.1917 behandelte u.a. die Frage, in wieweit eine Verminderung der Anzahl der Richter in den Senaten in Betracht käme, vgl. dazu § 140 GVG. Grund für diese Erwägungen waren die während des Krieges gesunkene Geschäftslast des Reichsgerichts und damit im Zusammenhang stehende finanzielle Erwägungen. Es verbot sich für ihn schon aus „politischen Gründen" bei der (Grund-)Besetzung der Senate zwischen Strafrichtern und Zivilrichtern zu differenzieren: „Einen Unterschied in der Besetzung der Senate zwischen Straf- und Zivilsenaten zu machen, dürfte sich aber aus politischen Rücksichten verbieten und auch im Wege der Gesetzgebung kaum zu erreichen sein."

1177 Zum Bsp. wurde der neu ernannte RGR Backs aufgrund der Erkrankung des RGR Unger dem II. Strafsenat zugeteilt, BArch, R 3001, Nr. 2008, Notiz vom 21.10.1907. Aus gleichen Gründen wurde der Hilfsrichter Niederstein dem II. Zivilsenat zugeteilt. Später wurde der nunmehr im IV. Zivilsenat tätige RGR Niederstein dem I. *Straf*senat zur Unterstützung zugewiesen, ebd., Nr. 2009, Berichte vom 13.11.1913 und 29.5.1915.

1178 Dazu Müller, a.a.O., S. 80. Obwohl die Zahl der zu bearbeitenden Zivilverfahren in den Jahren 1911 (3531), 1912 (3906) und 1913 (3892) gleichbleibend hoch blieb, konnten die „Rückstände" dadurch kontinuierlich abgearbeitet werden. So betrugen die Rückstände 1911 (1882), 1912 (1482) sowie 1913 (1119) Verfahren, siehe dazu die betreffenden Jahresberichte Seckendorffs in BArch, R 3001, Nr. 2016.

1179 Dazu BArch, R 3001, Nr. 2008, Bericht vom 19.12.1910 über die Geschäftsverteilung für das Jahr 1911. Es wurde für die einzelnen Zivilsenate alle zwei Wochen ein weiterer Sitzungstag bestimmt. Der IV. Zivilsenat tagte bspw. jeweils montags und

während des Krieges ein.[1180] Eine vergleichbare Abnahme der Geschäftsbelastung bei den Strafsenaten lässt sich für diesen Zeitraum ebenfalls feststellen.[1181] Letzten Endes konnte daher eine grundlegende Verbesserung der Geschäftslage durch Maßnahmen der gerichtlichen Selbstverwaltung nicht erreicht werden, sondern es waren vielmehr äußere Umstände, die für eine gewisse Besserung der Verhältnisse am Reichsgericht sorgten.

III) Jedenfalls: Verbesserung des Arbeitsumfeldes?

Trotz alledem bemühte sich der Reichsgerichtspräsident unter den gegebenen Umständen, ein besseres Arbeitsumfeld für die Mitglieder des Reichsgerichts zu schaffen. So setzte er sich dafür ein, die alltägliche Arbeit der Räte v.a. durch *andere Mittel* zu erleichtern.

So drängte er im Hinblick auf die „Geschäftslage" auf die zügige Wiederbesetzung von vakanten Richterstellen. Nachdem RGR Weller vom III. Zivilsenat[1182] verstorben war[1183], bat Seckendorff um „dringenden Ersatz" der verlorenen Arbeitskraft. Um die Wartezeit bis zur Ernennung eines neuen Reichsgerichtsrates zu überbrücken, schlug er vor, einen geeigneten Beamten „schon jetzt" als Hilfsarbeiter zum Gericht abzuordnen.[1184] Ein vergleichbarer Vorgang betrifft die Wiederbesetzung der Stelle des verstorbenen RGR v. Dincklage. Bereits

---

donnerstags, und zusätzlich jeden zweiten Samstag. Vergleichbare Regelungen traf das Präsidium für die anderen Senate.

1180 Die Geschäftsübersichten des Jahres 1914 (3808), 1915 (2779) oder 1916 (2894) belegen eine starke Abnahme der Zivilverfahren, dazu BArch, R 3001, Nr. 2017. Die Zeitdauer bis zur Terminsanberaumung verkürzte sich bei den Senaten abermals. Das bestätigt ein Vergleich der durchschnittlichen Dauer bis zur Terminsbestimmung bei den Zivilsenaten am 30.6.1913 (zwischen 3,5 und 5 Monaten – vgl. BArch, R 3001, Nr. 2020) mit der Dauer bis zur Terminsbestimmung am 30.1.1915 (zwischen 1,5 bis 3,5 Monaten – vgl. BArch, R 3001, Nr. 2021).

1181 Ein ähnliches Bild liefert die Anzahl der von den Strafsenaten zu bearbeitenden Strafsachen: 1911 (6373), 1912 (6812) und 1913 (6666). Die Zahl der zu bearbeitenden Strafsachen nahm 1914 (5989), 1915 (4481) oder 1916 (3211) ebenfalls ab. Im Übrigen verkürzte sich die Dauer bis zur Anberaumung eines Termins: am 30.6.1913 (zwischen 4–4,5 Monaten – vgl. BArch, R 3001, Nr. 2020), am 30.1.1915 (zwischen 1–2,5 Monaten, vgl. BArch, R 3001, Nr. 2021).

1182 Zu diesem Lobe, a.a.O., Anlage I und II, S. 364, 391.

1183 Im Reichsgericht schloss man damals einen Suizid RGR Wellers nicht aus. Sein Leichnam wurde später in der Pleiße (einem kleinen Fluß in Leipzig) gefunden, BArch, R 3001, Nr. 146, Bl. 70.

1184 Vgl. BArch, R 3001, Nr. 146, Bl. 70 f.

einen knappen Monat später wurde die Position wiederbesetzt. Aufgrund des „Gnadenquartals“[1185] wäre eine Neubesetzung der Stelle an sich erst nach Ablauf von 3 Monaten möglich gewesen.[1186]

Aus vergleichbaren Erwägungen teilte das Reichsgerichtspräsidium die seit 1910 am Reichsgericht eingestellten Hilfsrichter, dem „Feriensenat für Zivilsachen“ zu.[1187] Dieser am Reichsgericht nicht besonders beliebte Senat diente der Entlastung der anderen Senate und brachte deswegen einen Teil der Räte um ihren Sommerurlaub.[1188] Durch die Zuteilung der Hilfsrichter dürfte es gelungen sein, die Arbeitsbelastung bei den zumeist älteren Reichsgerichtsräten[1189] zu verringern, da diese nunmehr ihren Sommer- bzw. Erholungsurlaub antreten konnten.

Weitere Vorgänge weisen in eine ähnliche Richtung. Die Vorbereitung der Sitzungen und damit die Arbeit des Berichterstatters war regelmäßig dadurch erschwert, dass es an lesbaren Urteilsabschriften[1190] der Vorinstanzen fehlte. Seckendorff konnte erreichen, dass fortan den Prozessakten lesbare Abschriften und damit bessere Arbeitsmaterialien beigefügt wurden.[1191] Ein

---

1185 Nach § 7 des Reichsbeamtengesetzes von 1873 stand den Hinterbliebenen für das auf den Sterbemonat folgende Vierteljahr noch die volle Besoldung des Verstorbenen – sog. Gnadenquartal – zu.

1186 Vgl. BArch, R 3001, Nr. 141, Bl. 216 ff.; ebd., Nr. 142, Bl. 22. Die Neubesetzung betraf zwar eine Stelle bei den Stafsenaten, allerdings war zum damaligen Zeitpunkt noch kein fünfter Strafsenat beim Reichsgericht gebildet worden. Das geschah erst im Laufe des Jahres 1906, vgl. BArch, R 3001, Nr. 2005, Bl. 63. Im Jahr 1905 gingen indes fast 6.500 Revisionen in Strafsachen ein, vgl. den Bericht Seckendorffs vom 11.1.1906, BArch, R 3001, Nr. 2015. Gemäß der erwähnten Berechnung Oehlschlägers waren dies 1700 Revisionen zu viel.

1187 Über das konkrete Abstimmungsverhalten im Präsidium ist zwar nichts bekannt, allerdings heißt es im Beschluss, dass die Zuteilung im „Einverständnis“ erfolgt sei, BArch, R 3001, Nr. 2008, Bericht vom 27.3.1911.

1188 Hinweise bei Gutbrod, a.a.O., S. 74.

1189 Müller (a.a.O., S. 131) beziffert das Durchschnittsalter bei der Ernennung auf 56 Jahre. Als Hilfsrichter am Reichsgericht waren 1910 bspw. Lobe (50 Jahre), Hermann Theodor Fuchs (53 Jahre), Keller (48 Jahre) und Herb (49 Jahre) tätig; zu diesen Lobe, a.a.O., Anlage I, S. 346, 377 ff.

1190 Die Vor- und Nachbereitung der Sitzungen am Reichsgericht erfolgte weitestgehend handschriftlich. Die Voten und Urteile sind mehr oder weniger lesbar in deutscher Schreibschrift bzw. Sütterlin verfasst. Erst in späteren Jahren erfolgte teilweise eine Umstellung auf Schreibmaschinen. Das veranschaulichen die zitierten Prozessakten.

1191 Vgl. BArch, R 3002, Gen. Nr. 240, Bl. 1 ff. Der dort befindliche Vorgang aus dem Jahr 1906 behandelt die Aktenführung in den Vorinstanzen. Beim Reichsgericht

Fuhrunternehmer transportierte seit der Jahrhundertwende mehrmals täglich Akten und Bücher vom Reichsgericht in die Wohnungen der Reichsgerichtsräte. Durch die gestiegenen Futtermittelpreise und Unterhaltungskosten während der Kriegsjahre geriet der Unternehmer in wirtschaftliche Bedrängnis. Seckendorff sprach sich allerdings für eine Anpassung der Vergütung des Fuhrunternehmers an die veränderten Preisverhältnisse[1192] aus und trug damit dazu bei, diesen Lieferservice auch in diesen Jahren aufrechtzuerhalten.[1193] Seckendorff kümmerte sich daher (auch) um die ‚kleinen Dinge', die den Arbeitsalltag der Reichsgerichtsräte verbessern konnten.

Nicht zuletzt vor dem Hintergrund des mangelnden Erfolges gesetzlicher Initiativen zur Entlastung des Reichsgerichts hat sich der persönliche Einsatz des Reichsgerichtspräsidenten für die Entlastung der Reichsgerichtsräte bzw. für die Verbesserung des Arbeitsumfeldes positiv auf das Ansehen Seckendorffs im Kollegium ausgewirkt. Möglicherweise haben außerdem die Umsetzungen und die vielfältigen von Seckendorff organisierten Geselligkeiten[1194], die Kollegialität im Reichsgericht – und damit die Ansichten über die ‚Werthaltigkeit' der Strafjustiz – verbessert. Dass es den Räten in manchen Fällen auch nach mehrjähriger Tätigkeit in den Strafsenaten nicht versagt wurde, in die Zivilsenate zu wechseln, spricht für eine (zunehmende) Aufgeschlossenheit bei der Besetzung der Senate.[1195] Später scheint ein solcher Wechsel eine Selbstverständlichkeit

---

traten regelmäßig Schwierigkeiten mit der Lesbarkeit der instanzgerichtlichen Urteile auf. Seckendorff wollte diesen Zustand beseitigen, schrieb an Nieberding und wünschte die Beifügung von lesbaren Abschriften. Dieser teilte ihm daraufhin mit, dass eine entsprechende Verfügung seitens des Preußischen Justizministeriums erlassen worden war, wobei allerdings die Erstellung von Abschriften in das Ermessen des Vorsitzenden gestellt wurde. Zu diesem Vorgang auch GStA PK, Rep. 84 a, Nr. 11817, Bl. 639 f.

1192 Zu den Preisen und der Zuordnung von Lebensmitteln in Leipzig, siehe etwa Leipziger Kriegschronik, Die Preise für Lebensmittel und Ratsverordnungen seit Ausbruch des Weltkrieges, SGM, Nr. I A 930 a (Stand Juni 1916).

1193 Vgl. BArch, R 43, Nr. 694, Bl. 110, 116 (Vorgang aus dem Jahr 1915). Die in der Abkehr vom Vertragsgrundsatz liegende (faktische) Anpassung des Vertrages an die – kriegsbedingten – veränderten wirtschaftlichen Verhältnisse geschah geraume Zeit vor der allgemeinen Anerkennung einer Aufwertung von Geldleistungen im Jahr 1923, dazu allgemein Klemmer, a.a.O., S. 175 ff., 210 ff.

1194 Siehe unten Viertes Kapitel, C. II. 2. c.

1195 RGR *Picot* war von 1914–1919 im I. Strafsenat tätig und wechselte dann in den VI. bzw. II. Zivilsenat (Lobe, a.a.O., Anlage I und II, S. 380, 390, 392, 394). Picot war vor seiner Ernennung zum Reichsgerichtsrat einige Jahre auch als Strafrichter tätig

gewesen zu sein.[1196] Ludwig Ebermayer betonte demgemäß, seinem Wunsch in einen Zivilsenat hinüberzutreten, sei von dem Reichsgerichtspräsidium unter Seckendorff „kein Hindernis" entgegengestellt worden.[1197]

Dementsprechend konnten die Leipziger Neuesten Nachrichten anlässlich des Ruhestandes des Reichsgerichtspräsidenten hervorheben, dass er die Interessen des Reichsgerichts und seiner Mitglieder bestmöglich vertreten und für ein Arbeitsumfeld gesorgt habe, in dem ein „jeder sich wohlfühlte".[1198]

IV) Zusammenfassung

Die Geschäftsbelastung des Gerichtshofs gehörte zu Beginn des Jahrhunderts zu den dringendsten Problemen des Reichsgerichts. Die damit einhergehende übermäßige Arbeitsbelastung bei den Räten führte bei diesen oft zu gesundheitlichen Problemen. Da eine Entlastung des Reichsgerichts durch eine Gesetzesreform nicht zu erreichen war, war der Reichsgerichtspräsident darauf angewiesen, mit den Möglichkeiten der gerichtlichen Selbstverwaltung für eine Entlastung der Richter zu sorgen. Diese Maßnahmen minderten die Arbeitsbelastung der Räte jedoch kaum. Diese Verhältnisse verbesserten sich im Wesentlichen erst mit der der Zulassung von Hilfsrichtern bzw. durch die Abnahme der Geschäfte während des Krieges und damit durch äußere Umstände.

Allerdings gelang es dem Reichsgerichtspräsidenten, die Arbeitsbelastung und das alltägliche Arbeitsumfeld der Räte u.a. durch seinen Einsatz für die schnelle Wiederbesetzung erledigter Stellen und andere Mittel wenigstens im

---

gewesen und im Zuge der Neubesetzung der Stelle von RGR v. Lödel ans Gericht gelangt (vgl. BArch, R 3001, Nr. 148, Bl. 16, 16 R., 38; GStA PK, Rep. 89, Nr. 16879, Bl. 88). Von Lödel hatte in seiner Karriere hingegen mehrere Positionen bei der Staatsanwaltschaft durchlaufen (vgl. GStA PK, Nr. 16876, Bl. 150). RGR *Reichert* war nach einigen Stationen bei der Staatsanwaltschaft von 1914–1919 bei dem V. Strafsenat und dann (auch) bei dem I. Zivilsenat beschäftigt (vgl. GStA PK, Rep. 89, Nr. 16879, Bl. 70; BArch, R 3001, Nr. 147, Bl. 194, 229 ff., ebd., Nr. 148, Bl. 11 R; Lobe, a.a.O., Anlage I und II, S. 347, 390, 396).

1196 Im Zusammenhang mit der Besetzung des Ehrengerichtshofs bemerkte Kurlbaum (a.a.O., S. 77 f.) folgendes: „Die Reichsgerichtsräte wechseln vielfach aus den Zivilsenaten nach den Strafsenaten und *umgekehrt*, insbesondere bei der Ernennung zum *Senatspräsidenten*." Die Hervorhebung stammt vom Verfasser.

1197 Zu alledem L. Ebermayer, a.a.O., S. 66 ff.; Müller, a.a.O, S. 72 f.

1198 Vgl. LNN, Nr. 348, vom 30.12.1919, S. 2: „[er war] darauf bedacht [...], die Verhältnisse im Reichsgericht so zu gestalten, daß ein jeder sich in seiner Tätigkeit wohl fühlte [...]."

Kleinen zu verbessern. Diese Maßnahmen wirkten sich positiv auf das Ansehen des Reichsgerichtspräsidenten im Kollegium aus. Die von Seckendorff unterstützte Verwendung von Strafrichtern in den Zivilsenaten hatte möglicherweise den positiven Nebeneffekt, dass dadurch auch damals gegenüber Strafrechtlern im Kollegium bestehende Vorurteile abgebaut werden konnten.

In diesem von *Effizienz* geprägten Arbeitsalltag rückten daher die gesellschaftlichen Aufgaben des Reichsgerichtspräsidenten immer mehr in den Mittelpunkt. So spielten u.a. vom Reichsgerichtspräsidenten organisierte Veranstaltungen und Vereinsmitgliedschaften für den Abbau der psychischen und physischen Belastung der Räte sowie für deren Zusammenhalt eine wichtige Rolle.[1199]

1199 Dazu Viertes Kapitel, C. II. Bei geselligen Veranstaltungen – etwa im Rahmen von Vereinsmitgliedschaften – spielte die Entspannung von einem harten Arbeitstag regelmäßig eine große Rolle, vgl. die Entstehungsgeschichte der Hamburger Harmonie auf www.harmonie1789.de – zuletzt abgerufen am 27.10.2017. Dort wird u.a. Folgendes angeführt: „Eine geschlossene Gesellschaft von Männern, die sich in ihren Mußestunden versammelten und durch freundschaftliche Unterhaltung und gegenseitigen Austausch ihrer Gedanken, durch Lektüre der Zeitungen und Journale sowie durch ein erlaubtes Spiel *eine Erholung von ihren Geschäften zu verschaffen* suchte", war der Wunsch, der Georg Ludwig Peitzner 1789 veranlasste, in Hamburg eine Gesellschaft von zunächst 30 Personen zu gründen, und „Harmonie" zu nennen. „Ein Name der ihre Entstehung und ihren Charakter ausdrückt". Die kursive Hervorhebung stammt vom Verfasser. Eine entsprechende Bedeutung der Geselligkeit am Beispiel der Paderborner Hamoniegesellschaft wird erläutert bei Klenke, Harmoniegesellschaft Paderborn, S. 28 f. Allgemein zu verschiedenen Sozietäten in Leipzig, Middell, Leipziger Sozietäten, S. 130 ff. Für den Hinweis auf den letztgenannten Aufsatz bedanke ich mich bei Matthias Wiessner.

Viertes Kapitel: Seckendorff, das Reichsgericht und Leipzig

„Es könnte für das hohe und wichtige Amt des Präsidenten des Reichsgerichts kein besserer Mann gefunden werden, das ist die Ueberzeugung des Reichsgerichts, und diese Ueberzeugung wird überall geteilt.[1200]

A) Zunächst: „ein unbeschriebenes Blatt", später: Ehrenbürger – die brüchigen Meinungen der Zeitgenossen

Im Frühjahr 1905 verließ der neu ernannte Reichsgerichtspräsident schweren Herzens Berlin.[1201] Dennoch, so hieß es später, sei Rudolf von Seckendorff während seiner Zeit in Leipzig zu einem „Bindeglied" zwischen dem Gerichtshof und der Stadt geworden: *„daß das R e i c h s g e r i c h t h e u t e i n L e i p z i g e i n e w a h r e H e i m a t hat, verdanken wir Rudolf von Seckendorff in allererster Reihe.*"[1202] Zeitgenossen wie der ehemalige Oberreichsanwalt Ludwig Ebermayer bezeichneten ihn als „beliebtesten Präsidenten", der „keinen einzigen Feind" im Reichsgericht gehabt habe.[1203] In Anbetracht der kritischen Äußerungen und „Indifferenzen"[1204], die anfangs gegenüber seiner Kandidatur als Reichsgerichtspräsident bestanden, belegt diese Entwicklung einen starken Bruch in der Fremdwahrnehmung Seckendorffs.

1200 Anonym, DJZ 1915, Sp. 1103, 1104. Die Hervorhebung stammt vom Verfasser.

1201 Arnold, DRiZ 1932, S. 340; Reden bei der Gedenkfeier, S. 9.

1202 LNN, Nr. 328, vom 23.11.1932, S. 9; NLZ, Nr. 328, vom 23.11.1932, S. 3; Leipziger Abendpost, Nr. 274, vom 23.11.1932. Außerdem BArch, R 3002, PA Nr. 790, Bd. 1, Bl. 119 ff. Die Aussage stammt vom damaligen Reichsgerichtspräsidenten Bumke. Die kursive Hervorhebung stammt vom Verfasser.

1203 Ludwig Ebermayer, Dienst am Recht, S. 200 f.; Müller, a.a.O., S. 124, Fn. 99; E. Ebermayer bezeichnet ihn sogar als „Gentleman unter den Juristen des Kaiserreichs", der den „unpolitischen Richter" verkörperte, E. Ebermayer, Prisma 1947, 21, 22. Außerdem: Anonym, DJZ 1919, Sp. 909, 910: „er [war] der vornehmste und *beliebteste* Präsident des Reichsgerichts [...] er [wird] von allen Männern, die an ihm [dem Reichsgericht, Anm. d. Verf.] wirken, sehr vermisst werden [...]." Ähnliches zum 70. Geburtstag 1914, vgl. Anonym, DJZ, 1914, Sp. 1281 f.; zum 50. Dienstjubiläum Anonym, DJZ 1915, Sp. 1103 f. Hervorhebung stammt vom Verfasser.

1204 Vgl. BArch, R 43, Nr. 695, Bl. 27 f. „Weil er fast überall unbekannt ist, stößt der Gedanke an seine Kandidatur auf große Indifferenz."

War die spätere Bewertung Seckendorffs also lediglich eine Überhöhung seiner Person durch die damals übliche Sprache oder gab es plausible Gründe für die Wertschätzung seiner Mitmenschen? Immerhin bezeichneten ihn diese noch im Jahr 1906 als „unbeschriebenes Blatt“.[1205] Mit dieser Unbeschriebenheit war wahrscheinlich der Umstand angesprochen, dass über den neuen Reichsgerichtspräsidenten und dessen Bezug zur Stadt bzw. zu Leipziger Gesellschaftskreisen (zunächst) nur wenig bekannt war. Indes erhielt er im Laufe der Jahre durch die Verleihung der Ehrenbürger- und Doktorwürde und durch eine nach ihm benannte Straße besondere städtische Auszeichnungen. Wer war dieser Mann, der selbst im November 1918 nicht aus seinem Amt entlassen wurde?[1206]

Die Umstände, die zur Steigerung seiner juristischen Autorität beigetragen haben, wurden bereits erörtert. Nunmehr werden seine Amtsführung, die persönlichen Verbindungen des Reichsgerichtspräsidenten zu einzelnen Mitgliedern des Gerichtshofs und zu weiteren Persönlichkeiten sowie sein Verhältnis zur Stadt Leipzig näher beleuchtet, um die Hintergründe für seine spätere Beliebtheit aufzuklären bzw. herauszuarbeiten, *wie* der Reichsgerichtspräsident die Reichsgerichtsmitglieder[1207] und den Gerichtshof in Leipzig ‚heimisch‘ machte. Hilfreich dafür ist zunächst ein Blick hinter die gesellschaftlichen Kulissen des Gerichtshofes zu Beginn des 20. Jahrhunderts.

1205 Vgl. Georg, Leipzig und die Leipziger, S. 11 („Freiherr, Reichsgerichtspräsident. Kaiserl[icher]. Wirkl[icher]. Geh.[eimer] Rat, Exz.[ellenz], Komtur. Ist alles, bloß noch nicht Bürger von Leipzig. Junggeselle. Ein unbeschriebenes Blatt.“); Karl Czok, Leipzig und das Reichsgericht, S. 84.

1206 Zur Bedeutung der juristischen und persönlichen Autorität für die Amtsführung während und im Nachgang der Revolution 1918, siehe unten Fünftes Kapitel, B. I.

1207 Für die Untersuchung wird in diesem Zusammenhang kein Unterschied zwischen Reichsgerichtsräten, Senatspräsidenten oder Reichsanwälten etc. gemacht, sondern allgemein auf die ‚Zugehörigkeit‘ der Berufsgruppen zum Reichsgericht abgestellt.

B) Die Beziehung Seckendorffs zu den Mitgliedern des Reichsgerichts – Integration durch Amtsführung?

I) ‚Fremdheitsgefühle' und mangelnde Integration am Reichsgericht

Entgegen der anfänglichen Befürchtungen hatte es der neue Reichsgerichtspräsident offenbar verstanden, gute Beziehungen zu (und zwischen) den richterlichen und nichtrichterlichen Mitgliedern des Gerichtshofs aufzubauen. Diese Beziehungen waren nicht nur für sein persönliches Verhältnis zu den Reichsgerichtsmitgliedern von Belang (Stichwort: zwischenmenschliche Autorität), sondern auch dafür bedeutsam, dass die Reichsgerichtsmitglieder sich an ihrer Arbeitsstätte ‚heimisch' bzw. wohlfühlten. Eine Heimat dürfte für die Reichsgerichtsmitglieder dann am Gerichtshof und in Leipzig entstanden sein, wenn es gelang, diese zu integrieren und ihnen ein Gefühl der Zu(sammen)gehörigkeit zu vermitteln bzw., wenn bestehende ‚Fremdheitsgefühle' überwunden werden konnten.

Zu Beginn des Jahrhunderts waren ‚Fremdheitsgefühle' ein größeres Problem im Kollegium. Die gesellschaftlichen (außerberuflichen) Beziehungen zwischen den einzelnen Mitgliedern des Gerichtshofs und dem Gerichtshof zur Stadt Leipzig lagen mehr oder weniger brach. Die Möglichkeiten für eine angemessene Repräsentation des Reichsgerichts wurden von Präsident Oehlschläger – und möglicherweise bereits unter Eduard von Simson[1208] – kaum wahrgenommen. Vor diesem Hintergrund erklären sich auch die damals aus dem Gerichtshof dringenden Beschwerden, aufgrund der fehlenden *„amtlichen Geselligkeit"* sei

1208 So hielt RGR Viktor v. Meibom Eduard v. Simson für ungeeignet, das Amt des Reichsgerichtspräsidenten auszuüben: „Obschon Simson eine große persönliche Liebenswürdigkeit, eine unzweifelhafte Redegabe und eine […] Sicherheit in der Leitung von Debatten […] nicht abzusprechen ist, so machte ihn doch seine Passivität […] ungeeignet für das Amt des Reichsgerichtspräsidenten. Er hatte den Grundsatz, nur da zu sprechen, wo er gefragt wurde, und trat womöglich mit seiner Meinung gar nicht hervor. Die Folge war, daß sein Einfluß gleich Null blieb. Er vermochte weder eine unpassende Besetzung von Stellen zu verhindern, noch auf die Gleichförmigkeit der Rechtsprechung der verschiedenen Senate einzuwirken, *noch den Corpsgeist und das gesellschaftliche Zusammenhalten der zahlreichen Mitglieder zu stärken*. Ich wüßte auch nicht ein Verdienst zu nennen, welches er sich um das Reichsgericht erworben hat" (Vortmann, Meibom Lebenserinnerungen, S. 122). Die Hervorhebung stammt vom Verf.

die gesellschaftliche Bedeutung des Reichsgerichts gesunken und eine Entfremdung der Reichsgerichtsräte untereinander eingetreten.[1209]

Dieser fehlende Zusammenhalt bzw. diese ‚Fremdheitsgefühle' verschärfte(n) sich möglicherweise dadurch, dass angesichts der ständig steigenden Geschäftslast stetig neue Ratsstellen geschaffen[1210] und um die Jahrhundertwende diese Posten verstärkt mit bayerischen und sächsischen Juristen besetzt wurden.[1211] Im Jahr 1913 kam von 100 Richtern am Reichsgericht etwa ein Drittel nicht aus Preußen.[1212] Diese Umstände waren der Nährboden für eine *herkunftsbezogene Diskriminierung* am Gerichtshof. Ludwig Ebermayer berichtete dementsprechend über die abschätzige Auffassung mancher norddeutscher Reichsgerichtsmitglieder über die Intelligenz ihrer süddeutschen Kollegen.[1213] Davon, dass sich die Reichsgerichtsmitglieder in Leipzig ‚heimisch' fühlten, konnte zum damaligen Zeitpunkt keine Rede sein. Nicht jeder Reichsgerichtsrat wurde als ‚zugehörig' oder ‚gleichberechtigt' akzeptiert.

1209 Vgl. Gutbrod, S. 73. „Auch wurde aus dem Gerichtshof selbst darüber Klage geführt, daß der Kontakt nicht nur zwischen den einzelnen Senaten, sondern auch der Reichsgerichtsräte untereinander unzulänglich war, ja, daß diese sich infolge des Aufhörens jeder amtlichen Geselligkeit kaum mehr genügend kannten. Das Reichsgericht trat gesellschaftlich mehr und mehr hinter anderen Behörden, auch im öffentlichen Leben zurück." Ähnlich äußerte sich RGR Düringer in der DJZ 1910, Sp. 329, 334, der die fehlende „persönliche Fühlung" (hier: bezogen auf die Rechtsauffassung) zwischen den einzelnen Zivilsenaten beklagt. Auf diesen Misstand weist schließlich der spätere Reichsgerichtspräsident Walter Simons ebenfalls hin, Das Reichsgericht, S. 16. Die Hervorhebung stammt vom Verfasser.

1210 Dazu Müller, a.a.O., S. 78.

1211 Ursache war eine mit Inkrafttreten des Gesetzbuches eintretende Kompetenzerweiterung auf Zivilsachen aus Sachsen und Bayern. Zur Besetzung von Stellen „vornehmlich" mit sächsischen und bayerischen „Richterkräften", vgl. GStA PK, Rep. 89, Nr. 16875, Bl. 203 f., Schreiben Nieberdings vom 13. April 1899. Dementsprechend schlug er 4 bayerische und 2 sächsische Juristen für die Besetzung von Stellen am Reichsgericht vor. Zur (Einschränkung der) Zuständigkeit des Reichsgerichts allgemein, Müller, a.a.O., S. 53 ff.

1212 Zur Herkunft der Richter allgemein siehe Müller, a.a.O., S. 108 ff., 111 f. 1913 kamen von 100 Richtern am Reichsgericht beispielsweise 63 aus Preußen sowie 10 aus Bayern, 8 aus Sachsen und lediglich 4 aus Baden.

1213 Vgl. L. Ebermayer, a.a.O, S. 55, „es gab damals immer noch Leute am Reichsgericht, die die Intelligenz des Bayern gegenüber der des Norddeutschen sehr gering einschätzten." Staufer verweist in seiner Biographie über Ebermayer ebenfalls darauf, dass Ebermayer sich als bayerischer Richter erst unter seinen preußischen Kollegen behaupten musste, vgl. Staufer, a.a.O., S. 65.

Aus welchem Grund Oehlschläger, der sich durch seine Tätigkeit als Staatssekretär des Reichsjustizamts ausgezeichnet hatte[1214], sich nur wenig um ‚sein' Reichsgericht kümmerte, ließ sich nicht sicher aufklären. Die mangelnde Wahrnehmung der gesellschaftlichen Pflichten durch Oehlschläger dürfte teilweile dadurch zu erklären sein, dass das Gehalt des Reichsgerichtspräsidenten erst mit Karl Gutbrod eine Zulage für die Repräsentation enthielt.[1215] Oehlschlägers Persönlichkeit bildete abgesehen davon die wahrscheinlichere Ursache für diesen Missstand: ihm lag nicht viel an geselligen Veranstaltungen und er war u.a. aufgrund persönlicher Schicksalsschläge ausgebrannt.[1216] Mit dieser Deutung steht im Einklang, dass Karl Gutbrod bei seiner Ernennung dazu angehalten wurde, sich besonders um die Repräsentation des Gerichtshofes und die Beseitigung „dieses Durcheinanders" zu kümmern.[1217]

Eine entsprechende Wahrnehmung der repräsentativen Aufgaben durch den Reichsgerichtspräsidenten war damals von hoher Bedeutung. Das ergab sich

---

1214 Oehlschläger hatte das RJA zu einer Zeit übernommen, in der der erste Entwurf des Bürgerlichen Gesetzbuches in der Öffentlichkeit an einer vernichtenden Kritik gescheitert war und das gesamte Projekt zu versanden drohte. Der *energische* Staatssekretär, der das Verwalten gewohnt war, rettete das Gesetzbuch. Zu alledem Hattenhauer, a.a.O., S. 37 f. Die Hervorhebung stammt vom Verf. Außerdem Müller, a.a.O., S. 120 f.

1215 Vgl. Müller, a.a.O., S. 94.

1216 Vgl. Gutbrod, S. 68 ff., 73. Indizien ergeben sich auch aus Folgendem: Zur Amtsübernahme Oehlschlägers planten die Reichsgerichtsmitglieder unter Teilnahme des Oberbürgermeisters, des Dekans der Juristenfakultät und des Rektors der Universität und weiterer Persönlichkeiten ein gemeinsames Mittagessen. Allerdings sagte Oehlschläger bereits die Teilnahme am Begrüßungsfestmahl aufgrund „schwerer Familiensorgen" ab, vgl. BArch, R 3002, Gen. Nr. 104, Bl. 115 ff. Dies könnte ein Hinweis auf den schlechten Gesundheitszustand seines Sohnes sein, der auch später die Repräsentation des Reichsgerichts und die amtlichen Geselligkeiten der Reichsgerichtsmitglieder untereinander eingeschränkt zu haben scheint. Oehlschläger ließ sich bspw. aus denselben Gründen bei den Feierlichkeiten zur Grundsteinlegung des Neuen Rathauses vertreten, dazu Stadtarchiv Leipzig, Kap. 71, Nr. 47, Bl. 107, 170 ff. Hinweise auf die Familiengeschichte finden sich auch in den LNN, Nr. 19, vom 19.1.1904, S. 10 (Trauerfeier für Oehlschläger). Ab Anfang 1902 traten auch zunehmend Erkrankungen auf, vgl. GStA PK, Rep. 89, Nr. 16876, Bl. 167.

1217 Anlässlich der Ernennung von Gutbrod war von „allerhöchster Stelle" der Wunsch ausgesprochen worden, der Reichsgerichtspräsident möge die Repräsentationspflichten in „vollem Umfang" erfüllen, vgl. BArch, R 43, Nr. 695, Bl. 36 ff., Bl. 36 R. Gutbrod wurde als der geeignete Mann für die Beseitigung des repräsentativen „Durcheinanders" angesehen, vgl. Gutbrod, a.a.O., S. 69, S. 73.

insbesondere aus dem Umstand, dass das Gericht „in einem außerpreußischen Bundesstaate seinen Sitz und der Präsident […] die *Reichs*gewalt daselbst zu repräsentieren" habe.[1218] Abgesehen von seiner richterlichen Tätigkeit hatte der Reichsgerichtspräsident eine *nationale* Aufgabe zu erfüllen. Er war die personelle Verkörperung des Reichs(-gerichts) in Leipzig *und* Bindeglied zur Stadt. Er hatte demnach sowohl – entsprechend der erwähnten Klagen – für eine *angemessene Integration* der Reichsgerichtsmitglieder als auch für eine entsprechende Repräsentation des Gerichtshofs nach ‚außen' zu sorgen.

Mit Rudolf von Seckendorff hatte das Reichsgericht einen Chefpräsidenten, der für Zusammenhalt sorgte und durch seine Präsenz in Leipzig den Gerichtshof mehr in die öffentliche Wahrnehmung brachte.

II) Moderne und vorbildhafte Amtsführung – verständnisvoll, liberal und religionsneutral

Rudolf von Seckendorff hat die Verhältnisse *im* Gericht so gestaltet, dass „jeder" sich wohlfühlte[1219] und dementsprechend für ein angenehmes Arbeitsumfeld im Reichsgericht gesorgt. Dadurch dürfte er nicht nur den Zusammenhalt seiner Mitglieder bzw. deren Integration vorangetrieben, sondern auch seine persönliche Stellung im Gericht verbessert haben. Auf welche Weise Seckendorff dieses Arbeitsumfeld schuf, lässt sich durch seine Amtsführung bzw. die Wahrnehmung der Verwaltungsgeschäfte näher konkretisieren.

Auf Seckendorffs Einsatz für bessere Arbeitsbedingungen am Reichsgericht ist bereits hingewiesen worden. So setzte er sich u.a. für die schnelle Wiederbesetzung erledigter Stellen und dafür ein, zur Entlastung der Zivilsenate auch Mitglieder der Strafsenate heranzuziehen. Der Arbeitserleichterung dürfte auch der, den Aktenlieferanten betreffende Vorgang gedient haben. Wenn schon eine Arbeitsentlastung der Reichsgerichtsräte kaum zu bewerkstelligen war, so konnte er durch solche Maßnahmen für einen reibungslosen Ablauf der Geschäfte und damit jedenfalls für eine Verbesserung der alltäglichen Arbeit sorgen.[1220]

Der Reichsgerichtspräsident legte bei Beförderungen oder Auszeichnungen Wert auf (Arbeits-)Einsatz, Bildung oder praktisches Verständnis. Entscheidend

---

1218 Dazu BArch, R 43, Nr. 695, Bl. 36 ff., Bl. 36 R, Hervorhebung vom Verfasser.

1219 Vgl. LNN, Nr. 348, vom 30.12.1919, S. 2: „unvergessen werden im Reichsgerichte die Jahre sein, während denen er das Amt des Präsidenten inne hatte und darauf bedacht war, die Verhältnisse im Reichsgericht so zu gestalten, daß ein *jeder* sich in seiner Tätigkeit wohl fühlte […].", Hervorhebung vom Verfasser.

1220 Zu alledem bereits Drittes Kapitel, C. III.

war für ihn daher das Leistungsvermögen bzw. die Leistungsbereitschaft, nicht aber die Herkunft oder die Religion des Betreffenden.[1221] Aus diesen Gründen unterstützte Seckendorff die Ernennung des Hamburgers Brodman zum RGR, weil dieser sich durch seine „hervorragenden Kenntnisse und Erfahrungen" zum Mitglied des ersten Zivilsenats „besonders" eignen würde.[1222] Problematisch war damals zunächst, dass mit ihm eine preußische Stelle besetzt werden würde. Das Reichsjustizamt unterstützte allerdings Seckendorffs Wünsche und wirkte auf einen Kompromiss hin.[1223] Dementsprechend schlug er bspw. die Reichsgerichtsräte Maenner[1224], v. Hassell[1225] oder den Senatspräsidenten Kaufmann[1226] aufgrund ihres (Arbeits-)Einsatzes für Ehrungen

---

1221 Seckendorff sollte Anfang 1914 „geeignete Persönlichkeiten" für den Posten eines Unterstaatssekretärs im Justiz- und Kulturressort Elsaß-Lothringen bezeichnen. Das konkrete Anforderungsprofil für die Stelle ließ sich den Akten zwar nicht entnehmen. Entscheidend ist aber, dass Seckendorff sowohl katholische als auch nichtkatholische Mitglieder des Reichsgerichts für die Stelle vorschlug. Hier war die Herkunft der Räte ebenfalls nebensächlich. Die potentiellen Kandidaten stammten aus verschiedenen Teilen Deutschlands (u.a. Bayern, Westfalen, Hannover). Wichtiger waren für ihn umfassende Bildung, praktischer Blick, soziale Gewandtheit bzw. Fähigkeiten zur Repräsentation. Dies belegt sein abschließendes Fazit, indem er eine religionsunabhängige Rangfolge seiner Vorschläge angibt: „Nach alledem möchte ich der Meinung zuneigen, daß aus den Kreisen des Reichsgerichts an erster Stelle wohl [...] und – wenn es auf die Confession nicht ankommt – die Reichsgerichtsräte [...] für die fragliche Stellenbesetzung mit in Frage kommen könnten." – zu alledem, BArch, R 3001, Nr. 1559/1. Ein weiteres Beispiel bildet der Fall Salomon Ganz – dazu sogleich.

1222 BArch, R 3001, Nr. 146, Bl. 96, 96 R.

1223 Vgl. BArch, R 3001, Nr. 146, Bl. 98 ff.

1224 Seckendorff schlug Maenner wegen seines „besonnenen" und „muthigen Verhaltens", während des Revolverattentats 1908 im Reichsgericht, das „dazu beigetragen hat, daß der Schuß gerade ihn traf" für eine Auszeichnung vor, GStA PK, Rep. 89, Nr. 16878, Bl. 52. Der Antrag Seckendorffs wurde auch vom Reichskanzler unterstützt. Zum Attentat siehe Bernd Garbe, Chronik, S. 154 und sogleich.

1225 In GStA PK, Rep. 89, Nr. 16877, Bl. 116 f. wird ein Ordensvorschlag Seckendorffs an Karl v. Hassell mit dessen „anstrengender Mehrarbeit" – er vertrat den erkrankten Senatspräsidenten fast ein Jahr lang und bearbeitete trotzdem sein eigenes Referat weiter – begründet.

1226 Obwohl die Verleihungsgrundsätze an sich dagegen sprachen, den Senatspräsidenten Kaufmann anlässlich seines Ruhestands zum Wirklichen Geheimen Rat zu ernennen, wurde diese Auszeichnung von Seckendorff aufgrund dessen „langjähriger Dienstzeit" und „hervorragender Verdienste" „dringend befürwortet", vgl. GStA PK, Rep. 89, Nr. 16878, Bl. 218 ff., insbes. Bl. 218 R.

vor.[1227] Diese Vorgänge belegen, dass es ihm insoweit auf eine *Gleichbehandlung* ankam. Die Ursachen dafür lassen sich in seinem Werdegang verorten: da seine Familie nicht auf größere finanzielle Rücklagen bzw. Einkünfte aus Gütern zurückgreifen konnte, war er wie andere Adels- und Berufsgenossen auf Bezüge aus Verwaltungsdiensten – und damit auf eine (auch) am Leistungsprinzip ausgerichtete Tätigkeit – angewiesen.[1228]

Diese konfessionsneutrale und leistungsbezogene Amtsführung wird insbesondere an dem nachfolgenden Vorgang deutlich: Seckendorff setzte sich für die Berufung eines *jüdischen Juristen* – hier eines Rechtsanwaltes – an das Reichsgericht zu einem Zeitpunkt ein, in dem das Reichsjustizamt eine dezidiert antijüdische Personalpolitik betrieb.[1229] Über die Zulassung von Rechtsanwälten an das Reichsgericht entschied das Reichsgerichtspräsidium zwar nach freiem Ermessen.[1230] In einem persönlichen – wahrscheinlich an seinen Freund Eduard Hoffmann gerichteten – Brief vom 11. Dezember 1905 äußerte Seckendorff allerdings seine Enttäuschung darüber, dass eine Berufung des Rechtsanwaltes zum Reichsgericht fehlgeschlagen war:

> *„Die Zulassung von 3 neuen Rechtsanwälten hat nicht ganz meinen Wünschen und Vorschlägen entsprochen. Ich wäre für die Zahl von 4 und jedenfalls (auch bei 3 zugelassenen) für den Dr. [Salomon] Ganz in Frankfurt gewesen, der ausnehmend gut empfohlen ist; auch würde ich die Zulassung eines Juden für politisch erwünscht gehalten haben, wenige Stimmen Majorität haben aber für [Wilhelm] Bodenstein entschieden, gegen den sich nur sagen läßt, daß er Hannoveraner ist und diese Landsmannschaft schon hinreichend unter den Anwälten vertreten ist."*[1231]

Seckendorff konnte sich mit seinen Vorstellungen jedoch (offenbar) bald darauf durchsetzen und der später am Reichsgericht äußerst angesehene[1232] und

---

1227 Weitere Vorschläge Seckendorffs betrafen u.a. die Ernennung von Georg Freiesleben zum Wirklichen Geheimen Rat anlässlich seines Ruhestands (vgl. GStA PK, Rep. 89, Nr. 16877, Bl. 110 f.), den RGR Veltman (Stern zum Roten Adlerorden II. Klasse anlässlich des Ruhestandes, vgl. GStA PK, Rep. 89, Nr. 16878, Bl. 118), oder den Rechtsanwalt beim RG Lehmann (Charakter als Justizrat, vgl. GStA PK, Rep. 89, Nr. 16878, Bl. 146).

1228 Vgl. allgemein Wehler, Gesellschaftsgeschichte, Bd. 3, S. 807; Erstes Kapitel, A.

1229 Zur antijüdischen Besetzungspraxis vgl. Müller, a.a.O., S. 131 ff. Zum Antijudaismus während der Kaiserzeit allgemein, Wehler, Gesellschaftsgeschichte, Bd. 3, S. 921 ff., S. 1063 ff.

1230 Allgemein zu den Aufgaben des Präsidiums, Müller, a.a.O., S. 63.

1231 BArch, R 3001, Nr. 6843, Bl. 17 f., Bl. 18 R, Hervorhebung stammt vom Verfasser.

1232 Vgl. Axhausen, Rechtsanwaltschaft, S. 218.

beliebte[1233] Salomon Ganz wurde 1907 als Rechtsanwalt zum Reichsgericht zugelassen.[1234] Einige Jahre danach – 1913 – setzte er sich für dessen Auszeichnung mit dem Charakter Justizrat ein, wobei er u.a. auf die „gewissenhafte Ausübung der Berufsobliegenheiten" durch Ganz' hinwies.[1235] In seinen Augen war die Zugehörigkeit zur jüdischen Religion daher nicht von Belang.[1236] Er war gegenüber den Religionen politisch aufgeschlossen und hat niemanden aufgrund seiner Religion diskriminiert. Damit wurde er der nationalen Aufgabe des Reichsgerichts gerecht, da dieses somit auch die religiöse Vielfalt des Reiches repräsentierte: immerhin waren im Jahr 1910 0,95 % der deutschen Bevölkerung jüdischen Glaubens.[1237] Die jüdische Gemeinde Leipzigs zählte damals zu den größten in Sachsen[1238] und sechstgrößten im Deutschen Reich.[1239] „Zu jeder

1233 Vgl. Magnus, JW 1920, S. 317.

1234 Zu Salomon Ganz und Wilhelm Bodenstein siehe auch Lobe, a.a.O., Anlage V, S. 415.

1235 Vgl. GStA PK, Rep. 89, Nr. 16879, Bl. 50 f. Der Reichskanzler entsprach in der dort befindlichen Begründung einem Vorschlag Seckendorffs. Ein von Julius Magnus verfasster Nachruf auf Salomon Ganz befindet sich in der JW 1920, S. 316 f. Salomon Ganz und Seckendorff hatten einige Gemeinsamkeiten. Beide besaßen ein besonderes Interesse für Kunst und Musik und waren (auch) auf dem Gebiet des gewerblichen Rechtschutzes tätig (Vgl. Axhausen, Rechtsanwaltschaft, S. 218). Möglicherweise boten diese Gemeinsamkeiten ‚Gesprächsstoff' bei den von Seckendorff veranstalteten Festlichkeiten. Dazu unten Viertes Kapitel, C. II. 2. c. Auch aus anderen Quellen wird ersichtlich, dass Seckendorff keine Vorbehalte gegenüber jüdischen Juristen hatte, vgl. BArch, R 3002, Gen. Nr. 31. Die Akte behandelt die Zulassung von Rechtsanwälten zum Reichsgericht. Wenn die Zulassung eines jüdischen Rechtsanwaltes abgelehnt worden war, fand dieser Umstand seine Erklärung im „mangelnden Bedürfnis" – faktisch ein numerus clausus – aber nicht in einer religiösen Diskriminierung (ebd., Schreiben des Vorstandes der Anwaltskammer bei dem Reichsgericht vom 12.7.1913, Schreiben Seckendorffs an den Antragsteller vom 30.12.1918). Auch Rechtsanwälte christlichen Glaubens wurden aus denselben Gründen abgelehnt. Zur Zulassung von Rechtsanwälten zum Reichsgericht, Ostler, a.a.O., S. 23 f.

1236 Es wurde bereits von anderer Seite darauf hingewiesen, dass zumindest zeitweilig die Zugehörigkeit zur jüdischen Religion in der Fremdwahrnehmung eher unbedeutend war, vgl. Henne, „Jüdische Richter", S. 155.

1237 Nach J. Schmidt-Liebich, Deutsche Geschichte, S. 314.

1238 Vgl. Diamant, Chronik der Juden in Leipzig, S. 369. Nach dessen Recherchen besaß die jüdische Gemeinde im Jahr 1910 9.728 Mitglieder. 1925 waren es 13.047 Mitglieder. Im Verhältnis zur Gesamtbevölkerung betrug die Zahl der Juden in Leipzig 0,85 % (1910) bzw. 1,12 % (1925).

1239 Riedel, Stadtlexikon, S. 276, 277 (Artikel: Jüdische Gemeinde).

Zeit“ war ein „relativ hoher Prozentsatz (getaufter) Juden“ am Gericht tätig.[1240] Dieses Amtsverständnis dürfte sich positiv auf sein Ansehen ausgewirkt haben. Einen Beleg für das Ansehen des Reichsgerichtspräsidenten auch in der jüdischen Gemeinde bietet schließlich die Teilnahme des Leipziger Rabbiners Dr. Felix Goldmann[1241] an der Gedächtnisfeier im Jahr 1932.[1242]

Insbesondere für jemanden, der zumindest teilweise die (preußische) höhere Justizlaufbahn durchschritten hatte, war eine solche *liberale* und aufgeschlossene Grundhaltung eher die Ausnahme.[1243]

Das bestätigt auch der ‚Fall Bolze'. Der Reichsgerichtspräsident empfahl, den Senatspräsidenten anlässlich des Ruhestandes zum Wirklichen Geheimen Rat zu ernennen. Da dieser aber zuvor seine junge ehemalige Hausangestellte geheiratet hatte, wurden gegen diese Auszeichnung von anderer Seite Bedenken erhoben.[1244] Bei privaten und gesellschaftlichen Anlässen scheinen Orden bzw. Auszeichnungen unter den Reichsgerichtsmitgliedern zwar keine große Rolle gespielt zu haben. Nichtsdestoweniger waren Orden und Ehrenbezeugungen für

---

1240 Darauf weist E. Ebermayer in der Prisma 1947, S. 21, 25 hin. Aus der jüngeren Vergangenheit dazu: Henne „jüdische Richter“, S. 148 ff. S. 153 f. (Übersicht über „jüdische Juristen“ am RG). Zur Begründung der Terminologie „Jüdischer Jurist“, ebd., S. 155.

1241 Näheres zu Goldmann bei Diamant, Chronik der Juden in Leipzig, S. 201, 209.

1242 BArch, R 3002, PA Nr. 790, Bd. 1, Bl. 58 ff.

1243 Vgl. Ormond, a.a.O., S. 330 ff.

1244 Zum Vorgang vgl. GStA PK, Rep. 89, Nr. 16877, Bl. 126 f. (Pensionierung Bolzes), Bl. 135 ff. Der Vorgang behandelt die mögliche Auszeichnung des Senatspräsidenten Bolze zum „Wirklichen Geheimen Rat mit dem Prädikat Exzellenz“. Gegen diesen Vorschlag Seckendorffs wurden vom Reichskanzler Bedenken wegen der „gesellschaftlichen Stellung“ des Betroffenen erhoben. Der 72jährige Senatspräsident hatte sich erst im Jahr zuvor mit seinem „jungen“ ehemaligen Dienstmädchen verheiratet und deswegen den „geselligen Verkehr“ mit den Mitgliedern des Reichsgerichts und Leipziger Honoratioren eingebüßt. Bülow hatte darüber hinaus Bedenken, diese Auszeichnung zu gewähren, da der Exzellenztitel Frau Bolze auch nach dem Tod des Senatspräsidenten zugestanden hätte. Für Seckendorff kam es darauf nicht an. Er nahm, wie Bülow sich ausdrückte, darin „keinen Anstand“. Dass er, trotz all dieser Umstände, den Senatpräsidenten für diese hohe Auszeichnung vorschlug, spricht dafür, dass es ihm nicht auf das Privat- bzw. Sexualleben (Altersunterschied) des Richterkollegen ankam. Bülow schlug hingegen lediglich eine Auszeichnung mit dem Kronenorden I. Klasse vor. Diesem Vorschlag trat der Kaiser bei (Bl. 139). Ein bereits angefertigter Patententwurf für die Beförderung zum Wirklichen Geheimrat wurde durchgestrichen (Bl. 138).

die Reichsgerichtsmitglieder von besonderer Bedeutung.[1245] Sie wurden nicht nur als „allerhöchste Anerkennung" und Ausgleich für den starken Arbeitseinsatz am Gerichtshof empfunden[1246], sondern hatten auf die Stimmung[1247] – d.h. (möglicherweise) auch auf die Arbeitsmoral bzw. auf das Verhalten der Reichsgerichtsmitglieder untereinander – im Gerichtshof Einfluss.[1248]

Schließlich versuchte Seckendorff, den beruflichen Umgang *zwischen* den Reichsgerichtsmitgliedern zu verbessern, indem er für gegenseitiges Verständnis warb, d.h. sich für eine gute Zusammenarbeit stark machte bzw. sich darum bemühte, ‚Standesdünkel' abzubauen.[1249] Zeitgenossen berichten

---

1245 Allgemein zur Ordensvergabe, Müller, a.a.O., S. 103 f.

1246 Dazu GStA PK, Rep. 89, Nr. 16877, Bl. 56 ff. Dort wird darauf hingewiesen, dass „in Folge der Überlastung" des Reichsgerichts es „als ein Zeichen Allerhöchster Anerkennung" empfunden werde, wenn die dort erwähnten Reichsgerichtsmitglieder durch Auszeichnungen „begnadigt" würden (insbes. Bl. 56 R). Dieser Wunsch hing auch damit zusammen, dass die Räte im Vergleich zu anderen Reichsbeamten gleichen Ranges, aufgrund ihres hohen Alters bei Eintritt ins Gericht hinsichtlich der Ordensvergabe „erheblich" zurückstanden. Aufgrund der Arbeitsbelastung am Gerichtshof wurde dieser Rückstand „um so mehr" als Zurücksetzung empfunden. Im konkreten Fall ging es u.a. um Orden und die Ernennung zum Wirklichen Geheimen Rat. Ähnliches befindet sich ebd., Bl. 122 ff., 195 ff.

1247 Siehe dazu den soeben angesprochenen Vorgang um die Ehrung des Senatspräsidenten Kaufmann, vgl. GStA PK, Rep. 89, Nr. 16878, Bl. 218 ff. Auch Reichsjustizstaatssekretär Lisco sprach sich für die Ernennung zum WGR aus und verwies u.a. darauf, dass die „Ernennung" im Reichsgericht „sehr hoch aufgenommen" werden würde (Bl. 218 R). Er wollte sich aber im Königlichen Zivilkabinett rückversichern. Der Chef des Zivilkabinetts holte daraufhin die Entscheidung des Königs ein, infolgedessen Kaufmann den Stern zum Roten Adlerorden zweiter Klassen erhielt. Müller (a.a.O., S. 104) weist ebenfalls auf den Einfluss der Ordensvergabe auf die Stimmungslage im Reichsgericht hin.

1248 Hinweise ergeben sich aus dem Vorgang in BArch, R 3001, Nr. 107, Bl. 59 f. Seckendorff berichtet über die „Verstimmung" einiger Senatspräsidenten, weil sie sich bisher – nach der Auszeichnung des Oberreichsanwaltes – bei der Auszeichnung mit dem Exzellenztitel übergangen fühlten. Hintergrund dieses Berichtes war die mögliche Auszeichnung weiterer Senatspräsidenten.

1249 Indizien ergeben sich aus Folgendem: zum 70. Geburtstag S. *bedankt* sich Rechtsanwalt beim RG Putzler für das „glückliche Zusammenwirken" zwischen Richter- und Anwaltsstand während der Amtszeit des Reichsgerichtspräsidenten. Seckendorff wird in seinem Antwortschreiben deutlicher: er sei bestrebt, auf „ein einträchtiges [d.h. harmonisches, Anmerkung d. Verf.] Zusammenwirken der Richter und der Anwälte und eine der Würde beider Berufsstände gerecht werdendes gegenseitiges Verständnis hinzuwirken.", vgl. BArch, R 3002, PA Nr. 790, Bd. 2, Bl. 39 f., 42, 42

dementsprechend darüber, dass er seine Kollegen respektvoll behandelte.[1250] Wahrscheinlich legte er aus diesem Grund weder besonderen Wert auf seine adlige Abstammung[1251] noch kam es ihm auf die (landesspezifische) Herkunft[1252] eines Kollegen an. Im Gegenteil – er setzte sich im Rahmen seiner Möglichkeiten etwa bei der Zulassung von Rechtsanwälten für eine vielfältige Personalstruktur am Reichsgericht ein.[1253]

Dieses Bild verstärkt sich durch einen Blick in sein persönliches Umfeld. Auch dort kümmerte er sich wenig(er) um die Herkunft oder den Stand. Nähere oder sogar freundschaftliche Beziehungen lassen sich bspw. zu dem später als Juden verfemten bayerischen Reichsgerichtsrat Ebermayer[1254] oder den badischen bzw. preußischen Rechtsanwälten Lewald[1255] und Putzler[1256] belegen.

R. In BArch, R 3002, Gen. Nr. 106, Bl. 2 f. ging es um die *gemeinsame* Beteiligung von Reichsanwälten, Rechtsanwälten und Reichsgerichtsräten an dem Geschenk des „Kollegiums" zum Universitätsjubiläum 1909 (Klinger's Bronzerelief).

1250 Vgl. L. Ebermayer, a.a.O., S. 200 f.

1251 Außerhalb von familiären Kontakten nutzte er sein Wappen nicht. Darauf weist der Vorgang in BArch, R 3002, PA Nr. 790, Bd. 1, Bl. 139 hin.

1252 Indizien ergeben sich aus dem bereits erwähnten Vorgang um die Ernennung des Hamburgers Brodman zum RGR, der für eine preußische Stelle in Aussicht genommen worden war, vgl. BArch, R 3001, Nr. 146, Bl. 96 ff. Im Übrigen unterstützte er den Einsatz von Strafrichtern in Zivilsenaten, siehe bereits Drittes Kapitel, C. III.

1253 Dies verdeutlicht ein weiterer Vorgang, der die Zulassung eines *badischen* Rechtsanwalts betraf. Nachdem Rechtsanwalt Lewald in den Ruhestand trat, war kein badischer Rechtsanwalt mehr am Gerichtshof zugelassen. Auf die Bitte um Berücksichtigung Badens bei der Neubesetzung versprach Seckendorff, dass er sich beim Präsidium für die Zulassung eines badischen Rechtsanwalts einsetzen würde. Auch wenn damals beim Reichsgerichtspräsidium zunächst „wenig Neigung" bestand, neue Rechtsanwälte zuzulassen, wurde der Badener Robert Süpfle wenige Monate später beim Gericht als Rechtsanwalt zugelassen, dazu BArch, R 3002, Gen. Nr. 30, Bl. 44 f., 50. Zu dieser Deutung führt auch der Vorgang um die Zulassung eines thüringischen Rechtsanwalts, Schreiben vom 8. Juni 1914 mit Vermerk Seckendorffs, ebd. Nr. 31. Abgesehen von dem fehlenden Bedürfnis, einen thüringischen Rechtsanwalt zuzulassen – aus dem OLG Bezirk Jena kamen 1914 zu wenig Rechtsstreitigkeiten ans Gericht – wollte Seckendorff der Zulassung eines thüringischen Rechtsanwalts „bei sich bietender Gelegenheit" nicht entgegen treten.

1254 Auf die Freundschaft mit Seckendorff und die Diffamierung Ebermayers durch die Nationalsozialisten weist sein Sohn Erich in der Prisma 1947, S. 21 ff. hin. Zu diesem Lobe, a.a.O., Anlage IV., S. 400.

1255 Vgl. BArch, R 3002, PA Nr. 790, Bd. 1, Bl. 216. Zu diesem Lobe, a.a.O., Anlage V., S. 412.

1256 ThStA, FA Seckendorff, Nr. 1595, Bl. 99. Zu diesem Lobe, a.a.O., Anlage V., S. 413.

Möglicherweise trugen auch diese Verhaltensweisen dazu bei, am Reichsgericht bestehende ‚Fremdheitsgefühle' abzubauen.[1257] Der Abbau von Vorbehalten dürfte aber, worauf noch eingegangen werden wird, vor allem (auch) durch den außerberuflichen Kontakt geglückt sein.

III) Anteilnahme am Leben seiner Kollegen

Ein weiterer Aspekt, der sich positiv auf das Arbeitsklima am Reichsgericht ausgewirkt hat, ist die Anteilnahme Seckendorffs am (Arbeits-)Leben, an Not und Leid ‚seiner' Beamten.[1258]

Er setzte sich nicht nur für Auszeichnungen der Reichsgerichtsmitglieder ein, war Ansprechpartner für Rechtsanwälte[1259], sondern war auch für die unteren Beamtenränge seiner Behörde erreichbar.

Dementsprechend verteilte er die Patente für Charakterverleihungen an niedere Beamte seiner Behörde regelmäßig *persönlich*[1260] oder unterstützte deren Gesuche, ein höheres Gehalt bzw. eine finanzielle Unterstützung zu erlangen. Vor dem Hintergrund seiner eigenen Berufslaufbahn dürften ihm die finanziellen Bedürfnisse der (unteren) Beamtenklassen durchaus vertraut gewesen sein, so dass er ein Gespür für deren Bedürfnisse entwickelte.[1261] Im Fall

---

1257 Hinweise geben die Reden bei der Gedenkfeier, S. 9 „Rudolf von Seckendorff [hat] es verstanden, den großen vielgliedrigen Körper [des RG, d. Verf.] mit seinem Geiste zu erfüllen […] [er war] uns allen Führer und Vorbild […]."

1258 Vgl. die LNN, Nr. 348, vom 30.12.1919, S. 2 oder Anonym, DJZ 1919, Sp. 909 f. Dort heißt es unter anderem: „Als Chef dieser großen Verwaltung [des Reichsgerichts, Anmerkung des Verf.] hat er durch seine *ungewöhnliche Liebenswürdigkeit*, seine vornehme Haltung, seinen milden Gerechtigkeitssinn allen Mitgliedern des Reichsgerichts […] gegenüber und durch sein *Wohlwollen*, das er auch den mittleren und unteren Justizbeamten seines Ressorts stets entgegengebracht hat, es zugleich verstanden, die *kollegiale Verbindung* in der großen Körperschaft stets zu erhalten." Hervorhebung vom Verf.

1259 Vgl. BArch, R 3002, Gen. Nr. 30, Bl. 42. Dort stand er als Ansprechpartner für einen Rechtsanwalt zur Verfügung, der sich um eine Zulassung am Reichsgericht bewarb.

1260 Zur Verteilung der Orden bspw. BArch, R 3002, Gen. Nr. 77, Bl. 119, 130, 143 bzw. allgemeiner Anonym, DJZ 1919, Sp. 909, 910.

1261 Zu den Einkommensverhältnissen der Richterschaft, die oftmals nicht ausreichten, wichtige Bedürfnisse der Familie (Gesellschaften, Freizeitgestaltung, Urlaube o.ä.) zu erfüllen, vgl. Rottleuthner, Situation der Richterschaft, S. 156 f., 172 f.; Schröder, Richterschaft, S. 240. Trotz der besseren Besoldung der Reichsrichter dürfte auch diesen bisweilen eine gewisse finanzielle Not nicht unbekannt gewesen sein – vgl. dazu die Angaben bei Lakenberg (a.a.O., S. 321 ff., 338 f.). Nicht ohne Grund wird bei

eines Schreibgehilfen, der aufgrund der hohen Kosten zur Versorgung seiner schwer kranken Frau in finanzielle Probleme geriet, befürwortete Seckendorff eine Erhöhung des Gehalts. Im Wesentlichen ging es dabei um die angemessene Berücksichtung der Dienstjahre des Beamten, der mit kurzer Unterbrechung seit 1871 am Gerichtshof tätig gewesen war.[1262] Seckendorff bezog sich im dazugehörigen Schreiben u.a. auf die Regelung der Schreiblohnsätze für preußische Schreibgehilfen und das Lebensalter des Beamten. Bei einer ununterbrochenen Beschäftigung stand den Schreibgehilfen nach den preußischen Regelungen ein bestimmter höherer Pfennig-Satz je Seite zu. In seiner Begründung zeigt sich abermals eine, die tatsächlichen Verhältnisse des Einzelnen berücksichtigende Argumentation. Der Schreibgehilfe wurde zwar infolge Auflösung des Reichsoberhandelsgerichts Ende September 1879 entlassen, allerdings am 7. Oktober 1879 wieder beim Reichsgericht angestellt. Nach Seckendorffs Ansicht dürfte „bei dieser Sachlage [...] eine Unterbrechung der Beschäftigung [...] nicht vorliegen."[1263] Die von Seckendorff empfohlene Gehaltserhöhung wurde bereits wenige Tage später genehmigt.[1264] In einem weiteren Fall unterstützte er das Gesuch eines *ehemaligen* Boten, der unverschuldet in eine finanzielle Notlage

Kolbe (a.a.O., S. 87) darauf verwiesen, dass Erwin Bumke Teile seines Privatvermögens für die Repräsentationsaufgaben beim Reichsgericht veranschlagte. Selbst die amtliche Besoldung des Reichsgerichtspräsidenten reichte dafür offensichtlich – jedenfalls teilweise –nicht aus.

1262 Die Frau des Schreibgehilfen war schwer erkrankt und hatte bereits schwere Operationen hinter sich. Die Haushaltsausgaben wurden noch durch die von dem Schreibgehilfen dargelegten vermehrten Lebenshaltungskosten gesteigert. Letztlich empfahl er eine Heraufsetzung um 4 Pfennig auf 16 Pfennig je Seite, die vorletzte preußische Stufe, um zunächst die Entwicklung der Einkommensverhältnisse des Betroffenen abzuwarten, vgl. BArch, R3001, Nr. 2037, Bl. 237 ff., Bl. 237 R.

1263 BArch, R 3001, Nr. 2037, Bl. 238.

1264 Vgl. BArch, R 3001, Nr. 2037, Bl. 241. Einige Jahre später wiederholte sich diese Fallgestaltung. 1916 empfahl Seckendorff eine weitere Erhöhung, damit der Betroffene „den preußischen dienstältesten Kanzleigehilfen [...] ungefähr gleichgestellt [...] würde." An der erneuten Gehaltsforderung zeigt sich – neben der immer noch vorhandenen Erkrankung der Frau des Beamten – unmmittelbar der Einfluss des Krieges auf die Leipziger Bevölkerung. Der Beamte wies auch auf die erhöhten Lebensmittelpreise seit Kriegsbeginn hin, dazu BArch, R 3001, Nr. 2038, Bl. 35 ff. Zu den Preisen und der Zuordnung von Lebensmitteln in Leipzig, vgl. die Leipziger Kriegschronik, Die Preise für Lebensmittel und Ratsverordnungen seit Ausbruch des Weltkrieges, SGM, Nr. I A 930 a (Stand Juni 1916).

geraten war.[1265] Auch an Trauerfeiern für verstorbene Reichsgerichtsmitglieder nahm er mehrfach teil und hielt bisweilen die Trauerrede.[1266]

IV) Zusammenfassende Bemerkungen

Der Reichsgerichtspräsident schuf am Gericht eine gute Arbeitsatmosphäre, indem er für die Interessen und Anliegen seiner Angestellten und Kollegen eintrat bzw. deren Wünsche berücksichtigte. So bewirkte er Arbeitserleichterungen für die Reichsgerichtsmitglieder und setzte sich für deren Beförderungen und Auszeichnungen ein. Er nahm damit Anteil am Leben „seiner" Beamten. Auszeichnungen spielten zwar bei gesellschaftlichen Anlässen keine besondere Rolle, hatten aber durchaus Einfluss auf die Stimmung im Gerichtshof. Dabei war für ihn allein das Leistungsvermögen entscheidend, es kam ihm weder auf die Herkunft, Religion oder sexuelle Orientierung des betreffenden Kollegen an. Seckendorff hat sein Amt daher vergleichsweise fortschrittlich und liberal geführt. Er legte Wert darauf, den beruflichen Umgang zwischen den Reichsgerichtsmitgliedern zu verbessern. Das durch Seckendorff am Gericht geschaffene Arbeitsklima hat nicht nur seine Stellung im Gericht verbessert, sondern dürfte auch den Abbau von ‚Fremdheitsgefühlen' bzw. Vorbehalten erleichtert haben. Dass das Reichsgericht und dessen Mitglieder in Leipzig eine „wahre Heimat" fanden, hat über die innergerichtlichen Vorgänge hinaus allerdings noch weitere Ursachen, die in der institutionellen Repräsentation, wie sie durch Seckendorff wahrgenommen wurde und in dessen Gesellschaftskreisen begründet sind.

1265 Vgl. BArch, R 3001, Nr. 108, Bl. 1 ff. Vergleichbar ist der dort auf den Bl. 6 ff. angesprochene Fall.

1266 Als während einer Verhandlung des IV. Zivilsenats im Jahr 1908 ein RGR durch ein Revolverattentat schwer verletzt und einer der anwesenden Kanzleibeamten getötet wurde, hielt Seckendorff später eine Ansprache bei dessen Begräbnis und legte persönlich einen Lorbeerkranz nieder. Das ist bemerkenswert, weil Seckendorff jene Sitzung nicht geleitet hatte und sich vertreten ließ (LNN, Nr. 318, vom 17.11.1908, S. 1, 2 f. Den Vorsitz hatte RGR Veltman geführt). So zeigt sich an der von ihm gehaltenen Trauerrede eine besondere Anteilnahme an dem Leben der Beamten ‚seines' Senats. Zum Attentat siehe: Bernd Garbe, Chronik, S. 154. Näheres bei Schaaf, Organisation des Reichsgerichts, S. 37. Die Witwe des Kanzleibeamten bekam später eine der seckendorffschen Gedächtnisschriften zugesandt, BArch, R 3002, PA Nr. 790, Bd. 1, Bl. 182, 228. Dieser Umstand ist ein weiterer Beleg für die ‚familiäre Atmosphäre' am Reichsgericht. Seckendorff nahm im Übrigen an der Trauerfeier für den RGR Ernst Neukamp teil, vgl. LNN, Nr. 39, vom 10.2.1919, S. 6.

C) Die Repräsentation des Reichsgerichts und das gesellschaftliche Umfeld des Reichsgerichtspräsidenten

I) Unvollkommene Repräsentation unter Reichsgerichtspräsident Oehlschläger und Repräsentationsmöglichkeiten

Die Erfüllung der Repräsentationsaufgaben durch den Reichsgerichtspräsidenten, d.h. die Repräsentation der Reichsgewalt in Leipzig, stellte eine nationale Aufgabe mit großer Bedeutung dar.[1267] Aufgrund der eingangs erwähnten Beschwerden aus dem Gerichtshof, das Reichsgericht sei aufgrund des mangelnden Interesses Oehlschlägers an „amtlichen Geselligkeiten“ im öffentlichen Leben hinter anderen Behörden zurückgetreten, besaß die *öffentliche Wahrnehmung* des Gerichts damals eine erhebliche Bedeutung.[1268] Zu den Auswahlkriterien für einen Reichsgerichtspräsidenten gehörten dementsprechend auch die repräsentativen Eigenschaften eines Kandidaten.

Dabei bot Leipzig im ausgehenden 19. Jahrhundert und beginnenden 20. Jahrhundert genügend Anreize für die gesellschaftliche Integration (nicht nur) des Gerichtshofs. Während noch kurz nach der Errichtung des Gerichtshofes die Sorge bestanden hatte, das Reichsgericht würde in Leipzig in provinzieller Bedeutungslosigkeit versinken – diese Befürchtung wurde interessanterweise mit dem befürchteten Mangel an „öffentlichen Gesellschaften“ in Verbindung gebracht[1269] – dürfte sich diese Wahrnehmung aufgrund des Bedeutungswachstums der Stadt gewandelt haben.[1270]

Leipzig erlebte in der zweiten Hälfte des 19. Jahrhunderts eine einzigartige wirtschaftliche und kulturelle Entwicklung. Im Zuge der Industrialisierung wuchs die Stadt bis 1910 zur viertgrößten Stadt des Deutschen Reiches heran.[1271] Die reiche musikalische Geschichte der Stadt, die u.a. auf das Wirken Felix Mendelssohn Bartholdys und die Bedeutung des Gewandhausorchesters zurückgeht[1272] sowie die Entwicklung des Buch- und

---

1267 BArch, R 43, Nr. 695, Bl. 36 ff.

1268 Vgl. Gutbrod, a.a.O., S. 69, 73.

1269 Zur Kritik an der Wahl Leipzigs vgl. Müller, a.a.O., S. 43 ff. Auf S. 44 wird auf einen Zeitungsartikel des LTgBl., Nr. 529, vom 1. November 1895, S. 1 verwiesen.

1270 Zeitgenössische Hinweise finden sich bei Boethke, DJZ 1904, Sp. 875, 877.

1271 Zur Bedeutung der Standortwahl vgl. Müller, a.a.O., S. 36 ff. Angaben zur Bevölkerungsentwicklung, ebd., S. 43, Rn. 129.

1272 Vgl. Riedel, Stadtlexikon, S. 392 (Artikel: Felix Mendelssohn Bartholdy). Bartholdy verschaffte dem Gewandhausorchester europäische Geltung.

Verlagswesens[1273], machten Leipzig zu einem Zentrum kultureller Blüte.[1274] Die jahrhunderte alte Leipziger Hochschule – gegründet 1409 – gehörte zu den „Topuniversitäten“ im Reich.[1275]

Dort lehrten u.a. der Historiker Karl Lamprecht oder der Physiologe und Psychologe Wilhelm Wundt. Dem Ruf der Leipziger Juristenfakultät folgten einige der einflussreichsten und bedeutendsten Rechtswissenschaftler der damaligen Zeit, wie der Strafrechtler Carl Binding, der Prozessrechtsexperte Adolf Wach oder der Verwaltungsrechtler Otto Mayer.[1276] Auch aus diesem Grund war das Verhältnis von Reichsgericht und Stadt (insbesondere der Juristenfakultät) von nicht zu unterschätzender Bedeutung.

Das (neue) Reichsgerichtsgebäude befand sich ab 1895 im gründerzeitlich geprägten Musikviertel, in unmittelbarer Nachbarschaft zu Gewandhaus und Universitätsbibliothek und damit in einem *gesellschaftlichen und geistigen Zentrum* der Stadt.[1277] Das waren günstige Gegebenheiten, die die „rheinische Frohnatur“ Seckendorff[1278] zu nutzen verstand.

1273 So war Leipzig der Sitz des Börsenvereins der Deutschen Buchhändler (Riedel, Stadtlexikon, S. 58) und Sitz vieler heute noch bekannter Verlage, wie Brockhaus (ebd., S. 69), Baedeker oder Reclam, jeweils ebd., S. 37, S. 490.

1274 Vgl. Boethke, DJZ 1904, Sp. 875, 877.

1275 Vgl. Riedel, Stadtlexikon, S. 610, 611 (Artikel: Universität): um 1900 stand die Leipziger Universität nach der Frequenz unter den deutschen Universitäten an erster Stelle noch vor Berlin und München. Die Leipziger Juristenfakultät gehörte um 1900 zu den führenden juristischen Fakultäten im Reich, vgl. die Angaben bei Stolleis, Juristen, S. 587 (Artikel: Rudolph Sohm).

1276 Nachweise lassen sich beispielsweise aus dem Vorlesungsverzeichnis zum Sommersemester 1909 entnehmen, dazu SGM, Nr. 914 (Sammlung Losse). Zu Adolf Wach: Steffen Held, in: LVZ, Nr. 214, vom 11.9.2008, S. 22. Zu Otto Mayer: Heyen, E.V., „Mayer, Otto“, in: Neue Deutsche Biographie 16 (1990), S. 550 ff. [Onlinefassung].

1277 Dazu Riedel, Stadtlexikon, S. 422 f. (Artikel: Musikviertel), S. 180 f. (Artikel: Gewandhaus Leipzig): Das (zweite) Gewandhaus stand im „Musikviertel“ gegenüber der Universitätsbibliothek. Es wurde 1881–1884 erbaut. Später folgten u.a. der Bau des Reichsgerichts und der Universitätsbibliothek. Damit wurde das Viertel zu einem gesellschaftlichen und geistigen Zentrum Leipzigs. Der Stadtteil stellte den Höhepunkt gründerzeitlicher Baukunst und Stadtplanung in Leipzig dar, wurde allerdings im Zweiten Weltkrieg stark zerstört. Das Viertel wurde bisweilen als „das prasselnde Leipzig“ bezeichnet, vgl. Georg, Leipzig und die Leipziger, S. 45.

1278 Zu diesem Charakterzug, Reden bei der Gedenkfeier, S. 4: „Immer sei er Rheinländer geblieben, warmherzig, lebhaft, voll Freude am Leben.“

II) Coffebaum, soziales Engagement und Gesellschaften – Reichsgerichtspräsident und Reichsgericht im „gesellschaftlichen Mittelpunkt" der Stadt

1) Repräsentation ‚trifft' kulturelles und soziales Interesse

Die Wahrnehmung der öffentlichen Aufgaben des Reichsgerichtspräsidenten ist Seckendorff durch seine frühen Kontakte zur Leipziger Bürgergesellschaft, seine persönlichen Neigungen, d.h. seine Kontaktfreudigkeit und *Sozialkompetenz*[1279] sowie seine kulturellen Interessen erleichtert worden.

Bereits durch die Ernennung Eduards von Seckendorff zum Oberreichsanwalt dürften nähere Beziehungen zur Stadt entstanden sein.[1280] Spätestens mit Aufnahme seiner Tätigkeit als Mitglied des Kaiserlichen Disziplinarhofs reiste er ab 1899 regelmäßig nach Leipzig.[1281] Dementsprechend berichtet die Deutsche Juristenzeitung 1905 über die alten Verbindungen des neuen Reichsgerichtspräsidenten zu Mitgliedern des Gerichtshofes.[1282] Nachweisbar sind bspw. Teilnahmen an den Feierlichkeiten zur Grundsteinlegung (1888)[1283] und Vollendung

---

1279 Bzw. soziale Intelligenz. Dies wird hier verstanden als Fähigkeit, sich gegenüber anderen situationsangemessen zu verhalten, sich einzubringen.

1280 Siehe oben Erstes Kapitel, A. II. Als Hinweis soll hier genügen: Zur Feier der Eröffnung des Reichsgerichts am 1. Oktober 1879 wurde im Neuen Theater in Leipzig ein Ball veranstaltet, bei dem sich die Familien der Mitglieder des Reichsgerichts mit denen der Leipziger Honoratioren bekannt machten, Reckling, Die Ansiedlung des Reichsgerichts, S. 34.

1281 Vgl. ThStA, FA Seckendorff, Nr. 1595, Bl. 53; BArch, R 1503, Nr. 246–324.

1282 Anonym, DJZ 1905, Sp. 537, „Er ist der Sohn des früheren Oberreichsanw. Exz. Frhrn. v. Seckendorff und hat *auf diese Weise* schon alte Beziehungen zu den Mitgliedern und den allgemeinen Verhältnissen des höchsten Gerichtshofs." Hervorhebung stammt vom Verf. Ein vergleichbarer Bericht findet sich in der LVZ, Nr. 119, vom 25.5.1905, 2. Beilage: „Im Jahre 1899 wurde Seckendorff […] Mitglied des Disziplinarhofes in Leipzig, dem auch der Präsident und weitere Räte des Reichsgerichts angehören, wodurch er in Fühlung mit dem Reichsgericht trat."

1283 Vgl. Stadtarchiv Leipzig, Kap. 71, Nr. 30. Dabei nahm er an der Grundsteinlegung und am sich anschließenden Gewandhauskonzert (ebd., Bl. 133 ff., 140) bzw. Festmahl (ebd., Bl. 123 ff., 132) teil. In seinen Lebenserinnerungen bemerkt Seckendorff dazu: „Der Kaiser, der bei der Feier in ziemlich übler Stimmung war (man sagte, er habe sich unter anderem über die von Kaiser Friedrich herrührende Dekoration des Schwarzen Adler-Ordens beim Präsidenten von Simson geärgert), war schon […] zurückgereist", ThStA, FA Seckendorff, Nr. 1595, Bl. 33 f.

(1895)[1284] des Reichsgerichtsgebäudes. Bei diesen Veranstaltungen traf er mit Personen aus Universitäts- und Verwaltungskreisen zusammen.[1285] Diese sollten später regelmäßig seinen Lebensweg kreuzen. Wahrscheinlich sind im Übrigen frühe Verbindungen zu verschiedenen Leipziger Sozietäten, wie der Harmonie-[1286] oder der Reichsgerichtsgesellschaft.[1287]

Durch die kulturellen Angebote der Stadt, die dafür eine günstige Plattform boten und aufgrund seiner geselligen Anlagen konnte Seckendorff als Reichsgerichtspräsident an seine (alten) Kontakte anknüpfen, *Präsenz* zeigen und sich in der Stadt einleben.[1288] Dies bestätigen seine Stammkundschaft im Leipziger Coffebaum[1289], seine „Vorzugsstellung" im Leipziger Gewandhaus[1290] ebenso wie sein Interesse an städtischen Veranstaltungen.

1284 Schulz, Leipzig und das Reichsgericht, S. 23. An diesen nahm er zusammen mit Karl Gutbrod teil.

1285 Vgl. Stadtarchiv Leipzig, Kap. 71, Nr. 30. Bei den Feierlichkeiten zur Grundsteinlegung des Gerichtsgebäudes saß er u.a. mit dem späteren Leipziger Oberbürgermeister Bruno Tröndlin an einer „Ehrentafel" (ebd., Bl. 46). Bei dem Festmahl ebenfalls anwesend waren Peter Dybwad, Rechtsanwalt beim RG Carl Lewald sowie beispielsweise die Professoren Emil Friedberg, C.Otto Müller, Rudolph Sohm, Adolf Wach und Carl Binding (ebd., Bl. 123 ff., 129 ff.). Entsprechendes gilt für das soeben erwähnte Konzert im Gewandhaus (ebd., Bl. 133 ff., Bl. 135 R ff.).

1286 Zwar hatten grundsätzlich nur Mitglieder Zugang zur „Harmonie", allerdings konnten Gäste eingeführt werden. Eduard von Seckendorff war zeitweilig „stellvertretender Vorsitzender" des Vereins, so dass eine Einführung seines Sohnes in seine Gesellschaftskreise anzunehmen ist, vgl. Kroker, Die Gesellschaft Harmonie, S. 68, 114, 126 und § 13 II Gesellschaftsordnung der Harmonie vom 1. April 1921, SGM, Nr. 81 (Sammlung Losse). Ähnliche Regelungen haben vermutlich auch früher existiert.

1287 Seit 1881 fanden regelmäßig die Sommer- und Winterfeste der „Reichsgerichtsgesellschaft" statt. Diese bewusst für die *Familien* des Reichsgerichts durchgeführten Veranstaltungen erfreuten sich großer Beliebtheit, vgl. Süpfle, Reichsgerichtsgesellschaft, S. 238 f.

1288 Vgl. Reden bei der Gedenkfeier, S. 9 („[...] er hat sich in Leipzig schnell eine neue Heimat erschlossen.").

1289 Die Stammkundschaft belegt ein Werbedruck – „Gäste in alter und neuer Zeit" aus den 1920er Jahren. Das Original von Paul Daehne (um 1920) ist heute im Coffebaum ausgestellt, im Übrigen SGM, Nr. A/39/2008 IG 425. Das Faltblatt findet sich abgedruckt bei Stingl, Der Kaffeebaum in Leipzig, S. 54 f. Nach Auskunft der Autorin Hannelore Stingl vom 23.4.2008 kam „nicht jeder" auf dieses Faltblatt, sondern nur derjenige, der regelmäßig den „Kaffeebaum" besuchte oder Stammgast war.

1290 Arnold, DRiZ 1932, S. 340, 341.

Im Coffebaum fand ein Großteil des gesellschaftlichen Lebens statt: Neuankömmlinge besuchten das Kaffeehaus, um sich in der Stadt bekannt zu machen. Leipziger Bürger trafen sich dort zum Meinungsaustausch. Zu den regelmäßigen Besuchern gehörten u.a. der Maler Max Klinger, der Sohn Richard Wagners Siegfried oder Gewandhauskapellmeister Arthur Nikisch.[1291] Seine Bekanntschaft mit Siegfried Wagner und sein musikalisches Interesse, im Speziellen an den Kompositionen Richard Wagners, lassen vermuten, dass Seckendorff dort mit Siegfried Wagner und Arthur Nikisch verkehrte.[1292] Die musikalischen Möglichkeiten, die das Leipziger Gewandhaus bot, hat der Musikliebhaber wahrscheinlich regelmäßig wahrgenommen.[1293] Dafür spricht nicht nur die räumliche Nähe des damaligen Gewandhauses zum Reichsgericht, sondern vor allem der Umstand, dass unter dem vorerwähnten Gewandhauskapellmeister Nikisch die Werke der sogenannten „Neudeutschen" (Liszt und Wagner) wieder höhere Bedeutung für die Gewandhauskonzerte gewannen.[1294] Die bereits im Tiergartenhotel in Berlin gelebte Geselligkeit setze sich demnach auch in Leipzig fort.

Dadurch und durch sein kulturelles Interesse intensivierte er die (offiziellen) Beziehungen zur Stadt. Er interessierte und engagierte sich sowohl für Leipziger Belange bzw. für (überregionale) Veranstaltungen als auch für karitative Zwecke.

So nahm er u.a. an den für Leipzig besonders bedeutenden Feierlichkeiten zur Einweihung des Neuen Rathauses 1905[1295], zum Universitätsjubiläum 1909[1296], zur Einweihung des Völkerschlachtdenkmals 1913[1297] und (wahrscheinlich) an

1291 Vgl. Stingl, Der Kaffeebaum in Leipzig, S. 7, 52 ff. Zum kulturellen und gesellschaftlichen Umfeld in Berlin oben Zweites Kapitel, B.

1292 Vgl. ThStA, FA Seckendorff, Nr. 1595, Bl. 43; Reden bei der Gedenkfeier S. 7.

1293 Bereits früh entdeckte er seine Leidenschaft für die Kunst und Musik. „‚Blumen und Töne', so pflegte er zu sagen, sind das schönste auf dieser Welt.", Reden bei der Gedenkfeier, S. 5. Auch für Karl Gutbrod lassen sich häufige Besuche im Gewandhaus nachweisen, Gutbrod, a.a.O., S. 72.

1294 Riedel, Stadtlexikon, S. 181 f. (Artikel: Gewandhaus). Näheres zu Nikisch, ebd. S. 435 (Artikel: Arthur Nikisch). Nikisch war ein zum Christentum konvertierter Jude (ebd., S. 276, 277, Artikel: Jüdische Gemeinde).

1295 Vgl. Stadtarchiv Leipzig, Kap. 71. Nr. 54, Beiheft 1, Bd. 1, Bl. 17, 33, 48.

1296 Vgl. SGM, Nr. I B 327, Offizielle Festzeitung, Nr. 1, S. 5 f., Nr. 3, S. 10. Einen Erlebnisbericht enthalten seine Lebenserinnerungen, vgl. ThStA, FA Seckendorff, Nr. 1595, Bl. 73 ff.

1297 Dabei nahm Seckendorff, neben den eigentlichen Veranstaltungen – zur Feier am Denkmal, an einem Frühstück im Rathaus sowie einem Festmahl im Gewandhaus – an einem Empfang des *sächsischen* Königs auf dem Bahnsteig teil, vgl. Stadtarchiv Leipzig, Kap. 71, Nr. 63, Bd. 2, Bl. 272 ff., Bl. 274 (Empfang am Bahnhof), Bl. 282 ff.,

der Schlusssteinlegung des Leipziger Hauptbahnhofs[1298] teil. Er war vielseitig kulturell interessiert und engagierte sich bspw. in Ehrenausschüssen anlässlich der Jahresausstellung 1912 für Aquarell, Pastell, Zeichnung und Kleinplastik[1299], der „sehenswerten"[1300] Internationalen Baufachausstellung Leipzig 1913 (IBA)[1301] oder der Internationalen Ausstellung für Buchgewerbe und Graphik in Leipzig 1914 (BuGra).[1302] Insgesamt lässt sich feststellen, dass der Reichsgerichtspräsident regelmäßig an den Veranstaltungen der jüngeren Leipziger Stadtgeschichte beteiligt war. Besonderen Eindruck bei seiner Umwelt hatte das soziale Engagement Seckendorffs in und für Leipzig hinterlassen: so öffnete er den Gerichtshof mehrfach für Wohltätigkeitsveranstaltungen (die „Kriegsfürsorge")[1303] und unterstützte, wie seine Schwester[1304], diverse *patriotische*

Bl. 306 (Teilnehmerliste). Eine Begegnung mit weiteren Leipziger Persönlichkeiten, wie etwa Wilhelm Wundt, Karl Binding, Adolf Wach oder dem früheren Oberbürgermeister Leipzigs Otto Georgi ist wahrscheinlich, da diese an denselben Veranstaltungen teilnahmen und man sich aus früheren Zusammenkünften gekannt haben dürfte, ebd., Bl. 305, 312.

1298 Vgl. LNN, Nr. 337, vom 5. Dezember 1915, S. 37.

1299 Vgl. Stadtarchiv Leipzig, Kap. 75 A, Nr. 73, Bd. 1, Bl. 241 R; LNN, Nr. 98, vom 7.4.1912, S. 31. Die dort aufgezählten Mitglieder des „Ehrenausschusses" sind vielfach städtische Beamte oder sonstige Leipziger Honoratioren, wie beispielsweise Prof. Adolf Wach. Auch dies spricht dafür, dass die Genannten ein tiefergehendes Interesse an den kulturellen Ereignissen der Stadt gehabt haben. Kein weiteres Mitglied des Reichsgerichts wird erwähnt.

1300 ThStA, FA Seckendorff, Nr. 1595, Bl. 79.

1301 Vgl. Stadtarchiv Leipzig, Kap. 75 A, Nr. 71, Bd. 1, Bl. 6 R (LTgBl., Nr. 340, vom 8.12.1909, 1. Beilage). Seckendorff wird dort, u.a. zusammen mit dem Rechtslehrer Rudolph Sohm, als „Ehrenförderer" erwähnt. Sie sagten die Mitwirkung in einem „Ehrenkomitee" zu, ebd., Bl. 8.

1302 Vgl. Stadtarchiv Leipzig, Kap. 75 A, Nr. 74, Bd. 1, Bl. 130, 130 R. Auch dort zeigte sich sein Interesse durch die Mitgliedschaft im „Ehrenausschuss", dem außer ihm u.a. noch Max Klinger, der Oberbürgermeister Dittrich, (der spätere OBM) Karl Rothe und einige Professoren der Universität wie Karl Binding, Adolf Wach oder Wilhelm Wundt angehörten. Seckendorff erwähnt die „sehenswerte" Ausstellung in seinen Lebenserinnerungen, ThStA, FA Seckendorff, Nr. 1595, Bl. 84.

1303 Vgl. BArch, R 3001, Nr. 2043; GStA PK, Rep. 84 a, Nr. 11821; Vossische Zeitung, Nr. 216, vom 29.4.1915, Artikel: „Das Reichsgericht im Krieg".

1304 Ein karitatives Engagement E. v. S. lässt sich in der „Ortsgruppe Leipzig vom Deutschen Frauendank" feststellen. Dieser Verein sorgte für die zusätzliche Unterstützung der durch den Krieg „notleidenden Personen", indem er „Heim und Pflege"(-Plätze) schaffte, Stadtarchiv Leipzig, Kap. 75 A, Nr. 77, Bl. 270. Aber auch in anderen Bereichen war E. v. S. aktiv. Sie gehörte dem „Allgemeinen Deutschen

Programme und Wohltätigkeitsveranstaltungen, deren Erträge teilweise bedürftigen Leipzigern zugute kamen.[1305] Der Reichgerichtspräsident nahm demnach Anteil am Geschehen in der Stadt und wirkte mit, die kriegsbedingten Folgen zu mindern. Beleg hierfür ist nicht nur die spätere Aussage Erwin Bumkes, er habe „an den Sorgen und Nöten des Volkesregsten Anteil genommen"[1306], sondern auch das ihm 1917 verliehene[1307] „Verdienstkreuz für Kriegshilfe".[1308]

Für die öffentliche bzw. nationale Wahrnehmung des Reichsgerichts war das Engagement Seckendorffs bei diesen Ereignissen und Veranstaltungen äußerst förderlich. Er rückte das Reichsgericht durch seine Präsenz verstärkt in das ‚öffentliche Licht' und intensivierte damit die Bindungen zur Stadt: er machte den Gerichtshof in Leipzig ‚heimisch'.[1309]

Schulverein – Frauen und Mädchengruppe Leipzig" an. Die Tätigkeit diente der Erhaltung des „Deutschtums im Auslande" durch Gründung bzw. Erhalt deutscher Schulen und der deutschen Sprache (vgl. LNN, Nr. 333, vom 1.12.1907, S. 16).

1305 Bereits Anfang August 1914 nahm Seckendorff an einer Sitzung im Neuen Rathaus teil, in der v.a. organisatorische Fragen der Sammlung des roten Kreuzes (der Kriegsnotspende) besprochen worden, dazu Stadtarchiv Leipzig, Kap. 72, Nr. 39, Bd. 1, insbes. Bl. 12 ff., 31 ff., 43 f. Die Unterstützung sollte Verwundeten, aber auch wirtschaftlich in Not geratenen *Leipzigern* zugute kommen. Seckendorff beteiligte sich am 17. Juli 1915 an der „Enthüllung" und „Nagelung" eines Wehrmannes aus Eisen". Der Erlös der Nägel kam gleichfalls der „Kriegsnotspende" zugute (ebd., Bl. 229, 267). Der Reichsgerichtspräsident unterstützte ein Konzert „Zum Besten der Kriegsnotspende für Leipzig", vgl. LNN, Nr. 302, vom 31.10.1914, S. 40. An den Wohltätigkeitsveranstaltungen der „Pauliner" – dazu sogleich – war Seckendorff ebenfalls beteiligt, Kötzschke, Hundert Jahre Paulus, S. 498.

1306 Vgl. Leipziger Abendpost, Nr. 274, vom 23.11.1932.

1307 Dazu BArch, R 3002, PA Nr. 790, Bd. 2, Bl. 97 (März 1917).

1308 Vgl. GStA PK, Rep. 90 A, Nr. 2660 und die folgenden Bände. Dieses wurde 1916 gestiftet und sollte den „vaterländischen Hilfsdienst" – bspw. bei der Hinterbliebenenfürsorge, Wohlfahrtspflege oder Goldbeschaffung – belohnen, ebd., Nr. 2660, Bl. 6 R, Bl. 9.

1309 Vgl. NLZ, Nr. 328, vom 23.11.1932, S. 3: „Die enge Zusammengehörigkeit des einstigen Reichsgerichtspräsidenten mit der Stadt seines Wirkens betonte Oberbürgermeister Dr. Goerdeler […] durch eine freundschaftliche und förderliche Anteilnahme an allen kulturellen heimischen Angelegenheiten […] bildete sich gleichzeitig das wertvolle Bekenntnis der *Zusammengehörigkeit* zwischen dem Reichsgericht und der Stadt Leipzig. Präsident Dr. Bumke brachte es in die schönen Worte: „Daß das Reichsgericht heute in Leipzig eine wahre Heimat hat, verdanken wir Rudolf von Seckendorff in allererster Reihe". Hervorhebung vom Verf.

Diese Bindungen werden insbesondere daran deutlich, dass der Reichsgerichtspräsident auch außerhalb von offiziellen Veranstaltungen ein ‚Aushängeschild' für die Stadt wurde: Seckendorff leitete den Ortsverband „zum Schutz" des wagnerschen Stückes Parsifal.[1310] Dessen „Aufruf" zum Schutz des Stückes unterzeichneten neben Seckendorff diverse namhafte (Leipziger) Persönlichkeiten.[1311]

Die Wahrnehmung der Repräsentationsaufgaben durch den Reichsgerichtspräsidenten hatte auch einen weiteren positiven, nicht weniger bedeutsamen Nebeneffekt. Seckendorff dürfte bei diesen Veranstaltungen regelmäßig mit demselben Personenkreis, wie bspw. mit Karl Binding, Adolf Wach oder Wilhelm Wundt, zusammengetroffen sein.[1312] Gemeinsame oder gleichgelagerte Interessen wie etwa an der BuGra[1313] sorgten darüber hinaus für Gesprächsstoff und führten diese Gesellschaftskreise auch in den (außerberuflichen) Vereinen immer wieder zusammen.[1314]

Aufschluss über die gesellschaftlichen Kontakte Seckendorffs geben insbesondere die Mitgliedschaften in der *Leipziger Harmonie* und im universitätsnahen

---

1310 Der „Hauptausschuss für den Parsifalschutz" initiierte im Jahr 1912 einen „Aufruf zu einer einmütigen Willenskundgebung des deutschen Volkes zur Durchführung des letzten Willens Richard Wagners." Der Ausschuss wollte den Blick der Öffentlichkeit auf die Aufführungsmodalitäten des „Parsifal" lenken, die nach seiner Ansicht nicht dem letzten Willen Wagners entsprachen. Das Stück sollte demnach lediglich im Festspielhaus Bayreuth aufgeführt werden, dazu SGM, Nr. MT/35/2005 und MT/36/2005 (Hagedornsammlung). Zugleich forderte der Ausschuss eine Abänderung des § 29 UrhG vom 19.6.1901, vgl. BArch, R 3001, Nr. 6385, Bl. 9 ff., Bl. 38 ff.

1311 SGM, Nr. MT/36/2005 (Hagedornsammlung) – unterzeichnet wurde dieser Aufruf u.a. vom Maler und Bildhauer Max Klinger.

1312 Als (mögliches) Beispiel seien die Feierlichkeiten zur Einweihung des Völkerschlachtdenkmales genannt: Dabei nahm Seckendorff u.a. an der Feier am Denkmal, an einem Frühstück im Rathaus sowie einem Festmahl im Gewandhaus teil. Eine Begegnung mit weiteren Leipziger Persönlichkeiten, wie etwa Wilhelm Wundt, Karl Binding oder Adolf Wach ist wahrscheinlich, da diese an denselben Veranstaltungen teilnahmen und man sich aus früheren Zusammenkünften gekannt haben dürfte, vgl. Stadtarchiv Leipzig, Kap. 71, Nr. 63, Bd. 2, Bl. 305 f., 312.

1313 Vgl. Stadtarchiv Leipzig, Kap. 75 A, Nr. 74, Bd. 1, Bl. 130, 130 R. Die genannten Professoren gehörten ebenfalls dem „Ehrenausschuss" an.

1314 Vgl. zu dieser Feststellung für eine andere Leipziger Gesellschaft, Wiessner, Die Journalgesellschaft, S. 116. Der Autor spricht die enge Verflechtung von Vertretern aus Wissenschaft, Justiz und Verwaltung beziehungweise des Leipziger Bürgertums – d.h. von Honoratioren – in einem Netz von außerberuflichen Kontakten an.

Paulus. Diese Mitgliedschaften waren nicht nur abermals für repräsentative Zwecke, sondern vor allem auch für die Integration der Reichsgerichtsmitglieder und deren Verhalten zueinander von Bedeutung. Durch diese Mitgliedschaften konnte sich der Reichsgerichtspräsident ein umfangreiches soziales Netzwerk aufbauen.

Überhaupt waren Rudolf von Seckendorffs Interessen und gesellschaftliches Umfeld – wie bei Karl Gutbrod[1315] – weit über den Gerichtshof hinaus gespannt. Diese schon von den Justizkritikern geforderte[1316] Verknüpfung von beruflichen und außerberuflichen Gesellschaftskreisen war bei Seckendorff durch die soeben genannten Mitgliedschaften oder seine regelmäßigen Besuche im Coffebaum besonders ausgeprägt.[1317]

Die eingangs erwähnte Bemerkung, er habe das Reichsgericht in Leipzig „heimisch" gemacht, dürfte demnach nicht nur auf die Präsenz des Reichsgerichtspräsidenten in der Stadt bzw. die Wahrnehmung der repräsentativen Aufgaben zurückzuführen sein. Nicht zuletzt war es auch die mit *seinen Gesellschaftskreisen* verknüpfte Integrationswirkung, die zum Abbau von ‚Fremdheitsgefühlen' beigetragen und damit den Gerichtshof und dessen Angehörige in Leipzig ‚heimisch' gemacht haben dürfte.

2) *Das soziale Netzwerk des Reichsgerichtspräsidenten – die Verknüpfung von beruflichen und außerberuflichen Gesellschaftskreisen durch die Mitgliedschaft in Vereinen und Gesellschaften*

Eine wichtige Rolle für die Beziehung Seckendorffs zu den Reichsgerichtsmitgliedern bzw. für deren Integration spielten die gesellschaftlichen Kontakte und das soziale Netzwerk des Reichsgerichtspräsidenten. Dieses baute er sich u.a. über seine Mitgliedschaft in verschiedenen Leipziger Gesellschaften auf.

1315 Über Gutbrod heißt es: „Dank seiner vielfältigen Interessen auf allen Gebieten des Geisteslebens, der Wissenschaften und der Künste… wuchs der gesellschaftliche Kreis meiner Eltern weit über den Rahmen der Behörde hinaus…", Gutbrod, a.a.O., S. 72.

1316 Drittes Kapitel, B. III. 1. a.

1317 Indizien ergeben sich auch aus Folgendem: Die LNN, Nr. 268, vom 24.9.1932, S. 2 verweisen darauf, dass Seckendorff „mit Menschen verschiedenster Kreise und Berufe in Gedankenaustausch gestanden [hat]."

a) *Clubleben in der „Leipziger Harmonie"*

Die Leipziger Harmoniegesellschaft war *die* „gesellige Vereinigung"[1318] der Leipziger Eliten. Wer damals eine Stellung in der Leipziger Gesellschaft besitzen wollte, für den war eine Mitgliedschaft in der Harmonie unausweichlich.[1319] Das belegt auch die Zusammensetzung der – wahrscheinlich nationalliberal geprägten[1320] – Gesellschaft: Mitglieder in der Gesellschaft waren Professoren der Universität bzw. Juristenfakultät wie Karl Binding, Adolf Wach oder Rudolph Sohm, diverse Vertreter der Stadtverwaltung und Angehörige der örtlichen Gerichte sowie zahlreiche Künstler, Schriftsteller und Industrielle.

Für den „lebensfrohen"[1321] und *kontaktfreudigen* Seckendorff bot sich (nicht nur aufgrund der möglichen früheren Verbindungen[1322]) eine Mitgliedschaft in der Gesellschaft geradezu an. Der Reichsgerichtspräsident traf hier auf

1318 § 2 der Satzung der Harmonie vom 1. April 1921: „Der Zweck der Gesellschaft ist die Pflege der Geselligkeit." Die dazugehörige Gesellschaftsordnung bestimmte bspw. in § 1 Abs. 1 „Den Mitgliedern der „Harmonie" wird Gelegenheit geboten zu geselliger Unterhaltung, Lektüre, Billard, Karten und Kegelspiel.", Satzung und Gesellschaftsordnung der Harmonie befinden sich in den Beständen des SGM, Nr. 81 (Sammlung Losse).

1319 „Es muss fast wie ein Spießrutenlaufen gewesen sein, wenn ein nach Leipzig Zugewanderter sich vor etwa 100 Jahren bemühte, Mitglied in der Harmonie zu werden; *nur so war die Stellung in der Leipziger Gesellschaft abgesichert.*", vgl. Steinbach, Harmoniegesellschaft, S. 49 ff., S. 89 f., Hervorhebung vom Verfasser.

1320 Über die politische Ausrichtung der Gesellschaft ist nichts bekannt. Allerdings lässt sich vermuten, dass es sich dabei um eine Gesellschaft national-liberalen Zuschnitts handelte: Mitglieder wie die Oberbürgermeister der Stadt Leipzig Georgi, Tröndlin und Rothe (zu diesen Kühling, Leipzigs Regierende Bürgermeister, S. 62 ff.) sowie (führende) Mitglieder der Harmonie wie Eduard v. Simson, der (katholische!) Oberreichsanwalt Oskar Hamm oder RGR v. Ewald waren allesamt national-liberal (zur politischen Richtung Oskar Hamms bzw. v. Ewalds, Ormond, a.a.O., S. 342, 498 (Hamm), S. 543 (v. Ewald). Von Ewald wird dort als „liberal" bezeichnet). Dieser Umstand deckt sich mit der zeitgenössischen Feststellung, dass große Städte eher Zentren der National-Liberalen waren, Heiland, a.a.O., S. 84 f. Heiland begründete dies mit dem Charakter Leipzigs als Handelsstadt und der dadurch bedingten Zusammensetzung der Bevölkerung. Die heutige, nunmehr wieder existierende, Harmoniegesellschaft ist gemäß § 2 Nr. 2 ihrer Satzung parteipolitisch neutral (www.harmonie-leipzig.de).

1321 Erich Ebermayer beschrieb den Reichsgerichtspräsidenten als einen Menschen, der Freude am Leben hatte: „Seine hellblauen, klugen, humorigen Augen strahlten Güte und auch Freude über die Schönheit des Lebens aus." (a.a.O., S. 22).

1322 Siehe oben Zweites Kapitel, C. I., Erstes Kapitel, A. II.

Gleichgesinnte. Das Gemeinschaftsleben in der Harmonie am Roßplatz[1323] war auf häufige, mitunter tägliche[1324] Zusammenkünfte angelegt. Passend zu der bereits erwähnten Abneigung Oehlschlägers gegenüber „Geselligkeiten", waren alle Reichsgerichtspräsidenten bis auf den Vorgenannten, Mitglieder in der Gesellschaft.[1325] Rudolf von Seckendorff war der Gesellschaft bereits im Jahr seines Dienstantrittes beigetreten.[1326] Die ihm später verliehene Ehrenmitgliedschaft[1327] spricht für ein starkes Engagement Seckendorffs in der bzw. für die Gesellschaft. Wahrscheinlich spielte sich ein großer Teil seines gesellschaftlichen Lebens in der Gesellschaft ab.

Die Gesellschaft sollte den persönlichen bzw. zivilen Umgang miteinander fördern.[1328] Die Räumlichkeiten der Gesellschaft standen deshalb nicht nur für gemeinsame Mahlzeiten in einem Speisesaal bspw. nach den Gewandhauskonzerten[1329] zur Verfügung, sondern sie ermöglichten auch andere gesellschaftliche Aktivitäten – es gab Kegelbahnen, Billardzimmer und diverse (Karten-) Spielzimmer. Der Gedankenaustausch zwischen den Mitgliedern wurde durch Diskussionsrunden und Lektüreangebote gefördert. Die Harmonie besaß dafür Konversationsräume und eine Bibliothek, deren Bestände ständig aktualisiert wurden.[1330]

1323 Steinbach, a.a.O., S. 27.

1324 Darauf weist Steinbach, a.a.O., S. 6 hin.

1325 Siehe Kroker, a.a.O., S. 78 ff., S. 81 ff. (Mitgliederliste). Zur Mitgliedschaft Bumkes, Steinbach, a.a.O., Anhang. Dort ist eine Mitgliederliste aus dem Jahr 1937 abgedruckt.

1326 Kroker, a.a.O., S. 126. Die Reichsgerichtsmitglieder besaßen erleichterten Zugang zu der Harmonie: grundsätzlich musste ein potenzielles Mitglied nach Vorschlag eines anderen Mitgliedes gewählt werden. Allerdings sind *ausnahmsweise* die Mitglieder der Bundes- und Reichsbehörden, die ihren Sitz in Leipzig hatten, ohne Vorschlag durch ein Mitglied bzw. Wahl in die Gesellschaft aufgenommen worden. Das betraf 1870 die Mitglieder des Bundesoberhandelsgerichts und 1879 die Mitglieder des Reichsgerichts, ebd., S. 31, 67. Allgemein zur Mitgliedschaft § 2–9 der Gesellschaftsordnung der Harmonie, SGM, Nr. 81 (Sammlung Losse).

1327 Vgl. BArch, R 3002, PA Nr. 790, Bd. 1, Bl. 86.

1328 Dazu bereits die zuvor erwähnte Satzung. Ziviler und anständiger Umgang miteinander war die ethische Dimension des Harmoniebegriffs, vgl. Kroker, a.a.O., S. 77 f.

1329 Die Räume der Harmonie waren nach den Gewandhauskonzerten geöffnet, Kroker, a.a.O., S. 70; Steinbach, a.a.O., S. 32; § 13 Abs. 3 der Gesellschaftsordnung von 1921, SGM, Nr. 81 (Sammlung Losse) – Abendessen nach den Gewandhauskonzerten.

1330 Steinbach, a.a.O., S. 6, 22, 28 f. Zur Bibliotheksausstattung: § 23 der Gesellschaftsordnung der Harmonie vom 1. April 1921, SGM, Nr. 81 (Sammlung Losse).

Dieses Umfeld diente der Entspannung nach einem anstrengenden Arbeitsalltag.[1331] Die Gesellschaft bot einen Rahmen, in dem die „genussorientierten Seiten des Gesellschaftslebens" und der zwanglose Umgang miteinander bzw. die informelle Kommunikation starke integrative Wirkungen entfaltet haben. Die lockere, gleichwohl stilvolle Geselligkeit – besonders anschaulich zeigt sich diese an überlieferten Trinkliedern[1332] – dürfte zur Überbrückung des von Konkurrenz, Effizienz und Vereinzelung, d.h. des z.T. durch religiöse[1333] oder herkunftsbezogene[1334] Diskriminierung geprägten Lebensalltags beigetragen haben.[1335] Mit anderen Worten wurden durch persönliche Kontakt gegenseitiges Verständnis und Achtung bzw. (das Schließen von) Freundschaften gefördert. Anderenfalls wären die meist langjährigen Mitgliedschaften der oftmals *leipzigfremden* Reichsgerichtsmitglieder[1336] in der Gesellschaft kaum zu

1331 Vgl. die Entstehungsgeschichte der Hamburger Harmonie auf www.harmonie1789.de – zuletzt abgerufen am 27.10.2017.

1332 Bei Steinbach (a.a.O., S. 32 f.) ist ein „Trinklied" abgedruckt. Ein pathetischer Trinkspruch Seckendorffs anlässlich des Kaisergeburtstages 1913 findet sich in den LNN, Nr. 27, vom 28.1.1913, S. 12.

1333 Müller (a.a.O., S. 134.) weist auf zu Beginn des Jahrhunderts – 1906 – bestehende antisemitische Strömungen im Reichsgericht hin.

1334 Zu den bereits erwähnten Diskriminierungen am Reichsgericht, L. Ebermayer, a.a.O., S. 55.

1335 Für die Leipziger Harmoniegesellschaft fehlt es indes an konkreten Quellen. Ein Vergleich mit anderen Gesellschaften ergibt folgende Anhaltspunkte: die Paderborner Harmonie führte die lokale Elite zusammen und besaß nahezu eine Monopolstellung, soweit es um die Integration der „besseren Kreise" ging. Der Integrationsanspruch der Paderborner Harmonie schloss u.a. konservative, sozialreformerische, liberale, nationalpreußisch eingestellte Katholiken und liberale Protestanten sowie nationalreligiöse Liberale, konservativ-autoritäre Protestanten und liberale Juden ein. Trennlinien, Fremdheits- und Konkurrenzgefühle wurden vor allem durch eine entspannte, lockere Geselligkeit überbrückt, vgl. Klenke, a.a.O., S. 7 f., 28 ff., 80. Gleiches gilt für die Leipziger Journalgesellschaft. Die Gesellschaft war eine Lesegesellschaft. Dort waren die gemeinsamen Mahlzeiten ebenfalls ein Höhepunkt der Geselligkeit. Die Diskussion über das Gelesene fand vielfach im Zusammenhang von Unterhaltung, Spiel – eben durch Geselligkeit – statt, dazu Wiessner, Die Journalgesellschaft, S. 116 ff. Allgemein zu verschiedenen Leipziger Sozietäten, Middell, a.a.O., S. 130 ff.

1336 Von den reichsgerichtlichen Mitgliedern der Gesellschaft im Zeitraum von 1905 bis 1920 war zwar die Mehrzahl Preußen (30). Allerdings kam lediglich ein geringerer Teil aus den preußischen Kernlanden wie der Reichshauptstadt, der Mark Brandenburg oder der Altmark (5). Die Mehrzahl der Preußen entstammte vielmehr entweder den ‚neuen' im Laufe des 19. Jahrhunderts erworbenen Provinzen, wie etwa

erklären.[1337] Integrationswirkungen entfaltete des Vereinsleben v.a. deshalb, da sich deren Mitglieder freiwillig und *aufgrund gemeinsamer Interessen* verbanden, die unabhängig und außerhalb der nicht frei wählbaren ‚natürlichen' Beziehungen (berufsbezogene Vereinigung: Reichsgericht) lagen.[1338]

Dieses ‚harmonische' Umfeld ermöglichte den reichsgerichtlichen Mitgliedern der Harmonie (bspw. L. Ebermayer, K. v. Hassell, J. Junck oder G. Wildhagen)[1339] ihren Chefpräsidenten in privater, lockerer und entspannter (Diskussions-)Atmosphäre zu erleben. Gleichgelagerte Interessen wie bspw. der „Parsifalschutz" bildeten eine mögliche Gesprächsgrundlage.[1340] Die anfänglich bestehenden Indifferenzen gegenüber Seckendorff dürften dadurch abgebaut worden sein und zur Steigerung seines persönlichen Ansehens im Kollegium beigetragen haben.

Durch die langjährigen Mitgliedschaften von Leipziger Professoren (bspw. Binding, Sohm, oder Wach[1341]) und weiterer Stadtvertreter erschloss sich dem Reichsgerichtspräsidenten ein weiteres enges Netzwerk aus (außerberuflichen)

---

aus Hannover (4), Holstein (3) oder der Rheinprovinz (8), bzw. den Randbereichen der Monarchie (West- und Ostpreußen (je 2) sowie Pommern (1)). Ein größerer Teil der Mitglieder stammte ferner aus Sachsen (5) oder kam aus dem süddeutschen Raum (nämlich aus Bayern (4), Baden (2), Württemberg (1), Lothringen (2)), zu alledem Kroker, a.a.O., S. 81 ff. (Mitgliederliste); Lobe, a.a.O., Anlage I, IV und V, S. 338 ff., S. 399 ff., 412 ff. (Herkunftsangaben). Wenn sich die Staatsangehörigkeit nicht ermitteln ließ, stellte der Verfasser auf Indizien wie etwa den Geburtsort oder die letzte Tätigkeit vor der Berufung ins Reichsgericht ab.

1337 Als Beleg für die Integrationswirkung der Gesellschaft sei beispielhaft die Zusammensetzung der Vorsitzenden der Gesellschaft genannt. RGR Stellmacher, ein (Ost-) Preuße aus Elbing war stellvertretender Vorsitzender, 1901–1905. Zum Teil im gleichen Zeitraum – von 1887–1902 – war der bayerische RGR Stenglein Vorsitzender der Harmonie. Auch der Hannoveraner Wildhagen hatte den stellvertretenden Vorsitz lange Jahre inne, vgl. Kroker, a.a.O., S. 150 ff.

1338 Vgl. allgemein Middell, a.a.O., S. 129, 134 ff.

1339 Zu deren Mitgliedschaft: Kroker, a.a.O., S. 91 (Ebermayer), 100 (v. Hassell), 104 (Junck), S. 135 (Wildhagen).

1340 Justizrat Junck, höchstwahrscheinlich der Rechtsanwalt beim RG, hielt in der Leipziger Juristischen Gesellschaft einen Vortrag über die „aktuelle Frage des Parsifalschutzes", vgl. Dittenberger, JW 1913, S. 228.

1341 Kroker, a.a.O., S. 81 ff. (Mitgliederliste), S. 85 (Binding), S. 127 (Sohm), S. 132 (Wach).

Kontakten.[1342] Es ist naheliegend, dass er diese Kontakte nutzte, um die Beziehungen zwischen Reichsgericht und Stadt[1343] bzw. Universität(-svertretern) auszubauen. Für ihn waren gute Beziehungen zu den Professoren „besonders wertvoll", da sie der „Rechtsprechung wie der Rechtswissenschaft nur zum Vorteil" gereichen konnten.[1344] Interessanterweise waren „nähere Beziehungen" mit der Wissenschaft auch in den Augen der Reichsjustizverwaltung für einen Reichsgerichtspräsidenten von besonderem „Wert".[1345] Zur Förderung dieser Kontakte, bspw. im Rahmen eines Informationsaustauschs über städtische Veranstaltungen[1346] oder

---

1342 Auf die enge Verflechtung dieser städtischen Schicht in einem Netz aus „außerberuflichen Kontakten" weist Matthias Wiessner für die Journalgesellschaft hin (a.a.O., S. 116). Entsprechendes dürfte auch für die Harmoniegesellschaft anzunehmen sein.

1343 Indizien ergeben sich aus dem Vorgang in BArch, R 3002, PA Nr. 790, Bd. 2, Bl. 92, 92 R. Dort bezeichnet er die Pflege der Beziehungen zur Stadt als „schöne Pflicht". Diese Kontakte hat er ebenfalls über seine ‚Mitgliedschaft' im Paulus, dazu sogleich, gefördert.

1344 Es war Seckendorff eine „besondere Freude" die Beziehungen zur Universität zu pflegen und zu fördern, vgl. BArch, R3002, PA Nr. 790, Bd. 2, Bl. 47 f., 48 R; ähnliches findet sich ebd., Bl. 72. Mit diesen Beziehungen waren wahrscheinlich nicht nur, aber auch die persönlichen, d.h. außerberuflichen Kontakte angesprochen. Zwar ist die Wechselwirkung zwischen beiden Institutionen im Einzelnen schwer zu beschreiben – die Juristenfakultät wurde im zweiten Weltkrieg zerstört (Füßler, Leipziger Universitätsbauten, S. 21, 24 f.) – allerdings weist Reichsgerichtsrat Düringer in seinem Artikel zum Universitätsjubiläum (DJZ 1909, Sp. 874) auf einen „eifrigen" persönlichen und gesellschaftlichen Verkehr zwischen Mitgliedern der Universität und des Reichsgerichts hin, der Ursache für „wertvolle und vielseitige geistige Anknüpfung und Anregung" war. Laut Kern (Die Geschichte der Leipziger Juristenfakultät, S. 71) soll dieser Artikel nur wenig ergiebig sein. Düringer dürfte indes auch die gesellschaftlichen Verbindungen zwischen Reichsgericht und Universität über die Harmoniegesellschaft im Auge gehabt haben, zumal der vorgenannte Artikel maßgeblich auf Seckendorffs Betreiben zustande gekommen ist, vgl. BArch, R 3002, Gen. Nr. 106, Bl. 129, Bl. 133 R.

1345 Vgl. BArch, R 43, Nr. 695, Bl. 26.

1346 So lud das Direktorium der Internationalen Ausstellung für Buchgewerbe und Graphik (BuGra) den Leipziger Oberbürgermeister zu einem Abendessen in die Räumlichkeiten der Harmonie ein, Stadtarchiv Leipzig, Kap. 75 A, Nr. 74, Bl. 229. Dies verdeutlicht die Verknüpfung von städtischen Belangen mit der Geselligkeit in der Harmonie. Anlässlich der Feierlichkeiten zur Einweihung des Völkerschlachtdenkmales fand ein Frühstück in der Harmonie statt, ThStA, FA Seckendorff, Nr. 1595, Bl. 81.

Rechtsprobleme[1347] bot sich die Harmoniegesellschaft als geeignete Plattform geradezu an: die überschneidenden sozialen Kreise hatten dort zu einer „einzigartigen Konzentration von Wirtschaft und Kultur, *Wissenschaft und Jurisprudenz*" geführt.[1348] In diesem Anliegen wurde er womöglich nicht nur durch die Unstimmigkeiten[1349] zwischen Juristenfakultät und Reichsgericht, sondern auch durch die unvollkommene Repräsentation des Gerichts unter Oehlschläger bestärkt. Damit konnte er seine außerberuflichen Kontakte auch zur Repräsentation bzw. *Integration* des Reichsgerichts nutzen.

Als mögliche Gesprächsgrundlage für informelle Gesprächsrunden bspw. mit dem Zivilrechtsexperten Adolf Wach oder mit Rudolph Sohm boten sich Seckendorffs frühere Tätigkeiten auf dem Gebiet des Zivilprozessrechts, die Geschäftsbelastung des Reichsgerichts sowie seine Beteiligung an der Beendigung der lippeschen Erbfolgefrage oder diversen städtischen Belangen[1350] o.ä. an. Mit

---

1347 Die Harmonie wurde bisweilen als Plattform für die Darbietung von Vorträgen genutzt: in den 1920er Jahren wurden verschiedentlich Vorträge über die Währungs- und Aufwertungsfrage gehalten, Nachweise bei Kroker, a.a.O., S. 72; Steinbach, a.a.O., S. 33. Durch die Mitgliedschaft in der Gesellschaft bot sich den Reichsgerichtsräten eine Möglichkeit, sich über aktuelle gesellschaftliche oder rechtliche Probleme bzw. Entwicklungen zu informieren. Dieser Umstand dürfte der bereits erwähnten pauschalen Auffassung von der „Weltfremdheit" der Richter im Allgemeinen abträglich sein.

1348 „Die sich zum Teil überdeckenden sozialen Kreise führten zu einer Integration der Leipziger Gesellschaft, zu einer in Deutschland einzigartigen Konzentration von Wirtschaft und Kultur, Wissenschaft und Jurisprudenz. Die *informellen Kontakte* waren der Nährboden ihrer herzlichen, weltoffenen und liberalen Kultur. Die Gesellschaft Harmonie war deren Kernbereich […].", Zeitzeugenbericht, zitiert nach Steinbach, a.a.O., S. 54 f. Die Hervorhebungen stammen vom Verf.

1349 Nach Kern (a.a.O., S. 71) „war das Verhältnis wohl nicht immer so ungetrübt, wie man es erwarten sollte. Das zeigt die Überlieferung der folgenden Anekdote. Nach einer vernichtenden Kritik an einem Urteil des Reichsgerichts fragte ein Leipziger Professor seine Studenten, was einem die Reichsgerichtsräte tun könnten, und seine eigene Antwort lautete: leid!" Außerdem BArch, R 3002, Gen. Nr. 106, Bl. 11, 23a, Bl. 29 ff. Dieser Vorgang behandelt die Teilnahme an den Feierlichkeiten zum Universitätsjubiläum 1909. Einige RGR lehnten eine Teilnahme an den Festlichkeiten – möglicherweise – aufgrund der „verletzenden Kritik" an Urteilen des Reichsgerichts ab. Eine konkrete Bestimmung des maßgeblichen (Kritik-)Zeitraums war dem Verfasser nicht möglich. Nach Kern bestanden diese Unstimmigkeiten jedenfalls um die Jahrhundertwende (vgl. Kern, a.a.O., S. 71 f.).

1350 Als Beispiel sei die BuGra genannt, Stadtarchiv Leipzig, Kap. 75 A, Nr. 74, Bd. 1, Bl. 130, 130 R. Wach gehörte wie Seckendorff ebenfalls dem „Ehrenausschuss" an.

dem Erstgenannten dürfte er mehrfach bei städtischen Ereignissen aufeinandergetroffen sein[1351], an Zweitgenannten war auf Betreiben des Reichsgerichtspräsidenten ein Abdruck der Schiedsentscheidung weitergeleitet worden.[1352]

Der zuvor beschriebene integrative Rahmen der Harmonie dürfte sich positiv auf Seckendorffs gesellschaftliche Kontakte ausgewirkt haben, die dadurch vertieft und ausgeweitet werden konnten. Er stand mit Menschen verschiedenster Kreise und Berufe in *Gedankenaustausch*[1353] und baute sich ein soziales Netzwerk auf. Mithilfe dieses Netzwerkes konnte er den Zusammenhalt und die Zugehörigkeit der Reichsgerichtsmitglieder stärken, indem er seine Gesellschaftskreise im Reichsgericht zusammenführte.

b) Vergrößerung der außerberuflichen Kontakte durch den Paulus

Ein weiteres außerberufliches Netzwerk erschloss sich dem Reichsgerichtspräsidenten durch sein „großes Interesse" für den Paulus, einem universitätsnahen Gesangsverein.[1354] Dieser Verein war eng mit dem städtischen und universitären Leben verknüpft. So wirkten die Pauliner etwa bei den Gewandhauskonzerten[1355] oder bei diversen universitären Veranstaltungen wie dem Universitätsjubiläum 1909 mit.[1356]

Durch seine Teilnahme an Festen und Veranstaltungen des Paulus[1357], überschnitten sich teilweise die gesellschaftlichen Kreise zur Harmonie.[1358] Es

1351 Als (mögliches) Beispiel seien die Feierlichkeiten zur Einweihung des Völkerschlachtdenkmales genannt: Eine Begegnung mit weiteren Leipziger Persönlichkeiten, wie etwa Wilhelm Wundt oder Karl Binding ist wahrscheinlich, da diese an denselben Veranstaltungen teilnahmen und die Beteiligten sich aus früheren Zusammenkünften gekannt haben dürften, vgl. Stadtarchiv Leipzig, Kap. 71, Nr. 63, Bd. 2, Bl. 305 f., 312. Ein Zusammentreffen bei den Feierlichkeiten zur Grundsteinlegung des Reichsgerichtsgebäudes ist ebenfalls naheliegend, vgl. ebd., Kap. 71, Nr. 30, Bl. 129 ff.

1352 BArch, R 3004, Nr. 26, Bl. 176 ff., Bl. 207 (Druckschrift an Sohm).

1353 Vgl. die Hinweise in den LNN, Nr. 268, vom 24.9.1932, S. 2.

1354 Im Jahre 1912 wurden der Reichsgerichtspräsident und einige Professoren der Universität aufgrund ihres „großen Interesses" für den Verein mit der Ehrenmitgliedschaft ausgezeichnet, Kötzschke, a.a.O., S. 457, 579. Allgemein zum „Paulinerverein", Riedel, Stadtlexikon, S. 457 (Artikel: Paulinerverein).

1355 Vgl. Kötzschke, a.a.O., S. 495; Florstedt, Leipzig musikalisch, S. 117 ff.

1356 Diverse Beispiele bei Kötzschke, a.a.O., S. 371, 390, 397, 402, 458; Offizielle Festzeitung, Nr. 1, S. 6.

1357 Zum Beispiel im Winter 1909/1910 oder im Sommer 1911 und 1912, siehe Kötzschke, a.a.O. S. 441 f., 448 f., 457.

1358 Wie etwa am Beispiel Bindings, Kroker, a.a.O., S. 85 (Mitgliederliste); Kötzschke, a.a.O. S. 441.

eröffneten sich aber auch weitere Kontaktmöglichkeiten zu anderen Personen, die nicht in der Harmonie vertreten waren wie zu den Professoren Karl Lamprecht, Ernst Jaeger oder Otto Mayer.[1359] Hier traf bei den Veranstaltungen ebenfalls regelmäßig derselbe Personenkreis aufeinander.[1360] Dieser Umstand dürfte zu einer Vertiefung der zwischenmenschlichen Beziehungen beigetragen haben. Diese Beziehungen sorgten gleichfalls für eine gesellschaftliche Integration des Reichsgerichts(-präsidenten) in Leipzig. Sowohl für den Paulus als auch für die Harmoniegesellschaft lässt sich daher feststellen: die Honoratioren der Stadt und der Reichsgerichtspräsident trafen wiederholt in einem Netz außerberuflicher Kontakte aufeinander.[1361]

Das Interesse Seckendorffs am Paulus stieß auf Gegenliebe: in seiner Funktion als Vorsteher des Vereins bemühte sich Ernst Jaeger, die Pauliner in seine Gesellschaftskreise, wie etwa den „Gesellschaftskreis des Reichsgerichts" einzuführen.[1362] Diese Anbindung dürfte auch im Sinne Seckendorffs gelegen haben, zumal er – im Gegensatz zur Mitgliedschaft in der Harmonie – der einzige Reichsgerichtspräsident war, der dem Paulus durch seine Ehrenmitgliedschaft so nahe stand. Vertreter des Vereines nahmen später an der seckendorffschen Gedächtnisfeier teil.[1363]

1359 Vgl. Kroker, a.a.O., S. 81 ff. Karl Lamprecht (1911), Otto Mayer (1912) und Ernst Jaeger (1919 – zuvor auch Vorsteher der Universitätssängerschaft) waren Ehrenmitglieder des Paulus, dazu Kötzschke, a.a.O. S. 578 f. Auch hier liegt es nahe, dass diese Verleihungen mit einem „großen Interesse" an den Tätigkeiten des Vereins begründet wurden.

1360 Dazu die Angaben bei Kötzschke, a.a.O., S. 441, 448 f., S. 454 ff.

1361 Dieser Umstand dürfte auch für die Reichsgerichtsmitglieder zu verallgemeinern sein. Diese trafen „außerberuflich" nicht nur über die Harmonie zusammen. Es gab diverse Mehrfachmitgliedschaften, wie es sich an Seckendorff, aber auch an Wildhagen oder Olshausen zeigt. Letztere waren Mitglieder des „Leipziger Herrenabends", Binding, Fünfhundertjähriges Bestehen der Universität Leipzig, S. 135. Ähnliches stellt Wiessner für die Mitglieder der „Journalgesellschaft" fest (a.a.O., S. 116): „Die Mitgliedschaft in anderen Vereinigungen der Stadt […] deutet die enge Verflechtung dieser städtischen Schicht in einem Netz von außerberuflichen Kontakten an."

1362 Vgl. Kötzschke, a.a.O., S. 439.

1363 BArch, R 3002, PA Nr. 790, Bd. 1, Bl. 87. Der Verein hatte 1919 den Namen *„Universitätssängerschaft zu St. Pauli"* angenommen, Kötzschke, a.a.O., S. 507.

c) *Das Reichsgericht im Mittelpunkt der Geselligkeit der Stadt – „heimisch werden“ durch Zusammenführen der Gesellschaftskreise*

Durch die gesellschaftlichen Kontakte, die sich ihm durch die Harmonie und den Paulus erschlossen, konnte Seckendorff sowohl die Repräsentation des Reichsgerichts als auch die Integration der Reichsgerichtsmitglieder weiter vorantreiben.

Der „fidele“[1364] Seckendorff war dafür besonders geeignet.[1365] Die Erfüllung der repräsentativen Pflichten war für ihn nicht nur eine Aufgabe, sondern er übte sie mit großem Vergnügen aus. Dies legen seine rege Teilnahme an städtischen Veranstaltungen und die Mitgliedschaften in Harmonie und Paulus nahe.

Das Verdienst Seckendorffs bestand darin, dass er seine Leipziger Kontakte pflegte *und* zugleich die repräsentativen Möglichkeiten nutzte, die ihm seine Stellung als Reichsgerichtspräsident einräumte: durch die regelmäßige Öffnung des Gerichts für vielbesuchte „Herrenabende“[1366], Diners oder Bälle[1367] und sonstige (feierliche) Veranstaltungen[1368] verknüpfte er *aktiv* seine städtischen Gesellschaftskreise aus Harmonie, Paulus bzw. Universität mit denen des Reichsgerichts und füllte die Räume in der Beethovenstraße mit *„frischem Leben“*.[1369] Die Verwendung der Wortkombination „frisches Leben“ belegt ebenfalls eine gewisse Häufigkeit und weist abermals auf die mangelnde Repräsentation durch Oehlschläger hin.

Unterstützt wurde er dabei regelmäßig von seiner bei ihm wohnenden, „unvergesslichen“ Schwester Emma[1370], die eine gesellschaftliche Rolle einnahm, die sonst üblicherweise die Frau eines Reichsgerichtspräsidenten ausfüllte.[1371]

1364 Vgl. Reden bei der Gedenkfeier, S. 4, 10.

1365 Anhaltspunkte ergeben sich auch aus dem Umstand, dass Nieberding Seckendorff als besonders geeignet zur Repräsentation ansah, BArch, R 43, Nr. 695, Bl. 7.

1366 Beispielhaft für einen Herrenabend sei die Mitteilung in den LNN, Nr. 349, vom 17.12.1907, S. 13 genannt. Dieser fand am 20.12.1907 statt.

1367 Es fanden während der Friedensjahre in der Regel mehrere größere Gesellschaften mit mehreren hundert Gästen im Reichsgericht statt, ThStA, FA Seckendorff, Nr. 1595, Bl. 67. Nähere Angaben auch bei, Gutbrod, a.a.O., S. 71.

1368 Vgl. BArch, R 3001, 2043 – Vossische Zeitung, Nr. 216, vom 29.4.1915, Artikel: „Das Reichsgericht im Krieg“.

1369 Vgl. Reden bei der Gedenkfeier, S. 9. „Er füllt die hohen Räume in der Beethovenstraße mit frischem Leben […] er [wird] zu einem *Bindeglied* zwischen dem Reichsgericht und der Stadt Leipzig.“ Hervorhebung vom Verf.

1370 Reden bei der Gedenkfeier, S. 9.

1371 E. v. S. begleitete ihren Bruder zu diversen Veranstaltungen, bspw. anlässlich der Einweihung des Neuen Rathauses im Oktober 1905 (Stadtarchiv Leipzig, Kap. 71, Nr. 54, Beiheft 1, Bd. 1, Bl. 114) bzw. anlässlich der Einweihung des Völkerschlachtdenkmals

Anzunehmen ist, dass diese Veranstaltungen – ähnlich wie in der Harmoniegesellschaft – nicht nur starke integrative Wirkungen entfaltet, sondern auch die Möglichkeiten für den (wissenschaftlichen und kritischen) Diskurs erweitert haben. Damit kam Seckendorff nicht nur Forderungen der Justizkritiker entgegen[1372], sondern wirkte auch positiv auf die Beziehungen zwischen Gericht und Universität bzw. Stadt ein.[1373]

Kaum anders, als durch die bei diesen Veranstaltungen bestehende gute bzw. integrative Stimmung ist es zu erklären, dass die Mitglieder der Juristenfakultät an den von Seckendorff organisierten Veranstaltungen „stets" mit „Freude" teilnahmen. Das Reichsgericht wurde zu einem Teil, einem *„Mittelpunkt der Geselligkeit"* Leipzigs.[1374] Es gab nunmehr wieder „amtliche Geselligkeiten" und das Reichsgericht trat in der öffentlichen Wahrnehmung nicht mehr hinter anderen Behörden

---

(Stadtarchiv Leipzig, Kap. 71, Nr. 63, Beiheft 3, Bl. 83 f., 83 R, 87). Auch sonstige repräsentative Tätigkeitsfelder lassen sich finden: der „Richard Wagner Verband Deutscher Frauen Ortsgruppe Leipzig" besaß als Ehrenvorsitzende Emma Freiin von Seckendorff. In diesem Verband waren auch einige Ehefrauen von Reichsgerichtsmitgliedern organisiert (Anna Förtsch, Marie Zäschmar), dazu SGM, MT/28/2005 (Hagedornsammlung) und SGM, RW 259g Rp. 38.33. (Sammlung zu Richard Wagner). Hinweise zur „Rolle" der Ehefrau eines Reichsgerichtspräsidenten auch bei Gutbrod, a.a.O., S. 72. Antonie Gutbrod nahm ihrem Mann einen Teil der repräsentativen Pflichten ab, indem sie ihn ins städtische Rathaus begleitete oder die Frauen zum Tee lud.

1372 Drittes Kapitel, B. III. 1. a, b. Diese hatten u.a. die mangelnde Teilnahme der Berufsrichter am „gesellschaftlichen Leben" – letzlich also auch den Mangel an „öffentlichen Gesellschaften" – kritisiert.

1373 Auch Czok (Leipzig und das Reichsgericht, S. 83) weist darauf hin, dass ein enges Wechselverhältnis zwischen Reichsgericht und Juristenfakultät bestanden haben muss. Offensichtlich gab es vielfältige Beziehungen, die nicht „nur", aber auch den geselligen Verkehr berührten.

1374 Vgl. BArch, R 3002, PA Nr. 790, Bd. 2, Bl. 44 f., 44 R: „Ein hohes Alter zu erreichen ist an sich kein Verdienst; aber es *so zu erreichen* [...] *ist* [...] *Ihr ganz persönliches Werk.* Eure Exzellenz haben es verstanden [...], die herrlichen Räume, die Sie bewohnen, zu einem *Mittelpunkt der Geselligkeit unserer Stadt* zu machen, an der teilnehmen zu dürfen die Mitglieder der Juristenfakultät es sich stets zur besonderen Freude und Ehre geschätzt haben." Hervorhebung stammt vom Verfasser. Der Wortlaut („ haben es verstanden", „zu machen") betont abermals die unzureichende Repräsentation zu Beginn des Jahrhunderts. Die Universitätsvertreter hofften, dass dieses „Wohlwollen", d.h. die enge Einbindung der Universität durch Seckendorff, auch für die Zukunft erhalten bleibe, ebd., Bd. 2, Bl. 46, 46 R.

zurück.[1375] Er brachte das Reichsgericht und die Leipziger Kreise zusammen.[1376] *Dementsprechend* war das „unbeschriebene Blatt“[1377] Seckendorff auch bald als „glänzender Gesellschafter“[1378] bekannt.

Äußerliches Abbild dieser guten Beziehungen ist ebenfalls ein maßgeblich auf Betreiben des Reichsgerichtspräsidenten zum Universitätsjubiläum 1909 zustande gekommener Artikel, den Reichsgerichtsrat Düringer verfasste.[1379] Darin wird u.a. der „eifrige“ persönliche und gesellschaftliche Verkehr zwischen Mitgliedern des Reichsgerichts und der Universität Leipzig beschrieben, der die Basis für „wertvolle und vielseitige geistige Anknüpfung und Anregung“ sei.[1380] Diesen beiderseitigen gesellschaftlichen Verkehr in der Stadt hat Seckendorff auch durch seine Gesellschaften gefördert.[1381]

Durch diese Gesellschaften konnte er außerdem den Zusammenhalt der Reichsgerichtsmitglieder bzw. die Arbeitsatmosphäre am Gerichtshof verbessern.[1382] Diese Gesellschaften sorgten für die Entspannung der Reichsgerichtsmitglieder.

1375 Zu der bereits erwähnten Klage, Gutbrod, a.a.O., S. 73. Die Verbesserung der gesellschaftlichen Kontakte war auch eine Forderung der Justizkritiker gewesen, Linnemann, a.a.O., S. 134 ff., insbesondere S. 142 f.

1376 Vgl. Stadtarchiv Leipzig, Kap. 8, Nr. 1, Bd. 3, Bl. 36, 36 R.

1377 Georg, Leipzig und die Leipziger, S. 11.

1378 Leipziger Abendpost, Nr. 274, vom 23.11.1932.

1379 Dazu BArch, R 3002, Gen. Nr. 106, Bl. 129, Bl. 133 R, Schreiben vom Schriftleiter der DJZ an Seckendorff. Dort heißt es u.a.: „[Ich] möchte […] meinen […] Dank dafür sagen […], dass Sie Herrn D ü r i n g e r haben bewegen können, den Aufsatz zu übernehmen, der, außerordentlich wirkungsvoll, gerade den Inhalt hat, den ich mir dachte […]. Ich bin mir nicht im Zweifel, dass dieser Artikel *mit ganz besonderer Freude seitens der Universität Leipzig gelesen wird und daß er auch dazu beitragen wird, die Beziehungen zwischen Reichsgericht und Universität noch zu befestigen. Eure Exzellenz haben sich daher ein großes Verdienst um die Sache selbst erworben* […].“ (Hervorhebung vom Verf.).

1380 Vgl. Düringer, DJZ 1909, Sp. 871, 874. Nach Kern, a.a.O., S. 71, soll dieser Artikel allerdings lediglich „bedingt“ ergiebig sein. Dazu schon oben Fn. 1344. Konkretere Beziehungen dürften sich aber vor allem aus den Mitgliedschaften in der Harmoniegesellschaft aus Folgendem ableiten lassen.

1381 Ein anderes Beispiel für die guten Beziehungen bietet die Festrede Seckendorffs zum Universitätsjubiläum, abgedruckt bei Binding, Fünfhundertjähriges Bestehen der Universität Leipzig, S. 121.

1382 Vgl. Reden bei der Gedenkfeier, S. 9. „Er füllt die hohen Räume in der Beethovenstraße mit frischem Leben […] er [wird] zu einem *Bindeglied* zwischen allen Mitgliedern des RG […] Er hat das Gefühl der Zusammengehörigkeit innerhalb des Reichsgerichts *wach gehalten und gestärkt*.“ Hervorhebung vom Verfasser.

Es konnten dort Freundschaften geschlossen oder vertieft und mögliche (religions- bzw. herkunftsspezifische) Vorbehalte abgebaut werden.[1383] Dieser Umstand dürfte vor allem für solche Reichsgerichtsmitglieder von Belang gewesen sein, die sich nicht aus anderen Gesellschaften – wie etwa der Harmonie – kannten. Obwohl es zu Jahrhundertbeginn am Reichsgericht antisemitische Strömungen gegeben hatte[1384], waren die „jüdischen“ Reichsgerichtsmitglieder Ernst Neukamp[1385] und Salomon Ganz[1386] sehr beliebt. Beide waren keine Mitglieder der Harmoniegesellschaft.[1387] Ein Beleg für einen verbesserten Zusammenhalt im Reichsgericht ist es ebenfalls, dass regelmäßig die zeitlich befristet beim Reichsgericht angestellten und aus *verschiedenen Regionen* des Reiches stammenden Hilfsrichter im Anschluss an diese Tätigkeit „bereitwillig“ Reichsgerichtsräte wurden und damit zum Gerichtshof zurückkehrten.[1388]

Jedenfalls sorgte Seckendorff für ein Herausbilden bzw. die Festigung einer *Reichsgerichtsgemeinschaft* mithilfe von Geselligkeiten und regelmäßigem persönlichen Kontakt. Durch diese Art und Weise seiner Amtsführung schuf er eine familiäre Atmosphäre[1389] am Reichsgericht, die – mit den eingangs erwähnten Worten der

1383 Über diese Wirkungen der Geselligkeit am Beispiel der Paderborner Harmonie, Klenke, a.a.O., S. 28 ff.

1384 Nach Auffassung des Reichsjustizamts bestanden zu Beginn des Jahrhunderts (1906) am Reichsgericht „Strömungen, die dem Eindringen jüdischer Elemente in das Richterkollegium entschieden widerstreben.“, Müller, a.a.O., S. 134.

1385 Indizien geben die LNN, Nr. 37, vom 8.2.1919, S. 15; LNN, Nr. 39, vom 10.2.1919, S. 6. Neukamp war „getaufter Jude“. Er trat 1890 zum Protestantismus über, dazu Friedt, Nachkommen, S. 24, 31.

1386 Vgl. Magnus, JW 1920, S. 317.

1387 Kroker, a.a.O., S. 81 ff.

1388 Vgl. dazu die Angaben in GStA PK, Rep. 89, Nr. 16879, Bl. 30, 38, 41, 44, 46, 67, 76 f., 80, 112. Dies betraf die ehemaligen Hilfsrichter bzw. Hilfsarbeiter bei der Reichsanwaltschaft Gustav Herb (Bayer), Friedrich Oegg (Bayer), Karl Niederstein (Preuße), Franz Arndts (Preuße), Emil Kress (Württemberger), Karl Gunkel (Preuße), Friedrich Flad (Badener), Franz Katluhn (Preuße), Bruno Westphal (Hamburger), Rudolf Heinze (Sachse) und Felix Julius Czolbe (Preuße) und deren Beförderung zu RGR. Neben sachlichen Erwägungen (die Beförderung als solche) haben möglicherweise auch persönliche Erwägungen (Integration, sympathisches Umfeld) zur Annahme der Stelle beim Reichsgericht geführt, da sich alle zur Annahme der Stelle „bereit erklärten“. Die Vorgenannten waren zuvor meist mehrjährig als „Hilfskräfte“ beim Gericht angestellt. Niederstein wurde auch Mitglied in der Harmonie.

1389 Indizien ergeben sich u.a. aus dem Umstand, dass der Witwe des erschossenen Obersekretärs über 20 Jahre nach der Tötung ihres Mannes eine der seckendorffschen Gedächtnisschriften zugesandt wurde, BArch, R 3002, Nr. 790, Bd. 1, Bl. 182, 228.

Zeitgenossen – dafür sorgte, dass ein Jeder sich „wohlfühlte“.[1390] Vermutlich wurde er aus diesem Grund als „menschenverbindende Persönlichkeit“[1391] charakterisiert.

D) Leipzig als „wahre Heimat“ des Reichsgerichts – Ehrungen als Integrationsbeleg

Die Öffnung des Reichsgerichts, die Verbindung der Leipziger Gesellschaftskreise durch den Reichsgerichtspräsidenten sowie Seckendorffs Amtsführung trugen in Leipzig und im Kollegium Früchte. Der Reichsgerichtspräsident hatte nicht nur die Integration des Reichsgerichts und seiner Mitglieder vorangetrieben, sondern er besaß auch *persönlich* ein hohes Ansehen. Belege hierfür bieten verschiedene städtische Auszeichnungen sowie Geschenke, die ihm im Laufe der Jahre von den Reichsgerichtsmitgliedern überreicht wurden.

I) Bloß „repräsentative“ Verleihung des Ehrenbürgerrechts?

Das Ehrenbürgerrecht der Stadt Leipzig konnte „als Beweis besonderer Achtung und Dankbarkeit“ verliehen werden.[1392] Allerdings herrschten über manche der Ausgewählten schon unter den Zeitgenossen ambivalente Auffassungen, da eine Auszeichnung mit dem Ehrenbürügerrecht teilweise lediglich zu repräsentativen Zwecken und ohne tiefergehenden *Leipzigbezug* erfolgt war.[1393] War die Verleihung des Ehrenbürgerrechts an Rudolf von Seckendorff ebenfalls nur amtsbezogen („repräsentativ“) oder war diese Auszeichnung auf sein Auftreten in der Leipziger Öffentlichkeit zurückzuführen?

Die städtische Ehrung ist zwar früh „einstimmig“ auch den Präsidenten der in Leipzig ansässigen obersten deutschen Gerichte (Pape, v. Simson) verliehen und mehr oder weniger mit deren Verdiensten um Leipzig begründet worden.[1394] Anlass

1390 LNN, Nr. 348, vom 30.12.1919, S. 2.

1391 Kaufmann, Gesamtausgabe Radbruch, Bd. 14, S. 168.

1392 Sohl, Leipzigs Ehrenbürger, S. 114.

1393 Hinweise dazu im Stadtarchiv Leipzig, Kap. 8, Nr. 1, Bd. 3, Bl. 94. Dort wird auf die NLZ, Nr. 206, vom 28. Juli 1927 (S. 3, „Die Leipziger Ehrenbürger“) verwiesen. Dort heißt es: „Das gleiche [die Ernennung von Moltke und Bismarck zu Ehrenbürgern aus „repräsentativen Zwecken“, der Verf.] kann in gewissem, wenn auch wesentlich geringerem Umfange von der Ernennung einer Reihe von Mitgliedern des höchsten deutschen Gerichtshofes […] gesagt werden.“ Im Übrigen Sohl, a.a.O., S. 120 ff.

1394 Den äußeren Anlass bildeten bei Pape die Tätigkeit am ROHG, die die Errichtung des Reichsgerichts in Leipzig begünstigte bzw. bei Simson das Fünfzigjährige

für die nicht einstimmige Verleihung des Ehrenbürgerrechts an Oehlschläger[1395] war aber lediglich die Einweihung des Reichsgerichtsgebäudes. Der Sitz des Reichsgerichts war dadurch „definitiv“[1396] bestimmt.[1397] Die Begründung des Ehrenbürgerbriefs war neutral gehalten: die Verleihung erfolgte aufgrund seiner „Verdienste um die Rechtspflege“. Ein näherer Leipzigbezug, bis auf die Tatsache, dass der Reichsgerichtspräsident geehrt wurde, lässt sich der Begründung nicht entnehmen. Im Übrigen wurde zugleich der damalige Oberreichsanwalt mit nahezu identischer, amtsbezogener Begründung geehrt.[1398]

Bei Rudolf von Seckendorff war die Entscheidung über die Verleihung des Ehrenbürgersrechts im Jahr 1916 hingegen einstimmig.[1399] Offenbar sollte durch die Verleihung des Ehrenbürgerrechts an Seckendorff der *Leipzig*bezug des Reichsgerichts(-präsidenten), d.h. der Integrationsgedanke hervorgehoben werden. Anders als bei der Verleihung der Ehrenbürgerwürde an Oehlschläger bestand kein unmittelbarer Zusammenhang mit einem „äußeren Festakt“.

Die Begründung des Ehrenbürgerrechts bestätigt diesen Umstand daher in anschaulicher Weise.[1400] Die Ehrenbürgerwürde wurde ihm in Anerkennung *„seiner*

Professorenjubiläum, vgl. Sohl, a.a.O., S. 120, 133 f. Im Übrigen Stadtarchiv Leipzig, Kap. 8, Nr. 1, Bd. 1, Bl. 198 ff. (Pape), 223 ff. (Simson).

1395 Stadtarchiv Leipzig, Kap. 8, Nr. 1, Bd. 2, Bl. 67. Bei den Stadtverordneten gab es 4 Gegenstimmen.

1396 Zur „Befürchtung“, der Sitz des Gerichtshofes könnte verlegt werden, Müller a.a.O., S. 46.

1397 Vgl. Stadtarchiv Leipzig, Kap. 8, Nr. 1, Bd. 2, Bl. 64 R f. „Wenn die Anwesenheit der beiden Majestäten [des Kaisers und des sächsischen Königs, Anmerk. d. Verf.] auch zunächst nur dem neuen Reichsgericht gilt, so berührt sie doch auch unsere Stadt als *definitiven* Sitz des Reichsgerichts und es ist zugleich die Feier an sich selbst eine so wichtige, daß auch die Stadt als solche Anlaß hat, ihre Freude und Befriedigung *äußerlich* zum Ausdruck zu bringen. [...] die Thatsache, daß mit Eröffnung des schönen monumentalen Gebäudes unserer Stadt nicht nur äußerlich eine großartige Zier gegeben, sondern auch unsere Stadt *als mit der höchsten deutschen Rechtsprechung* und der höchsten Anwaltschaft des Reichs *dauernd* verbunden zur Erscheinung gebracht wird, dadurch einen entsprechenden Ausdruck verleihen zu sollen, daß wir den beiden obersten *Vertretern* dieser Rechtsinstitutionen, Herrn Reichsgerichtspräsident von Oehlschläger Exc. und Herrn Ober-Reichsanwalt Tessendorff das Ehrenbürgerrecht verleihen.“ Hervorhebungen stammen vom Verf.

1398 Stadtarchiv Leipzig Kap. 8, Nr. 1 Bd. 2, Bl. 68, 68 R. Ebenso Sohl (a.a.O., S. 120 f.), der auf die „demonstrative“ Verleihung des Ehrenbürgerrechts hinweist.

1399 Stadtarchiv Leipzig, Kap. 8, Nr. 1, Bd. 3, Bl. 37 R.

1400 Vgl. dazu auch einen etwas später in der NLZ, Nr. 206, vom 28. Juli 1927 erschienenen Artikel (S. 3, „Die Leipziger Ehrenbürger“); Stadtarchiv Leipzig, Kap. 8, Nr. 1,

der Pflege steten vertrauensvollen Einvernehmens zwischen Reichsgericht und Stadt gewidmeten Bestrebungen" verliehen.[1401] Er habe Wert auf „enge Beziehungen" zwischen Reichsgericht und Stadt gelegt. Diese Beziehungen seien von Bedeutung für die Stadtgemeinde, (auch) weil sie „wesentlich dazu beitragen", dass sich die Mitglieder des Reichsgerichts in der Stadt *heimisch* fühlen.[1402] Mit diesen Worten sprachen die Stadtvertreter die Integration des Reichsgerichts in Leipzig an. Die Beziehungen zur Stadt spiegeln sich in Seckendorffs kulturellen Interessen, seinem sozialen Engagement oder in der von ihm betriebenen Verknüpfung seiner Gesellschaftskreise wider. Diese Bindung gipfelt in der bereits erwähnten zeitgenössischen Formulierung, das Reichsgericht sei ein „Mittelpunkt der Geselligkeit", also ein Teil der Stadt geworden. War Seckendorff im Jahr 1906 noch „ein unbeschriebenes Blatt", wurde er innerhalb von wenigen Jahren der 74. (Ehren-)Bürger der Stadt.[1403]

II) Die Wertschätzung seiner Kollegen – Seckendorff als Integrationsfigur

Die besondere Wertschätzung seiner Kollegen wird durch einen ganzen Teilband der Personalakte dokumentiert.[1404] Sie nahmen sein 50-jähriges Dienstjubiläum bzw. 10-jähriges Amtsjubiläum am Reichsgericht zum Anlass, ein Portraitgemälde

---

Bd. 3, Bl. 94. Eine weitere Ehrung stellt die noch zu seinen Lebzeiten im Jahr 1929 erfolgte Benennung einer Straße im Stadtteil Reudnitz dar. Die Seckendorffstraße blieb bis ins Jahr 1963 bestehen, wurde dann aber umbenannt. Damit war eine politisch motivierte und endgültige „Tilgung des Reichsgerichts" aus dem Stadtbild bezweckt, zu alledem Stadtarchiv Leipzig, StVuR (1), Nr. 1050, Bl. 108 ff.

1401 Stadtarchiv Leipzig, Kap. 8, Nr. 1, Bd. 3, Bl. 40 (Abdruck des Ehrenbürgerbriefs). Hervorhebung stammt vom Verfasser.

1402 Dazu Stadtarchiv Leipzig, Kap. 8, Nr. 1, Bd. 3, Bl. 36, 36 R, „[Der Reichsgerichtspräsident hat] stets darauf Gewicht gelegt, zwischen Reichsgericht und Stadt verständnisvolle enge Beziehungen zu pflegen, und seine Bestrebungen sind von vollstem Erfolge begleitet gewesen. In Würdigung dieses Erfolgs [...] und nicht zuletzt in Berücksichtigung der Bedeutung, die das ausgezeichnete Einvernehmen zwischen Stadt und den Mitgliedern des Reichsgerichts, das wesentlich dazu beiträgt, daß sich letztere in unserer Stadt heimisch fühlen, für die Stadtgemeinde hat, haben wir geglaubt unserer Hochschätzung für den Herrn Reichsgerichtspräsidenten und damit zugleich auch für den Gerichtshof, an dessen Spitze er steht, namens der Stadtgemeinde besonderen Ausdruck zu verleihen." In einem Entwurf des Ehrenbürgerbriefes war zunächst auch seine Stellung als Reichsgerichtspräsident angesprochen. Dieser Passus wurde aber später weggelassen, ebd., Bl. 39. Siehe dazu auch Sohl, a.a.O., S. 138.

1403 Sohl, a.a.O., S. 138.

1404 Zu alledem BArch, R 3002, PA Nr. 790, Bd. 3.

des Reichsgerichtspräsidenten anfertigen zu lassen. Für einen Preis von 3.000 M konnte der Maler Hugo Vogel[1405] gewonnen werden.[1406]

Abbildung 2) Aus der Künstlermappe Hugo Vogel, Verlag von E. U. Seemann in Leipzig, 1921, Acht farbige Gemälde- Wiedergaben, Bd. 33

1405 Näheres zu Hugo Vogel bei Liebscher, Magdeburger Biographisches Lexikon, Artikel „Hugo Vogel"[Onlinefassung – zuletzt abgerufen am 2.11.2017].

1406 Vgl. BArch, R 3002, PA Nr. 790, Bd. 3, Bl. 7 f. Zum Vergleich: auch der Ehrenbürgerbrief kostete 2.500 M, Stadtarchiv Leipzig, Kap. 8, Nr. 1, Bd. 3, Bl. 37.

Nicht nur die Auswahl des Geschenks, sondern auch die daran beteiligten Reichsgerichtsmitglieder spiegeln Seckendorffs Ansehen im Kollegium wider. An dem Geschenk beteiligte sich auch der mehrfach erwähnte *jüdische* Rechtsanwalt Salomon Ganz.[1407] An einem weiteren Geschenk, einer Glückwunschadresse zum 80. Geburtstag 1924, hatten mehr als 100 Reichsgerichtsmitglieder[1408], unter Einschluss der *jüdischen* Reichsgerichtsräte, wie bspw. Rosenthal und David[1409], Anteil. Ohne Seckendorffs integrative Amtsführung bzw. die von ihm organisierten Veranstaltungen[1410] wäre diese Wertschätzung schwer nachzuvollziehen. Seckendorff hatte dadurch die Zusammengehörigkeit im Reichsgericht gestärkt und ein Gemeinschaftsgefühl[1411], die Reichsgerichtsgemeinschaft

1407 Zu alledem BArch, R 3002, PA Nr. 790, Bd. 3, Bl. 81. Ferner beteiligten sich u.a. Johannes Junck sowie die Hilfsarbeiter Baumgarten und Rosenthal.

1408 Zum Vorgang selbst BArch, R 3002, PA Nr. 790, Bd. 4, Bl. 10, 10 R, Bl. 17, 17 R.

1409 Nach Henne („Jüdische Richter“, S. 153 f.) gehörte Rosenthal nicht zu den „jüdischen Richtern“. Bei Adolf Diamant (Chronik der Juden in Leipzig, S. 425) wird Max Rosenthal hingegen als „jüdischer Reichsgerichtsrat“ erwähnt. An der Glückwunschadresse waren auch die bei Henne (a.a.O., S. 153 f.) erwähnten „jüdischen Räte“ Baumgarten und Metz beteiligt. Letztlich unterzeichneten bzw. beteiligten sich lediglich Reichsanwalt Bünger und Hilfsarbeiter Richter nicht an der Glückwunschadresse. Die Gründe dafür lassen sich allerdings anhand der Akten nicht aufklären.

1410 Jedenfalls generierte die Paderborner Harmoniegesellschaft einen solchen „Integrationsanspruch“. Naheliegend ist, dass solche Wirkungen auch – entsprechend des aufklärerischen Kontextes der Gesellschaft – auch von der Leipziger Harmoniegesellschaft ausgingen. Die Leistung der Harmonie bestand dementsprechend darin, innerhalb der Vereinigung berufliche, politische und konfessionelle Trennlinien zu überspielen und ungeachtet aller Fremdheits- und Konkurrenzgefühle einen bürgerlich-zivilen Umgang durchzusetzen. Entspannte, lockere Geselligkeit und eine mitunter künstlerisch umrahmte Atmosphäre trugen dazu bei, die unvermeidlichen Interessen- und Machtkämpfe zu dämpfen, vgl. Klenke, a.a.O., S. 7 f., 26 ff. Diese, im Reichsgericht gelebte, Geselligkeit dürfte nach dem soeben Gesagten auch die jüdischen Reichsgerichtsmitglieder eingeschlossen haben. Anderenfalls wären die zeitgenössischen Berichte über den Zusammenhalt im Reichsgericht kaum zu erklären, vgl. nur Reden bei der Gedenkfeier, S. 9. Siehe dazu bereits oben Viertes Kapitel C.II.2.c. Unter Reichsgerichtspräsident Bumke änderte sich das allerdings, siehe dazu sogleich.

1411 Vgl. Anonym, DJZ 1919, Sp. 909 f. (zum 75. Geburtstag Seckendorffs). Dort heißt es unter anderem: „Als Chef dieser großen Verwaltung [des Reichsgerichts, Anmerkung des Verf.] hat er durch seine *ungewöhnliche Liebenswürdigkeit*, seine vornehme Haltung, seinen milden Gerechtigkeitssinn allen Mitgliedern des Reichsgerichts […] gegenüber und durch sein Wohlwollen, das er auch den mittleren und unteren Justizbeamten seines Ressorts stets entgegengebracht hat, es zugleich verstanden, *die*

geschaffen. Immerhin waren die Vorgenannten schon seit 1918[1412] – ersterer bereits seit 1914 als Hilfsarbeiter bei der Reichsanwaltschaft[1413] – am Reichsgericht, also noch während der Amtszeit Seckendorffs in die Reichsgerichtsgemeinschaft eingeführt worden. Beleg hierfür ist auch ein in diesem Zusammenhang an ihn gerichtetes Schreiben:

> „Der Personenkreis […] hat seitdem [dem Ruhestand S., Anm. des Verf.] starke Wandlungen durchgemacht. Unverändert geblieben aber ist das Gefühl aufrichtiger Verehrung, das diesen *ganzen Kreis auch in denjenigen seiner Mitglieder beseelt, die erst nach Ihrem Ausscheiden* in ihn eingetreten sind. Denn Ihre Tätigkeit am Reichsgericht *ist in ihren Auswirkungen* immer noch lebendig und wird lebendig bleiben."[1414]

Die Reichsgerichtsmitglieder ehrten, wie die Stadtverwaltung, den *Menschen Seckendorff* und nicht lediglich das Amt des Reichsgerichtspräsidenten. Noch Mitte der Dreißiger Jahre sollte offenbar der Nimbus Seckendorffs als Reichsgerichtspräsident und „menschenverbindende"[1415] Integrationsfigur genutzt werden. Damals fand eine Feier zur Übergabe einer Büste Seckendorffs[1416] im Reichsgericht statt.[1417]

Möglicherweise sollte an bessere Zeiten – nicht nur der Rechtsprechung als solches[1418] – erinnert werden, um den Zusammenhalt im Reichsgericht zu einer

---

kollegiale Verbindung in der großen Körperschaft stets zu erhalten." Hervorhebung stammt vom Verfasser. Außerdem Reden bei der Gedenkfeier, S. 9.

1412 Vgl. GStA PK, Rep. 89, Nr. 1888, Schreiben des RJA vom 10. Januar 1918 bezüglich der Neubesetzung einer RGR Stelle (Vorschlag OLGR David, für die erledigte Stelle des RGR Kastan). Interessanterweise zählen sowohl David als auch Kastan zu den „jüdischen Juristen" am Reichsgericht, siehe Henne, a.a.O., S. 153 f.

1413 Vgl. GStA PK, Rep. 89, Nr. 1888, Schreiben des RJA vom 18. Oktober 1918 bezüglich der Neubesetzung einer erledigten Reichsgerichtsratsstelle mit dem Kgl. Preußischen Landgerichtsdirektor Max Rosenthal. Dieser war seit 1914 als Hilfsarbeiter bei der Reichsanwaltschaft beschäftigt.

1414 BArch, R3002, PA Nr. 790, Bd. 4, Bl. 3, Scheiben zum 80. Geburtstag Seckendorffs von Reichsgerichtspräsident Simons. Hervorhebung vom Verfasser.

1415 Vgl. Kaufmann, Gesamtausgabe Radbruch, Bd. 14, S. 168.

1416 Dabei handelte es sich um eine von Prof. Felix Pfeifer angefertigte Marmorbüste, die zur Gedächtnisfeier zunächst nur als ein Modell angefertigt worden war. Verschiedene Mitglieder des Reichsgerichts bzw. Leipziger Persönlichkeiten wie Bumke, Wildhagen und H.B. (vermutlich Hans Brockhaus, da dieser auch mit der Organisation befasst war) spendeten einen Teilbetrag für die Fertigung der Büste, dazu Stadtarchiv Leipzig, Kap. 36 S, Nr. 171, Bl. 45 ff. Ein Hinweis auf diesen Vorgang befindet sich ebd., Kap. 8, Nr. 1, Bd. 3, Bl. 101.

1417 Vgl. BArch, R 3002, PA Nr. 790, Bd. 2, Bl. 162.

1418 Zum Niedergang der Rechtsprechung am Bsp. des Reichsgerichts vgl. Kolbe, a.a.O.

Zeit aufrecht zu erhalten, als die *Reichsgerichtsgemeinschaft* bereits nationalsozialistisch ‚gesäubert‘ und auseinandergebrochen worden war.

Hatte doch gerade Erwin Bumke den soeben erwähnten Richter David von seiner Stellung als Senatspräsident am Gerichtshof ‚entlassen‘ und damit dessen Ausschluss aus der Reichsgerichtsgemeinschaft durch das „Gesetz zur Wiederherstellung des Berufbeamtentums“ im April 1933 vorweggenommen.[1419] Ein Verhalten gegenüber den jüdischen Reichsgerichtsmitgliedern, wie es Erwin Bumke an den Tag legte[1420], hätte es unter Seckendorff vermutlich nicht gegeben. Diesen Eindruck erwecken auch die Aussagen Erich Ebermayers über das spätere Auseinanderbrechen der Reichsgerichtsgemeinschaft in den 1930er Jahren.[1421]

E) Die „Beheimatung“ des Reichsgerichts

Während Seckendorff zu Beginn seiner Amtszeit in Leipzig und im Reichsgericht nahezu unbekannt war und kritisch beäugt wurde, wurde er im Laufe weniger Jahre zum beliebten Präsidenten und Ehrenbürger, der das Reichsgericht in Leipzig heimisch machte. Für diese Änderung in der Fremdwahrnehmung gab es verschiedene Ursachen, die sich mit der Repräsentation bzw. Integration

---

1419 Der Entlassungsvorgang vom März 1933 wird beschrieben bei Kolbe. Dieser verweist indes auch darauf, dass Bumke keine rassischen Vorurteile, sondern grundsätzlich ein gutes Verhältnis zu den jüdischen Richtern am Reichsgericht gehabt haben soll. Diese Bewertung darf zumindest aufgrund der nachfolgend zitierten Erinnerungen David's und der Schilderungen Erich Ebermayers in Zweifel gezogen werden. Hinzu kommt, dass Kolbe in der Folge ausführlich die Hinwendung Bumkes zum nationalsozialistischen Staat beschreibt, vgl. zu alledem Kolbe, a.a.O., S. 221 ff., 242 ff., 260 ff.

1420 Alfons David berichtet in seinen Erinnerungen darüber: „Bei unvermeidlichen Zusammentreffen auf der Straße kehrte sich der Reichsgerichtspräsident zu einem Schaufenster, um einen Gruß zu vermeiden. Im scharfen Kontrast hierzu steht die ungetrübte Freundlichkeit des Oberbürgermeisters Goerdelers, der mich offen in Gegenwart des Parteimitglieds grüßte, der ihm als Assistent zugewiesen wurde“, zitiert nach Wolfgang Schwiedrzik, Lieber will ich Steine klopfen - Der Philosoph und Pädagoge Theodor Litt in Leipzig, S. 17, Fn. 24. Dort wird auf ein undatiertes Manuskript von Alfons David bezug genommen (The German Supreme Court and I). Eine etwas andere Einschätzung Bumkes teilt Hartung in seinen Lebenserinnerungen mit (a.a.O., S. 117).

1421 Indizien bei E. Ebermayer (Prisma, S. 21, 24 f.), der auf den vorauseilenden Gehorsam Bumkes bei der Ächtung jüdischer Richter hinweist und auf den Umstand, dass es ‚vorher‘, d.h. bis 1933, nicht so sehr auf Glaubens-, oder Politikfragen im Richterkollegium beim Reichsgericht angekommen sei.

des Reichsgerichts, wie sie von Seckendorff wahrgenommen wurde und seiner Amtsführung umschreiben lassen.

Entsprechend seiner Neigungen verstand es Seckendorff, die kulturellen Möglichkeiten, die Leipzig in jener Zeit bot, für eine Repräsentation des Gerichtshofes zu nutzen. Durch die Teilnahme an städtischen Veranstaltungen oder seine Mitgliedschaft in Leipziger Gesellschaften intensivierte er nicht nur die Beziehungen zur Stadt. Zugleich baute der Reichsgerichtspräsident ein umfangreiches Netzwerk an sozialen Kontakten auf. Das Verdienst Seckendorffs bestand darin, dass er diese Kontakte durch die Veranstaltung von Gesellschaften im Reichsgericht pflegte *und* zugleich die repräsentativen Möglichkeiten nutzte, die ihm seine Stellung einräumte. Durch diese Veranstaltungen vertiefte er abermals die Beziehungen zur Stadt und stärkte den Zusammenhalt im Reichsgericht. Er schuf dadurch eine familiäre Atmosphäre im Gerichtshof, die für die Integration der Reichsgerichtsmitglieder in der Stadt von erheblicher Bedeutung war.

Wie wichtig ein gutes Verhältnis zwischen Stadt und Gerichtshof war, bestätigte sich auch in der jüngsten Vergangenheit. Die Verleihung des Ehrendoktorgrads der Juristenfakultät an den damaligen Präsidenten des Bundesverwaltungsgerichts, Eckart Hien, wurde nicht nur mit seinen wissenschaftlichen Leistungen, sondern auch mit seinen Verdiensten um die „Beheimatung“ und die „seither gepflegte Öffnung“ des Gerichts für „wissenschaftliche und kulturelle Veranstaltungen“ begründet.[1422] Mit einer ähnlichen Begründung ist Rudolf von Seckendorff 1907 die Ehrendoktorwürde der Juristenfakultät[1423] und 1916 das Ehrenbürgerrecht verliehen worden.

Die Vorbehalte, die gegenüber Seckendorff zunächst bestanden hatten, verschwanden im Laufe der Jahre und er konnte sich auch in persönlicher Hinsicht ein hohes Ansehen im Reichsgericht erwerben. Die persönliche und juristische Autorität des Reichsgerichtspräsidenten sollte im Nachgang der Revolution eine nicht zu unterschätzende Bedeutung erlangen.

1422 Vgl. die Pressemitteilung der Universität, Nr. 302/2006, vom 16. Oktober 2006.

1423 Reden bei der Gedenkfeier, S. 18.

Fünftes Kapitel: Seckendorff, das Reichsgericht und die Revolution

> *„Ich nenne unter diesen [den Reichsgerichtspräsidenten, der Verf.] nur den Freiherrn von Seckendorff, der nach der Revolution das Reichsgericht zur Anerkennung der neuen Reichsgewalt zu führen verstand und damit dem Rechtsboden, auf dem das Deutsche Volk sich die neue Verfassung gestalten konnte, erst die erforderliche Solidität verlieh [...].“*
>
> – *Walter Simons* –[1424]

Die Stadt Leipzig war eine Hochburg der USPD[1425] und gehörte zu den Großstädten, in denen die Revolution frühzeitig „siegte“.[1426] Hatte die Revolution dementsprechend Auswirkungen auf die Tätigkeit oder die personelle Besetzung des Reichsgerichtes, das wie kaum eine andere Behörde der Stadt das alte Kaiserreich verkörperte? Im Speziellen werden Erklärungsansätze dafür gesucht, weshalb Seckendorff als Repräsentant des Reichsgerichts nicht von seinem Amt entfernt wurde bzw. nicht zeitnah in den selbst gewählten Ruhestand trat. Damit zusammenhängend wird eine Deutung seines Verhaltens während der Revolution und des Übergangs in die Weimarer Republik vorgenommen und nach einem möglichen Einfluss auf die Reichsgerichtsmitglieder untersucht.

A) Die allgemeine Situation in Leipzig während der Revolution[1427]

Das Kaiserreich befand sich im Herbst 1918 in einer schweren Legitimationskrise, die u.a. durch den kriegsbedingten Prestigeverlust der alten Ordnung – ausgelöst durch die sich abzeichnende Niederlage – verursacht worden war.[1428]

1424 Walter Simons, Das Reichsgericht, S. 27.

1425 Rudolph, Die Sächsische Sozialdemokratie, S. 169.

1426 Heidenreich, Arbeiterkulturbewegung und Sozialdemokratie, S. 137.

1427 Die Analyse der Geschehnisse in Leipzig und am Reichsgericht für den Zeitraum von Oktober/November 1918 bis ins Frühjahr 1919 erfolgte u.a. anhand der im Stadtarchiv Leipzig befindlichen Ausgaben der regionalen Zeitungen LNN und LVZ.

1428 Allgemein zur „Legitimationskrise“ und zum Verlauf der Revolution siehe Wehler, Gesellschaftsgeschichte, Bd. 4, S. 174 ff., S. 196 f.; vgl. auch Winkler, Der lange Weg nach Westen, Bd. 1, S. 361 ff., S. 376.

Es gab im Spätjahr 1918 nur noch Minderheiten, die hinter der alten Ordnung standen. Royalisten waren bspw. unter den Protestanten stärker vertreten als unter den Katholiken, vor allem im ostelbischen Preußen.[1429]

Diese Krise deutete sich auch in Leipzig bereits im Oktober 1918 an.[1430] Soldaten, die eine Rückkehr zur Front verweigerten, lösten am 8. November 1918 die Revolution in der Stadt aus.[1431] Diese zogen vom Hauptbahnhof durch die Altstadt Leipzigs, hissten die rote Fahne auf dem Volkshaus im Peterssteinweg[1432] – einem Teil der heutigen Karl Liebknecht-Straße – und begannen mit der Wahl eines Soldatenrates.[1433] Der Soldatenrat gab den Befehl zur Entwaffnung der Soldaten der kaiserlichen Armee. Der ein wenig später ebenfalls im Volkshaus gewählte Arbeiterrat fasste den Entschluss, die politische Polizei aufzulösen, das Telegrafenamt zu besetzen und einen USPD-Funktionär[1434] als Polizeidirektor einzusetzen. Der Leipziger Oberbürgermeister Rothe blieb zwar im Amt. Allerdings wurde die als *reaktionär* empfundene Stadtverordnetenversammlung aufgelöst und das Gebäude der Leipziger Neuesten Nachrichten (LNN) aufgrund derer konservativen Haltung besetzt.[1435] Die politische Macht lag daraufhin in den Händen der USPD.[1436] Leipzig war damit die erste sächsische Großstadt, „in der die Revolution siegte."[1437]

Obwohl in den Augen aktiv Beteiligter die „Macht tatsächlich auf der Straße" lag[1438], blieb es um das ebenfalls in der Nähe liegende Reichsgerichtsgebäude vergleichsweise ruhig. Dieser Umstand ist angesichts der arbeiterfeindlichen Urteile[1439] des Reichsgerichts einschließlich der politisch motivierten Verfahren

---

1429 Winkler, Der lange Weg nach Westen, Bd. 1, S. 375.

1430 Vgl. Jahrbuch zur Geschichte der Stadt Leipzig, S. 83.

1431 Heidenreich, a.a.O., S. 136 f., 140 f.; vgl. Rudolph, a.a.O., S. 169.

1432 Vgl. Jahrbuch zur Geschichte der Stadt Leipzig, S. 79.

1433 Heidenreich, a.a.O., S. 136 f. mwN.

1434 Unabhängige Sozialdemokratische Partei Deutschlands. Die LVZ war das Presseorgan der USPD, Heiland, Leipzig als Großstadt, S. 90.

1435 Zur Besetzung des Verlagsgebäudes der LNN, Jahrbuch zur Geschichte der Stadt Leipzig, S. 87. Darüber berichtet auch Heiland, a.a.O., S. 112.

1436 Rudolph, a.a.O., S. 170.

1437 Heidenreich, a.a.O., S. 136 f. mwN. Bereits am 2.11.1918 wird in der LVZ, Nr. 256 auf der Titelseite ein Aufruf zur Beendigung des Krieges und zur Errichtung einer „sozialistischen Republik" abgedruckt.

1438 Vgl. Heidenreich, a.a.O., S. 137 mwN.

1439 Vgl. dazu etwa Rainer Schröder, Die Entwicklung des Kartellrechts und des kollektiven Arbeitsrechts durch die Rechtsprechung des Reichsgericht vor 1914: Während die Zivilsenate Streik und Boykott für zulässige Arten des gewerblichen Kampfes

gegen Karl Liebknecht vor dem Ehrengerichtshof[1440] und nicht zuletzt aufgrund der politischen Bedeutung des *Reichs*gerichts in der Stadt[1441] überraschend. Es kam zwar während des Monats vereinzelt auch zu Verhaftungen von „widersetzlichen" Armeeoffizieren.[1442] Insgesamt gesehen, verlief die Revolution in Sachsen anders als in der Reichshauptstadt[1443] gleichwohl unblutig und für Außenstehende fast undramatisch.[1444] Die Entfernung des Reichsgerichts von Berlin hatte demnach einen (weiteren) Standortvorteil.[1445]

In Leipzig kam es erst mit Beginn des Jahres 1919 zu größerer Gewalt und Blutvergießen. Die Vorfälle von (Leipzig-)Leutzsch erschütterten als Folge des zur gleichen Zeit in Berlin stattfindenden Januaraufstandes[1446] die Stadt.[1447] Der veränderten Stimmung entsprechend, versammelten sich Anfang Januar 1919 mehrere tausend Menschen zu einer Demonstration vor dem Reichsgerichtsgebäude, die mit dem Hinweis auf die soeben angesprochene, negativ empfundene Spruchpraxis des Gerichts eröffnet wurde.[1448]

Trotz dieser verschärften Stimmung gab es keine Maßnahmen gegen das Reichsgericht. Die Revolution hatte weder Auswirkungen auf die personelle

---

hielten, wurde dieses Verhalten von den Strafsenaten als erpresserisch und sozialschädlich kriminalisiert (insbes. S. 293 ff.).

1440 Siehe oben Drittes Kapitel, B. IV. 4.

1441 Vgl. BArch, R 43, Nr. 695, Bl. 36 ff., 36 R.

1442 Hinweise in den LNN, Nr. 315, vom 13.11.1918, S. 1 und Nr. 326, vom 24.11.1918, S. 13.

1443 Etwa Winkler, Der lange Weg nach Westen, Bd. 1, S. 387 ff.

1444 In Leipzig war das einzige Opfer ein durch einen Gewehrkolbenschlag schwer verletzter Matrose. Heidenreich, a.a.O., S. 141 und ebd., Fn. 141 mwN. Näheres dazu, in (konservativer) zeitgenössischer Betrachtung, bei Heiland, a.a.O., S. 110 ff., S. 112.

1445 Zum Streit um den Sitz des Reichsgerichts und den jeweils damit verbundenen (Standort-)Vorteilen, Müller, a.a.O., S. 36 ff.

1446 Allgemein zum „Januaraufstand", Winkler, Der lange Weg nach Westen, Bd. 1, S. 388 ff.

1447 Vgl. LVZ, Nr. 7, vom 10.1.1919 („Ein Gefecht in Leutzsch"); LNN, Nr. 9, vom 10.1.1919, S. 1; Heiland, a.a.O., S. 117. Zur Unterstützung der Regierung in Berlin sollten Truppen in die Hauptstadt gebracht werden. Am Bahnhof Leutzsch kam es zu einem Feuergefecht mit bewaffneten Einheiten des Leipziger Arbeiter- und Soldatenrats. Leutzsch ist heute ein Stadtteil von Leipzig.

1448 Vgl. LVZ, Nr. 9, vom 13.1.1919, Beilage („Massendemonstration der Arbeiter-Jugend Leipzigs"). Dort heißt es: „Genosse Bergholz eröffnete die Versammlung und wies darauf hin, daß viele Kämpfer unserer Bewegung im Reichsgericht verurteilt worden sind."

Besetzung des Reichsgerichts[1449] noch wurde der Gerichtshof während dieser Zeit besetzt oder an seiner Tätigkeit gehindert. Lediglich während des Generalstreiks im Frühjahr 1919 kam es zu einigen Behinderungen am Gericht.[1450] Erst im Rahmen des Kapp-Lüttwitz-Putsches (Kapp-Putsch) stellte das Reichsgericht seine Tätigkeit kurzzeitig vollständig ein.[1451]

Eine Erklärung für diese Entwicklung dürfte in der damaligen Motivlage der Leipziger Arbeiter- und Soldatenräte zu finden sein. Diese forderten zwar die „Erkämpfung der sozialistischen Republik", allerdings unter Aufrechterhaltung von „Ruhe und Ordnung."[1452] Dementsprechend stellten sich führende Vertreter der USPD (auch) in Leipzig für eine Zusammenarbeit zur Verfügung.[1453] Radikalere Forderungen, wie bspw. die des Vollzugsrates der Arbeiter- und Soldatenräte in Berlin – „Klassen- und Blutrichter" sollten aus den Gerichten entfernt werden[1454] – hat es in Leipzig nicht gegeben.

Eine Zusammenarbeit mit dem Reichsgericht(spräsidenten) ist den Leipziger Entscheidungsträgern möglicherweise auch durch Seckendorffs ruhige[1455] und seine bereits angesprochene (vergleichsweise) liberale Amtsführung leichter

---

1449 In den Jahren 1919 und 1920 fanden kaum Besetzungsveränderungen in den Strafsenaten statt. Dort eine Änderung der Besetzung vorzunehmen, hätte aufgrund der arbeiterfeindlichen Rechtsprechung der Strafsenate etwa im Rahmen der soeben erwähnten „Streikrechtsprechung" nahegelegen. Personelle Veränderungen beruhten demensprechend weitestgehend auf Beförderungen und Pensionierungen. Das betrifft bspw. die RGR Zaeschmar (geboren 1852, Ruhestand 1.1.1920) und Eichelbaum (geboren 1850, Ruhestand 1.1.1920); vgl. BArch, R 3001, Nr. 2009 (Besetzung der Senate 1913–1924).

1450 Vgl. LNN, vom 12.3.1919, Nr. 58, S. 13, „Der Generalstreik und das Reichsgericht. Vom Zentralburau des Reichsgerichts wird uns geschrieben: Die Mitteilung, die Richter des Reichsgerichts – nicht das Reichsgericht selber – hätten ihre Tätigkeit eingestellt, entspricht nicht den Tatsachen. Von einer Einstellung der richterlichen Tätigkeit war nicht die Rede; es sind nur an einigen Tagen in Anbetracht der Lage der Dinge die Sitzungen ausgefallen."

1451 Dazu BArch, R 3001, Nr. 2005, Bl. 151 a) f., Schreiben Delbrücks vom 19.3.1920; vgl. Lobe, Die äußere Geschichte des Reichsgerichts, S. 12.

1452 Jahrbuch zur Geschichte der Stadt Leipzig, S. 87.

1453 Vgl. Rudolph, a.a.O., S. 185 f.

1454 Vgl. BArch, R 3001, Nr. 2010, Bl. 76 f., Aufforderung des Vollzugsrates der Arbeiter und Soldatenräte an das preußische Justizministerium vom 22.11.1918.

1455 Hinweise ergeben sich aus den bei der Gedenkfeier gehaltenen Reden, Reden bei der Gedenkfeier, S. 10, „Er […] führt das Reichsgericht durch die ersten schweren Wirren der Nachkriegszeit mit ruhiger Hand hindurch."

gemacht worden.[1456] Am Reichsgericht kam man den neuen Machthabern, wie es scheint, zunächst *symbolisch* entgegen. Jedenfalls bis Anfang Dezember 1918 wehte (auch) auf dem Reichsgerichtsgebäude die „rote Fahne“[1457], bis sie schließlich, auf den „Protest des Reichsgerichts“ hin, wieder eingezogen wurde.[1458]

Im Übrigen lag der Schwerpunkt der Arbeit der Räte eher in kommunalen Problemen[1459] wie etwa der Lebensmittelversorgung.[1460] Die Räte hatten sich spontan durch das Diktat der allgemeinen Not gebildet, woraus sie zunächst ihr Mandat und ihre Aufgaben ableiteten. Sie setzten deshalb auch in Sachsen auf *Kooperation*, nicht Konfrontation mit den kommunalen und staatlichen Verwaltungen.[1461] Eine Behinderung der Arbeit des Reichsgerichts bzw. dessen Besetzung stand daher für die Arbeiter- und Soldatenräte nicht im Vordergrund. Dieser Umstand steht mit der Entwicklung in anderen Teilen Deutschlands im Einklang. Die (Justiz-)Verwaltung blieb (weitgehend) unangetastet.[1462] Zudem hatten sich die politischen Kräfteverhältnisse zwischen Radikalen und Gemäßigten in Sachsen (USPD–SPD), die sich vor allem in der Zusammensetzung des Landesrats der sächsischen Arbeiter- und Soldatenräte zeigten,

---

1456 Siehe oben Viertes Kapitel, B. II.

1457 Es ließ sich nicht genau ermitteln, ab wann das Reichsgericht mit roten Fahnen beflaggt war. Laut der LVZ, Nr. 276, vom 27.11.1918, 1. Beilage, wehte die Fahne auf dem Universitätsgebäude und „den anderen öffentlichen Gebäuden“. Zum Einziehen der Fahnen auf dem Reichsgerichtsgebäude, LVZ, Nr. 282, vom 4.12.1918, 1. Beilage („Die rote Fahne auf öffentlichen Gebäuden“). Bemerkenswert ist die Feststellung bei Heiland, a.a.O., S. 114: „Vom Rathausturm herab wehte die rote Fahne; Reichsgericht und Universität weigerten sich jedoch, dieses Abzeichen der „roten Republik“ auf ihren Zinnen aufpflanzen zu lassen. Den (übrigen) staatlichen und städtischen Behörden blieb bei der ganzen Sachlage nur Unterwerfung übrig.“

1458 Dazu LNN, Nr. 335, vom 3.12.1918, S. 15. Mit dem Protest des Reichsgerichts dürfte eine Intervention des Reichsgerichtspräsidenten oder jedenfalls des Reichsgerichtspräsidiums gemeint sein.

1459 Vgl. Rudolph, a.a.O., S. 185 mwN. Dort heißt es: Unabhängig davon, ob die Sozialdemokraten in den Räten der MSPD [den Mehrheitssozialisten, d. Verf.] oder der USPD angehörten, verfolgten sie das Interesse, den *Lebensalltag der Bevölkerung zu verbessern*, die staatlichen und kommunalen Verwaltungen anstelle der aus undemokratischen Wahlen hervorgegangenen Gemeinde- und Stadtverordnetenversammlungen politisch zu kontrollieren.“ Die Hervorhebung stammt vom Verf.

1460 Vgl. allgemein Winkler, Der lange Weg nach Westen, Bd. 1, S. 384.

1461 Rudolph, a.a.O., S. 185.

1462 Vgl. Wehler, Gesellschaftsgeschichte, Bd. 4, S. 361 ff., S. 364.

bis Anfang Dezember 1918 zugunsten der SPD, d.h. den Mehrheitssozialisten verschoben.[1463]

B) Seckendorff und die Republik

I) Entlassungsmöglichkeiten?

Der Reichsgerichtspräsident besaß eine bedeutende, quasi ministergleiche[1464] Stellung. Er sollte – und diese Pflichten hatte Seckendorff umfangreich wahrgenommen – das Reich in Leipzig repräsentieren.[1465] Auch wenn der Gerichtshof formell dem Reichsjustizamt unterstellt war[1466], zeigen die Beispiele v. Oehlschläger und v. Krause[1467] – letzterer war wahrscheinlich zeitweilig als Kandidat für die Nachfolge Seckendorffs im Gespräch[1468] –, dass diese Grenzen zwischen Reichsjustizamt und Reichsgericht in der Praxis teilweise verschwammen. Es stellt sich daher die Frage, aus welchem Grund Rudolf von Seckendorff, ein alter preußischer Richter und zugleich Exponent des alten Kaiserreiches im Verlauf und in der Folge der Revolution nicht entlassen oder ihm zumindest nicht sein Rücktritt nahegelegt wurde? Galt doch vor allem die preußische Richterschaft als besonders konservativ.[1469]

Es dürften verschiedene Gründe für das Verbleiben Seckendorffs im Amt des Reichsgerichtspräsidenten anzuführen sein. Gegen seine Entlassung sprachen neben rechtlichen Gründen, hier ist die richterliche Unabhängigkeit zu

---

1463 Vgl. Heidenreich, a.a.O., S. 144 f. mwN.

1464 Mit dem Amt des Reichsgerichtspräsidenten verbunden war der (persönliche) Titel eines „Wirklichen Geheimen Rats“ mit dem Prädikat „Exzellenz“, damit stand dieser in der Ämterhierarchie den Ministern gleich, vgl. Ormond, a.a.O., S. 63 f. Als Beleg mag auch Folgendes dienen: Seckendorff berichtet davon, dass ihn Reichskanzler Bülow 1905 vertraulich gefragt habe, ob er preußischer Justizminister werden wolle, ThStA, FA Seckendorff, Nr. 1595, Bl. 63.

1465 Vgl. BArch, R 43, Nr. 695, Bl. 36 ff., 36 R.

1466 Das Reichsgericht bzw. der Reichsgerichtspräsident gehörten zu den höheren Reichsbehörden, die dem Reichsjustizamt als oberster Reichsbehörde unmittelbar unterstellt waren, dazu Müller, a.a.O., S. 102, Fn. 79.

1467 Zu Krause, Hattenhauer, a.a.O., S. 42; Luckemeyer, „Krause, Paul von“, in: Neue Deutsche Biographie 12 (1979), S. 708 f. [Onlinefassung].

1468 Zur möglichen Ernennung von Krause's zum Reichsgerichtspräsidenten, LNN, Nr. 281, vom 23.10.1919, S. 1; LNN, Nr. 284, vom 26.10.1919, S. 1; GStA PK, Rep. 84a, Nr. 11821 („Die Post“ vom 28.10.1919).

1469 Vgl. Ormond, a.a.O., S. 330 ff.

nennen, die Haltung der sozialdemokratischen Volksbeauftragten, nicht zu einschneidenden politischen wie gesellschaftlichen Veränderungen legitimiert zu sein. Die Mehrheitssozialisten waren dementsprechend bestrebt, die Reichseinheit sowie Ruhe und Ordnung aufrechtzuerhalten.[1470] Die deutsche Gesellschaft war durch das allgemeine und gleiche (Reichstags-)Wahlrecht bereits in einem so starken Maße demokratisiert, dass sie kaum in der Lage gewesen wäre, radikalere Umwälzungen wie zahlreiche Neubesetzungen in Behörden oder eine Bodenreform zu ertragen, ohne damit bspw. die Lebensmittelversorgung zu gefährden und einen Bürgerkrieg heraufzubeschwören.[1471] Abgesehen davon wäre eine weitergehende, völlige Neuorganisation von Justiz und Bürokratie, wie es der Rätebewegung vorschwebte, auf praktische Grenzen gestoßen. In einem hochentwickelten Staat wie dem deutschen, war eine hochqualifizierte Bürokratie unabdingbar, weshalb alle damit verbundenen Probleme wie Rekrutierung, Ausbildung, *Expertenvorsprung* bzw. Sachautorität und Korpsgeist wiederaufgetaucht wären.[1472] Nicht zuletzt war für die Beibehaltung eines effizienten Justiz(-verwaltungs)apparats die Akzeptanz der Vorgesetzten eine wichtige Voraussetzung, um nicht ein „mauerndes", renitentes Protestverhalten bei den Untergebenen hervorzurufen.[1473]

Seckendorff war daher als Reichsgerichtspräsident schwer zu ersetzen. Er war mit den Verhältnissen am Reichsgericht nicht nur über seine langjährige Tätigkeit als Chefpräsident besonders vertraut. Durch sein Auftreten im Senat, seine Überzeugungskraft bei der Lösung von Rechtsfragen hatte er juristische und damit sachliche Autorität im Kollegium erlangt.[1474] Indem er sich um ein harmonisches Zusammenarbeiten am Reichsgericht und um die Integration der Reichsgerichtsmitglieder kümmerte, sorgte er nicht nur für einen besseren Zusammenhalt unter den Reichsgerichtsräten, sondern erwarb sich auch ein hohes persönliches Ansehen.[1475] Er war eine Symbolfigur[1476], eine „achtungsgebietende Persönlichkeit".[1477] *Dadurch* besaß er (Sach-)Autorität und einen Expertenvorsprung gegenüber anderen möglichen Kandidaten.

1470 Winkler, Der lange Weg nach Westen, Bd. 1, S. 382 ff., S. 384.
1471 Vgl. Winkler, ebd., S. 380 ff.
1472 Vgl. Wehler, Gesellschaftsgeschichte, Bd. 4, S. 208, 211, 218.
1473 Vgl. Wehler, Gesellschaftsgeschichte, Bd. 4, S. 218 f.
1474 Siehe oben Drittes Kapitel, B. III. 4.
1475 Siehe oben Viertes Kapitel, B, C.
1476 Müller, a.a.O., S. 124.
1477 Diese Charakterbeschreibung findet sich in der LNN, Nr. 268, vom 24.9.1932, S. 2.

Die Reichsregierung bzw. Justizverwaltung benötigte seine Autorität und ‚integrative' Funktion als *Reichs*gerichtspräsident, insbesondere zu einer Zeit, als die staatliche Einheit Deutschlands von der „zweiten Welle" der Revolution, den Münchener Räterepubliken, erschüttert wurde.[1478] Demzufolge riet ihm der Reichsjustizminister bei einer Besprechung im Juni 1919 von einem Rücktritt ab und bat ihn wegen der „schweren Zeiten" im Amt zu verbleiben.[1479]

Vermutlich aufgrund Seckendorffs besonderer Stellung sah *Ludwig Ebermayer* dessen einzigen Fehler darin, zu „früh" in den Ruhestand getreten zu sein.[1480] Die Reichsjustizverwaltung war auf die Kontinuität im Amt des Reichsgerichtspräsidenten, verknüpft mit einer entsprechenden Autorität, angewiesen. Dementsprechend wurde Seckendorff wenig später wegen der Wiederbesetzung der Stelle des Reichsgerichtspräsidenten um Rat gebeten.[1481] Die Justizverwaltung konnte und wollte nicht auf ‚alte Beamte' wie Rudolf von Seckendorff, verzichten.

II) Das Verhalten Seckendorffs – Akzeptanz der Republik?

Neben den zuvor erwähnten Sachzwängen der Beamten- bzw. Reichspolitik dürfte auch das *eigene* Verhalten Seckendorffs dazu beigetragen haben, ihn nicht zu entlassen bzw. zu einem Rücktritt zu bewegen. Aus welchem Grund war Rudolf von Seckendorff nicht zeitnah von seinem Amt zurückgetreten? War der Reichsgerichtspräsident progressiv genug, den Übergang zur republikanischen Staatsform zu akzeptieren?

Seine politischen Ansichten lassen sich nicht sicher belegen. Eindeutige Aussagen oder sonstige konkrete Angaben über seine persönliche Haltung zu den veränderten politischen Verhältnissen finden sich weder in den untersuchten Aktenbeständen[1482] noch in den Zeitungsberichten der LNN und LVZ. Der Reichsgerichtspräsident scheint aber die Republik als legitime Staatsform anerkannt und den Übergang zur republikanischen Staatsform jedenfalls aus Vernunftsgründen akzeptiert zu haben. Diese Interpretation seines Verhaltens legen die vorhandenen Quellen nahe.

1478 Winkler, Der lange Weg nach Westen, Bd. 1, S. 396 f.

1479 Vgl. ThStA, FA Seckendorff, Nr. 1595, Bl. 96 R. Hinweise auf die Besprechungen befinden sich in BArch, R 3002, PA Nr. 790, Bd. 2, Bl. 104.

1480 L. Ebermayer, a.a.O., S. 201.

1481 ThStA, FA Seckendorff, Nr. 1595, Bl. 98.

1482 Vgl. bspw. ThStA, FA Seckendorff, Nr. 1595; BArch, R3001, Nr. 107, 108, 2005, 2006, 2009, 2017.

Der spätere Präsident des Gerichtshofes, Walter Simons, behauptete, Seckendorff habe das Reichsgericht zur Anerkennung „der neuen Reichsgewalt" – die zum damaligen Zeitpunkt eine sozialistische Regierung aufgrund revolutionärer Legitimation betraf[1483] – geführt und dadurch für „Solidität", d.h. Stabilität (im Reichsgericht) gesorgt.[1484] Hintergrund für diese Behauptung dürfte sein, dass Seckendorff sich nach einiger Überlegung ab November 1918 als Chefpräsident für eine „mindestens" 1-jährige Zusammenarbeit zur Verfügung stellte.[1485] Immerhin konnte er durch die Zusammenarbeit mit dem Rat der Volksbeauftragten und etwas später mit der neuen Reichsregierung diesem/r auch gegenüber zweifelnden Beamten einen legitimen Anstrich verleihen[1486] und damit zu dessen/deren Anerkennung beigetragen haben. Entscheidend für diese Wirkung auf das Kollegium dürfte das hohe Ansehen bzw. die hohe Autorität Seckendorffs gewesen sein.[1487]

Diese Mitarbeit Seckendorffs lässt jedoch die Frage nach der Motivation des Reichsgerichtspräsidenten unbeantwortet. Der 74 Jahre alte und bereits an den

---

1483 Wehler, Gesellschaftsgeschichte, Bd. 4, S. 195.

1484 Walter Simons, Das Reichsgericht, S. 27. „Mögen ihm [dem Reichsgericht, Anm. des Verf.] stets Leiter beschieden sein, deren Autorität stark genug ist, um seine Rechte nach oben und nach unten, gegenüber der öffentlichen Meinung, wie gegenüber der Exekutive und der Legislative des Reichs, zu verteidigen und zu wahren [...] ich nenne unter diesen nur den Freiherrn von Seckendorff, der nach der Revolution das Reichsgericht zur Anerkennung der neuen Reichsgewalt zu führen verstand und *damit* dem Rechtsboden, auf dem das Deutsche Volk sich die neue Verfassung gestalten konnte, *erst* die erforderliche Solidität verlieh [...]." Hervorhebung vom Verfasser.

1485 „Es trat nun die ernste Frage an mich heran, ob ich noch länger im Dienste bleiben sollte. Ich entschloss mich aber, zumal da aus Reichsgerichtskreisen viele hierauf gerichtete Wünsche an mich herantraten, mindestens noch ein Jahr im Amte auszuhalten", vgl. ThStA, FA Seckendorff, Nr. 1595, Bl. 96 R.

1486 Diese von Horst Gründer für Walter Simons festgestellte Wirkung (vgl. Gründer, a.a.O., S. 36 f.). erscheint wegen der Autorität und Vorbildrolle Seckendorffs als möglich.

1487 Dazu auch die LNN, Nr. 269, vom 25.9.1932, S. 13: „Während der Stürme des Weltkrieges und *in den schwersten Tagen der Nachkriegszeit war er dem Reichsgericht Führer und Vorbild.*" Hervorhebung stammt vom Verfasser. Möglicherweise spielte dabei auch die bis ins späte Kaiserreich in Bereichen jenseits der Rechtsprechung, d.h. in der Justizverwaltung bestehende Gehorsamspflicht der Richter eine Rolle. Immerhin waren alle Richter des Reichsgerichts im Kaiserreich ‚sozialisiert' worden, vgl. dazu Ormond, a.a.O., S. 254 ff.

Einigungskriegen beteiligte Reichsgerichtspräsident war vom „Zusammenbruch" Deutschlands im November 1918 „tief getroffen".[1488] Dennoch trat er damals nicht aus politischen und/oder persönlichen Gründen von seinem Amt zurück und ließ sich im September 1919 sogar noch auf die Weimarer Reichsverfassung vereidigen.[1489] Bereits im November 1918 wäre aber sowohl ein Rücktritt aus politischen Gründen, wie das spätere Beispiel Walter Simons' zeigt[1490], als auch aus Altersgründen ohne (finanzielle) Nachteile für ihn möglich gewesen. Zwar war Reichsgerichtspräsident v. Oehlschläger aufgrund seiner (krankheitsbedingten) Dienstunfähigkeit im Alter von 72 Jahren in den Ruhestand getreten.[1491] Mit Änderung des § 130 I GVG[1492] im Jahr 1910 war allerdings bei Überschreitung des 65. Lebensjahres die Dienstunfähigkeit nicht mehr Voraussetzung für die gesetzliche Pension.[1493] Hinzu kommt, dass der Rat der Volksbeauftragten bereits im November 1918 eine Garantie für die Gehalts- und Pensionsansprüche der Beamten ausgesprochen hatte.[1494] In der Folge schied jedoch lediglich eine geringe Anzahl von Richtern unter Wahrung ihrer Pensionsansprüche aus dem Dienst der Republik aus.[1495]

Die Aussage Simons' lässt sich aber durch eine von Seckendorff am 1. Oktober 1919, anlässlich des 40. Jahrestages der Errichtung des Reichsgerichts vor den Reichsgerichtsmitgliedern in den Festräumen seiner Wohnung, gehaltene Rede näher konkretisieren.[1496] Der Wortlaut der Rede ermöglicht zudem einen Blick in die Beweggründe des Reichsgerichtspräsidenten, zunächst im Amt zu verbleiben. Von Bedeutung dürfte auch der Zeitpunkt der Ansprache gewesen sein.

1488 Reden bei der Gedenkfeier, S. 10.

1489 Vgl. BArch, R 3002, PA Nr. 790, Bd. 2, Bl. 105.

1490 Vgl. Gründer, a.a.O., S. 251 ff. – Protest gegen die Einmischung der Reichsregierung in ein schwebendes Verfahren.

1491 Dazu BArch, R 43, Nr. 695, Bl. 4.

1492 RGBl. 1910, S. 767 ff.

1493 Von der Neuregelung des § 130 GVG machten noch zu Zeiten des Kaiserreiches einige Reichsgerichtsmitglieder Gebrauch – siehe bspw. GStA PK, Rep. 89, Nr. 16878, Bl. 128 f. (Senatspräsident Olshausen im November 1910) oder ebd., Nr. 16879, Bl. 78 f. (RGR Eduard v. Lödel), Bl. 83 f. (RGR Willibald Peters). Zu diesen Lobe, a.a.O, Anlage I, S. 344, 368, 371. Bei den letztgenannten Reichsgerichtsmitgliedern war dementsprechend nur auf das Lebensalter abgestellt worden.

1494 Wehler, Gesellschaftsgeschichte, Bd. 4, S. 361.

1495 Dieter Simon nennt einen Wert von 0,15 % der Richterschaft, die unter Wahrung ihrer Pensionsrechte aus dem Dienst der Republik ausschieden, Simon, a.a.O., S. 49.

1496 Vgl. Lobe, Die äußere Geschichte des Reichsgerichts, S. 12 f.

Er hielt die Rede zu einem Zeitpunkt, in dem er – trotz der Erregung mancher Zeitgenossen über den ‚neuen Beamteneid' auf ein ‚Stück Papier'[1497] – bereits seinen Eid auf die Verfassung der *Republik* geleistet hatte:

> „Der Krieg ist zwar zu Ende, aber ein rechtsgültiger Frieden ist noch immer nicht gekommen [...]. Was die Zukunft dem Reichsgericht bringen wird, ist ebenso dunkel wie die Frage, welche Neugestaltung und Entwicklung sich für das Deutsche Reich und Volk aus dem gegenwärtigen Chaos ergeben wird. Fest und zuversichtlich aber dürfen wir vertrauen, daß der höchste deutsche Gerichtshof [...] auch künftig sich seiner hohen Aufgaben gewachsen zeigen und, unbeirrt von den politischen Strömungen des Tages, in allen Wirrnissen und Kämpfen einen *festen Pol bilden* wird, der die unparteiische, furchtlose Pflege von Recht und Gerechtigkeit *auch im neuen Reiche verbürgt.* So möge denn das Reichsgericht, nach wiederum zehn Jahren *dem* aus tiefsten Falle erstandenen, wieder aufblühendem deutschen *Vaterlande ebenso zur Ehre und zum Stolze gereichen,* wie es dies dem alten Kaiserreiche getan hat!"[1498]

Wie viele seiner Zeitgenossen lehnte Seckendorff[1499] den damals noch nicht ratifizierten und somit noch nicht rechtsgültigen Friedensvertrag von Versailles und dessen Folgen ab.[1500] Der Reichsgerichtspräsident scheint gleichwohl die veränderten politischen Verhältnisse akzeptiert zu haben. Er setzte seine Autorität in politischer Hinsicht ein und versuchte, die Reichsgerichtsmitglieder auf die Kooperation mit dem neuen Staat ‚einzuschwören', indem er die Bedeutung des Gerichts als „festen Pol" auch im „neuen Reich" herausstellte. Auffallend ist, dass Seckendorff bei *dieser* Standortbestimmung des Gerichts („fester Pol") den Reichs- und Vaterlandsbegriff, nicht aber die konkrete Staatsform betonte. Sowohl diese Standortbestimmung als auch das Hissen der alten Reichsflagge auf dem Gerichtsgebäude im Mai 1919[1501] lassen sich mit dem „gegenwärtigen Chaos" – u.a. den damaligen Leipziger Verhältnissen – und der zu vermutenden Distanz der Reichsgerichtsmitglieder erklären.[1502] Der Januar des Jahres 1919

1497 Wehler, Gesellschaftsgeschichte, Bd. 4, S. 363.

1498 Zitiert nach Lobe, Die äußere Geschichte des Reichsgerichts, S. 12 f., Hervorhebungen vom Verf.

1499 Vgl. ThStA, FA Seckendorff, Nr. 1595, Bl. 97.

1500 Dazu Winkler, Der lange Weg nach Westen, Bd. 1, S. 398 ff., 409. Dieser wurde erst im Januar 1920 rechtsgültig.

1501 LNN, Nr. 118, vom 12.5.1919, S. 2.

1502 Einige Anhaltspunkte über die politische Haltung der Reichsgerichtsmitglieder im Vorfeld der Wahlen zur Nationalversammlung lassen sich den zeitgenössischen Zeitungsberichten entnehmen. Im Übrigen bleibt sie schwer zu überschauen. Die Reichsgerichtsmitglieder vertraten dabei bspw. eher konservative Positionen, wie die Reichsgerichtsräte Koenige (vgl. LNN, Nr. 41, vom 12.2.1919, S. 7.), Gündell

verlief gewalttätiger und blutiger als die vorangegangenen Monate.[1503] Sachsen befand sich im Frühjahr 1919 in einer Phase bürgerkriegsähnlicher Auseinandersetzungen. Die bereits erwähnten Kämpfe um den Bahnhof Leutzsch bildeten den Auftakt zu einer unruhigen Zeit in Leipzig, die ihren Höhepunkt im Generalstreik im März 1919 fand und schließlich durch den Einmarsch von *Regierungs*truppen unter General Maercker Anfang Mai 1919 beendet wurde.[1504] Noch im Herbst 1919 kam Leipzig aufgrund von Putschgerüchten nicht zur Ruhe.[1505]

Vor diesem Hintergrund war es ein Anliegen des Reichsgerichtspräsidenten, einen Beitrag zur Stabilität, Ruhe und Ordnung sowie Rechtssicherheit („unberührt" von „Wirrnissen" und „Kämpfen") bzw. zur ‚inneren Arbeitsfähigkeit' des Gerichts zu leisten. Ähnlich urteilen wenig später die Frankfurter Nachrichten über die Tätigkeit des Gerichts in jener Zeit.[1506]

(vgl. LNN, Nr. 10, vom 11.1.1919, S. 4) oder Neukamp (vgl. LNN, Nr. 321, vom 19.11.1918, S. 7.). Während ersterer die Deutsche Volkspartei (DVP) unterstützte, trat RGR Gündell als Werber für die Deutschnationale Volkspartei, die auch in einer demokratischen Verfassung eine monarchische Spitze als geeignete Staatsform ansah (Winkler, Der lange Weg nach Westen, Bd. 1, S. 392 f.), in Erscheinung. Neukamp nahm im November 1918 an der Gründungsversammlung des – republikanisch gesinnten – Leipziger Bürgerausschusses (Riedel, Stadtlexikon, S. 80, Artikel: Bürgerausschuss 1918–1920) teil, wobei er eine geschlossene Organisation des Bürgertums gegen eine „kleine Minderheit", d.h. die Unabhängigen Sozialdemokraten forderte (vgl. Hoyer, Der Leipziger Bürgerausschuss, S. 239, 251 – insbes. auch Anmerkung 48, dort wird auf eine Zurechtweisung verwiesen, die Neukamp für seine Äußerung vom Leiter der Versammlung erhielt: „der Bürgerausschuß müsse sich gegen alles stemmen, was nach Reaktion und Gegenrevolution aussieht."). Allgemein zur politischen Ausrichtung der preußischen Richterschaft – diese dürften streng monarchisch gesinnt gewesen sein, etwa Ormond, a.a.O., S. 330 ff.

1503 Ein zeitgenössischer Bericht findet sich bei Heiland, a.a.O., S. 117 ff.

1504 Vgl. Heidenreich, a.a.O., S. 148 f. mwN.

1505 LNN, Nr. 266, vom 8.10.1919, S. 21 („Stacheldraht am Reichsgericht"); LVZ, Nr. 226, vom 8.10.1919, 1. Beilage („Leipzig wieder im Kriegszustand").

1506 Vgl. BArch, R 3001, 2043 – Frankfurter Nachrichten vom 14.4.1920: Es „kann niemand, der die Tätigkeit des Reichsgerichts mit Unvoreingenommenheit beobachtet, behaupten, daß das Reichsgericht dem Fortschritt widerstrebe. [...] *Der neuen Rechtslage, wie sie durch die Revolution geschaffen wurde, hat das Reichsgericht ohne Zaudern Rechnung getragen und damit revolutionär im besseren Sinne des Wortes gehandelt. Es hat die, anfangs von vielen als ungültig bezeichneten, Verordnungen der Volksbeauftragten als rechtswirksam anerkannt, weil die Volksbeauftragten, bis sie durch die aufgrund der vorläufigen Verfassung eingesetzte Regierung abgelöst wurden, sich im uneingeschränkten Besitze der staatlichen Gewalt befanden.* [...] Das Reichsgericht hat aber auch weiter dargelegt, daß *durch die Revolution nur die gesetzlichen*

Der *Reichs*gedanke, den auch Seckendorff über die Jahre durch die Reichsgerichtsgemeinschaft gefestigt hatte[1507], bildete dafür ein die Reichsgerichtsmitglieder mit dem Staat verbindendes Element. Der Reichsgedanke sollte die Reichsgerichtsmitglieder zur Mitarbeit in der Republik, unabhängig von der konkreten politischen Zuordnung, die sehr vielfältig und durchaus republikfreundlich sein konnte[1508], motivieren.

Mit seiner Wortwahl dürfte Seckendorff schließlich auch traditionsgebundenen Anschauungen entgegengekommen sein. Aus diesem Grund berief er sich auf das ‚unpolitische Richtertum' („unbeirrt" von den „politischen Strömungen des Tages"), das seit jeher aber weitgehend ein politischer Begriff gewesen war, als dass es den tatsächlichen Gegebenheiten entsprochen hätte.[1509] Das Gericht sollte „unparteiisch" Recht sprechen und auch dem *neuen* Reich „*ebenso* zum Stolze gereichen." Seine Wortwahl ist Ausdruck

Bestimmungen über die Monarchie geändert worden sind und das im übrigen die alte Verfassung bis zum Inkrafttreten der neuen sowie alle anderen Gesetze des ehemaligen Kaiserreichs in Geltung geblieben sind. Damit wurde einer Rechtsunsicherheit vorgebeugt, die in den jetzigen unruhigen Zeiten hätte verhängnisvoll werden können. […]." Hervorhebung vom Verfasser.

1507 Siehe oben Viertes Kapitel, C. II. 2. c.

1508 Über die soeben erwähnten konservativen Positionen hinaus, gab es durchaus andere Ansichten. Rechtsanwalt beim Reichsgericht Johannes Junck beteiligte sich Ende November 1918 am Aufbau einer *demokratischen* Partei in Leipzig. Diese sollte auf dem Boden der Republik stehen, aber am Reichsgedanken festhalten und sowohl nach links als auch nach rechts „abgegrenzt" werden (vgl. LNN, Nr. 332, vom 30.11.1918, S. 3). Reichsgerichtsrat Burlage (vgl. LNN, Nr. 3, vom 3.1.1919, S. 3 und Nr. 10, vom 11.1.1919, S. 1) oder der Rechtsanwalt beim Reichsgericht Schrömbgens (vgl. LNN, Nr. 10, vom 11.1.1919, S. 14 und Nr. 14, vom 15.1.1919, S. 9) wurden für das Zentrum aktiv, das sich zwar zurückhaltend, aber dennoch für eine demokratische Republik einsetzte (Winkler, Der lange Weg nach Westen, Bd. 1, S. 391.). Der spätere Oberreichsanwalt Ludwig Ebermayer wird von seinem Biographen als „liberal und demokratisch" bezeichnet (Staufer, a.a.O., S. 145; vgl. aber ebd. S. 302). Vorgenannte Aktivitäten verdeutlichen außerdem, dass aus der Zugehörigkeit zu einer bestimmten sozialen Gruppe oder Schicht allein, nicht auf ein besonderes Bekenntnis zur monarchischen Staatsordnung geschlossen werden darf, zumal allgemein eine klare Abgrenzung zwischen „Monarchisten" und „Republikanern" mit der Zeit immer schwieriger wurde, vgl. Gaertringen, Monarchismus in der deutschen Republik, S. 254 ff., S. 259, 262 f.

1509 Vgl. Ogorek, a.a.O., S. 278 ff., 292 ff., 368 f.; in diese Richtung gehen auch die Ausführungen bei Wadle, Das Reichsgericht, S. 282.

eines Mindestkonsenses: durch die Betonung des Reichsgedanken sollten Stabilität gewahrt und Extreme abgewehrt werden.[1510]

Dieser Mindestkonsens wird auch durch die ‚Flaggenfrage' am Reichsgericht bestätigt. Während das bereits erwähnte Hissen der roten Fahne auf dem Reichsgericht ein gewisses Maß an Kooperation bedeutete, dürfte das Einholen der Flagge nicht nur als ein Zeichen für die Unabhängigkeit des Gerichts[1511], sondern ebenfalls auch für die Ablehnung von Extremen zu werten sein. Vor allem deshalb, weil mit dem Einmarsch der Regierungstruppen in Leipzig im Mai 1919 vom Reichsgericht die schwarz-weiß-rote Fahne wehte.[1512]

In diesem zur Mit- bzw. Zusammenarbeit motivierenden Verhalten dürfte eine Erklärung für die zeitgenössische Feststellung liegen, Seckendorff habe, „auch in den gegenwärtigen Zeiten" das „Richtige"[1513] – mit anderen Worten das Vernünftige – getan. Aufgrund seiner Autorität bzw. Vorbildrolle[1514] konnte Seckendorff diesen Mindestkonsens durchsetzen und für eine gewisse Akzeptanz des Gegebenen, für „Solidität"[1515] im Reichsgericht sorgen.

1510 Carl Friedrich Goerdeler betonte später, dass Seckendorff für die deutsche Einheit „gelebt" habe, Leipziger Abendpost, Nr. 274, vom 23.11.1932; Reden bei der Gedenkfeier, S. 14 f.

1511 Das Einholen der roten Fahne an der Universität wurde auch mit der akademischen Freiheit begründet, vgl. LNN, Nr. 335, vom 3.12.1918, S. 15; LVZ, Nr. 282, vom 4.12.1918, 1. Beilage („Die rote Fahne auf öffentlichen Gebäuden"). Die Universität akzeptierte schließlich eine Bestimmung, wonach auch keine *andere* Fahne gehisst werde, LNN, Nr. 337, vom 5.12.1918, S. 15. Vergleichbares dürfte für die Unabhängigkeit des Reichsgerichts angenommen werden.

1512 LNN, Nr. 118, vom 12.5.1919, S. 2.

1513 In den LNN, Nr. 348, vom 30.12.1919, S. 2 heißt es: „in der Vertretung des Reichsgerichts hat er, namentlich auch in den gegenwärtigen Zeiten, es verstanden, stets das Richtige zu treffen und das Ansehen des höchsten Gerichts zu wahren." In eine ähnliche Richtung weist auch der Artikel in den LNN, Nr. 268, vom 24.9.1932, S. 2. „er [...] [meisterte] die schwierigen Aufgaben, die ihm sein hohes Amt stellte, jederzeit, ganz besonders [...] im ersten Jahre nach dem Umsturz [...]."

1514 Hinweise in den LNN, Nr. 269, vom 25.9.1932, S. 13, „Während der Stürme des Weltkrieges und *in den schwersten Tagen der Nachkriegszeit war er dem Reichsgericht Führer und Vorbild.*" Hervorhebung stammt vom Verfasser.

1515 Die bereits erwähnte Behauptung Simons' dürfte sich auf die besondere persönliche Autorität Seckendorffs beziehen, vgl. Walter Simons, Das Reichsgericht, S. 27.

Die Verwendung des Reichsbegriffes deutet zwar auch auf konservativeres, traditionsgebundenes Gedankengut bei Seckendorff hin, ist aber nicht als Rückwärtsgewandtheit, d.h. Republikfeindlichkeit[1516] auszulegen. Er sah die Republik vielmehr als rechtmäßige Staatsform an. Seckendorff scheint also wie andere seiner Zeitgenossen ein Anhänger der „Machttheorie“[1517] gewesen zu sein.[1518] Er akzeptierte dementsprechend die tatsächlichen Gegebenheiten und bezeichnete den Kapp-Lüttwitz-Putsch später als *Umsturzversuch.*[1519] Anderenfalls ließe sich auch nicht erklären, aus welchem Grund er von 1920 bis 1921 eine weitere leitende Stellung im öffentlichen Dienst – (ausgerechnet) bei der Zweigestelle Leipzig des Reichsausgleichsamtes[1520] –

1516 Das Hissen der „Schwarz-Weiß-Roten Fahne“ auf dem Reichsgerichtsgebäude, das ohne Seckendorffs Zustimmung wegen dessen Autorität kaum denkbar ist, muss ebenfalls nicht notwendigerweise auf „rückwärtsgewandte“ Anschauungen hinweisen. Zum einen war die Weimarer Verfassung noch nicht in Kraft gesetzt und damit noch keine neue Flaggenregelung getroffen. Zum anderen waren die symbolträchtigen Fragen wie Verfassungsname („Deutsche Republik“ oder „Deutsches Reich“) und Flaggenfarben („Rot“, „Schwarz-Rot-Gold“, „Schwarz-Weiß-Rot“) während der Verfassungsberatungen stark umstritten. Sie wurden am Ende dementsprechend durch Kompromissregelungen beigelegt. Auch die Mehrheit der Deutschen Demokratischen Partei wollte es bei den alten Reichsfarben belassen. Die Namensfrage wurde damals von den Bürgerlichen Parteien zugunsten des *Reichs*begriffes entschieden (Winkler, Der lange Weg nach Westen, Bd. 1, S. 405 f.). Zur zeitgenössischen Auseinandersetzung um die Reichsfarben siehe etwa die LNN, Nr. 142, vom 5. Juni 1919, S. 1.

1517 Die Machttheorie beschäftigte sich mit der Frage, unter welchen Voraussetzungen die Staatsgewalt rechtmäßig ausgeübt wird. Nach dieser – bereits im 19. Jahrhundert vertretenen – Ansicht kam es für die rechtmäßige Ausübung der Staatsgewalt nicht auf deren rechtmäßigen Erwerb, sondern lediglich auf den tatsächlichen Besitz der Staatsgewalt an. Für die Rechtmäßigkeit der Staatsgewalt war es demnach entscheidend, ob eine revolutionäre Regierung ihre Machtstellung durchsetzen und erhalten konnte. Demgegenüber vertraten die Anhänger der Makeltheorie die Ansicht, dass der anfängliche Rechtsbruch bei der Überwerfung eines staatlichen Systems, das nachfolgende staatliche System ergriff. Von diesem Standpunkt aus gesehen, blieb das nachfolgende staatliche System insgesamt rechtswidrig. Wer es zu stürzen versuchte, beging folglich selbst kein Unrecht, vgl. Grimm, NJW 1997, 2719, 2720 f.

1518 Nach Staufer (a.a.O., S. 79) folgte Ludwig Ebermayer ebenfalls dieser Ansicht.

1519 Vgl. ThStA, FA Seckendorff, Nr. 1595, Bl. 100.

1520 Das Amt gehörte zum Ministerium für Wiederaufbau und war für die Bewältigung der wirtschaftlichen Folgen bestimmter, sich aus dem Friedensvertrag von Versailles ergebenden, Verpflichtungen zuständig. Im Rahmen dieser Zuständigkeit

übernahm.[1521]

Diese Deutung der Quellen lässt sich auch durch das durch die allgemeine Amtsführung Seckendorffs ermittelte Charakterbild bzw. durch seine Rechtsansichten stützen.

Trotz seiner Herkunft aus einem konservativen und adligen Elternhaus vertrat Seckendorff durchaus liberale Positionen. Seine aufgeschlossene Amtsführung im Reichsgericht, die sich u.a. in seinen Beförderungsempfehlungen[1522] niederschlug bestätigt das ebenso, wie die von ihm vertretenen Rechtsansichten. Der Richter solle nicht formal oder einseitig judizieren, sondern müsse den *gesellschaftlichen* Veränderungen Rechnung tragen[1523] und für eine der „allgemeinen Rechtsanschauung" entsprechende Anwendung des Gesetzes sorgen.[1524] Diese allgemeine Anschauung hatte nun aufgrund der gesellschaftlichen Veränderungen[1525] – der Legitimationskrise des Kaiserreiches und der sich anschließenden Revolution – zu einer Veränderung der politischen Verhältnisse geführt.

---

wurden u.a. die vor und durch den Ersten Weltkrieg entstandenen Verbindlichkeiten zwischen deutschen und ausländischen Staatsangehörigen durch ein Ausgleichsverfahren bzw. „Clearing" abgewickelt, vgl. Hainbuch, Das Reichsministerium für Wiederaufbau, S. 419 ff.

1521 Seckendorff wurde im April 1920 die Leitung der Zweigstelle Leipzig des neu gegründeten Reichsausgleichsamtes angeboten. Seckendorff wirkte daher, trotz seiner Ablehnung des Versailler Friedensvertrages im Allgemeinen (ThStA, FA Seckendorff, Nr. 1595, Bl. 97), letztlich selbst an der Durchführung des Friedensvertrages mit. Er legte diesen Posten nach einigen Querelen über die Zuständigkeiten bzw. Organisation des Amtes sowie seine Dienstbezüge – er erhielt für seine „umfangreiche" Tätigkeit im Jahr 1920 keine Vergütung – zwar im April 1921 nieder, wäre aber „gern bereit" gewesen, eine weitere, „angemessene" Tätigkeit im öffentlichen Dienst zu übernehmen. Er sah dazu damals aber kaum eine Möglichkeit und betrachtete seine Laufbahn fortan als abgeschlossen, dazu ThStA, FA Seckendorff, Nr. 1595, Bl. 99, 101 f.

1522 Zu alledem siehe Viertes Kapitel, B. II.

1523 Vgl. BArch, R 3002, PA Nr. 790, Bd. 2, Bl. 49 ff. Außerdem: „[die] schwierigen Aufgaben [...], die die Rechtsprechung, namentlich auch das Reichsgericht gegenüber dem Wachsen der Bevölkerung des Reiches und der damit im Zusammenhang stehenden Entwicklung aller wirtschaftlichen Verhältnisse zu erfüllen hat, [...] können [nur gelöst werden] bei eingehendem Verständnis praktischen Lebens und [...] der Auffassungen des Verkehrs" (ebd., Bl. 52 R ff.).

1524 Reden bei der Gedenkfeier, S. 8.

1525 Vgl. Winkler, Der lange Weg nach Westen, Bd. 1, S. 394.: „Am Willen der Mehrheit konnte es keinen Zweifel geben: Die meisten Deutschen wünschten soziale Reformen im Rahmen einer parlamentarischen Demokratie, aber keinen politischen Umsturz

Dieses Rechtsverständnis lässt sich durchaus mit einer republikanischen Demokratie bzw. Regierungsform vereinbaren.[1526] Ähnliche Ansichten vertraten manche Zeitgenossen, die zwar keine Vorbehalte gegen demokratische Entwicklungen hatten, gleichwohl aber eine *parlamentarische* Demokratie nur schwerlich mit sich vereinbaren konnten.[1527] So sprechen Seckendorffs u.a. im Liebknechtverfahren geäußerte Ansichten ebenfalls für eine Akzeptanz des politisch Gegebenen. Dort hatte er die Auffassung vertreten, ein Organ der Rechtspflege müsse an der Erhaltung der „gesetzlich bestehenden *Staatsordnung*" mitwirken, wenn er sich diesem *Staat* „freiwillig" durch Wahl des Berufes „dienstbar" mache.[1528]

Auch aus seinem späteren Rücktritt lässt sich schließlich eine republikfeindliche Motivation oder Einstellung nicht entnehmen. Zu diesem Schritt haben ihn gleichwohl verschiedene, auch politische, Umstände bewogen.[1529] Als Seckendorff im August 1919 darauf hinwies, dass er in den Ruhestand zu gehen „beabsichtige", begründete er diesen Schritt lediglich mit seinem „vorgerückten Lebensalter" und die „dadurch bedingte Abnahme" seiner Kräfte.[1530] Aus seinen

---

und keine gesellschaftliche Umwälzung. Die Revolution sollte also so rasch wie möglich in das ruhige Bett der Evolution übergeleitet werden."; „Die Massen erwarteten einen demonstrativen Bruch mit dem alten Herrschaftssystem, das Deutschland dahin gebracht hatte, wo es jetzt stand.", ders. ebd., S. 372.

1526 Indizien ergeben sich auch aus dem bereits erwähnten Artikel der Frankfurter Nachrichten vom 14.4.1920, BArch, R 3001, 2043. Die dort angesprochene Anerkennung der Rechtsgültigkeit der Verordnungen deckt sich mit der durch Seckendorff bewirkten Anerkennung der „neuen Reichsgewalt".

1527 Vgl. Wehler, Gesellschaftsgeschichte, Bd. 4, S. 350 f.; Winkler, Der lange Weg nach Westen, Bd. 1, S. 403 f. Zum Auseinanderfallen von Parlamentarismus und Demokratie bzw. zur damit verbundenen Parlamentarismuskritik in der Staatsrechtslehre, vgl. Christoph Schönberger, Die überholte Parlamentarisierung, HZ 2001, S. 623 ff., S. 650 ff. sowie ders., Das Parlament im Anstaltsstaat, S. 282 ff. (zu Georg Jellinek's Parlamentarismuskritik bzw. zur „Künstlichkeit" des Parlamentarismus), S. 373 ff., 382 ff. (zur Bedeutung des Parlaments in der Genossenschaftslehre von Hugo Preuß bzw. zur Schwächung des Parlaments aus demokratischen Motiven in seinem Entwurf zur Weimarer Reichsverfassung).

1528 Vgl. BArch, R 3005, Nr. 869, Bl. 33 R f.

1529 Vgl. ThStA, FA Seckendorff, Nr. 1595, Bl. 97 f., es fiel dem Reichsgerichtspräsidenten offenbar schwer, seine Diensträume aufzugeben und eine „passende" Wohnung in Leipzig zu finden.

1530 BArch, R 43 I, Nr. 1211, Bl. 2. Immerhin hatte er seinen Sommerurlaub auch mehrfach in Kurbädern verbracht, vgl. BArch, R 3002, PA Nr. 790, Bd. 2, Bl. 25 (1910), Bl. 28 (1912) in Bad Gastein oder ebd., Bl. 93 ein Kuraufenthalt in (Bad) Wildbad

Lebenserinnerungen lässt sich indes entnehmen, dass bei seiner Entscheidung auch die politischen Geschehnisse des Jahres 1919 – der „sogenannte" Friedensvertrag von Versailles sowie die „unerfreulichen" Zustände in Leipzig – eine Rolle gespielt haben.[1531] Er fühlte sich den Anforderungen an das Amt nicht mehr gewachsen[1532] und war (amts-)müde geworden.[1533] Dennoch wollte er den konkreten Zeitpunkt seines Rücktritts einvernehmlich mit der Reichsjustizverwaltung bestimmen, um dieser keine „Ungelegenheiten" zu bereiten.[1534]

Insgesamt dürfte nach alledem von einer guten Zusammenarbeit mit den neuen Entscheidungsträgern auszugehen sein. Motivation für Seckendorff war das Bedürfnis nach stabilen Verhältnissen und Rechtssicherheit. Er forderte daher die Reichsgerichtsmitglieder zur Mitarbeit auf und konnte durch seine Autorität für eine gewisse Akzeptanz des Gegebenen und für Stabilität im Gerichtshof sorgen.[1535] Seine vergleichsweise liberalen Ansichten halfen ihm dabei, die veränderten politischen Verhältnisse zu akzeptieren. Bestätigung für diese Umstände sind die Versuche des Reichsjustizministers bzw. der Reichsjustizverwaltung, ihn länger im Amt zu halten, insbesondere den Reichsgerichtspräsidenten dazu zu überreden,

im Schwarzwald (1916). Näheres ergibt sich auch aus seinen Lebenserinnerungen, ThStA, FA Seckendorff, Nr. 1595, Bl. 85 ff.

1531 ThStA, FA Seckendorff, Nr. 1595, Bl. 97.

1532 BArch, R 3002, PA Nr. 790, Bd. 2, Bl. 106.

1533 Damit sind der Generalstreik und die darauffolgende Besetzung Leipzigs durch Regierungstruppen gemeint: „Ich zog deshalb [aufgrund des Abschlusses des Friedensvertrags von Versailles, d. Verf.] mein Abschiedsgesuch [...] in Betracht, mitbewogen durch die unerfreulichen Zustände in Leipzig, unter denen auch das Reichsgericht litt. Vom 26. Februar bis 10. März herrschte dort Generalstreik [...]. Eine weitere unangenehme Störung und Erschwerung des Dienstbetriebs im Reichsgerichte bildete dessen Besetzung durch die unter dem Befehl des General Maercker stehenden Regierungstruppen am 11. Mai, obwohl darin andererseits eine Gewähr für die Sicherheit des Reichsgerichts lag [...] alle diese Verhältnisse [mussten] die Freude an der Weiterführung meines Amtes beeinträchtigen [...],ThStA, FA Seckendorff, Nr. 1595, Bl. 97.

1534 BArch, R 43 I, Nr. 1211, Bl. 2.

1535 Indizien für diese Akzeptanz ergeben sich auch aus Folgendem: als Friedrich Ebert im März 1922 das Reichsgericht besuchte, machte er sich das Wort zu Eigen, dass der Reichsjustizminister Gustav Radbruch kurz zuvor im Reichstag geprägt hatte: „Respekt vor dem Reichsgericht", vgl. Wadle, Das Reichsgericht, S. 282 f.; ders. Jus 1979, 841 ff.

sein Amt erst im Frühjahr 1920 niederzulegen.[1536] Wenn Seckendorff ein republikfeindliches oder renitentes Verhalten gezeigt hätte, hätte dies kaum die „*größte* Verehrung" und „*aufrichtige* Dankbarkeit" des Reichspräsidenten Friedrich Ebert zur Folge gehabt.[1537]

1536 Vgl. ThStA, FA Seckendorff, Nr. 1595, Bl. 96 R; LNN, vom 18.10.1919, Nr. 276, S. 17 („Bevorstehender Rücktritt des Reichsgerichtspräsidenten").

1537 Schreiben Eberts an Seckendorff anlässlich des Ruhestandes: „Nach mehr als vierundfünfzigjähriger dienstlicher Laufbahn treten Eure Exzellenz mit dem Ende dieses Jahres in den Ruhestand. In unermüdlicher Arbeit und selbstloser Pflichterfüllung war Ihr Leben im Dienste von Reich und Staat dem Vaterlande gewidmet. Über 14 Jahre haben Sie, an der Spitze des RG stehend, des höchsten deutschen Richteramtes gewaltet. Daß Sie auch in der *schwersten Zeit unseres Vaterlandes* auf Ihrem Posten ausgeharrt haben, wird Ihnen unvergessen sein. […] Mit den Gefühlen *größter Verehrung und aufrichtiger Dankbarkeit* sehe ich Eure Exzellenz aus dem Amte scheiden. Ich gebe dem *herzlichen* Wunsche Ausdruck, dass es Eurer Exzellenz vergönnt sein möge, in unveränderter Frische und Rüstigkeit noch lange Jahre auf Ihre so reich gesegnete dienstliche Wirksamkeit zurückzublicken.", BArch, R 3002, PA Nr. 790, Bd. 2, Bl. 113, Hervorhebung vom Verf.

Sechstes Kapitel: Im Ruhestand

Nach seinem Rücktritt zog sich Seckendorff weitestgehend – abgesehen von seiner Tätigkeit als Leiter der Zweigstelle Leipzig des Reichsausgleichsamtes – ins Privatleben zurück. Im Gegensatz zu seinen Vorgängern Simson[1538] und Oehlschläger[1539] oder auch seinem Nachfolger Walter Simons[1540], blieb der Pensionär in Leipzig wohnen. Entgegen seiner früheren Absichten, seinen Lebensabend entweder in Berlin oder am Rhein zu verbringen[1541], mietete er sich eine „passende" (d.h. eine zur Repräsentation geeignete) Wohnung in der nahe dem Reichsgericht gelegenen Reichelstraße 17.[1542] Seine Schwester Emma führte bis zu ihrem Tod im Jahr 1924 abermals seinen Haushalt.[1543]

Der ehemalige Reichsgerichtspräsident hatte in Leipzig *seine* Heimat gefunden, da die Stadt ihm mit der Zeit „lieb und lieber" geworden war.[1544] Er pflegte seine gesellschaftlichen Kontakte und verfasste dort im Sommer 1922[1545] seine Lebenserinnerungen.

1538 Simson zog im Ruhestand nach Berlin, Petersdorff, ADB, Bd. 54, S. 362; GStA PK, Nr. 16874, Bl. 40; Wolff, Der erste Präsident des Reichsgerichts, S. 49.

1539 Oehlschläger zog im Ruhestand wieder nach Berlin (LNN, Nr. 250, vom 9.9.1903, S. 11), wurde allerdings auf dem Leipziger Südfriedhof bestattet (LNN, Nr. 108, vom 18.4.1905, S. 1; BArch, R 3002, PA, Nr. 665, Bl. 23).

1540 Auch Walter Simons hielt sich in seinem Ruhestand lediglich zeitweilig in Leipzig auf. Er zog nach Berlin-Lichterfelde, setzte aber seine Vorlesungen an der Universität Leipzig fort und verbrachte regelmäßig ein Wochenende in Leipzig, vgl. BArch, R 3002, PA Nr. 810, Bd. 1, Bl. 114; LNN, Nr. 88, vom 29.3.1929, S. 7.

1541 ThStA, FA Seckendorff, Nr. 1595, Bl. 102.

1542 In seinen Erinnerungen gibt Seckendorff keine Gründe für die Änderung seiner ursprünglichen Absichten an. Er scheint aber auf eine „passende" bzw. angemessene und zur Repräsentation geeignete Wohnung in der Nähe des Reichsgerichts Wert gelegt zu haben. Bei der Wohnungssuche war offenbar die Lage zum Reichsgericht und deren Ausstattung entscheidend, da er in diesem Zusammenhang auf deren Nähe zum Reichsgericht bzw. die „prächtige", dem Reichsgerichtspräsidenten zustehende Dienstwohnung hinwies, vgl. ThStA, FA Seckendorff, Nr. 1595, Bl. 97 f. Angaben zu Seckendorffs Wohnsitz finden sich auch in Degeners „Wer Ist's" (IX. Ausgabe 1928), S. 1446 f.

1543 LNN, Nr. 268, vom 24.9.1932, S. 2; BArch, R 3002, PA Nr. 790, Bd. 2, Bl. 125.

1544 ThStA, FA Seckendorff, Nr. 1595, Bl. 63.

1545 ThStA, FA Seckendorff, Nr. 1595, Bl. 103.

Er nahm mit Interesse an den „öffentlichen Angelegenheiten“[1546] – beispielshaft sei eine Gedächtnisveranstaltung zu Ehren des Leipziger Malers und Bildhauers Max Klinger genannt[1547] – teil und lud (bisweilen mehrmals) wöchentlich einige Gäste in seine Wohnung ein.[1548] Die Mitgliedschaft in der Leipziger Harmonie dürfte ebenfalls Gespräche und/oder Geselligkeiten ermöglicht haben.[1549] Dadurch stand er bis ins hohe Alter mit Personen verschiedener (Berufs-)Kreise im Gedankenaustausch.[1550]

Mit dem Reichsgericht und seinen Mitgliedern blieb er nicht nur über die Harmoniegesellschaft eng verbunden. Heinrich Delbrück lud ihn zu allen „wichtigen Begebnissen“ im Reichsgericht, wie etwa zu einem Frühstück mit Reichspräsident Ebert im März 1922 ein.[1551] Dieser enge Kontakt zum Reichsgericht blieb auch unter Walter Simons bestehen.[1552] Er nahm 1929 an den Feierlichkeiten zum 50-jährigen Bestehen des Reichsgerichts teil.[1553] Seckendorff war Ansprechpartner für die Reichsgerichtsmitglieder und unterstütze sie mit seinem Rat.[1554] Zeitgenössische Stimmen berichten dementsprechend, er sei auch nach seinem Ausscheiden der

1546 LNN, Nr. 268, vom 24.9.1932, S. 2.

1547 Abermals trafen dabei ‚alte Bekannte‘ aufeinander. Zu den geladenen Gästen gehörten, neben einigen Vertretern des Reichsgerichts, auch „verdiente Persönlichkeiten des öffentlichen Lebens im Ruhestand“. Für die Universität war u.a. Ernst Jaeger erschienen. Seckendorff besuchte die Veranstaltung vermutlich mit seiner Schwester, da er zwei Teilnehmerkarten bekommen hatte, dazu Stadtarchiv Leipzig, Kap. 71, Nr. 70, Bl. 15 R, Bl. 98 (Teilnehmerliste).

1548 ThStA, FA Seckendorff, Nr. 1597, Bl. 33.

1549 Siehe dazu oben Viertes Kapitel, C. II. 2. a.

1550 Die LNN, Nr. 268, vom 24.9.1932, S. 2 verweisen darauf, dass Seckendorff „an den öffentlichen Angelegenheiten den regsten Anteil genommen und […] mit Menschen verschiedenster Kreise und Berufe in Gedankenaustausch gestanden [hat].“

1551 Seckendorff nahm beispielsweise an der Einführung Ludwig Ebermayers als Oberreichsanwalt teil und war beim Besuch Gustav Radbruchs im November 1921 zugegen, ThStA, FA Seckendorff, Nr. 1595, Bl. 100.

1552 So lässt sich seine Teilnahme an einem von Simons anlässlich des Besuches von Reichspräsident Hindenburg veranstaltetem Frühstück belegen, Lobe, Die äußere Geschichte des Reichsgerichts, S. 15 f.

1553 LNN, Nr. 272, vom 29.9.1929, S. 21 sowie LNN, Nr. 275, vom 2.10.1929, S. 1.

1554 Indizien ergeben sich u.a. aus einer zum 80. Geburtstag Seckendorffs angefertigten Glückwunschadresse. Darin heißt es: „Möchten Sie hochverehrte Exzellenz, auch fernerhin in Rüstigkeit des Körpers und des Geistes uns als Vorbild voranleuchten, *uns durch Ihren Rat unterstützen* und uns durch Ihre menschliche Teilnahme an allem, was das Reichsgericht betrifft, beglücken und erfreuen“, BArch, R 3002, PA Nr. 790, Bd. 4, Bl. 3.

„treueste Freund des Reichsgerichts" geblieben.[1555] Der spätere Reichsgerichtspräsident Erwin Bumke war ihm, wahrscheinlich aus diesem Grund, in „tiefster Dankbarkeit" verbunden.[1556]

Abbildung 3) Bildnis im Reichsgericht, 1929, fotografiert von Erich Salomon
Repro: Anja Elisabeth Witte, Berlinische Galerie, Landesmuseum für Moderne Kunst, Fotografie und Architektur, Stiftung Öffentlichen Rechts, Alte Jakobstraße 124-128, 10969 Berlin

Den Spätsommer verbrachte er einige Jahre lang in Badenweiler, im Jahr 1932 in Bad Liebenstein in Thüringen. Hier verstarb der bis zuletzt rüstige Pensionär[1557] am Morgen des 23. September 1932. Tags darauf wurde er nach Leipzig überführt. Die Trauerfeier sollte „in Anerkennung seiner außerordentlichen" Verdienste zunächst in der großen Halle des Reichsgerichts stattfinden. Seinem

---

1555 BArch, R 3002, PA Nr. 790, Bd. 2, Bl. 128 (Brief an den Neffen Seckendorffs); ebd., Bd. 2, Bl. 125; LNN, Nr. 269, vom 25.9.1932, S. 13 bzw. NLZ, Nr. 269, vom 25.9.1932, S. 21.

1556 BArch, R 3002, PA Nr. 790, Bd. 2, Bl. 128 R (Brief an den Neffen Seckendorffs): „Persönlich darf ich den Ausdruck der tiefsten Dankbarkeit für die Güte hinzufügen, die ihr Herr Onkel meiner Frau und mir in reichstem Maße erwiesen hat."

1557 Vgl. Anonym, DJZ 1932, Sp. 1276; Arnold, DRiZ 1932, S. 340, 341.

Wunsch entsprechend wurde Rudolf von Seckendorff am 27. September 1932 in der Grablege seiner Eltern und Schwester auf dem Leipziger Nordfriedhof im kleinen Kreis beigesetzt. Am Reichsgericht waren die Fahnen auf Halbmast geflaggt.[1558]

1558 ThStA, FA Seckendorff, Nr. 1597, Bl. 33 f.

Zusammenfassung: Der „geborene Reichsgerichtspräsident"?

War Rudolf von Seckendorff der „geborene Reichsgerichtspräsident"?[1559] Diese spätere Beurteilung ist einigermaßen erstaunlich. Seckendorff war nach langer Behördentätigkeit im Reichsjustizamt und im Preußischen Staatsministerium mehr oder weniger aufgrund einer Kompromisslösung als erster Katholik in *die* Spitzenposition eines Reichsgerichtspräsidenten gelangt. Seine adlige Herkunft hatte sich – wie auch bisher in seiner Karriere – im Auswahlverfahren nicht ausgewirkt. Im Reichsgericht traf er allerdings trotz seiner familiären Verbindungen zum Gerichtshof zunächst auf Gegenwind. Die Mehrheit der Reichsrichter zweifelte damals, ob mit ihm ein geeigneter Kandidat ausgewählt worden war. Aus deren Sicht waren vertiefte Kenntnisse über das neue materielle Zivilrecht für das Amt erforderlich, um dieses praktisch umzusetzen. Sie befürchteten, der ‚Verwaltungsjurist' würde aufgrund seiner mangelnden zivilrechtlichen Erfahrung keine Autorität besitzen und sich dem Amt nicht gewachsen zeigen. Hintergrund hierfür war die durch die allgemeine Justizkritik begründete Sorge, er würde nicht einzelfallgerecht, sondern einseitig und formalistisch judizieren. Für die Zeitgenossen musste ein Reichsgerichtspräsident aber „eine überragende Persönlichkeit" sein, die die Stellung des Reichsgerichts „nach oben und unten, nach außen und innen" entsprechend wahren konnte.[1560] Dennoch gelang es ihm in den folgenden Jahren zu einer „achtungsgebietenden Persönlichkeit"[1561] und „beliebtesten Präsidenten"[1562] des Reichsgerichts zu werden. Für diesen Wandel in der Beurteilung der Person des Reichsgerichtspräsidenten lassen sich dementsprechend verschiedene Ursachen ausmachen.

1) Entgegen der anfänglichen Befürchtungen der Reichsrichter konnte Seckendorff seine Kollegen bald von seinen argumentativen Fähigkeiten überzeugen und sich Respekt und Ansehen im Kollegium erarbeiten. Er entsprach in

---

1559 L. Ebermayer, a.a.O., S. 201.

1560 „[Der Präsident] muß aber auch und vor allem eine überragende Persönlichkeit sein, die Geist, Klugheit, Kraft und Mut genug hat, die Stellung des Reichsgerichts nach oben und unten, nach außen und innen entsprechend zu wahren.", L. Ebermayer, a.a.O., S. 200.

1561 LNN, Nr. 268, vom 24.9.1932, S. 2.

1562 Anonym, DJZ 1919, Sp. 909, 910.

seinen Äußerungen und in seiner Arbeitsweise der Vorstellung, die ein Richter *und* Reichsgerichtspräsident verkörpern sollte – nämlich dem Ideal eines praktisch orientierten Richters.

Für ihn erschöpfte sich die richterliche Tätigkeit daher nicht in einer bloß formal-logischen Anwendung des Gesetzes. Vielmehr sah er seine Aufgabe darin, praxis- und interessengerechte Lösungen unter Einhaltung der Gesetzesbindung zu finden. Sinn und Zweck einer Vorschrift konnten daher zu einer dem Wortlaut entsprechenden Anwendung des Gesetzes oder zu einer Restriktion der betreffenden Vorschrift führen. Aus gleichen Gründen konnte die Systematik des Gesetzes entscheidungserheblich oder auch als unbeachtlich zu bewerten sein. Seine insoweit vom Wortlaut oder der formalen Konzeption Gesetzes abweichende Ansichten, rechtfertigte er dementsprechend durch einen Verweis auf das Gesetz, indem er sich auf gesetzliche Wertungen bzw. darin verkörperte Interessen wie bspw. die Interessen des altruistisch Handelnden oder des Erblassers stützte. Durch diese Motivation war es ihm möglich, auf die rechtlichen Probleme einzelfallbezogen zu reagieren, um ein materiell brauchbares, aber zugleich möglichst legitimes Ergebnis zu generieren. Einzig praktische Erwägungen – die „Volksanschauung“ oder „allgemeine Rechtsanschauung“ – sollten für eine Lösung nicht (allein-)entscheidend sein. Juristische Logik gewährte also Anwendungssicherheit, wurde aber von Seckendorff nicht als Selbstzweck verstanden. Die Inhalte des Bürgerlichen Gesetzbuches wurden deshalb von ihm nicht strikt-formal, sondern wertmäßig umgesetzt. Üblicherweise reicherte er seine Voten außerdem mit praktischen Beispielen an, um seine Rechtsansichten zu stützen. Er zeigte seinen Kollegen dadurch, dass er den gesellschaftlichen Entwicklungen folgte und nicht dem Bild eines ‚praxisfernen Verwaltungsjuristen‘ entsprach, sondern ‚richtige‘ Ansichten vertrat. Mit der Überzeugungskraft dieser Argumente gelang es ihm regelmäßig, seine Anschauungen im Senat umzusetzen und seine Autorität im Kollegium auszubauen. Beleg für seine (wachsende) juristische Autorität ist die (zumindest sinngemäße) Wiedergabe seiner Argumente in den veröffentlichten Entscheidungen. Demgegenüber gibt es keine Anhaltspunkte für eine Isolation des Reichsgerichtspräsidenten im Kollegium, zumal die Mitglieder des Senats – in denjenigen Entscheidungen, in denen Seckendorff sich nicht durchsetzen konnte – vergleichbare Ergebnisse auf unterschiedlichen Wegen erzielten. Entgegen mancher zeitgenössischen Aussagen war er kein ‚unpolitischer‘, sondern ein schöpferischer Richter. Einzelne seiner Äußerungen zur richterlichen Gestaltungsmacht („[Ich werde] stets bemüht sein, [auf eine] durch eine von *freiem Geist getragene*, von jeder Einseitigkeit und *jedem starren juristischen Formalismus losgelöste Rechtsprechung* [hinzuwirken]“[1563]) dürften allerdings eher der schwülstigen Sprachweise der Zeit und der Methodendebatte geschuldet sein. Er trug letzten Endes mit dazu bei, ein positiveres Bild von der Rechtsprechung des Reichsgerichts – jedenfalls in Zivilsachen – zu zeichnen. Dies bestätigen auch die (weitestgehend) positiven Besprechungen in den juristischen Fachzeitschriften.

2) Rudolf von Seckendorff hat im Reichsgericht durch seine Amtsführung für ein angenehmes Arbeitsumfeld gesorgt. Vor dem Hintergrund der massiven Geschäftsbelastung des Reichsgerichts nutzte er die ihm zur Verfügung stehenden Möglichkeiten, um die Reichgerichtsräte wenigstens auf *andere Weise* zu entlasten. Er zeigte u.a. durch seine Tätigkeit als Vorsitzender des Ehrengerichtshofes für deutsche Rechtsanwälte nicht nur selbst starken Arbeitseinsatz und ging mit seinem Beispiel voran. Der Reichsgerichtspräsident machte seinen Einfluss in der Reichsjustizverwaltung geltend und setzte sich bspw. für eine schnelle Wiederbesetzung erledigter Richterstellen, für bessere Arbeitsmaterialien sowie für Auszeichnungen ein. Da Auszeichnungen von den Reichgerichtsräten als Ausgleich und Anerkennung für die hohe Arbeitsbelastung am Gerichtshof empfunden wurden, wirkte sich dies auch auf die Stimmung am Gerichtshof aus. Rudolf von Seckendorff war ein fürsorglicher Präsident, der sich für die vielfältigen Interessen und Anliegen der Reichsgerichtsmitglieder engagierte.

In diesem von *Effizienz* geprägten Arbeitsalltag rückten außerdem die gesellschaftlichen Aufgaben eines Reichsgerichtspräsidenten immer mehr in den Mittelpunkt. Die Wahrnehmung dieser Aufgaben durch einen Reichsgerichtspräsidenten war aus verschiedenen Gründen von Bedeutung. Die Veranstaltung von Gesellschaften spielte nicht nur für den Abbau der psychischen und physischen Belastung der Räte sowie für deren Zusammenhalt, sondern auch für die „Beheimatung“ des Reichsgerichts eine wichtige Rolle. Nachdem Reichsgerichtspräsident v. Oehlschläger kaum Interesse an diesen Aufgaben gezeigt hatte, waren die Beziehungen des Gerichtshofes zur Stadt Leipzig und der Zusammenhalt der Reichsgerichtsmitglieder (auch durch herkunftsbezogene bzw. religiös motivierte Diskriminierungen) zu Beginn des Jahrhunderts erheblich gestört.

Entsprechend seiner Neigungen verstand es Rudolf von Seckendorff, die kulturellen Möglichkeiten, die Leipzig in jener Zeit bot, für eine Repräsentation des Gerichtshofes zu nutzen. Durch sein Auftreten in Leipzig, sein Engagement für

---

1563 BArch, R 3002, PA Nr. 790, Bd. 2, Bl. 52, 52 R. Schreiben Seckendorffs an die Aeltesten der Kaufmannschaft von Berlin.

die städtischen kulturellen Veranstaltungen und seine Anteilnahme am sozialen Leben – z.B. im Coffebaum, seine Beteiligung an städtischen Festakten oder für Wohltätigkeitsveranstaltungen – intensivierte er die Beziehungen zur Stadt und machte das Reichsgericht in Leipzig „heimisch“. Bei diesen Veranstaltungen traf der Reichsgerichtspräsident regelmäßig mit demselben Personenkreis aus städtischen Honoratioren zusammen. Dadurch und durch seine Mitgliedschaft in städtischen Vereinen baute er ein umfangreiches Netzwerk an sozialen Kontakten auf. Das Verdienst Seckendorffs bestand darin, dass er diese Kontakte pflegte *und* zugleich die repräsentativen Möglichkeiten nutzte, die ihm seine Stellung als Reichsgerichtspräsident einräumte. Er öffnete den Gerichtshof regelmäßig für gesellschaftliche Veranstaltungen und verknüpfte seine Kontakte zu städtischen Würdenträgern mit denen des Reichsgerichts. Damit vertiefte er nicht nur abermals die Beziehungen zur Stadt, sondern konnte auch den Zusammenhalt im Reichsgericht stärken. Er schuf dadurch eine familiäre Atmosphäre, die half dem alltäglichen Leistungsdruck zu entfliehen, Freundschaften aufzubauen und (religions- bzw. herkunftsspezifische) Vorbehalte abzubauen. Dieses Klima hat den Zusammenhalt in der *Reichsgerichtsgemeinschaft*, nicht zuletzt auch, zugunsten Seckendorffs persönlicher Stellung im Gericht verbessert. Seckendorff erlangte im Laufe der Jahre eine hohe persönliche Autorität und wurde zu einer Integrationsfigur. Beleg hierfür sind die zahlreichen Ehrungen, die er aufgrund seiner besonderen Beziehungen zur Stadt und zu den Reichsgerichtsmitgliedern erlangte.

3) Die juristische und persönliche Autorität des Reichsgerichtspräsidenten sollte im Nachgang der Revolution eine nicht zu unterschätzende Bedeutung erlangen. Die Reichsjustizverwaltung konnte und wollte auf Juristen von einem Format wie Rudolf von Seckendorff nicht verzichten. Sie benötigte mehr denn je einen Chefpräsidenten für das Reichsgericht, der von seinen Kollegen in einer Zeit akzeptiert werden würde, als die staatliche Einheit Deutschlands in Gefahr war. Hinzu kam, dass Seckendorff trotz seiner konservativen Herkunft den Übergang in die Republik jedenfalls aus Vernunftgründen akzeptierte und die Reichsgerichtsmitglieder auf eine Mitarbeit im neuen Staat einzustimmen suchte. Trotz der unterschiedlichen politischen Ansichten der Reichsgerichtsmitglieder, gelang es ihm, für eine gewisse Akzeptanz des Gegebenen und für Stabilität im Gerichtshof zu sorgen. In der Reichsjustizverwaltung bemühte man sich daher darum, Seckendorff zu bestimmen, länger im Amt zu bleiben und holte sogar seinen Rat bei der Neubesetzung der Stelle ein.

Es hat den Anschein, dass Seckendorffs Amtsführung einen Maßstab für zukünftige Reichsgerichtspräsidenten setzte: mit Heinrich Delbrück gelangte nicht nur ein enger Freund Seckendorffs[1564] in das Amt. Er hatte erstaunlicherweise ähnliche Auffassungen von der (repräsentativen) Ausgestaltung des Reichsgerichtspräsidentenamts[1565] und wollte sich darum bemühen, „in die Fußstapfen" Seckendorffs zu treten.[1566] Möglicherweise berichteten Zeitgenossen deshalb später über die „wenig bekannten Verdienste", die sich der von Friedrich Ebert hoch geschätzte[1567] Heinrich Delbrück gleichfalls um die Stabilisierung der Verhältnisse erworben habe[1568], weil er „ehrlich" genug gewesen sei, sich an die neuen Verhältnisse anzupassen.[1569]

4) Wie sich Rudolf von Seckendorff gegenüber den weiteren politischen Entwicklungen der Weimarer Zeit und insbesondere gegenüber dem aufkommenden Nationalsozialismus verhalten hätte, ließ sich nicht aufklären. Der Zusammenbruch im Spätherbst 1918 und der spätere Friedensvertrag von Versailles hatten ihn natürlich tief getroffen. Die in dieser Hinsicht vertretenen gängigen Pauschalurteile über etwaige Kontinuitätslinien vom Kaiserreich zum Dritten Reich

---

1564 Reden bei der Gedenkfeier, S. 6. Die Freundschaft zu Seckendorff empfand Heinrich Delbrück als „besonderes Glück", LNN, Nr. 349, vom 31.12.1919, S. 1.

1565 Vgl. BArch, R 3002, PA Nr. 146, Bl. 31, „Herr Präsident Delbrück hat in den 2,5 Jahren seiner Amtsführung *getreu den Überlieferungen seines Amtsvorgängers* die besten amtlichen und persönlichen Beziehungen zur Stadt Leipzig gepflegt [...].", Hervorhebung vom Verfasser.

1566 LNN, Nr. 349, vom 31.12.1919, S. 1; ähnlich auch die LNN, Nr. 183, vom 5.7.1922, S. 3.

1567 Vgl. Walter Simons, Das Reichsgericht, S. 27.

1568 „Als Männer des Rechtes müssen wir heute denen danken, die damals unter der Führung des ersten Präsidenten des Deutschen Reichs Friedrich Ebert den Gedanken des Rechts aufrechterhalten und in der neuen Reichsverfassung wieder einen festen Rechtsboden geschaffen haben. Gern erinnere ich dabei an die wenig bekannten [!] Verdienste, die sich in jenen wildbewegten Zeiten ein Nachfolger Eduard von Simsons, Heinrich Delbrück, darum erworben hat, dass Deutschland ein Rechtsstaat geblieben ist.", BArch, R 3002, Gen. Nr. 753, Bl. 3 f., Rede Bumkes zur Fünfzigjahrfeier des Reichsgerichts. Delbrück war an der Fertigstellung der Reichsverfassung von 1919 hervorragend beteiligt, Kotowski, „Delbrück, Heinrich" in: Neue Deutsche Biographie 3 (1957), S. 578 f. [Online-Version].

1569 In einem Delbrück gewidmetem Nachruf heißt es: „Der Verstorbene war ein Charakter von starkem, festem Willen. Mit einer gewissen Zähigkeit an den Anschauungen festhaltend, die er sich in seinem Lebensgange angeeignet hatte, *war er doch ehrlich genug, den Einwirkungen neuer Verhältnisse sich nicht zu entziehen.*", LNN, Nr. 188, vom 10.7.1922, S. 3. Die Hervorhebung stammt vom Verf. Kritisch dazu Engelmann, a.a.O., S. 368, „Delbrück [war] kein Fortschrittsmann oder gar Sozialdemokrat."

sind in diesem Zusammenhang aber wenig hilfreich.[1570] Auch Seckendorffs Verhalten ist zeitgebunden zu betrachten. Er sah die Republik, trotz alledem, als rechtmäßige Staatsform an. Seine u.a. im Liebknechtverfahren geäußerten (etatistischen) Wertvorstellungen erleichterten es ihm, sich an die geänderten Verhältnisse anzupassen. Anders ließe sich kaum erklären, dass er nach seinem Rücktritt als Reichsgerichtspräsident eine weitere leitende Beamtenstellung in der Reichsverwaltung übernahm. Ob sich seine Anpassungsbereitschaft allerdings wie bei Erwin Bumke in einem vorauseilenden Gehorsam niedergeschlagen[1571] – und damit zum Auseinanderbrechen der Reichsgerichtsgemeinschaft beigetragen – hätte, ist angesichts der Teilnahme des Rabbiners Goldmann an der seckendorffschen Gedächtnisfeier schwer vorstellbar und muss Spekulation bleiben.

Festzuhalten bleibt, dass Seckendorff kein Antisemit war, er durchaus liberale Positionen vertrat und im Reichsgericht eine familiäre Atmosphäre schuf, die den Zusammenhalt im Kollegium festigte. Er war, wie Erich Ebermayer sich ausdrückte, seinerzeit die denkbar richtige „symbolische Spitze“.[1572]

1570 Vgl. Müller, a.a.O., S. 137 ff.
1571 Vgl. E. Ebermayer, a.a.O., S. 21; Müller, a.a.O., S. 144.
1572 Vgl. E. Ebermayer, a.a.O., S. 22.

Anhang: Ausgewählte Kurzbiographien

1) Reichsgerichtspräsidenten[1573]

Erwin Konrad Eduard Bumke (1874–1945)
1905 Landrichter, 1909 GRR, 1912 GORR, Ministerialdirektor im RJM, 1929 RG Präsident

Heinrich Ludwig Delbrück (1855–1922)
1883 Amtsrichter, 1888 Landrichter, 1898 KGR, 1899 GRR, 1903 GORR, 1913 Direktor im RJA, 1917 USS im RJA, 1920 RG Präsident

Karl Konrad Gutbrod (1844–1905)
1876 Kreisrichter, 1877 RR, 1892 Direktor im RJA, 1903 RG Präsident

Otto Karl (v.) Oehlschläger (1831–1904)
1864 StA, 1874 Vortragender Rat, 1879 Generalauditeur, 1884 KG Präsident, 1889 Staatssekretär des RJA, 1891 RG Präsident

Walter Simons (1861–1937)
1893 Amtsrichter, 1897 Landrichter, 1905 OLGR, 1907 GRR und Vortragender Rat, 1910 GORR, 1917 Wirklicher Legationsrat, 1918 Direktor der Rechtsabteilung im AA, 1920 Reichsminister des Auswärtigen, 1922 RG Präsident

Eduard (v.) Simson (1810–1899)
1833 a.o. Professor, 1834 Hilfsrichter, 1846 Tribunalsrat, 1848 Präsident der Frankfurter Nationalversammlung, 1860 Vizepräsident des Appellationsgerichts Frankfurt/O, 1869 Präsident des Appellationsgerichts Frankfurt/O, 1879 RG Präsident

2) Richter am Reichsgericht[1574] (Mitglieder des IV. Zivilsenats, des EGH und der Harmonie)

Franz Heinrich Arndts (1864–??)
1895 Amtsrichter, 1899 Landrichter, 1906 KGR

1573 Die Daten sind den Angaben bei Lobe, Fünfzig Jahre RG S. 338; Müller, a.a.O., S. 115 ff. entnommen.

1574 Die Daten sind den Anlagen bei Lobe, Fünfzig Jahre RG, S. 338 ff. entnommen.

Heinrich Reinhard Bernhardi (1848–1927)
1874 Kreisrichter, 1877 Amtsrichter, 1883 StA, 1899 LG Präsident, 1903 RGR

Rudolf Heinrich Leopold Bewer (1855–??)
1889 Amtsrichter, 1894 Landrichter, 1899 LGR, 1902 OLGR

Paul August Julius Ebbecke (1853–1928)
1881 Amtsrichter, 1889 Landrichter, 1894 LGR, 1897 KGR

Ludwig Ebermayer (1858–??)
1883 III. StA, 1884 Amtsrichter, 1890 II. StA, 1894 LGR, 1899 StA beim OLG

Alexander Julius Erler (1846–??)
1874 Kreisrichter, 1879 Amtsrichter, 1891 LGR, 1893 OLGR

Georg Otto Freiesleben (1839–1919)
1870 Hilfsarbeiter beim Appellationsgericht, 1872 Gerichtsrat, 1873 Appellationsgerichtsrat, 1879 LG Präsident, 1881 RGR, 1893 Senatspräsident

Salomon Ganz (1865–1920)
1892 Gerichtsassessor, 1883 RA beim OLG, RA beim RG 1907, 1913 JR

Karl Georg von Hassel (1841–1925)
1869 Amtsrichter, 1875 Obergerichtsassessor, 1879 LGR, 1888 OLGR, 1896 RGR, 1907 Senatspräsident

Gustav Herb (1862–??)
1889 III. StA und Amtsrichter, 1894 II. StA, 1897 LGR, 1904 I. StA, 1910 OLGR

Georg Wilhelm Hofmann (1846–1923)
1879 Amtsrichter, 1883 LGR, 1895 OLGR

Johannes Junck (1861–??)
1889 RA beim AG Leipzig und LG Leipzig, 1899 RA beim RG, 1906 JR, 1915 Geheim. JR

Josef Keller (1861–??)
1892 Amtsrichter, 1901 Landrichter, 1902 LGR, 1905 OLGR

Ernst Ludwig Krantz (1851–1918)
1878 RA und Notar, 1895 Rechtsanwalt beim Reichsgericht

Karl Ludwig Maenner (1850–1927)
1878 Polizeianwalt, 1879 III. StA, 1882 Amtsrichter, 1882 II. StA, 1897 StA beim OLG, 1897 OLGR

Alexander Niedner (1862–??)
1892 Amtsrichter, 1896 Landrichter, 1905 LGR, 1910 KGR

Justus (v.) Olshausen (1844–1924)
1871 Gerichtsassessor, 1878 Kreisrichter, 1879 Landrichter, 1885 Direktor LG Schneidemühl, 1890 RGR, 1899 ORA, 1907 Senatspräsident

Friedrich Wilhelm Heinrich Schlieben (1859–??)
1893 Amtsrichter, 1898 Landrichter, 1900 LGR, 1904 OLGR

Hugo Wilhelm Siegmund Planck (1846–1922)
1874 Kreisrichter, 1879 Landrichter, 1886 OLGR, 1890 Geheimer Justizrat und Vortragender Rat

Christian August Karl Suntheim (1849–1927)
1878 Amtsrichter, 1887 Landrichter, 1890 LGR, 1896 OLGR

Karl Franz Gustav Veltmann (1833–1911)
1866 Stadtrichter, 1878 KGR, 1879 Landgerichtsdirektor

Ewald Wanjeck (1846–1925)
1875 Kreisrichter, 1879 Amtsrichter, 1882 Landrichter, 1892 Landgerichtsdirektor

Georg Friedrich Wildhagen (1857–1947)
1884 Gerichtsassessor, 1885 RA beim LG, 1897 RA beim RG, JR 1903, GJR 1913

3) Sonstige (Freunde, (Leipziger) Bekanntschaften, Kollegen etc.)[1575]

Ludwig Hoffmann (1852–1932)
Architekt des Reichsgerichtsgebäudes, zusammen mit Peter Dybwad
1896–1924 Stadtbaurat Berlin

Eduard Hoffmann – Sohn des Struwwelpeter-Autors (1848–1920)
1885 RR im RJA, 1888 GRR und Vortragender Rat, 1892 GORR, 1903 Direktor im RJA, 1912 WGR

Arnold Nieberding (1838–1912)
1873 RR, 1875 Vortragender Rat, 1889 Direktor, 1893 Staatssekretär im RJA

1575 Die Daten sind dem Stadtlexikon Leipzig, der Acta Borussica und teilweise der Neuen Deutschen Biographie entnommen.

Max(imilian) (v.) Beseler (1841–1921)
1870 Amtsrichter, 1879 LGR, 1882 Direktor LG Saarbrücken, 1888 Präs. LG Oppeln, 1897 Präs. OLG Kiel, 1905 preuß. JM

Felix Vierhaus (1850–1917)
1876 Kreisrichter, 1885 RR, 1887 OLGR, 1904 Präsident des OLG Kiel, 1905 Präsident des OLG Breslau

Oscar Hamm (1839–1920)
1871 Staatsprokurator, 1879 OLGR Köln, 1881 OStA, 1893 GOJR, 1896 ORA, 1899 Präs. OLG Köln

Hohenlohe-Schillingsfürst, Chlodwig Fürst zu (1819–1901)
bayerischer Standesherr, 1866–1870 bay. Ministerpräsident, 1868–1881 MdR, 1885 Statthalter Elsaß-Lothringen, 1894–1900 preuß. Ministerpräsident und Reichskanzler

Bernhard von Bülow (1849–1929, Fürst 1905)
1873 Eintritt in den diplomatischen Dienst, 1875 Legationssekretär Botschaft St. Petersburg, 1884 Legationsrat St. Petersburg, 1893 Botschafter Rom, 1897 Staatssekretär des AA, 1900–1909 preuß. Ministerpräsident und Reichskanzler

Karl Liebknecht (1871–1919)
1899 Rechtsanwalt, Sohn von Wilhelm Liebknecht, 1908–1916 MdL, 1912–1917 MdR, 1918 Mitglied der Leitung des Spartakusbundes

Karl Binding (1841–1920)
1873 bis 1913 Professur für Strafrecht in Leipzig, 1908/09 Rektor der Leipziger Universität

Ernst Jaeger (1869–1944)
1899 Professur in Erlangen und Würzburg, 1905 bis 1935 Professur in Leipzig für Zivil- und Zivilprozessrecht

Max Klinger (1857–1920)
Maler, Grafiker und Bildhauer, 1897 Prof. an der Akademie der graphischen Künste

Karl Lamprecht (1856–1915)
Historiker, 1891 Professur in Leipzig, 1910/11 Rektor der Leipziger Universität

Otto Mayer (1846–1924)
1881 Habilitation in Straßburg, 1903 bis 1918 Professur für Öffentliches Recht in Leipzig, 1913/14 Rektor der Leipziger Universität

Arthur Nikisch (1855–1922)
Dirigent, Gewandhauskapellmeister in Leipzig

Rudolph Sohm (1841–1917)
Kirchen- und Rechtshistoriker
1887 Professur in Leipzig, Mitglied der Zweiten BGB Kommission

Adolf Wach (1843–1926)
1868 Habilitation in Königsberg, 1875 Professur in Leipzig für Zivilprozessrecht, 1879 Richter am Landgericht Leipzig

Wilhelm Wundt (1832–1920)
Physiologe, 1857 Habilitation, 1875 Professur in Leipzig, 1889/1890 Rektor der Leipziger Universität

www.ingramcontent.com/pod-product-compliance
Ingram Content Group UK Ltd.
Pitfield, Milton Keynes, MK11 3LW, UK
UKHW021833290926
8980IPUK00004B/428

9 783631 899717